SLEVOGT
CASSIRER

Rheinland-Pfalz
GENERALDIREKTION
KULTURELLES ERBE

LANDESMUSEUM MAINZ

Deutscher
Kunstverlag

AUF ZU NEUEN WERKEN!

MAX SLEVOGT
BRUNO CASSIRER

MAX SLEVOGT UND SEIN VERLEGER BRUNO CASSIRER

GRUSSWORTE

SEKTIONEN

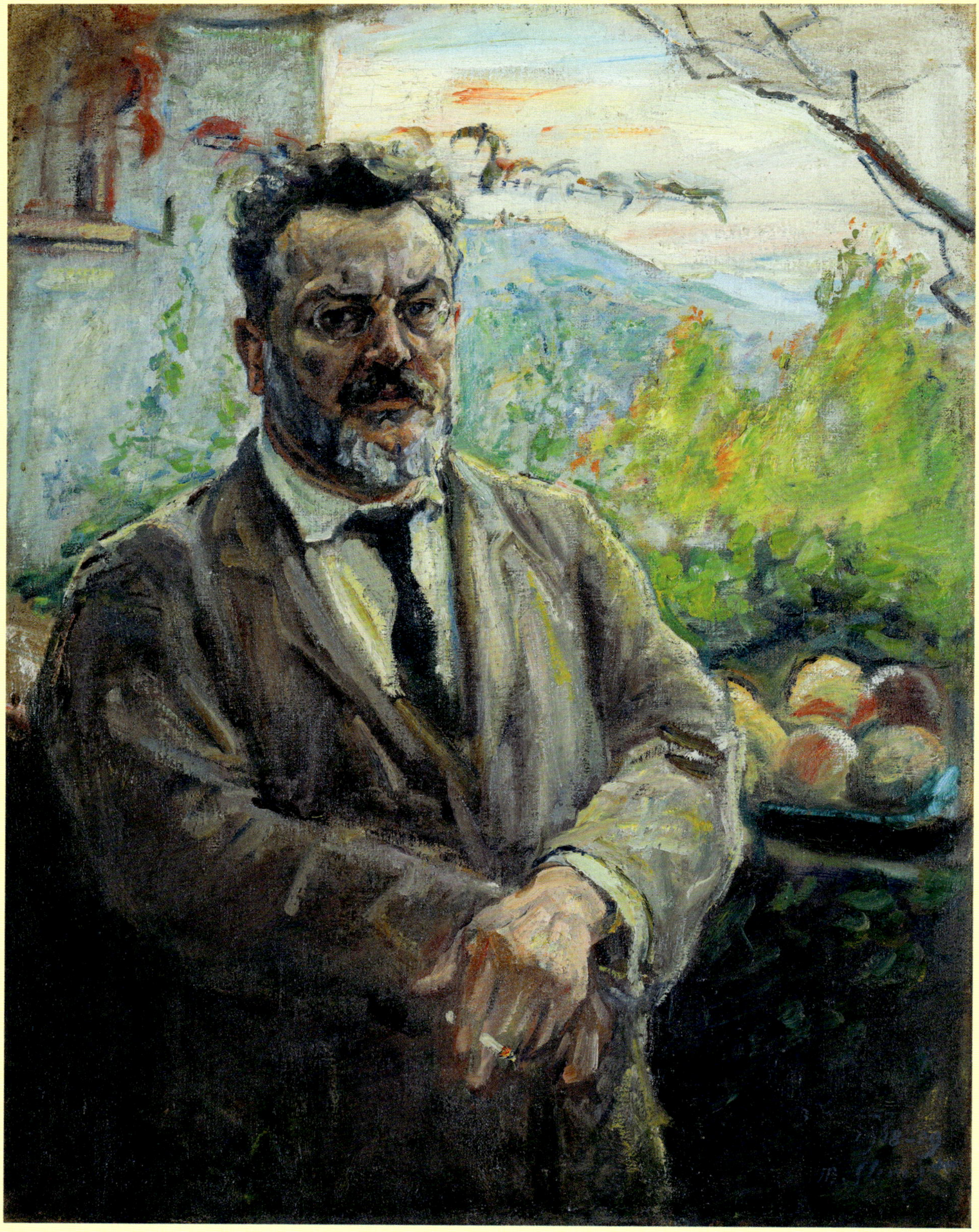

KAT. 1 *Selbstbildnis auf der Terrasse von Neukastel*, 1918/19, Öl auf Leinwand, 95,5 × 75,5 cm SM, INV.-NR. NI 1896

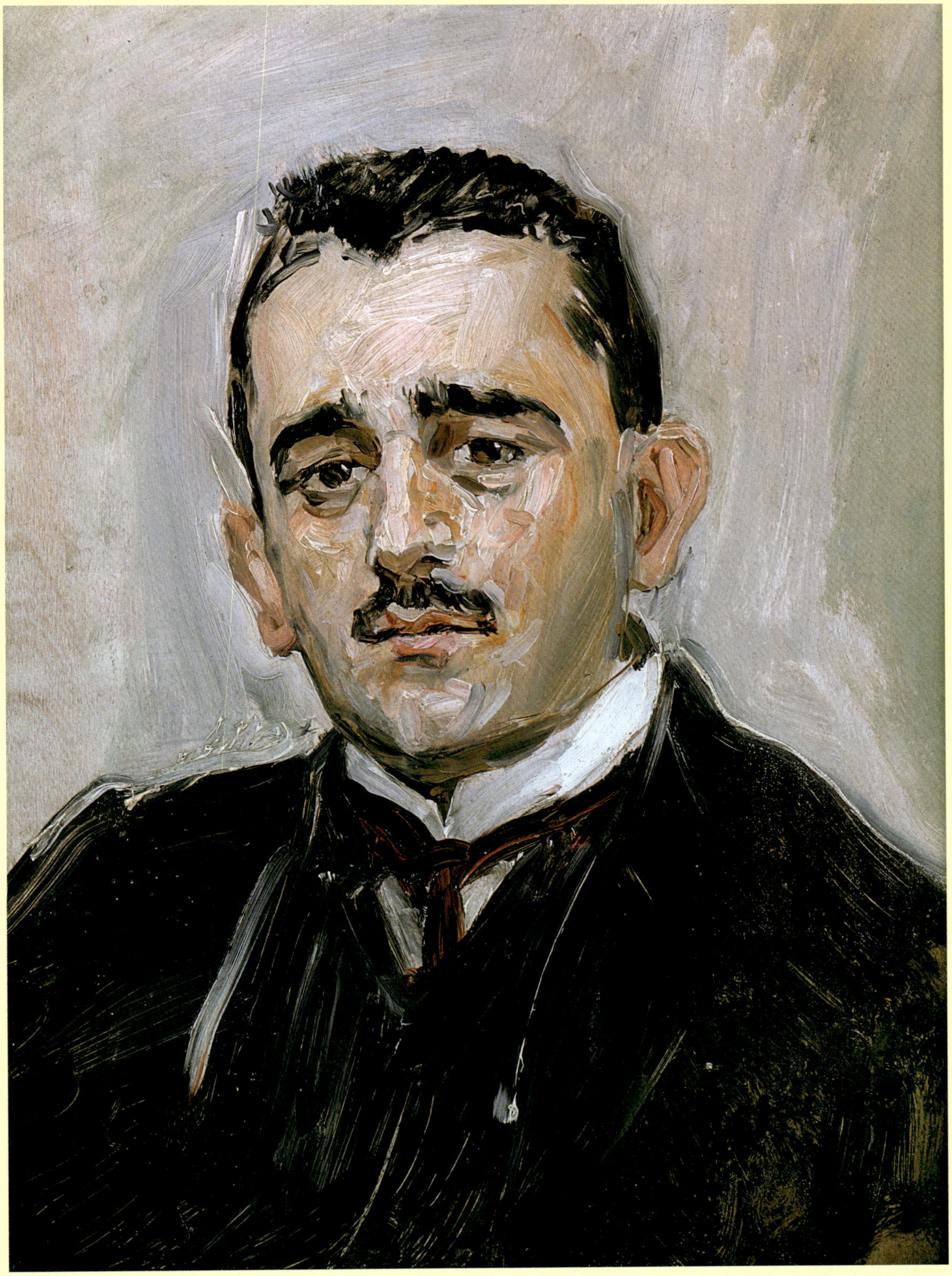

KAT. 2 *Porträt des Verlegers Bruno Cassirer*, 1911, Öl auf Holz, 41 × 31,5 cm
STAATLICHE MUSEEN ZU BERLIN, NATIONALGALERIE/LEIHGABE DER ERNST VON SIEMENS KUNSTSTIFTUNG, INV.-NR. NG 51/61

GRUSSWORT

Das gesammelte Werk des „deutschen Impressionisten“ Max Slevogt ist seit vielen Jahren ein bedeutendes Alleinstellungsmerkmal des Landesmuseums Mainz. Slevogts umfangreicher grafischer Nachlass konnte 2014 aus dem Eigentum seiner beiden Urenkel durch das Land Rheinland-Pfalz mit Unterstützung der Kulturstiftung der Länder und der Stiftung Rheinland-Pfalz für Kultur erworben und als Dauerleihgabe an das Landesmuseum Mainz gegeben werden. Dies ist umso erfreulicher, da Slevogt selbst seiner Wahlheimat, der Pfalz, stets eng verbunden war.

Im Zuge dieser Ausstellung konnte nun ein Teilbestand dieses größtenteils unveröffentlichten Nachlasses wissenschaftlich bearbeitet werden: Dieser reicht von Vorzeichnungen für Illustrationsprojekte über Probedrucke bis hin zu besonderen Autorenexemplaren der Buch- und Mappenprojekte. Die Grundlage der Ausstellung *Auf zu neuen Werken! Max Slevogt und sein Verleger Bruno Cassirer* ist die umfangreiche Korrespondenz der beiden, die begleitend in einer kommentierten Briefedition erscheint. Die Schreiben von Bruno Cassirer an Max Slevogt befinden sich im schriftlichen Nachlass, der im Landesbibliothekszentrum Rheinland-Pfalz/Pfälzische Landesbibliothek in Speyer verwahrt wird. Die Antwortbriefe und Postkarten von Max Slevogt an seinen Verleger finden sich im Saarlandmuseum Saarbrücken.

Es ist großartig, dass dieses Ausstellungsprojekt bundeslandübergreifend durch die langjährige Forschungskooperation zu Max Slevogt zustande kommt. Dass die Ausstellung nicht nur im Landesmuseum Mainz, sondern auch im Saarlandmuseum Saarbrücken sowie in der Liebermann-Villa am Wannsee in Berlin gezeigt wird, unterstreicht das große überregionale Interesse an Slevogts Wirken. Das Projekt, in dem erstmals auch der Verleger Bruno Cassirer im Fokus steht, verbindet zugleich kulturpolitische und historische Fragestellungen, die in der Ausstellung zusammengeführt werden und die Rolle Max Slevogts neu beleuchten. In der älteren Forschung wurde Slevogt oft auf den regionalen, vor allem in der Pfalz verwurzelten Maler reduziert. Umso deutlicher zeigt die aktuelle Forschung seine zentrale Rolle als Künstler in der Hauptstadt Berlin, als Professor an der Preußischen Akademie der Künste und Vorstand der dortigen *Secession*. Mit seiner Reflexion des Zeitgeschehens wird er damit stärker in das damalige gesamtstaatliche kulturelle Umfeld verortet, das von der neuen Kunstmetropole Berlin ausging.

Ich freue mich außerordentlich, dass die herausragenden Slevogt-Bestände des Landes Rheinland-Pfalz damit erneut im Mittelpunkt einer Ausstellung stehen. Dem stetigen Engagement der Verantwortlichen ist es zu verdanken, dass diese umfangreichen Bestände und die für unser Land identitätsstiftende Arbeit Slevogts erhalten und für die Öffentlichkeit zugänglich gemacht werden. Dieses Engagement möchten wir selbstverständlich auch in Zukunft weiter fortsetzen. Allen, die zum Gelingen dieser Ausstellung beigetragen haben, gilt mein herzlicher Dank!

MICHAEL EBLING
Minister des Innern und für Sport
des Landes Rheinland-Pfalz

GRUSSWORT

„Auf zu neuen Werken!“ – diese Losung ist charakteristisch für die fast dreißig Jahre währende Zusammenarbeit zwischen Max Slevogt und seinem Verleger Bruno Cassirer. Sie ist auf einer Glückwunschkarte zu lesen, die Max Slevogt anlässlich von Cassirers Geburtstag am 12.12.1915 verfasste. Wie so häufig hat der Künstler das Schreiben mit einer seiner humorvollen und geistreichen Gelegenheitszeichnungen versehen. Zur Ehrung des Freundes ersann er hier ein bemerkenswertes Sujet: Die Hauptfiguren aus den bisherigen gemeinsamen Illustrationsprojekten stehen Spalier für den in einem Traberwagen anrollenden Cassirer. Repräsentiert ist dabei nur ein kleiner Teil der insgesamt fast fünfzig illustrierten Bücher und Mappenwerke im Verlag Bruno Cassirer, die einen zentralen Teil des grafischen Schaffens von Max Slevogt ausmachen.

Die langjährige und überaus erfolgreiche Forschungskooperation des Saarlandmuseums mit dem Landesmuseum Mainz und dem Landesbibliothekszentrum Rheinland-Pfalz/Pfälzische Landesbibliothek ermöglicht es nun, der Slevogt-Forschung erneut entscheidende Impulse zu vermitteln. Im Rahmen unseres aktuellen Ausstellungs- und Publikationsprojekts können wir einen maßgeblichen Teil des umfangreichen Quellenmaterials der Korrespondenz und des grafischen Nachlasses von Max Slevogt erstmals einem breiteren Publikum zugänglich machen. Aufbauend auf diesen Forschungsergebnissen hat das Saarlandmuseum gemeinsam mit dem Landesmuseum Mainz die aktuelle Ausstellung konzipiert. Sie wird an den drei Präsentationsorten in Mainz, Saarbrücken und der Berliner Liebermann-Villa am Wannsee jeweils eigene Schwerpunkte setzen und verschiedene Facetten des Themas beleuchten, ausgehend von den je eigenen Sammlungskontexten der ausstellenden Einrichtungen.

Basis und Ausgangspunkt dieses Projekts ist die durch unseren Forschungsverbund geleistete wissenschaftliche Bearbeitung der Korrespondenz zwischen Künstler und Verleger in einer kommentierten Briefedition sowie die Teilerschließung von Slevogts umfangreichem grafischen Nachlass. Mit dieser ambitionierten Ausstellung knüpft das Saarlandmuseum zudem an die in Kooperation beziehungsweise in freundschaftlichem Austausch mit dem Landesmuseum Mainz realisierten Slevogt-Retrospektiven der Vergangenheit an: Zum sechzigsten Todestag des Künstlers im Jahr 1992 und zu seinem 150. Geburtstag 2018 wurde der Maler und Grafiker bereits synchron in jenen zwei Häusern gewürdigt, die als die maßgeblichen Domizile seines künstlerischen Schaffens anzusprechen sind. Wir danken für die erneut sehr gute Zusammenarbeit mit dem Partnerhaus unter Leitung von Heike Otto und Birgit Heide.

Dem gesamten Team des Saarlandmuseums und hier zuvörderst der Kuratorin der Ausstellung Eva Wolf gilt unser herzlichster Dank für die engagierte Realisierung des Projekts. Außerordentlich verbunden sind wir zudem allen Leihgeberinnen und Leihgebern sowie Fördernden, im Besonderen der Kulturstiftung der Länder, deren Unterstützung eine große Auszeichnung darstellt. Allen Besucherinnen und Besuchern der Ausstellung und allen interessierten Leserinnen und Lesern der begleitenden Publikationen wünschen wir inspirierende Begegnungen mit den Künstlerbüchern von Max Slevogt und Bruno Cassirer.

LISA FELICITAS MATTHEIS

Direktorin Saarlandmuseum Saarbrücken

Kunst- und Kulturwissenschaftliche Vorständin der Stiftung Saarländischer Kulturbesitz

GRUSSWORT

Mit großer Freude zeigen wir *Auf zu neuen Werken! Max Slevogt und sein Verleger Bruno Cassirer* als dritte Etappe in der Liebermann-Villa am Wannsee und präsentieren somit auch in Berlin neue Erkenntnisse zu diesen beiden höchst spannenden Persönlichkeiten.

Um 1900 trugen sie maßgeblich im Umkreis der *Berliner Secession* zur Entwicklung der modernen Kunst in Deutschland bei, und so setzen wir hier unseren Fokus. Zusammen mit Max Liebermann waren Cassirer und Slevogt zentrale Figuren dieser progressiven Entwicklung, die sich Ende des 19. Jahrhunderts von der akademischen Tradition emanzipierte und der Moderne in Deutschland den Weg bereitete.

Die Ausstellung widmet sich den kostbaren von Slevogt illustrierten Werken, die er für die im Verlag Bruno Cassirers erschienenen Publikationen gestaltete. Neben dem künstlerischen Schaffen im Bereich der Grafik und Buchillustration soll anhand einer Vielzahl neu erschlossener Schriften aus dem Nachlass Slevogts die verlegerische, kreativ-unterstützende und leidenschaftliche Tätigkeit Bruno Cassirers dargelegt werden – ein Zusammenspiel, das exemplarisch für die fruchtbare Verbindung von Kunst und Unternehmertum in einer der dynamischsten Epochen der deutschen Kulturgeschichte steht.

Diese neuen Perspektiven auf die enge Verflechtung von Kunst und Markt in Liebermanns Umkreis sind für unser Haus von besonderer Bedeutung. Über die Initiative des Landesmuseums Mainz, der GDKE und des Saarlandmuseums Saarbrücken, die dieses Projekt mit viel Engagement und Weitsicht angestoßen und damit ein lange nicht erforschtes Thema umfassend bearbeitet haben, freuen wir uns sehr. Wir danken dem Landesmuseum Mainz sowie dem Saarlandmuseum Saarbrücken mit den Kuratorinnen Karoline Feulner und Eva Wolf herzlich für die inspirierende, vertrauensvolle Zusammenarbeit und die großzügigen Leihgaben.

Unser großer Dank gilt außerdem der Pfälzischen Landesbibliothek in Speyer mit Armin Schlechter, der mit Eva Wolf den schriftlichen Nachlass umfassend bearbeitet und erschlossen hat – eine wissenschaftliche Leistung, ohne die diese Ausstellung in ihrer Tiefe und Differenziertheit nicht möglich gewesen wäre.

Möge die Ausstellung das Interesse an dieser faszinierenden Zeit und ihren Akteuren weiter vertiefen und zu neuen Entdeckungen anregen.

TILMANN VON STOCKHAUSEN
Vorstandsvorsitzender
der Max-Liebermann-Gesellschaft Berlin e.V.

EVELYN WÖLDICKE
Direktorin
der Liebermann-Villa am Wannsee

DANK

Nach *Ein Tag am Meer* (2018) und *Hexenküche – Max Slevogts druckgrafische Experimente* (2021) freuen wir uns sehr, dass die aktuelle Forschung zu Max Slevogt mit dieser Sonderausstellung so hervorragend fortgeführt wurde. Diese Ausstellung ist im Zuge der Forschungskooperation der Generaldirektion Kulturelles Erbe (GDKE) mit seiner Direktion Landesmuseum Mainz, dem Landesbibliotheks-zentrum Rheinland-Pfalz/Pfälzische Landesbibliothek sowie dem Saarlandmuseum Saarbrücken realisiert worden.

Mit Max Slevogt und Bruno Cassirer stehen zugleich zwei Hauptakteure der internationalen Bühne Berlins in der brisanten Zeit von 1900 bis 1933 im Fokus. Während der Kunsthändler Paul Cassirer mit seiner eher extrovertierten und schillernden Persönlichkeit bereits öfter im Zentrum von Publikationen und Sonderausstellungen stand, wurde der als introvertiert beschriebene Bruno bisher in der Forschung kaum beachtet. *Auf zu neuen Werken! Max Slevogt und sein Verleger Bruno Cassirer* hat sich zum Ziel gesetzt, dieses große Desiderat umfassend anzugehen. Grundlage für die wissenschaftliche Bearbeitung war in erster Linie der größtenteils unveröffentlichte grafische (Landesmuseum Mainz/GDKE) und schriftliche Nachlass (Pfälzische Landesbibliothek Speyer/LBZ) des Künstlers. Diese wurden durch die fantastischen Bestände des Saarlandmuseums Saarbrücken hervorragend ergänzt.

Ohne die unkomplizierte und stets kollegiale Zusammenarbeit mit unseren Kooperationspartnerinnen und Kooperationspartnern wäre diese Ausstellung nicht zu realisieren gewesen. Daher gilt unser erster Dank unserem Partnerhaus, dem Saarlandmuseum Saarbücken sowie der Liebermann-Villa am Wannsee Berlin mit den Direktorinnen Lisa Felicitas Mattheis und Evelyn Wöldicke.

Den langjährigen Kooperationspartnern, Experten und Bearbeitern der umfassenden, begleitend erscheinenden Briefedition, Eva Wolf (Saarlandmuseum Saarbrücken) sowie Armin Schlechter (Pfälzische Landesbibliothek Speyer), sei an zweiter Stelle gedankt. Beide haben ihre ganz besondere Expertise in dieses Projekt mit viel Leidenschaft eingebracht, und die Zusammenarbeit war wie in den vergangenen Projekten absolut stimmig und perfekt. Dieses Team, mit Unterstützung von Karoline Feulner, hat hierdurch eine wesentliche Grundlagenarbeit geleistet und die zentralen Quellen mit wissenschaftlichen Kommentaren publiziert. Chapeau vor dieser großen Leistung!

Auf dieser Basis wurden die Idee und das Konzept zu dieser Ausstellung gemeinsam von unserer Kuratorin, Karoline Feulner, und der Kuratorin des Saarlandmuseums, Eva Wolf, entwickelt und für die verschiedenen Stationen inhaltlich angepasst.

Zudem danken wir sehr herzlich allen Leihgeberinnen und Leihgebern, die unser Projekt großzügig unterstützt und uns ihre großartigen Leihgaben anvertraut haben. Ohne diese wäre solch eine Ausstellung nicht zu realisieren gewesen. Und auch allen Autorinnen und Autoren, Eva Brachert, Jane Schmidt-Boddy, Karoline Feulner, Viktoria Bernadette Krieger, Armin Schlechter und Eva Wolf, sei ganz besonders gedankt. Für die großzügige Unterstützung danken wir zudem der Kulturstiftung der Länder, die das Projekt von Beginn an mit Interesse begleitet und großzügig gefördert hat.

Unser außerordentlicher Dank gilt auch allen Mitarbeiterinnen und Mitarbeitern des Landesmuseums Mainz, die uns bei der Realisierung der Ausstellung und des Katalogs unterstützt haben. Ganz besonders möchten wir der Kuratorin und Slevogt-Expertin Karoline Feulner danken, die das umfassende Projekt souverän leitete und die uns erneut in den so vielseitigen „Kosmos Slevogt" eintauchen lässt. So zeigt auch diese Ausstellung viel Unbekanntes und einen neuen Blick auf das Schaffen des heute vor allem als Maler bekannten Künstlers. Seine Illustrationen und Buchprojekte geben dagegen vielmehr seine unglaubliche Fantasie, seine Imagination und seine nahezu unerschöpfliche Kreativität wieder.

Es können wie immer nicht alle Namen einzeln genannt werden. Besonders hervorzuheben ist Eva Brachert, die den Ausstellungsaufbau koordinierte. Ein großer Dank gilt auch den beiden Restauratorinnen, die die konservatorische Betreuung stemmten: Die zahlreichen Arbeiten auf Papier wurden von Madlon Gunia betreut, die Gemälde von Eva Brachert. Und auch unser museumspädagogisches Team hatte wieder sehr viele großartige Vermittlungsideen für dieses zugegebenermaßen nicht einfache Thema. Hier sei Andreas Hawner mit Ann-Kathrin Grube unser außerordentlicher Dank ausgesprochen.

Darüber hinaus möchten wir allen anderen Mitarbeiterinnen und Mitarbeitern des Landesmuseums Mainz aus der Verwaltung sowie dem Technikerteam ganz herzlich für ihre vielseitige Unterstützung danken. Auch der bewährten Arbeit der Kolleginnen und Kollegen in Koblenz aus den Bereichen Marketing mit Stefanie Dietzler und Birgit Zarbach sowie Finanzen mit Noelia Wostry sei besonders gedankt.

Ein ganz herzlicher Dank gilt auch dem Ministerium des Innern und für Sport, welches unsere Forschungsarbeit zu Max Slevogt stets interessiert verfolgt und fördert.

Unser abschließender Dank gilt dem Deutschen Kunstverlag mit der Grafikerin Sarah Nöllenheidt vom Buero NOC mit Vivien Roidinger für die professionelle und stimmige Umsetzung des hervorragenden Katalogs und der Briefedition. Die ansprechende Ausstellungsgrafik wurde von Sandra Seibert (Simply-S) realisiert. Dieser Katalog wird mit seinen grundlegenden neuen wissenschaftlichen Erkenntnissen auch über die Ausstellung hinaus noch Bestand in der weiteren Slevogt-Forschung haben.

Allen Besucherinnen und Besuchern wünschen wir einen spannenden Rundgang durch die Ausstellung mit neuen Einblicken in die fantasievolle und abenteuerliche Imagination Max Slevogts.

HEIKE OTTO
Generaldirektorin der Generaldirektion Kulturelles Erbe Rheinland-Pfalz (GDKE)

BIRGIT HEIDE
Direktorin
Landesmuseum Mainz

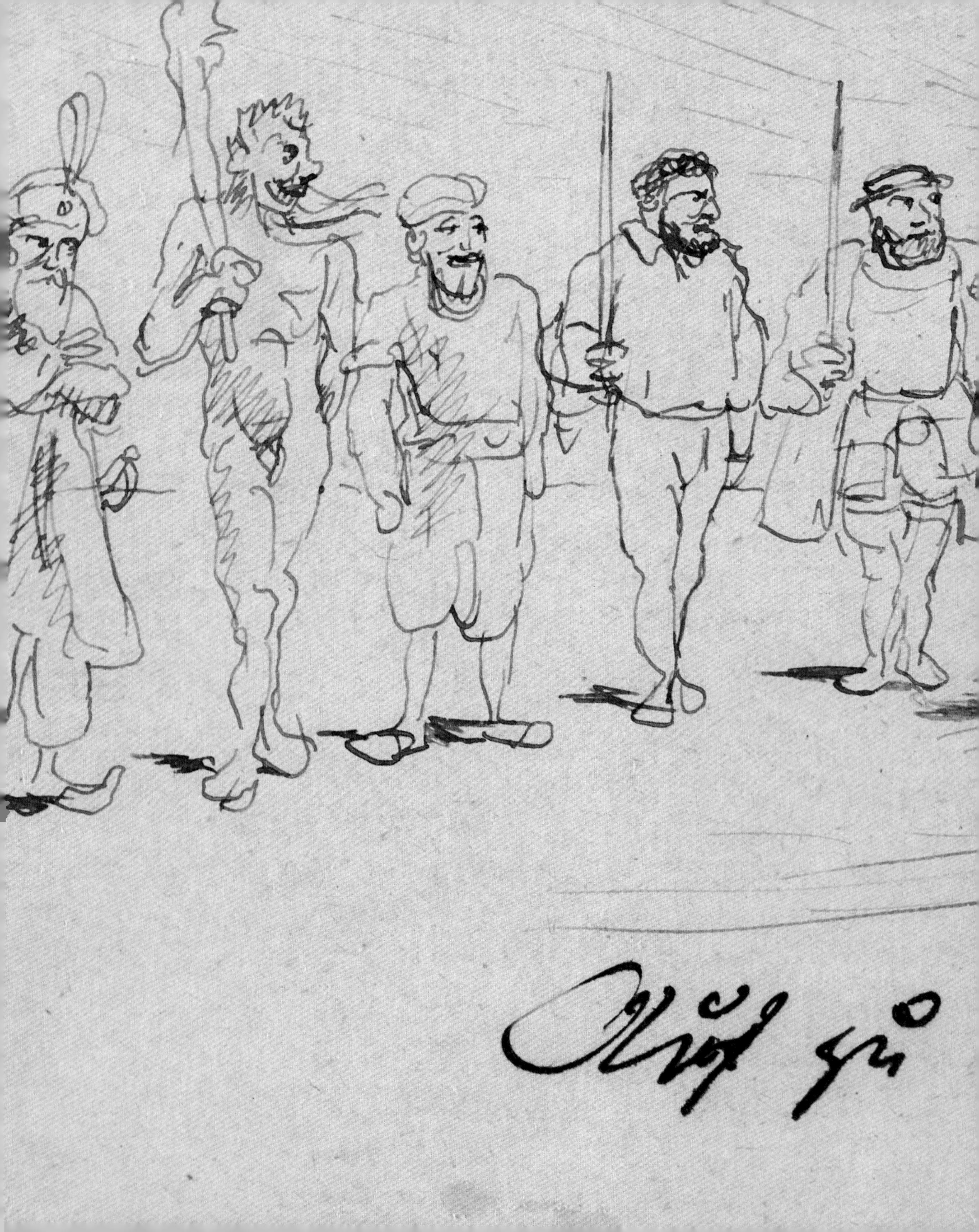

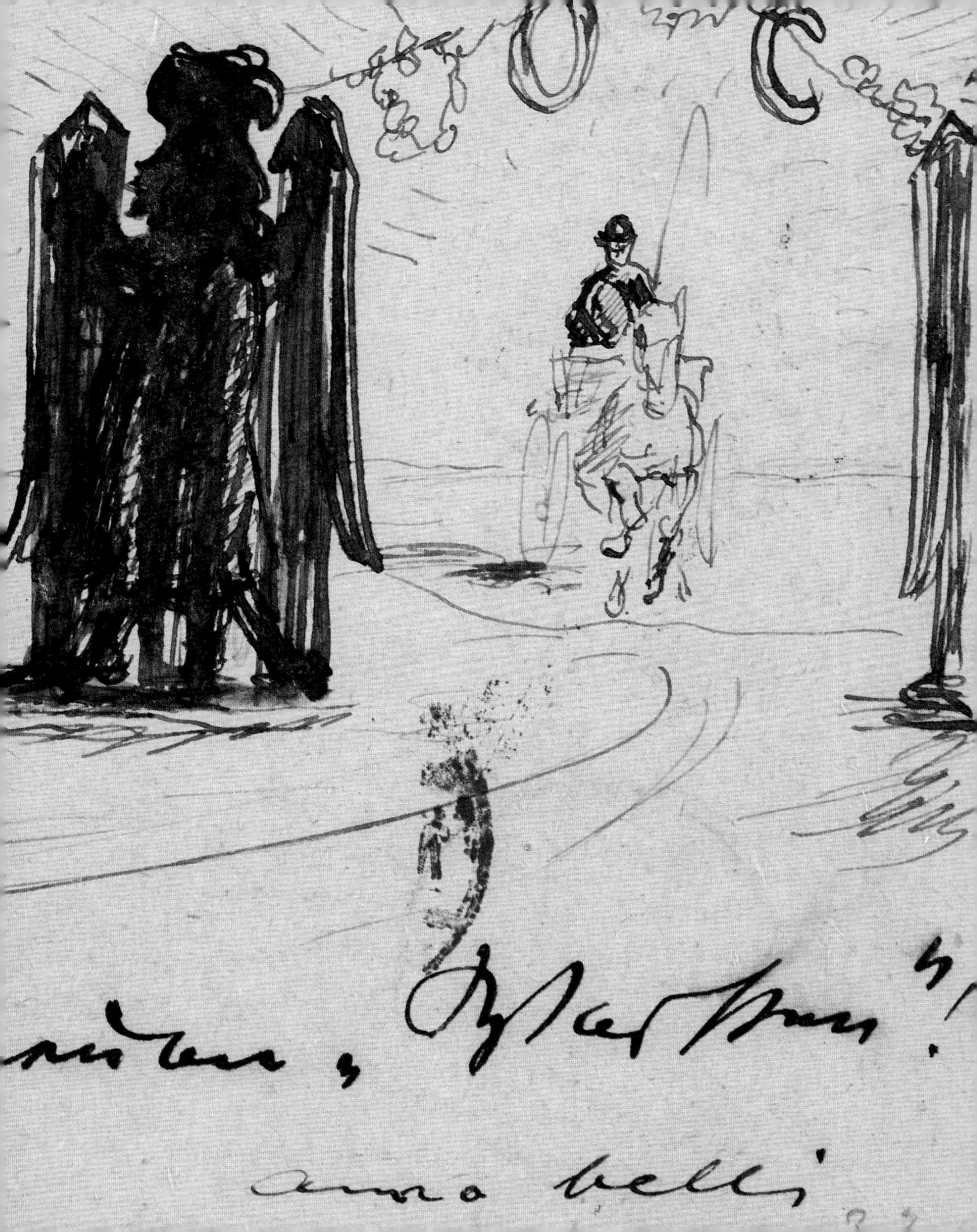
anno belli

Auf zu neuen Werken!

KAROLINE FEULNER

Max Slevogt und sein Verleger Bruno Cassirer

EINFÜHRUNG IN DAS THEMA

Der programmatische Satz: „Auf zu neuen ‚Werken'!", geschrieben von Max Slevogt 1915 auf einer Glückwunschkarte an Bruno Cassirer, steht für die einzigartige Zusammenarbeit eines der innovativsten und produktivsten Illustratoren seiner Zeit mit einem der einflussreichsten Verleger und Kunsthändler Berlins und ist daher titelgebend für unsere Ausstellung (Kat. 3). Diese widmet sich der fast dreißig Jahre währenden intensiven und konstruktiven Zusammenarbeit von Max Slevogt mit Bruno Cassirer (Kat. 1 und 2). Beide verbindet eine einzigartige Erfolgsstory – sie realisierten 51 Illustrations- und Mappenwerke (!) –, die auf einer Vielzahl von Faktoren beruhte, die erstmals im Rahmen dieser Sonderausstellung detailliert im Fokus stehen. Ziel ist es, diese „neuen Werke" der impressionistischen Buchgestaltung mit ihren Besonderheiten zu präsentieren, aber auch die einzigartige Konstellation der beiden Persönlichkeiten Max Slevogt und Bruno Cassirer herauszustellen.

Für die Aufarbeitung dieser kongenialen Zusammenarbeit von Max Slevogt mit Bruno Cassirer konnte zum ersten Mal auf zu großen Teilen unveröffentlichtes, umfangreiches Material aus dem schriftlichen sowie grafischen Nachlass des Künstlers zurückgegriffen werden. Grundlage hierzu ist die 387 Briefe und Postkarten umfassende Korrespondenz, die sich im schriftlichen Nachlass von Slevogt erhalten hat.[1] Slevogt, der schon als Kind regelmäßig in der Pfalz seine Verwandten in Godramstein besuchte, hatte dort, genauer im Hofgut Neukastel oberhalb des Weinorts Leinsweiler, seine Wahlheimat gefunden und pendelte regelmäßig zwischen der Pfalz und Berlin (Kat. 23). Seine Abwesenheit aus Berlin gab Anlass zu einem umfangreichen Schriftverkehr mit seinem Verleger. In unserer kommentierten Briefedition ist diese Korrespondenz, ergänzt mit den erhaltenen Antwortbriefen von Slevogt, im Zuge dieses Projekts erstmals umfassend wissenschaftlich bearbeitet worden.[2]

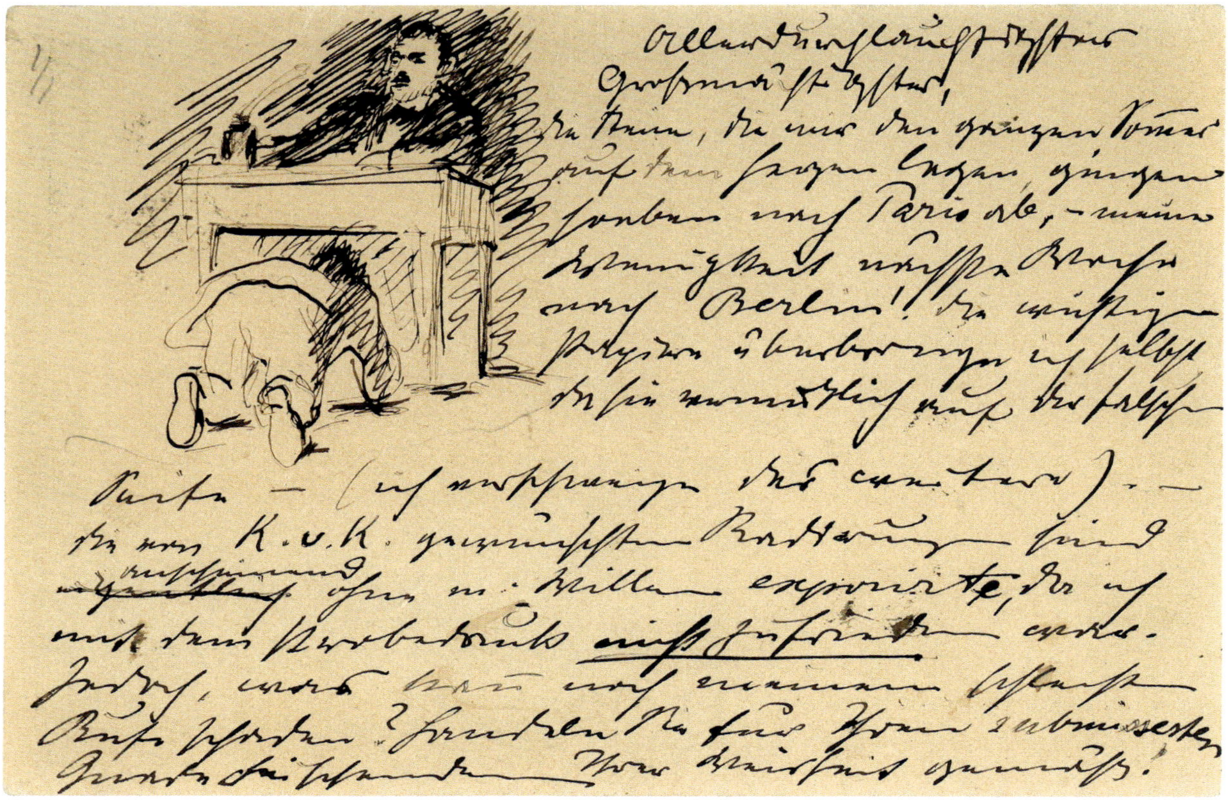

ABB. 1 Postkarte von Max Slevogt an Bruno Cassirer (18.11.1911), Slevogt kniet hier vor dem Schreibtisch von Bruno Cassirer, den er auf der Karte mit „Allerdurchlauchtigster Großmächtigster“ anredet BRIEFEDITION NR. 50, SM, INV.-NR. KW 35

Dieser Briefwechsel vermittelt unter anderem einen Einblick in die langjährige Geschäftsfreundschaft und die sich wandelnden künstlerischen Ziele Slevogts. Ausführlich werden die Details der Entstehung der gemeinsamen Buchprojekte, der Buchherstellung und -gestaltung besprochen. Diese belegen das Ringen um die beste Qualität der Druckgrafiken sowie der Ausstattung der Publikationen. Zugleich berichtet diese Korrespondenz aus einer persönlichen Perspektive von dem kulturpolitischen, sozio-kulturellen wie auch wirtschaftlichen und historischen Zeitgeschehen der ausgehenden Kaiserzeit und der Weimarer Republik – eine Epoche der deutschen Geschichte, die durch viele einschneidende Umbrüche geprägt war. Slevogts äußerst humorvolle Randzeichnungen, die stets seine Antworten illustrieren, sind darüber hinaus ganz persönliche Statements, die Slevogts Charakter lebendig werden lassen und eine große Selbstironie zeigen (Abb. 1).

DIE REKRUTIERUNG JUNGER TALENTE: DIE KUNSTHÄNDLER BRUNO UND PAUL CASSIRER

Max Slevogt und Bruno Cassirer kannten sich spätestens seit der Organisation der 1. Berliner Secessionsausstellung 1899.[3] Slevogt wohnte zu diesem Zeitpunkt noch in München und versuchte dort nach seiner Ausbildung an der Münchner Akademie als Künstler bekannt zu werden. Gemeinsam mit seinem Vetter Paul war Bruno Cassirer damals als geschäftsführender Sekretär für die Organisation der Ausstellung zuständig. Die beiden Cassirers hatten bereits am 20.9.1898 in Berlin die Bruno & Paul Cassirer,

Kunst- und Verlagsanstalt eröffnet und engagierten sich für die Rekrutierung von neuen, aussichtsreichen Talenten. Den ersten Kontakt zu Max Slevogt knüpfte wohl Paul Cassirer im Umfeld der Künstler des *Simplicissimus* in der bayerischen Hauptstadt.[4] Den ersten nachweislichen Kontakt von Bruno Cassirer mit Max Slevogt belegt ein auf den 1.7.1899 datierter Brief.[5] In diesem agiert er als Kunsthändler und verkauft kurz darauf erfolgreich mit seinem Geschäftspartner Paul ein Gemälde für den 31-jährigen Slevogt.[6]

Das Duo Cassirer warb damals gezielt um junge Künstler, die in das Portfolio ihrer neuen Galerie passten, und überzeugte diese, sie unter Vertrag zu nehmen. Neben Max Slevogt war dies beispielsweise auch Lovis Corinth. Ihr Angebot einer Umsatzgarantie von jährlich 4000 Mark hatte maßgeblichen Anteil daran, Slevogt dazu zu bewegen, 1901 nach Berlin überzusiedeln und der dortigen *Secession* beizutreten. Die einzige Bedingung für diesen Deal war, dass die Cassirers als seine alleinigen Kunsthändler fungieren konnten.[7] Dieser Wechsel von München nach Berlin war für Max Slevogt ein entscheidender Schritt auf seinem Weg zu einer seitdem sehr erfolgreichen Karriere – die auch vielfach durch die Zusammenarbeit und das Netzwerk aus Sammlern und Kunstkennern der Vettern Cassirer profitierte. Sie gehörten zu den wichtigsten Förderern des Impressionismus und bildeten durch ihre Kunstauffassung eine Opposition zu der protegierten Kunstpolitik des Kaiserreichs. Sie hatten ein großes Netzwerk etwa zu Händlern und Sammlern dieser Kunstrichtung in Frankreich, verfolgten im Gegensatz zu den offiziellen Kunstausstellungen der Akademien neue Ausstellungskonzepte, erschlossen sich dadurch neue Käuferschichten und hatten durch diese Strategien auch einen nicht zu unterschätzenden Anteil daran, dass Berlin München als Kunsthauptstadt immer mehr den Rang absprach.

Im Zuge dieser neuen Ideen wagten es die Cousins 1899 erstmals, 35 Werke Slevogts gemeinsam mit den französischen Malergrößen Pierre Puvis de Chavannes, Edgar Degas und Édouard Manet auszustellen.[8] Ein völlig neues Konzept: Der damals noch weitgehend unbekannte Newcomer Slevogt in direkter Gegenüberstellung mit den französischen Künstlern. Als sogenannter „deutscher Impressionist" gelang Max Slevogt mithilfe der vielfältigen Marketingstrategien der geschickten Geschäftspartner Cassirer sein künstlerischer Durchbruch in der aufstrebenden Kunstmetropole. Anteil an Slevogts Weiterentwicklung seines Stils hin zu einer pastosen, an der Kunst des französischen Impressionismus orientierten Freilichtmalerei hatten sowohl ihre Kontakte zu Sammlerinnen und Sammlern als auch ihre innovativen Ausstellungen, besonders diejenigen von Paul Cassirer.[9] Sie präsentierten verschiedene, auch internationale Künstlerinnen und Künstler im Dialog mit älterer Kunst oder völlig unbekannten internationalen Künstlern der Avantgarde, wie Vincent van Gogh oder Edvard Munch, um Strömungen und Verwandtschaften aufzuzeigen.[10]

DAS UNGLEICHE DUO CASSIRER

Für Slevogt war der Umzug nach Berlin ein großer Einschnitt. Geboren 1868 in Landshut als Sohn eines Angehörigen des Militärs, wurde er nach der raschen Trennung seiner Eltern alleine von der Mutter aufgezogen, die sein Talent früh förderte.[11] Slevogt stammt aus einfachen bürgerlichen Verhältnissen, die mit den wohlhabenden Familienverhältnissen der jüdischen Großbürger Cassirer nicht zu vergleichen sind. Dennoch schlug er die Laufbahn eines Künstlers ein. Bruno Cassirer war nur wenige Jahre jünger und 1872 in Breslau geboren.[12] Die Familie Cassirer war stets durch enge

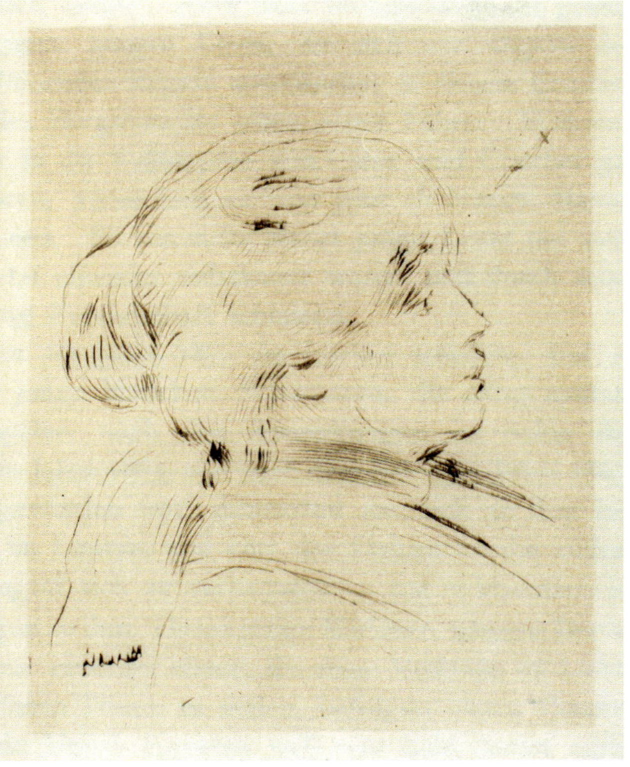

ABB. 2 Auguste Renoir, *Portrait der Berthe Morisot*, Originalradierung in: Théodore Duret: *Die Impressionisten*, Bruno Cassirer 1909 (Vorzugsausgabe der Erstausgabe), Ganzpergament mit zwölf Originalradierungen
LM, INV.-NR. GS 2024/12

verwandtschaftliche Bindungen geprägt. So waren die Großväter von Bruno und Paul Brüder und Bruno heiratete die Schwester von Paul, Else Cassirer. Der Wohlstand der Dynastie gründete sich auf Pauls Vater, Louis Cassirer, der Gründer der Kabelwerke Dr. Cassirer & Co. in Berlin war. Auch der Vater von Bruno war später an den Kabelwerken geschäftlich beteiligt. Fast alle Söhne der Familiengeneration von Bruno und Paul sowie der nachfolgenden Generation der Cassirers studierten und promovierten in den unterschiedlichsten Fachbereichen. Bruno Cassirer studierte Kunstgeschichte, zunächst in Berlin und später in München. Nach mehreren Studienreisen und einem kurzen Exkurs, bei dem er auch Malunterricht nahm, entschied er sich jedoch für das gemeinsame Geschäft der Kunsthandlung mit angeschlossenem Verlag.

Die Zusammenarbeit der beiden höchst unterschiedlichen Charaktere war nicht einfach. Paul galt als „extrovertiert, impulsiv, nervös"[13] und hatte eine hervorragende Eloquenz, während Bruno introvertiert, „reserviert, pragmatisch"[14] war und sich schwer entscheiden konnte – und so gab es zahlreiche Differenzen, die letztlich nach nur drei Jahren zur Auflösung der Geschäftsverbindung im August 1901 führten.[15]

Da beide Cassirers zudem seit 1899 als Sekretäre der im Mai 1898 gegründeten *Berliner Secession* fungierten, verzichtete Bruno nach 1901 auf dieses Amt. Paul führte es anschließend allein aus. Er war zwischen 1906 und 1910 als Geschäftsführer und 1912/13 als Präsident tätig und hatte so maßgeblichen Einfluss auf die Auswahl der in der *Secession* gezeigten Künstlerinnen und Künstler, von welchen er einige auch als Kunsthändler vertrat.[16]

Nach der geschäftlichen Trennung übernahm Bruno den noch in den Anfängen steckenden Verlag, der sich recht schnell durch zentrale kunstwissenschaftliche Publikationen einen Namen machte. Das Verlagsprogramm umfasste Werke über Architektur sowie Kunst- und Kulturgeschichte. Das Spektrum reichte von einzelnen Epochen bis hin zu außereuropäischen Kulturen, wobei ein besonderes Thema der Impressionismus blieb (Abb. 2). Ein anderer Schwerpunkt lag auf Lebenszeugnissen von Künstlern, wie Briefen und Tagebüchern. Bruno Cassirer veröffentlichte zahlreiche Künstlerbiografien und vereinzelt auch Werkverzeichnisse.[17] Zudem erschienen Titel zu verschiedenen künstlerischen Techniken.[18] Ab 1908 bot er zusätzlich Originalgrafiken an.[19] Erweitert wurde dieses Spektrum durch philosophische Werke, beispielsweise von Ernst Cassirer oder Emil Ludwig, wie auch durch Literatur von Autoren wie Christian Morgenstern, Robert Walser, Frank Wedekind oder Wolfgang Koeppen.[20] Zudem besaß Bruno Cassirer die Bildrechte an Slevogts Werken.[21]

Bereits 1902 gründete er die Zeitschrift *Kunst und Künstler*, die während der dreißig Jahre ihres Bestehens eine der führenden und einflussreichsten Kunstzeitschriften Deutschlands war, und unterstützte damit indirekt die *Berliner Secession*.[22] Max Slevogt, genau wie viele andere Künstler, arbeitete aber auch weiterhin mit Paul Cassirer zusammen, der nach Aufhebung der Schutzfrist (1908) seine Pan-Presse ins Leben rief, die fortan als Konkurrenzunternehmen zum Verlag Bruno Cassirer fungierte.[23] So gibt es in der Ausrichtung des Verlagsprogramms der Pan-Presse deutliche Parallelen zu demjenigen von Bruno Cassirer, das, wie er schreibt „mit rührender Anhänglichkeit meinen Spuren folgt […]".[24] Sei es, dass es wie im Falle von Max Slevogt die gleichen Autoren beziehungsweise Illustratoren sind, die Publikationen inhaltlich die gleiche Ausrichtung aufweisen oder er verschiedene Ausgaben veröffentlichte.[25] Aber auch die Maxime des Bruno Cassirer Verlags, als Vorreiter einer neuen Kunst des illustrierten Buchs zu fungieren, proklamiert Paul Cassirer genauso für seine Pan-Presse. So verwundert es nicht, dass sich die beiden Vettern seit der geschäftlichen Trennung als feindliche Rivalen gegenüberstanden.[26] Im Gegenzug betätigte sich Bruno Cassirer nach Ablauf der Frist auch wieder als Kunsthändler, allerdings nur in geringem Maße.[27] Erst nach dem Tod von Paul Cassirer (7.1.1926) steigt Bruno wieder richtig in den Kunsthandel ein, wie die Auflistungen der Verkäufe in der Korrespondenz belegen.[28]

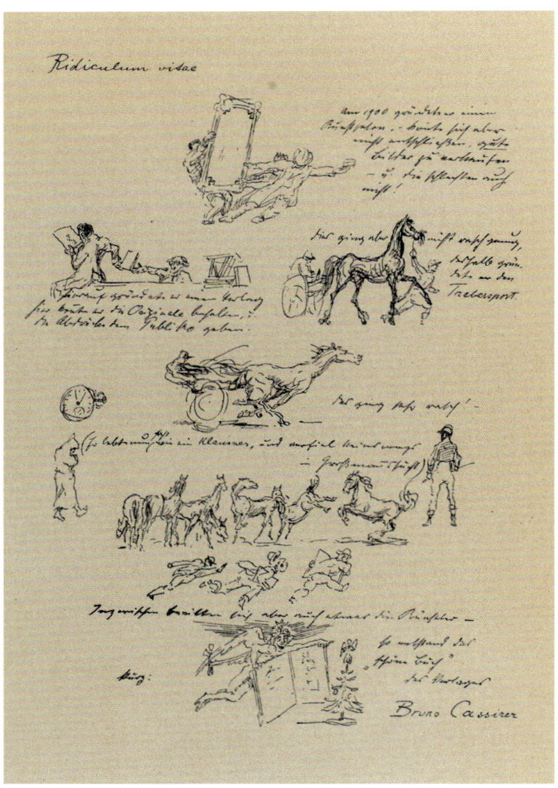

ABB. 3 Max Slevogt, Ridiculum Vitae Bruno Cassirers, veröffentlicht in: *Kunst und Verleger. Zum 50. Geburtstag von Bruno Cassirer*, 12.12.1922, S. 25
EXEMPLAR-NR. 77, LM, INV.-NR. GOE 113

Allgemein kann man konstatieren, dass beide Cassirers die zentralen Dreh- und Angelpunkte waren, die Slevogt nicht nur inhaltlich durch ihren Einsatz für die Moderne viele Anregungen boten, sondern ihm auch neue Karrierechancen als seine Kunsthändler und Verleger ermöglichten. Durch sie, wie auch durch das Umfeld der *Berliner Secession,* erhält er Zugang zu anderen Netzwerken und erreicht neue und vor allem attraktive Käuferschichten. Paul Cassirer richtete regelmäßig Vortragsabende, Empfänge und andere Veranstaltungen aus, zu denen das liberale Großbürgertum strömte.[29] Es gelang ihm, eine neue Käuferschicht zu gewinnen, die

Kunst als Prestigeobjekt und Wertanlage ansah. Seine Galerie war so bekannt, dass es zum guten Ton des aufstrebenden Großbürgertums gehörte, bei ihm Kunst zu erwerben.[30] Darüber hinaus stellten Porträtaufträge für Slevogt eine äußerst lukrative Einnahmequelle dar. Zu seinen Auftraggebern zählten einflussreiche Politiker wie Bernhard Dernburg oder Reichpräsident Paul von Hindenburg, Geheim- und Kommerzienräte, Geschäftsleute wie der Bankprokurist und Sammler Carl Steinbart, sowie Literaten und Philosophen wie Rudolf Alexander Schröder oder Carl Stumpf (Kat. 24–26).[31] Als Einnahmequelle nicht zu unterschätzen sind auch die zahlreichen Buchprojekte, die Slevogt den Beinamen „König der Illustration" einbrachten – und von Zeitgenossen teilweise sogar höher geschätzt wurden als seine Malerei.[32] Dass Slevogt in diesem Bereich so produktiv und erfolgreich war, hatte er maßgeblich Bruno Cassirer zu verdanken.

„SCHREIBEN SIE MIR BITTE, WANN SIE WIEDER IM ROMANISCHEN SIND."[33]

In Bruno Cassirers Verlag in der Derfflingerstraße 15/16 erschien der größte Teil von Slevogts zahlreichen Illustrationswerken, er regte den Künstler zu immer neuen Projekten an und ermöglichte ihm entsprechende Freiräume für neuartige Themen und Gestaltungslösungen. Vor allem aber teilte er die Leidenschaft des Künstlers für die Zeichnung, die ihm im Gegensatz zur Malerei ein vielfältigeres Spektrum an Themen ermöglichte. Dies war die beste Voraussetzung für die Umsetzung seiner innovativen und teilweise bahnbrechenden Vorstellungen eines künstlerisch illustrierten Buchs, die in dieser Weise nur zusammen mit Max Slevogt und seiner fantasievollen und nahezu unerschöpflichen Produktivität entstehen konnte. Es war Bruno Cassirer stets ein Anliegen, für die lebendigen, ausdrucksstarken Illustrationszeichnungen Slevogts immer wieder nach den passenden drucktechnischen Verfahren und Materialien zu suchen und sie damit bestmöglich zur Geltung zu bringen. Dadurch erwies er sich als ein unverzichtbarer und kongenialer Partner des Zeichners Slevogt und leistete einen zentralen Beitrag für die impressionistische Buchgestaltung.

Wie sorgfältig sich Bruno Cassirer mit jeder einzelnen Publikation im Detail beschäftigt, belegen zahlreiche Briefe, so etwa zu *Ali Baba und die vierzig Räuber* (B 1), indem sich der Verleger für seine Sorgfalt entschuldigt: „Sie sehen, ich bin anspruchsvoll. Hoffentlich nehmen Sies nicht übel?"[34] Cassirer kontrollierte jeden Abzug selbst, wie beispielsweise für den *Benvenuto Cellini* (B 7).[35] Zu diesem Illustrationsprojekt haben sich die Probedrucke erhalten. Fein säuberlich wurden auf diesen die Korrekturen und Druckzustände mit Bleistift vermerkt und mit dem Künstler besprochen.[36] Zudem wurde durch den Verlag eigens ein Blindband für Slevogt zusammengestellt (Kat. 74). Alle Einzelblätter wurden hier fein säuberlich eingeklebt, bei den wenigen Blättern, die bei M. W. Lassally in Berlin als Probedrucke gedruckt worden waren, sind die Druckzustände gegenübergestellt und entsprechend beschriftet.[37] Cassirer kümmerte sich von der Papierbestellung bis zum Einband, vom Vorsatzblatt bis zur Signatur der Vorzugsausgaben. Diese Leidenschaft und Hingabe, diese individuelle Gestaltung jedes einzelnen Buchs, spiegelt sich in der außergewöhnlichen Qualität der Publikationen wieder.

Cassirer war ein Charakter, der sich für seinen Verlag aufopferte und sich mit absolutem Einsatz seinen Zielen widmete. Dies zeigt sich auch bei seiner zweiten Leidenschaft: dem Pferdesport. Er war passionierter Pferdenarr und schaffte es durch sein Gespür, vor dem Ersten Weltkrieg zu einer

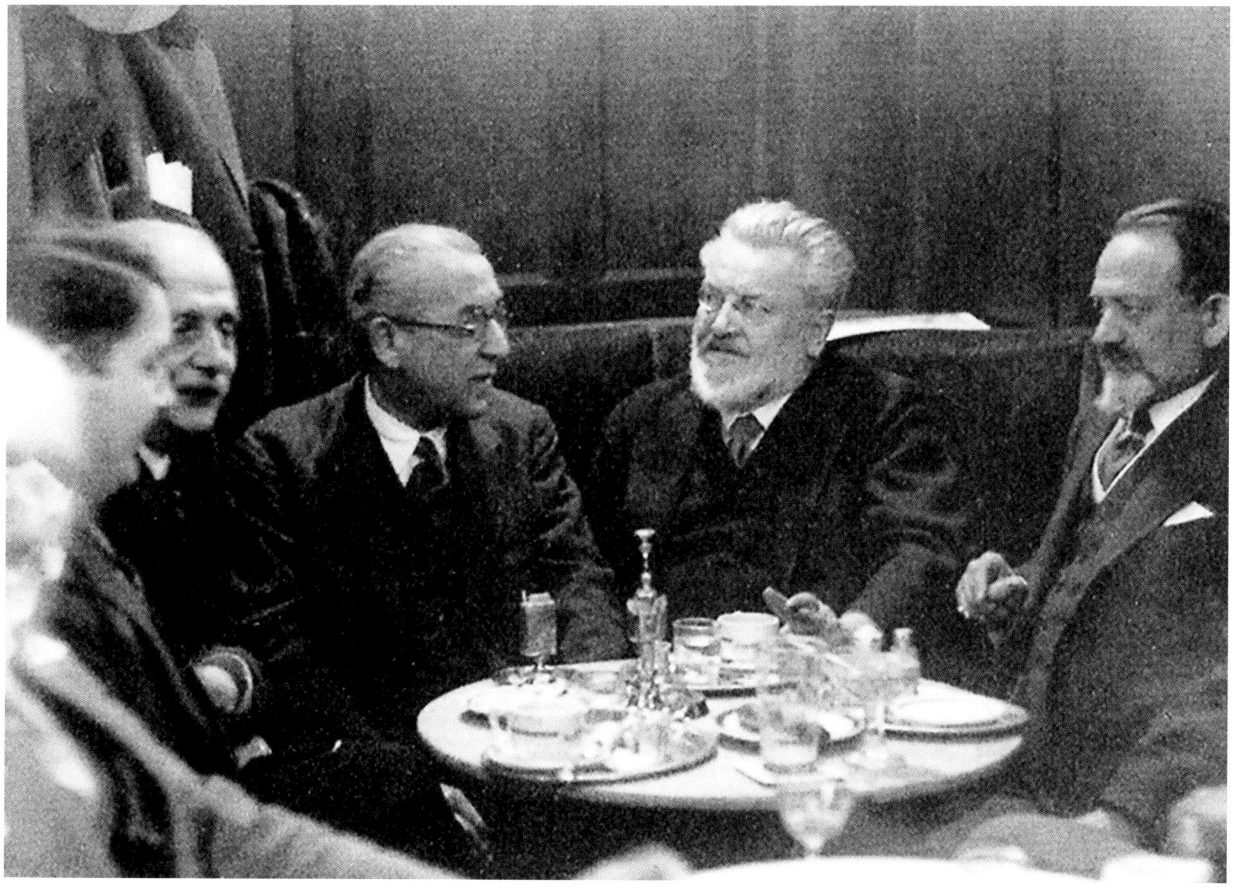

ABB. 4 Max Slevogt im *Romanischen Café* (v. l. n. r.: sein Sohn Wolfgang, Rudolf Levy, Max Slevogt, Emil Orlik), um 1930 (Fotografie aus: *Der Querschnitt*, Jg. 12, 1932, Heft 11)

der wichtigsten Persönlichkeiten im deutschen Trabrennsport aufzusteigen. Bis heute ist sein Name untrennbar mit dem Berliner Trabrennsport verbunden (Abb. 3).[38]

Bruno Cassirer sammelte auch selbst Kunst und organisierte Ausstellungen zur Grafik und Buchkunst in seinem Verlagsgebäude, die ein gesellschaftliches Ereignis waren.[39] Im Gegensatz zu Paul machte sich der introvertierte Bruno jedoch eher rar bei den Eröffnungen und verschwand schnell wieder in sein Arbeitszimmer. Laut seiner engen Mitarbeiterin Asta Smith bedurfte es „oft sanfter Gewalt, Cassirer wenigstens zu einer kurzen Begrüßung seiner Gäste zu veranlassen".[40] Die Zusammenarbeit mit einem durchaus sehr eigenwilligen Künstler wie Max Slevogt funktionierte oft nur aufgrund der Beharrlichkeit des Verlegers. „Erstaunlich war auch die Unermüdlichkeit, mit der er in endlosen Sitzungen Slevogt aufzumuntern verstand, wenn es galt, Stöße graphischer Blätter handschriftlich zu signieren – Stunden, die für alle Beteiligten eine harte Geduldsprobe bedeuteten. Zur Stärkung wurde dann in vorgerückter Stunde das Romanische Café aufgesucht, wo weiter über gemeinsame Arbeitspläne und kommende Publikationen debattiert wurde"[41], so ebenso Asta Smith. Dieses Café wurde vor allem in den 1920er-Jahren zu einer Art Headquarter (Abb. 4 und 5). Slevogt hatte dort um

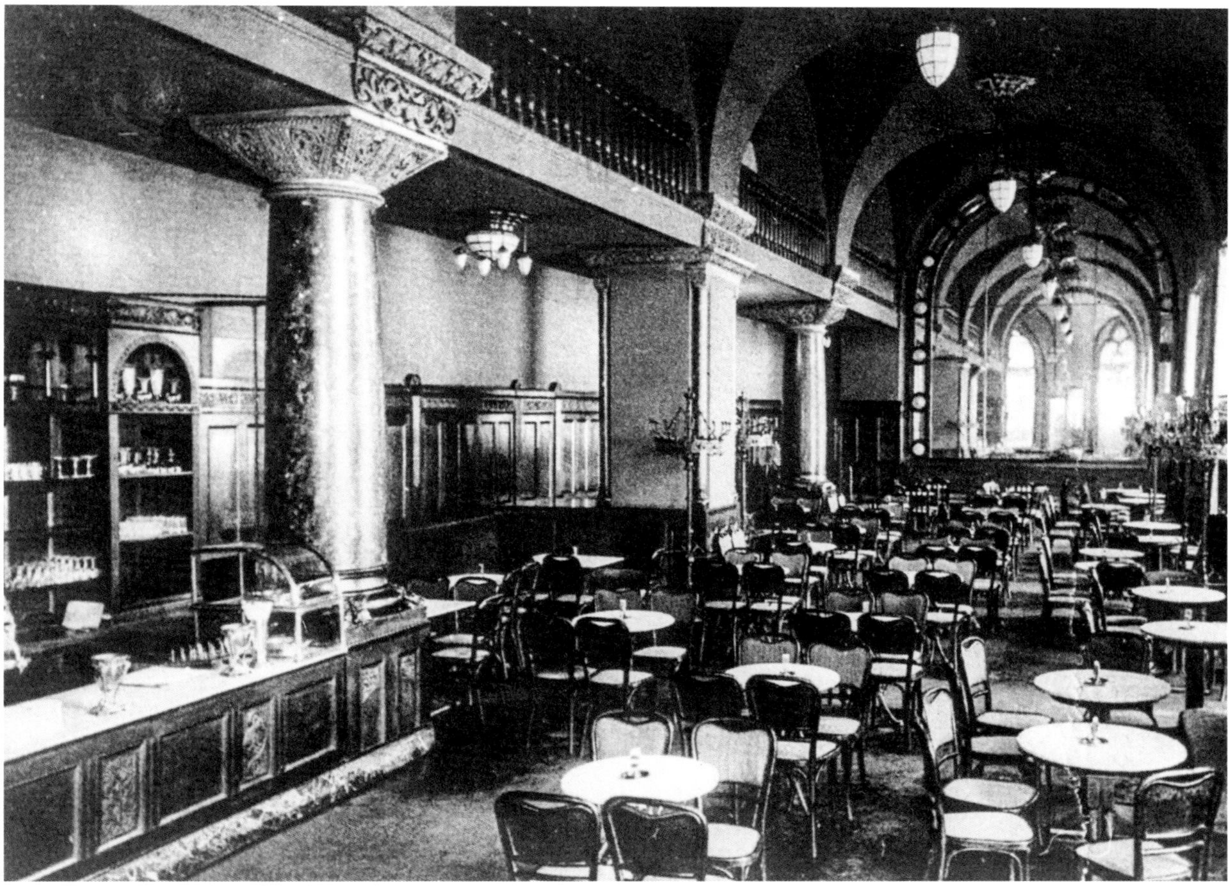

ABB. 5 Das *Romanische Café* in Berlin, 1920er-Jahre

1916 einen Künstlerstammtisch etabliert, der – genau genommen – ursprünglich von Bruno Cassirer initiiert worden war, der jedoch den Vorsitz an den Maler übergab.[42] Neben dem Verleger waren hier auch Rudolf Levy, Max Liebermann, Emil Orlik und Otto Dix Stammgäste.[43]

„WAS GIEBT ES NEUES IN BERLIN?!"[44]

Das geschäftliche Verhältnis wurde im Laufe der vielen Jahre der Zusammenarbeit immer mehr ein freundschaftliches. Dies belegen in der Korrespondenz neben privaten Fragen nach dem Gesundheitszustand oder dem Wohlergehen der Familie auch die zahlreichen Gelegenheitsarbeiten wie Tischkarten oder die Einladung für die Hochzeit von Brunos Tochter, die er für seinen Verleger liebevoll gestaltete (Abb. 6 und 7; Kat. 21 und 22). Das letzte gemeinsame Projekt ist *Reineke Fuchs* in der Ausgabe der Gebrüder Grimm (1928, Kat. 132–135), das Slevogt seinem „Verleger und Freunde Bruno Cassirer"[45] sogar widmet. Diese persönliche Widmung unterstreicht das langjährige enge Verhältnis der beiden und ist als Dank für die vielen Jahre der Zusammenarbeit und vielleicht auch für die mühsame Organisation seiner Jubiläumsausstellung 1928 zu werten.[46] So bezeichnet Bruno Cassirer die „alte Freundschaft" beispielsweise als „ein unersetzliches Plus" in seinem Leben, das er „nicht missen will".[47]

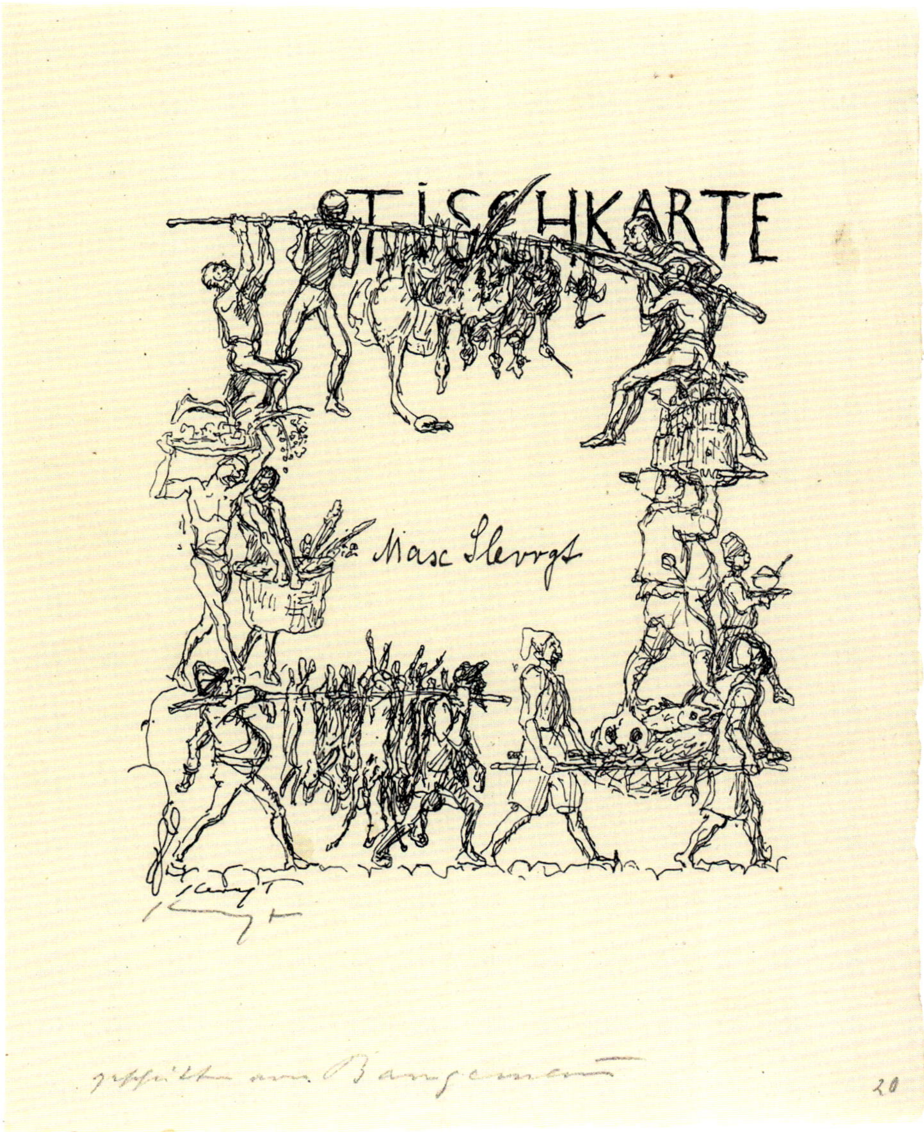

ABB. 6
Von Max Slevogt gestaltete Tischkarte anlässlich des fünfzigjährigen Geburtstags von Bruno Cassirer am 12.12.1922 (Exemplar für Slevogt selbst)
LM, INV.-NR. DL SL NL 2025/17

Nachdem Cassirer seit 1912 nahezu jedes Jahr ein oder mehrere Illustrationsprojekte von Slevogt veröffentlichte, darunter auch die sich über mehrere Jahre hinstreckenden umfassenden Illustrationen zum *Faust II* (B 45), die als eine Krönung seiner Illustratorentätigkeit betitelt wurden[48], scheint Slevogt immer mehr die Lust an der Buchillustration verloren zu haben. Auch der Grafikmarkt hatte sich Ende der 1920er-Jahre geändert und Cassirer hatte nicht mehr so gute Absatzmöglichkeiten.[49] Trotz mehrmaliger Nachfragen von Bruno Cassirer nach neuen Buchprojekten widmete sich Slevogt in seinen letzten Lebensjahren vor allem größeren Freskenprojekten, wie etwa der Ausmalung des Plafonds seines fertiggestellten Bibliotheksanbaus in Neukastel in der Pfalz (1929), dem Saal des *Berliner Kindelbräus* am Kurfürstendamm (1929) oder dem Golgathafresko in der Friedenskirche zu Ludwigshafen (1932). Zum Teil verausgabte er sich dabei gesundheitlich völlig und ging mehrfach zur Kur, beispielsweise nach Marienbad oder Aachen. Bereits 1927 schreibt er Cassirer: „Ich weiß, daß Sie nicht gern daran denken, daß wir nichts neues [sic] im Kochtopf haben; – es ist immer eine anregende Zeit für beide Teile. Aber meine Gefühlseinstellung, in die Vielillustriererei zu verfallen, [...] ist immer noch die gleiche, u. nirgends fühle ich die Freude, das Bedürfnis von früher, etwas zu machen. Nicht, daß ich ermüdet wäre, aber ich empfinde es nicht mehr als Drang."[50] Zudem zog sich der gesundheitlich angeschlagene Künstler immer mehr auf sein Landgut in der Pfalz zurück, der Stammtisch im *Romanischen Café* verwaiste. Das belegt auch der ausführliche Briefwechsel rund um das Jahr 1928, denn selbst zur eigenen großen Jubiläumsausstellung zu seinem sechzigsten Geburtstag reiste er – trotz mehrmaligem Drängen von Cassirer – nicht nach Berlin. Vier Jahre später, am 20.9.1932, verstirbt Slevogt in Neukastel.

Zeitgleich sah sich der jüdische Verleger Bruno Cassirer zunehmend den Anfeindungen der nach der Macht strebenden Nationalsozialisten ausgesetzt. Die Absätze gingen stetig zurück und viele Autoren suchten sich einen anderen Verlag. Nach der Emigration seines Sortimentsbuchhändlers, Fritz Picard, versuchte Cassirer noch über Anzeigen im *Börsenblatt* seine Publikationen zu stark herabgesetzten Preisen zu verkaufen. Am 25.2.1937 wurde Bruno Cassirer, wie alle jüdischen Verleger, aus der Reichsschrifttumskammer ausgeschlossen. Den Verlag zu verkaufen lehnte Cassirer vehement ab und versuchte wenigstens seine Verlagsrechte zu retten, was bis auf wenige Ausnahmen ebenso misslang. Bruno Cassirer sah keine andere Möglichkeit und flüchtete nach den Novemberpogromen von 1938 in letzter Minute mit einem Teil seiner Familie nach England. Ein Großteil seiner eigenen Kunstsammlung war im Zuge dessen beschlagnahmt und sein Vermögen durch die Nationalsozialisten verwertet worden. Als B. Cassirer (Publ.) Ltd. existierte der Verlag auf Initiative seines Schwiegersohns, George Hill (Günther Hell), in England weiter. Allerdings scheiterte die Idee, mit seinem Lektor Max Tau dort den Verlag wiederaufzubauen, da Tau nach Norwegen emigriert war und nach der Besetzung weiter nach Schweden fliehen musste. Der durch die Ereignisse psychisch stark angegriffene Bruno Cassirer starb am 29.10.1941 in Oxford.[51]

Die intensive und langjährige Zusammenarbeit von Slevogt mit Cassirer prägte den Bruno Cassirer Verlag wie keine andere. Und es war vor allem Cassirer selbst, dem es gelang, Slevogt immer wieder für die gemeinsamen Projekte zu motivieren und ihn als Illustrator so bekannt zu machen. Wobei Bruno Cassirer stets bescheiden blieb: „Nun haben Sie mir also wirklich ‚gedankt', was wirklich nicht nötig war. Ich weiss, was ich Ihnen zu danken habe, Wenn ich also einmal Gelegenheit hatte, einen Bruchteil zurückzuzahlen, so ist das nicht der Rede wert."[52] Beide blieben über all die Jahre ihren Grundsätzen „neuer Werke" treu, hatten aber auch ihre Probleme, sich den aktuellen Entwicklungen zu stellen. Slevogt unternahm nie Versuche, sich beispielsweise mit expressionistischen, neusachlichen oder abstrakten Strömungen zu beschäftigen und Cassirer merkte vermutlich etwas zu spät, dass sich der Grafikmarkt geändert hatte und es zum Ende der Weimarer Republik keine guten Absatzmöglichkeiten mehr für seine teuren Luxusausgaben gab. So stehen die beiden Protagonisten am Ende ihrer Zusammenarbeit zugleich für zwei Vertreter einer ausgehenden Epoche eines salonfähig gewordenen Stils, den Slevogt mit seinen in vielerlei Hinsicht impressionistisch anmutenden Illustrationen, die sich in der Regel durch seine überbordende Fantasie von anderen Künstlern abgrenzten, maßgeblich geprägt hat.

1 Pfälzische Landesbibliothek Speyer/LBZ, Nachlass Slevogt N 100.
2 Saarbrücken, Moderne Galerie, Slg. Kohl-Weigand. Die Briefe von Slevogt an Cassirer wurden veröffentlicht in: E. Wolf (2018), S. 160–283. Der komplette Briefwechsel erstmals in: Briefedition Slevogt/ Cassirer (2025).
3 Ausst.-Kat. Berlin (1899), S. 30, 20.5. bis Oktober 1899; von Slevogt war ausgestellt: *Der verlorene Sohn*, 1899 (Abb. 1, S. 49); *Totentanz*, 1896, Öl auf Leinwand, 102 × 123 cm, Museum Georg Schäfer, Schweinfurt. Vgl. Rezension von Paul Schubring im Feuilleton der *Frankfurter Zeitung* vom 19.6.1899. Erich Hancke berichtet von einem Besuch in Slevogts Atelier in München (1899). „Die Bekanntschaft zwischen ihm und Slevogt schien auch noch ziemlich neuen Datums, sie waren sozusagen noch dabei, sich zu beriechen." E. Hancke (1932), S. 52.
4 Er wollte in München ein Jurastudium aufnehmen. Paul war bei dieser satirischen Wochenzeitschrift wohl auch als Redakteur tätig. Er erwarb zudem Gemälde von den beiden Künstlern, die in der *Münchner Sezession* bzw. in der Abspaltung der *freien Vereinigung* aktiv waren. T. Raff (2006), S. 43, 47–48.
5 Briefedition Nr. 1.
6 *Dame mit Fliederstrauß/Nini Slevogt mit Fliederstrauß*, 1898, Öl auf Leinwand, 50 × 70 cm, ehem. Berliner Privatbesitz (Frau G. v. Mendelssohn), heutiger Standort unbekannt.
7 Brief von P. Cassirer an M. Slevogt vom 24.9.1899, Briefedition Nr. 5; H.-J. Imiela (1968), S. 52. In einem Brief vom 12.9.1900 von Paul Cassirer wurde dieses Angebot der Garantieabnahme auf 8000 Mark erhöht. Porträtaufträge waren davon ausgenommen. Briefedition Nr. 19; vgl. auch: A. Schlechter (2018), S. 57.
8 Ausstellung Kunstsalon Bruno & Paul Cassirer, *Édouard Manet, H. G. E. Degas, P. Puvis de Chavannes, Max Slevogt*, 15.10.–1.12.1899, vgl. B. Echte/W. Feilchenfeldt (2011a), S. 177–214.
9 Zu seiner Stilentwicklung vgl. auch: K. Feulner (2025b) sowie S. Paas (2014).
10 Z. B. Vincent van Gogh, 28.12.1901–12.1.1902, oder Edvard Munch, 17.1.–1.2.1903, vgl. B. Echte/W. Feilchenfeldt (2011b), S. 71–88; 231–256.
11 Zur Biografie von Slevogt vgl. ausführlich BK Edenkoben (2009), S. 9–39.
12 Zur Biografie von Bruno und Paul Cassirer vgl. G. Brühl (1991), S. 63–104, S. 209–228; S. Bauschinger (2015), S. 74–126.
13 S. Bauschinger (2015), S. 54.
14 P. Paret (1981), S. 111.
15 Im *Börsenblatt für den Deutschen Buchhandel* wurde per Annonce 1901 darauf verwiesen. Abb. u. a. in: H. Sarkowski (1972), S. 110. Es gibt auch Hinweise, dass ein Eifersuchtsdrama der Grund war. Vgl. H. Nutt (1989), S. 26–27.
16 Zur *Berliner Secession* vgl. jüngst umfassend: A. Matelowski (2017), hier: S. 561.
17 So gab er auch eine Slevogt-Biografie heraus (B 28); vgl. Brief von B. Cassirer an M. Slevogt nach dem 9.7.1920, Briefedition Nr. 119. Er hatte auch am Werkverzeichnis von Slevogts Druckgrafiken von Sievers Interesse, vgl. Brief von B. Cassirer an M. Slevogt vom 30.11.1920, Briefedition Nr. 124.
18 Er zeigte auch Interesse an der Publikation der *Graphischen Experimente* der Künstlergemeinschaft *SPOG*, die Josef Grünberg veröffentlichen wollte. Vgl. K. Feulner (2021b), S. 56.
19 Im Fall von Max Slevogt, erster Beleg 11.4.1911, Briefedition Nr. 47.
20 A 1920, S. 8–9; ausführlich vgl. G. Brühl (1991), S. 229–238.
21 Vgl. z. B. Briefe von B. Cassirer an M. Slevogt vom 30.11.1920, 13.7.1926 oder 21.3.1928, Briefedition Nrn. 124, 231, 266.
22 Zu *Kunst und Künstler* vgl. umfassend Essay E. Wolf, S. 58–67.
23 Slevogt entwarf auch das Signet des Verlags mit einem ruhenden Panther, vgl. Ausst.-Kat. Mainz (2018), S. 34, Kat. 1.8; zudem gründete er 1910 die Zeitschrift *PAN*.
24 Brief von B. Cassirer an M. Slevogt vom 22.9.1910, Briefedition Nr. 45; C. Caspers (1989), S. 13–14. Vgl. auch Ankündigungstext der Pan-Presse in: R. Feilchenfeldt/M. Brandis (2005), S. 564–566.
25 Vgl. auch Brief von B. Cassirer an M. Slevogt vom 4.8.1917, Briefedition Nr. 90.
26 E. Caspers (1989), S. 9.
27 Als erster Beleg für seine Verkäufe vgl. Brief von B. Cassirer an M. Slevogt vom 7.4.1911, Briefedition Nr. 46, oder Abb. 4, S. 53. Vgl. auch Brief von B. Cassirer an Ludwig Justi vom 25.3.1925, in dem er Justi (Direktor der Nationalgalerie) ein Stillleben und einige Landschaften anbietet. Veröffentlicht in: G. Wedekind (2018), S. 28, Anm. 13.
28 Beispielsweise Briefedition Nrn. 269, 318, 324 oder 343.
29 G. Brühl (1991), S. 74 und 82.
30 G. Brühl (1991), S. 105.
31 Eine detaillierte Auswertung von Slevogts Einkünften aufgrund der Korrespondenz kann im Rahmen dieses Beitrags nicht geleistet werden. K. Feulner (2021), S. 53–54. Zu seinem Berliner Netzwerk vgl. Essay A. Schlechter, S. 68–79.
32 „Zu Lebzeiten ist ihm gesagt worden, er wäre zwar ein großer Illustrator, doch nicht ein ebenso bedeutender Maler." K. Scheffler (1940), S. 144.
33 Brief von B. Cassirer an M. Slevogt vom 4.11.1913, Briefedition Nr. 74.
34 Brief von M. Slevogt an B. Cassirer vom 8.10.1902, Briefedition Nr. 30. Vgl. auch Brief vom 2.5.1918 (zu *Liederbuch*) und z. B. vom 13.10.1924 (zu *Faust II*), Briefedition Nrn. 105 und 184.
35 Brief von M. Slevogt an B. Cassirer vom 15.9.1913, Briefedition Nr. 72.
36 314 Probedrucke, grafischer Nachlass, LM, Inv.-Nr. DL SL NL 2022/22.
37 Die von Slevogt gewählte Technik der Tuschpinsellithografie verursachte leider große Probleme beim Druck bei M. W. Lassally in Berlin, mit dem Cassirer üblicherweise zusammenarbeitete. Bruno Cassirer beauftragte folgend die renommierte Druckwerkstatt von Auguste Clot in Paris.
38 Vgl. ausführlich: H. Nutt (1989), S. 50–64, sowie Sektionseinleitung, S. 114–116.
39 Zu den Ausstellungen vgl. Sektionseinleitung, S. 92–94.
40 A. Smith in: Festschrift (1932), S. 100; G. Brühl (1991), S. 212.
41 A. Smith in: Festschrift (1932), S. 101.
42 E. Szatmari (1927), S. 118. Vgl. auch G. Wedekind (2021), S. 93.
43 K. Scheffler (1946), S. 104; G. Wedekind (2021), S. 91; G. v. Cziffra (2019), S. 12–15.
44 Brief von M. Slevogt an B. Cassirer, Ende April 1930, Briefedition Nr. 340.
45 Vgl. Vorsatzblatt von B 47. Zu Reineke vgl. Sektionseinleitung, S. 204–206.
46 Hier danke ich Frau Eva Wolf für den Hinweis. Imiela spricht sogar von einer Geburtstagsüberraschung, vgl. H.-J. Imiela (1968), S. 440, Anm. 1.
47 Brief von B. Cassirer an M. Slevogt im Juli 1931, Briefedition Nr. 357.
48 K. Scheffler (1926a), S. 9. Ausführlich zu *Faust II*, vgl. Essay K. Feulner, S. 38–47.
49 Vgl. Essay A. Schlechter/E. Wolf, S. 34.
50 Brief von M. Slevogt an B. Cassirer vom 13.4.1927, Briefedition Nr. 248.
51 Vgl. hierzu ausführlich vor allem: R. E. Feilchenfeldt/J. Weber (2016); S. Sarkowski (1972), S. 129–131, und M. Brandis (2016), S. 363–374. Der Verlag wurde von Günther Hell bis 1990 weitergeführt.
52 Brief von Bruno Cassirer an M. Slevogt vom 31.10.1928, Briefedition Nr. 301.

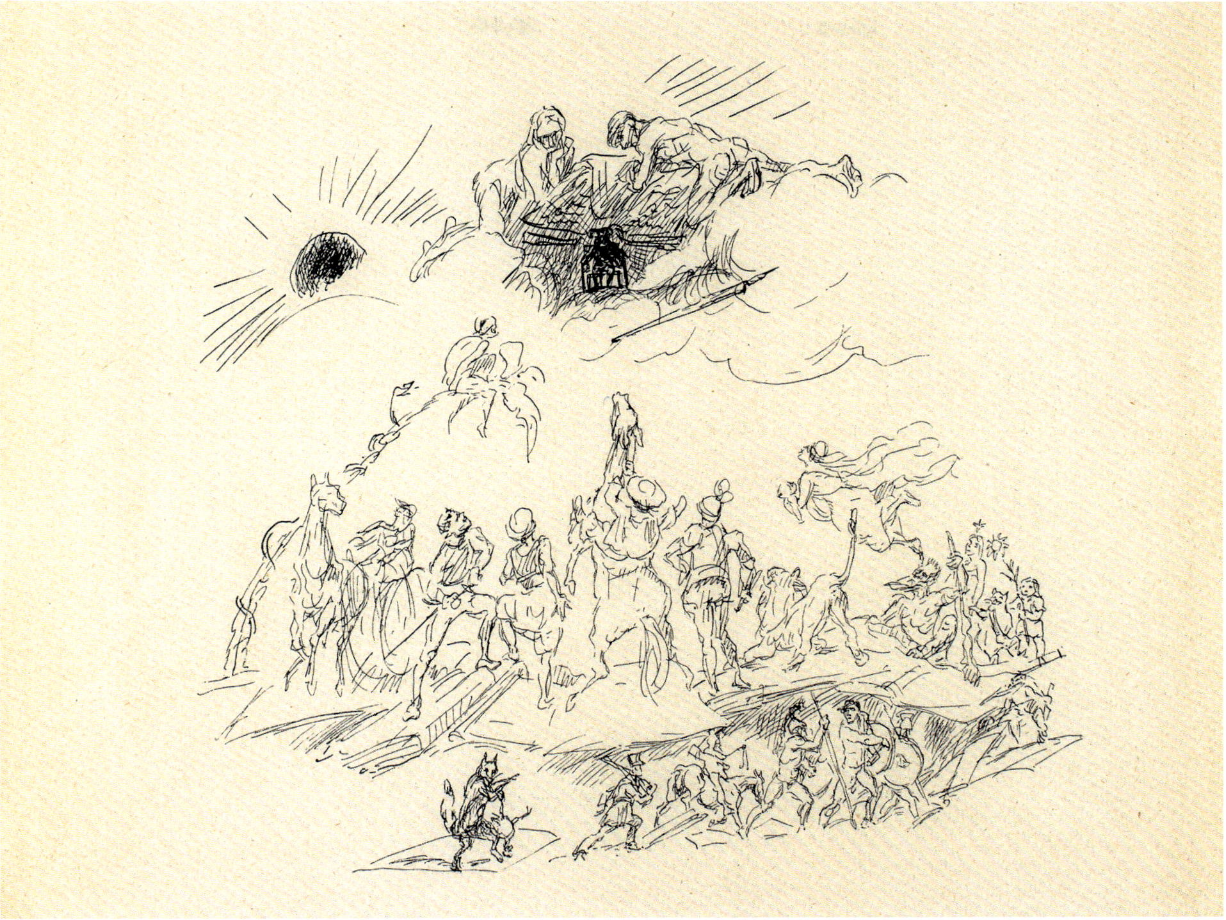

ABB. 7 Max Slevogt, Zeichnung für Bruno Cassirer (die Figuren aus vielen der gemeinsamen Illustrationsprojekte huldigen Bruno Cassirer), veröffentlicht in: *Kunst und Verleger. Zum 50. Geburtstag von Bruno Cassirer*, 12.12.1922, S. 8
EXEMPLAR-NR. 77, LM, INV-NR. GOE 113

Der Schriftwechsel zwischen Max Slevogt und dem Verlag Bruno Cassirer

ARMIN SCHLECHTER UND EVA WOLF

„Hoffentlich geht es Ihnen allen gut. Wie lange bleiben Sie fort?“[1]

Eine wertvolle Quelle für das Verständnis der über dreißig Jahre währenden Geschäftsfreundschaft zwischen Max Slevogt und Bruno Cassirer ist der umfangreiche Schriftwechsel. Mit insgesamt 387 erhaltenen Schriftstücken über einen Zeitraum von 1899 bis 1932 bilden sie einen wesentlichen Teil der Lebens- und Schaffenszeit der beiden Protagonisten ab und vermitteln einen Einblick in das Atelier des Künstlers und die „Werkstatt“ des Verlags während der Entstehung der vielen gemeinsamen Illustrationsprojekte. Sie zeigen außerdem ihren Blick auf die Kunst- und Kulturszene der aufstrebenden Metropole Berlin und auf die historischen Ereignisse zwischen dem Kaiserreich und dem Ende der Weimarer Republik.

Der weit überwiegende Teil der Korrespondenz hat sich im schriftlichen Nachlass Slevogts erhalten, der seit 2011 im LBZ in Speyer aufbewahrt wird.[2] Demgegenüber gibt der Anteil Slevogts mit 61 Briefen und Karten, die sich zum großen Teil über die Sammlung Kohl-Weigand heute im SM in Saarbrücken befinden[3], nur noch einen fragmentarischen Einblick in diese Seite des Schriftverkehrs. Denn hier handelt es sich – ergänzt durch wenige Ausnahmen im LBZ und im LM in Mainz – vor allem um die Schriftstücke, die der Künstler mit spontanen, oft ironisch den Briefinhalt kommentierenden Zeichnungen versehen hat (Abb. 1).

Die Notwendigkeit dieses umfangreichen Schriftverkehrs ergab sich aus den regelmäßigen längeren Sommeraufenthalten Slevogts in der Pfalz, zunächst bei der Familie seiner Frau Antonie Finkler, dann auf dem 1914 erworbenen Landgut Neukastel (Kat. 23). Gelegentlich wurden jedoch auch innerhalb Berlins wichtige geschäftliche Absprachen und Informationen schriftlich ausgetauscht. Die Dichte des Schriftverkehrs verteilt sich daher nicht gleichmäßig, sondern variiert je nach Dauer der Abwesenheit

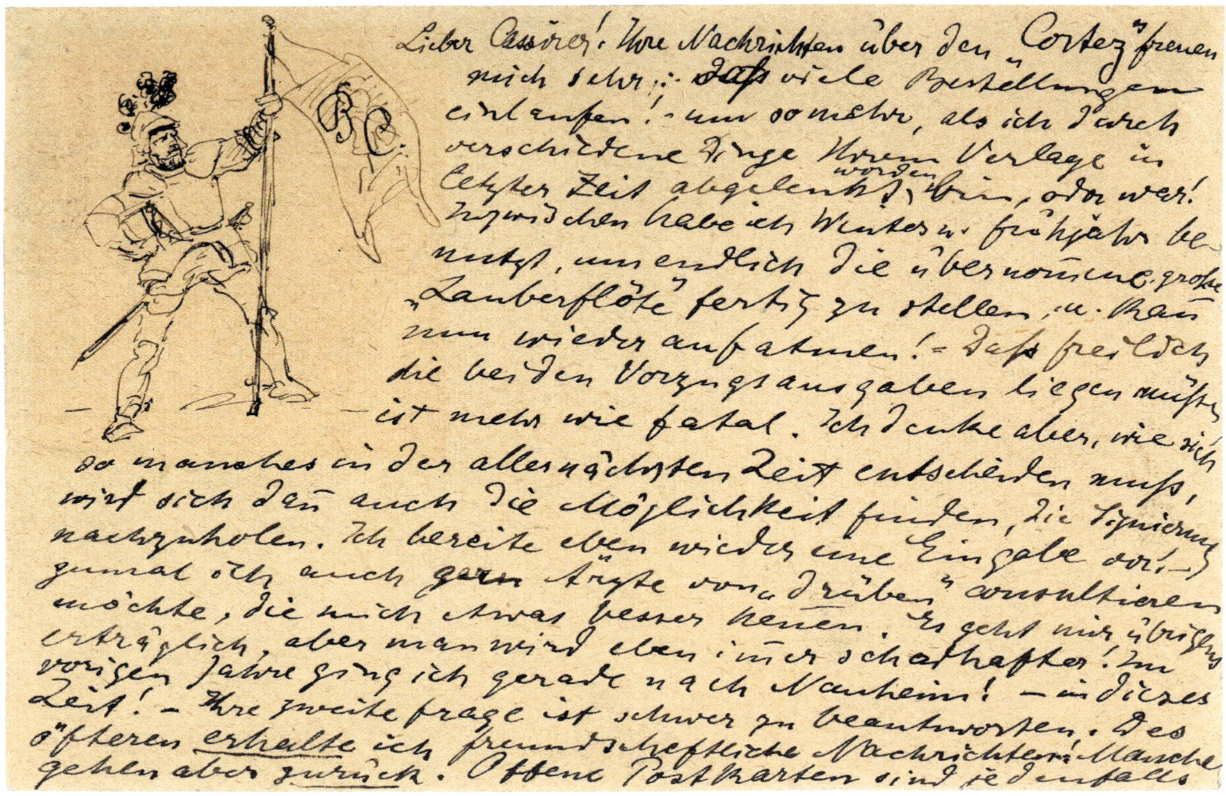

Lieber Cassirer! Ihre Nachrichten über den „Cortez" freuen mich sehr; – Dass viele Bestellungen einlaufen! – um so mehr, als ich durch verschiedene Dinge Ihrem Verlage in letzter Zeit abgelenkt worden bin, oder war! Inzwischen habe ich Winter u. Frühjahr benutzt, um endlich die übernommene große „Zauberflöte" fertig zu stellen, u. kann nun wieder aufatmen! – Dass freilich die beiden Vorzugsausgaben liegen müssen, ist mehr wie fatal. Ich denke aber, wie sich so manches in der allernächsten Zeit entscheiden muss, wird sich dann auch die Möglichkeit finden, die Signierung nachzuholen. Ich bereite eben wieder eine Eingabe vor! – zumal ich auch gern Ärzte von „drüben" consultieren möchte, die mich etwas besser kennen. Es geht mir übrigens erträglich, aber man wird eben immer schattenhafter! Im vorigen Jahre ging ich gerade nach Nauheim! – in dieser Zeit! – Ihre zweite Frage ist schwer zu beantworten. Des öfteren erhalte ich freundschaftliche Nachrichten! Manche gehen aber zurück. Offene Postkarten sind jedenfalls

ABB. 1 Postkarte von Max Slevogt an Bruno Cassirer vom 26.5.1919, mit Randzeichnung *Cortez als Bannerträger Bruno Cassirers*, Feder, Tusche, 9 × 14 cm BRIEFEDITION NR. 110, SM, INV.-NR. KW 51

und Dringlichkeit der zu besprechenden Themen. So ist die Überlieferung für die Zeit zwischen 1903 und 1910 eher gering, während vor allem für die Jahre 1925 bis 1928 eine Intensivierung der Korrespondenz zu beobachten ist, die vor allem mit den detaillierten Absprachen zu dem aufwendigen Großprojekt der Illustrationen zu *Faust II* (B 45, Kat. 92–102) und mit der Vorbereitung der Ausstellung anlässlich des sechzigsten Geburtstags von Slevogt 1928 zusammenhängt.

DIE GESCHÄFTSPARTNER

Der Schriftverkehr zwischen Bruno Cassirer und Max Slevogt setzt im Juli 1899 im Kontext der 1. Ausstellung der *Berliner Secession* ein, in der Slevogt mit drei Gemälden vertreten war (Abb. 2). Zu dieser Zeit waren Bruno und sein Vetter Paul als geschäftsführende Sekretäre für die *Secession* tätig und als solche wesentlich an der Organisation beteiligt. Bruno und Paul Cassirer hatten am 1.11.1898 gemeinsam die Bruno & Paul Cassirer Kunst- und Verlagsanstalt eröffnet, mit der sie der Kunst der französischen Impressionisten und der *Berliner Secession* einen Markt erschließen wollten.[4] Auch der damals noch in München ansässige Slevogt zählte zu diesen innovativen Künstlern. In dieser frühen Zeit ist der Tonfall der Briefe noch recht förmlich und konzentriert sich im Wesentlichen auf geschäftliche Themen im Zusammenhang mit dem Verkauf von Gemälden. Paul Cassirer kritisierte dabei in seinen Briefen mehrfach, dass Slevogts Preisvorstellungen zu hoch seien und damit nicht zu ihrer Marketingstrategie passten, die den Künstler zunächst mit mittleren Preisen und stetiger Ausstellungspräsenz in Sammler-

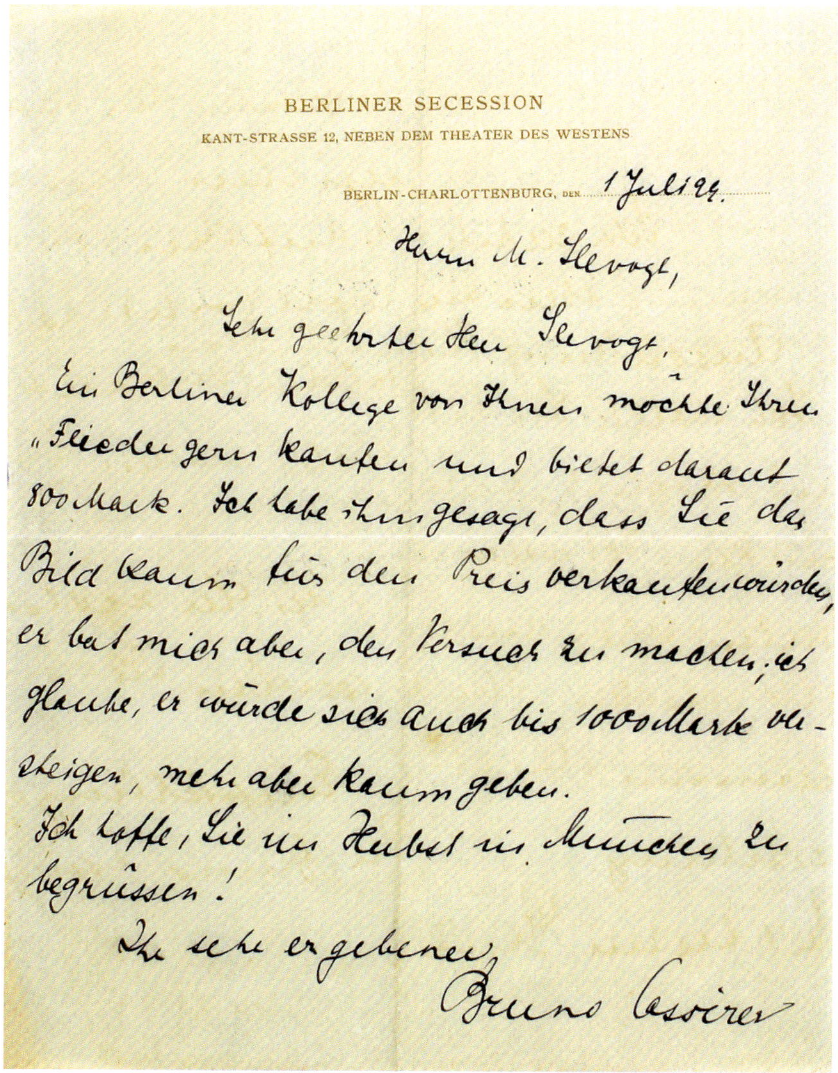

BERLINER SECESSION
KANT-STRASSE 12, NEBEN DEM THEATER DES WESTENS

BERLIN-CHARLOTTENBURG, DEN 1 Juli 99.

Herrn M. Slevogt,

Sehr geehrter Herr Slevogt,
Ein Berliner Kollege von Ihnen möchte Ihren „Flieder" gern kaufen und bietet darauf 800 Mark. Ich habe ihm gesagt, dass Sie das Bild kaum für den Preis verkaufen würden, er bat mich aber, den Versuch zu machen; ich glaube, er würde sich auch bis 1000 Mark versteigen, mehr aber kaum geben.
Ich hoffe, Sie im Herbst in München zu begrüssen!
Ihr sehr ergebener,
Bruno Cassirer

ABB. 2 Brief von Bruno Cassirer an Max Slevogt vom 1.7.1899, Feder, Tusche, 20,5 × 15,8 cm
BRIEFEDITION NR. 1, PFÄLZISCHE LANDESBIBLIOTHEK SPEYER/LBZ

kreisen bekannt machen wollte.[5] Selbst die Anteilnahme an Slevogts Gichterkrankung, die ihm Anfang 1900 zeitweise das Arbeiten unmöglich machte, wird trotz eines etwas ironischen Grundtons von spürbarem Erfolgsdruck überlagert: „Wie wollen Sie berühmt werden oder vielmehr bleiben, wenn Sie fortwährend krank sind? Das konnten Sie sich früher leisten, jetzt haben Sie Verpflichtungen."[6]

Zum 1.9.1901 wurde das gemeinsame Geschäft der Kunst- und Verlagsanstalt Cassirer aufgrund eines persönlichen Konflikts in den Kunstsalon Paul Cassirer und den Verlag Bruno Cassirer aufgeteilt.[7] Bereits vor der Trennung der beiden Cousins hatte Bruno Cassirer die Zuständigkeit für den Verlag übernommen und zusammen mit Slevogt mit der Planung eines ersten gemeinsamen Illustrationsprojekts begonnen.[8] Nachdem Slevogt im Herbst 1901 von München nach Berlin übersiedelt war, vertiefte sich durch die Zusammenarbeit an diesem Buchprojekt, *Ali Baba und die vierzig Räuber* (B 1, Kat. 47–54), die Bekanntschaft zwischen Künstler und Verleger. Offenbar wurden in dieser Anfangszeit des Verlags einige der geschäftlichen Vereinbarungen lediglich durch mündliche Absprachen getroffen. Dies führte dazu, dass 1906, drei Jahre nach Erscheinen des *Ali Baba*, im Schriftverkehr Unstimmigkeiten bezüglich der finanziellen Regelung zu erkennen sind. Nachdem der Verkauf dieses Buchs nur zögerlich lief und demzufolge keine zufriedenstellenden Einkünfte erzielt wurden, wollte Slevogt nun nachträglich einen Vertrag abschließen, um die Fragen des festen Honorars und der Umsatzbeteiligung zu regeln. Ab dieser Zeit sind im Schriftverkehr nahezu alle Verträge sowie regelmäßige Abrechnungen zu den Büchern und grafischen Werken erhalten.

Diese überwiegend geschäftlichen Schriftstücke übertrug der Verleger im Folgenden meist seinen Mitarbeitern; lediglich bei Unstimmigkeiten mit dem Künstler griff er mit Erklärungen und Kompromissvorschlägen selbst ein. Die Abrechnungen belegen, dass die grafischen Arbeiten eine nicht unwesentliche und kontinuierliche Einnahmequelle waren. Durch die Umsatzbeteiligung konnte Slevogt auf diese Weise beispielsweise laut den Abrechnungen zum 15.12.1924 aus dem Verkauf der Radierfolge *Passion* (B 37, Kat. 146–148) und der beiden Ausgaben von *Fitchers Vogel* (B 32) zusammen über Einnahmen von etwa 7100 Reichsmark verfügen.[9]

Die von Bruno Cassirer selbst verfassten Briefe bezeugen hingegen sein starkes persönliches Interesse an der Gestaltung der von ihm herausgegebenen Bücher. Gemeinsam mit Slevogt bemühte er sich um die bestmögliche Umsetzung ihrer Vorstellungen von einem qualitätvoll illustrierten Buch, das dem Künstler die größtmögliche Freiheit lassen sollte. So beschäftigte sich Cassirer mit jedem Detail der Buchherstellung, vom richtigen Papier über das Layout bis hin zur idealen Drucktechnik für die Entwürfe Slevogts und bis zu geeigneten Schließen für die Mappen.[10] Mit der stetigen Suche nach interessanten Themen und Texten, aber auch mit der Zusendung von Materialien wie Papier oder Radierplatten[11] versuchte er den launischen Künstler immer wieder zu neuen Werken zu motivieren.

Umso stärker war sein Gefühl der Kränkung, wenn Slevogt immer wieder einmal mit anderen Verlagen zusammenarbeitete, insbesondere dann, wenn es sich um die Pan-Presse seines Vetters Paul Cassirer handelte.[12] Mit deren Gründung hatte Paul Cassirer 1908, unmittelbar nach dem Ende der vereinbarten siebenjährigen Sperrfrist nach der unversöhnlichen Entzweiung der Vettern, gezielt ein Konkurrenzunternehmen zum Verlag Bruno Cassirers lanciert.[13] Der *Lederstrumpf* mit 312 großformatigen Lithografien erschien 1909 als erstes Werk der Pan-Presse und war in jeder Hinsicht eine Kampfansage: sowohl durch die aufwendige Illustration eines Buchs mit Originalgrafik als auch durch die Wahl ausgerechnet von Max Slevogt als Künstler.

Sehr verärgert reagierte Bruno Cassirer auch auf die irreführende Verwendung des Begriffs „Steinzeichnung" für die Illustrationen zum *Waldläufer*, der 1921 vom Propyläen Verlag herausgegeben wurde. Nicht ganz zu Unrecht befürchtete er, dass die Käufer damit eine Bezeichnung von Originalgrafik verbinden würden, obwohl es sich um wesentlich preisgünstigeren maschinellen Offsetdruck von deutlich schlechterer Qualität handelte.[14] Vor allem angesichts der wachsenden Konkurrenz im Bereich originalgrafischer Buchillustration – beispielsweise durch Kurt Wolff, Fritz Gurlitt oder die Marées-Gesellschaft – wird verständlich, warum Cassirer dies als geschäftsschädigend empfand.[15]

POLITISCHE EINSCHNITTE

Ab etwa 1914, mit dem Beginn des Ersten Weltkriegs, zeichnete sich im Schriftverkehr ab, dass Slevogt auch in persönlichen Fragen den Rat des Verlegers suchte. In der Weimarer Republik arbeitete er zeitweise als eine Art Bankier für ihn. Aber auch für die Lösung kleinerer privater Sorgen und Probleme war sich Bruno Cassirer nicht zu schade. So kümmerte er sich beispielsweise um den Wohnungsschlüssel, den Slevogt bei seiner Abreise aus Berlin nach Neukastel versehentlich an der Wohnungstür hatte stecken lassen.[16]

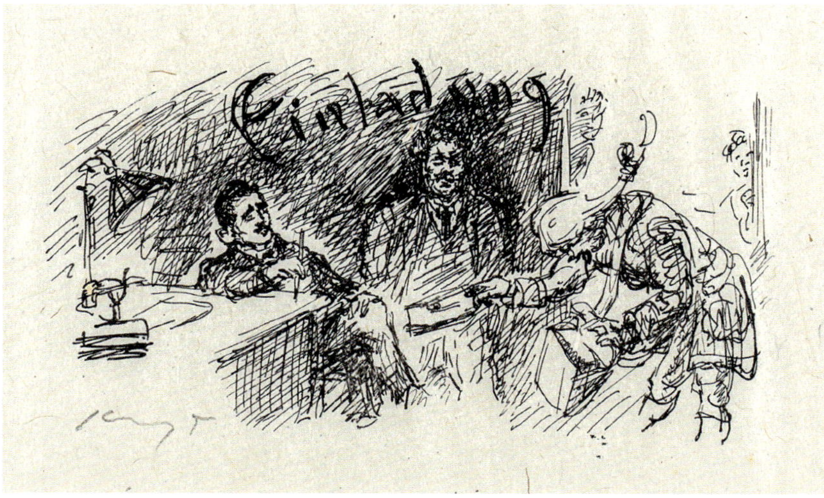

ABB. 3 *Einladung für das Fest des Königs, die an Bruno Cassirer ausgegeben wird* (im Hintergrund Max Slevogt), aus: *König Drosselbart* (B 26, Söhn 549), 1922, Federlithografie, 8 × 13 cm
LM, INV.-NR. DL SL NL 2022/45

Im Herbst 1914 besprach Slevogt mit Bruno Cassirer die Frage, ob er versuchen solle, als Kriegsmaler an die Front zu ziehen, und holte sich von ihm Ratschläge, wie dies am besten zu bewerkstelligen sei. Sein Aufenthalt an der Westfront als Teil des bayerischen Heers erschütterte ihn allerdings schwer, und sein diese Ereignisse behandelndes *Kriegstagebuch* (B 15, Kat. 84–91), das keine Spuren im Briefwechsel hinterlassen hat, erschien erst 1917 bei Bruno Cassirer.

Während des Kriegs hielt sich Slevogt überwiegend in der Pfalz auf. Hier überraschten ihn das Kriegsende sowie die Besetzung der linksrheinischen Pfalz durch französische Besatzungstruppen, die bis zum 26.11.1918 dort einmarschierten. Es folgte ein hartes militärisches Regiment, das für die pfälzische Bevölkerung erhebliche Einschränkungen der Freiheitsrechte mit sich brachte. So wurde Slevogt beispielsweise die Ausübung der Jagd und sogar seines Berufs als Maler untersagt.[17] Gleichzeitig riegelte die Besatzungsmacht die Grenze zum rechtsrheinischen deutschen Gebiet komplett ab, unterband die Einfuhr von Publikationen aus diesem Gebiet und behinderte den Postverkehr. Ein Signieren bereits mit Bruno Cassirer begonnener Projekte wurde unmöglich gemacht.[18] Nach Auskunft von Johannes Guthmann konnte Slevogt erst wieder im Winter 1919/20 nach Berlin zurückkehren, nachdem er französische Ausweisdokumente erhalten hatte.[19]

Frankreich zielte, ohne dies offen zu formulieren, auf eine Annexion der Pfalz oder auf die Schaffung eines unabhängigen Pufferstaats ab. Hierzu sollten zwei Mittel dienen, die Förderung des Separatismus und die kulturelle Durchdringung, die *pénétration pacifique*. Nachdem die am 1.6.1919 in Speyer proklamierte *Pfälzische Republik* gescheitert war, wurde am 12.11.1923 am gleichen Ort die *Autonome Pfälzische Republik* ins Leben gerufen, die, so Slevogt, aber „bald wieder redreßirt" worden sei.[20] Wie Johannes Guthmann berichtete, wurde Slevogt im Zuge der *pénétration pacifique* von General Adalbert François Alexandre de Metz kontaktiert, dem Oberkontrolleur für die Pfalz, dessen Familie mit der von Slevogts Ehefrau entfernt verwandt war. De Metz lud den im Stil des französischen Impressionismus malenden Künstler nach Paris ein, was Slevogt entschieden ablehnte.[21] Weitere historische Ereignisse, die im Briefwechsel der Zeit thematisiert wurden, waren die politisch unruhige Lage der frühen Weimarer Republik sowie die 1922 Fahrt aufnehmende Inflation, die 1923 in einer Hyperinflation mündete; dies hatte auch auf den Kunstmarkt erhebliche Auswirkungen.[22] Cassirer übernahm während der Abwesenheit Slevogts

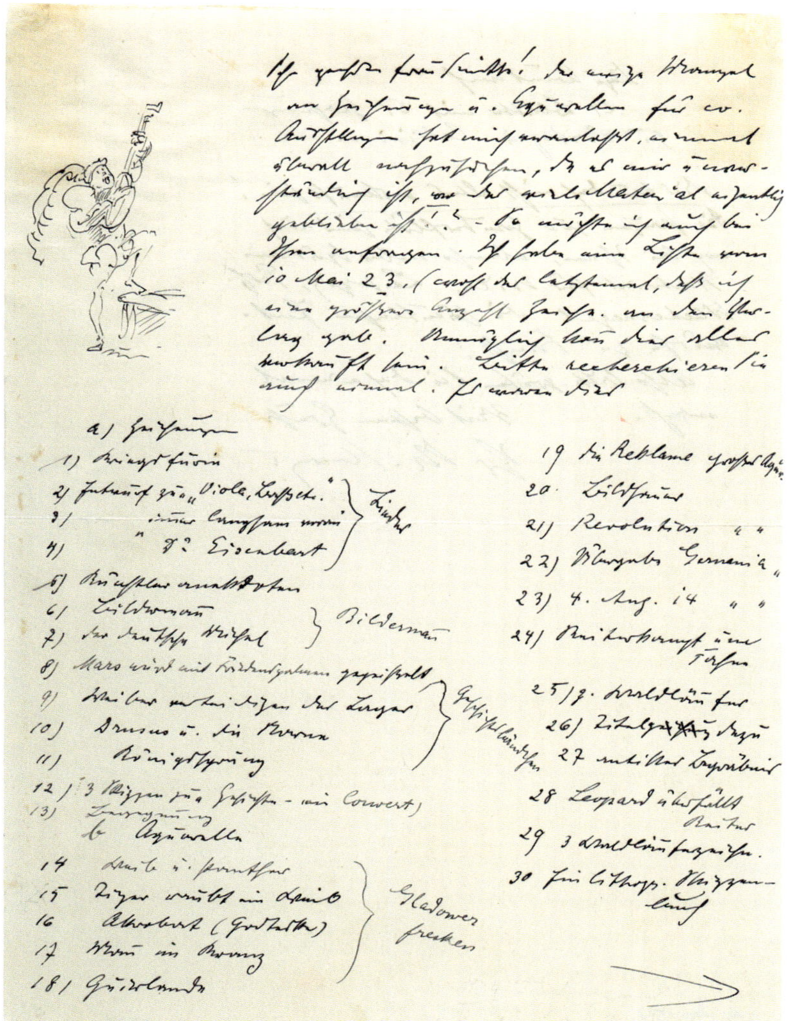

ABB. 4 Brief von Max Slevogt an Asta Smith von Ende Juni/Anfang Juli 1929, mit Randzeichnung *Zur Laute singender Minnesänger*, 1929, Feder in Tinte, 27,8 × 21,2 cm
BRIEFEDITION NR. 324, SM, INV.-NR. KW 401

die Rolle eines Verwalters seiner Berliner Wohnung und gab ihm Informationen über die Lebensumstände und die politische Situation vor Ort. Mit dem Überwinden der Inflation kam der von Berlin dominierte deutsche Kunstmarkt wieder in Schwung.

DIE KORRESPONDENZ ALS SPIEGEL DES PERSÖNLICHEN VERHÄLTNISSES

Die große gegenseitige Wertschätzung, die der Künstler und sein Verleger einander entgegenbrachten, findet ihren Niederschlag auch in den Briefen. So war der fünfzigste Geburtstag Slevogts am 8.10.1918 für Bruno Cassirer ein Anlass, seine tiefe Verbundenheit in Worte zu fassen: „Wenn ich aufrichtig sein will, denke ich an unsere Freundschaft mit tiefem Ernst, weil sie mein Leben in manchem bestimmt hat. [...] Die Stunden, die ich mit Ihren Zeichnungen zugebracht habe, gehören zu meinen Schönsten. Beruflich – Sie sind aus meinem Arbeitskreis nicht fortzudenken, die Anregungen, die in den Jahren von Ihnen und Ihrer Arbeit ausgegangen sind, wurden immer mehr Mittelpunkt meiner Tätigkeit.“[23]

Hier betont Cassirer auch die zentrale Bedeutung, die Max Slevogt für den Erfolg seines Verlags im Bereich der Grafik und des Künstlerbuchs hatte. In den gemeinsamen Projekten war es ihnen gelungen, ihre Vorstellung eines illustrierten Buchs umzusetzen, das dem Künstler möglichst keinerlei gestalterische Beschränkungen durch die Vorgaben von Schrift und Satz auferlegen sollte. In seinem für den *Almanach* des Verlags 1920 bestimmten Essay „Pro domo“ würdigt Slevogt seinerseits dieses verlegerische Wagnis als die große Leistung Bruno Cassirers.[24] Auch den Mitarbeitern des Verlags gegenüber brachte der Künstler 1922 seine Anerkennung zum Ausdruck, indem er ihnen seinen Gewinnanteil an der Buchausgabe des *König Drosselbart* (B 26) zugutekommen ließ (Abb. 3, Abb. 4).[25]

Bemerkenswert ist ein Briefwechsel vom Oktober und November 1924, der sich an der von Slevogt in Neukastel eingerichteten, von seinem Schwager Walter Finkler betriebenen Druckerei entzündete (Abb. 5).[26] Slevogt stellte in seiner Antwort seine Freude am Experimentieren in den Vordergrund, um dem „allgemeinen Fluch der Illustratoren, der Wiederholung" zu entgehen. Er arbeite zurzeit nicht verlegerisch, was Cassirer fürchten ließ, er würde sich „verplempern". Die Diskussion um seine Presse und seine Versuche würdigte er als das „wertvolle aufrichtiger Beziehungen".

Im Jahr 1928 wird der Schriftwechsel vor allem wegen der Vorbereitungen der geplanten großen Retrospektiv-Ausstellung anlässlich des sechzigsten Geburtstags von Slevogt deutlich umfangreicher. Zwar wurde sie von der Berliner Akademie der Künste ausgerichtet. Da aber Slevogt sich für solche offiziellen Anlässe nur wenig begeistern konnte und zudem auch gesundheitlich angegriffen war, übernahm Bruno Cassirer einen großen Teil der Organisation, indem er sich um die zahlreichen Anfragen bei den überwiegend privaten Leihgebern der Werke kümmerte. Außerdem bemühte er sich um eine Koordination mit der konkurrierenden Ausstellung der Nationalgalerie und zeigte zusätzlich in seinen Verlagsräumen eine eigene Präsentation der Illustrationswerke und der Grafik des Künstlers. Slevogt unterstützte ihn hierbei mit entsprechenden Listen und Hinweisen auf die Sammler, die heute für die Provenienzforschung eine wichtige Quelle sind.[27] Zum Dank für dieses große Engagement widmete Slevogt seinem Verleger sein letztes Radierwerk, den *Reineke Fuchs* (B 47, Kat. 135 und 136), der etwa zeitgleich erschien.

In dieser Zeit zeichnet sich in den Briefen Slevogts jedoch ab, dass er die Lust am Illustrieren verloren hatte. So schrieb er am 13.4.1927 an Cassirer: „[...] nirgends fühle ich die Freude, das Bedürfnis von früher, etwas zu machen. Nicht, daß ich ermüdet wäre, aber ich empfinde es nicht mehr als Drang."[28] Hinzu kam wohl die Enttäuschung, dass nach der fast drei Jahre währenden Arbeit an den über 500 Illustrationen zu Goethes *Faust II* (B 45, Kat. 92–102, Abb. 6) gerade dieses ambitionierte Werk[29] nicht den erhofften Erfolg hatte. Nach dem Verkauf der subskribierten Exemplare scheint die Nachfrage nicht sehr groß gewesen zu sein. Dies ist sicherlich einerseits dem recht hohen Preis geschuldet.[30] Andererseits rechtfertigte sich Cassirer damit, dass sich der Grafikmarkt insgesamt nachteilig entwickelt habe. Daher ließ er sowohl von der Grafikmappe als auch vom Buch nur einen Teil der gesamten Auflage und dann Nachdrucke je nach Bedarf herstellen, um so die Herstellungskosten niedrig zu halten.[31] Da das Honorar für Slevogt aus der Gewinnbeteiligung am Verkauf berechnet wurde, waren die Einkünfte für ihn nur wenig zufriedenstellend. Auch für Bruno Cassirer war dieses Projekt ein ökonomischer Misserfolg, wie er in einem Brief vom Juli 1931 schreibt: „Nun gewiß ist der geschäftliche Erfolg des Faust trotz allem enttäuschend. Denn gerade in dieser Zeit begann die wirtschaftliche und graphische Katastrophe in Deutschland, die sich seither ja weiter vertieft hat."[32] Tatsächlich entwickelte sich aus dieser Unzufriedenheit mit dem *Faust*-Projekt sogar eine juristische Auseinandersetzung, die sich bis 1932 hinzog.

Das Jahr 1930 war in Deutschland und besonders in der Pfalz in mehrfacher Hinsicht ein Wendepunkt. Auf ökonomischem Gebiet hatte die Weltwirtschaftskrise nach dem New Yorker Börsencrash vom Oktober 1929 einschneidende ökonomische Folgen, die auch Slevogt und der Verlag Cassirer zu spüren

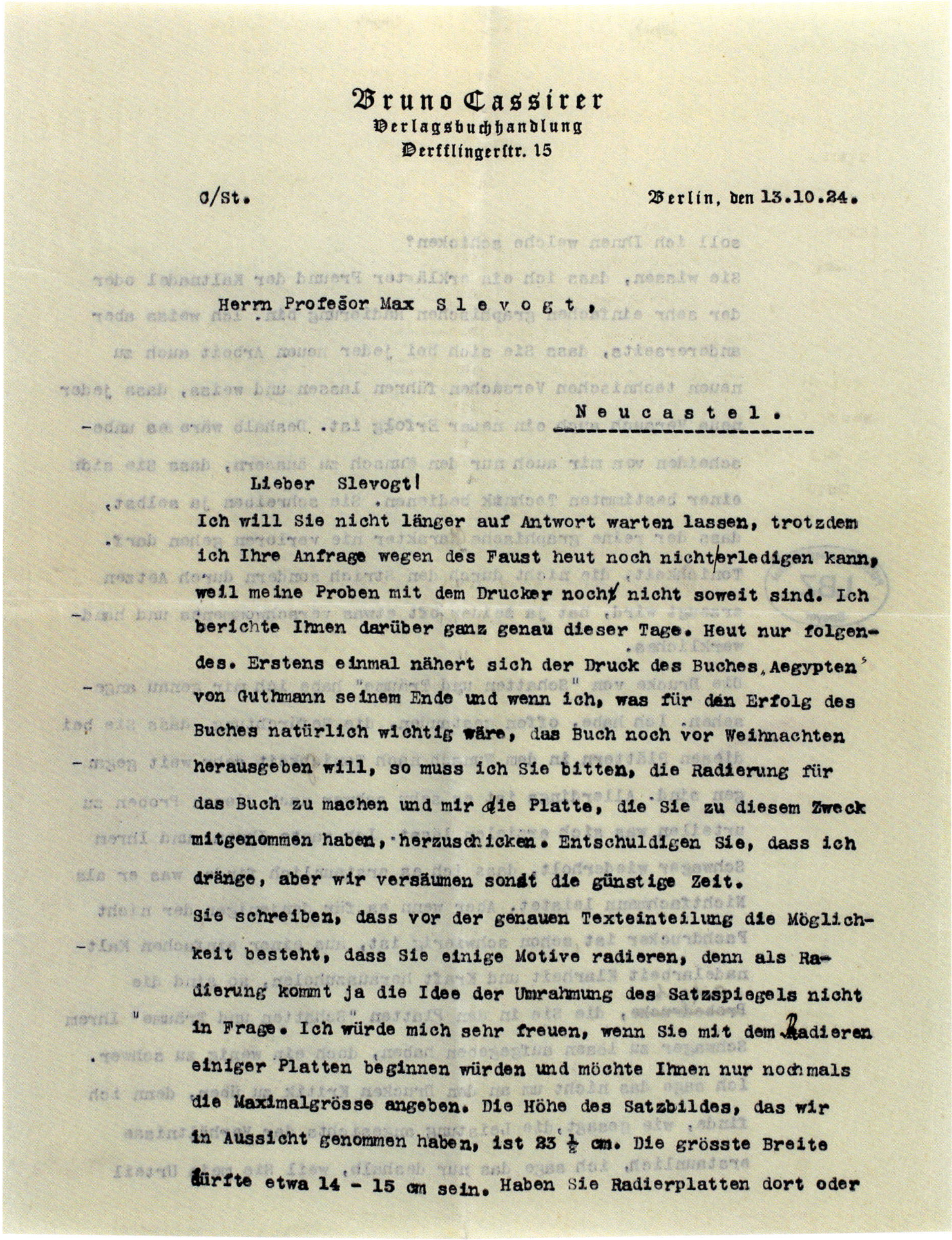

Bruno Cassirer
Verlagsbuchhandlung
Derfflingerstr. 15

C/St. Berlin, den 13.10.24.

Herrn Profeśor Max S l e v o g t ,

N e u c a s t e l .

Lieber Slevogt!

Ich will Sie nicht länger auf Antwort warten lassen, trotzdem ich Ihre Anfrage wegen des Faust heut noch nicht erledigen kann, weil meine Proben mit dem Drucker noch nicht soweit sind. Ich berichte Ihnen darüber ganz genau dieser Tage. Heut nur folgendes. Erstens einmal nähert sich der Druck des Buches „Aegypten" von Guthmann seinem Ende und wenn ich, was für den Erfolg des Buches natürlich wichtig wäre, das Buch noch vor Weihnachten herausgeben will, so muss ich Sie bitten, die Radierung für das Buch zu machen und mir die Platte, die Sie zu diesem Zweck mitgenommen haben, herzuschicken. Entschuldigen Sie, dass ich dränge, aber wir versäumen sonst die günstige Zeit.

Sie schreiben, dass vor der genauen Texteinteilung die Möglichkeit besteht, dass Sie einige Motive radieren, denn als Radierung kommt ja die Idee der Umrahmung des Satzspiegels nicht in Frage. Ich würde mich sehr freuen, wenn Sie mit dem Radieren einiger Platten beginnen würden und möchte Ihnen nur nochmals die Maximalgrösse angeben. Die Höhe des Satzbildes, das wir in Aussicht genommen haben, ist 23 ½ cm. Die grösste Breite dürfte etwa 14 – 15 cm sein. Haben Sie Radierplatten dort oder

ABB. 5 Brief von Bruno Cassirer an Max Slevogt vom 13.10.1924, masch., 28,8 × 22,4 cm
BRIEFEDITION NR. 184, PFÄLZISCHE LANDESBIBLIOTHEK SPEYER/LBZ

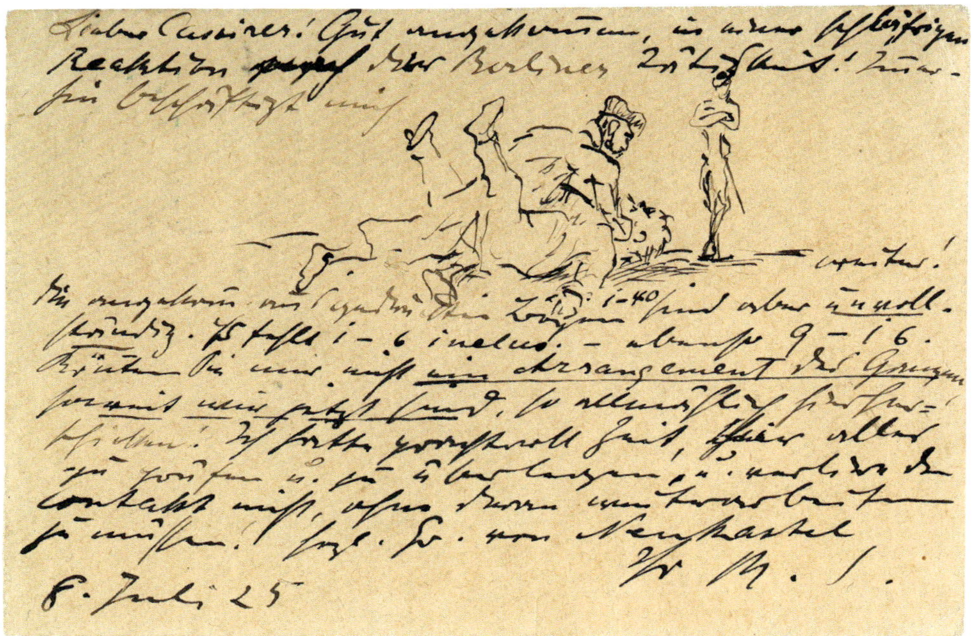

ABB. 6 Postkarte von Max Slevogt an Bruno Cassirer vom 8.7.1925, mit Randzeichnung *Slevogt mit Faust am Boden ringend*, Feder, Tusche, 9,2 × 14,1 cm BRIEFEDITION NR. 216, SM, INV.-NR. KW 64

bekamen. Am 1.7.1930 endete die Besetzung der Pfalz durch französische Truppen, was zu einem patriotischen Reflex über dieses Gebiet hinaus führte. Bei den Reichstagswahlen im September 1930 stieg die NSDAP in der Pfalz mit 22,8 Prozent der Stimmen zur zweitstärksten Kraft auf.[33] Das Ende der Weimarer Republik hatte begonnen.

Der Briefwechsel der Jahre 1931 und 1932 ist nicht sehr umfangreich. Das letzte erhaltene Schreiben von Cassirer an Slevogt datiert vom 24.3.1932; auch hier wird der *Faust* thematisiert. Im schriftlichen Nachlass haben sich postume Briefe von Cassirer beziehungsweise seiner Angestellten an die Erben erhalten, die bis zum 17.3.1939 reichen und in erster Linie Abrechnungen umfassen. In einem Brief vom 18.11.1932 wies Cassirer darauf hin, dass ein Verkauf von Bildern wegen der „heutigen schlechten Preise" nur „sehr billig" möglich sei. Angesichts der Verfolgung durch das NS-Regime emigrierte Cassirer im Dezember 1938 nach England, wo er 1941 starb. Im Schreiben vom März 1939 an die Erben ist die Bezeichnung „Verlagsbuchhandlung" des Briefkopfs bereits getilgt.

Der Briefwechsel zwischen den recht schwierigen Persönlichkeiten Max Slevogt und Bruno Cassirer reicht von 1899 bis 1932. Er dokumentiert eine produktive, aber wechselvolle Geschäftsfreundschaft, bei der der Verleger immer wieder um den Künstler und sein Werk werben musste, der sich wiederum einem Alleinvertretungsanspruch verweigerte. Dies schloss eine teils persönliche Beziehung nicht aus, die zu Besuchen Cassirers auf dem Slevogthof führte; der Kristallisationspunkt in Berlin war lange Zeit das *Romanische Café*, und die dortige Tischrunde endete mit dem Tod Slevogts am 20.9.1932.[34] Darüber hinaus ist der Briefwechsel eine herausragende Quelle für den Kunstmarkt der Zeit und die damit verbundenen Berliner Netzwerke.

1 Brief von B. Cassirer an M. Slevogt vom 18.9.[1906], Briefedition Nr. 42.
2 Hierzu ausführlich: A. Schlechter (2014).
3 53 Autografen, mit Abbildungen in: E. Wolf (2018), S. 160–282.
4 Vgl. dazu z. B. G. Brühl (1991); B. Echte/W. Feilchenfeldt (2011a) sowie die Einleitung von K. Feulner, S. 17f.
5 Vgl. Brief von P. Cassirer an M. Slevogt vom 1.10.1900, Briefedition Nr. 20.
6 Brief von B. Cassirer an M. Slevogt vom 9.3.1900, Briefedition Nr. 16.
7 Vgl. Einleitung von K. Feulner, S. 19.
8 Vgl. Brief von P. Cassirer an M. Slevogt, o. D. [1901], Briefedition Nr. 27.
9 Abrechnungen vom 15.12.1924, Briefedition Nrn. 196 und 197. Dies würde heute etwa einer Kaufkraft von 34.800 Euro entsprechen (vgl. https://de.wikipedia.org/wiki/Reichsmark#Kaufkraft, abgerufen am 28.3.2025).
10 Vgl. z. B. Brief von B. Cassirer an M. Slevogt vom 17.2.1918, Briefedition Nr. 102.
11 Z. B. Brief von B. Cassirer an M. Slevogt vom 13.10.1922, Briefedition Nr. 145.
12 So schreibt Bruno Cassirer am 22.9.1910 an Max Slevogt: „[…] Ich empfinde, wie die Dinge heute stehen, jeden Refus als eine persönliche Kränkung, und ich muß das ja auch, solange ich von meiner Thätigkeit diese Auffassung einer ganz persönlichen Arbeit habe. […] Aber eine andere Frage ists noch mit Paul C[assirer], gegen dessen Verlagsthätigkeit, die mit rührender Anhänglichkeit meinen Spuren folgt, ich aus naheliegenden Gründen mich schützen muß. Sie haben so lange am Lederstrumpf gearbeitet und ich mußte warten", Briefedition Nr. 45.
13 Vgl. dazu E. Caspers (1989), hier S. 26ff. Siehe auch Einleitung von K. Feulner, S. 20.
14 Brief von J. Elias an B. Cassirer vom 29.11.1921 und Brief von B. Cassirer an den Propyläen Verlag vom 5.12.1921, Briefedition Nr. 133 und 134.
15 Vgl. dazu E. Caspers (1989), S. 40f.
16 Brief von M. Slevogt an B. Cassirer von Anfang November 1923, Briefedition Nr. 163.
17 A. Schlechter (2014), Nr. 19. Vgl. auch J. Guthmann (1948), S. 100, und E. Wolf (2021), S. 219.
18 Z. B. Brief von B. Cassirer an M. Slevogt vom 11.12.1918, Briefedition Nr. 109.
19 J. Guthmann (1955), S. 303; A. Schlechter (2014), Nr. 20. Der Ausweis hat sich im grafischen Nachlass, LM, erhalten.
20 Brief von M. Slevogt an B. Cassirer, Anfang November 1923, Briefedition Nr. 163.
21 J. Guthmann (1955), S. 302f.
22 W. Kreutz (2000a), S. 52–66.
23 Brief von B. Cassirer an M. Slevogt vom 7.10.1918, Briefedition Nr. 107.
24 Undatierter Brief [vor dem 21.8.1919] von M. Slevogt an B. Cassirer, Briefedition Nr. 112. Der Beitrag wurde veröffentlicht in: A 1920, S. 140ff., und erneut in *KuK*, Jg. 22 (1924), S. 362ff.
25 Brief von B. Cassirer an M. Slevogt vom 29.3.1922 und Dankschreiben der Mitarbeiter an M. Slevogt vom 29.3.1922, Briefedition Nrn. 140 und 141.
26 Brief von B. Cassirer an M. Slevogt, 13.10.1924, Briefedition Nr. 184 und Brief von M. Slevogt an B. Cassirer, November 1924, Briefedition Nr. 188.
27 Zu diesen Listen vgl. K. Feulner (2024).
28 Briefedition Nr. 248.
29 Vgl. dazu H.-J. Imiela (1968), S. 238–243, und K. Scheffler (1926a).
30 Vgl. Essay von K. Feulner, S. 45.
31 B. Cassirer an M. Slevogt, 11.6.1929, Briefedition Nr. 319.
32 B. Cassirer an M. Slevogt, o. D. [Juli 1931], Briefedition Nr. 357.
33 W. Kreutz (2000b)
34 K. Scheffler (1948), S. 98.

Das Ringen mit Mephisto

KAROLINE FEULNER

Die Buchillustrationen zu Goethes *Faust II*. Von der Idee bis zur Umsetzung. Von der Skizze bis zum Stein

Faust II (B 45) gilt als das Hauptwerk der kongenialen Zusammenarbeit von Max Slevogt mit Bruno Cassirer. Im folgenden Beitrag soll anhand dieses Mammutprojekts nicht nur skizziert werden, wie aufwendig sich die damalige Buchproduktion gestaltete und auf welche Qualität der Bruno Cassirer Verlag so großen Wert legte, sondern auch, wie schwierig sich oft die Zusammenarbeit mit einem eigenwilligen Künstler wie Slevogt darstellte.

EINE ZUSAMMENARBEIT, DIE „IMMER NEUE ANREGUNGEN UND ÜBERRASCHUNGEN“[1] BOT

Slevogts Arbeitsweise zeichnete eine unglaubliche Kreativität, aber auch Chaos und Sprunghaftigkeit aus. Er war kein Künstler mit einem regelmäßigen Tagesablauf und festen Arbeitszeiten, sondern ließ sich oft spontan eher „treiben“, wenn ihn ein Thema oder ein Motiv reizte. Dass die Zusammenarbeit mit einem Künstler wie Max Slevogt über so viele Jahre gelang, war daher sicher auch der Beharrlichkeit von Bruno Cassirer zu verdanken, der Großprojekte wie die über 500 Illustrationen zu Goethes *Faust II* über Jahre lang hinweg vorantrieb. Cassirer gab selbst zu, dass die Zusammenarbeit nicht immer einfach war und „immer neue Anregungen und Überraschungen“ bot. Denn „Texte, die ihm vorgeschlagen werden, illustriert er eigentlich nie“.[2] Ganz anders war es, wenn ihn für eine neue Idee plötzlich die Leidenschaft gepackt hat, dann zeichnete er diese wohl auch manchmal in nur wenigen Stunden in einer einzigen Nacht, so beispielsweise bei den Illustrationen zum *Lederstrumpf*, als ihm das Jugendbuch zufällig wieder in die Hände kam, oder dem *Rübezahl*.[3] Ob im Bett, an das Slevogt aufgrund von beispielsweise Gichtanfällen öfter gefesselt war, oder im Schlafwagen während einer Reise nach England: Slevogt war ein unermüdlicher Zeichner, davon zeugen auch die zahlreichen Skizzenbücher, die sich beispielsweise in seinem grafischen Nachlass in Mainz erhalten haben (Kat. 27, 28, 145).

Die Themenwahl einiger Illustrationsprojekte kam oft durch Slevogts persönliche Vorlieben zustande. Es waren Lieblingsbücher, die er in der heimischen Bibliothek fand.[4] Aber auch Cassirer unterbreitete ihm Vorschläge. „Wenn ich nur schon einen Text für Sie wüßte. Ist Ihnen noch nichts eingefallen?"[5] Und Karl Scheffler überliefert darüber hinaus, dass der Verlag Slevogt gerne zumindest Anregungen für Themen gab. So wählte dieser beispielsweise für ihn aus den Märchen der Gebrüder Grimm die schönsten aus, die sich gut illustrieren ließen.[6] „Mit der Auswahl war Slevogt einverstanden, doch bat er immer wieder um Märchen, in denen der Teufel vorkommt. Auch Tiere zeichnete er gern und beschäftigte sich dann am Cafétisch wohl mit der Frage, wodurch ein Fuchs sich äußerlich von einem Wolf unterscheidet."[7] Scheffler war Kunstkritiker und Publizist sowie unter anderem langjähriger Chefredakteur der Monatszeitschrift *Kunst und Künstler* (*KuK*), die von Bruno Cassirer herausgegeben wurde.[8] Er war dort als Lektor, Bearbeiter neuer Bücher und Anreger im weitesten Sinne tätig und überlieferte in seinen Lebenserinnerungen sehr detailliert die Zusammenarbeit mit Slevogt während der *Faust*-Illustrationen.[9]

Einige Briefstellen geben Aufschluss darüber, dass es für Bruno Cassirer oft auch nicht einfach war, Slevogts Entscheidungen nachzuvollziehen, vor allem, wenn sich der Künstler auf Illustrationsprojekte bei anderen Verlagen stürzte. „Ich bin an sich über Ihren Brief gar nicht böse. Nichts ist mir plausibler, als die Art, wie Sie impulsiv eine Illustrationsidee aufgreifen, die andere verwerfen, und nicht etwa immer die Sache selbst entscheiden lassen, sondern die Stimmung des Tages."[10] Slevogts Launen bekommt Cassirer immer wieder zu spüren, so bittet er etwa in einem Brief um „neue Pläne" für Illustrationsprojekte, da er bald alles ihm fertig Vorliegende herausgegeben hat und hofft, dass der Künstler dafür neue Energie hat. Slevogts Absage, dass er sich zwar wieder wohlfühle, aber er gerade nur „Passion" habe, Gemälde zu malen, weist ihn brüsk zurück.[11] Nur ein Beispiel, das zeigt, wie gut Cassirer seinen schwierigen Klienten kennt. Der Verleger bleibt diplomatisch und nimmt die Antwort Slevogts mit Humor: „Ihre graphische Absage nehme ich nicht so tragisch, da Sie ja bekanntlich immer etwas anderes tun, als Sie sich vorgenommen haben."[12]

Ein wichtiger Punkt für den Erfolg ihrer gemeinsamen Projekte war zudem, dass der Verlag der Buchillustration einen neuartigen künstlerischen Stellenwert einräumte, indem die Fantasie des Künstlers nicht eingeengt werden sollte. Bruno Cassirer gestaltete seine Publikationen aus dem Blickwinkel der Kunst, die ihm vertraut war, und nicht aus Sicht des Verlagswesens. Das Ergebnis waren Bücher, in denen sich die Illustrationen nicht in ein strenges Layout einfügen und der Dominanz des Texts unterordnen mussten und diese sozusagen dadurch „von der klar festgelegten Form des geforderten guten illustrierten Buches"[13] abwichen.[14] So Slevogt selbst: „Es musste der Zeichner vor allem aus dem Prokrustesbette des Buches befreit werden."[15] Die Illustration sollte fortan keine untergeordnete Gattung mehr sein, sondern eine „höhere Bedeutung" beziehungsweise zu jeglicher anderen Kunst gleiche Wertigkeit erhalten.[16] Ergänzend legte der Bruno Cassirer Verlag eine sehr große Sorgfalt auf qualitativ sehr hochwertige Handdrucke der Illustrationen, die eigens in den Text gedruckt wurden, und lehnte mechanische und dafür weit billigere Reproduktionen ab. Sein Ziel war es, schöne Bücher „von seiten [sic] des Geschmacks und der Handwerksleistung mustergültig zu gestalten".[17] Dafür warb Cassirer gezielt um Künstler wie Max Slevogt und arbeitete nicht mit Leuten aus dem Buchgewerbe zusammen – auch wenn dies oft zu Schwierigkeiten führte.[18] So ergab sich daraus etwa das Problem, dass Bruno Cassirer die anspruchsvolle zeichnerische Kreativität Slevogts immer wieder vor drucktechnische Herausforderungen stellte, sodass der Verleger für die Umsetzung der Projekte stets neue innovative Wege suchen musste. Es ist ein großer Verdienst Cassirers, dass er Slevogts Ideen den möglichen Freiraum einräumte, auch wenn manche Zeichnungen in den Text hineinragten, oder wie bei dem Erstlingswerk *Ali Baba und die vierzig Räuber* (B 1) weder eine einheitliche Größe noch eine einheitliche Technik aufwiesen.

FAUST II – VON DER IDEE BIS ZUM LITHOGRAFIESTEIN

An den im Vergleich zum ersten Teil *Faust* einerseits unbekannteren und andererseits komplexeren Text mit verschiedenen Erzählsträngen des zweiten Teils des Opus haben sich nur wenige Künstler gewagt, neben Max Slevogt vor allem Max Beckmann (gezeichnet 1943/44).[19] Johann Wolfgang von Goethe war einer der Lieblingsautoren von Slevogt. Seine gesammelten Werke befanden sich in seiner Bibliothek, und neben *Faust II* illustrierte er auch das *Leben des Benvenuto Cellini* (B 7, Kat. 65–74) nach dessen Übersetzung oder den *Reineke Fuchs* (B 47, Kat. 132–135), der Text war dem Künstler also vertraut.[20] Interessanterweise hatte zuerst Brunos Konkurrent Paul Cassirer die Idee, den *Faust*, und sogar beide Teile, von Slevogt illustrieren zu lassen. Allerdings sollte dieser lediglich zwölf Steindrucke für den ersten Teil erhalten. Auch das Buch sollte ein ganz normales Format (Illustrationen ca. 20 × 14 cm) bekommen. Paul Cassirer weiß um das private Interesse von Slevogt am *Faust*-Text und vermutet, dass er die wenigen Zeichnungen schnell liefern kann: „Aber mir ist, als läge der Faust bei Ihnen fertig, vielleicht nicht auf dem Stein oder auf dem Papier, aber sicherlich im Kopf. Ich könnte mir denken, dass Sie diese Steine rascher zeichnen könnten, als wir das Buch drucken.“[21] Und er hofft, dass dieser Vorschlag nicht schon von jemand anderem kam. Ob das Projekt aufgrund des angeschlagenen Gesundheitszustands von Paul Cassirer nicht realisiert wurde – er begibt sich daraufhin laut Brief in ein Lazarett –, oder es andere Gründe hatte, da Slevogt 1918 seit dem Kriegsende in der Pfalz durch die französische Besatzungsmacht nahezu von der Außenwelt abgeschnitten war, bleibt offen.[22]

Das erste Mal in der Korrespondenz mit Bruno Cassirer wird die *Faust*-Idee im August 1924 von Max Slevogt erwähnt: „Ihre Drohungen mit Faust sind wohl der Anfang!?“[23] In den folgenden Monaten nimmt die Illustrationsidee dann konkretere Gestalt an. So schreibt Slevogt Anfang Oktober erste Ansätze, wie man dieses Projekt angehen könnte, und gesteht ein, dass man gewisse Textstellen aus buchtechnischen Gründen wählen müsse und er nicht nur die Stellen zeichnen könne, zu denen er Lust habe.[24] Konkret gibt er Vorschläge zu der Abfolge der Umrahmungen des Texts, auf die man sich geeinigt hatte, damit eine gewisse Einheitlichkeit dieser Rahmungen entsteht. Aber auch Druckgröße und Satzspiegel müssen festgelegt werden, damit er loslegen kann.[25] Cassirer beginnt dann zeitnah, erste Proben bei seinem Mitarbeiter, dem Lithografen Franz Dannenberger, erstellen zu lassen. Zudem schickt er Slevogt die Größenangaben für die angedachten wenigen ganzseitigen Radierungen von zentralen Textstellen, die ohne Text eingestreut werden sollen (Kat. 94). [26] Da Slevogt im November 1924 immer noch in der Pfalz und nicht wie ursprünglich geplant vor Ort in Berlin ist, sieht sich Cassirer gezwungen, ihm ein Schema für einen Satzspiegel zu schicken. In einem ausführlichen Brief erläutert er dem Künstler seine Ideen des möglichen einheitlichen Layouts.[27] Cassirer konkretisiert die Textumrahmungen, welche die Verse umgeben und dadurch ein einheitliches Satzbild schaffen sollen. Der Verleger schlägt für diese Umsetzung zwei bis drei lithografische Linienumrahmungen (Federlithografien) vor, die

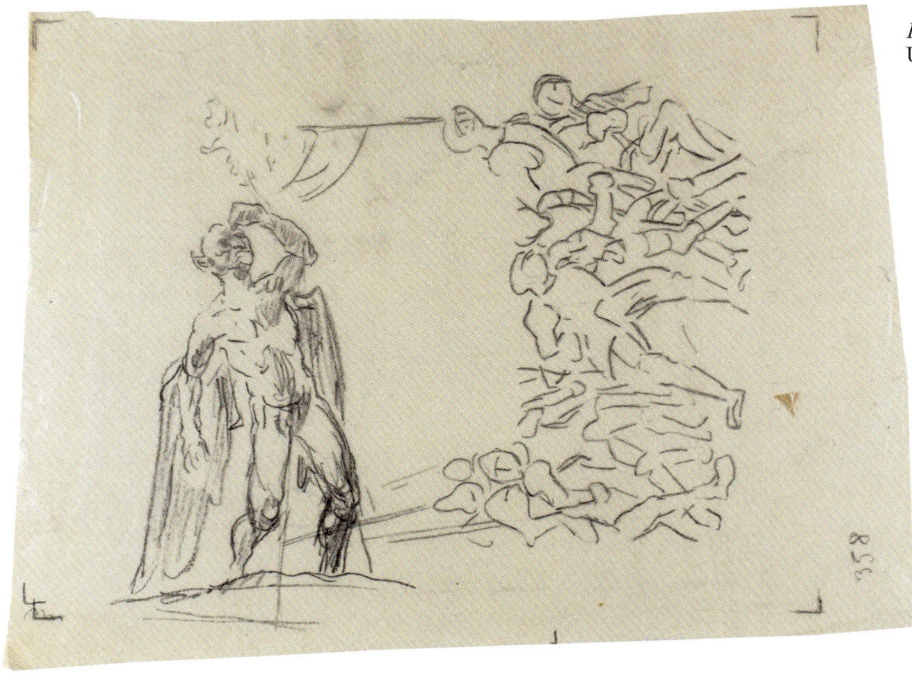

ABB. 1 Max Slevogt, *Ein großer Aufwand, schmählich! ist vertan*, Umzeichnung auf Transparentpapier mit Passermarken zur Kompositionsfindung zu *Faust II*, 1925/27, Kreide (lithografische Kreide?), 24,3 × 34 cm
LM, INV.-NR. DL SL NL 2024/48

dann bei jeder Seite zum Einsatz kommen. Im nächsten Schritt soll Slevogt die Textstellen bestimmen, zu welchen er halb- oder ganzseitige Illustrationen oder andere Umrahmungen zeichnen will, damit der Verlag entsprechende Vorlagen mit eingeklebten Textstellen vorbereiten kann (Kat. 96–99).[28] Auf diese Bögen zeichnet Slevogt seinen Entwurf, der dann auf die Steine umgedruckt wird. Für die Kreidelithografien wurden die Steine entsprechend vorbereitet, also der Text oder dessen Konturen wurden mithilfe dieser vorbereiteten Vorlagen auf die Rückseite des Blattes durchgepaust. Dadurch konnte dieser seitenverkehrt auf den Stein übertragen werden. Anhand dieses Verfahrens konnte der Künstler erkennen, welcher Raum ihm für seine Zeichnungen zur Verfügung stand, die er dann direkt auf die Lithografiesteine aufbrachte. In Slevogts Nachlass haben sich auch Transparentpapiere mit Konturzeichnungen erhalten, die vermutlich dazu dienten, die Platzierung der Kompositionsideen auszuprobieren. Die Transparentpapiere lassen vermuten, dass Slevogt die Umrisskonturen zur Orientierung auf den Stein durchgepaust hat (Abb. 1, 2).[29]

Da Slevogt aufgrund seiner kranken Frau erst einmal nicht nach Berlin reisen wird, ruhen die Aktivitäten zu *Faust II* wieder: „Nach einigen Platten für Faust habe ich also wieder abgebremst […]“.[30] Um das Projekt dennoch weiter voranzubringen, fährt Cassirer am 15.12.1924 mit Franz Dannenberger zum ersten Mal zum Slevogthof in die Pfalz.[31]

Die schweren Lithografiesteine wurden vorab an den Künstler geschickt, der erste Teil des Texts wurde entsprechend arrangiert, und auch Druckproben brachte Cassirer mit. Es müssen vor Ort viele Details besprochen worden sein, Feinheiten wie etwa eine bessere lithografische Kreide werden im Folgenden noch geklärt.[32] Cassirer bittet Slevogt, weiterhin schnellstmöglich nach Berlin zu kommen, da er darauf

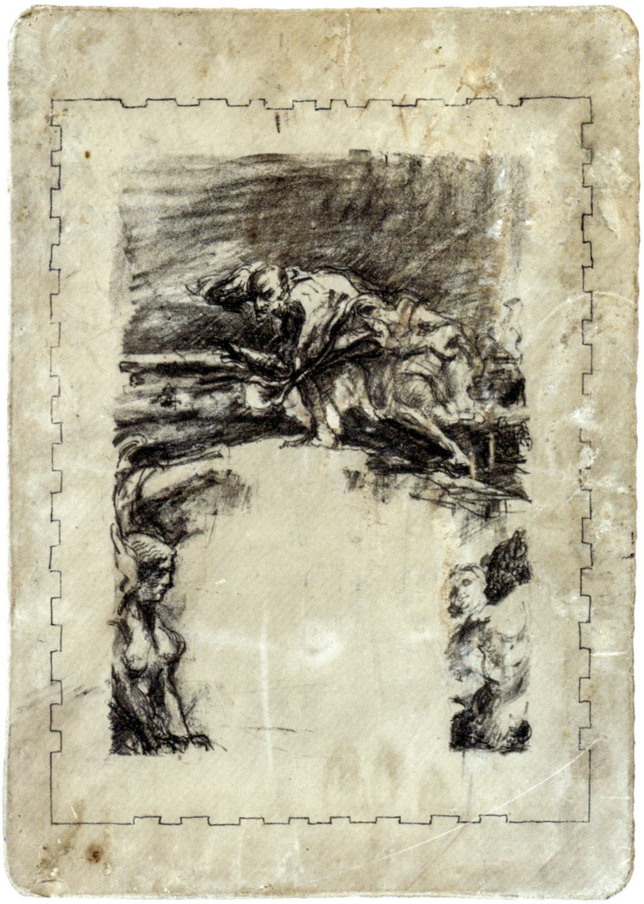

ABB. 2 Max Slevogt, Lithografiestein zu *Faust II*, *Und wie ich diese Feuerchen durchschweife,* 38 × 27 × 7 cm
LM, INV.-NR. DL SL NL 2024/43

brenne, „die Arbeiten für den FAUST hier zu beginnen".[33] Endlich in Berlin, arbeitet Slevogt fleißig an der ersten Lieferung. Da bei so einem Projekt regelmäßige Teambesprechungen zwischen dem Künstler, dem Verleger und dem Redakteur unbedingt notwendig waren, Slevogt aber kaum selbst im Verlag erschien, wurden diese Besprechungen in der Regel im *Romanischen Café* abgehalten.[34] Slevogt liebte diesen Ort schon seit Jahren, und das Verlagsteam musste sich notgedrungen auf den Künstler einstellen, um das Projekt weiter voranzutreiben.

Wie zeitaufwendig das damalige technische Verfahren war, überliefert Scheffler sehr anschaulich. Vom Prozess der ersten Probedrucke mit zahlreichen Korrekturgängen bis hin zur finalen Bestimmung des besten Abzugs, der als Vorlage für alle weiteren diente. Scheffler klebte dann mithilfe von Schmutzabzügen und Textfahnen ein Muster für jede Seite zurecht, das dem Buchdrucker Jakob Hegner, der für den Satz des Texts verantwortlich war, als Vorlage diente. Es folgten weitere Korrekturläufe der Probedrucke mit dem gesetzten Text, bis schließlich die endgültige Vorlage mit dem Text für den Druck der Lithografien auf der Handpresse bei M. W. Lassally in Berlin fertig war.[35] „Es war ein langer interessanter Weg, bis die Bogen der Buchausgabe fertig vorlagen. Immer wieder musste verglichen und verbessert werden."[36] Neben dem Zeichnen der zahlreichen Illustrationen bedeutete so ein umfangreiches Projekt daher auch eine immense Anzahl an finalen Drucken, die einzeln geprüft werden mussten. Welche Sorgfalt Cassirer hierfür aufbringt, belegt ebenso der Briefwechsel, in dem Cassirer schreibt, dass er Dannenberger stets Anweisungen gab, beispielsweise „etwas kräftiger zu drucken, wenn er zu zart geworden ist, oder wenn er zu derb gedruckt hat".[37] Cassirer war also selbst in diese Details – wie den Abgleich der Probedrucke mit den Imprimaturdrucken – eingebunden und hat als Verleger gemeinsam mit seinem Redakteur Scheffler alle diese Feinheiten mit dem Künstler besprochen.

Ende Juli 1925 bekommt Slevogt dann zur Prüfung die Druckergebnisse der ersten Lieferung in die Pfalz geschickt, im gleichen Brief weist Cassirer auf die Fortsetzungen der Arbeiten für den zweiten Teil hin und schickt ihm zeitnah die Vorlagen für die neuen Zeichnungen für diese weitere Arbeit.

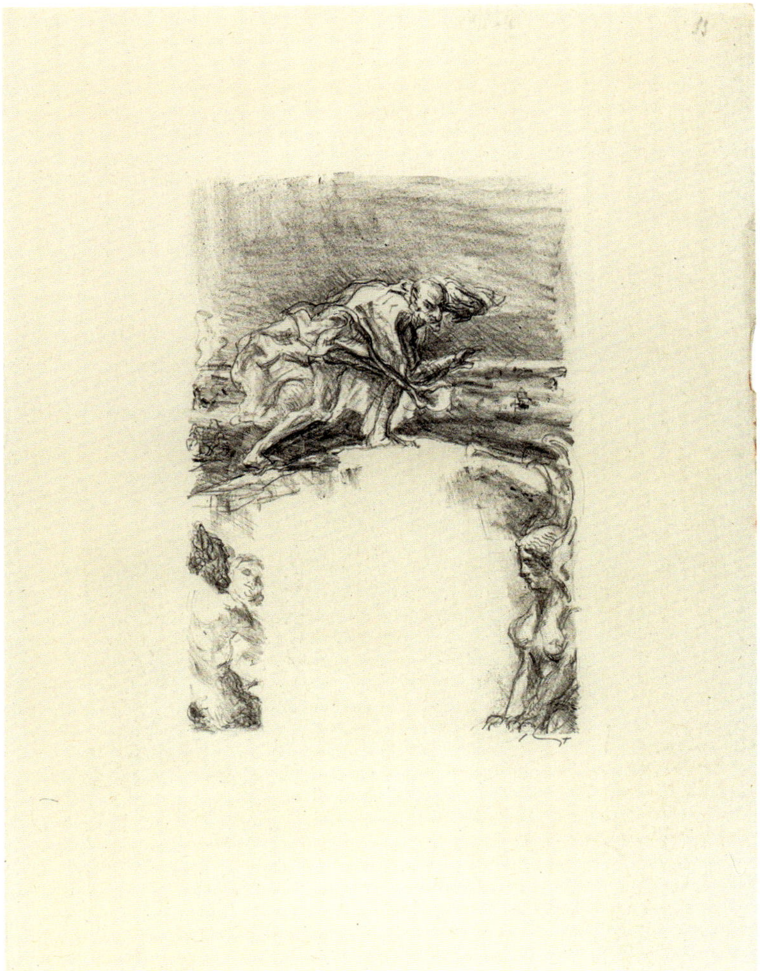

ABB. 3 Max Slevogt, *Faust II, Und wie ich diese Feuerchen durchschweife*, Lithografie ohne den eingedruckten Text, 44,5 × 34,5 cm
LM, INV.-NR. SLG. GRB. 27

Bei Cassirer ist diese erste Lieferung für Weihnachten 1925 angekündigt. Die Arbeit an dem mit über 500 Lithografien monumentalen und laut Scheffler mühevollsten Werk, das sich für alle Beteiligten „zu einem Stück Leben" entwickelte, sollte in vier Lieferungen erscheinen und ist erst im Herbst 1926 abgeschlossen (Abb. 3, Kat. 104).[38]

Ein sich über Jahre erstreckendes Projekt mit einem Künstler wie Max Slevogt zu verwirklichen und diesen stets zu motivieren, daran weiterzuarbeiten, war nicht einfach. Wie sehr Slevogt teilweise mit dem Projekt rang, an dem er auch immer wieder die Lust verlor, zeigt seine ironische Randzeichnung vom 8.7.1925, in der er von Faust zu Boden geworfen und gewürgt wird (Abb. 6, S. 36). Während kleinere Arbeiten laut Bruno Cassirer eher eine Zerstreuung für Slevogt darstellten, ist das Riesenprojekt als eine „Beschwerde" aufzufassen.[39] Die Etappensiege, also jeder vollendete Akt, wurde von Slevogt mit einem kleinen Abendfest gefeiert, bei dem man ins Kino oder Varieté ging und anschließend gemeinsam in einem guten Restaurant zu Abend aß.[40] Das Gesamtwerk umfasste laut Karl Scheffler eine unglaubliche Anzahl an Lithografien, die (inklusive Probedrucke, Imprimaturdrucke und Schmutzabzüge) ungefähr 360-mal auf der Handpresse gedruckt werden mussten. Also unglaubliche 180.000 einzeln zu druckende Lithografien.[41]

Und zu guter Letzt mussten diese unzähligen Drucke von Slevogt selbst per Hand unterschrieben werden. Für *Faust II* musste jeder Druck der Mappenausgabe (Auflage fünfzig Exemplare) und auch jede Buchausgabe (Auflage 250 Stück) signiert werden. „Mit dem Signieren ist das ein lamento […]"[42], so Slevogt selbst, denn dies ist eine zeitintensive und eintönige Arbeit.[43] Für die letzten Probedrucke des *Faust II* war Slevogt nicht mehr zu bewegen, in den Verlag zu kommen, und daher wurden diese am Stammtisch im *Romanischen Café* unterschrieben. Sein Künstlerfreund Emil Orlik hat diese Szene in zwei

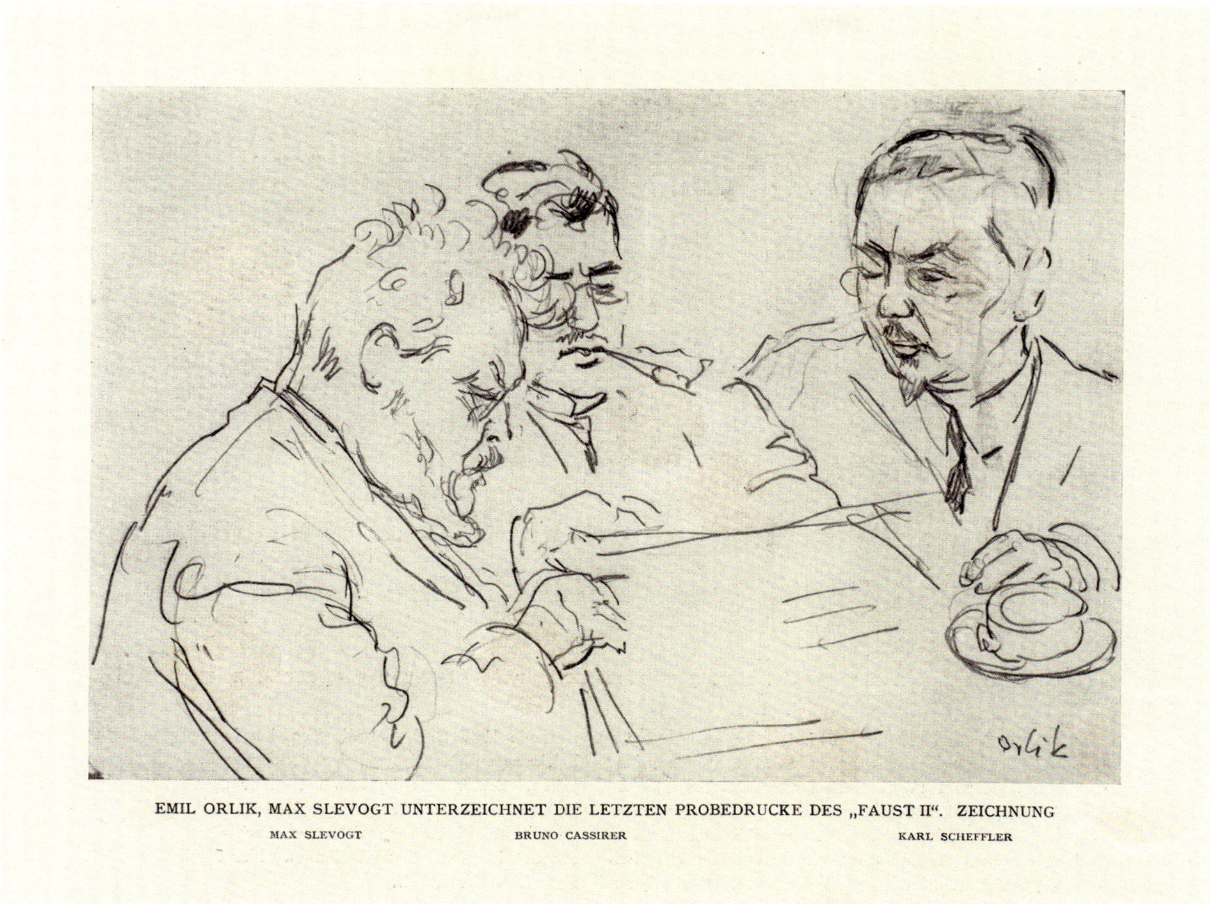

ABB. 4 Emil Orlik, *Slevogt unterzeichnet die letzten Probedrucke des Faust II*, Zeichnung, veröffentlicht in: *Kunst und Künstler*, Jg. 24 (1926), Heft 9, S. 354

Zeichnungen festgehalten, und die Vollendung des *Faust* wurde in *Kunst und Künstler* entsprechend wie eine Art „historisches Ereignis" verkündet (Abb. 4).[44]

QUALITÄT UND SORGFALT HABEN IHREN PREIS

Cassirer gab mit *Faust II* hochwertigste limitierte Liebhaberausgaben heraus, so wurde für die Mappenausgabe ein edler weißer Ganzlederkasten mit Goldpressung im Großfolio – mit einer Übergröße von 49,5 cm Höhe – hergestellt und die Buchausgabe mit Maroquinleder versehen (Kat. 104). Der Aufwand und die damit verbundenen Kosten für dieses Projekt waren immens, und der Verlag trug ein großes unternehmerisches Risiko. Entsprechend musste Cassirer das Buch gut verkaufen und die Werbetrommel schlagen. Cassirer veröffentlichte eigens einen vierseitigen Verlagsprospekt mit einem ausführlichen Text von Karl Scheffler (B 42, Kat. 103). Dieser Text wurde dann auch im *Almanach* des Verlags 1926 sowie in *Kunst und Künstler* abgedruckt.[45] Zudem veranstaltete er kurz vor dem Erscheinen der ersten Lieferung eine Ausstellung in seinem Verlag, in der er unter anderem Entwürfe, Aquarelle, Probedrucke und lithografische Steine zeigte, um auf das Buchprojekt aufmerksam zu machen (Abb. 5).[46]

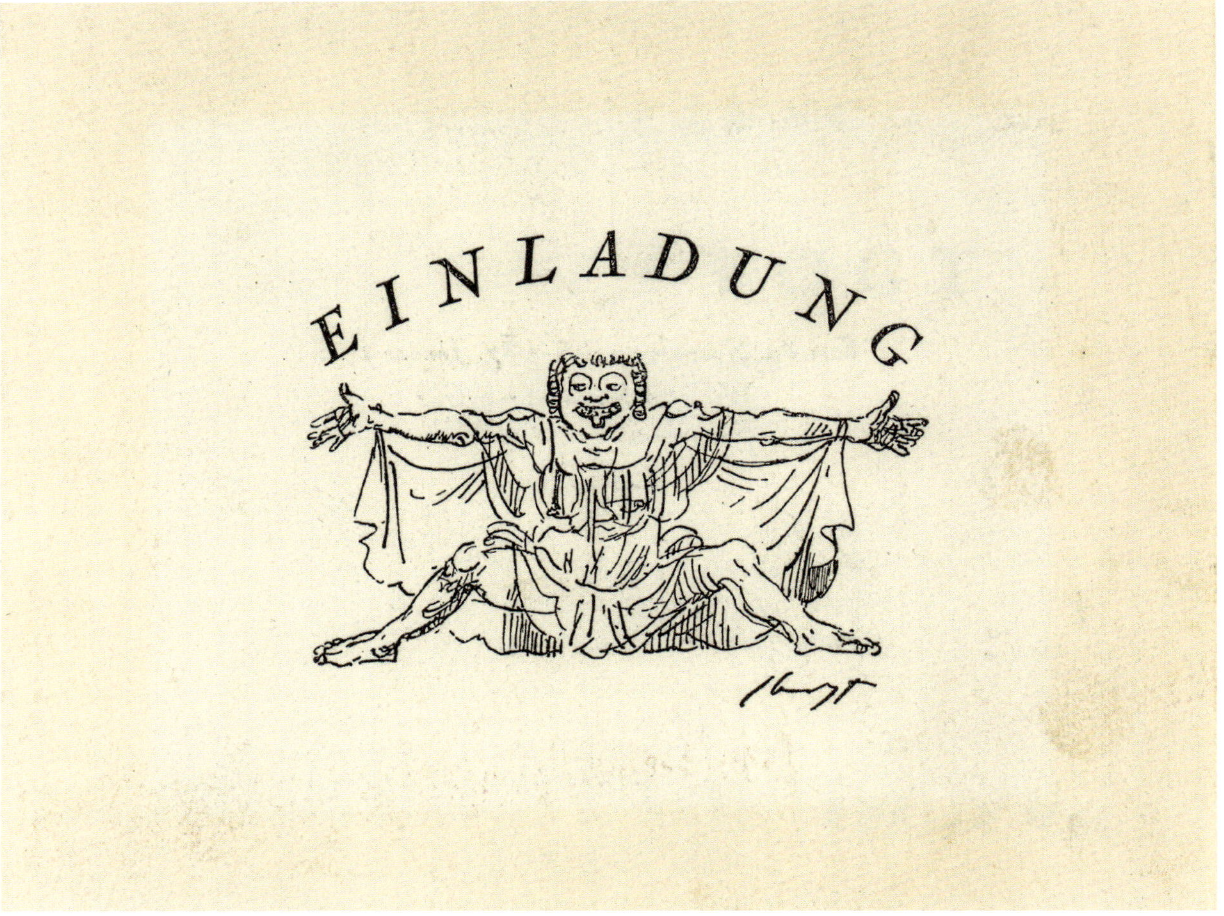

ABB. 5 Einladung zur Ausstellung *Faust* von Max Slevogt im Bruno Cassirer Verlag, Derfflingerstraße 15/16, Berlin, 30.11.1925 bis 31.1.1926, Titelzeichnung von Slevogt (Detail Randzeichnung aus *Faust II*, S. 193), 13 × 16,3 cm LM, INV.-NR. SLG. GRB. 262

All die Sorgfalt hatte ihren Preis: Laut dem Verlagsprospekt betrug der Verkaufspreis für die komplette Mappenausgabe 3600 Reichsmark, der Preis des ganzen Buchs ohne den Einband 1400 Reichsmark.[47] Die in Halbpergament gebundenen Märchenbücher (Auflage ca. 360 bis 400 Exemplare) kosteten zum Vergleich lediglich 25 bis 50 Reichsmark.[48] Das Durchschnittsgehalt wird für 1926 mit 1642 Reichsmark angegeben.[49] Das bedeutet, dass die Mappenausgabe des *Faust II* mehr als das Doppelte eines durchschnittlichen Monatsgehalts kostete. Diese Preise zeigen exemplarisch, dass sich solche Luxusausgaben nur wohlhabende Sammler leisten konnten, die solche Ausgaben vor allem nach dem Ersten Weltkrieg als Geldanlage kauften.[50] Dies war größtenteils das Großbürgertum, das durch den wirtschaftlichen Aufschwung der Gründerjahre sehr profitiert hatte. Also genau die gehobenen Kreise, mit denen Cassirer gut vernetzt war und die die Kunst sehr schätzten. Die Publikation von *Faust II* fiel allerdings in eine politisch und wirtschaftlich sehr unruhige Zeit, und der Grafikboom ging stark zurück, sodass der Absatz trotz aller Werbung und Mühe von Cassirer nicht die Erwartungen erfüllte und es dadurch sogar zu einer juristischen Auseinandersetzung von Slevogt mit Cassirer kam.[51]

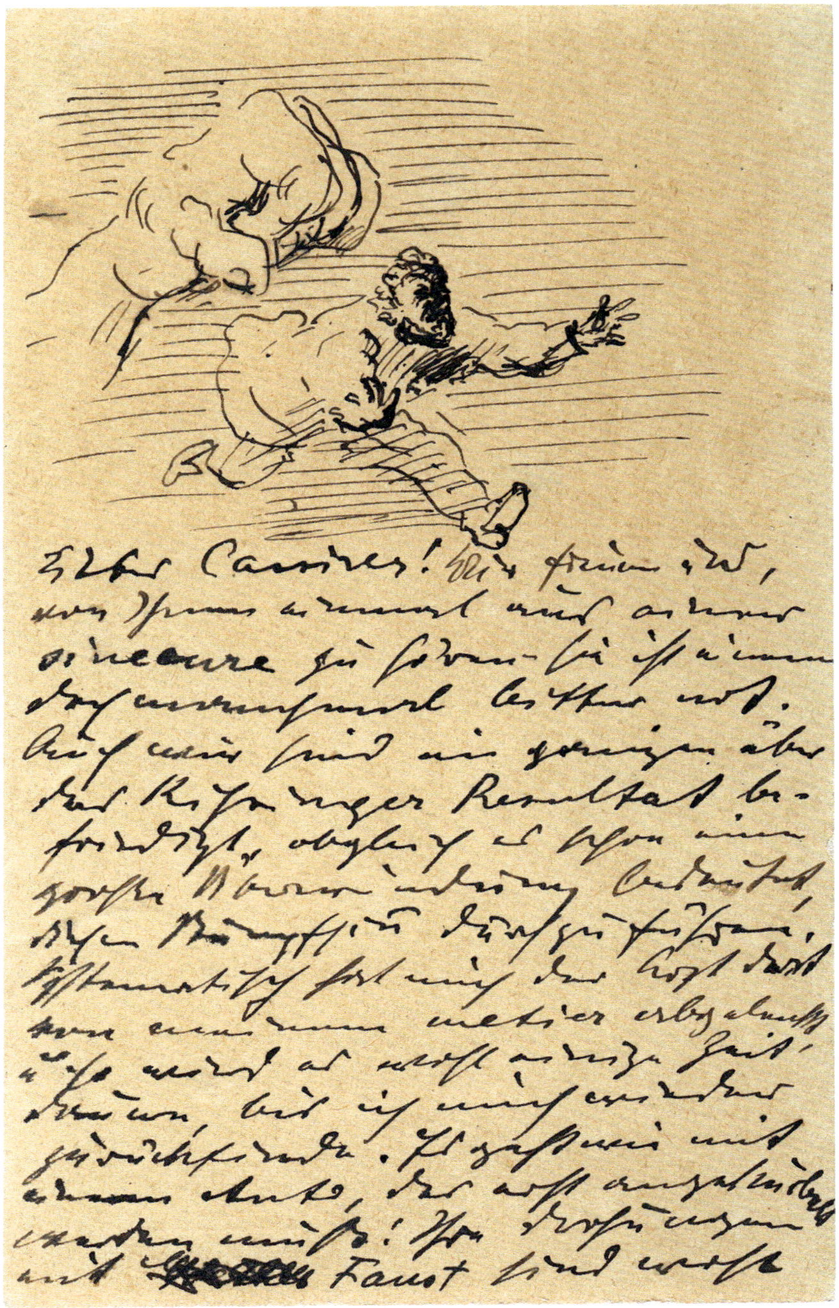

ABB. 6 Brief von Max Slevogt an Bruno Cassirer vom 18.8.1924, mit Randzeichnung *Slevogt von einer Faust verfolgt*, Tusche, 14 × 9 cm
BRIEFEDITION NR. 179, SM, INV.-NR. KW 268

Laut der Abrechnung vom 5.7.1927 verdiente Slevogt an *Faust II* 30.039,28 Reichsmark.[52] Dieses Honorar wurde ihm in achtzehn Monatsraten zu je 2000 Reichsmark ausbezahlt. Als stetiges Einkommen, zusätzlich zu anderen Buchprojekten und seinen Gemälden, die im Schnitt 2500 bis 5000 Reichsmark[53] (bezogen exemplarisch auf Landschaften mittleren Formats) für ihn einbrachten, wird deutlich, wie gut Slevogt von seiner Kunst leben konnte.[54]

Slevogt hatte von *Faust II* einerseits mehr finanziellen Erfolg erwartet, andererseits war aber vor allem dieses Projekt für Slevogt die Krönung seiner Illustratorentätigkeit, ein Opus, das ihn viel Kraft und Energie kostete. Ein Stoff, der eigentlich nicht zu illustrieren sei, aber durch Slevogts barocke und bühnenhafte Umsetzung nun visuelle überzeitliche Gestalt bekam.[55] Dies war kein Märchenbuch, das er spontan in kurzer Zeit skizzierte, sondern der *Faust II* war inhaltlich, aber auch technisch eine große Herausforderung, die seinen Nachruhm manifestieren sollte. Seine Randzeichnung, in der er von einer Faust verfolgt wird, gibt auf seine selbstironische Art und Weise das Ringen des Künstlers, der sich stets neu motivieren musste, wieder (Abb. 6). Umso größer muss die Enttäuschung gewesen sein, als der erhoffte Erfolg ausblieb. Es ist auffällig, dass nach dem *Faust II* nur noch einzelne kleine Illustrationsprojekte entstehen und sich

Slevogt vor allem verschiedenen Wandmalereien widmet. Auch der Verlag Bruno Cassirer reagierte auf den sich ändernden Markt, stellte sein Verlagsprogramm um und nahm solche aufwendigen Luxusausgaben aus dem Sortiment, da es für diese keine Absatzmöglichkeiten mehr gab.[56] Dieses Mammutprojekt, an das sich kaum ein Künstler wagte, ist zugleich eine Art Abschluss für den Illustrator Slevogt. Indem der Protagonist Faust oft selbstbildnishafte Züge verliehen bekam, scheint sich Slevogt mit seiner „genialische[n] Illustrationstätigkeit“[57] selbst verewigt zu haben. Der überzeitliche Anspruch dieses Projekts zeigt sich auch in Schefflers theatralischem Schlusssatz, der *Faust II* als eine „nationale Arbeit“ wertet und der „darum alle an dem Werk Beteiligten mit einem bescheidenen Stolz erfüllt“.[58]

1 B. Cassirer (1924), S. 3.
2 Wie Anm. 1.
3 K. Feulner: „‚Indianer‘ in den Dünen von Noordwijk. Slevogts Lederstrumpf-Illustrationen“, in: Ausst.-Kat. Mainz (2018), S. 150, Anm. 3; VV 1924, S. 3, sowie K. Scheffler (1946), S. 116.
4 Beispielsweise die Gesamtausgabe von Johann Wolfgang von Goethes Werk in zehn Bänden, Pfälzische Landesbibliothek Speyer/LBZ, Nachlass Slevogt N 100.
5 Brief von B. Cassirer an M. Slevogt vom 17.10.1903, Briefedition Nr. 32.
6 Vgl. Auflistung eines undatierten Briefes, Briefedition Nr. 376.
7 K. Scheffler (1946), S. 104.
8 Zu *Kunst und Künstler* vgl. ausführlich Essay E. Wolf, S. 58–67.
9 K. Scheffler (1946), S. 106–108.
10 Brief von B. Cassirer an M. Slevogt vom 22.9.1910, Briefedition Nr. 45.
11 Brief von B. Cassirer an M. Slevogt vom 20.8.1926; Brief von M. Slevogt an B. Cassirer vom 12.9.1926, Briefedition Nrn. 234 und 239.
12 Brief B. Cassirer an M. Slevogt vom 14.9.1926, Briefedition Nr. 240.
13 Brief von M. Slevogt an B. Cassirer vor dem 21.8.1919 „Pro domo“, Briefedition Nr. 112, abgedruckt in: A 1920, S. 140–145.
14 B. Cassirer (1924), S. 2.
15 Wie Anm. 13.
16 Wie Anm. 13.
17 A 1920, S. 9.
18 A 1920, S. 10.
19 Zu Beckmann: J. Rößler (2018), S. 214–218.
20 Johannes Guthmann überliefert etwa, dass Slevogt die Angewohnheit hatte, am Pfingstsonntag aus Goethes *Reineke Fuchs* vorzulesen. J. Guthmann (1955), S. 305–306. Vgl. auch Anm. 4.
21 Brief von P. Cassirer an M. Slevogt vom 14.2.1918, Pfälzische Landesbibliothek Speyer/LBZ, Nachlass N 100.
22 Wie Anm. 21.
23 Postkarte von M. Slevogt an B. Cassirer vom 18.8.1924, Briefedition Nr. 179.
24 Brief von M. Slevogt an B. Cassirer vom 3.10.1924, Briefedition Nr. 182.
25 Wie Anm. 24.
26 Brief von B. Cassirer an M. Slevogt vom 13.10.1924, Briefedition Nr. 184.
27 Brief von B. Cassirer an M. Slevogt vom 3.11.1924, Briefedition Nr. 187.
28 Vgl. hier auch ausführlich K. Scheffler (1946), S. 106. Slevogt zeichnete seine Illustrationen dann mit lithografischer Tusche auf diese Seiten, die dann in der lithografischen Anstalt auf die Steine umgedruckt wurden.
29 Im Nachlass haben sich Transparentpapiere mit Passermarken für die Positionierung der Lithografiesteine erhalten (Abb. 1).
30 Brief von M. Slevogt an B. Cassirer vom November 1924, Briefedition Nr. 188.
31 Brief von B. Cassirer an M. Slevogt vom 8.12.1924 und vom 22.12.1924, Briefedition Nr. 193 und 201.
32 Brief von B. Cassirer an M. Slevogt vom 22.12.1924, Briefedition Nr. 201.
33 Brief von B. Cassirer an M. Slevogt vom 29.12.1924, Briefedition Nr. 203.
34 K. Scheffler (1946), S. 104. Zum *Romanischen Café* vgl. ausführlich: Ausst.-Kat. Berlin (2024).
35 Die Radierungen wurden von Carl Sabo gedruckt.
36 Karl Scheffler (1946), S. 108.
37 Brief von B. Cassirer an M. Slevogt vom 22.9.1926, Briefedition Nr. 241.
38 Brief von B. Cassirer an M. Slevogt vom 20.8.1926, Briefedition Nr. 234; K. Scheffler (1946), S. 106 und 108.
39 Brief von B. Cassirer an M. Slevogt vom 20.8.1926, Briefedition Nr. 234.
40 K. Scheffler (1946), S. 110.
41 K. Scheffler (1926a), S. 6. Dieser geht von einer Auflage von 300 Stück (Buchausgabe) aus.
42 Brief von M. Slevogt an B. Cassirer vom 12.9.1926, Briefedition Nr. 239.
43 K. Scheffler (1946), S. 103. Schon bei früheren Buchprojekten musste Slevogt zum Signieren motiviert werden. Vgl. u. a. Brief von B. Cassirer an M. Slevogt vom 11.12.1918, Briefedition Nr. 109.
44 K. Scheffler (1926b), S. 353–354.
45 K. Scheffler (1926a), S. 3–9; A (1926), S. 114–122; B 42.
46 Ausstellung *Max Slevogt. Faust*, 30.11.1925 bis 31.1.1926, Bruno Cassirer Verlag, Derfflingerstraße 15/16, Berlin.
47 Vgl. B 42, letzte Seite. 1928 bot Cassirer den *Faust II* mit 3690 und 1520 Reichsmark geringfügig teurer an.
48 A 1926, S. 176.
49 Vgl. https://de.wikipedia.org/wiki/Durchschnittsentgelt (abgerufen am 10.4.2025).
50 Wie hoch die Nachfrage nach den Ausgaben bei Cassirer war, belegt auch der Briefwechsel, so u. a. Brief von B. Cassirer an M. Slevogt vom 5.2.1918, Briefedition Nr. 101: „Es ist jetzt eine so große Nachfrage nach Graphik. Machen Sie garnichts mehr?“
51 Sowie Brief von B. Cassirer an M. Slevogt vom 11.6.1929, Briefedition Nr. 319. Vgl. auch Essay E. Wolf, S. 34.
52 Abrechnung vom 5.7.1927, Briefedition Nr. 252. Demnach wurden von der Mappenausgabe 23 Stück verkauft und von der Buchausgabe 102 Exemplare, d. h. es wurde ungefähr nur etwas weniger als die Hälfte jeder Auflage verkauft. Laut dem Brief von B. Cassirer an M. Slevogt vom 11.6.1929 (Briefedition Nr. 319) erhielt Slevogt vierzig Prozent des Gewinns. Der Vertrag hat sich nicht im schriftlichen Nachlass erhalten. Am 30.1.1930 sind erneut zwei Exemplare der Buchausgabe abgerechnet worden (vgl. Brief von B. Cassirer an M. Slevogt, Briefedition Nr. 333).
53 Eintrag im Conto-Buch Slevogts vom 30.6.1930, LM, Inv.-Nr. LHS 2009/2.
54 Zu Verkaufspreisen von Slevogt vgl. auch: K. Feulner (2021), S. 53–54.
55 E. Waldmann (1921), S. 8.
56 H. Harthausen (1977), S. 323. Laut Harthausen war 1918 bis ca. 1924 der Erwerb von Sachwerten sehr beliebt, um der Geldentwertung zu entgehen.
57 K. Scheffler (1926a), S. 9.
58 Ebd.

Die Zusammenarbeit von Bruno Cassirer und Max Slevogt in der *Berliner Secession* und in späteren Ausstellungen

VIKTORIA BERNADETTE KRIEGER

„Abenteuerlichkeit, Unmittelbarkeit und Palettenelan vereinen“[1]

Bruno Cassirer und Max Slevogt kannten sich mindestens seit 1899, wie früheste erhaltene Korrespondenzen belegen. Bereits auf der ersten Ausstellung der neu gegründeten *Berliner Secession* im Mai dieses Jahres war der Maler vertreten. Drei Werke – *Flieder*, *Totentanz* und *Der verlorene Sohn* (Abb. 1) – stellte er zur Verfügung und bot sie zum Verkauf an.[2] Max Liebermann, der zum Ersten Vorsitzenden der *Secession* gewählt worden war, hatte ihn dazu ermuntert und eingeladen, sich zu beteiligen.[3] Die beiden Künstler hatten sich spätestens 1898 kennengelernt, als Liebermann im Auftrag der sich gründenden *Secession* nach München gereist war, um das Interesse anderer Kunstschaffender für die Berliner Vereinigung zu wecken.[4] Er erinnerte sich wie folgt: „In dieser Zeit kurz vor Gründung der Secession in München, hörte ich [von Slevogts] Bild ‚Der verlorene Sohn‘, das damals starken Widerspruch […] fand. Ich fuhr sofort zu Slevogt, um es mir anzusehen, […], und forderte [ihn, der solche Opposition erregte] sogleich auf, das Bild in der Eröffnungsausstellung [der *Berliner Secession*] zu zeigen, obwohl mir damals selbst etwas Angst vor der eigenen Courage war. Das Bild aber hing.“[5] Auch in Berlin stieß Slevogts eigenwillige, psychologisierende Variante des biblischen Themas des *Verlorenen Sohns* auf kritisches Interesse.

Slevogts Werke weckten die erhoffte Aufmerksamkeit, denn noch während der Ausstellung teilte Cassirer Slevogt im Sommer 1899 auf dem Briefkopf der *Secession* mit, dass es einen Kaufinteressenten gäbe: „Ich glaube, er würde sich auch bis 1000 Mark versteigen, mehr aber kaum geben.“[6] Die Rede war hier von Slevogts *Flieder*[7], den er auf Bitten Liebermanns für die *Secession* zur Verfügung gestellt hatte.

seinen Bann gezogen, dass Bruno Cassirer sogar direkt an Antonie schrieb, um sie zu überzeugen, das Werk für die Ausstellung zu leihen.[21] Die Zusage erfreute Cassirer, und er eröffnete dem Maler später, „dass es das beste Stück Malerei auf der Ausstellung ist, und das will schon was sagen".[22]

Doch Slevogt war ein eigenwilliger Individualist, und Bruno Cassirer musste sich beim Maler immer wieder erkundigen, wann dieser beabsichtigte, Werke fertigzustellen, oder wann er sie endlich versenden könne. So meinte er einmal scherzhaft: „Wie wollen Sie berühmt werden oder vielmehr bleiben, wenn Sie fortwährend krank sind? Das konnten Sie sich früher leisten, jetzt haben Sie Verpflichtungen."[23] Auch Max Liebermann versuchte, die Versäumnisse des kreativen Geists Slevogts zu entschuldigen und ihm, wo immer möglich, Fristverlängerungen einzuräumen.[24] Bruno Cassirer redete Slevogt gut zu und versuchte ihn dahingehend zu bewegen, seine Versprechen einzuhalten, indem er ihm vorhielt, dass sich sein Kollege Lovis Corinth hingegen sehr um Aufträge bemühe.[25] „Freie Hand lassen"[26] – das war wohl die beste Strategie im Umgang mit der Künstlerpersönlichkeit Slevogt.

1901 wohnte dieser noch in München, lieferte kein Werk für die Ausstellung und war noch kein Mitglied der *Berliner Secession*. Er wurde aber bereits als außerordentliches Mitglied geführt, was eine besondere Ehre bedeutete.[27] Im Folgejahr 1902 wurde Max Slevogt schließlich als ordentliches Mitglied der *Berliner Secession* aufgenommen und sogleich in den Vorstand gewählt.[28] Noch im Herbst 1901 war er von München nach Berlin gezogen, wobei auch der kurz vorher abgeschlossene Vertrag mit den Cassirers eine große Rolle spielte.[29] Im Gremium der Ausstellungsleitung hatten sich Bruno Cassirer und Slevogt vermutlich gerade verfehlt. Bis 1901 waren beide Cassirers als Sekretäre und Mitglieder der Ausstellungsleitung tätig, bis sich Bruno Cassirer in diesem Sommer nach einem großen Disput mit seinem Vetter zurückzog. Während bis dahin die Kataloge der *Secession* in der gemeinsamen Verlagsanstalt von Bruno und Paul Cassirer erschienen waren, verlegte sie von da an nur noch Paul Cassirer.[30]

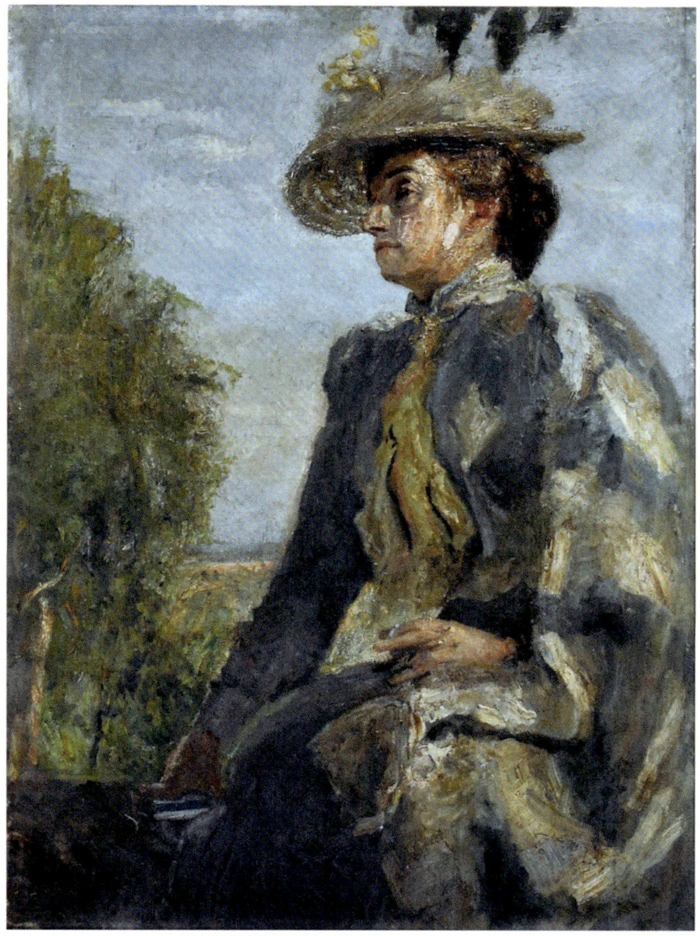

ABB. 3 Max Slevogt, *Freilichtstudie einer Dame mit Hut in der Natur*, heute bekannt als *Nini auf der Mauer* (auch: *Bildnis einer Dame im Freien, Nini*), 1899, Öl auf Leinwand, 100 × 75 cm PRIVATBESITZ

Bruno Cassirer fand nach seinem Austritt aus der *Secession* anderweitig Gelegenheit, seine Zusammenarbeit mit Slevogt fortzusetzen: Mit seinem neu gegründeten Verlag in der Derfflingerstraße wurde er zum Erneuerer seines Fachs und machte sich einen Namen mit limitierten Sonderausgaben. Slevogt erhielt bald den Auftrag, einen Illustrationszyklus zu schaffen, der bei Cassirer veröffentlicht werden sollte.[31] Aus den Briefen ist ersichtlich, dass Bruno Cassirer als junger Unternehmer damit neues Terrain betrat und noch nicht abschätzen konnte, was finanziell auf ihn zukommen würde. Slevogt sollte sich ein Märchen aussuchen und wählte *Ali Baba und die vierzig Räuber* (B 1) aus *1001 Nacht*.[32] Cassirers Wunsch war es, „Zeichnungen und Text möglichst gut zusammenzustellen". Slevogt hingegen hatte die Zeichnungen ungeachtet der Textmenge auf ein weißes Blatt skizziert und meinte später: „Ebenso mißfällt mir der dazwischengedrückte Text!" Es entstanden dennoch großartige Illustrationen, und der Verleger versuchte trotz der genannten Herausforderungen den Überblick zu behalten (Kat. 44, 47–54). Als das Buch zwei Jahre später erschien, verkaufte es sich jedoch nicht sehr gut.[33] Cassirer hatte außerdem 1902 die bald tonangebende und für die moderne (in erster Linie impressionistische) Kunst einstehende Zeitschrift *Kunst und Künstler* (*KuK*) gegründet.[34] Slevogt konnte er auch für diese illustrierte Monatsschrift gewinnen, die zugleich die mit ihm veröffentlichten Projekte bewarb. Schon das erste Heft 1902 schmückte eine farbige Illustration von ebenjenem (vgl. Abb. 4, S. 63).[35]

Slevogt war sich seines Wankelmuts bewusst und wusste den Moment zu nutzen, wenn er „[…] gerade so viel Sinn für Ordnung u[nd] Regelung [hatte]".[36] Immer wieder erklärte Cassirer Slevogt geduldig Vertragsgrundlagen, etwa als dieser eines Tages seine an ihn verkauften Zeichnungen zurückforderte: „Wenn Sie für den Simplicissimus oder ein andres Blatt zeichnen, so bekommen Sie ein Honorar für die Zeichnung, die der Verleger behält, mit Abdrucksrecht." Wenn es unangenehm wurde, sorgte Cassirer schnell wieder für Harmonie, indem er folgende Zeilen hinzufügte: „Dieser geschäftliche Brief an Sie ist mir nicht angenehm […]. Hoffentlich sehen wir uns bald einmal als formlose Privatleute wieder."[37] Denn ihm war der Austausch und das gute Verhältnis zu Slevogt äußerst wichtig.

In den Folgejahren entstanden eine immense Anzahl weiterer gemeinsamer Projekte mit Cassirer, der auch als Kunsthändler für Slevogt tätig war (Abb. 4). Slevogt orientierte sich neu, entwickelte sich weiter, beteiligte sich an zahlreichen Ausstellungen und bestimmte den Kunstdiskurs im Rahmen der *Berliner Secession* maßgeblich mit.

ERFOLG UND SPÄTERE WÜRDIGUNG DES MALERS – „DAS TRIVIALE NEUARTIG SEHEN"[38]

Als Höhepunkt seiner Ausstellungstätigkeit in Berlin kann die ihm gewidmete umfassende Retrospektive zum sechzigsten Geburtstag in der Preußischen Akademie der Künste im Herbst 1928 gelten. Sie erstreckte sich auf über zehn Säle und präsentierte sein Schaffen und seine Entwicklung seit 1890. Slevogt wurde sogar in vier Ausstellungen in Berlin gefeiert: bei Bruno Cassirer in seinem Verlagsgebäude, der ihn als Illustrator vorstellte,[39] im Kronprinzenpalais mit seinen Entwürfen und Radierungen der *Zauberflöte*,[40] im Kupferstichkabinett mit seiner Grafik[41] und in der Akademie umfassend mit seinem Gesamtwerk.

Der Maler war seit Januar 1914 Mitglied der Akademie der Künste, seit 1917 leitete er ein Meisteratelier für Malerei und war Mitglied der Ausstellungskommission.[42] Im Senat und der Genossenschaft der

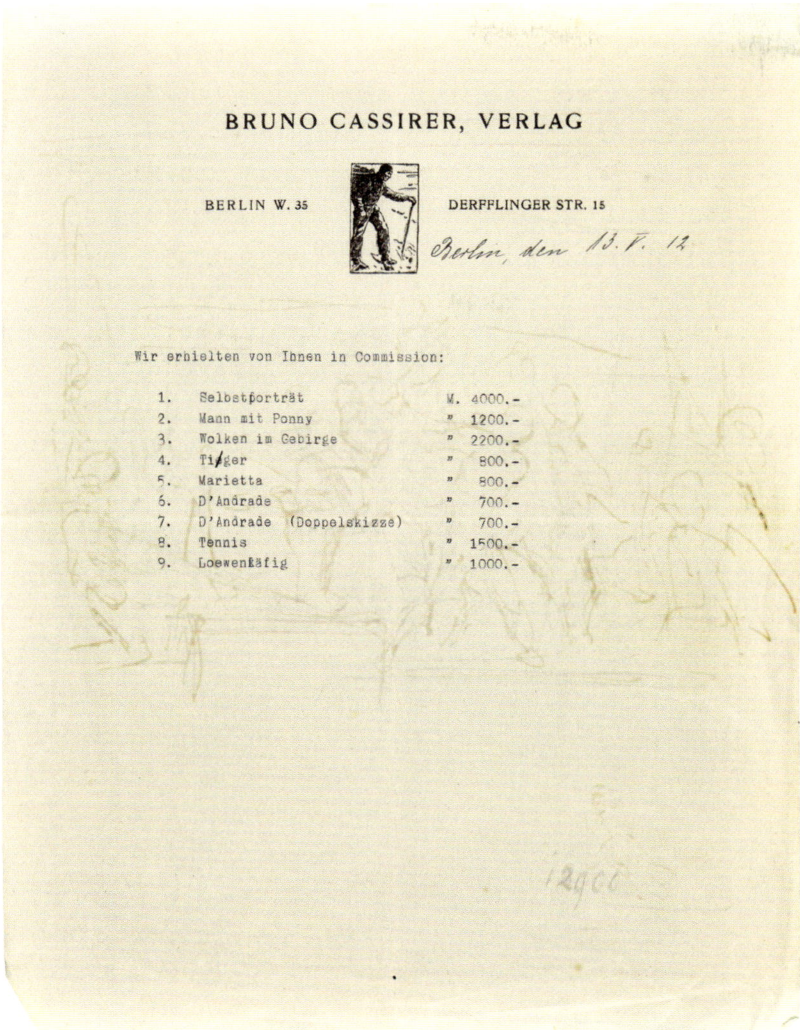

BRUNO CASSIRER, VERLAG

BERLIN W. 35 DERFFLINGER STR. 15

Berlin, den 13.V. 12

Wir erhielten von Ihnen in Commission:

1.	Selbstportrāt	M.	4000.-
2.	Mann mit Ponny	"	1200.-
3.	Wolken im Gebirge	"	2200.-
4.	Tiger	"	800.-
5.	Marietta	"	800.-
6.	D'Andrade	"	700.-
7.	D'Andrade (Doppelskizze)	"	700.-
8.	Tennis	"	1500.-
9.	Loewenkäfig	"	1000.-

12000

ABB. 4 Auflistung von Werken, die Bruno Cassirer von Max Slevogt in Kommission erhielt, 13.5.1912, masch. Brief, 29 × 22,5 cm
BRIEFEDITION NR. 57, LM

bildenden Künste war die Idee seiner Würdigung erstmals in einer Sitzung, der Slevogt nicht beiwohnte, am 1.12.1927 diskutiert worden.[43] Am 19.12.1928, als Liebermann und Bruno Cassirer anwesend waren, wurde die Einbeziehung des grafischen Werks diskutiert und Cassirer zum Mitglied der Ausstellungskommission ernannt.[44] Entschieden wurde, dass auf die parallele Ausstellung im Kupferstichkabinett verwiesen werden sollte, und somit ergänzte den späteren Katalog eine siebenseitige Auflistung mit 203 grafischen Werken.[45]

In einer Sache stimmten alle Anwesenden überein: „Jedenfalls müsse aber das geschehen, was Prof. Slevogt wolle."[46] Über die Vorbereitungen wurde er also in Kenntnis gesetzt und gebeten, für den Katalog eine Einleitung zu verfassen und eine Druckgrafik zur Verfügung zu stellen.[47] Die Begleitpublikation der Akademie-Ausstellung (B 48) verlegte Bruno Cassirer, bestückt mit einer Originallithografie eines Selbstbildnisses von Max Slevogt und 32 Abbildungen der ausgestellten Werke.

Neben Gemälden, Aquarellen und Pastellen wurden nie zuvor gezeigte Zeichnungen versammelt. Cassirer hatte mit dem Künstler zu den auszustellenden Werken immer wieder Rücksprache gehalten.[48] Im schriftlichen Nachlass des Künstlers findet sich ein Schriftstück mit einem Zwischenstand: „Eine Sammlung von 10 Aquarellen und etwa 50 Zeichnungen, Besitzer Bruno Cassirer; Etwa 20 Entwürfe zur ‚Zauberflöte', Aus dem Besitz der National-Galerie[49]; Eine Sammlung von Aquarellen aus dem Besitz von Ed[uard] Fuchs; Eine Sammlung von Aquarellen auf Mappen, Besitzer J[osef] Grünberg, Berlin; Etwa 20 Zeichnungen, Besitzer Max Slevogt; Der Tanz der Morgiane, Besitzer: Frau Dr. Fürstenberg-Cassirer."[50] Die Auflistung der Leihgebenden im Katalog ist umfassender: Aus 17 Städten, von Lissabon über Amsterdam, Berlin und Breslau bis Wien, wurden Werke zur Verfügung gestellt. Die Sammlerinnen und Sammler der Zeit, bis auf wenige Ausnahmen, wollten den Meister durch ihre Zusage ehren. Leihgaben der Berliner Nationalgalerie, aus Bremen, Dresden, Düsseldorf, Krefeld, Mannheim,[51] Stuttgart und Neustadt an der Weinstraße ergänzten die Werke aus Privatbesitz. 164 Gemälde und 76 Arbeiten auf Papier boten einen umfassenden Überblick über Slevogts Schaffen.

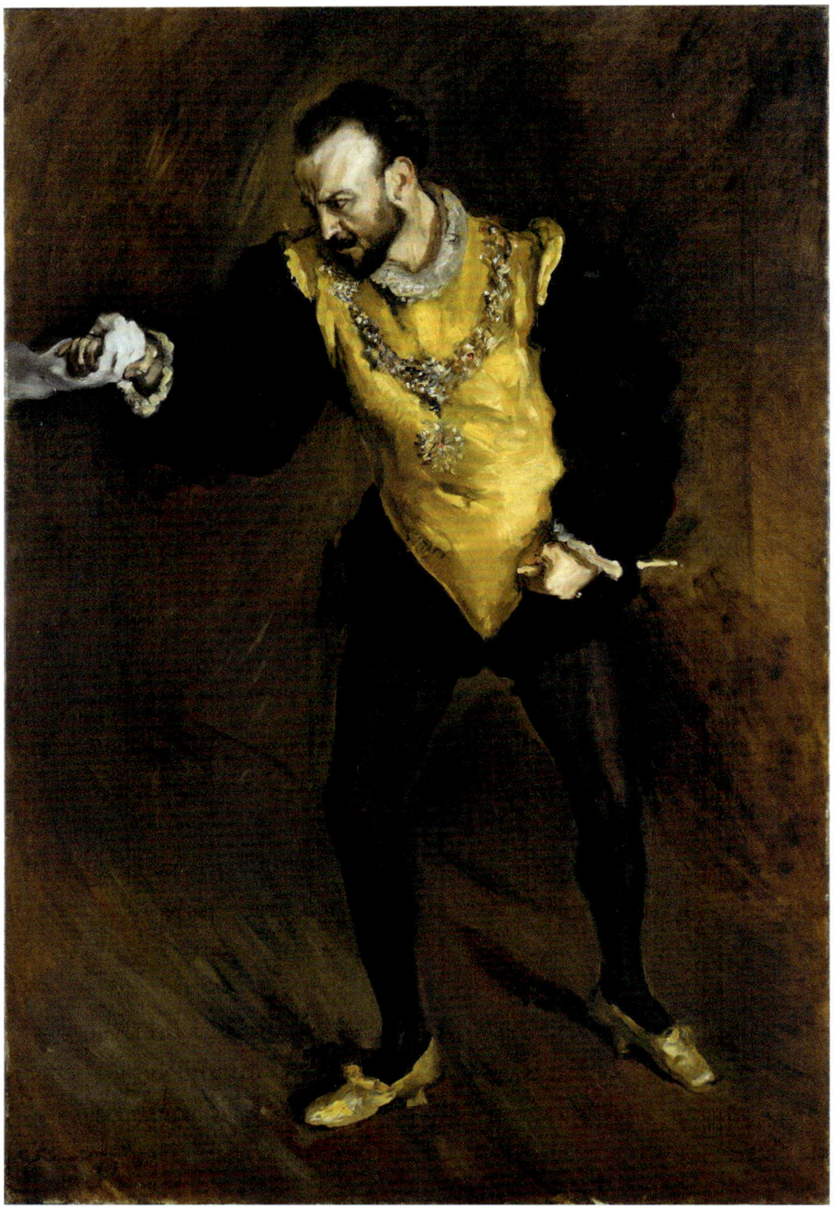

ABB. 5 Max Slevogt, *Der schwarze d'Andrade*, 1903, Öl auf Leinwand, 150 × 109 cm HAMBURGER KUNSTHALLE

Eine gewisse Unentschlossenheit seitens des Künstlers bezüglich einzelner Leihgaben lässt sich den erhaltenen Briefen entnehmen.[52] Es fallen viele sehr persönliche Motive ins Auge: ein Familienbild, alltägliche Sommerstimmungen auf seinem Landgut und der Maler im Schlafrock. *Der schwarze d'Andrade*[53] (1903, Abb. 5) wurde zum Prunkstück erklärt und als „singende[s],

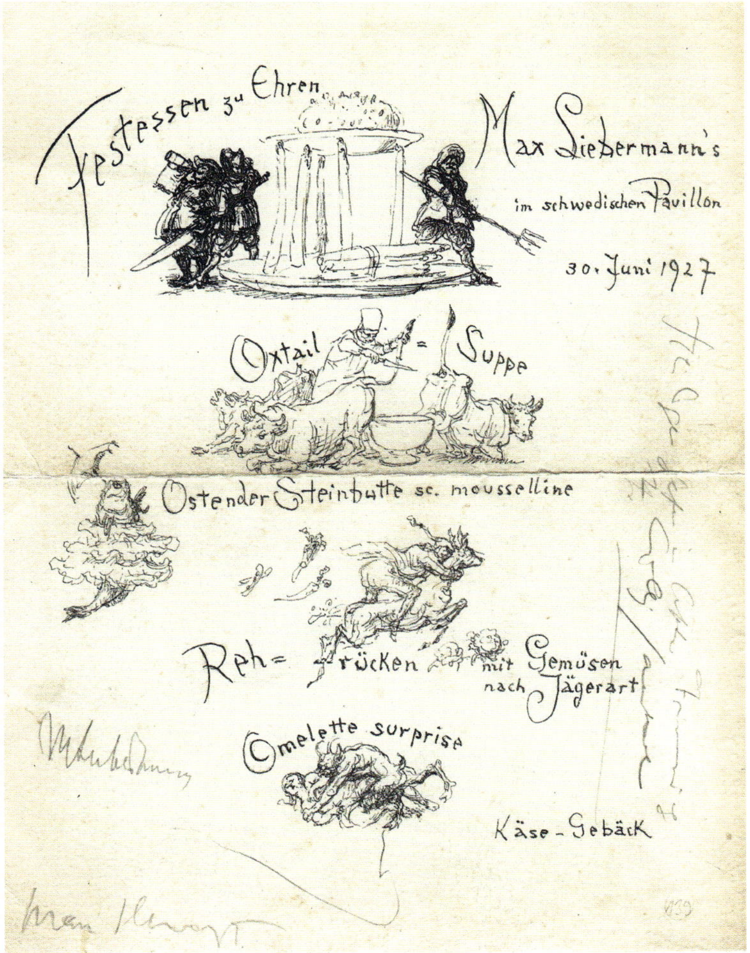

ABB. 6 Max Slevogt, *Menuekarte zu Max Liebermanns 80. Geburtstag*, 1927, Lithografie, 26,7 × 21,1 cm
MAX-LIEBERMANN-GESELLSCHAFT BERLIN E.V.

klingende[s], schwingende[s] Gemälde“[54] hoch gelobt. Unter den frühesten Werken von 1890 finden sich Arbeiten, die bei erstmaliger Ausstellung in München „einen Sturm von Entrüstung“[55] hervorgerufen hatten. Auch der bereits über achtzigjährige Max Liebermann brachte sich in die Ausstellungsvorbereitung ein, vor allem durch das Verhandeln mit Leihgebern.[56] Er kümmerte sich um die Nationalgalerie, indem er die Leihvereinbarung schriftlich festhielt.[57] Das Ausstellungsgremium konnte die Nationalgalerie überzeugen, neben Aquarellen das *Trabrennen* (Kat. 30) und das *Bildnis Hermann Sudermann*[58] zur Verfügung zu stellen.

Im Vorwort des Katalogs wird Bruno Cassirer als Freund Slevogts betitelt. Cassirer war bei der Ausstellungsvorbereitung sehr engagiert bei der Sache, erkundigte sich nach dem Verbleib der gewünschten Werke und besuchte Leihgebende, um sie von dem Vorhaben zu überzeugen.[59] Slevogt überließ diese mühsame und zeitraubende Arbeit fast gänzlich Bruno Cassirer und delegierte seine Wünsche per Brief aus der Pfalz. Cassirer holte sogar persönlich die Werke aus der Berliner Wohnung des Künstlers ab.[60] Der Nationalgalerie bot er Stücke aus eigenem Bestand an, um Zusagen zu sichern und Ersatz für die Zeit der Ausleihe zu bieten.[61] Er selbst steuerte zwei Gemälde und 23 Arbeiten auf Papier bei.[62]

Trotz des allseitigen Engagements ließ sich Slevogt nicht überzeugen, aus Neukastel nach Berlin zu reisen, um bei der Eröffnung anwesend zu sein. Also wurde die Ausstellung feierlich im Beisein von Kulturminister, Reichskanzler und französischer Botschaft wie weiteren hohen politischen Repräsentanten ohne ihn eröffnet.[63] Er wollte nicht im Mittelpunkt stehen und meinte später: „Es macht mich krank, wenn man mich mit meinen Arbeiten zusammenbringt.“[64] Die Briefe Cassirers im Nachlass des Künstlers lassen eine gewisse Verzweiflung angesichts des unzuverlässigen Künstlerkollegen erkennen.[65] Auf seinen Verehrer, den hannoverschen Kunstsammler Konrad Wrede, der auch ein Werk geliehen hatte, konnte Slevogt zählen. Er hielt für den Künstler in akribischen Skizzen die Hängung mit jedem einzelnen Werk fest.[66]

Die Eröffnungsrede hatte Max Liebermann halten sollen, doch auch er konnte wegen „leichter Unpässlichkeit“ – er hatte Fieber[67] – nicht anwesend sein. Der Sekretär der Akademie, Prof. Alexander Amersdorffer, sprang ein.[68] Die Rede eröffnete er mit folgenden Worten: „Leider weilt unser teurer Meister und lieber Kollege heute, wo wir ihn zu ehren hier versammelt sind, nicht unter uns. Bei der ihm eigenen bescheidenen Zurückhaltung liebt er es nicht, sich feiern zu lassen.“ In der von Liebermann verfassten Rede hieß es weiter: „Der von Natur aus äusserst bequeme Slevogt, der durch keinen äusseren Druck dazu zu bewegen ist, statt ins Romanische Café in irgendeine Sitzung zu kommen, scheut keine Mühe, keine Anstrengung für seine Kunst und bezeugt das Wort unseres grossen Dichters, ‚Genie ist Fleiss‘.“[69] Ob Liebermann etwas verstimmt war, lässt sich heute nicht mehr nachvollziehen. Die Kollegen kannten sich seit vielen Jahren und waren seither in engem Austausch. Das zeigt eine damals humorvoll zu deutende Menükarte, die Slevogt im Jahr zuvor zu Liebermanns achtzigstem Geburtstag (Abb. 6) entworfen hatte. Ihr Verhältnis blieb dennoch immer distanziert.

Die Ausstellung rief große Begeisterung hervor, und mehr als 12.500 Gäste besuchten sie in ihrer sechswöchigen Laufzeit, vom 13.10. bis 2.12.1928.[70] Sie war ein Anziehungspunkt, „ein Erfolg auf der ganzen Linie“.[71] Der Kunstkritiker Adolph Donath betrachtete sie „als eine überraschende Leistung“. Nach seinen Worten vermittelte sie „ein Gesamtbild, das uns eine klare Vorstellung gibt von der Größe des Malers Max Slevogt [...]. Selten ist Naturfroheres gemalt worden.“ Donath staunte außerdem über Slevogts „verblüffende Vielseitigkeit“.[72] Karl Scheffler empfahl sie denjenigen, die „Verlangen nach einem Rausch“[73] hatten.

Anderthalb Jahre nach dem Erfolg in der Akademie hatte Bruno Cassirer im Frühjahr 1930 – laut Karl Scheffler – eine „Liebermann- und Slevogt-Premiere“ organisiert, die als letzte Etappe der Zusammenarbeit des Trios Cassirer, Slevogt und Liebermann verstanden werden kann. In den Gartenräumen seines Verlags hatte der Kunsthändler eine kleine Auswahl neuer Bilder der beiden zusammengestellt. Scheffler resümierte: „Slevogt [ist] eine ganz andere Persönlichkeit und doch wie aus derselben Schule. Man versuche beider Bilder aus der imaginären Entfernung von hundert Jahren zu sehen, dann wird man die Zeitverwandtschaft trotz aller Verschiedenheit verstehen.“[74] Ihren Erfolg, vor allem als Grafiker, verdanken Slevogt wie Liebermann Bruno Cassirer – mit großem Engagement, vielseitigen Ideen und Leidenschaft begleitete er sie über Jahre hinweg.

1 K. Scheffler (1929), S. 68.
2 Ausst.-Kat. Berlin (1899), S. 30.
3 Akademie der Künste, Berlin, PrAdK 0745, Bl. 87–95, Bl. 88–89.
4 Akademie der Künste, Berlin, PrAdK 0745, Bl. 87–95, Bl. 88–89 und Brief von M. Liebermann an M. Slevogt vom 5.12.1898, zit. n. E. V. Braun (2012), S. 258.
5 „Slevogt im Urteil der Künstler", in: *Berliner Tageblatt*, 6.10.1928, S. 2f.
6 Brief von B. Cassirer an M. Slevogt vom 1.7.1899, Briefedition Nr. 1.
7 Max Slevogt, *Dame mit Fliederstrauß/Nini Slevogt mit Fliederstrauß*, 1898, Öl auf Leinwand, 50 × 70 cm, ehem. Berliner Privatbesitz (Frau G. v. Mendelssohn), heutiger Standort unbekannt.
8 „Personal- und Ateliernachrichten, Berlin", in: *Die Kunst für Alle*, Jg. 14 (1898/99), Heft 17, 1.6.1899, S. 267, zit. n. A. Matelowski (2017), S. 48.
9 H. Nutt (1989), S. 23f.
10 Brief von M. Liebermann an M. Slevogt vom 14.4.1899, zit. n. E. V. Braun (2012), S. 289f., hier S. 290.
11 Brief von M. Liebermann an M. Slevogt vom 16.5.1899, zit. n. E. V. Braun (2012), S. 300f.
12 Wie Anm. 9, S. 24.
13 Wie Anm. 2, S. 8, und vgl. auch A. Matelowski (2017), S. 60. Ein Drittel des Preises war sofort in bar zu entrichten, und der Rest folgte zum Ende der Ausstellung. Mit einer Provision von zehn Prozent für jeden Verkauf sicherte sich die *Secession* finanzielle Beteiligung.
14 Brief von M. Liebermann an Hans Rosenhagen vom 2.6.1901, zit. n. E. V. Braun (2012), S. 401.
15 Brief von B. Cassirer an M. Slevogt vom 6.7.1899, Briefedition Nr. 3.
16 Brief von B. Cassirer an M. Slevogt vom 31.1.1900, Briefedition Nr. 15.
17 Bruno und Paul Cassirer: *Ausstellung von Werken von Édouard Manet, H.-G. E. Degas, P. Puvis de Chavannes, Max Slevogt*, 2. Jg., Winter 1899/1900, 15.10–1.12.1899, Berlin, Nr. 73, S. 16, vgl. auch: B. Echte/W. Feilchenfeldt (2011a), S. 177–214.
18 Vgl. Kat. 46.
19 Brief von B. Cassirer an M. Slevogt vom 17.10.1899, Briefedition Nr. 8.
20 Brief von B. Cassirer an M. Slevogt, o. D. [Oktober 1900], Briefedition Nr. 21. Max Slevogt, *Selbstbildnis mit Pinsel und Palette*, 1895, Öl auf Leinwand, 50 × 65 cm, Museum für Kunst- und Kulturgeschichte, Dortmund.
21 Brief von B. Cassirer an Antonie Slevogt vom 15.11.1899, Briefedition Nr. 9.
22 Das Gemälde *Nini auf der Mauer* wurde im Zweiten Weltkrieg stark beschädigt, sodass es heute vor allem in den Gesichtspartien stark restauriert bzw. übermalt worden ist.
23 Brief von B. Cassirer an M. Slevogt vom 9.3.1900, Briefedition Nr. 16.
24 Brief von M. Liebermann an M. Slevogt vom 14.4.1899, zit. n. E. V. Braun (2011), S. 289f., hier S. 289.
25 Wie Anm. 20.
26 Brief von B. Cassirer an M. Slevogt vom 23.2.1901, Briefedition Nr. 24.
27 Ausst.-Kat. Berlin (1901), S. 64.
28 Ausst.-Kat. Berlin (1902), S. 52, und Akademie der Künste, Berlin, PrAdK 0745, Bl. 87–95, Bl. 91.
29 Wie Anm. 28 und vgl. auch Einleitung K. Feulner, S. 18.
30 Wie Anm. 28.
31 Wie Anm. 26.
32 Brief von B. Cassirer an M. Slevogt vom 5.3.1901, Briefedition Nr. 25.
33 Brief von B. Cassirer an M. Slevogt vom 9.2.1906, Briefedition Nr. 36.
34 Vgl. hierzu ausführlich: E. Wolf, S. 58–67.
35 Max Slevogt, *Ali Baba und Morgiane*, Farbabbildung in: *Kunst und Künstler*, Jg. 1 (1902/03), Heft 1.
36 Brief von M. Slevogt an B. Cassirer vom 7.2.1906, Briefedition Nr. 34.
37 Wie Anm. 33.
38 Ausst.-Kat. Berlin (1928), S. 6, B 48.
39 B. E. Werner (1928/29), S. 109, und K. Scheffler (1929), S. 67.
40 Wie Anm. 39, S. 68, und *Deutsche Illustrierte Berlin*, Nr. 41, 29.10.1928, S. 6.
41 Wie Anm. 38, S. 21–28.
42 Akademie der Künste, Berlin, Matrikelbuch, PrAdK 1406, S. 2, PrAdK I.0273, PrAdK 0706, Bl. 96, und wie Anm. 38, S. 7.
43 PrAdK 1224, Bl. 92 und Bl. 95–96.
44 PrAdK I.0273, Bl. 5.
45 PrAdK I.0273, Bl. 6, und Anm. 40, S. 21–28. Max J. Friedländer hatte sich zunächst bereit erklärt, die Grafik aus dem Kupferstichkabinett zur Verfügung zu stellen, und brachte dann seine Idee einer eigenen Ausstellung im Kabinett zur Sprache.
46 Max Slevogt wollte nicht involviert sein, das schrieb er Bruno Cassirer vermutlich im August 1928: „Da ich aber auch von Anfang an (im starken Gegensatz zu meinen mir bekannten Kollegen) in der Ausstllg persönlich nicht aktiv sein wollte, nichts durchsetzen, sondern beobachten wollte, wäre ich sonderbar unkonsequent, wenn ich plötzlich Segel aufziehen wollte, womöglich mit der Piratenflagge." Zit. n. Brief von M. Slevogt an B. Cassirer, Ende August 1928, Briefedition Nr. 280.
47 PrAdK I.0273, Bl. 8.
48 Brief von M. Slevogt an B. Cassirer vom 6.8.1928 und Brief von B. Cassirer an M. Slevogt vom 8.8.1928, Briefedition Nrn. 274 und 275.
49 Diese präsentierte später Ludwig Justi selbst im Kronprinzenpalais, über die Absage Justis war Liebermann erzürnt. Vgl. hierzu Brief von B. Cassirer an M. Slevogt vom 24.9.1928 und Brief von B. Cassirer an M. Slevogt vom 26.9.1928, Briefedition Nrn. 287 und 288. Ludwig Justi an den Präsidenten der Akademie, 22.9.1928, zit. n. E. V. Braun (2019), S. 173f.
50 Für die Ausstellung 1928, undatiert, Briefedition Nr. 377.
51 Brief von B. Cassirer an M. Slevogt vom 24.8.1928, Briefedition Nr. 278.
52 Bruno Cassirer teilte Max Slevogt am 30.8.1928 beispielsweise mit: „Also bitte kritisieren Sie mich ganz offen, wir haben noch genug Zeit, um das Gesicht der Ausstellung nach Ihren Wünschen zu ändern. Es kommt ja auch hinzu, dass Sie mit der Auswahl einverstanden sein müssen und dass sie nicht eine Zusammenstellung zeigt, die Ihnen gegen das Gefühl ist." Vgl. Briefedition Nr. 281.
53 Heute im Besitz der Hamburger Kunsthalle, 1969 war es über den Kunsthandel bei Wolfgang Ketterer erworben worden.
54 A. Donath (1928).
55 Wie Anm. 39, S. 109. Hier bezieht sich der Autor auf Max Slevogts *Danae*, die er 1895 gemalt hatte.
56 Brief von B. Cassirer an M. Slevogt vom 24.9.1928, Briefedition Nr. 287.
57 Brief von Max Liebermann an die Direktion der Nationalgalerie vom 20.9.1928, zit. n. E. V. Braun (2019), S. 171f.
58 Max Slevogt, *Bildnis Hermann Sudermann*, 1927, Öl auf Leinwand, 110 × 80 cm, Staatliche Museen zu Berlin, Nationalgalerie.
59 Briefe von B. Cassirer an M. Slevogt vom 6.9.1928 und 29.9.1928, Briefedition Nr. 283 und 289.
60 Brief von B. Cassirer an M. Slevogt vom 29.9.1928, Briefedition Nr. 289.
61 Wie Anm. 57, S. 172.
62 Bruno Cassirer hatte 1938 aus Deutschland fliehen müssen, und ein Großteil seiner Werke war im Zuge dessen beschlagnahmt und sein Vermögen verwertet worden (vgl. hierzu: Einleitung K. Feulner, S. 25).
63 „Slevogt in der Akademie", in: *Berliner Tageblatt*, Abendausgabe, 13.10.1928, S. 5.
64 Wie Anm. 57, S. 601, zit. n. J. A. Stargardt, Auktion 667, 25./26.11.1997, Nr. 716, S. 246.
65 Brief von B. Cassirer an M. Slevogt vom 27.3.1928, Briefedition Nr. 267.
66 Wie Anm. 38, S. 11, und zit. n. N. Hartje-Grave (2018), S. 142–145. Nicole Hartje-Grave wertet darin die erhaltenen Dokumente von Konrad Wrede aus, sodass die Ausstellung bis ins Detail anschaulich rekonstruiert wird. Ein erhaltener Brief von Bruno Cassirer vom 30.11.1928 an den Maler drückt sein Bedauern aus, dass Slevogt seine eigene Ausstellung nicht besuchen wollte oder konnte, sodass er „sofort die Bilder, die sonst schwer erreichbar sind, photographieren lassen [wird]." Vgl. Briefedition Nr. 309.
67 Brief von B. Cassirer an M. Slevogt vom 18.10.1928, Briefedition Nr. 298, wie Anm. 63, S. 5, und Akademie der Künste, Berlin, PrAdK 0745, Bl. 87–95, Bl. 87.
68 Akademie der Künste, Berlin, PrAdK 0745, Bl. 87–95, und wie Anm. 57, S. 601.
69 Max Liebermann zitierte hier den Dichter Arno Holz (1863–1929).
70 PrAdK I.0268, Bl. 41.
71 Wie Anm. 39, S. 67.
72 A. Donath (1928).
73 Wie Anm. 39, S. 67.
74 K. Scheffler (1930), S. 251.

Bruno Cassirers Zeitschrift *Kunst und Künstler*

EVA WOLF

„Max Slevogt, unsere impressionistische Freude und Hoffnung [...]"[1]

In der zu Beginn des 20. Jahrhunderts lebhaft geführten Debatte um die Kunst war die 1902 gegründete Zeitschrift *Kunst und Künstler* (*KuK*) ein wichtiges Medium für die Durchsetzung der impressionistischen und antiakademischen Kunstrichtungen in Deutschland.[2] In dem „Unser Programm" überschriebenen Rückblick zum 25-jährigen Jubiläum der Zeitschrift fasst der Chefredakteur Karl Scheffler dies so zusammen: „Für eine bestimmte Art von Kunst wollte sie eintreten und einer andern Art von Kunst Widerstand leisten. [...] Dabei war zu bedenken, daß eine Kunstzeitschrift nicht auf Grund von Richtungen und Stilbewegungen zu machen ist, sondern nur, wenn man bestimmte Künstlerpersönlichkeiten und Kunstwerke im Auge hat [...]."[3] Einer dieser Künstler, für die sich die Zeitschrift während der über dreißig Jahre ihres Bestehens einsetzte, war Max Slevogt.

Die Zeitschrift erschien monatlich in einer Auflage von höchstens 3000 Exemplaren[4] und wandte sich an einen anspruchsvollen und fortschrittlichen Leserkreis von Kunstinteressierten; zu ihren Abonnenten gehörten vor allem Sammler, Händler und Künstler.[5] Auch Slevogt zählte zu ihnen,[6] und in seiner Bibliothek befinden sich die Jahrgänge 1 bis 24 in gebundener Form.[7] Möglicherweise bezog er die Hefte nach 1926 nicht mehr regelmäßig, denn er kritisierte *Kunst und Künstler* zu dieser Zeit als „vielleicht etwas in sich verharzt"[8].

Die Autoren der Artikel rekrutierten sich vor allem in den ersten Jahren aus dem Kreis der fortschrittlichen, gegenüber modernen Kunstströmungen aufgeschlossenen Museumsdirektoren und Kunstkritiker, deren Bücher auch im Verlag Bruno Cassirers erschienen. Die meisten von ihnen, so etwa Alfred Lichtwark, Gustav Pauli, Harry Graf Kessler, aber auch der erste Redakteur, Emil Heilbut[9], hatten sich

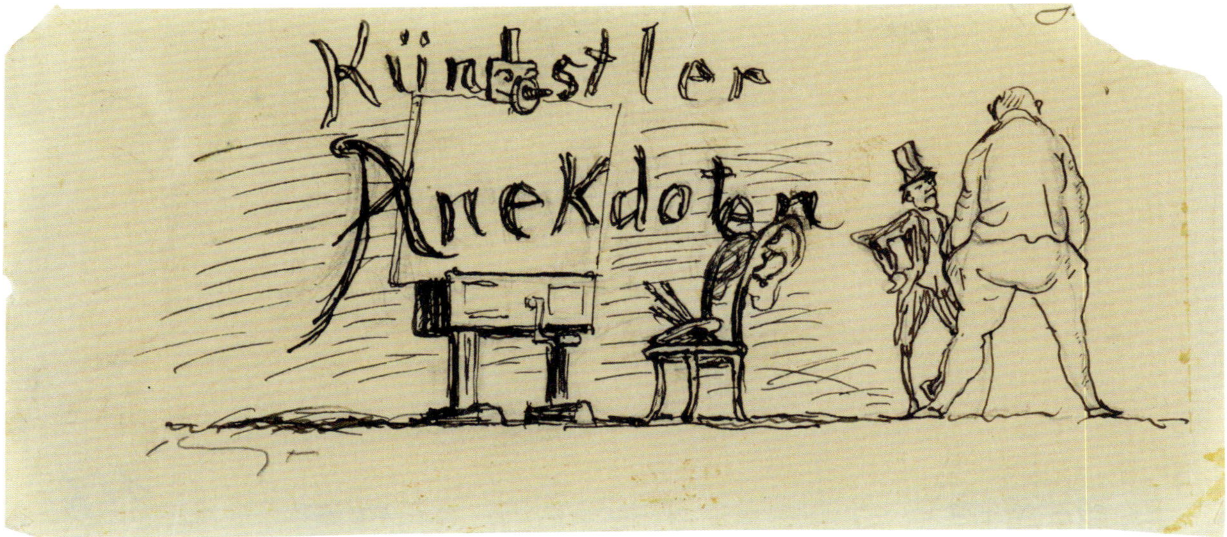

ABB. 1 Max Slevogt, *Künstleranekdoten*, 1917, Feder in Tusche auf Papier, 7,1 × 16,4 cm (Blatt) SM, INV.-NR. KW 145

bereits in der Vorgänger-Zeitschrift *PAN*[10] für die Vertreter des französischen Impressionismus eingesetzt und deren Bedeutung als wesentlichen Impuls für die Weiterentwicklung der Kunst erkannt. Vor allem in der Zeit bis 1914 finden die Auseinandersetzungen um die *Berliner Secession* und ihre Künstler ihren Niederschlag in den Artikeln und auch in der „Chronik" genannten Rubrik, in der Ausstellungen, Bücher und Zeitungsartikel sowie Ankäufe der Museen besprochen werden. Aber auch die Künstler selbst sollten zu Wort kommen und in eigenen Beiträgen ihre Positionen darlegen. Slevogt machte von dieser Gelegenheit allerdings mit lediglich zwei Beiträgen nur wenig Gebrauch.[11] Seine Verbundenheit mit dem Anliegen der Zeitschrift zeigt sich auch darin, dass er mehrfach Zeichnungen für Vignetten oder für Rubriken entwarf, so etwa die Zeichnung für „Künstler-Anekdoten" oder für die Rubrik „Ausstellungen" und vor allem auch für das von 1910 bis 1931 verwendete Titelblatt (Abb. 1–4). Bruno Cassirer legte großen Wert auf die Gestaltung seiner Zeitschrift, vor allem auch auf hochwertige Abbildungen und farbige Reproduktionen. Sie waren ein wichtiger Bestandteil des Erscheinungsbilds und trugen wesentlich dazu bei, die Künstler und ihre Werke bei den Lesern bekannt zu machen.

MAX SLEVOGT ALS EINER DER ZENTRALEN KÜNSTLER DER ZEITSCHRIFT

Bereits im ersten Heft vom Oktober 1902 hatte Slevogt mit der Reproduktion eines Aquarells zu *Ali Baba* einen prominenten Auftritt.[12] Diese mit *Zierstück* betitelte Farbabbildung ist die einzige dieses Hefts (Abb. 5). Sie ist zudem unmittelbar nach dem Einleitungs-Manifest der Zeitschrift „Zum Beginn" platziert. Die Darstellung von Ali Baba und Morgiane weist auf die erste gemeinsame Publikation Slevogts und Bruno Cassirers voraus: Es handelt sich um den oberen Teil der ganzseitigen farbigen Abbildung *Sesam öffne dich* vor dem Beginn des erst einige Monate später erschienenen Buchs *Ali Baba und die vierzig Räuber. Improvisationen von Max Slevogt* (B 1, Kat. 44, 45, 47–54). Die Bezeichnung „Improvisationen" im Untertitel wird in vielen der folgenden Beiträge über den Künstler zu einem grundlegenden Charakteristikum. Der neuartigen Gestaltung dieses Buches, die den Zeichnungen des Künstlers den größtmöglichen Freiraum lassen sollte, war jedoch zunächst kein Erfolg beschieden. Dies zeigt sich selbst in der hauseigenen

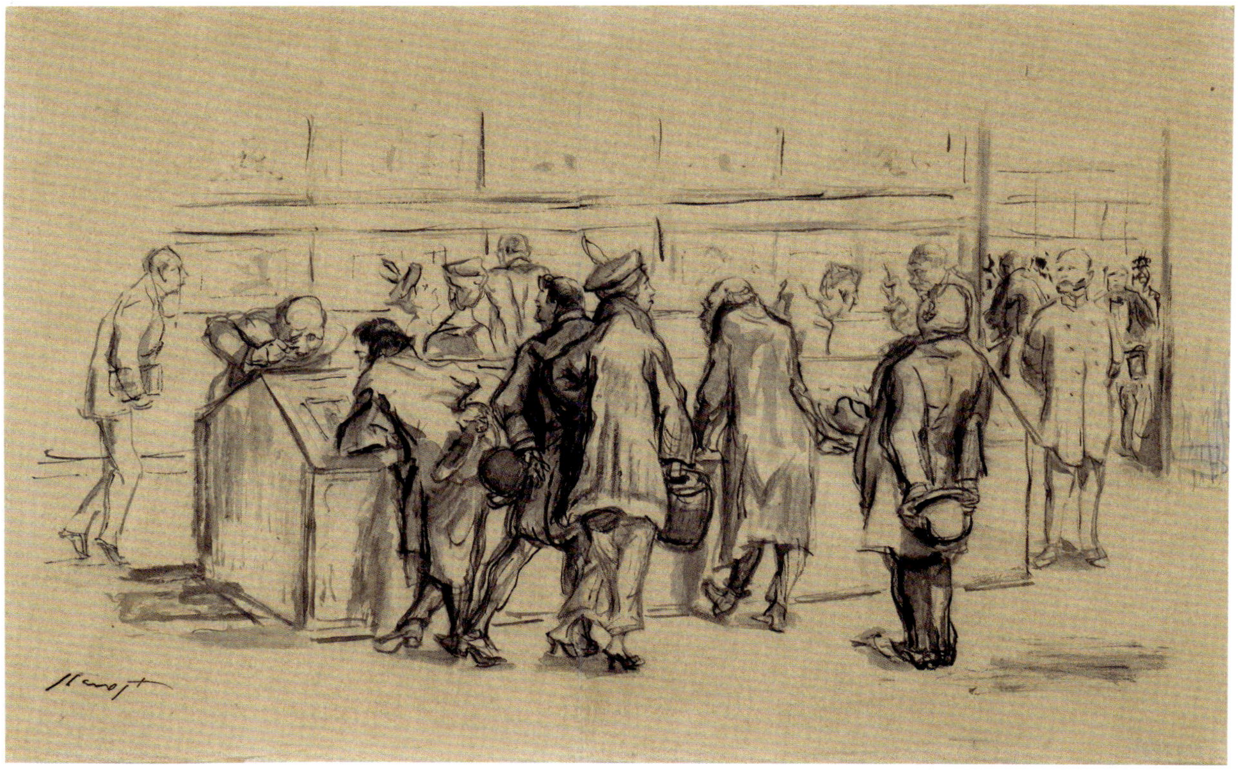

ABB. 2 Max Slevogt, *Graphisches Kabinett* (für die Rubrik „Ausstellungen"), um 1920, Feder in Tusche laviert, Papier, 17,2 × 28 cm
SM, INV.-NR. KW 8580

Besprechung von Max Osborn[13]. Osborn ist zwar von den Zeichnungen selbst sehr angetan und tituliert Slevogt sogar als „unsere impressionistische Freude und Hoffnung"[14]. Gleichzeitig kritisiert er jedoch, dass diese Art der Illustration für ein ausdrücklich als Kinderbuch ausgewiesenes Werk ungeeignet und stattdessen eine neue Gattung des „Bilderbuchs für Erwachsene"[15] begründet worden sei.

Slevogt und seine Werke sind regelmäßig in den Besprechungen der wichtigen Ausstellungen insbesondere der *Berliner Secession* präsent, die meist von Emil Heilbut verfasst wurden und dessen sehr subjektive Wahrnehmungen wiedergeben. Diese regelmäßige Präsenz trug sicherlich dazu bei, den erst im Herbst 1901 von München nach Berlin gezogenen Künstler einem breiteren Publikum, insbesondere auch im Kreis der Kunstsammler, bekannt zu machen. Im zweiten Jahrgang 1904 widmet Heilbut dem Künstler einen ausführlichen Artikel.[16] Uneingeschränktes Lob finden dort die beiden Pinselzeichnungen, die dem Artikel als farbige Reproduktionen vorangestellt sind und die für Heilbut „die Krone des bisherigen Werks von Slevogt sind"[17] (Abb. 6).

Diesem Lob folgt ein Seitenhieb gegen die kaiserliche Kunstpolitik, indem der Autor der Befürchtung Ausdruck verleiht, dass diese bedeutende Gegenwartskunst von „einem uneinsichtigen Manne wie Anton von Werner vielleicht in ‚massgebender' Weise verurteilt wird".[18] Dies steht in Zusammenhang

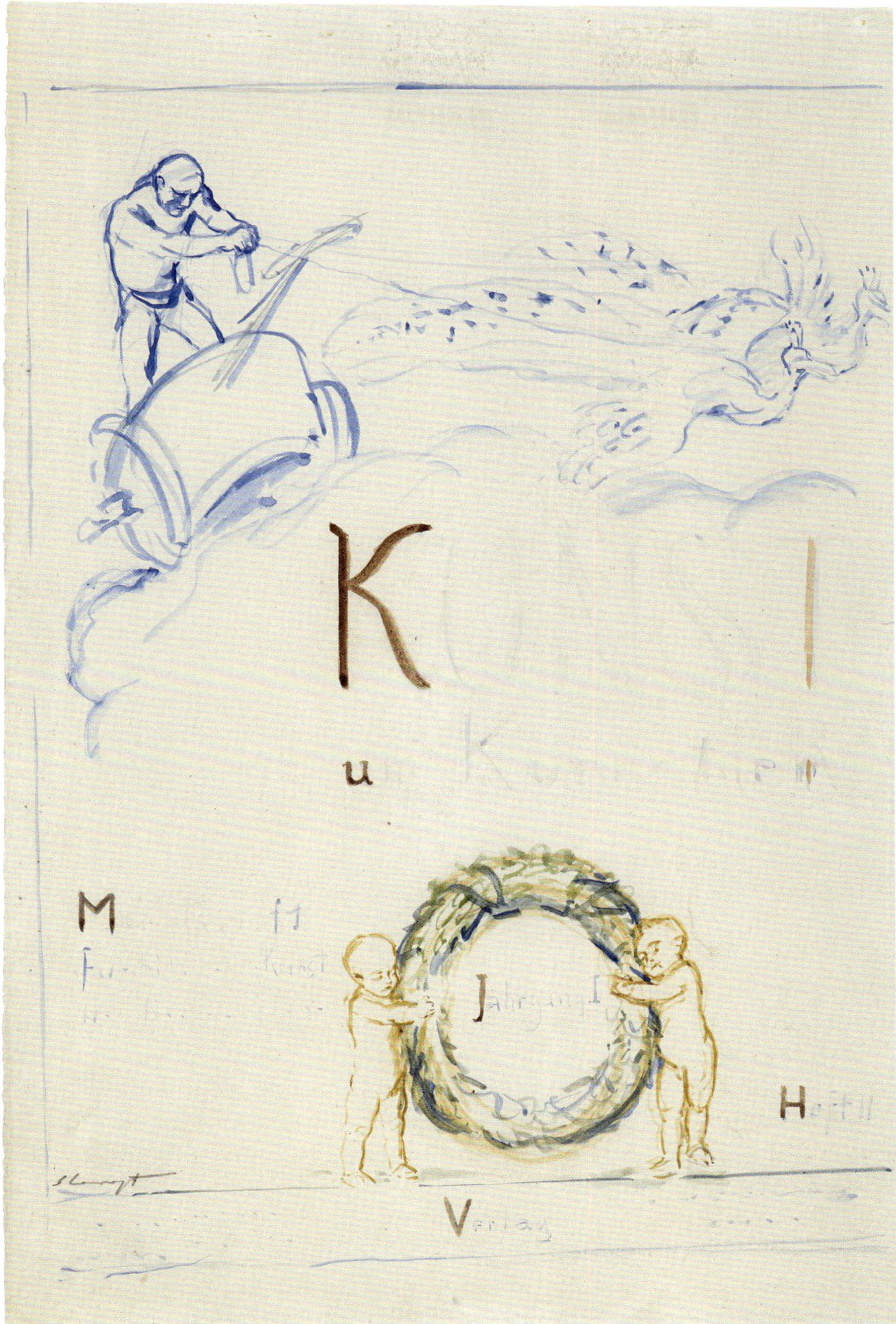

ABB. 3 Max Slevogt, Titelblattentwurf für *Kunst und Künstler*, Jg. 1 (1903), Aquarell, Papier, 35,5 × 25,5 cm (Blatt mit Randstreifen)
SM, INV.-NR. KW 190

mit der in den vorangehenden Heften ausführlich dargestellten Auseinandersetzung um die Ausstellung deutscher Kunst auf der Weltausstellung in St. Louis 1904. Die Jury für die Auswahl der Kunstwerke bestand aus Mitgliedern der Allgemeinen Deutschen Kunstgenossenschaft, die unter dem Einfluss Anton von Werners die Mitglieder der verschiedenen *Secessionen* in Deutschland benachteiligte.

Die *Secessionen* entschlossen sich deshalb zu einem Boykott und schließlich zur Gründung des Deutschen Künstlerbundes. Zu diesem Anlass erschien ein Artikel von Harry Graf Kessler in *Kunst und Künstler*,[19] der im Februar 1904 eine Debatte im Reichstag über die moderne Kunst zur Folge hatte. Damit wird Slevogt ausdrücklich in den Kontext der aktuellen Kunstdebatte gestellt und als einer der wichtigen modernen Künstler präsentiert. Im Gegensatz zu der Einschätzung Osborns ist Slevogt für Heilbut kein Impressionist – eine Bezeichnung, die er vor allem den französischen Künstlern vorbehält –, sondern vielmehr ein „phantastisch-romantischer Maler" in der Tradition von Eugène Delacroix. Dem folgt jedoch der etwas widersprüchliche Versuch einer Einordnung des Malers. Heilbut sieht in den noch in München entstandenen Bildern eine große Nähe zu Wilhelm Trübner. Mit Ausnahme des *Schwarzen d'Andrade* (vgl. Abb. 5, S. 54) beurteilt er hingegen die neueren Gemälde teilweise recht kritisch, indem der zuvor selbst als Maler tätig gewesene Autor ihnen kompositorische und konzeptionelle Schwächen nachzuweisen versucht. Ein solches Vorgehen entspricht wohl seiner Auffassung von Objektivität und kommt nicht nur bei Slevogt zur Anwendung.

Diese Art der Kunstkritik führt mindestens in einem Fall zu einer Beschwerde von Max Slevogt bei Bruno Cassirer, die uns nur durch die Reaktion des Verlegers vom 2.6.1906 überliefert ist: „Mit Schrecken lese ich, durch Ihren Brief erst aufmerksam gemacht, die thatsächlich unverschämte Bemerkung. [...] Heilbut bringt es, wie Sie wissen, fertig, mir fast in jedem Hefte unangenehme Reklamationen zuzuziehen."[20]
In seinem Beitrag zur 11. Ausstellung der *Berliner Secession*[21] hatte er zu Slevogts Porträt *General von Sichart*[22] geschrieben: „Gewiss ist das ein herrlich dargestellter, halbtrottelhafter General, indes wirkt die Erscheinung nicht so sehr wie ein General, sondern wie ein brillanter Schauspieler, der einen General giebt."[23] Dies war nicht nur wegen der Beleidigung des Porträtierten problematisch für Slevogt, sondern auch weil er sich seinen Ruf bei den Sammlern nicht zuletzt durch die lukrativen Porträtaufträge erarbeitet hatte.

Im gleichen Brief lässt Cassirer durchblicken, dass seine Gründe für die Trennung von Heilbut zum September 1906[24] wohl in grundsätzlichen Meinungsverschiedenheiten lagen: „Wenn ich es auch bei großer Aufmerksamkeit vermeiden kann, daß H. th[atsä]chliche Beleidigungen publiziert, so bin ich seiner nun einmal unfairen Kunstpolitik gegenüber doch mehr oder weniger machtlos."[25]

PROFILSCHÄRFUNG DURCH DEN NEUEN REDAKTEUR KARL SCHEFFLER

Neuer Redakteur wurde der Kunstschriftsteller Karl Scheffler, der bereits früher Beiträge für *Kunst und Künstler* verfasst hatte. Er hatte diese Position bis zur letzten Nummer der Zeitschrift im Juni 1933 inne und prägte deren Profil in diesen langen Jahren maßgeblich. Es ist bereits mehrfach festgestellt worden, dass auch er ein Freund der impressionistischen Kunst war, die Vertreter des Expressionismus jedoch überwiegend kritisch sah.[26] Impressionismus verstand er dabei allerdings nicht nur als eine Stilrichtung, sondern eher im Sinne einer Weltanschauung.[27] Daher ist es nicht überraschend, dass Slevogt

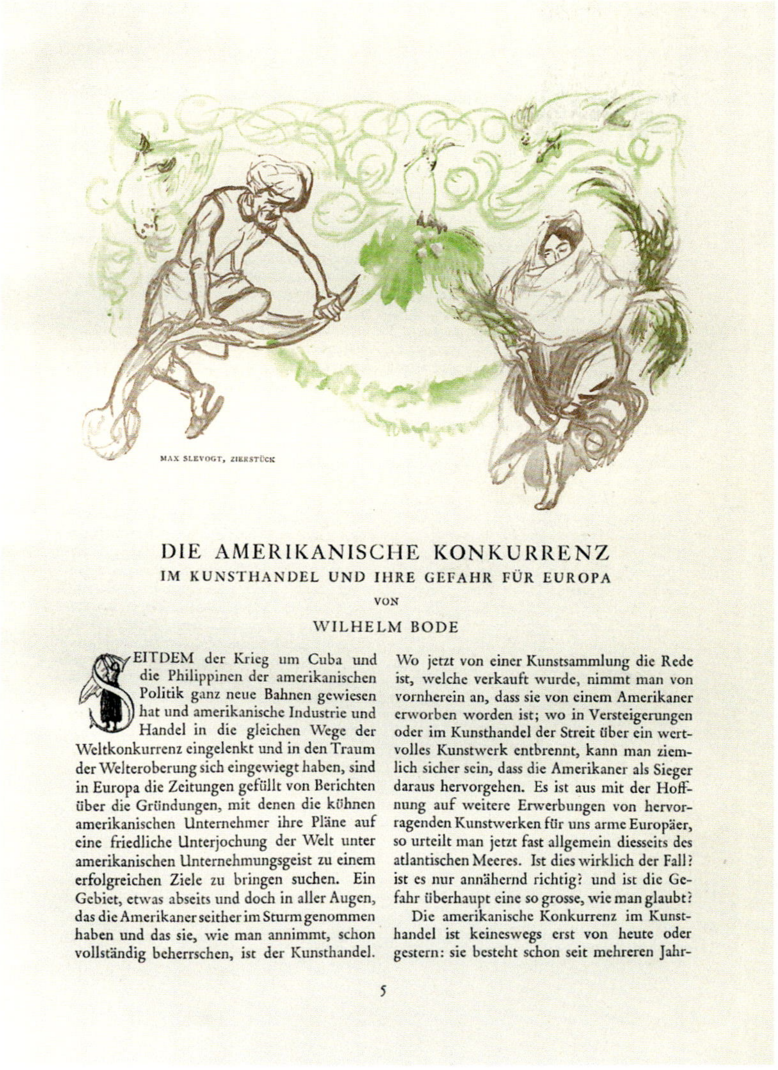

MAX SLEVOGT, ZIERSTÜCK

DIE AMERIKANISCHE KONKURRENZ
IM KUNSTHANDEL UND IHRE GEFAHR FÜR EUROPA
VON
WILHELM BODE

SEITDEM der Krieg um Cuba und die Philippinen der amerikanischen Politik ganz neue Bahnen gewiesen hat und amerikanische Industrie und Handel in die gleichen Wege der Weltkonkurrenz eingelenkt und in den Traum der Welteroberung sich eingewiegt haben, sind in Europa die Zeitungen gefüllt von Berichten über die Gründungen, mit denen die kühnen amerikanischen Unternehmer ihre Pläne auf eine friedliche Unterjochung der Welt unter amerikanischen Unternehmungsgeist zu einem erfolgreichen Ziele zu bringen suchen. Ein Gebiet, etwas abseits und doch in aller Augen, das die Amerikaner seither im Sturm genommen haben und das sie, wie man annimmt, schon vollständig beherrschen, ist der Kunsthandel. Wo jetzt von einer Kunstsammlung die Rede ist, welche verkauft wurde, nimmt man von vornherein an, dass sie von einem Amerikaner erworben worden ist; wo in Versteigerungen oder im Kunsthandel der Streit über ein wertvolles Kunstwerk entbrennt, kann man ziemlich sicher sein, dass die Amerikaner als Sieger daraus hervorgehen. Es ist aus mit der Hoffnung auf weitere Erwerbungen von hervorragenden Kunstwerken für uns arme Europäer, so urteilt man jetzt fast allgemein diesseits des atlantischen Meeres. Ist dies wirklich der Fall? ist es nur annähernd richtig? und ist die Gefahr überhaupt eine so grosse, wie man glaubt?

Die amerikanische Konkurrenz im Kunsthandel ist keineswegs erst von heute oder gestern: sie besteht schon seit mehreren Jahr-

5

ABB. 4 Max Slevogt, *Ali Baba und Morgiane*, Farbabbildung in *Kunst und Künstler*, Jg. 1 (1902/03), Heft 1

auch in den folgenden Jahren und Jahrzehnten in der Zeitschrift regelmäßig präsent war, ab dem siebten Jahrgang 1909 sogar stärker als in den Anfangsjahren.[28]

Im ersten Heft dieses Jahrgangs erscheint auch der erste größere Beitrag Schefflers zu Slevogt, der sich seiner Illustrationskunst widmet.[29] Mit teilweise farbigen Reproduktionen aus den drei bis dahin bei Bruno Cassirer erschienenen Werken *Ali Baba*, *Sindbad* und *Rübezahl* (B1, B 3 und B 4), aber auch mit einem Beispiel aus der *Ilias*-Mappe bei Albert Langen, ist der Artikel reich bebildert. Im Vergleich mit Adolph Menzel stellt Scheffler die Eigenarten von Slevogts neuer, impressionistischer Gestaltungsweise heraus. Diese sieht er in „der Lust an der poetischen Improvisation, dem lebendigen Impuls des Augenblicks", die den Text als freie Inspirationsquelle für seine Zeichnungen verwendet. Indem Slevogt seine Zeichnungen ohne Rücksichtnahme auf die typografischen Gegebenheiten der Buchseite und ohne die damals oft noch gebräuchlichen historisierenden Dekorationsformen gestaltet, distanziert er sich vom „Kunstgewerblichen" der Buchgestaltung mit ihren starren Regeln.[30] Wie Scheffler nochmals in seinem 1931 erschienenen Buch zur impressionistischen Buchillustration darlegt, ist diese Unabhängigkeit der künstlerischen Illustration das erklärte gemeinsame Ziel der Zusammenarbeit von Bruno Cassirer und Max Slevogt.[31] Zusammen mit zwei weiteren Beiträgen zur Buchausstattung und zum Kinderbuch in demselben Jahrgang sollte Schefflers Artikel wohl dazu beitragen, diese neue Art der Buchgestaltung einem breiteren Publikum verständlich und interessant zu machen.[32] Diese Überzeugungsarbeit wurde mit weiteren Artikeln zu verschiedenen Aspekten des Themas Buchillustration und zu grafischen Techniken in den folgenden Jahren weitergeführt.

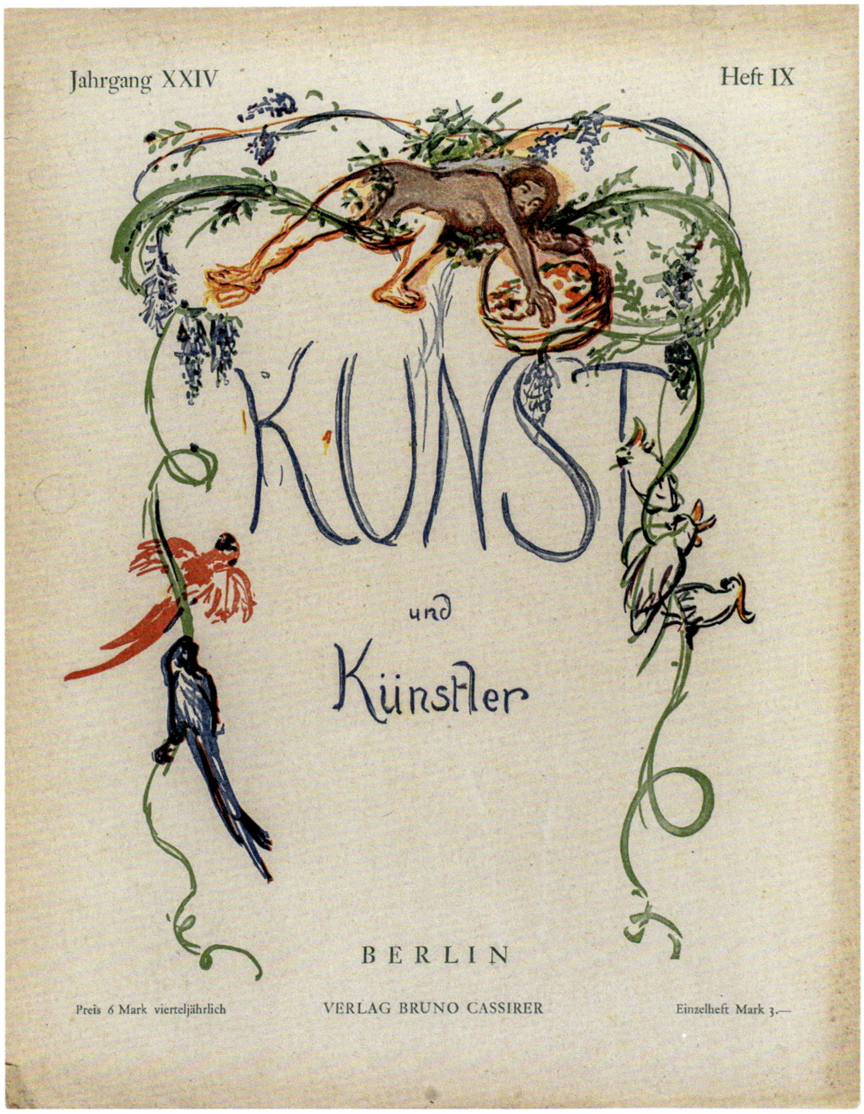

ABB. 5 Max Slevogt, Titelbild von *Kunst und Künstler*, verwendet von 1910 bis 1931, hier: Jg. 24 (1926), Heft 9 LM

Die Beiträge zu den Illustrationsprojekten stammen meist aus der Feder des Kunsthistorikers Max J. Friedländer, der als Direktor des Berliner Kupferstichkabinetts für diese Themen besonders qualifiziert und mit den verschiedenen Drucktechniken vertraut war. Seine Beschreibungen lassen den Leser daher nachvollziehen, welche Bedeutung die richtige Wahl der Technik hat, „um den freien und flüchtigen Zug seiner Zeichnung über den Druckprozess herüberzuretten".[33] Als besonders kritisch wurde die Verwendung der Kreide- und Tuschlithografie für Illustrationen angesehen, weil sie sich als nuancenreiche Flachdruckverfahren optisch nicht gut mit dem scharf geprägten, schwarzen Schriftblock verbinden.[34] Diese Problematik sieht zwar auch Friedländer in seiner Besprechung des *Cellini*[35] (B 7, Kat. 65–74). Andererseits rechtfertigt er die Lithografie jedoch als die adäquate Technik für Slevogts besondere, malerische Art der Darstellung von Mensch und Tier in Bewegung. Ein weiteres wiederkehrendes Thema seiner Analysen von Slevogts Illustrationen ist der offene Umgang des Künstlers mit dem Text,

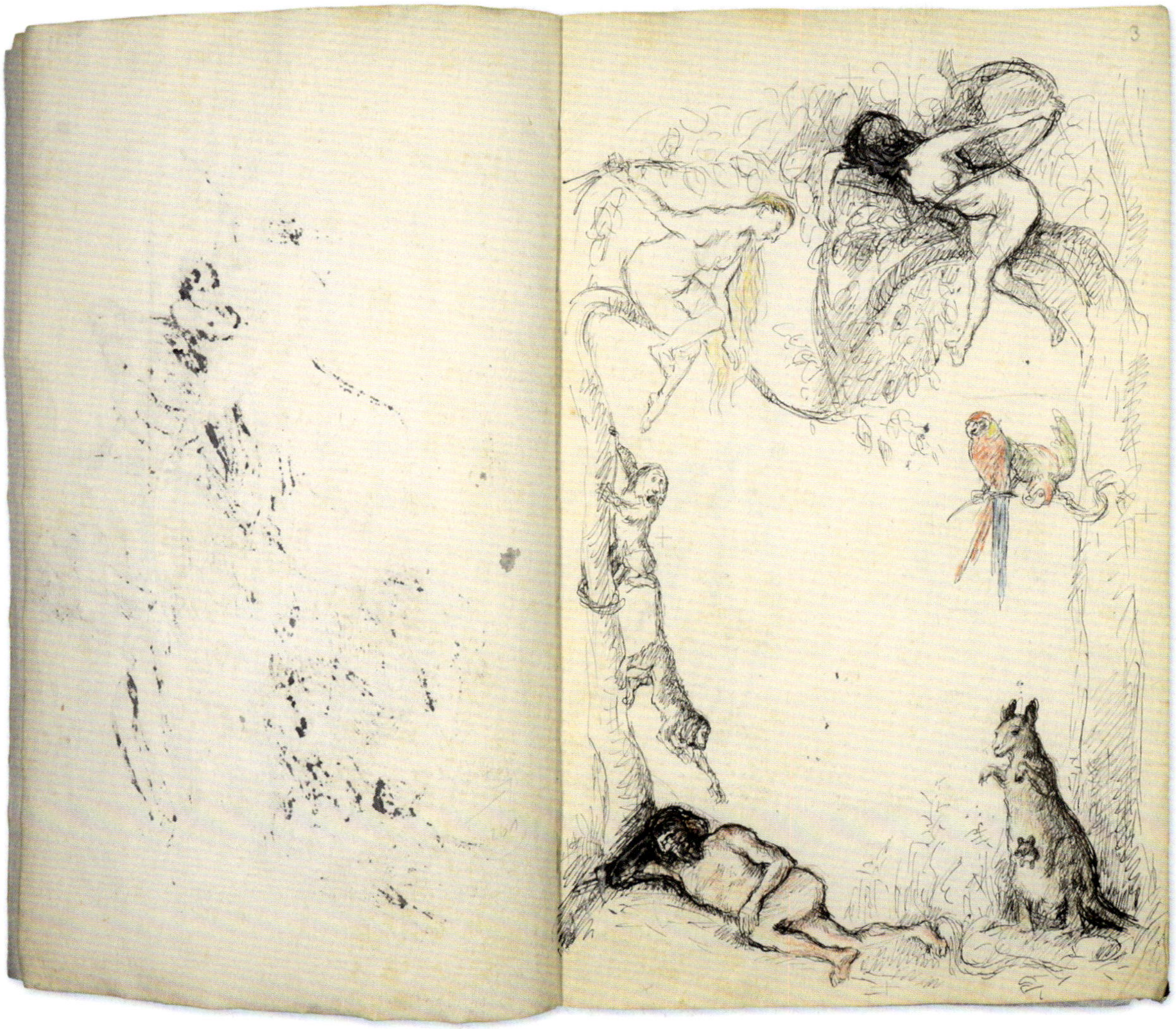

ABB. 6 Max Slevogt, Titelrahmung mit Menschen und exotischen Tieren, Verwendung als Titelblatt für B 28, in einem Skizzenbuch, 1907–23 , eine der beiden farbigen Reproduktionen zum Artikel von E. Heilbut in *KuK* Jg. 2 (1904), Heft 6, S. 213
MUSEUM GEORG SCHÄFER, SCHWEINFURT, INV.-NR. MGS 18B

dessen Erzählung er nicht wiederholt oder interpretiert. Stattdessen zeichnet er recht frei und oft auch mit humorvollen Zügen die inneren Bilder, die in seiner Fantasie durch den Text entstehen. Dabei fällt auf, dass Friedländer zwar einen Vergleich mit anderen Grafikern und Illustratoren zieht, jedoch auf eine Stil-Etikettierung des Künstlers weitgehend verzichtet.

Die mit zahlreichen Abbildungen versehenen Beiträge zu den illustrierten Büchern und Mappen Slevogts sind sicherlich als eine Form der Werbung für die Erzeugnisse des Verlags zu verstehen. Auch die Originalgrafiken des Künstlers, die zwischen 1906 und 1925 als Beilagen den Heften beigefügt sind, sollen die hohe Qualität und Vielfalt der Publikationen belegen. Dies wurde allerdings von Slevogt selbst teilweise skeptisch gesehen, denn er befürchtete wohl, dass die Druckqualität trotz aller Bemühungen nicht ausreichend wäre.[36] Eine besondere Form der Werbung stellen die beiden Beiträge von

Karl Scheffler zum *Faust II* (B 45, auch publiziert in: Kat. 103) im Jahr 1926 dar.[37] Mit einem detailreichen Einblick in die Arbeit des Verlags und den großen technischen und personellen Aufwand lenkt er diesmal den Blick auf die Herstellung eines solchen monumentalen Werks. Wenige Monate später macht er mit einer kurzen Notiz erneut auf das Projekt aufmerksam. Die wenigen Zeilen zum Abschluss der Arbeiten sind durch zwei Reproduktionen nach Zeichnungen von Emil Orlik hervorgehoben, die Slevogt und Bruno Cassirer sozusagen beim letzten Schritt, dem Signieren der Probedrucke zu *Faust II* (B 45), zeigen (vgl. Abb. 4, S. 44).

Allerdings wurden nicht nur die bei Bruno Cassirer erschienenen Illustrationswerke in *Kunst und Künstler* besprochen, sondern regelmäßig auch Slevogts Publikationen bei anderen Verlagen. Auch die Artikel zu den dekorativen Arbeiten wie den Entwürfen für das Theater oder den Wandmalereien für Johannes Guthmann und den Bremer Ratskeller belegen, dass die Zeitschrift sich um ein möglichst vollständiges Bild vom vielfältigen Schaffen Slevogts bemühte.

KUNST UND KÜNSTLER UND IHR ERFOLGREICHES ENGAGEMENT FÜR SLEVOGT

Die regelmäßige Präsenz von Max Slevogt in Ausstellungen und Besprechungen in Zeitschriften wie *Kunst und Künstler* trug dazu bei, dass er noch vor dem Beginn des Ersten Weltkriegs zu den bekannten und anerkannten Vertretern seiner Generation gehörte. So wurde er 1915 von Emil Waldmann, dem Direktor der Kunsthalle Bremen, zu den wichtigsten deutschen Künstlern gezählt.[38] In seinem Artikel über die im Vorjahr entstandenen Bilder der Ägyptenreise beschreibt er Slevogts persönliche Weiterentwicklung des französischen Impressionismus, als deren zentrale Errungenschaft er die Wiedergewinnung von Räumlichkeit zu den von Farb- und Lichteindrücken geprägten Darstellungen Monets sieht. Deutlich widerspricht er dabei der Darstellung des einflussreichen Kunstschriftstellers Julius Meier-Graefe in der 1914 und 1915 erschienenen Überarbeitung seiner dreibändigen *Entwicklungsgeschichte der modernen Kunst*, die Slevogt allein als Grafiker anerkennt und sein Werk als Maler recht polemisch abwertet.[39] Die Gleichwertigkeit von Malerei und grafischen Arbeiten ist daher auch in späteren Beiträgen immer wieder ein zentrales Thema.

Zu Slevogts fünfzigstem Geburtstag im Oktober 1918 erschien in *Kunst und Künstler* eine Würdigung des Kunstschriftstellers Wilhelm Hausenstein.[40] In einem retrospektiven Überblick über die mehr als zwanzig Jahre seines Schaffens stellt er ihn als eine Künstlerpersönlichkeit mit einem festen Platz in der Entwicklungsgeschichte dar, der er sowohl klassische Meisterschaft als auch Gegenwärtigkeit attestiert. Mehr noch als Waldmann hebt Hausenstein quasi als zentrale These hervor, dass das malerische und das grafische Werk Slevogts als zwei gleichwertige Facetten seines Schaffens einander wechselseitig beeinflussen und den besonderen Kern seines „poetischen" und romantischen Wesens bilden.

Zehn Jahre später feiert *Kunst und Künstler* den sechzigsten Geburtstag Slevogts in einem Sonderheft mit Beiträgen von den regelmäßigen Autoren des Magazins, Max J. Friedländer und Curt Glaser, aber auch von den Künstlerkollegen Alfred Kubin, Albert Lamm und Hans Purrmann.[41] Während die zahlreichen Abbildungen neben wenigen Illustrationen und einigen Zeichnungen aus Briefen an Cassirer überwiegend Gemälde aus allen Schaffensphasen Slevogts zeigen, widmen sich die schriftlichen Würdigungen stärker dem grafischen Werk des Künstlers. Mit Ausnahme von Alfred Kubin, der Slevogt – allerdings in

Zusammenhang mit seinen Illustrationen – als „Impressionist reinsten Wassers" bezeichnet, wird auch hier eine stilistische Klassifizierung weitgehend vermieden. Dies hat wohl seine Ursache darin, dass man Slevogts Kunst damit nicht als altmodisch abqualifizieren wollte. In der Charakterisierung seiner Kunst fällt bei allen Autoren mit verschiedenen Konnotationen der Begriff des Musikalischen. Damit ist sowohl seine Liebe zur Musik gemeint als auch seine von Bewegung und Rhythmus geprägte Darstellungsweise. Glaser benutzt den Begriff als Bild für Slevogts Charakterisierung seiner Illustrationskunst, die „die Wortdichtung in Bilddichtung transponiert".[42]

Interessanterweise wurde zu diesem Anlass nochmals der frühe Artikel von Emil Heilbut aus dem Jahr 1904 in gekürzter Fassung – ohne die kritischen Passagen – abgedruckt. Karl Scheffler betont als Redakteur darüber hinaus die langjährige Zusammenarbeit mit Bruno Cassirer, die auch die beigefügten Reproduktionen der Zeichnungen aus den Briefen an den Verleger veranschaulichen. Sie unterstreichen auch in dem nach Slevogts Tod erschienenen Beitrag von Scheffler die enge Verbindung zwischen Künstler und Verleger. Mit einer Schilderung von Slevogts Charakter, Leben und Bekanntenkreis wird hier nicht die Kunst, sondern der Mensch gewürdigt. Noch im letzten Heft der Zeitschrift ist der Künstler in einem Beitrag vertreten.

Diese anhaltende Präsenz in der Zeitschrift *Kunst und Künstler* während der gesamten Zeit ihres Erscheinens hat die Wahrnehmung von Max Slevogt entscheidend beeinflusst und begleitet nahezu seine gesamte Schaffenszeit: in den frühen Jahren als Vertreter einer kämpferischen Moderne im Kontext der aktuellen Kunstdebatten, dann als innovativer Illustrator und schließlich als klassisch gewordener Meister von nationaler Bedeutung. Die ihm von den Autoren der Zeitschrift zugeschriebenen Qualitäten prägen mit den Leitbegriffen der Unmittelbarkeit des Ausdrucks, der Improvisation und der künstlerischen Fantasie bis heute das Bild Max Slevogts.

1 Max Osborn, Bücherbesprechungen: „Max Slevogt, Ali Baba und die vierzig Räuber", in: *KuK*, Jg. 1 (1902/03), Heft 8, S. 368.
2 Vgl. dazu ausführlich S. Paas (1976) und G. Brühl (1991), S. 246–286.
3 Karl Scheffler: „Unser Programm. 25 Jahre ‚Kunst und Künstler'", in: *KuK*, Jg. 26 (1928), Heft 1, S. 3.
4 Nach G. Brühl (1991), S. 251.
5 Vgl. G. Brühl (1991), S. 254.
6 Vgl. den Brief von M. Slevogt an B. Cassirer vom 21.8.1919, Briefedition Nr. 113.
7 Diesen Hinweis verdanke ich Armin Schlechter. Die Bände werden heute mit der Bibliothek von Max Slevogt im LBZ aufbewahrt.
8 M. Slevogt an B. Cassirer vom 12.9.1926, Briefedition Nr. 239.
9 Zu Emil Heilbut vgl. S. Schlenker (2007).
10 Zur Zeitschrift *PAN* und ihrer Bedeutung als Vorläufer für *Kunst und Künstler* vgl. G. Brühl (1991), S. 199–204 und S. 247, G. Feist (1971), S. 350ff., S. Paas (1976), S. 52–89.
11 Max Slevogt: „Pro domo", in: *KuK*, Jg. 22 (1924), Heft 12, S. 362–366, und ders.: „Über alles die Kritik!", in: *KuK*, Jg. 26 (1928), Heft 9, S. 331–332.
12 *KuK*, Jg. 1 (1902/03), Heft 1, S. 5.
13 M. Osborn (1902/03).
14 Ebd., S. 368.
15 Ebd., S. 369.
16 [Emil] H[eilbut]: „Einige neuere und ältere Arbeiten von Max Slevogt", in: *KuK*, Jg. 2 (1904), Heft 6, S. 215–222.
17 Ebd., S. 216.
18 Ebd.
19 H. Graf Kessler (1904). Zur Positionierung von *Kunst und Künstler* in dieser Debatte vgl. auch S. Paas (1976), S. 144–149.
20 Brief von B. Cassirer an M. Slevogt vom 2.6.[1906], Briefedition Nr. 41.
21 E. Heilbut (1906).
22 1906, Öl auf Leinwand, 120,5 × 101,5 cm, SM, Inv.-Nr. KW 12 G.
23 E. Heilbut (1906), hier S. 390f.
24 Heilbut wird für das Heft 12 des Jahrgangs 1906 (Ausgabe am 30.8.1906) zum letzten Mal als Redakteur genannt.
25 Brief von B. Cassirer an M. Slevogt vom 2.6.[1906], Briefedition Nr. 41.
26 S. Paas (1976), S. 162–178, G. Brühl (1991), S. 254–259. Zu Karl Scheffler vgl. M. Krejsa/A. Matelowski (2006).
27 Vgl. K. Scheffler (1903).
28 Dies belegt eindrucksvoll Georg Brühls Übersicht über die Beiträge zu Max Slevogt und die Abbildungen seiner Werke: G. Brühl (1991), S. 411–415.
29 K. Scheffler (1909a).
30 Vgl. dazu auch E. Caspers (1989), hier S. 29–32.
31 K. Scheffler (1931), hier S. 21.
32 K. Scheffler (1909b) und A. Gold (1909).
33 M. J. Friedländer (1922), hier S. 153.
34 Vgl. dazu L. Lang (1998), hier S. 96.
35 M. J. Friedländer (1915), hier S. 557f.
36 Vgl. z. B. Brief von B. Cassirer an M. Slevogt, o. D. [10.7.1913], Briefedition Nr. 68.
37 K. Scheffler (1926a) und K. Scheffler (1926b). Zur Entstehung von *Faust II* vgl. ausführlich Essay K. Feulner, S. 38–47.
38 E. Waldmann (1915).
39 J. Meier-Graefe (1915), S. 240.
40 W. Hausenstein (1919).
41 *KuK*, Jg. 17 (1928), Heft 1, S. 3–27.
42 M. J. Friedländer/C. Glaser u. a. (1929), hier S. 6.

Max Slevogts Berliner Netzwerke im Spiegel seiner Korrespondenz

ARMIN SCHLECHTER

„Im Romanischen war ich erst gestern Abend, freudig begrüßt, und eben der übliche Quatsch“

Der umfangreiche schriftliche Nachlass von Max Slevogt, wie ihn die Pfälzische Landesbibliothek Speyer/LBZ 2011 aus dem Besitz der Nachkommen ankaufen konnte, dokumentiert verschiedene Wirkungsorte des Künstlers, unter ihnen die frühe, kaum bezeugte Münchener Zeit sowie die Pfalz mit seinem Künstlerhaus Slevogthof über Leinsweiler an der heutigen Weinstraße.[1] Ausführlicher belegt ist dann die Berliner Zeit, wo Slevogt eine Wohnung angemietet hatte, wo er sein Meisteratelier führte und wo er unterschiedlichen privaten und offiziellen gesellschaftlichen Gruppierungen angehörte. Quellen für die verschiedenen Netzwerke des Künstlers sind einerseits die erhaltenen Briefe von in Berlin wohnenden Persönlichkeiten an Slevogt, die eingegangene Korrespondenz, andererseits die Autobiografien von dort lebenden Freunden und Bekannten, in denen sich deutlicher das eher private Umfeld Slevogts spiegelt.

Beispiele für offizielle Netzwerke Slevogts, die sich quellenmäßig fassen lassen, wären die Berliner Akademie der Künste sowie die 1899 ins Leben gerufene *Berliner Secession* beziehungsweise ab 1914 die *Freie Secession*. An privaten Kreisen wären die Treffen im Landhaus Neu-Cladow zu nennen, das Slevogts Freund gehörte, dem Kunsthistoriker und Kunstsammler Johannes Guthmann. Dieser berichtete auch über montägliche Abendessen in der 1915 gegründeten *Deutschen Gesellschaft 1914*, der Slevogt angehörte.[2] Sogenannte „Herrenabende“ veranstaltete der aus Ungarn stammende Arzt und Kunstsammler János Plesch in seinem Anwesen, zu denen Naturwissenschaftler, Künstler und Musiker geladen wurden.[3] Schließlich wäre als Zentrum eines weiteren Netzwerks der Malerstammtisch im *Romanischen Café* zu nennen, wo er als „Malerfürst“ residierte.[4]

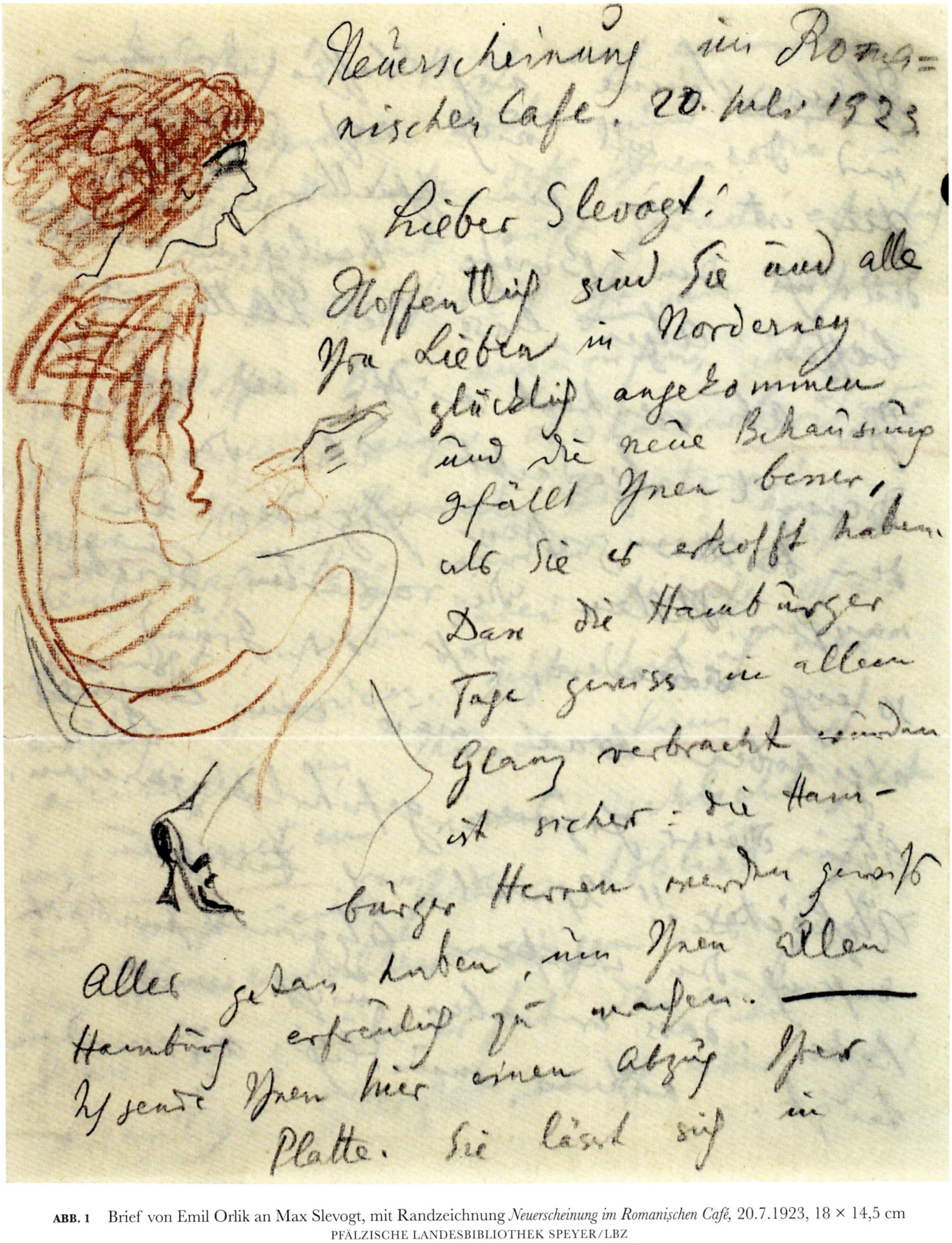

Neuerscheinung im Roma-
nischen Cafe. 20. Juli 1923

Lieber Slevogt!
Hoffentlich sind Sie und alle
Ihre Lieben in Norderney
glücklich angekommen
und die neue Behausung
gefällt Ihnen besser,
als Sie es erhofft haben.
Dass die Hamburger
Tage gewiss in allem
Glanz verbracht wurden
ist sicher: die Ham-
burger Herren werden gewiss
alles getan haben, um Ihnen allen
Hamburg erfreulich zu machen. —
Ich sende Ihnen hier einen Abzug Ihrer
Platte. Sie lässt sich in

ABB. 1 Brief von Emil Orlik an Max Slevogt, mit Randzeichnung *Neuerscheinung im Romanischen Café,* 20.7.1923, 18 × 14,5 cm
PFÄLZISCHE LANDESBIBLIOTHEK SPEYER/LBZ

BERLIN UND DER KÜNSTLERSTAMMTISCH IM *ROMANISCHEN CAFÉ*

Slevogts Außenblick seiner späten Zeit auf einige dieser Berliner Netzwerke war vergleichsweise kühl. 1926 schrieb er an den seit 1914 an der Akademie der Bildenden Künste in Stuttgart lehrenden Jugendfreund und Maler Robert Breyer, dass er die Ferien wegen der Kinder in der Pfalz verbringe. In Berlin lebe er „ganz incognito und zurückgezogen", auch angesichts seines „wenig erfreulich[en]" Gesundheitszustands. „Von Kameraden", so Slevogt weiter, „sehe ich selten jemand – Gaul, Tuaillon, Corinth, Leistikow und Paul C[assirer] sind alle dahin, u. Liebermann treffe ich selten, da ich mich um die Akademie gar nicht mehr kümmere."[5] Entsprechend äußerte Max Liebermann in seiner Rede zur Eröffnung der von der Berliner Akademie der Künste im Oktober 1928 organisierten Ausstellung anlässlich seines sechzigsten Geburtstags, dass der der Eröffnung ferngebliebene, „von Natur aus bequeme Slevogt [...] durch keinen äußeren Druck dazu [zu] bewegen [sei], statt ins Romanische Café in irgendeine Sitzung" der Akademie zu kommen.[6] Aber auch zum *Romanischen Café* hielt Slevogt Distanz. So schrieb er im Winter 1928 an seine Frau: „Im Romanischen war ich erst gestern Abend, freudig begrüßt, und eben der übliche Quatsch."[7]

Die eingegangene Korrespondenz Slevogts zeigt, soweit sie sich erhalten hat, eine andere Ausrichtung. Von den im Schreiben an Robert Breyer genannten Personen, Paul Cassirer ausgenommen, hat sich kaum Korrespondenz erhalten. Überhaupt kein Brief liegt von dem Bildhauer August Gaul vor, der mit Slevogt zum Vorstand der *Berliner Secession* gehörte.[8] Der Bildhauer Louis Tuaillon ist lediglich mit einem kleinen schriftlichen Gruß vertreten, und von den Malern Lovis Corinth und Walter Leistikow hat sich jeweils nur ein Brief erhalten.[9] Ähnliches gilt für den ebenfalls zum Kreis des *Romanischen Cafés* gehörenden Maler und Grafiker Otto Dix. Einziges schriftliches Zeugnis ist eine Ansichtskarte aus Cochem, die er bei einer gemeinsamen Reise unter anderem mit dem Bildhauer Hugo Lederer, ebenfalls Mitglied der Berliner Akademie der Künste, sowie dem Maler und Grafiker Emil Orlik unterzeichnet hat.[10] Offensichtlich ist der Austausch mit diesen allesamt der *Berliner Secession* angehörenden Personen in erster Linie mündlich verlaufen und damit heute kaum mehr nachvollziehbar.

Das größte Briefkonvolut unter den mit Slevogt bekannten Berliner Künstlern geht auf Emil Orlik zurück. Er wurde 1905 als Professor an die Staatliche Lehranstalt des Berliner Kunstgewerbemuseums berufen. Zusammen mit Bernhard Pankok, Josef Grünberg und Max Slevogt bildete er die um 1921 gegründete grafische Künstlervereinigung *SPOG*.[11] Orlik schrieb während seiner Reisen, unter anderem Anfang 1924 nach New York, aber auch aus Berlin immer wieder an Slevogt (Abb. 1).[12] Bemerkenswert ist unter den Schreiben von Künstlerinnen und Künstlern ein maschinenschriftlicher Brief mit handschriftlichem Zusatz von Käthe Kollwitz[13] aus dem Jahr 1928, aus dem hervorgeht, dass Slevogt zu den Förderern des Arbeitskreises *Zugscharen Berlin e. V.* gehörte, der sich für bedürftige Kinder einsetzte.[14]

Ein recht großes Briefkonvolut existiert von dem Zahnarzt Josef Grünberg. Er stammte aus der heutigen Ukraine und lässt sich ab etwa 1904 in Berlin nachweisen.[15] Seine Sammelschwerpunkte waren die grafischen Arbeiten Slevogts, und als Teil der Künstlergemeinschaft *SPOG* war er vor allem für die technische Seite des Druckens zuständig, wofür er zahlreiche Experimente unternahm. In einem Schreiben Grünbergs vom November 1924 hat sich die Reaktion von Albert Einstein, der zum

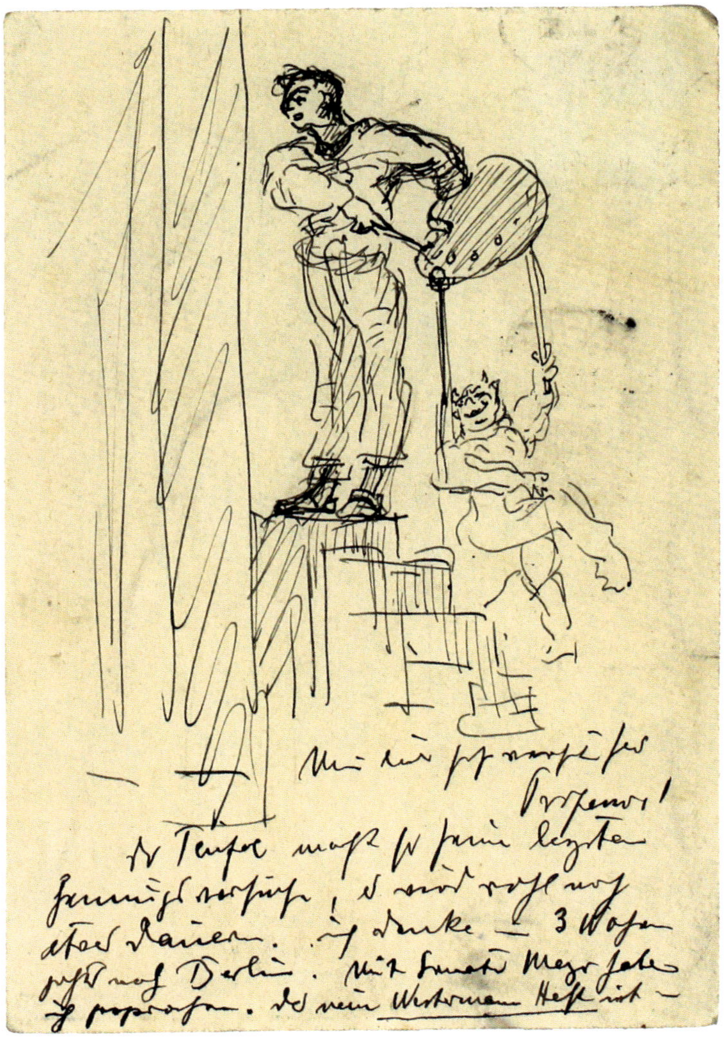

ABB. 2 Karte von Karl Dannemann an Max Slevogt, mit Randzeichnung der „letzten Hemmungsversuche" des Teufels an der künstlerischen Arbeit, 1.11.1927, 15 × 10,5 cm PFÄLZISCHE LANDESBIBLIOTHEK SPEYER/LBZ

Freundeskreis von János Plesch gehörte, auf die Ausmalung von dessen Gartenpavillon erhalten: „Einstein war mehr als begeistert von Ihrem Werk bei Plesch. Man kann ruhig sagen – er war hingerissen."[16]

Einen weiteren Kreis in der Korrespondenz Slevogts bildeten seine Meisterschüler Karl Dannemann, Fritz Heinsheimer, Rudolf Hinderer und Florenz Robert Schabbon.[17] Von Karl Dannemann hat sich ein großes Konvolut überliefert, das teils die Ausmalung des Bremer Ratskellers durch Slevogt 1926/27 thematisierte, an der er mitwirkte. Eine Karte aus Bremen vom 1.11.1927 beschreibt die „letzten Hemmungsversuche" des Teufels an der künstlerischen Arbeit (Abb. 2). Fritz Heinsheimer immatrikulierte sich im Herbst 1924 an der Akademie der Künste in Berlin. Themen seiner Briefe waren die Ausmalungen des Saales im *Berliner Kindl* und in der Friedenskirche in Ludwigshafen. Letzteres Kunstwerk steht ebenfalls im Mittelpunkt der Briefe von Florenz Robert Schabbon. Von Rudolf Hinderer haben sich nur wenige Schreiben erhalten. Am 15.10.1928 rühmte er den „wahrhaft grandiosen Eindruck" der Slevogt-Ausstellung in der Berliner Akademie der Künste.

Mittelbar zu den Künstlerkreisen in Slevogts Umfeld gehören auch Personen, die für die technische Umsetzung von Malerei und Grafik notwendig sind. Dazu gehört der Holzstecher Oskar Bangemann, zugleich Slevogts Modell für den Tannhäuser im *Hörselberg*.[18] Bangemann schrieb wenige Tage vor Slevogts Tod noch einen Genesungsbrief.[19] Große Bedeutung für Slevogt als Holzschneider hatte auch der Maler und Grafiker Reinhold Hoberg, Leiter der Pan-Presse, Druckerei für Künstler-Graphik Paul Cassirer (Abb. 3).[20] Von 1918 bis 1932 reicht die Korrespondenz mit dem Gemälderestaurator Fernand Wohlenberg[21]. In den Briefen werden Werke Slevogts genannt, die mit Firniss versehen oder gerahmt werden sollten. Auch die Ausstellung des *Hörselbergs* in Nürnberg wird thematisiert.

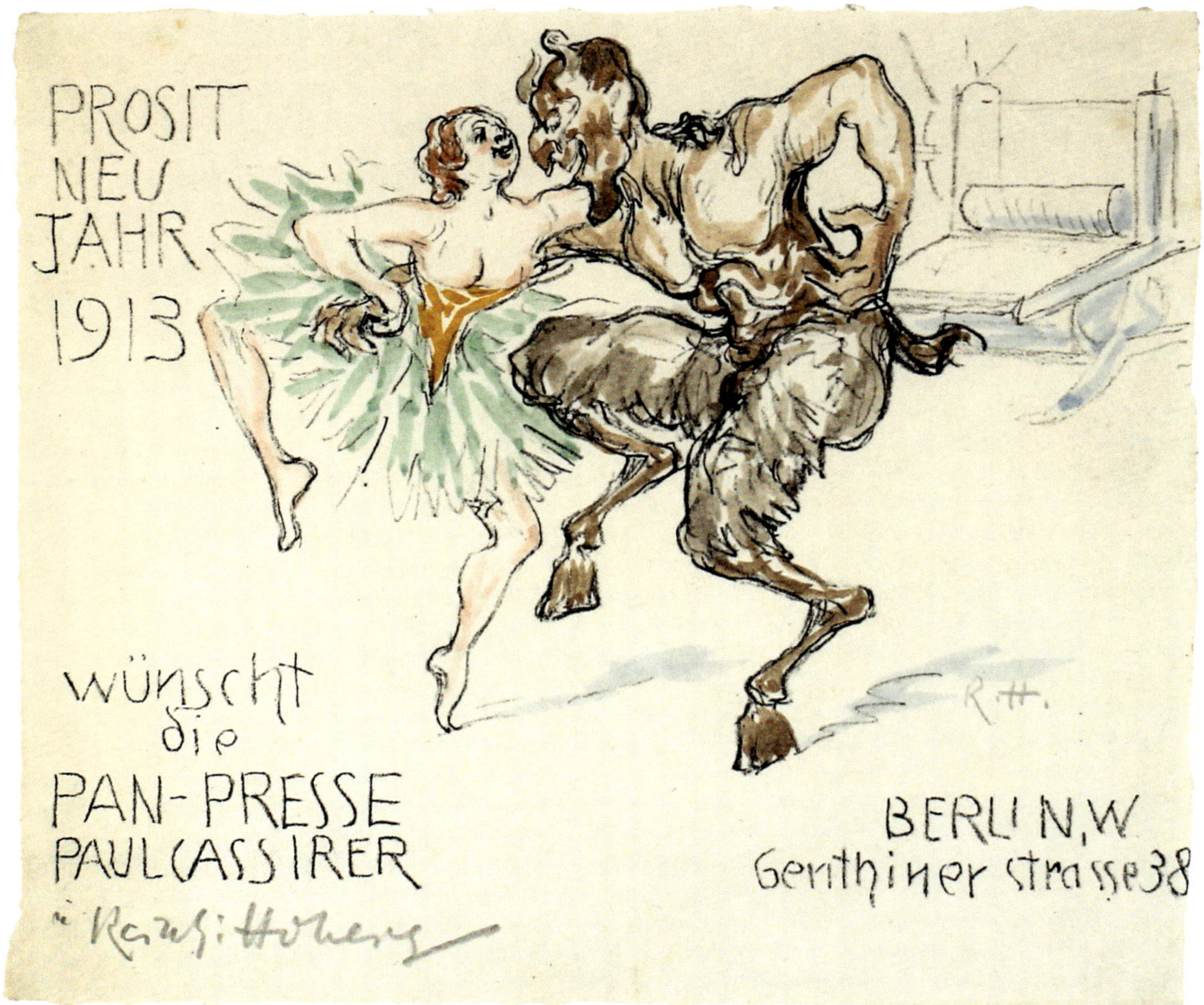

ABB. 3 Glückwunschkarte Silvester 1913 von Reinhold Hoberg an Max Slevogt, Leiter der Pan-Presse, 12 × 14 cm
PFÄLZISCHE LANDESBIBLIOTHEK SPEYER/LBZ

DAS NETZWERK DER KUNSTHÄNDLER, KUNSTSAMMLER UND VERLEGER

Ein weiteres für Slevogt wichtiges Netzwerk ist das der Kunsthändler. Bis zu ihrer geschäftlichen Trennung waren Bruno und Paul Cassirer gemeinsam Slevogts wichtigste Galeristen. Das größte Briefkonvolut im Nachlass sind die Briefe von Bruno Cassirer, mit dem Slevogt eine immense Anzahl an Illustrationsprojekten verwirklichte und der auch weiterhin, vor allem nach dem Tod von Paul Cassirer, als sein Kunsthändler tätig war. Diese umfassende Korrespondenz ist in der begleitend erscheinenden Briefedition erstmals publiziert worden.[22] Nach der Trennung war Paul Cassirer der wichtigste Händler, der das künstlerische Schaffen Slevogts kritisch begleitete, dementsprechend haben sich auch eine Vielzahl an Schreiben von ihm erhalten. Allerdings bemühte er sich weitgehend vergeblich um ein freundschaftliches Verhältnis; Slevogt blieb misstrauisch und betrachtete ihn in erster Linie als Geschäftsmann.[23]

Geschäftsbeziehungen hatte Slevogt von 1910 bis 1912 auch zur Kunsthandlung von Charles A. de Burlet, die ihren Sitz im Hotel Adlon Unter den Linden hatte. Burlet vertrieb Grafiken und Zeichnungen. Eine Auflistung aus dem Jahr 1911 verzeichnet 59 Nummern.[24] Aber auch Briefe des Berliner Buchhändlers und Antiquars Paul Graupe geben Aufschluss über Slevogts vielseitige Kontakte. Dieser kündigte im August 1925 die Versteigerung einer „grosse[n] Anzahl von Probedrucken ihrer graphischen Arbeiten" aus einer Privatsammlung an. Zum möglichen Ertrag fügte Graupe hinzu: „Ich hoffe, dass die ungewöhnliche Seltenheit und Qualität der Blätter der durch Überangebot von Auflage-Exemplaren verschuldeten Preisminderung wirkungsvoll begegnen wird, wenn man sich auch vor Augen halten muss, dass die Preise von 1914 bei dem augenblicklichen hohen Wert des Geldes wohl kaum erreicht werden."[25]

Wie aufschlussreich diese Korrespondenz zum Verständnis des damaligen Kunstmarkts ist, zeigt exemplarisch ein von Hugo Perls stammendes Schreiben an Slevogts Freund Eduard Fuchs. In diesem bat er ihn um Vermittlung: „Es würde doch Slevogt wirklich nicht schaden, wenn er seine Bilder nicht nur an Amateure (entschuldigen Sie bitte) verkaufen wollte, sondern gelegentlich auch an einen Kunsthändler, damit er dann dieselben Preise bekommt wie Liebermann und Corinth. Slevogt hat es neulich sogar fertiggebracht, eine Serie von 10 Radierungen privat drucken und verkaufen zu lassen, selbstverständlich hat er viel schlechtere Preise bekommen als Bruno Cassirer bekommen hätte und so geht es mit den Bildern seit Jahren. Er hinkt in den Preisen bedeutend hinter Liebermann und Corinth her und wir beide sind doch wohl einig, dass Slevogt von den drei Malern der bedeutendste ist. Aber wo kein Markt ist, da ist auch kein Preis."[26]

Erwartungsgemäß spielen Sammler, die teils eng mit Slevogt befreundet waren, eine große Rolle in der Korrespondenz. Dies gilt auch für den bereits erwähnten Schriftsteller Johannes Guthmann, von dem ein großes Briefkonvolut vorliegt, sowie für seinen Lebensgefährten, den Historiker und Bühnenautor Joachim Zimmermann. Beide wohnten bis 1921 im Gutshaus Neu-Cladow, das dem Vater von Guthmann gehörte, und übersiedelten dann nach Schreiberhau in Schlesien. Guthmann und Zimmermann waren wie Eduard Fuchs Slevogts Begleiter bei der Reise nach Ägypten und unternahmen mit ihm auch Reisen nach Italien. In Neu-Cladow malte Slevogt ihren Gartenpavillon aus.[27] Aus dem schwäbischen Göppingen stammte der oben genannte Kulturhistoriker, Schriftsteller und Kunstsammler Eduard Fuchs, der, wie Käthe Kollwitz, dem linken politischen Spektrum angehörte. Auch aus seiner Feder haben sich viele Briefe an Slevogt erhalten. Fuchs musste 1933 unter Zurücklassung seiner großen Kunstsammlung ins Exil fliehen, die in der Folge vom NS-Regime versteigert wurde.[28] Ein weiterer wichtiger Slevogt-Sammler war Carl Steinbart, Bankier bei Mendelssohn & Co. in Berlin.[29]

Neben den umfangreichen Briefkonvoluten von Bruno und Paul Cassirer finden sich im schriftlichen Nachlass auch Korrespondenzen mit anderen Verlegern. Von 1919 bis 1924 reichen die Schreiben des 1900 gegründeten Julius-Bard-Verlags, in denen verschiedene Buchideen thematisiert werden.[30] Deutlich größer ist das Konvolut der teils freundschaftlichen Briefe des Literatur- und Kunsthistorikers Julius Elias,[31] der für den Propyläen Verlag arbeitete, bei dem 1921 Slevogts *Waldläufer* erschienen ist. Die Zusendung eines Verlagsvertrags für die 1923 ebenfalls bei Propyläen erschienene *Tulifäntchen*-Ausgabe kündigte Emil Herz, Verleger und Direktor der Verlage Ullstein und Propyläen, Slevogt im Juli 1922 an.[32]

Neben Briefen des Verlegers Fritz Heyder aus den Jahren 1918 bis 1930[33] sind noch zwei Schreiben aus den Jahren 1918 und 1924 bemerkenswert, mit denen der Verleger Samuel Fischer Werke von Gerhart Hauptmann übersandte.[34]

AUFTRAGGEBER DES BERLINER GROSSBÜRGERTUMS

Im Gegensatz zu diesen umfangreichen Briefkonvoluten existieren von Personen, die Slevogt porträtiert hat, die ihn um Ausmalungen von Räumen, um Speisekarten oder auch nur um Reproduktionserlaubnis gebeten haben, jeweils nur wenige Briefe. Diese sind in erster Linie geschäftlicher Art und thematisieren die entsprechenden Aufträge. Dazu gehören der Elektroingenieur und Werksgründer in Berlin Sigmund Bergmann,[35] der DDP-Politiker und Reichsfinanzminister Bernhard Dernburg (Kat. 26)[36] oder der Philosoph und Psychologe Max Dessoir. Er verlieh im Oktober 1927 seiner Freude Ausdruck, dass Slevogt ihm mit einem Bild zur „Unsterblichkeit" verhelfen wolle.[37] Weitere Briefe haben sich von dem Berliner Kaufmann Philipp Freudenberg,[38] den Slevogt 1904/05 gleich zweimal porträtiert hatte, oder etwa von dem Unternehmer und Kunstsammler Julius Freund erhalten.[39] Vermittelt durch Josef Grünberg wandte sich im Februar 1923 Sigfried Bieber, Bankier und Geschäftsinhaber der Berliner Handelsgesellschaft, mit der Bitte an Slevogt, den Geschäftsinhaber Carl Fürstenberg[40] anlässlich seines vierzigjährigen Dienstjubiläums zu porträtieren. Laut Grünberg, so Bieber, betrage das Honorar, bedingt durch die Inflation, 2.000.000 Mark.[41] Ein größeres Briefkonvolut hat sich von dem Diplomaten und Slevogt-Sammler Richard von Kühlmann erhalten, das von 1918 bis 1932 reicht. Am 3.2.1923 schrieb er an Slevogt: „Es drängt mich, Ihnen nochmals zu sagen, welch' grosse Freude Sie mir mit dem gestern fertiggestellten Porträt gemacht haben."[42] Ein nicht näher bezeichnetes Bild erwarb Wilhelm Meinhardt, Jurist und Vorsitzender des Direktoriums der Osram-Gesellschaft, und schrieb am 25.5.1929, dass „die schärfste Kritikerin in unserer Familie", seine „Tochter", ihm „uneingeschränktesten Beifall" gezollt habe.[43] Im September 1929 folgte die Anfrage an Slevogt, ob er den Vorsitzenden des Aufsichtsrats, Paul Mamroth, porträtieren könne.[44] Weitere Korrespondenzen liegen von dem Berliner Kunstkritiker Hans Rosenhagen[45] und von Hugo von Tschudi vor, der von 1896 bis 1908 Direktor der Nationalgalerie in Berlin war.[46] Schließlich hat sich ein Brief des Berliner Bankiers Max von Wassermann vom Februar 1928 erhalten, in dem er sich erkundigt, wann Slevogt mit seinem Bild anfangen könne.[47] Diese erhaltene Korrespondenz belegt anschaulich, wie erfolgreich Slevogt als Porträtist des Berliner Großbürgertums agierte und auch welch großes Lob er für seine für ihn sehr lukrativen Gemälde der gehobenen Berliner Kreise bekam.

Neben Porträtaufträgen war Slevogt auch als Freskant tätig und nahm einige Wandmalereien als Aufträge an. Davon berichten auch verschiedene Briefkonvolute. Einerseits sind hier gescheiterte Projekte, wie etwa die Ausmalung des Saales in der Darmstädter Nationalbank[48] als Auftrag des Architekten Hermann Dernburg,[49] Bruder von Bernhard Dernburg, der Plan eines Riesengemäldes im von Max Reinhardt geleiteten Deutschen Theater[50] oder Fragen zu Wandmalereien in einer Veranda am Wannsee sowie einem Landhaus von dem Berliner Architekten Hermann Muthesius dokumentiert.[51] An vollendeten Projekten wäre die Ausmalung des Musiksaales für den Juristen, Bankier und Teilhaber des Bankhauses Mendelssohn & Co. Paul Hermann Ludwig Kempner im Berliner Westend mit Szenen aus dem Sommernachtstraum[52] sowie die Gestaltung des Saales der Berliner Gaststätte *Berliner Kindl* zu nennen.[53]

Slevogt entwarf zahlreiche Menü- und Tischkarten für besondere Empfänge und für seine Freunde (Abb. 6, S. 24; Abb. 6, S. 55). Im Februar 1921 bedankte sich der Ingenieur und Industrielle Alfred Cassirer bei Slevogt für den „wundervollen Entwurf der Tischkarte, die Sie zum Geburtstage unseres Töchterchens entworfen haben" (Kat. 19).[54] Zu den von Slevogt porträtierten Personen gehört auch der Jurist und Anwalt am Kammergericht in Berlin Alfred Friedmann. Ein Jahr zuvor hatte Friedmann bei Slevogt telegrafisch eine Speisekarte für das Berliner Anwaltsbankett am 10.12.1928 in Auftrag gegeben.[55] Eine für den *Verein Berliner Presse* gestaltete Speisekarte könne aber, wie der Schriftsteller Carl Bulcke am 23.11.1928 schrieb, politisch missdeutet werden: „Lachen Sie mich aus, halten Sie mich für einen Idioten, es ist so: Sie haben eine genienhafte Figur gezeichnet, die mit Heiterkeit in erhobenen Händen eine Schüssel zu einem Festmahl trägt. Wissen Sie, was die Gäste des Banketts aus dieser Zeichnung herauslesen werden?! Die Gäste, alle diese fremden Diplomaten und Klugwisser werden sagen, die perfide Presse hat sich mit Slevogt in Verbindung gesetzt, um einen garnicht schwerverständlichen politischen Witz zu machen: Das da ist Salome, die den Johannes-Kopf trägt, Kopf eines alten bärtigen Herrn, dieser Kopf ist das heutige Kabinett, dessen Beseitigung vorausgesagt wird."[56]

MUSEUMSDIREKTOREN, DIE *BERLINER SECESSION* UND POLITIKER

Vergleichsweise wenige Briefe haben sich von Berliner Museumsdirektoren erhalten. 1911 bedankte sich Kurt Stubenrauch, ab 1908 Leiter der Generalverwaltung der Königlichen Museen in Berlin, für Geschenke Slevogts an das Kupferstichkabinett. Im Juni 1920 folgte ein entsprechendes Schreiben von Wilhelm Bode, ab 1905 Generaldirektor der Königlichen Museen in Berlin, nach einer Schenkung der *Radierungen zu Mozarts Zauberflöte* an das Kupferstichkabinett von Slevogt und Paul Cassirer.[57] Von 1921 bis 1925 erstreckt sich die Korrespondenz mit Max Jacob Friedländer, von 1908 bis 1930 Leiter des Berliner Kupferstichkabinetts.[58] In den wenigen, von 1912 bis 1928 reichenden Briefen von Ludwig Justi, Direktor der Berliner Nationalgalerie, werden Ankäufe, die Überführung der Wandmalereien aus Neu-Cladow sowie eine Ausstellung der eigenen Slevogt-Bestände im Jahr 1928 thematisiert.[59]

Wichtige Quelle für die Berliner Akademie der Künste sind die Briefe von Alexander Amersdorffer, der als ihr erster ständiger Sekretär fungierte. Hier nimmt die Vorbereitung der Akademie-Ausstellung anlässlich Slevogts sechzigstem Geburtstag einen großen Raum ein.[60] Im April 1917 erhielt Slevogt von dem damaligen Akademiepräsidenten, dem Architekten Franz Schwechten, die Berufung zum Vorsteher eines Meisterateliers für Malerei. Von Max Liebermann, ab 1920 Präsident der Akademie, haben sich nur wenige, überwiegend amtliche Schreiben erhalten, die belegen, dass das Verhältnis der beiden Künstler persönlich distanziert gewesen ist.[61]

Auch die *Berliner Secession* hat Spuren im Briefwechsel hinterlassen. Ein frühes Zeugnis geht auf den bereits erwähnten Walter Leistikow zurück, der mit Schreiben vom 3.3.1899 Slevogt um die Überlassung des Gemäldes *Der verlorene Sohn* für eine entsprechende Ausstellung in Berlin bat (vgl. Abb. 1, S. 49). Die Secessionsausstellung 1913 führte nach der Bekanntgabe der Entscheidungen der unter Slevogts Vorsitz stehenden Ausstellungsjury zu schweren Verwerfungen und zur Opposition gegen Paul Cassirer als Präsidenten.[62] Erhalten hat sich je ein Schreiben der abgelehnten Maler Felix Meseck, der Slevogt vorwarf, ihn „gescharfrichtert" zu haben, und Max Neumann.[63]

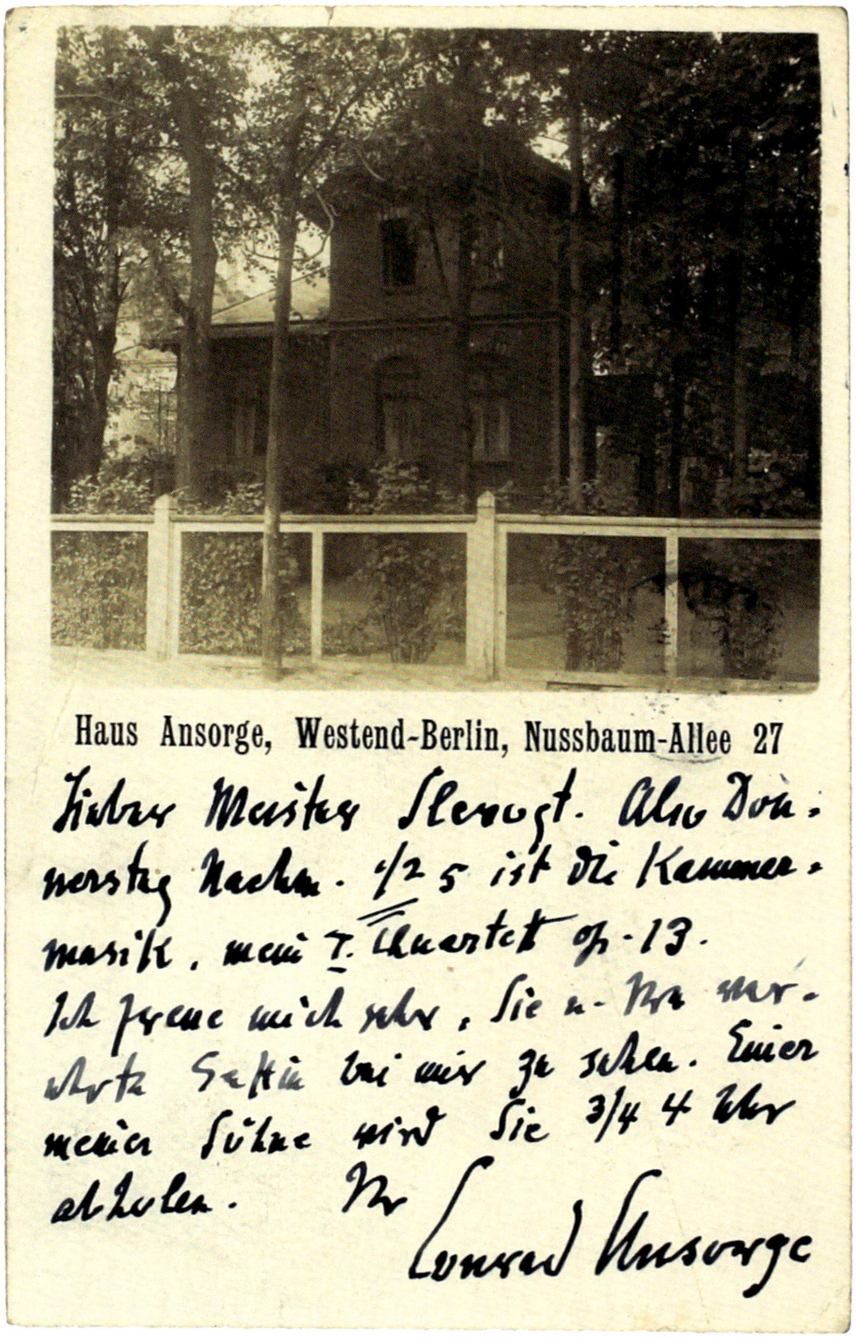
Haus Ansorge, Westend-Berlin, Nussbaum-Allee 27

Lieber Meister Slevogt. Also Donnerstag Nachm. 1/2 5 ist die Kammermusik, mein I. Quartett op. 13. Ich freue mich sehr, Sie u. Ihre verehrte Gattin bei mir zu sehen. Einer meiner Söhne wird Sie 3/4 4 Uhr abholen. Ihr Conrad Ansorge

ABB. 4 Einladung von Conrad Ansorge an Max Slevogt, 29.2.1919, 14 × 9 cm
PFÄLZISCHE LANDESBIBLIOTHEK SPEYER/LBZ

Weitere Schreiben gehen auf Mitarbeiter der Regierung zurück. Diese reichen, von dem bereits erwähnten Bernhard Dernburg abgesehen, von dem Musikpädagogen Leo Kestenberg[64] über den Juristen und Politiker Friedrich Schmidt-Ott[65] bis zu dem Kunsthistoriker und Politiker Johannes Sievers, von 1919 bis 1933 Leiter der Kunstabteilung des Auswärtigen Amtes. 1909 hatte Sievers den Kontakt zwischen Slevogt einerseits und Johannes Guthmann sowie Joachim Zimmermann andererseits hergestellt.[66]

MUSIKER UND KOMPONISTEN

Erwartungsgemäß spielen auch Musik und Theater in den Briefen an Slevogt eine Rolle; allerdings fehlt es hier an großen Konvoluten. Der Musiker und Komponist Conrad Ansorge gehörte zum Freundeskreis von Neu-Cladow. Erhalten haben sich unter anderem Einladungen in seine Villa in Westend zu musikalischen Darbietungen (Abb. 4).[67] Zwei Briefe der Jahre 1921 und 1924 gehen auf den Komponisten und

Musiker Ferruccio Busoni zurück, in denen unter anderem die *Zauberflöte* thematisiert wird. Der Tod Busonis 1930 beschäftigte Slevogt sehr.[68] Briefe des Dirigenten Franz Ludwig Hörth, Leiter des Staatlichen Opernhauses Unter den Linden, und Heinz Tietjen, Generalintendant der Preußischen Staatstheater, stehen in Zusammenhang mit dem gescheiterten Projekt der Bühnendekoration der *Zauberflöte* im Jahr 1928, für das Slevogt bereits Entwürfe geschaffen hatte.[69] Schreiben von verschiedenen Personen thematisieren ein Zerwürfnis zwischen Slevogt und dem Regisseur Max Reinhardt. Der Künstler verwahrte sich dagegen, bei einer Aufführung als Mitarbeiter auf dem Programmzettel genannt zu werden, und ging sogar juristisch dagegen vor.[70]

JOURNALISTEN UND AUTOREN

Zu Slevogts Berliner Beziehungsgeflecht gehörte auch die Presse, zu der Slevogt ein eher zurückhaltendes Verhältnis hatte. So kündigte der Maler und Radierer Rudolf Großmann in einem undatierten Brief Slevogt an, eine biografische Abhandlung für *Kunst und Künstler* sowie ausführlicher für die Tagespresse schreiben zu wollen, „wogegen Sie sich ja nicht mehr zu wehren versprachen"; zeichnen wolle er ihn hierfür im *Romanischen Café*.[71] 1926 schrieb die Dichterin und Feuilleton-Autorin Sylvia von Harden-Lehr Slevogt an und bat um ein Interview für einen geplanten Artikel mit dem Titel *Lebende Graphiker*.[72] Die Schriftstellerin und Schauspielerin Lucy von Jacobi interviewte ihn für die Zeitung *Tempo. Die Zeitung der Zeit* Mitte 1931 zum Begriff „Kulturbolschewismus".[73] Im August eines ungenannten Jahres plante Eugen Szatmári, Redakteur des *Berliner Abendblatts*, einen Zeitungsartikel mit Kinderbildern Prominenter und bat Slevogt um Mitwirkung. Szatmári war Autor der 1927 erschienenen Publikation *Das Buch von Berlin*, in dem in Zusammenhang mit dem *Romanischen Café* auch Slevogt erwähnt wird.[74] 1926 schrieb der Berliner Journalist Hans Tasiemka im Auftrag der *Literarischen Welt* an Slevogt in Zusammenhang mit einer Kinderbuch-Sondernummer und bat ihn um Auskunft, welches sein wichtigstes Kinderbuch sei. Handschriftlich vermerkte Slevogt auf dem Brief: *Lederstrumpf*.[75]

Erhalten hat sich im Nachlass eine ungewöhnliche Huldigung an Slevogt anlässlich seines fünfzigsten Geburtstags 1918. Es handelt sich um eine Darstellung des dem Künstler gratulierenden *Berliner Kindls* (Abb. 5), gewidmet von der Familie C. v. Morgen in der Winterfeldtstraße. Wie das Berliner Adressbuch aus dem Jahr 1920 erkennen lässt, fand sich hier eine Zigarrenhandlung, die von der Kunststickerin Ella Morgen mitbetrieben wurde.[76] Tatsächlich spielten Zigarren für Slevogt eine bemerkenswerte Rolle. So malte er ein Selbstporträt mit Zigarre, und ihm genügten nach eigener Aussage „drei Zigarren" für ein „Bild durchschnittlicher Größe".[77]

FAZIT

Die im schriftlichen Nachlass von Max Slevogt überlieferten Briefe lassen verschiedene Netzwerke des Künstlers in Berlin erkennen. Neben grafischen Folgen werden hier viele Porträtaufträge und Wandmalereien des Künstlers thematisiert. Mengenmäßig an erster Stelle steht die Korrespondenz mit dem Verleger Bruno Cassirer; daneben existieren Schreiben anderer Verlage. Zum Kunstmarkt der Zeit liegen ebenfalls viele Quellen vor; neben Paul Cassirer bemühten sich auch andere Händler um eine Zusammenarbeit mit dem Künstler. Immer wieder erscheint, sogar in einem Reiseführer, Slevogts Stammtisch im *Romanischen Café* in den Briefen, aber auch das Gut Neu-Cladow, solange es von

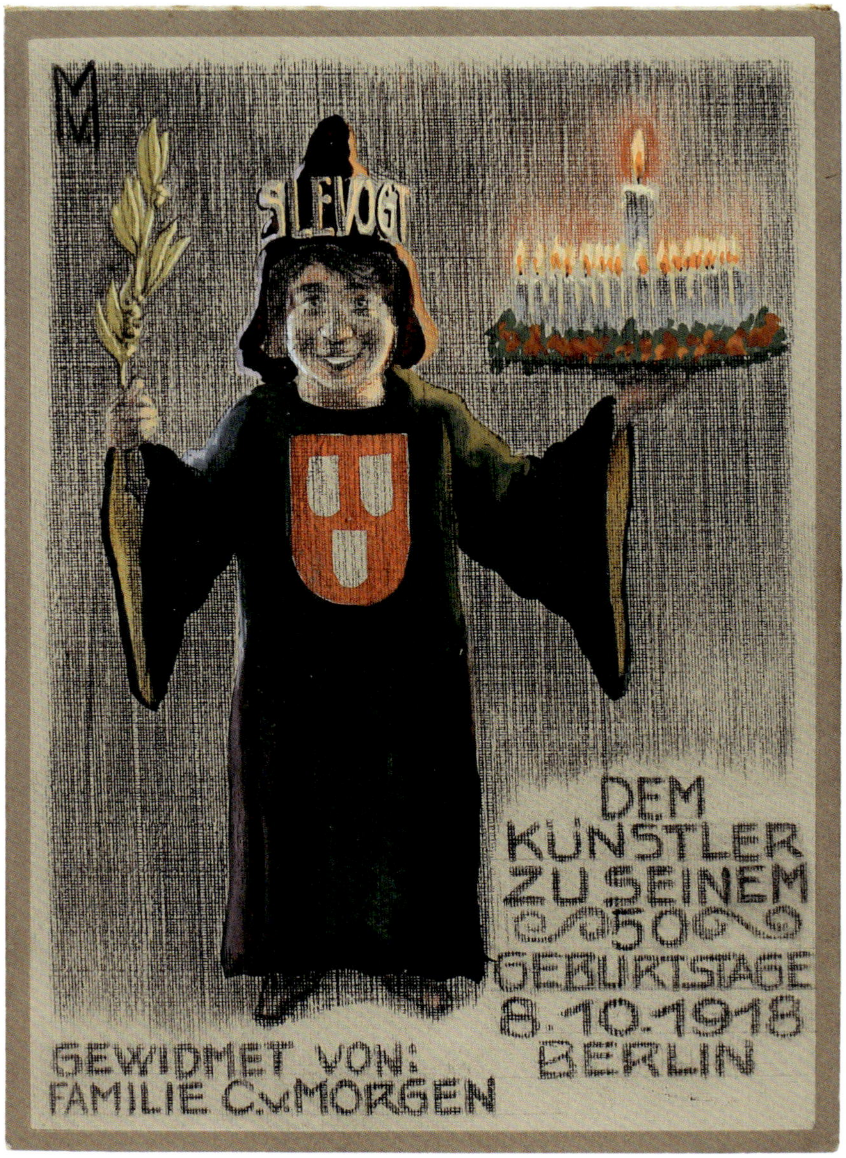

ABB. 5 Glückwunschkarte von der Familie C. von Morgen an Max Slevogt, 8.10.1918, 18 × 13 cm PFÄLZISCHE LANDESBIBLIOTHEK SPEYER/LBZ

seinem Freund Johannes Guthmann bewohnt wurde. Daneben steht Slevogts Desinteresse an der Berliner Akademie der Künste; auch die *Berliner Secession* spielt in den Briefen keine übermäßig große Rolle. Slevogts Verhältnis zu Berlin war zwiespältig. Hier lag sein Meisteratelier, hier war eines der wichtigsten Zentren des Kunstmarkts in Deutschland, und hier war er Teil verschiedener privater Kreise. Mit zunehmendem Alter spielte für ihn der Slevogthof über Leinsweiler aber eine immer größere Rolle. 1933 zerbrachen dann viele Netzwerke des im Vorjahr verstorbenen Max Slevogt. Etliche seiner Kunden mussten emigrieren, beispielsweise Wilhelm Meinhardt schon 1933 nach London, andere, wie der 1913 nicht bei der Ausstellung der *Berliner Secession* zum Zuge gekommene Max Neumann, galten nun als „entartet“. Unter den Korrespondenten Slevogts fanden sich aber auch Personen wie der Maler Arthur von Kampf,[78] von 1907 bis 1912 Präsident der Königlichen Akademie der Künste in Berlin, die dann der NSDAP angehörten. Die liberale Berliner Kunstszene und mit ihr der sogenannte „deutsche Impressionismus“ hatten ihr Ende gefunden.

1 Die hier ausgewertete Korrespondenz wird als Teil des schriftlichen Nachlasses von Max Slevogt unter der Signatur N 100 im Landesbibliothekszentrum Rheinland-Pfalz/Pfälzische Landesbibliothek Speyer in Form von Personenkonvoluten aufbewahrt.
2 J. Guthmann (1955), S. 215f.
3 J. Plesch (1949), S. 111; DBE 7, S. 871.
4 K. Scheffler (1948), S. 86; G. Wedekind (2018).
5 B. Küster (1998), S. 44; DBE 2, S. 76.
6 M. Liebermann (1978), S. 229.
7 A. Schlechter (2014), Nr. 34.
8 A. Matelowski (2017), S. 58 und 66.
9 DBE 10, S. 131, 2, S. 409, 6, S. 337.
10 DBE 2, S. 651f., 6, S. 303.
11 Zu Orlik und seinem Verhältnis zu Slevogt vgl. G. Wedekind (2021), S. 89–113; ausführlich zu *SPOG* vgl. Ausst.-Kat. Mainz (2021).
12 A. Schlechter (2014), Nr. 23f.
13 DBE 5, S. 843.
14 A. Schlechter (2014), Nr. 30.
15 Zu J. Grünberg vgl. K. Feulner (2021a), S. 13–15.
16 Ausst.-Kat. Mainz (2021), S. 127. Dort auch die Briefedition der Korrespondenz von M. Slevogt und Josef Grünberg.
17 H.-J. Imiela (1968), S. 265 und S. 249; M. H. Grieb (2007), S. 660; https://de.wikipedia.org/wiki/Florenz_Robert_Schabbon (abgerufen am 23.5.2025).
18 DBE 1, S. 361; Max Slevogt, *Der Hörselberg*, 1910, Öl auf Leinwand, 290,5 × 370,2 cm, Nürnberg, Germanisches Nationalmuseum.
19 Brief vom 14.9.1932 aus Berlin-Mariendorf; H.-J. Imiela (1968), S. 390.
20 E. Caspers (1989), S. 43.
21 U. Thieme/F. Becker/H. Vollmer (1907–1950), Bd. 36, S. 173.
22 Briefedition Slevogt/Cassirer (2025).
23 A. Schlechter (2018).
24 H.-J. Imiela (1968), S. 166.
25 Brief vom 26.8.1925; DBE 4, S. 1139.
26 Brief an Eduard Fuchs, 3.3.1923; W. Röder/H. A. Strauss (1980–1983), S. 553.
27 H. Biedermann/S. Hoppe (2014), S. 56–59.
28 H. Biedermann/S. Hoppe (2014), S. 54f.
29 N. Hartje-Grave (2024), passim. Ein umfangreiches Konvolut der Antwortbriefe von Slevogt an Steinbart befindet sich im Landesmuseum Mainz.
30 R. Würffel (2000), S. 51.
31 DBE 3, S. 27.
32 R. Würffel (2000), S. 894.
33 R. Würffel (2000), S. 353.
34 DBE 3, S. 359.
35 DBE 1, S. 567.
36 DBE 2, S. 561.
37 DBE 2, S. 568.
38 H.-J. Imiela (1968), S. 93 und 95.
39 H.-J. Imiela (1968), S. 434.
40 NDB 5, S. 698f.
41 DBE 3, S. 620f.
42 DBE 6, S. 128.
43 DBE 6, S. 858.
44 DBE 6, S. 694.
45 DLL 13, Sp. 303.
46 DBE 10, S. 130.
47 DBE 10, S. 423.
48 DBI 2, S. 1045.
49 NDB 3, S. 607.
50 DBE 8, S. 292f.; H.-J. Imiela (1968), S. 265.
51 DBE 7, S. 327f.
52 W. Röder/H. A. Strauss (1980–1983), S. 360.
53 A. Schlechter (2014), Nr. 34.
54 G. Wenzel (1929), Sp. 376.
55 Max Slevogt, *Bildnis, Dr. Alfred Friedmann*, 1929, Öl auf Leinwand, ohne Angabe, Standort unbekannt. Auch ein Exlibris hat er für ihn gestaltet; H.-J. Imiela (1968), S. 435, Anm. 8.
56 DBE 2, S. 204.
57 DBE 1, S. 749.
58 DBE 3, S. 525f.
59 DBE 5, S. 430.
60 A. Matelowski (2017), S. 145.
61 G. Wedekind (2018), S. 23; DBE 9, S. 335.
62 G. Wedekind (2018), S. 23; A. Matelowski (2017), S. 75–92.
63 H. Vollmer (1953–1962), Bd. 3, S. 377 und S. 474; A. Matelowski (2017), S. 81, Anm. 149.
64 DBE 5, S. 603.
65 DBE 9, S. 62.
66 DBE 9, S. 447; J. Guthmann (1955), S. 172.
67 DBE 1, S. 185.
68 DBE 2, S. 248f.; H.-J. Imiela (1968), S. 240 und S. 252.
69 DBE 5, S. 39, 10, S. 40.
70 A. Schlechter (2014), Nr. 8.
71 DBE 4, S. 185.
72 DLL 7, Sp. 323.
73 A. Schlechter (2014), Nr. 36.
74 DLL 21, Sp. 489; E. Szátmari (1927), S. 114.
75 W. Röder/H. A. Strauss (1980–83), S. 1153.
76 *Berliner Adreßbuch. Unter Benutzung amtlicher Quellen*, Bd. 1, Berlin 1920, S. 1875.
77 J. Guthmann (1955), S. 175.
78 DBE 5, S. 475.

Berlin Kulturmetropole 1870–1930 – ein Zeitbild

EVA BRACHERT

„Schließlich ist doch Berlin der Mittelpunkt Deutschlands“[1]

„Schließlich ist doch Berlin der Mittelpunkt Deutschlands, der nicht nur das Herzblut des Reiches aufsaugt, sondern es auch zurückpulst durch die Adern. Berlin selbst erregt seit Langem das Interesse der Kulturmenschheit. Vor zwei Jahrhunderten rühmt man an ihm die breiten und luftigen Straßen – deren gerade Linie heute geschmack- und poesielos genannt wird.“[2] Hans Ostwald, Goldschmied und Journalist, beschrieb 1920 in seiner Kultur- und Sittengeschichte Berlins eine geschichtlich gewachsene Zweiteilung seiner Heimatstadt in noble Villenvororte im Westen und in die im Osten gelegene kleinteilige Altstadt mit Kleinbetrieben und sogar noch Landwirtschaft (Abb. 1 und 2). „Allerdings ist jetzt eine andere Schönheit der großen Stadt im Werden“, fährt er fort, „[…] jetzt ist es die Stadt des Lichts und der Badestube, des blanken Asphalts und der Blendwerke der Elektrizität und der Gasbeleuchtung.“[3] Kleinbürger, Dienstboten, Hausierer, die Halbwelt und das Proletariat stellte Ostwald als unübersehbare Elemente der aktuellen bürgerlichen Gesellschaft vor. In seiner Kulturgeschichte „von unten“ unterstreicht er den einmaligen Charakter der Hauptstadt im Vergleich zu den übrigen Residenzen oder Industriestädten des Deutschen Reichs.

Das Wesen dieser Stadt sei das „Zusammenströmen von verschiedenen Elementen“ seit dem 17. Jahrhundert. Auf die in Preußen angesiedelten Franzosen und Juden waren bis ins 18. Jahrhundert Handwerker und Bauern aus Brandenburg gefolgt. Aus dem „anregenden Gegensatz“ der „anstachelnden patrizischen“ Umgangsformen der Franzosen im Gegensatz zum „schwerfälligen härteren Wesen“ der bodenständigen Märker, ergänzt durch die große Anzahl an zugewanderten Juden und deren „Lust zur Kritik und Unternehmungslust“, sei „zusammen das Berlinische“ entstanden.[4] Berlin wurde zum Gesprächsstoff, wie eine in der ersten Hälfte des 20. Jahrhunderts umfangreich vorliegende Buch-, Feuilleton- und Essaykultur beweist, in der man die im großen Tempo rasch aufeinanderfolgenden

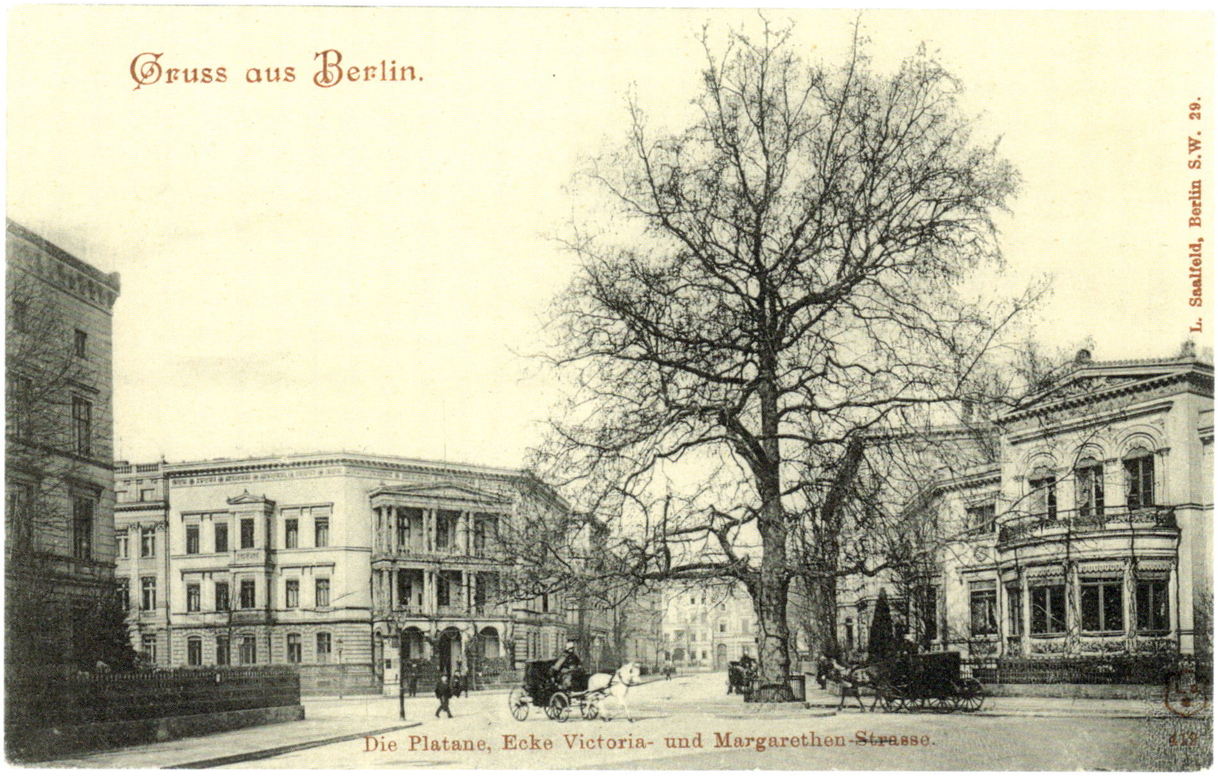

ABB. 1 Kreuzung Viktoria-/Margaretenstraße, Berlin-West LANDESARCHIV BERLIN

ökonomischen und kulturellen Veränderungen ausmalte. Darin wurde die Stadt als ein lebendiges Wesen beschrieben, das nicht gewillt schien, sich damit abzugeben, bloß *eine* moderne Großstadt zu sein, sondern *der* Ort der Moderne sein wollte.[5]

Karl Scheffler war den Lesern als Begleiter der Berliner sezessionistischen Bewegungen nicht nur aus dem Kulturfeuilleton der *Berliner Zeitung* und *Kunst und Künstler* bekannt, sondern vor allem durch sein Buch: *Berlin – ein Stadtschicksal* (1910). Hier schildert er, wie – einer zwangsläufigen Metamorphose gleich – man beobachten könne, wie aus der Bürger- und Fürstenstadt durch Bautätigkeit und Künste eine ganz bestimmte Lebens- und Stadtkultur gediehen sei. Aus der Handelsstadt erwuchsen nicht nur neue Stadtteile, sondern auch Galerien, Kaufhäuser, Vergnügungspaläste, Cafés und immer wieder große Arbeitersiedlungen im Auftrag prosperierender Industriekonzerne. Für Scheffler ist das große Tempo kennzeichnend, in dem die Hauptstadt Berlin sich zwischen 1870 und 1930 zum politischen, wirtschaftlichen und kulturellen Zentrum entfaltete: „[…] die Tragik eines Schicksals, das aus einer wendischen Fischersiedlung zur mächtigen Millionenstadt und Reichshauptstadt emporgewachsene Berlin dazu verdammt: immerfort zu werden und niemals zu sein."[6] Dieses Schicksal lastete auf der Stadt, da sie nicht über eine „wohlgebildete Gesellschaft" verfügte, sondern Adel, Militär und Beamte nur unter sich lebten.[7] Im Kreis der Feuilletonisten gehörte Scheffler zu den kritischen Beobachtern der neuen, kaum vertrauten Lebenswelt. Er nutzte ausgiebig diese weniger starre Literaturform für literarische, philosophische, soziologische und nicht zuletzt künstlerische Dispute mit der

Gegenwart. Nachrichten aus dem Kulturbetrieb hatten nicht so sehr die Notwendigkeit, tagesaktuell zu berichten, sondern dem Leser essayistische Äußerungen von zeitloser Geltung vorzulegen, die als „Anleitung zur Wahrnehmung und zum Gebrauch der modernen Großstadt"[8] verstanden werden wollten. Die in alltäglicher Auseinandersetzung, Abgrenzung oder Anpassung zum Großstadtleben entstandenen neuen Kunstströmungen wurden durch die Autoren als ein weiterer Bestandteil des Großstadtlebens in den öffentlichen Diskurs eingeführt.

BERLIN – EIN NEULING UNTER DEN WELTSTÄDTEN

1870/71 war Deutschland unter Preußens Führung zu einem föderalen deutschen Reich vereint worden, das damit zur führenden politischen Macht Europas aufstieg. Zur Hauptstadt des neuen deutschen Kaiserreichs wurde die Garnisonsstadt Berlin erhoben – ein Neuling im Kreis der historisch gewachsenen Hauptstädte Paris, London oder Wien, die jedoch mit „einem gewissen Hochmut auf die alten Stadtkulturen" herabzublicken schien.[9]

Alfred Lichtwark, Kunstpädagoge und erster Direktor der Hamburger Kunsthalle, bestätigte dieses Bild von Berlin in seinen 1891 bis 1913 für die Kommission der Hamburger Kunsthalle verfassten Reiseberichten. Im Gegensatz zu Paris, „der alten Kulturgebärerin", die sich aus einem natürlichen Wechsel von Bürgerstadt zur Fürstenstadt geformt hätte, wäre dagegen Berlin nicht aus einem historischen Stadtzentrum zur deutschen Reichshauptstadt gewachsen. Vielmehr empfand Lichtwark sie als eine „amorphe Masse lose verbundener Zellen", die zu rasch und ohne konkrete Planung groß geworden sei. Ohne begüterten Adel, dafür aber mit Offizieren, Beamten und Dienern des Staates reichlich versehen, konnte nach seiner Ansicht „[…] eine Kulturmacht im Sinne von Paris" aus Berlin nicht gedeihen.[10] Allerdings bewertete Lichtwark, anders als Scheffler, 1898 die städteplanerischen Leistungen in Berlin positiv in Verbindung mit den ebenfalls durch das Bürgertum zu verantwortenden Verdiensten in der prosperierenden Technik, Industrie und den Wissenschaften. 1910, mittlerweile regelmäßig zu Gast in Berlin, verfolgte Lichtwark die Veränderungen der Stadt sehr genau und notierte nun, dass sich, dank der Einflüsse von Kunst und Kultur aus Frankreich, in Berlin ein neues, im Bürgertum aufkommendes Gedankengut immer mehr etabliert habe: „[...] die Anziehungskraft, die Berlin auf große Kräfte der deutschen Malerei ausübe", wäre nun nicht mehr zu übersehen. „Das Berlin von 1910 ist etwas anderes und Größeres als das von 1890."[11]

Bis 1900 hatten sich in Berlin neben dem Industriellen im Zuge von Rationalisierung und Taylorismus Angestellte und Arbeiter in großer Zahl als neue Träger der wirtschaftlichen Modernisierung herangebildet. Diese Gruppen gaben der Großstadtgesellschaft des 20. Jahrhunderts ein ganz neues Gepräge. Seit der Mitte des 19. Jahrhunderts hatte im Deutschen Bund eine Solidität vorgeherrscht, entstanden durch die konstant expandierende Industrie und das Heranwachsen eines Parlamentarismus. Beides hatte eine fortschreitende Liberalisierung im Verhalten des Bürgertums bewirkt. Das brachte eine Entpolitisierung der Gesellschaft bei gleichzeitiger Individualisierung von Anschauungen mit sich, die sich wiederum in einer zunehmenden Vielfalt von kulturellen Äußerungen abbildete. Diese Weltanschauungsgruppen korrespondierten untereinander, was das Spektrum der modernen Kunst- und Kulturansichten weiter vergrößerte. In der Hauptstadt Berlin wurden dafür, neben Massenmedien wie Zeitungen, die

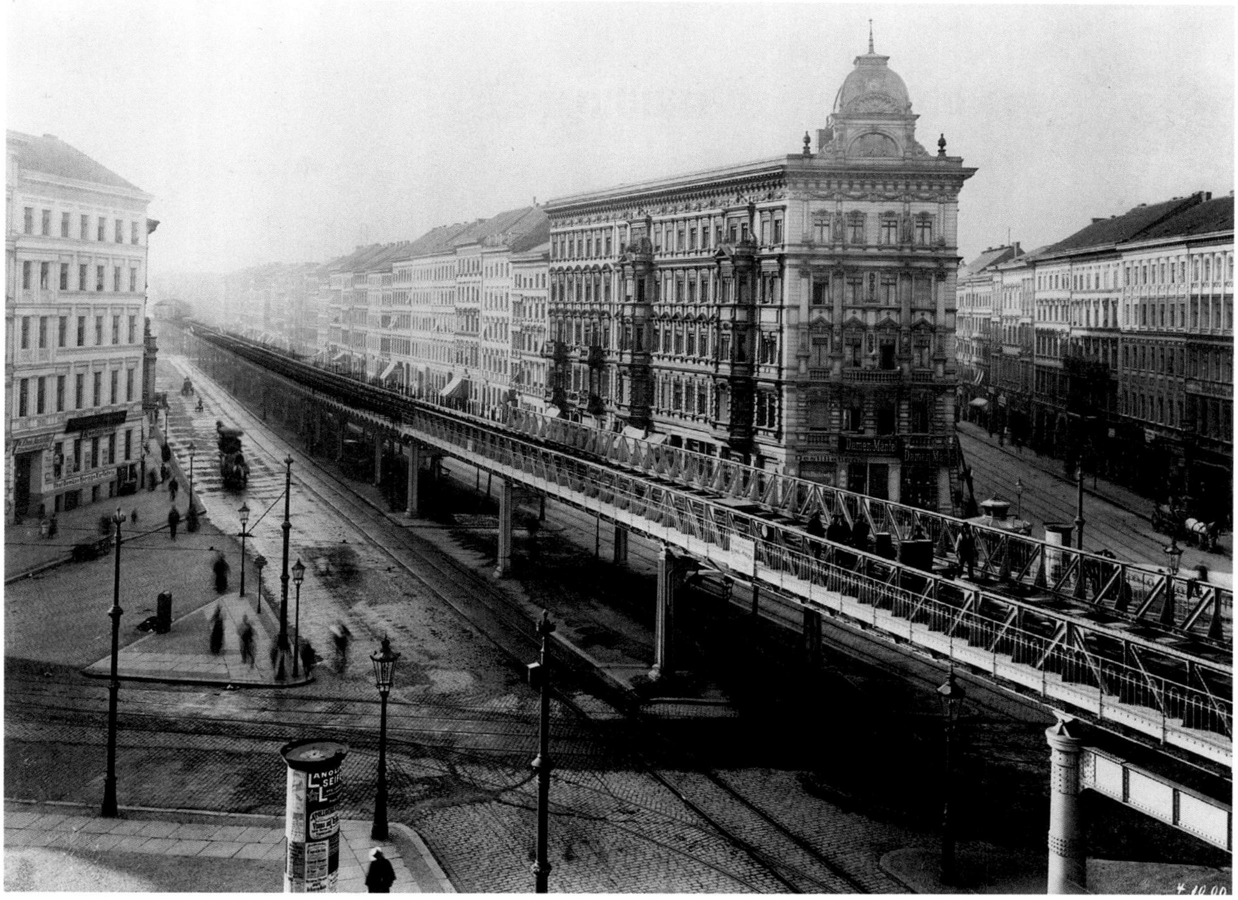

ABB. 2 An der Hochbahn Skalitzer Straße (Berlin-Ost), Zustand kurz vor Inbetriebnahme 1900–1902

neuen Kommunikationstechniken Telefon, Radio und Film zu öffentlichen Foren.[12] Die expandierenden Industriezweige Elektrizität, Telekommunikation, Presse und Mobilität wurden in großbürgerlichen Berliner Familienunternehmen erfunden und produziert. Bürgerlicher Innovationsgeist und Geschäftssinn hatten eine florierende vielfältige Industrie und damit die wirtschaftlichen Grundlagen für den rasanten Aufschwung und Wandel Berlins geschaffen, der aus dem Zentrum Alt-Berlin die Metropole Groß-Berlin werden ließ.

Der Baedeker aus dem Jahr 1904 nennt die Zahl von 2,5 Millionen Einwohnern,[13] wobei sich 1,96 Millionen auf das Zentrum von Berlin und 700.000 Einwohner auf die Nachbarorte verteilten. Bis 1914 entfaltete sich im Zentrum Europas das Deutsche Reich zu einem hochgerüsteten und hochindustrialisierten Staat, was in der Politik und im sich rasch ändernden Stadtbild der Hauptstadt zur Schau getragen wurde.[14] Am 1.10.1920 wurde die Stadt zu einer Kommune mit zwanzig Bezirken zu Groß-Berlin vereinigt, das 3,9 Millionen Einwohner umfasste und damit zur drittgrößten Metropole der damaligen Welt nach London und New York geworden war.[15] Der wirtschaftliche Aufschwung versorgte Massen von Arbeitern und Angestellten mit Arbeit, was im Osten die Entstehung ganzer Stadtviertel mit Mietskasernen und Werkswohnungen nötig machte (Abb. 2). Stadtrand und Innenstadt konnten

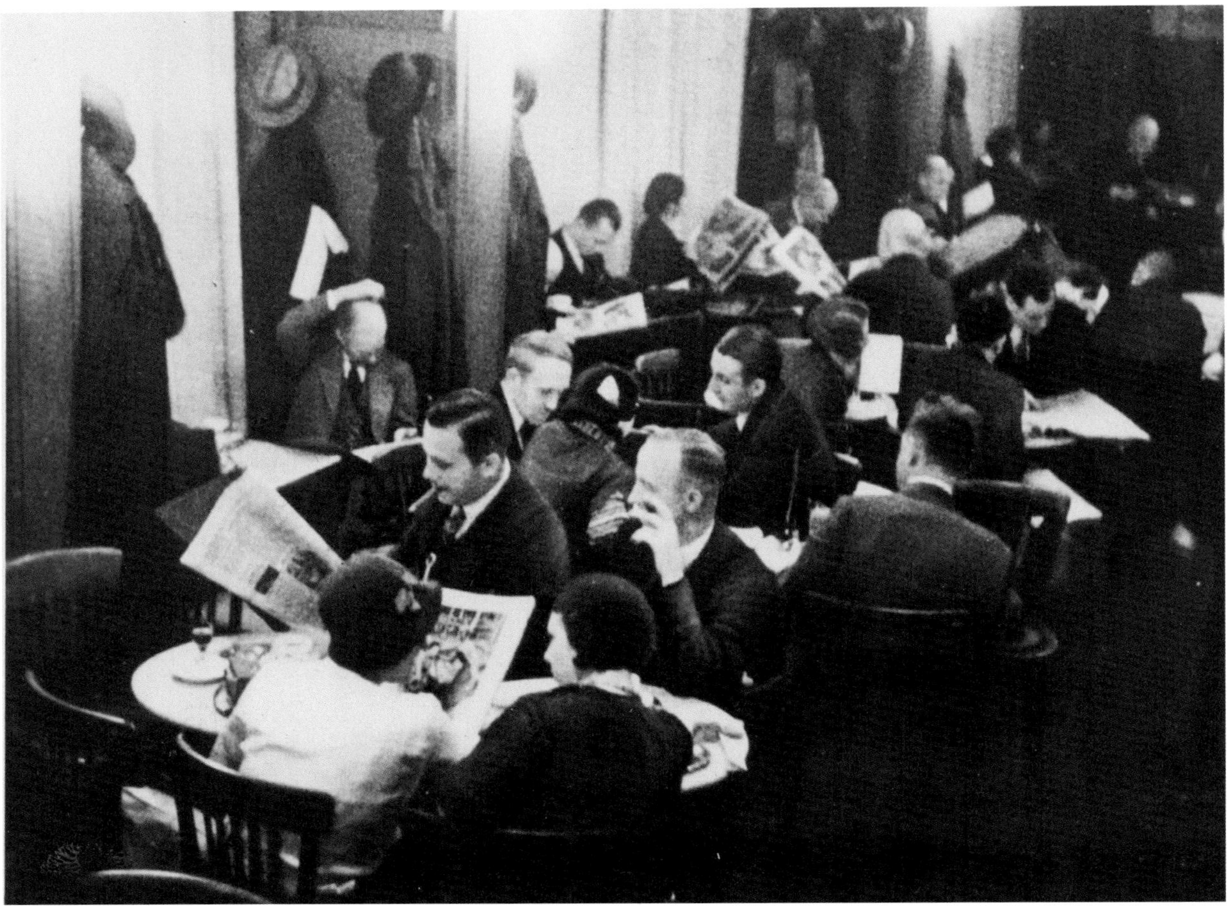

ABB. 3 Blick in den Gastraum des *Romanischen Cafés* (?), 1933 BUNDESARCHIV

zunächst mit Straßenbahnen, Omnibussen, Stadt- und Ringbahnen, aber bald auch mit der Berliner U-Bahn erreicht werden. Scheffler kommentierte bissig die stetig voranschreitende Expansion der Stadt in der Fläche: „Prächtig aber billig, billig aber schlecht."[16] Schnurgerade westlich aus dem Stadtzentrum herausführende Alleen, flankiert von Monumentalbauten mit überdimensioniertem Figurenschmuck, Kopfbahnhöfe, die sternförmig das Stadtzentrum umgaben und Menschen aus dem ganzen Reich in die Hauptstadt brachten, schufen den Auftritt der Hauptstadt und modernen Kulturmetropole Groß-Berlin, als der Stadt für technische Modernität, Dynamik, Vertrauen auf Fortschrittsglauben und intellektuelle Freiheit.

Es sind die beiden Hamburger Bürger Karl Scheffler und Alfred Lichtwark, die die Diskrepanz offenlegen zwischen den nicht mehr aufzuhaltenden Veränderungen der modernen Gesellschaft in Berlin und den vorherrschenden Denk- und Verhaltensweisen eines gleichzeitigen, jedoch nicht mehr zeitgemäßen Konservatismus einer monarchistischen Tradition. Beide Autoren, gebildete Liberale, betonten gleichwohl die Notwendigkeit eines herrscherlichen Gestaltungswillens, um das zufällige Wachstum einer Stadt abzuwenden, wozu ihnen als Nachweis das altehrwürdige München diente.[17] Dagegen enthülle das umtriebige Berlin die Auflösung einer bisher homogenen Gesellschaft. Dem stünde zugleich die nachhaltige Absolutheit des kaiserlichen Willens entgegen.

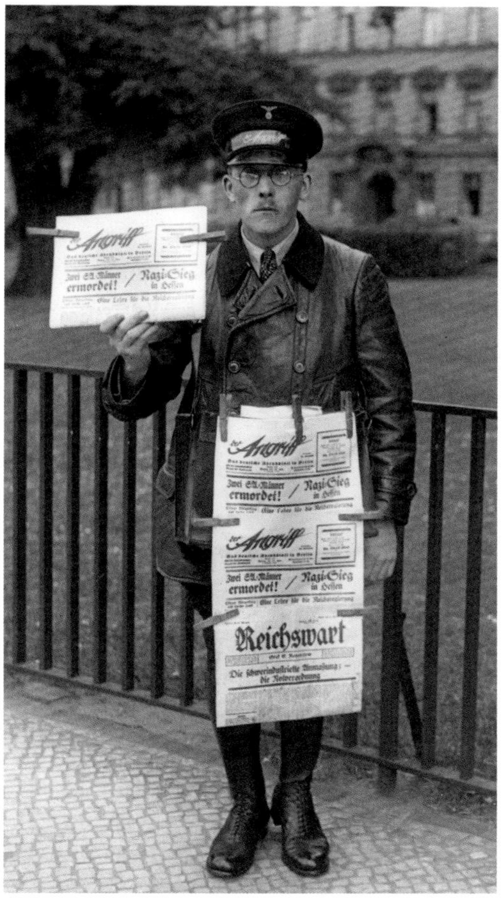

ABB. 4 Der Zeitungsverkäufer, 1932 BUNDESARCHIV

Mit seinem auf konservativer militärischer Zucht fußenden Obrigkeitsverständnis gelang es Kaiser Wilhelm II. scheinbar unbeirrt bis 1919, den Kollaps des alten Systems zu managen. Nur der Wunsch nach einer Kontinuität des Kaiserreichs in weiten Teilen der Gesellschaft kann erklären, dass in der am 6.2.1919 in Weimar zusammengetretenen verfassunggebenden Nationalversammlung für die Fortführung des Titels „Deutsches Reich“ unter den republikanischen Vorzeichen als Weimarer Republik gestimmt wurde. Diese gleichzeitig kulturell neugierige und freiheitlich gesinnte selbstbewusste bürgerliche Gesellschaft in der ersten deutschen Republik scheiterte von Anbeginn am tradierten Konservatismus und erstarkenden Nationalismus. Der politische und kulturelle Schrittmacher dieser Republik mit all ihren Widersprüchen war das wirtschaftlich prosperierende Berlin. In seinem Buch *Großes schönes Berlin* feiert Fred Hildenbrandt 1928 die Stadt fast atemlos: „[...] das alles ist toll, ist hervorragend, ist nie erlebt, ist neu, ist sensationell, ist Tempo, Tempo, Tempo! [...] Das Tempo ist nicht äußerlich nur, sondern innerlich.“[18]

BERLIN, DIE JUNGE, WELTOFFENE KULTURSTADT

Intellektuelle Treffpunkte, aber auch Vergnügungsstätten wie das *Romanische Café* (Abb. 3) nahe des Kurfürstendamms oder das *Haus Vaterland* am Potsdamer Platz, wurden zu Institutionen in stadtbildprägenden Neubauten. Sie bedienten die unterschiedlichen Bedürfnisse der Massengesellschaft. Gleichzeitig zeigten sie das neue Gesicht Berlins, denn hier wurde diskutiert, was man zur Kultur gerade zu denken und zu sagen hatte. Dem Großbürgertum ebenso wie Arbeitern und Angestellten – die „modernen Mittelstandsphilister“ – wurde so die Teilhabe am öffentlichen kulturellen Leben ermöglicht.[19]

Die Berliner Presselandschaft spiegelt die Heterogenität der Weimarer Gesellschaft wider. Nach 1871 in drei Zeitungsvierteln angesiedelt, stand diese für Meinungsvielfalt der bürgerlichen Gesellschaft von stockkonservativ über liberal bis sozialistisch und reichte im Spektrum von der Tages- bis zur Wochenzeitung (Abb. 4).[20] Aber auch Blätter, die sich ausschließlich mit Kultur beschäftigten, wie die Kunsthandelszeitschrift *Der Kunstwanderer* (1919–1932), die illustrierte Monatsschrift für Kunst und Literatur *Kunst und Künstler* (1902–1933) oder die Kunstzeitschrift *PAN* (1895–1915) waren Ausdruck der neuen gesellschaftlichen und kulturellen Liberalität. Während die konservativ gesinnte Geldbourgeoisie dem höfischen Kunstgeschmack gewogen war, stand das wohlhabende liberale Bürgertum diesem eher kritisch gegenüber und umgab sich mit Vertretern der Moderne, Intellektuellen, Künstlern, Kunsthändlern

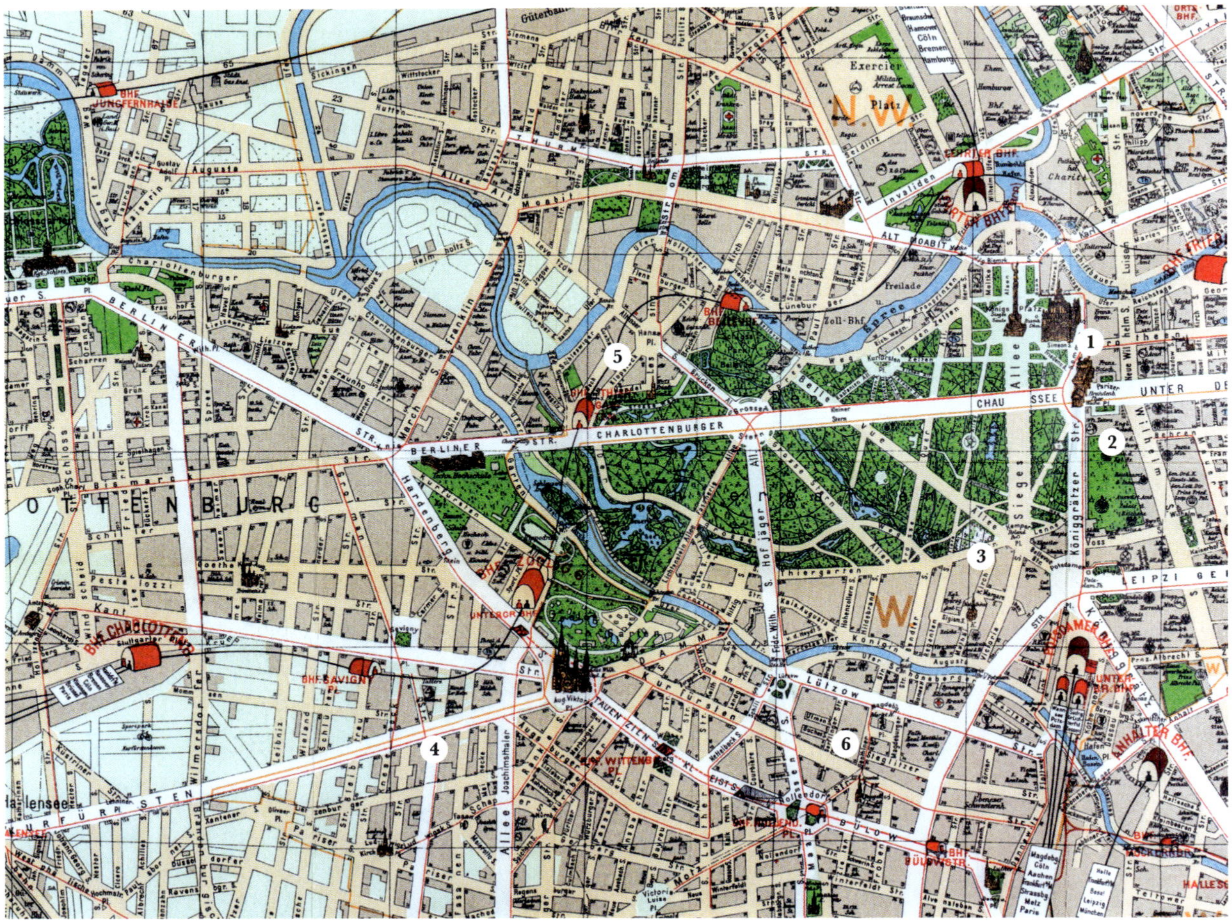

ABB. 5 Ausschnitt aus: Pharus-Plan Berlin, 1902

1: Pariser Platz 7 (Stadtvilla Max Liebermann)
2: Pariser Platz 4 (Akademie der Künste)
3: Viktoriastraße 35 (Kunstsalon Bruno und Paul Cassirer)
4: Lietzenburgerstraße 8a (Wohnung Max Slevogt)
5: Klopstockstraße 52 (Wohnung Lovis Corinth)
6: Derfflingerstraße 15/16 (Verlag Bruno Cassirer, ab 1901)

und Museumsdirektoren. So entstand in der stadtprägenden Gesellschaftsschicht eine kulturelle Vielfalt, die sich im Feuilleton niederschlug, aber ebenso sich im expandierenden Kunsthandels- und im Ausstellungswesen als gesellschaftliches Ereignis manifestierte. Die Nachfrage nach moderner Kunst, die man selbstbewusst, in demonstrativer Unabhängigkeit zur offiziellen Kunstmeinung des Kaiserhauses zusammentrug, erwuchs aus individuellem Kunstgeschmack. Das jüdische Bürgertum war vollständig integriert und hatte einen gleichberechtigten Anteil an der wirtschaftlichen Blüte, aber auch prosperierenden geistigen Kultur der Stadt.

Adolph Donath, kundiger Beobachter des Berliner Kunstmarkts, nutzte seit 1919 seine Zeitschrift *Der Kunstwanderer*, um die Wechselwirkung zwischen Liebhaberei, Sachverstand und dem wirtschaftlichen Wert von Kunst zu erläutern. Mit seiner Expertise schulte er die Öffentlichkeit im Umgang mit dem aktuellen Kunstmarkt. Als Autoren konnte Donath die führenden Museumsdirektoren gewinnen, neben Wilhelm von Bode, Hugo von Tschudi oder Ludwig Justi auch den jungen Max J. Friedländer.[21] Diese Förderer der Moderne etablierten die Berliner Museen als den geeigneten Ort für öffentliche Aussprachen, wo das kollektive kulturelle Verständnis durch vergleichendes Sehen geschult wurde: „Denn erst im Museum kann der Künstler zur großen Masse sprechen." So gelang das Anregen eines Kunstmarkts.[22] Scheffler dagegen beschrieb Ausstellungen im Jahr 1910 in der Reichshauptstadt als größtenteils Privatangelegenheiten von Wagemutigen.[23] Damit spielte er auf die Bedeutung der Eröffnungsausstellung 1898 im Kunstsalon Cassirer an, die Max Liebermann gewidmet war. Verleger, Sammler, Kunsthändler und Künstler lebten und arbeiteten im bürgerlich geprägten Westen der Stadt (Abb. 5).[24] Um die moderne Kunst als Resultat einer wechselseitigen Beeinflussung zu präsentieren, stellten Paul und Bruno Cassirer Liebermanns Werk Gemälden von Edgar Degas gegenüber.[25] Das Kunstverständnis von Maler und Kunsthändler wurde durch eine Ausstellung öffentlich gemacht. Um die Prozesshaftigkeit der neuen Kunstrichtung in betonter Abkehr vom politisch autoritär und akademisch vorgegebenen Kunstgeschmack zu unterstreichen, postulierte Max Liebermann 1909: „Impressionismus ist nicht [...] eine Richtung, sondern eine Weltanschauung."[26] Die Licht- und Atmosphärenmalerei der Impressionisten eroberte mit ihrer Visualisierung des Immateriellen im Alltäglichen die Berliner Sammlergemeinschaft und das öffentliche Kunstverständnis. Mit ihren Verkaufsausstellungen etablierten Bruno und Paul Cassirer das marktbestimmende Gewerbe des Kunsthandels. Diese förderten die Nachfrage nach Kunst, die ein wirtschaftliches Abhängigkeitsverhältnis zwischen Künstler, Markt und Gesellschaft bedingte und nicht zuletzt den Einzug der modernen Malerei in die Museen beschleunigte.[27]

Max Slevogts Werdegang enthüllt Berliner Kunstmarktregularien, wie Markt und Gesellschaft künstlerisches Schaffen steuerten und welche Rolle Ausstellungen dabei spielten (Abb. 6). Zeitungsrezensionen der ersten Max-Slevogt-Ausstellung 1899 in Berlin – der zweiten im Kunstsalon Cassirer – „stellen ihn in die Schaar [sic] unserer Besten".[28] Paul Cassirer hatte 35 Arbeiten des jungen „derben Coloristen [sic], Slevogt aus München" neben Gemälde von Édouard Manet, Claude Monet und Edgar Degas ausgestellt.[29] Die Presse lobte das „originelle ungebrochene Talent" des unbekannten Malers, der zwar „viele Feinde" habe, aber dessen rücksichtslose Anwendung von Farbe ihn als Modernisierer auszeichne.[30] Lichtwark erläuterte eine Wechselwirkung zwischen öffentlich liberaler Kunstgesinnung und der durch Ausstellungen geschulten bürgerlichen Kundschaft. Dieser Mechanismus habe 1898 mit der Gründung der *Berliner Secession*, der zweiten Sezession in Deutschland, nicht nur der Verbreitung der Moderne gedient, sondern habe die Verlagerung des kulturellen Schwerpunkts von München nach Berlin finalisiert.[31]

Zu Kundschaft und marktbestimmendem Verhandlungsgeschick des Kunsthändlers findet man bei Lichtwark in seinem Reisebericht 1912 über Berlin folgenden Eintrag: „Mit Cassirer sprach ich über Preise. Er meinte, es wäre zu dumm gewesen, sich an der Hausse in Corinth und Slevogt nicht zu betheiligen [sic]. Es sei zuviel [sic] Geld da, das vergesse man immer wieder. Und Bilder seien Speculationspapiere [sic]."[32] Der erfolgreiche Verkauf französischer und darauf deutscher Impressionisten zunächst an deutsche Privatsammler habe die öffentliche Wahrnehmung für die Moderne erheblich gesteigert, sodass schließlich auch Museen auf dem Kunstmarkt auftraten, die jedoch nicht immer sofort ausreichende finanzielle

Mittel bereitstellen konnten, um ernsthafte Konkurrenten zu sein. Diese Marktregeln erzeugten eine Preissteigerung und Gewinnoptimierung, wie Cassirer Lichtwark vorrechnete. So wanderten viele der französischen und deutschen Impressionisten zunächst in Privatsammlungen und kamen erst über den Umweg privater Schenkungen an die Museen.[33]

1920 ist Hans Ostwald die Kunst der Impressionisten, das neue Ausstellungswesen und das damit zunehmende öffentliche Interesse in seiner Kultur- und Sittengeschichte Berlins eine Stellungnahme wert. Eleganz und stoffliche Exklusivität seien nicht nur in die Malerei eingeführt, sie hätten sogar einen gesellschaftlichen Wandel begründet: „So kam es, daß es in Berlin jetzt moderne Kreise gibt, die hinter anderen Weltstädten kaum an Glanz und Vornehmheit zurückstehen. [...] Auch auf den Bildern von Max Slevogt, einem der reichsten und stärksten Künstler der Sezession, dokumentiert sich der neue Geschmack."[34] Mit weitreichenden gesellschaftlichen Bindungen und Beziehungen zu ihrem Publikum gab diese Gruppierung der Moderne ein Gesicht und wurde Bestandteil der umtriebigen Kulturmetropole.

Mit dem Kunstmarkt, der neben Gemälden auch Käufer für die exklusiven Liebhaberausgaben (Abb. 7) des Verlags Bruno Cassirer generierte, hatte sich ein weiterer Wirtschaftszweig, der die Metropole Berlin im ersten Viertel des 20. Jahrhunderts ausmachte, etabliert. Die Moderne entstand in der Öffentlichkeit von Kunstmarkt und Sammlern, unterstützt von innovativen Kunsthistorikern in Führungspositionen, sowie in den an Bedeutung als Bildungseinrichtung zunehmenden Museen. Die kunstpolitischen Debatten wurden nun außerhalb der Akademie, beispielsweise im Feuilleton der Großstadtpresse geführt, jedoch von höchster Stelle kommentiert.[35] In Berlin lebte immer noch der offizielle Kunstgeschmack, geprägt von um die Mitte des 19. Jahrhunderts postulierten Schönheitsgedanken, die an der Akademie der Künste in Berlin unter der Präsidentschaft Anton von Werners im Sinne einer staatserhaltenden Ästhetik gelehrt wurden.[36] Erst mit dem Tod Anton von Werners 1915 gelang es den Modernisierern um Max Liebermann und Wilhelm von Bode, der Moderne den Zutritt zur akademischen Künstlerausbildung zu verschaffen, indem der Senat der Akademie Max Slevogt mit der Leitung der Historienmalklasse betraute. Damit übernahm ein Künstler diese renommierte Position, der sich durch sein Werk keineswegs als Historienmaler ausgezeichnet hatte, jedoch in seinem Schaffen die Moderne repräsentierte.

Feuilletonisten und Beobachter, wie Scheffler, Ostwald und Lichtwark, brachten den Wertewandel sowie einen neuen Lebensstil im Berlin der 1920er-Jahre zu Papier. Sie dokumentierten ideologische Gegensätze und gesellschaftliche Widersprüche der Epoche: Demokratisierung, Urbanisierung, Rationalisierung, Modernisierung, Industrialisierung, künstlerische Vielfalt und Reflexion. Die Autoren erlebten Berlin als einen Schmelztiegel der modernen Kultur in der Zeit des Kaiserreichs, das 1918 taumelnd in den Abgrund stürzte, jedoch damit den Beginn einer neuen Epoche einläutete. Es folgten vierzehn Jahre einer politischen Emanzipation, in der eine neue Massenkultur sich in Industriearealen, Mietskasernen und Vergnügungspalästen im Stadtbild manifestierte. Eine zunehmende Individualität fand gleichermaßen Ausdruck in der bürgerlichen Villa wie in einer Malerei, die den Alltag für bildwürdig erklärte. Dieser Liberalismus äußerte sich im Nebeneinander einer Gemengelage

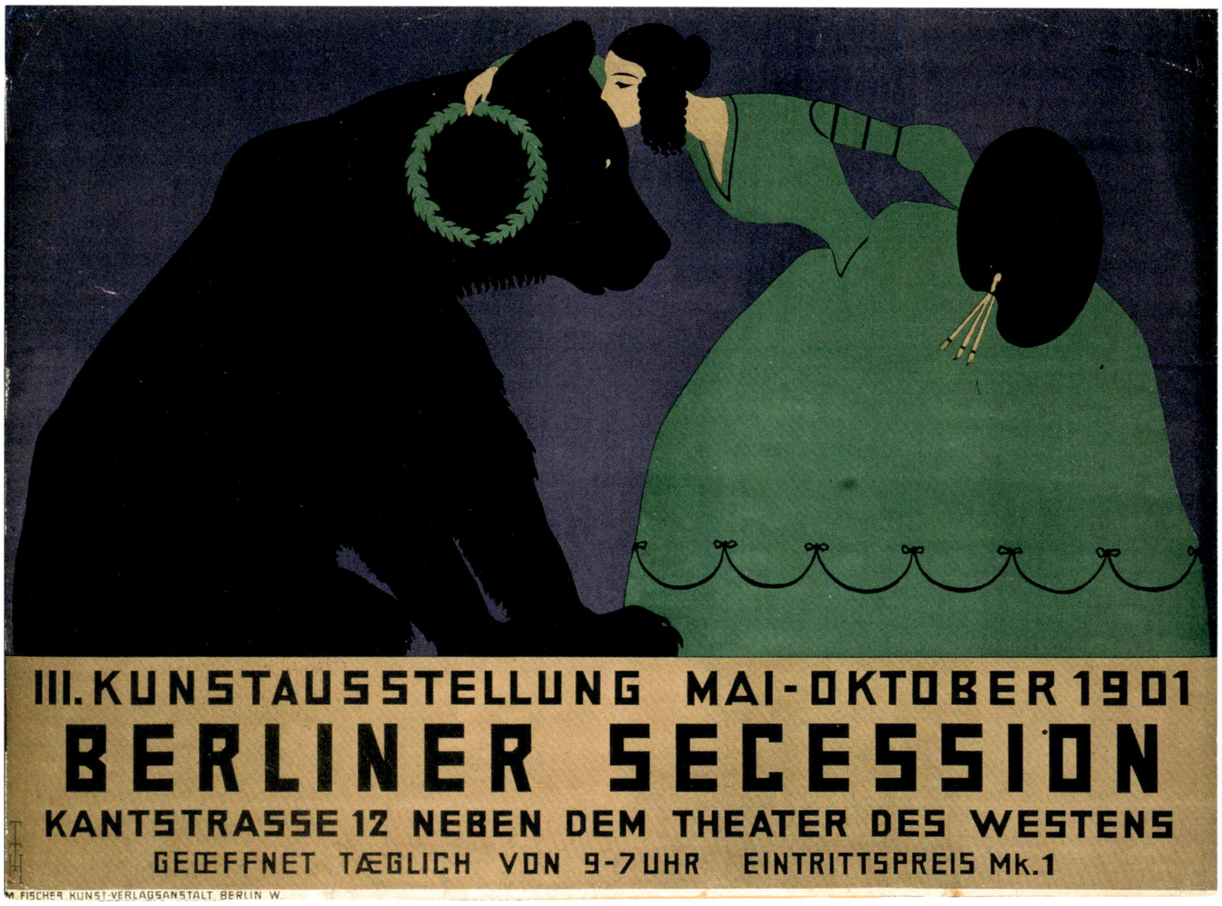

ABB. 6 Plakat der *XXIV. Kunstausstellung* der *Berliner Secession*, 1912 KUNSTBIBLIOTHEK, STAATLICHE MUSEEN ZU BERLIN

von verschiedenen Kunstströmungen, die die Kulturmetropole Berlin ausmachten: Impressionismus, Expressionismus, Kubismus, Futurismus, Neue Sachlichkeit, Dadaismus und Bauhaus. Zwar waren die Vertreter der künstlerischen Avantgarden in ihrem Kampf gegen die Macht der Akademie und im Bemühen einer gegenseitigen Abgrenzung untereinander in heillose Grabenkämpfe verwickelt, aber auf dem Markt in Berlin fanden alle ihre Anhänger. „Ich fürchte, ewig werden wir nicht grasgrüne [sic] Äpfel, gefrorene Servietten und schiefe Kannen bewundern wollen. […] Mögen die üblichen Wegweiser nach anderen Richtungen deuten, der Weg bleibt frei.“[37] In seinem Bekenntnis zum Impressionismus (1928) spricht Max Slevogt den schwelenden Dualismus zwischen Tradition und Moderne an, den er als neuen kulturellen Standard der urbanen Diskussion über Kunst in der gesellschaftlichen Mitte für notwendig erachtete, auch wenn sein künstlerisches Schaffen sich diesem raschen Wandel nicht mehr anpasste. Die Äußerung seines Malerkollegen in der *Berliner Secession*, Ludwig Meidner, bestätigen dieses Zeitbild: „Gestehen wir uns nur ein, dass wir keine Neger[38] oder Christen des frühen Mittelalters sind. Dass wir Bewohner von Berlin sind, anno 1913, in Cafehäusern [sic] sitzen und diskutieren, viel lesen, sehr viel vom Verlauf der Kunstgeschichte wissen und dass wir alle vom Impressionismus herkommen!“[39]

1 H. Ostwald (1920), S. 3.
2 „[...] Wer vor hundert und mehr Jahren vom Westen aus in Berlin einfuhr, war entzückt über die prachtvollen Gebäude, über die Paläste und stattlichen Häuser, die der Adel und die reiche Kaufmannschaft an dieser Seite erbaut hatten. Was ist heute von diesen Gebäuden übrig! [...] Wo heute Warenhäuser und Bankpaläste die Voßstraße einrahmen, [...], war doch Berlin einmal eine Stadt, die auch ihre äußeren Reize hatte." H. Ostwald (1920), S. 3.
3 H. Ostwald (1920), S. 3–5.
4 H. Ostwald (1920), S. 11.
5 „Sie [die Berlinerin, d. i. die Stadt Berlin] kennt nicht die unterwürfige Demut, mit der in anderen deutschen Landschaften jeder irgendwie hervorragende Mann bewundert und umgeben wird. [...] – sie verlangt auch ein wenig Respekt für sich und kann darum vor andern nicht mehr in Anbetung ersterben." H. Ostwald (1920), S. 8.
6 K. Scheffler (1910), S. 221.
7 K. Scheffler (1910), S. 177.
8 M. Bienert (1992), S. 19.
9 „Berlin ist eine laute Stadt, aber eine Stadt ohne Heiterkeit." K. Scheffler (1910), S. 84 und S. 183.
10 „[...] Berlin, die schnell aufgeschossene Riesin, [...] seit wenigen Jahrzehnten nunmehr das gewaltige industrielle Zentrum Mitteleuropas geworden, aber trotz allen Reichtums, aller Macht, aller Intelligenz, in seiner Kultur, von der Wissenschaft abgesehen, immer noch mehr empfangend als spendend. Aber das Bürgertum hat noch alle Allüren des Emporkömmlings." A. Lichtwark (1924), S. 174 und S. 181.
11 A. Lichtwark (1924), S. 182.
12 J. Frecot/E. Roters (1984), S. 14.
13 „[...] Hauptstadt des Königreichs Preußens und des deutschen Reichs, erste Residenz des Kaisers und Königs", K. Baedecker (1904), S. 39–40.
14 E. Roters (1984), S. 46.
15 C. Simon (2021), S. 127–128. 1913 gab es in Großberlin 18 verschiedene Straßenbahnbetriebe, 5 Elektrizitätswerke, 17 Wasserwerke, 43 Gaswerke und ca. 60 Kanalisationsbetriebe. Bereits 1890/1900 waren nahe Vororte und Außenbezirke baulich zusammengewachsen.
16 „Antikisierende Bürgerbauweise [...] garnisonsmäßig und empfindungsarm [...]. nur eine Maske." Die „in Kleinlichkeit gehüllte Monumentalität" wäre erst durch die stadtbildprägenden Architekturen eines Friedrich Schinkels abgelöst worden. K. Scheffler (1910), S. 188. Ders. (1910), S. 84.
17 „München ist die ärmere Stadt, zeigt am meisten architektonisches Gefühl [...] Die Berliner Architekten stehen gegen die Münchener weit zurück. Sie verfügen über viel größere Mittel aber über viel geringere Kunst [...] Monumental eklich [sic] [...]." A. Lichtwark (1924), S. 163–164.
18 F. Hildenbrandt (1928), S. 14. F. Hildenbrandt (1892–1963), Journalist, Feuilletonchef des *Berliner Tageblatts*. Der Sozialdemokrat Philipp Scheidemann hatte am 9.11.1918 die Republik in Berlin ausgerufen.
19 K. Scheffler (1910), S. 188. *Romanische Café* (1902–1943); *Haus Vaterland* (1928–1943), s. dazu C. Barz/M. Bienert (2024).
20 E. Roters (1984), S. 49; P. Hoeres (2008), S. 14–15.
21 A. Donath (1925), S. 10.
22 A. Donath (1925), S. 151.
23 „[...] Die Wichtigkeit sowohl des Kunsthändlers wie des Sammlers für das neue Kunstleben ...; sie haben Kunstwerke so lange bewahrt, bis die Museen sie übernehmen konnten und sind damit zu wichtigen Mitarbeitern der öffentlichen Kunstpflege geworden." K. Scheffler (1920), S. 26.
24 Am Pariser Platz 7, direkt neben dem Brandenburger Tor, residierte Max Liebermann, schräg vis-à-vis zur Akademie der Künste, Pariser Platz 4. Im sich westlich des Brandenburger Tors anschließenden Tiergartenviertel fand man den Kunstsalon Paul und Bruno Cassirer. Max Slevogt bewohnt ab 1910 die Lietzenburgerstraße 8a im südwestlich des Tiergartens gelegenen vornehmen Charlottenburg. Lovis Corinth übernahm von Leistikow die Wohnung in der Klopstockstraße 52, am nordöstlichen Ausgang des Tiergartens zu finden. Ab 1901 hatte Bruno Cassirer seinen Verlag in der Derfflingerstraße 15/16.
25 *Ausstellung von Werken von Max Liebermann, H.-G. E. Degas, Constantin Meunier*, 1.11.–1.12.1898, vgl. B. Echte/ W. Feilchenfeldt (2011a), S. 37–68.
26 „Wir betrachten die Kunst nicht sowohl als ein *Gewordenes* [sic], sondern vielmehr als ein Werdendes." Ders. S. 17: „Die wir heute als die Modernen gelten, werden vielleicht morgen schon von noch Moderneren zum alten Eisen geworfen." M. Liebermann (1922), S. 9, Vorwort zum Katalog der Ausstellung der *Berliner Secession* 1907.
27 „Zusammenhang zwischen dem Angebot und der Nachfrage [...]." Paul Cassirer zit. n.: G. Pauli (1911), S. 163.
28 „Seine Vortragsweise wie seine Farbgebung sind von schier unglaublicher Kühnheit, [...]". M. Osborne (3.11.1899), Nr. 517, o. S.; zu Slevogt in München, s. S. Paas (2014), S. 30–33.
29 Bruno und Paul Cassirer: *Ausstellung von Werken von Edouard Manet, H.-G. E. Degas, P. Puvis de Chavannes, Max Slevogt*, 2. Jg., Winter 1899/1900, 15.10.–1.12.1899, Berlin, Nr. 73, S. 16, vgl. auch: B. Echte/ W. Feilchenfeldt (2011a), S. 177–214.
30 O. Bie (22.10.1899), Nr. 497, o. S.
31 „[...] In München hat man den Eindruck, daß die Entwicklung an einem todten [sic] Punkt angekommen ist. Nicht mehr um Kunst wird gekämpft, sondern um Macht und Einfluß. Die Führer der Alten haben ihre Stellung behauptet, [...] man fühlt nur hie und da die Möglichkeit, daß etwas kommen kann, wie bei Slevogt." A. Lichtwark (1924), S. 407–408.
32 „Er hat in Köln an Händler für 120000 Mark van Goghs verkauft. Die großen Verkäufe dort seien für nichts anderes ein Symptom als für den Stand der Kunstbörse." A. Lichtwark (1924), S. 462.
33 „Er hat eine großartige Ausstellung beisammen, [...] wer jetzt 120000 Mark in die Hand nimmt, hat das Bild. München hat die Hand drauf. Aber ob die Kommission es kaufen wird, steht dahin." A. Lichtwark (1924), S. 460; A. Donath (1924), S. 141, Bsp. Sammlung Arnhold.
34 H. Ostwald (1920), S. 243.
35 Ausst.-Kat. Berlin (2023), S. 9.
36 „[...] Eine Kunst, die sich über die von mir bezeichneten Gesetze und Schranken hinwegsetzt ist keine Kunst mehr, [...]", Rede Kaiser Wilhelm II. anlässlich der Eröffnung der Siegesallee (1901); s. auch Rede Anton von Werners an der Akademie zur modernen Kunst, 1896, zit. n.: D. Bartmann (1984), S. 199 u. S. 183.
37 M. Slevogt (1931), S. 375. S. dazu auch E. Rautenstrauch (2016) S. 18, Anm. 10.
38 Zitiert aus einem zeitgenössischen Kommentar.
39 L. Meidner (1914), S. 314.

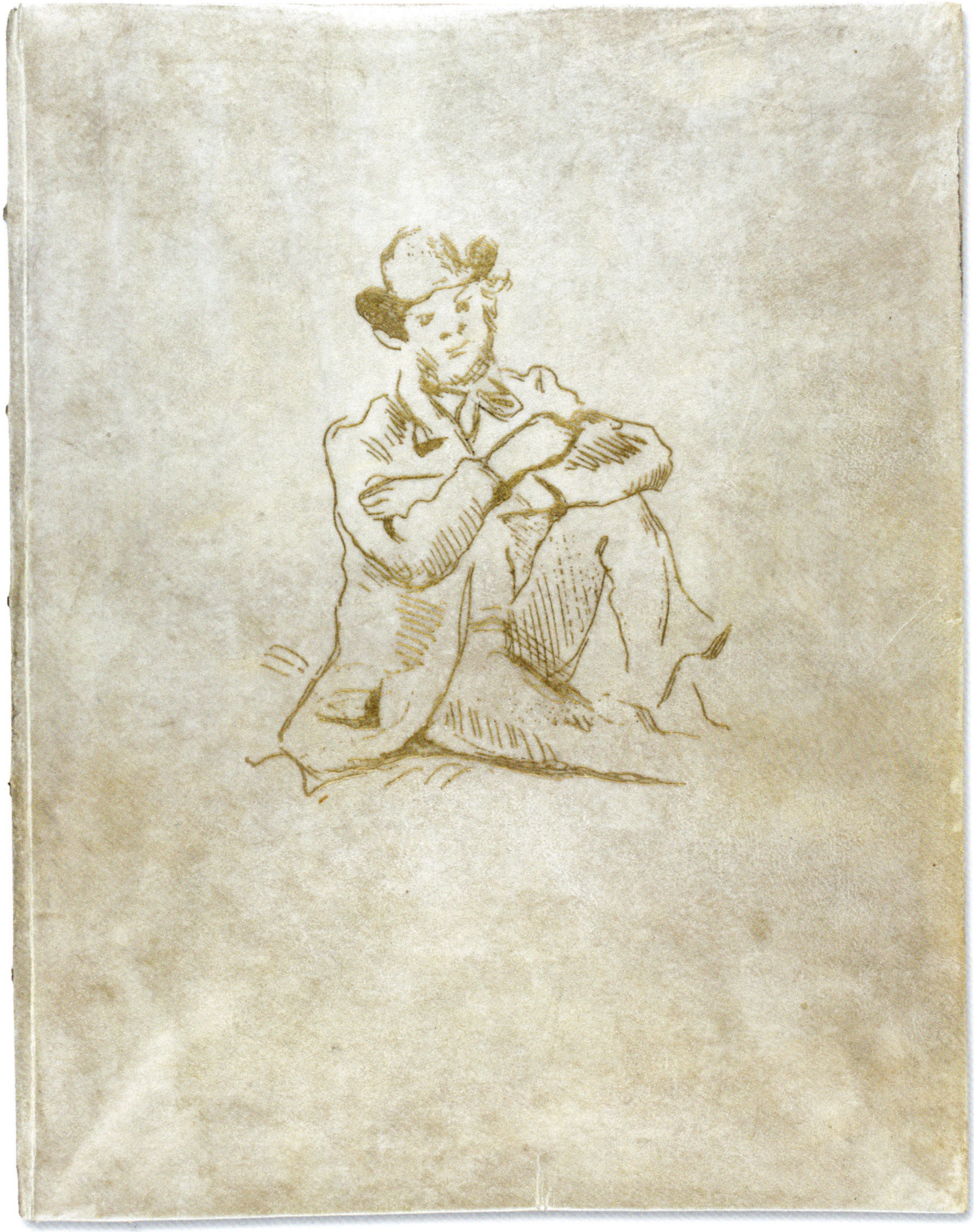

ABB. 7 Théodore Duret: *Die Impressionisten*, Bruno Cassirer 1909 (Vorzugsausgabe der Erstausgabe), Ganzpergament mit zwölf Originalradierungen LM, INV.-NR. GS 2024/12

KAROLINE FEULNER

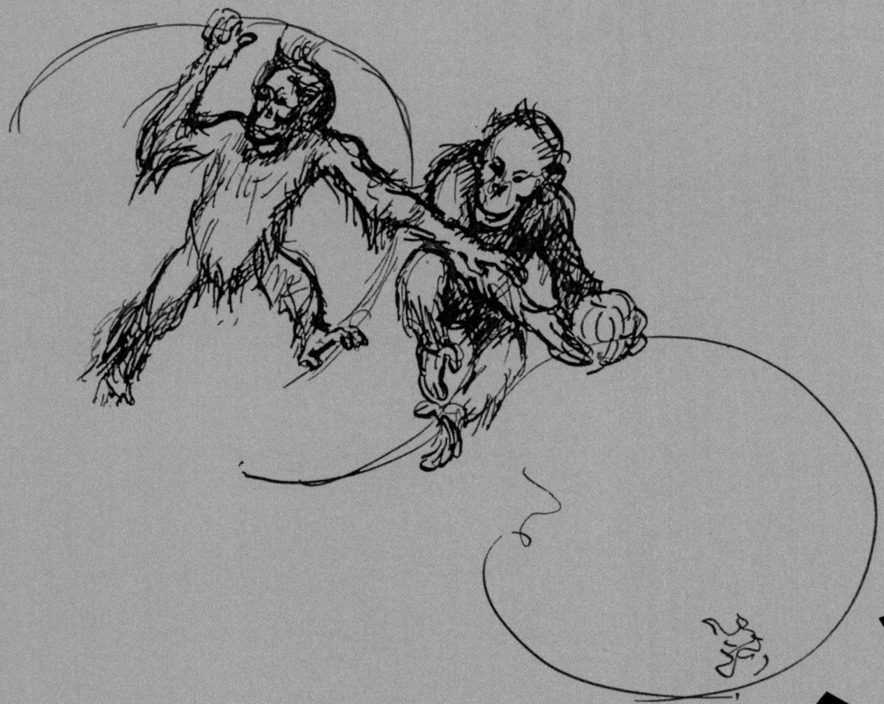

AUF ZU NEUEN WERKEN!

Der Verlag Bruno Cassirer

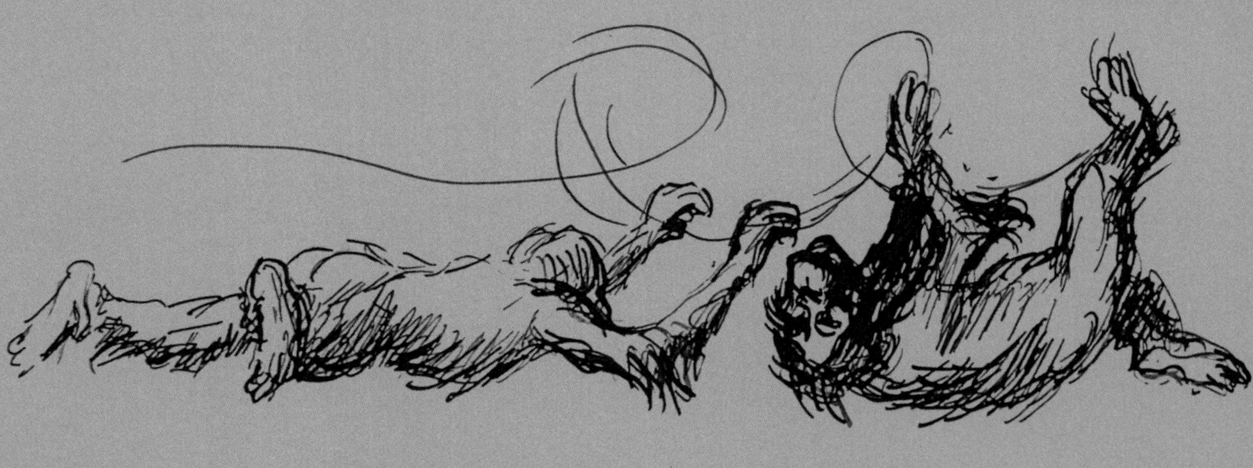

Dieser von Slevogt auf einer Postkarte an Bruno Cassirer geschriebene Satz steht zugleich programmatisch für die Ausrichtung des Cassirer Verlags. In Slevogts beigefügter Randzeichnung stehen die Hauptfiguren seiner bisherigen Illustrationsprojekte – Ali Baba, Rübezahl, Sindbad, Benvenuto Cellini und Ferdinand Cortez – Spalier und warten auf den mit einem Sulky einfahrenden Bruno Cassirer (Kat. 3).[1] Allein diese gemeinsam mit Max Slevogt realisierten Buchprojekte zeigen den einzigartigen Anspruch seines Verlags, der sich durch innovative Themen und Gestaltungslösungen, aber genauso durch eine außerordentliche Qualität und Ästhetik auszeichnete und der dadurch auch heute noch international bekannt ist.[2]

Bruno Cassirers Erfolg beruhte dabei auch auf seinem geschickten Agieren als Verleger. Unter anderem publizierte er viele der mit Slevogt gemeinsam entstandenen Werke in verschiedenen Ausgaben, beispielsweise in einer Buch- und einer Mappenausgabe. Wobei die limitierten Mappen, die oft in einem eigens gestalteten exklusiven Schmuckschuber geliefert wurden, deutlich teurer waren als die Buchausgaben. Diese Mappenausgaben beinhalteten handsignierte Originalgrafiken der Illustrationen, die ohne den Text den Status von Einzelblättern erhielten und dementsprechend für Sammler attraktiv waren (Kat. 104 und 120).[3] Der Verlag wandte sich mit seinem breit aufgestellten Programm, das von Kunst und Kultur bis zur Literatur reichte, vor allem an das gebildete Bürgertum. Also in erster Linie an ein finanzstarkes Sammler- und Liebhaberpublikum, für das solche Ausgaben auch als Geldanlage beliebt waren.

Darüber hinaus betrieb der Verleger Cassirer auch ein cleveres Marketing, um seine Publikationen zu verkaufen. So rief er etwa kurz nach der Gründung seines Verlags die progressive Kunstzeitschrift *Kunst und Künstler* ins Leben, die sich vor allem für die Stilrichtung des Impressionismus einsetzte.[4] Slevogt gestaltete eines der Titelblätter (Verwendung von 1910–1931), aber auch immer wieder humoristische Vignetten für einzelne Rubriken (Kat. 6–8, Abb. 1, S. 59, Abb. 2, S. 60 und Abb. 5, S. 64). Sehr geschickt veröffentlichte Cassirer in seiner Zeitschrift auch zahlreiche Beiträge zu Slevogts aktuellen Illustrationsprojekten oder stellt diese neuen Bücher vor. „Ich muß für Cellini natürlich in ausgedehntem Maße Propaganda machen, und kann trotz Ihrer neulich geäußerten Abneigung Kunst u. Künstler dazu nicht entbehren […] aber Sie können es mir nicht verdenken, wenn ich diese Propagandamöglichkeit, deren sich jeder Verleger bedient, ausnutze“[5], schreibt er etwa zum *Benvenuto Cellini* (B 7) an Slevogt.

Parallel richtete Cassirer (ab etwa 1904/05) auch zahlreiche Ausstellungen in seinen Räumen in der Derfflingerstraße 15/16 in Berlin aus, um die Aktivitäten des Verlags vorzustellen. Er zeigte beispielsweise ca. siebzig Zeichnungen und Aquarelle (1924) von Slevogt aus seinem eigenen Besitz oder stellte mit Entwürfen, Probedrucken und Vorzugsausgaben das Illustrationsprojekt *Faust II* vor (1925/26, Abb. 5, S. 45).[6] Mit Ausstellungen wie *Aus der Werkstatt des Verlages* (1925) wurden dann Probedrucke, Druckplatten wie auch Entwurfszeichnungen verschiedener Künstler gezeigt, um den Prozess der Buchherstellung zu veranschaulichen.[7] Max Slevogt gestaltete entsprechend fantasievoll die Einladungskarten (Kat. 10 und 11). Nach dem Tod seines ehemaligen Geschäftspartners, Paul Cassirer, zeigt Bruno auch Ausstellungen von Gemälden in seinen Räumen.[8] Zudem gab er entsprechende Verlagsprospekte und Verkaufsverzeichnisse heraus, für die Slevogt ebenso oft die Titelblätter zeichnete, und schaltete Werbeanzeigen in seiner Zeitschrift *Kunst und Künstler* (Kat. 4, 5 und 9).[9]

Das Portfolio seines Verlags erweiterte Bruno Cassirer auch durch den Verkauf von Einzelblättern von Grafiken.[10] So gab er von Slevogt zahlreiche Neuauflagen seiner Grafiken oder ganzer Folgen, wie etwa den *Achill* (B 11, Kat. 137–139), heraus. Ergänzend gründete Cassirer die *Grafische Gesellschaft.* Mit einem Jahresbeitrag von vierzig Mark konnte man hier ebenso Originalgrafiken beziehen.[11]

Nachdem 1908 die mit Paul Cassirer vereinbarte Sperrfrist zur Vermeidung einer gegenseitigen Konkurrenz abgelaufen war, war Bruno Cassirer auch immer mehr als Kunsthändler tätig.[12] Die sich in den Briefen erhaltenen zahlreichen Abrechnungen und Auflistungen von Verkäufen zeigen, dass er vor allem ab Mitte der 1920er-Jahre auch Gemälde von Slevogt verkauft hat. Die Korrespondenz belegt nachvollziehbar, wie sich Cassirer als Galerist bemühte, Slevogt in einigen, auch internationalen Ausstellungen gut zu platzieren, um damit die Verkaufsaussichten zu steigern (Kat. 14).[13] Oder er versuchte Slevogt dazu zu bewegen, Motive zu malen, die sich aktuell gut verkaufen ließen, wie zum Beispiel Stillleben (Kat. 12 und 13).[14] Aus den erhaltenen Abrechnungen sowie weiteren Aufzeichnungen Slevogts geht hervor, dass Cassirer in der Regel ein Drittel des Verkaufspreises erhielt. Das Gemälde die *Kleine Kirschenernte* verkaufte Bruno Cassirer beispielsweise 1926 für 3000 Reichsmark an Johannes Guthmann (Kat. 15).[15] All diese breit gestreuten Aktivitäten zeigen das große persönliche Engagement und das strategische Handeln von Cassirer, dem es dadurch gelang, seinen Verlag sehr erfolgreich zu führen.

1 E. Wolf (2018), S. 180–181. Dass Cassirer in einem Sulky gezeigt wird, ist eine Anspielung auf seine große Leidenschaft für diesen Sport. Vgl. Sektionseinleitung, S. 114–116. Die Figuren stammen aus: B 1, B 3, B 4, B 7, B 18.

2 G. Brühl (1991), S. 211.

3 Vgl. hierzu auch: Sektionseinleitung, S. 192–194.

4 Vgl. hierzu ausführlich: Essay E. Wolf, S. 58–67.

5 Undatierter Brief von B. Cassirer an M. Slevogt vom 10.7.1913, Briefedition Nr. 68.

6 Brief von B. Cassirer an M. Slevogt vom 8.12.1924, Briefedition Nr. 193.

7 Die Exponate stammten u. a. von Lovis Corinth, Alfred Kubin, Max Liebermann, Hans Meid oder Jules Pascin. Vgl. G. Brühl (1991), S. 213.

8 Als Beispiel: Paul Friedrich: „Max Slevogt-Ausstellung bei Bruno Cassirer“, in: *Berliner Börsen Zeitung*, 30.11.1926.

9 K 1909; A 1920; VV 1920; VV 1924; A 1926; VV 1928. Vgl. auch das Verlagsprospekt zum *Faust II* (B 42, Kat. 103).

10 Vgl. ausführlich die in der Werkliste aufgelisteten Einzelblätter. Auch in den Briefen haben sich zahlreiche Auflistungen von Verkäufen erhalten.

11 S. Paas (1975), S. 109.

12 Vgl. Einleitung K. Feulner, S. 20; sowie: G. Brühl (1991), S. 213.

13 Exemplarisch das *Erdbeerstillleben*, das in Zürich zu sehen war. Vgl. Brief von B. Cassirer an M. Slevogt vom 31.7.1925 und 26.10.1925, Briefedition Nr. 221 und 223. Aber auch in Amerika sind Werke von Slevogt zu sehen, vgl. z. B. Brief B. Cassirer an M. Slevogt vom 7.7.1926, Briefedition Nr. 229.

14 Brief von B. Cassirer an M. Slevogt vom 30.8.1926, Briefedition Nr. 235.

15 Vgl. Eintrag in handschriftlicher *Bilderliste Papa's-Bilder*, S. 36 und S. 47, sowie Abrechnung von B. Cassirer vom 27.1.1927 über die letzte Rate, Briefedition Nr. 245. Allgemein zu den erhaltenen Bilderlisten vgl. K. Feulner (2024).

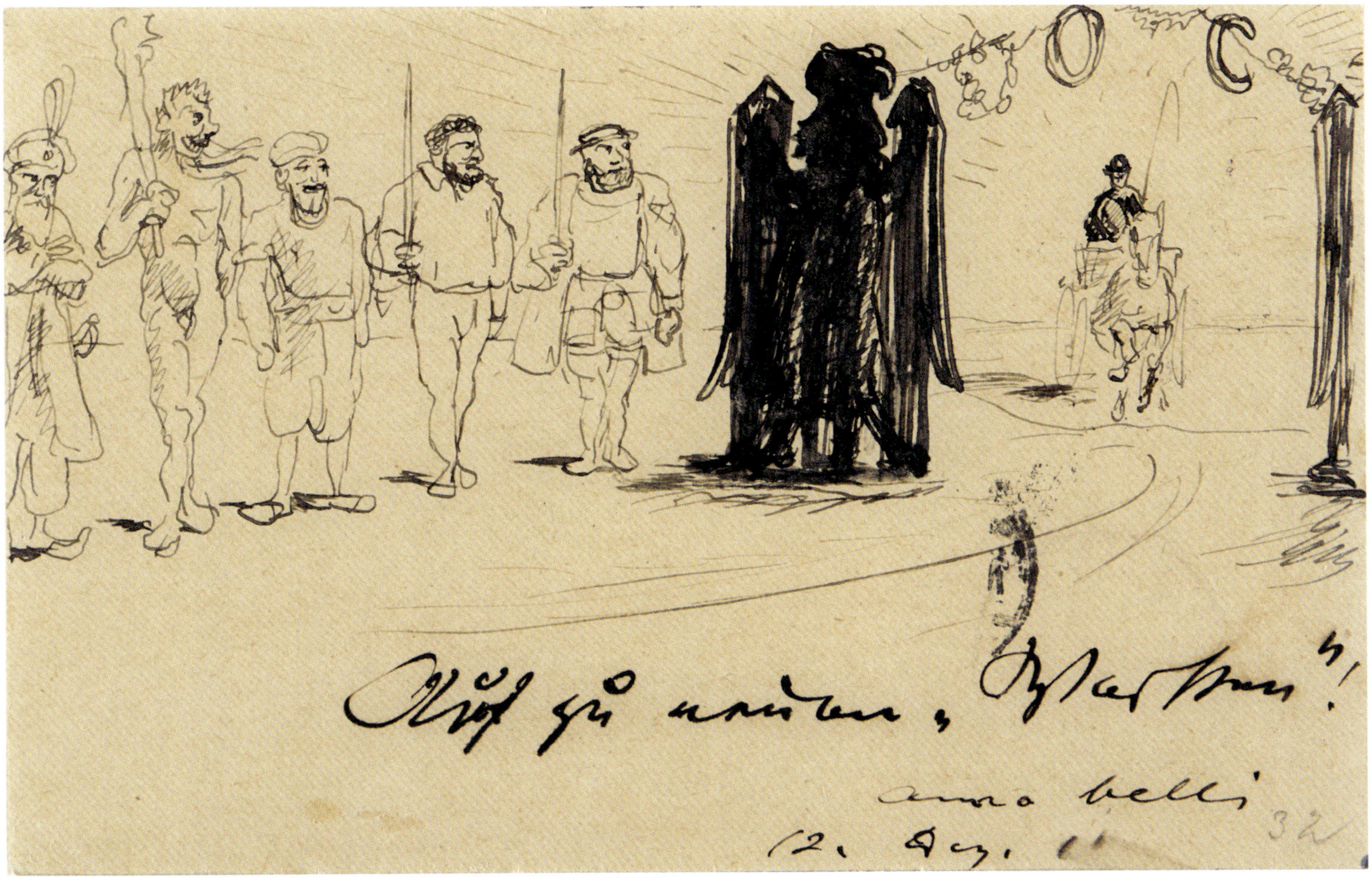

KAT. 3 *Auf zu neuen „Werken“!*, Postkarte an Bruno Cassirer, 12. Dez. <1915>, Tinte, 9 × 14 cm BRIEFEDITION NR. 87, SM, INV.-NR. KW 312

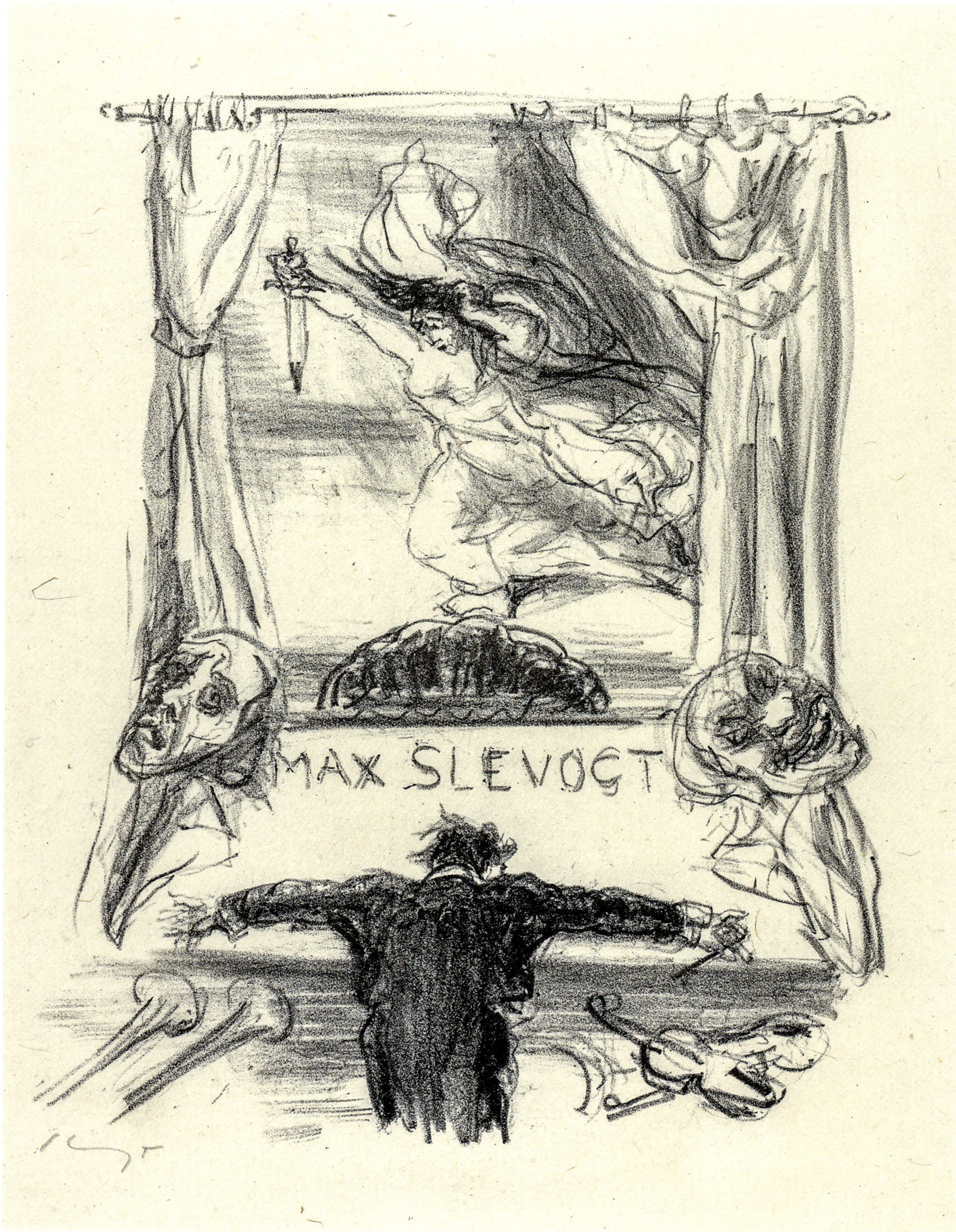

KAT. 4 Titellithografie für *Ein Verzeichnis der von ihm illustrierten Bücher, Mappenwerke und Graphiken* (VV 1924), 1924, Kreidelithografie, 43,3 × 31,2 cm LM, INV.-NR. DL SL NL 2025/14

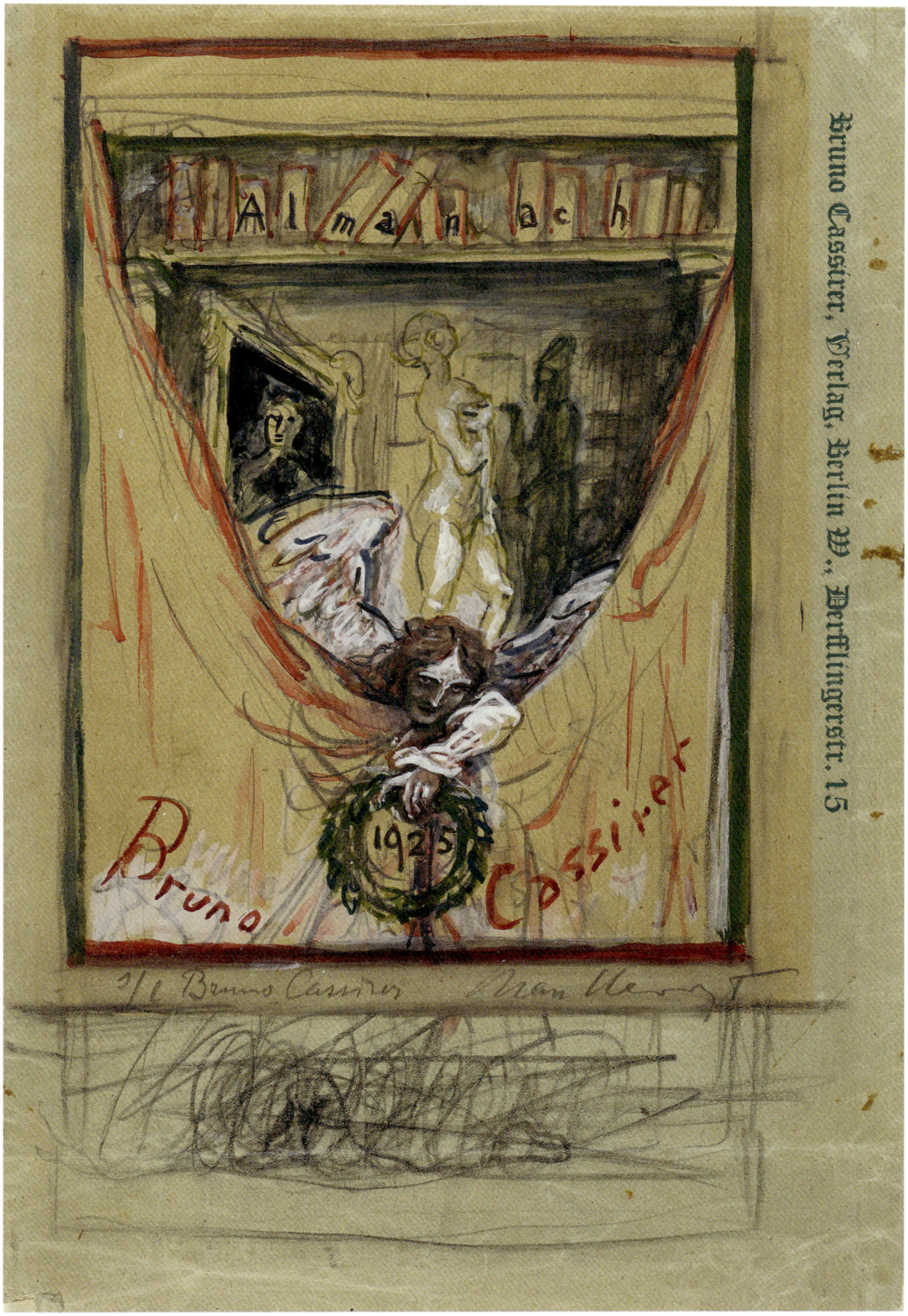

KAT. 5 Titelblattentwurf für den *Almanach des Bruno Cassirer Verlags*, 1925, Bleistift, 26,1 × 18,1 cm SM, INV.-NR. KW 182

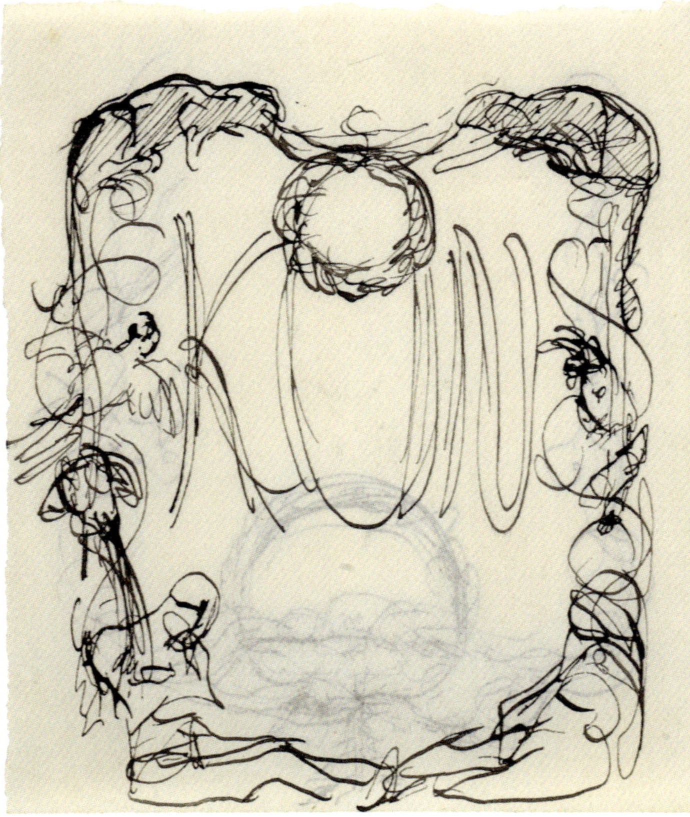

KAT. 6 Entwurf für das Titelbild von *Kunst und Künstler*, vor 1910, Tusche, 10,5 × 9 cm
LM, INV.-NR. DL SL NL 2018/8

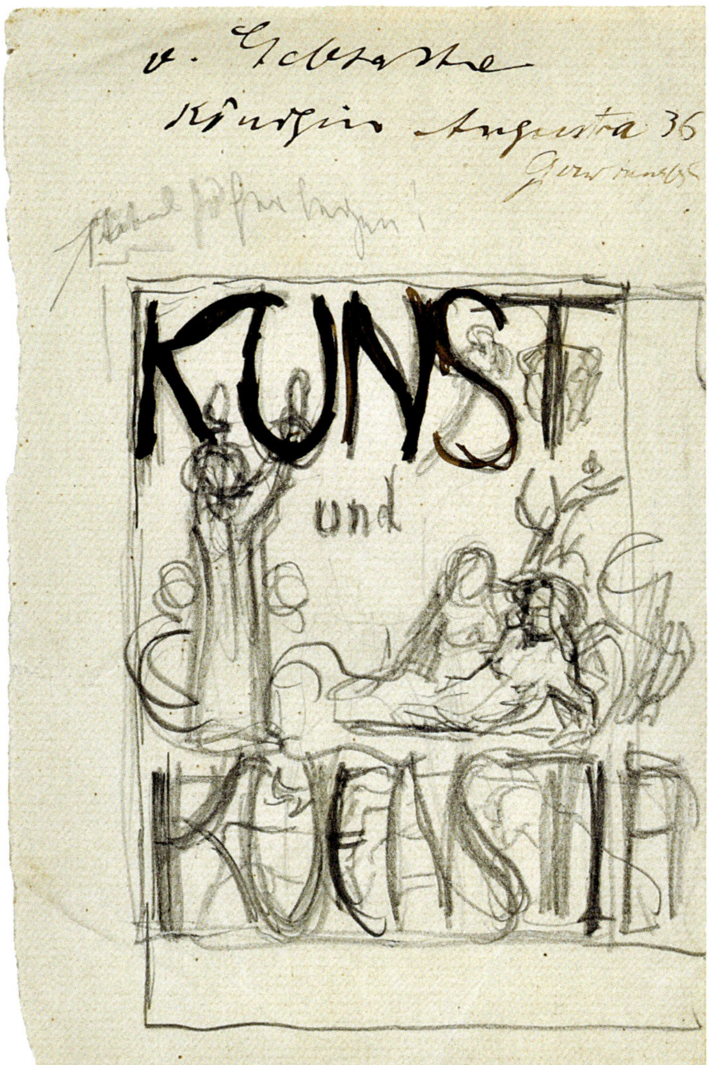

KAT. 7 Entwurf für das Titelbild von *Kunst und Künstler*, vor 1910, Bleistift, Tusche, 18 × 11,3 cm
LM, INV.-NR. DL SL NL 2013/2 (AUS EINEM SKIZZENBUCH)

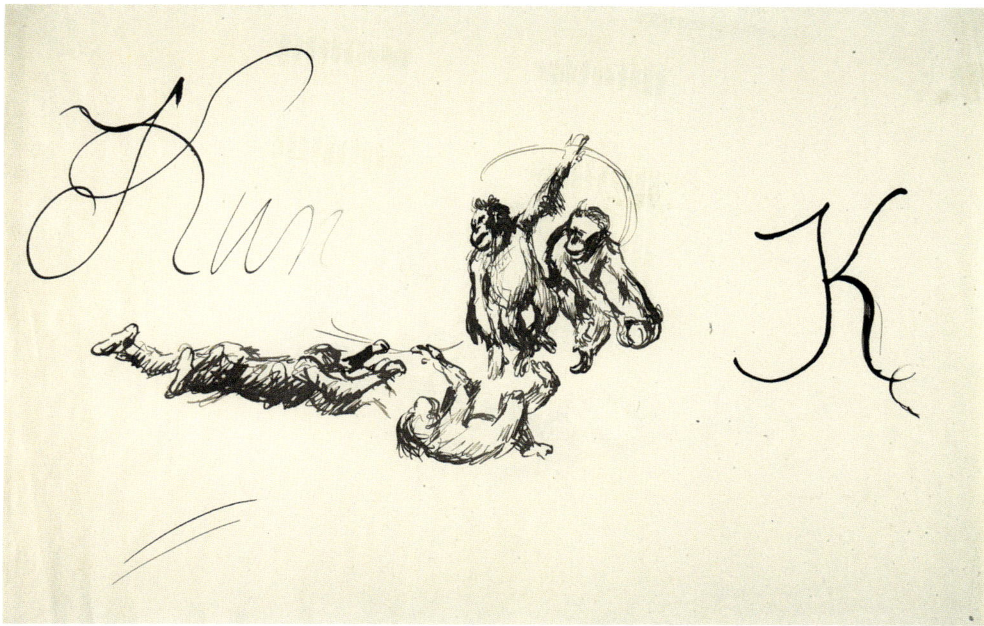

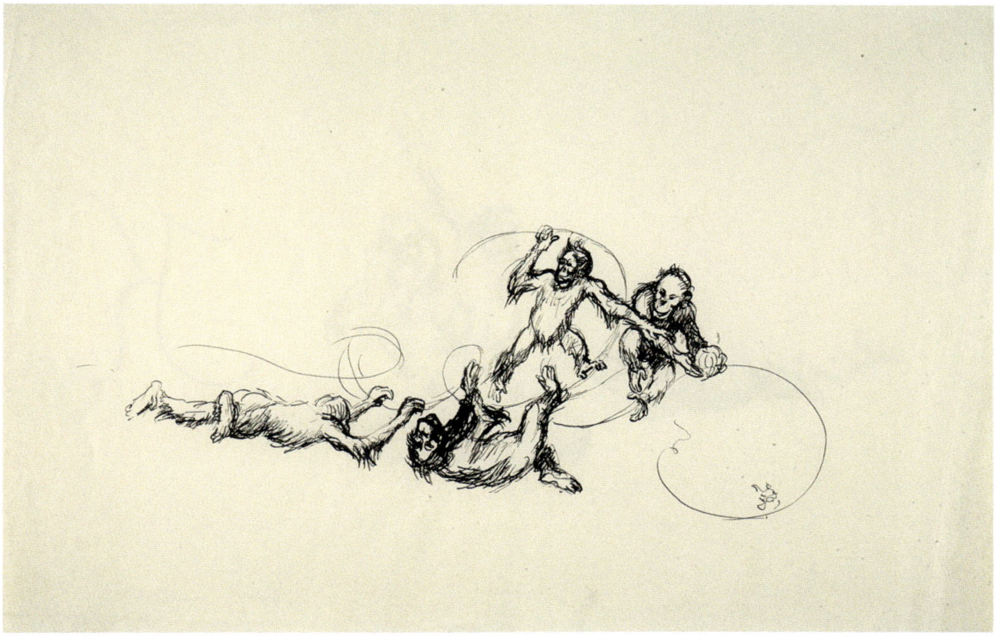

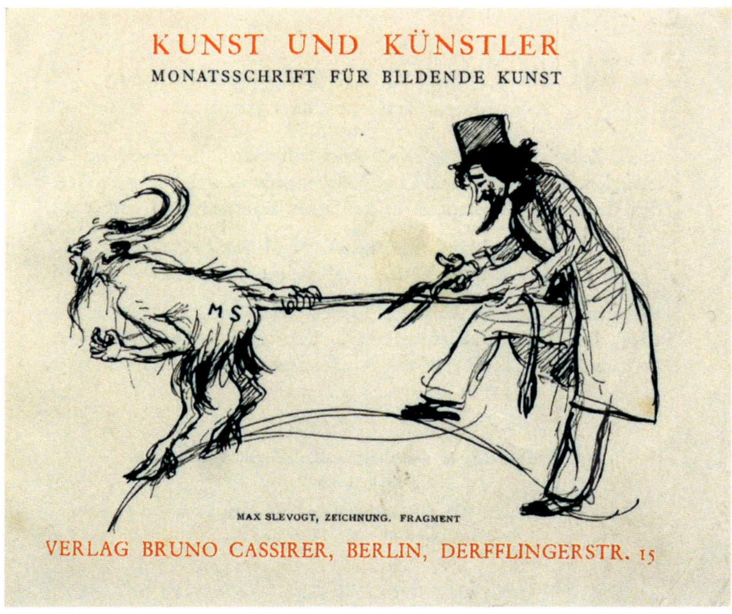

KAT. 8 Zwei Entwürfe für *Kunst und Künstler*, vor 1910, Tusche, 21 × 33 cm
LM, INV.-NR. DL SL NL 2018/7R V

KAT. 9 *Kunst und Künstler*, Werbeanzeige, Verlag Bruno Cassirer, ohne Datierung, Druck, 11,4 × 14,5 cm
LM, INV.-NR. SLG. GRB. 263

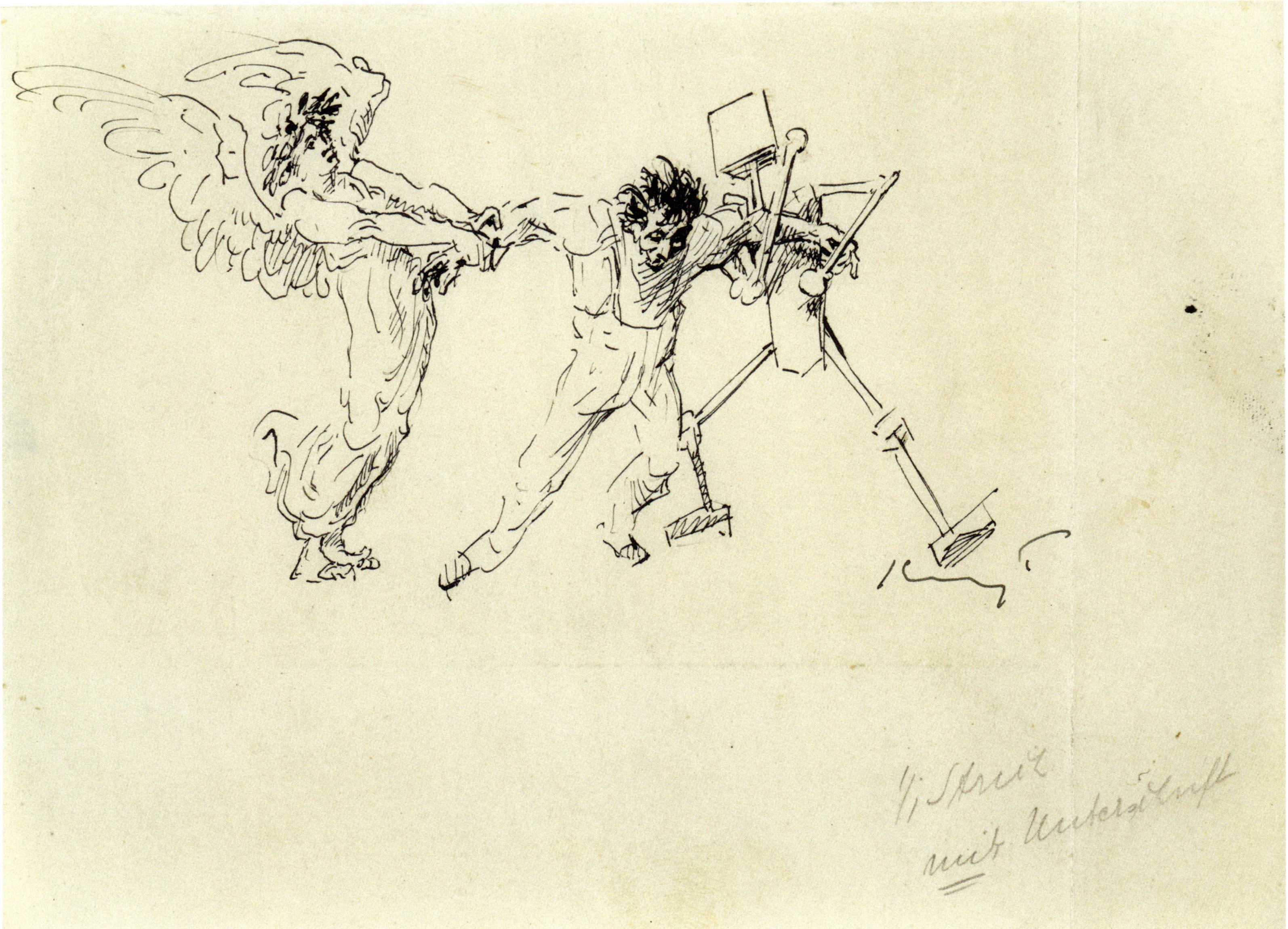

KAT. 10 Vorzeichnung für die Einladung *Aus der Werkstatt des Verlages*, 1925, Tusche, 11 × 15,1 cm SM, INV.-NR. KW 197

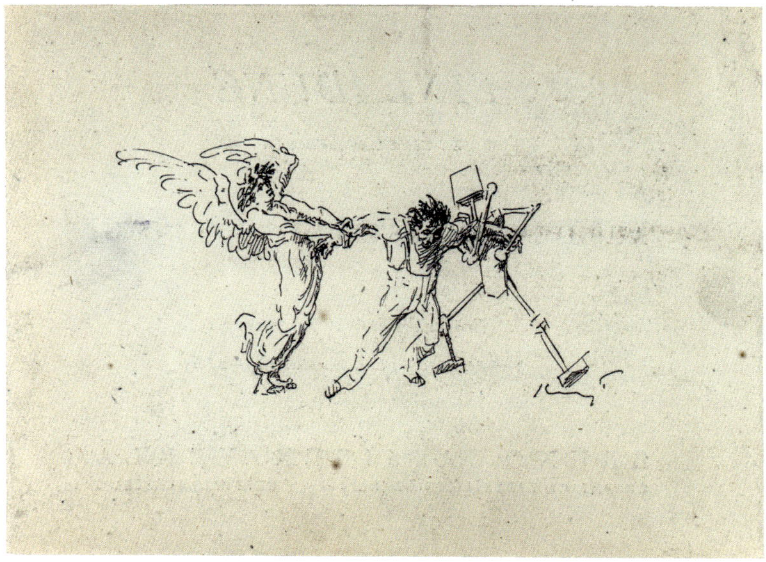

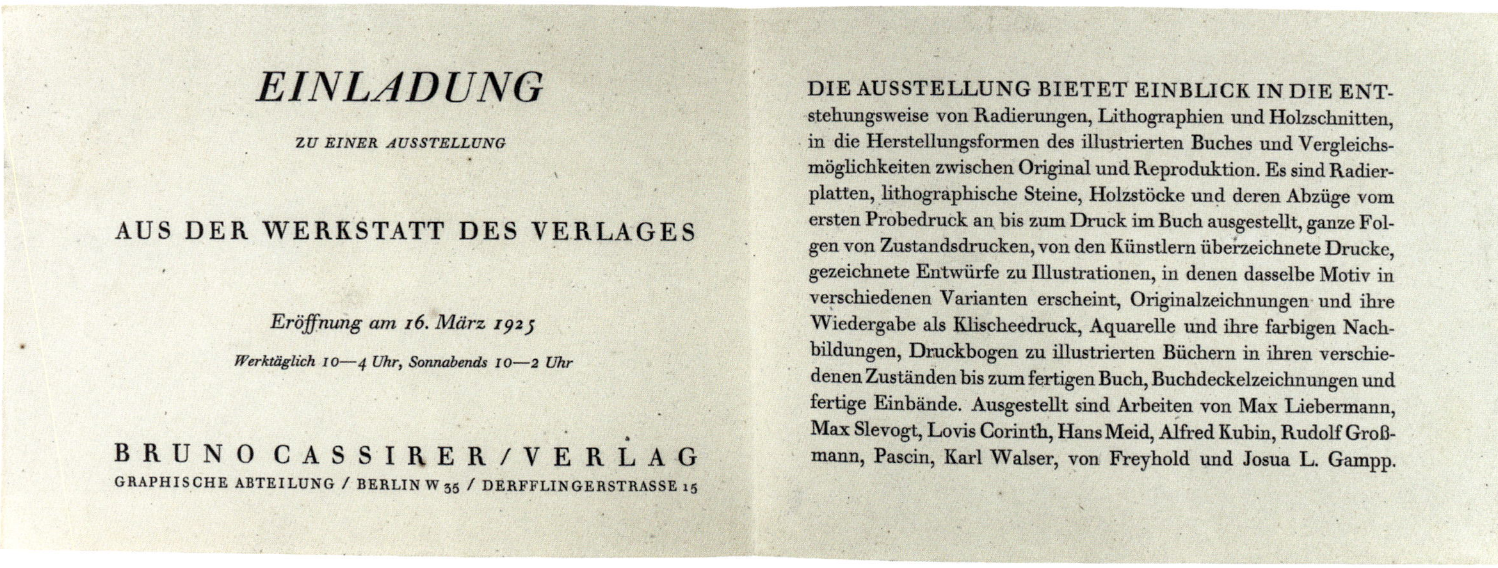

EINLADUNG

ZU EINER AUSSTELLUNG

AUS DER WERKSTATT DES VERLAGES

Eröffnung am 16. März 1925

Werktäglich 10—4 Uhr, Sonnabends 10—2 Uhr

BRUNO CASSIRER / VERLAG

GRAPHISCHE ABTEILUNG / BERLIN W 35 / DERFFLINGERSTRASSE 15

DIE AUSSTELLUNG BIETET EINBLICK IN DIE ENTstehungsweise von Radierungen, Lithographien und Holzschnitten, in die Herstellungsformen des illustrierten Buches und Vergleichsmöglichkeiten zwischen Original und Reproduktion. Es sind Radierplatten, lithographische Steine, Holzstöcke und deren Abzüge vom ersten Probedruck an bis zum Druck im Buch ausgestellt, ganze Folgen von Zustandsdrucken, von den Künstlern überzeichnete Drucke, gezeichnete Entwürfe zu Illustrationen, in denen dasselbe Motiv in verschiedenen Varianten erscheint, Originalzeichnungen und ihre Wiedergabe als Klischeedruck, Aquarelle und ihre farbigen Nachbildungen, Druckbogen zu illustrierten Büchern in ihren verschiedenen Zuständen bis zum fertigen Buch, Buchdeckelzeichnungen und fertige Einbände. Ausgestellt sind Arbeiten von Max Liebermann, Max Slevogt, Lovis Corinth, Hans Meid, Alfred Kubin, Rudolf Großmann, Pascin, Karl Walser, von Freyhold und Josua L. Gampp.

KAT. 11 Einladung zur Ausstellung *Aus der Werkstatt des Verlages*, 16. März 1925, gedruckte Federzeichnung, 13,3 × 18,5 cm LM, INV.-NR. DL SL NL 2024/29

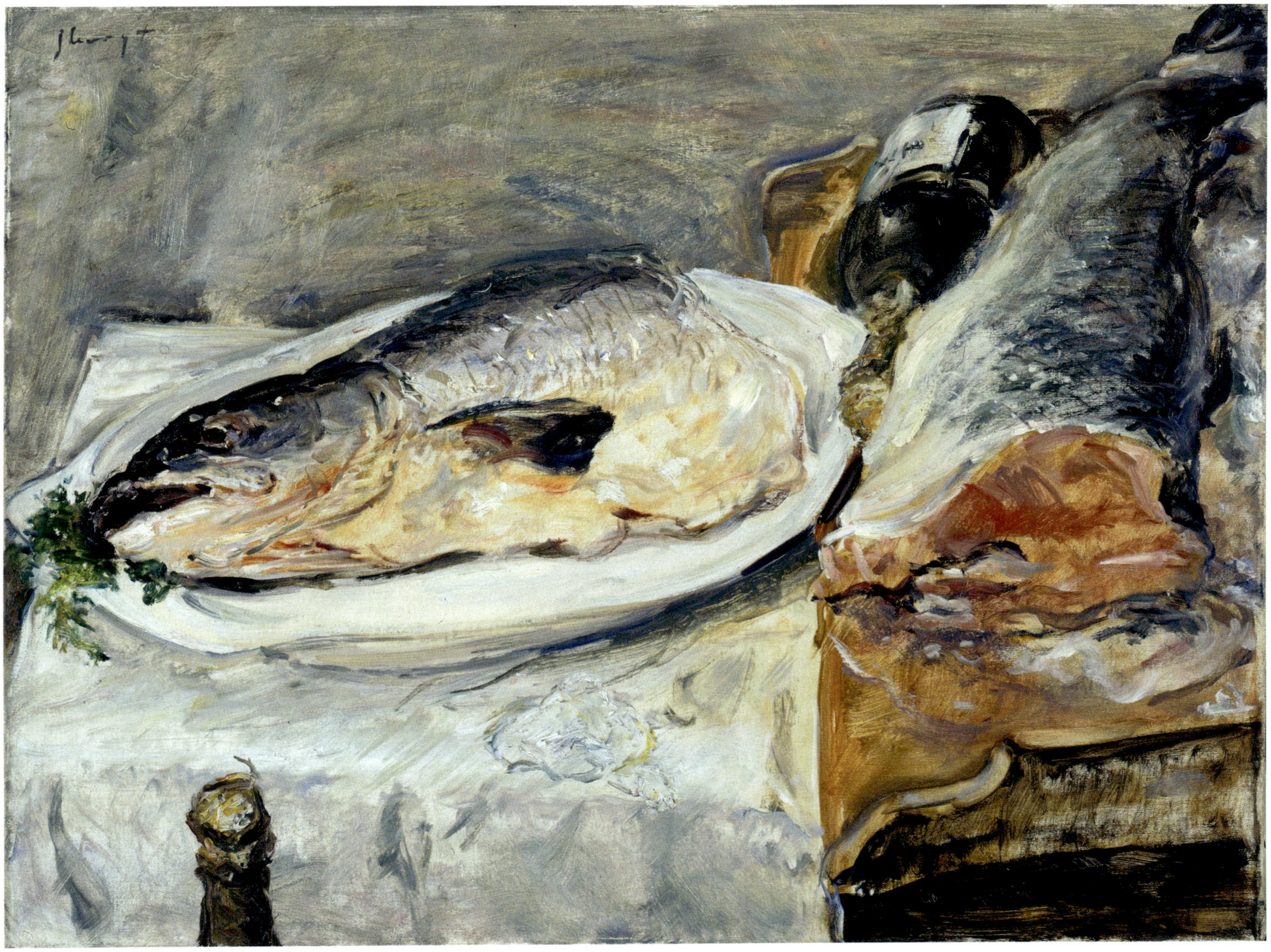

KAT. 12 *Lachsstillleben oder zerschnittener Lachs*, 1923, Öl auf Leinwand, 60 × 80,3 cm NÜRNBERG, GERMANISCHES NATIONALMUSEUM, INV.-NR. GM 1770

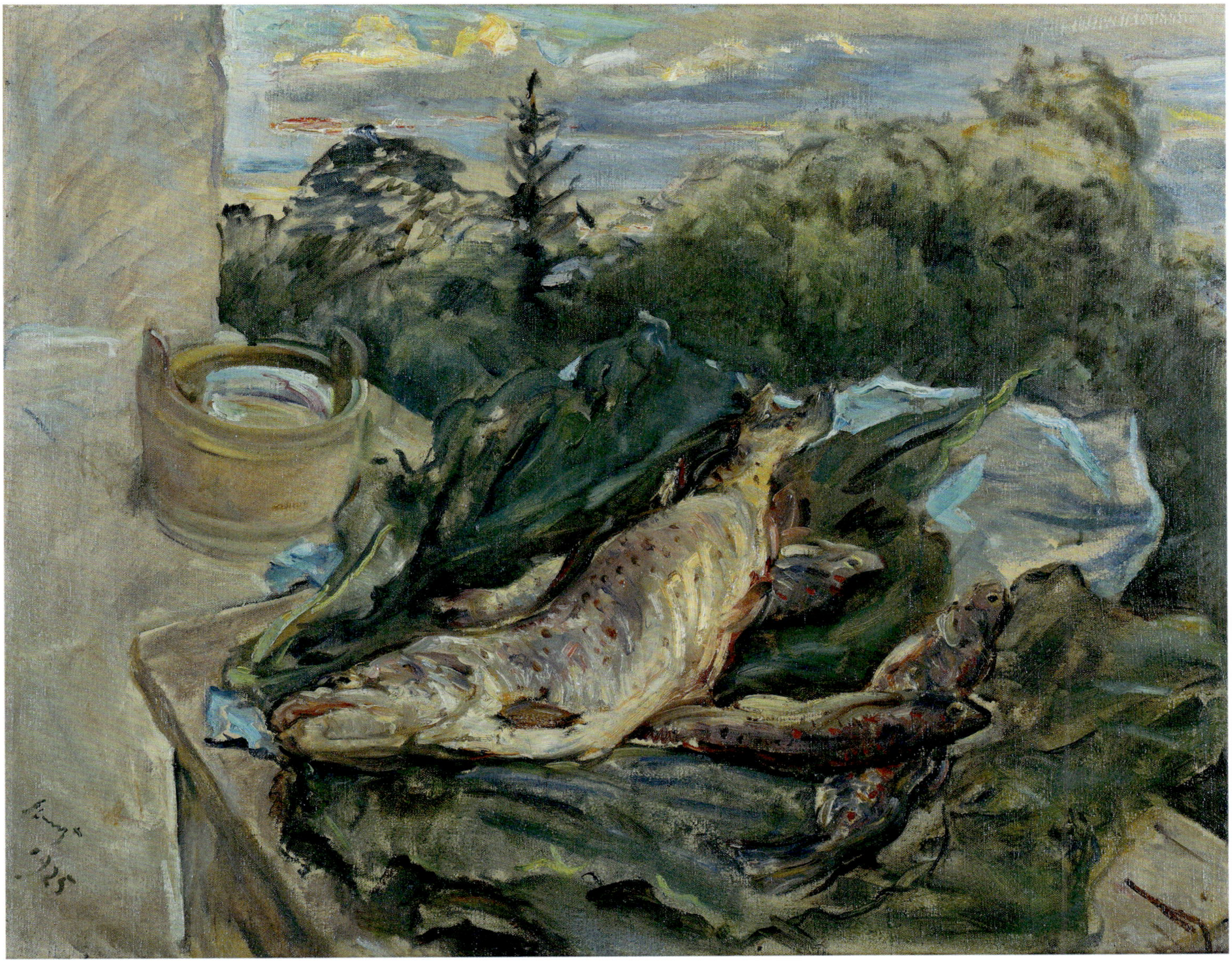

KAT. 13 *Forellenstillleben*, 1925, Öl auf Leinwand, 68,5 × 88,3 cm SM, INV.-NR. KW 35 G

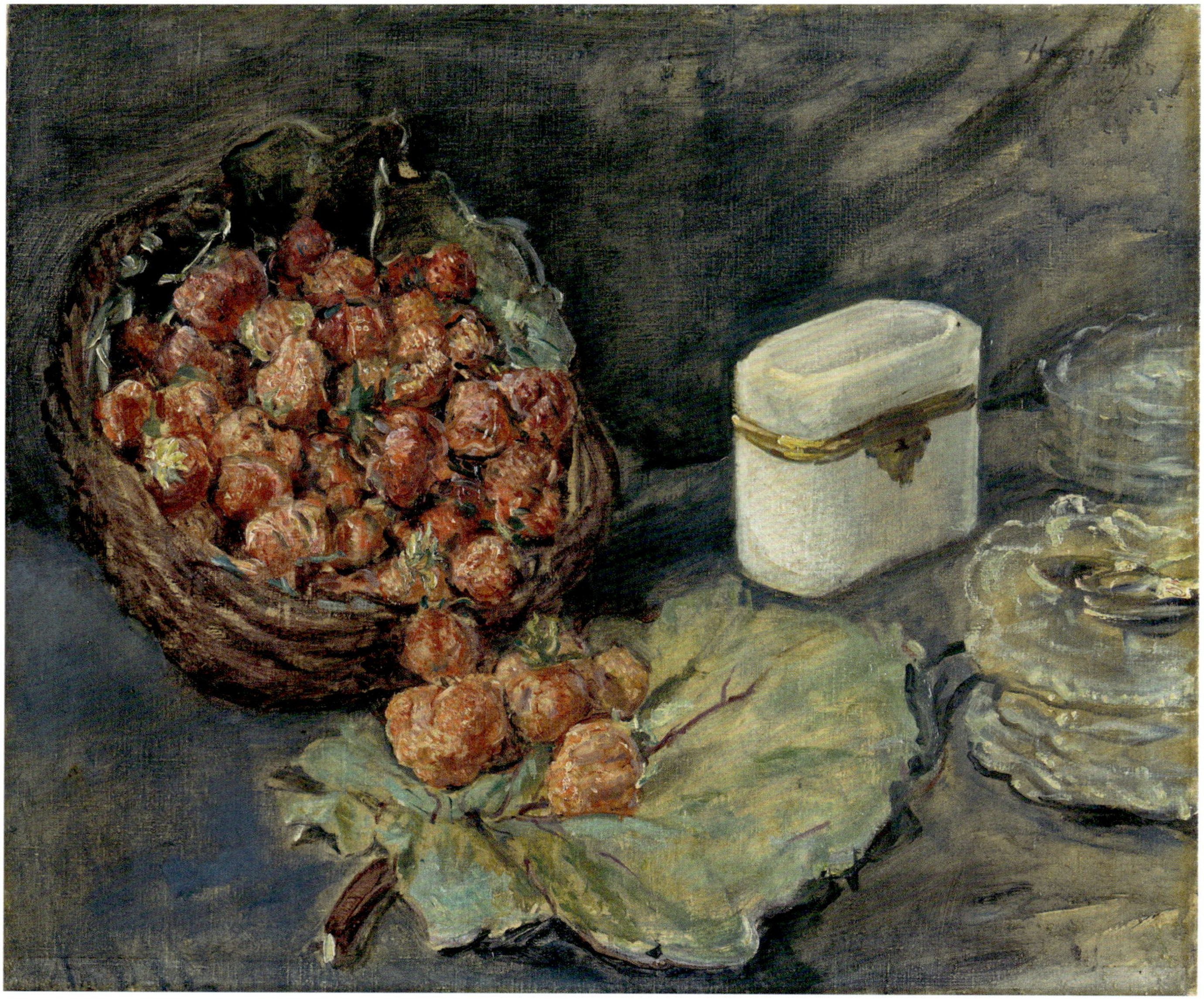

KAT. 14 *Erdbeeren mit Zuckerdose*, 1925, Öl auf Leinwand, 62,5 × 75,8 cm SM, INV.-NR. KW 34 G

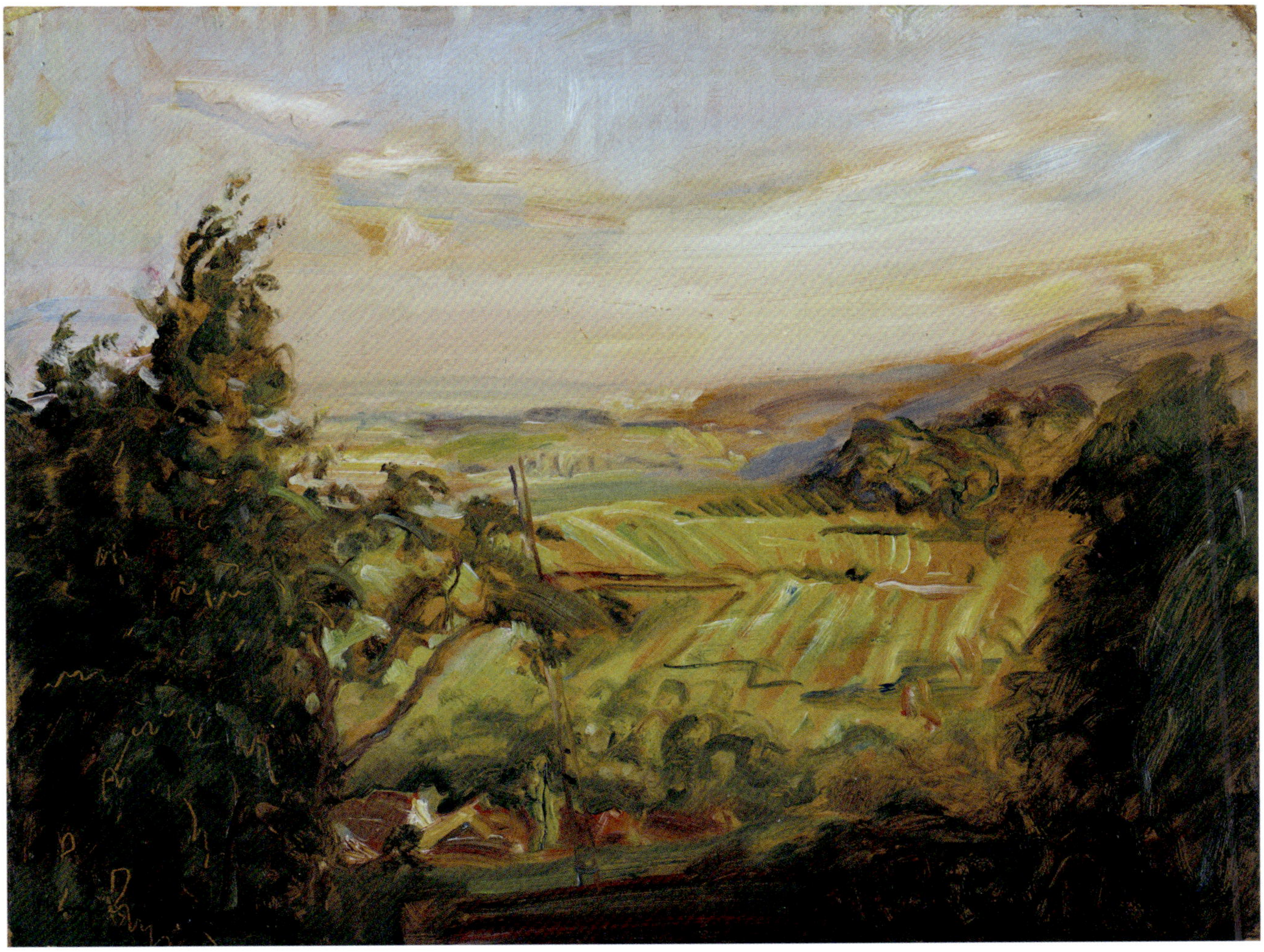

KAT. 15 *Kleine Kirschenernte*, 1926, Öl auf Pappe auf Holz, 41 × 54,8 cm SM, INV.-NR. KW 36 G

KAT. 16 *Der Polyp* (E 33),
Kreidelithografie, 29,7 × 40 cm
LM, INV.-NR. DL SL NL 2025/5

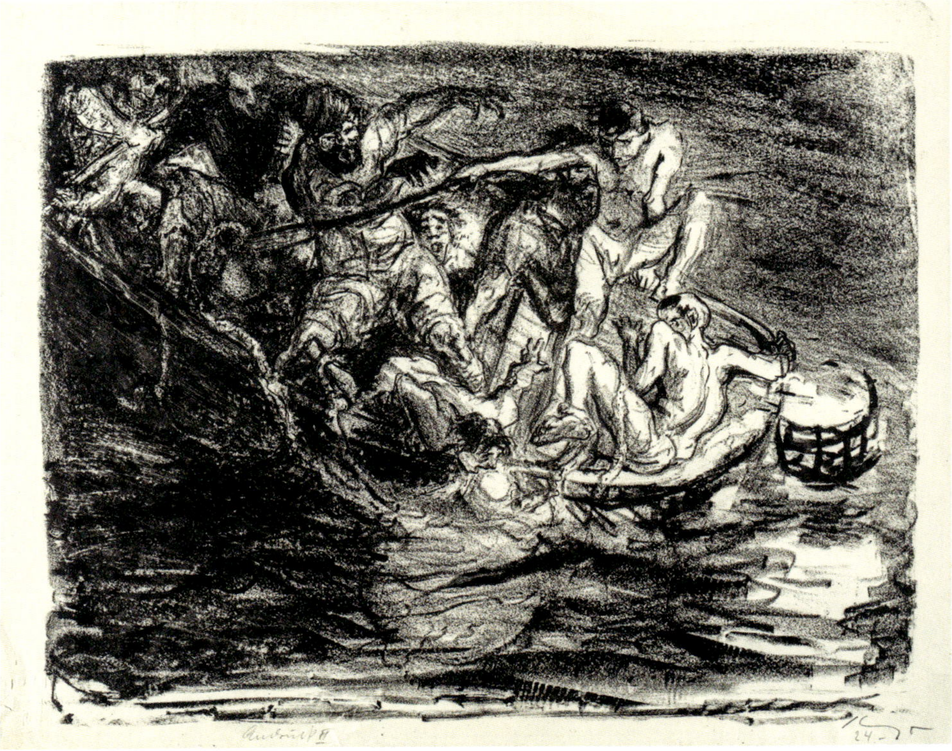

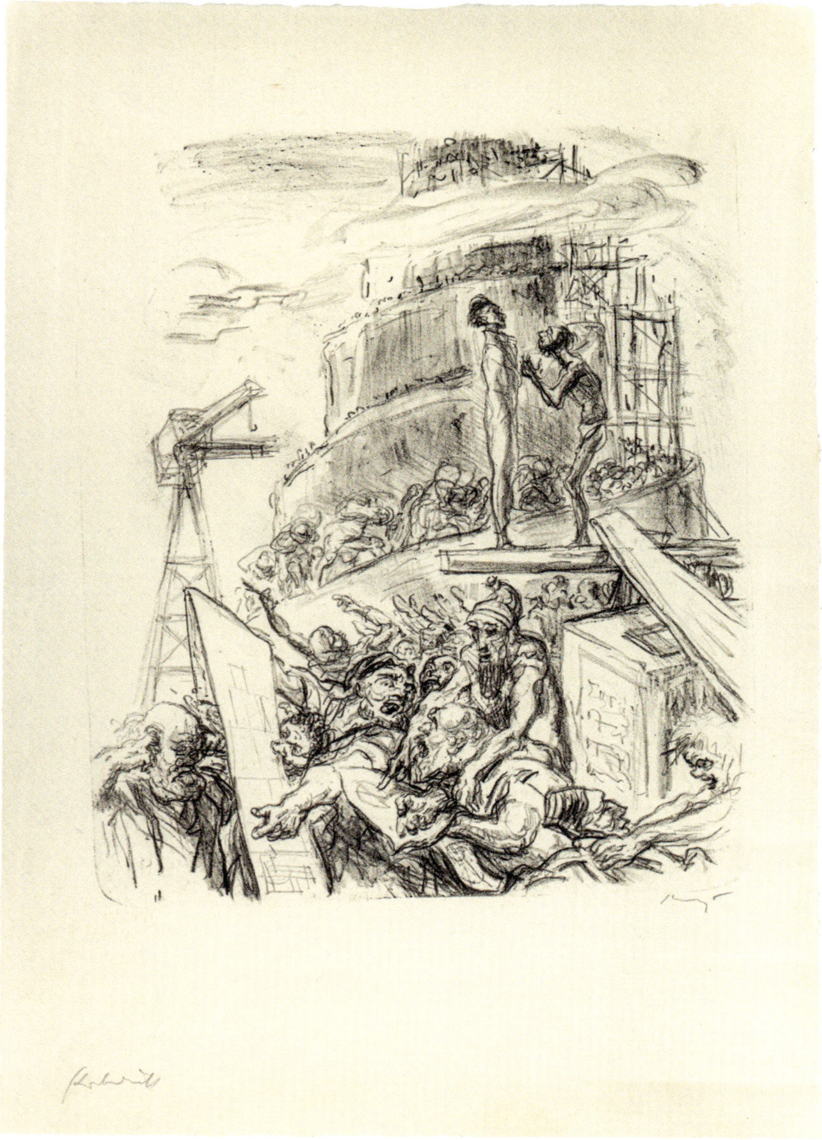

KAT. 17 *Der Turmbau zu Babel* (E 62),
ohne Datierung, Kreidelithografie, 45,5 × 33 cm
LM, INV.-NR. DL SL NL 2025/6

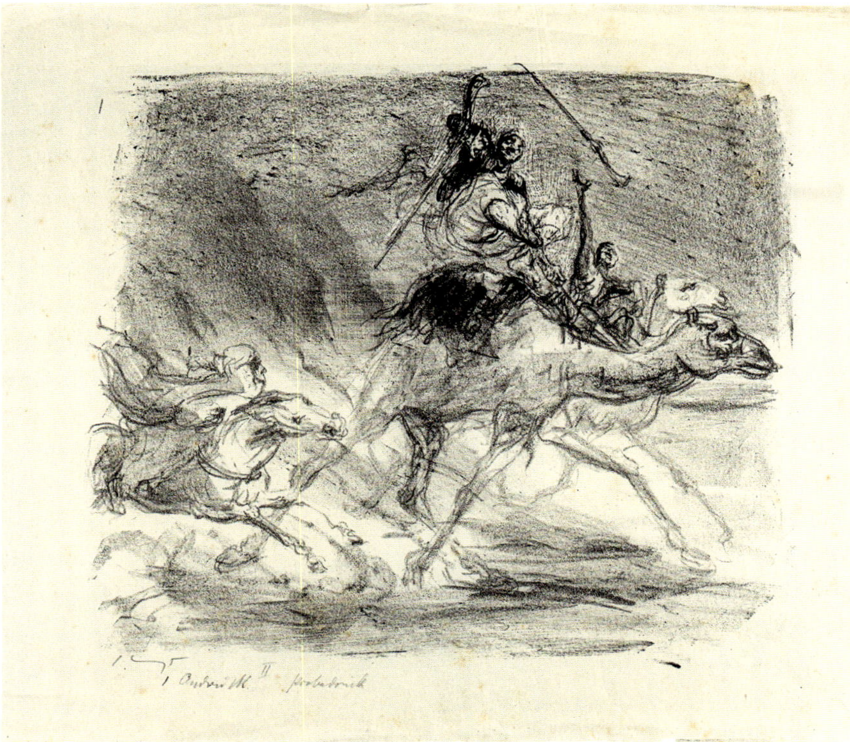

KAT. 18 *Kamelreiter* (E 15), 1924,
Kreidelithografie, 30,2 × 40 cm
LM, INV.-NR. DL SL NL 2025/7

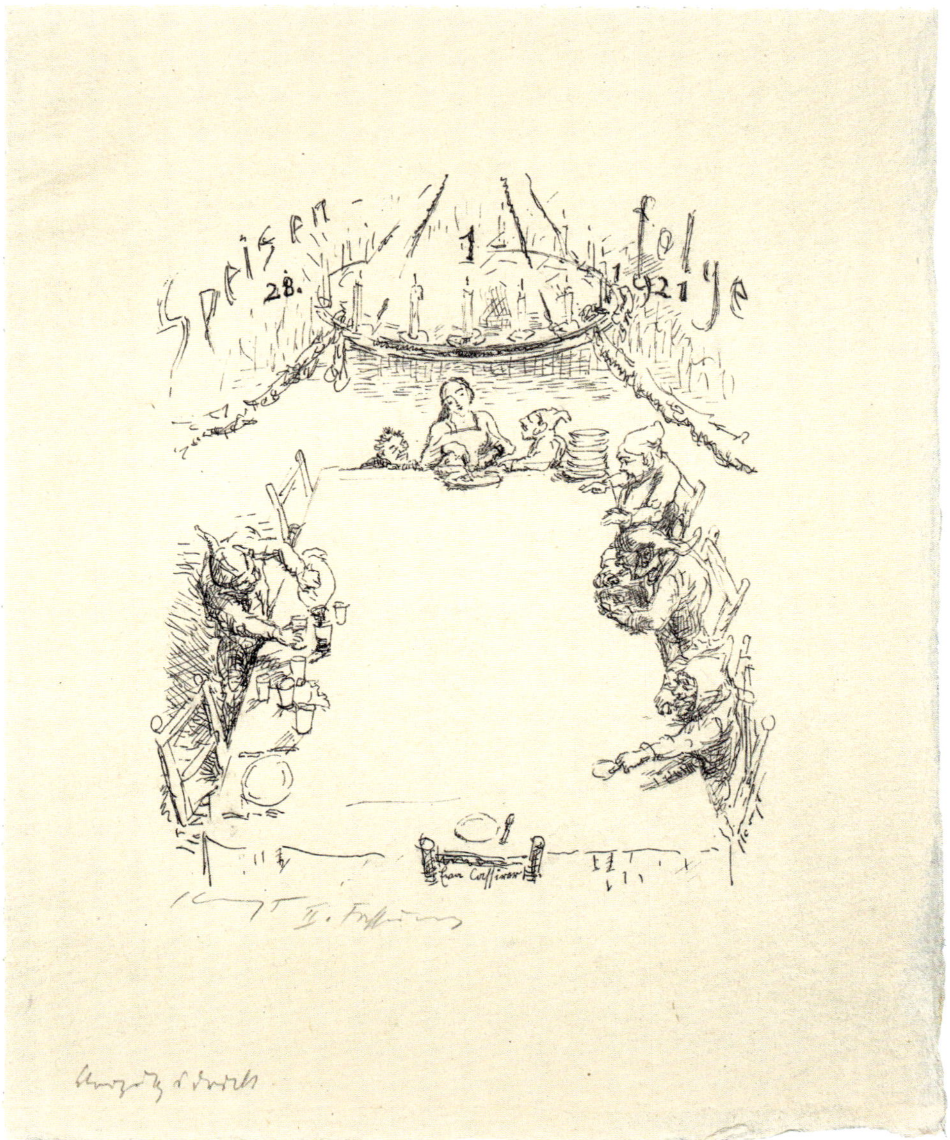

KAT. 19 *Speisenfolge Schneewittchen, 28.1.1928*,
II. Fassung anlässlich des ersten Geburtstags
von Eva Cassirer (Tochter von Alfred Cassirer),
Federlithografie, 24,5 × 20,2 cm
LM, INV.-NR. SLG. GRB. 81

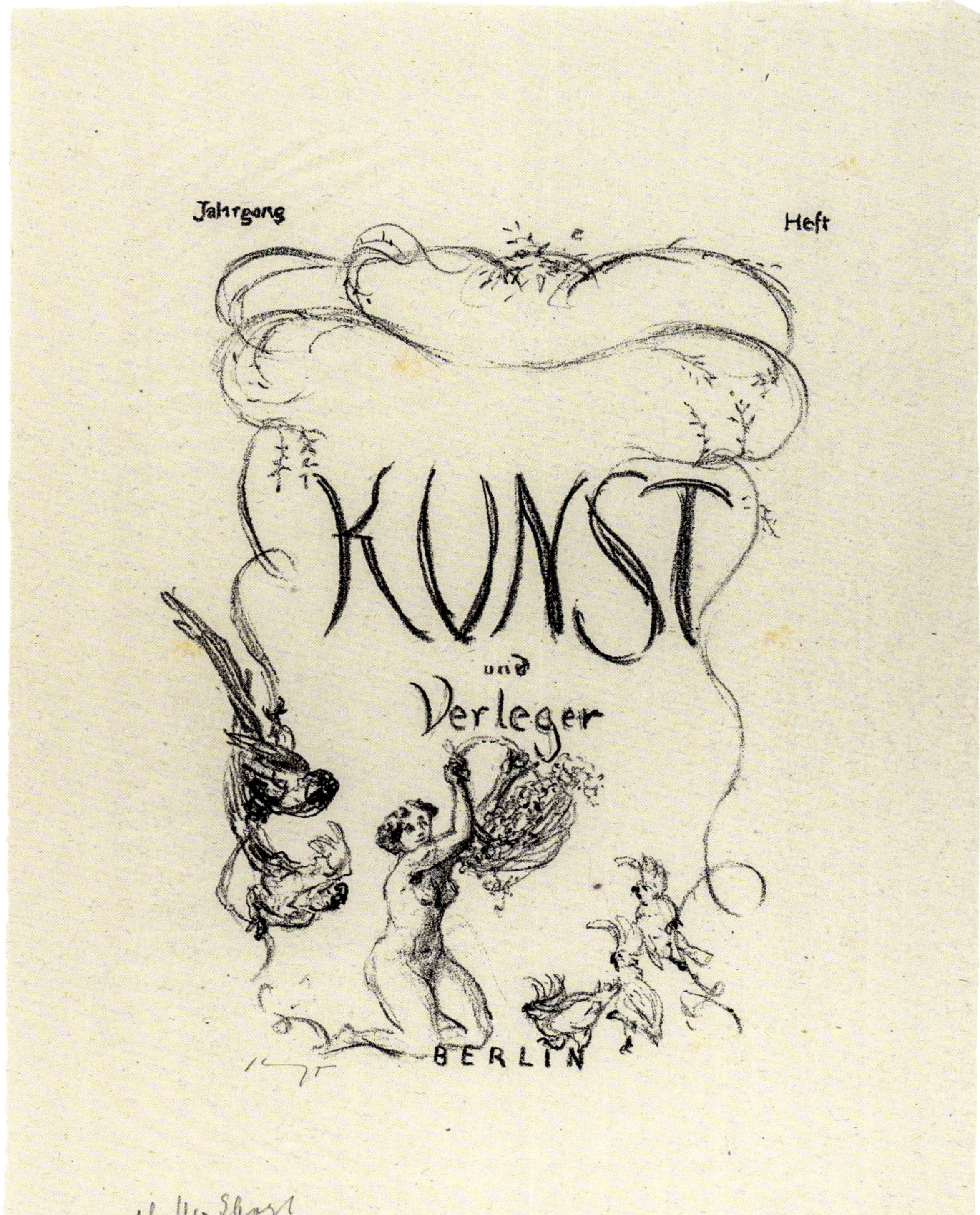

KAT. 20 Titelblatt für *Kunst und Verleger. Zum 50. Geburtstag von Bruno Cassirer*, 12. Dezember 1922, 39,5 × 29,5 cm (vgl. Kat. 29) mit Widmung an Max Slevogt von Bruno Cassirer LM, INV.-NR. DL SL NL 2025/25

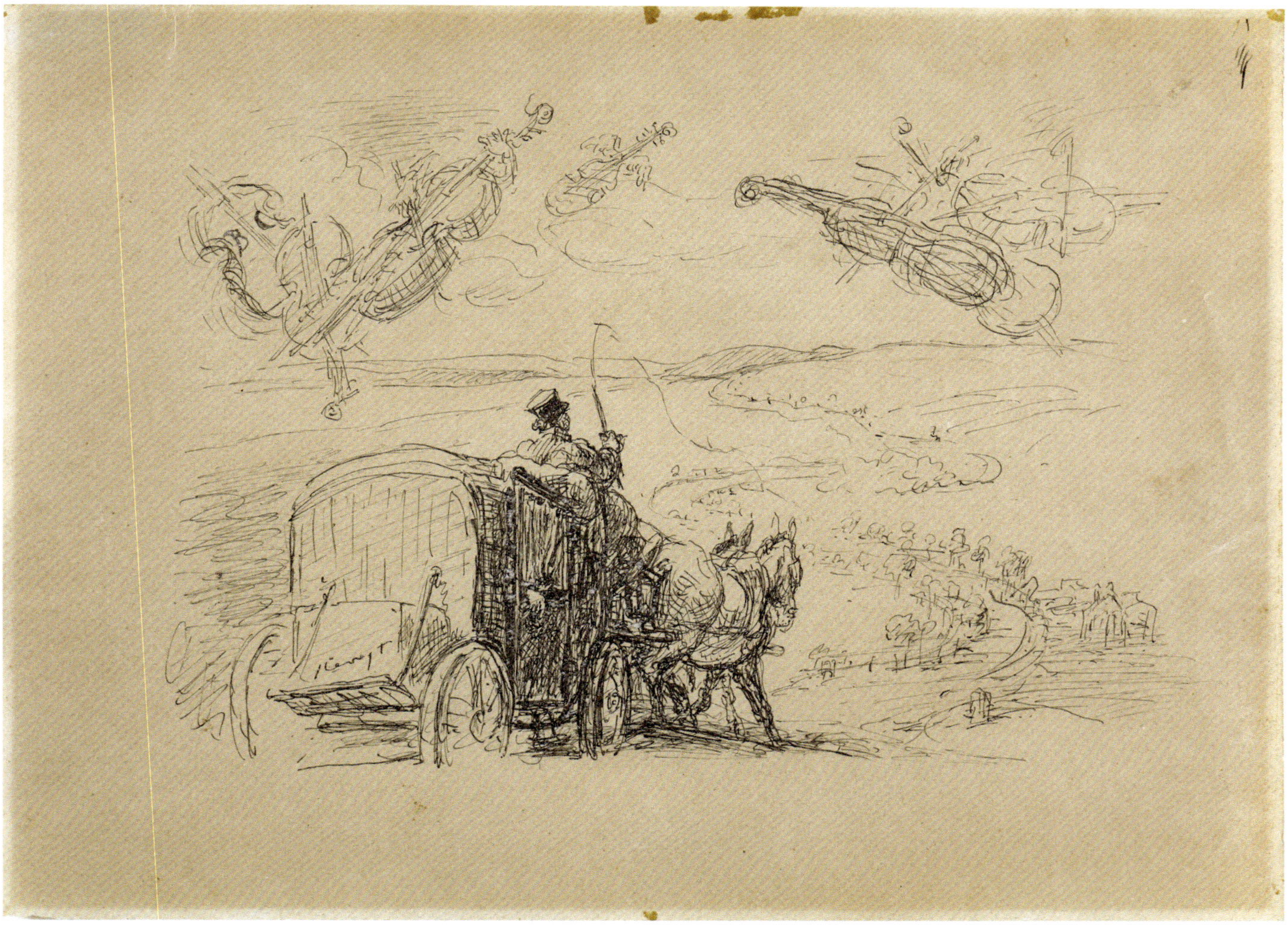

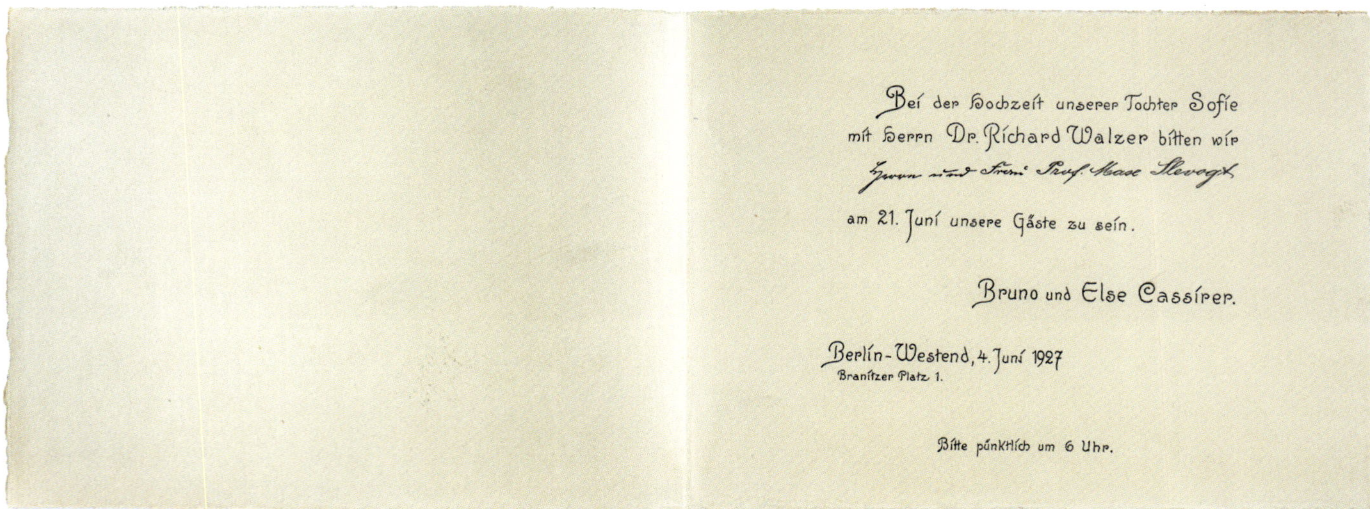

Bei der Hochzeit unserer Tochter Sofie
mit Herrn Dr. Richard Walzer bitten wir
Herrn und Frau Prof. Max Slevogt
am 21. Juni unsere Gäste zu sein.

Bruno und Else Cassirer.

Berlin-Westend, 4. Juni 1927
Branitzer Platz 1.

Bitte pünktlich um 6 Uhr.

KAT. 21 *Hochzeitskutsche*, Entwurf für die Einladungskarte zur Hochzeit von Bruno Cassirers Tochter Martha Eva Sofie, 1927, Tusche, 17,6 × 24,4 cm SM, INV.-NR. KW 296

KAT. 22 Einladungskarte zur Hochzeit von Bruno Cassirers Tochter Martha Eva Sofie, 1927, Druck, aufgeklappt, 17,8 × 24,7 cm LM, INV.-NR. DL SL NL 2025/17

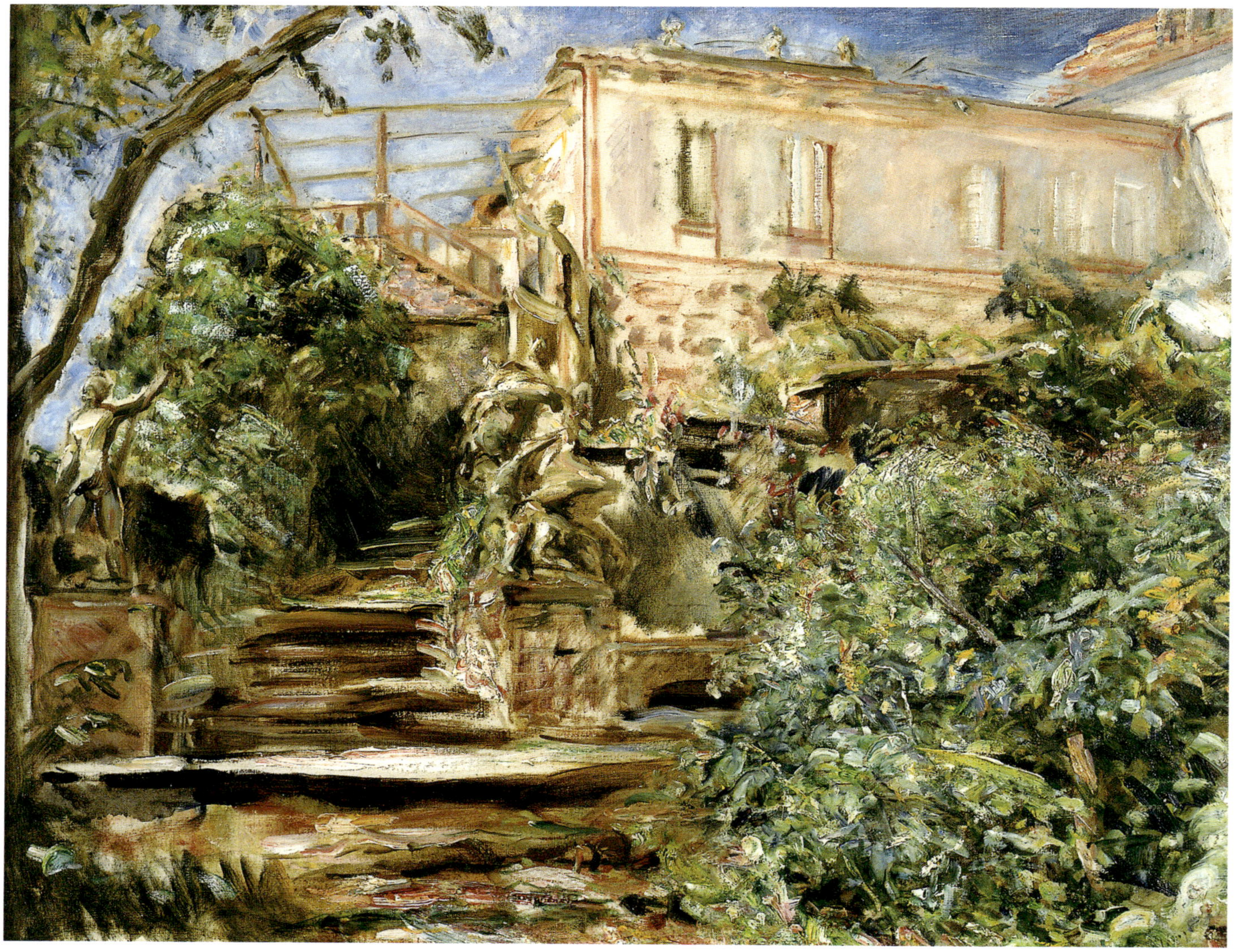

KAT. 23 *Der Garten in Neukastel mit der Bibliothek*, 1930/31, Öl auf Leinwand, 68,5 × 86,5 cm LM, INV.-NR. LHS 97/1

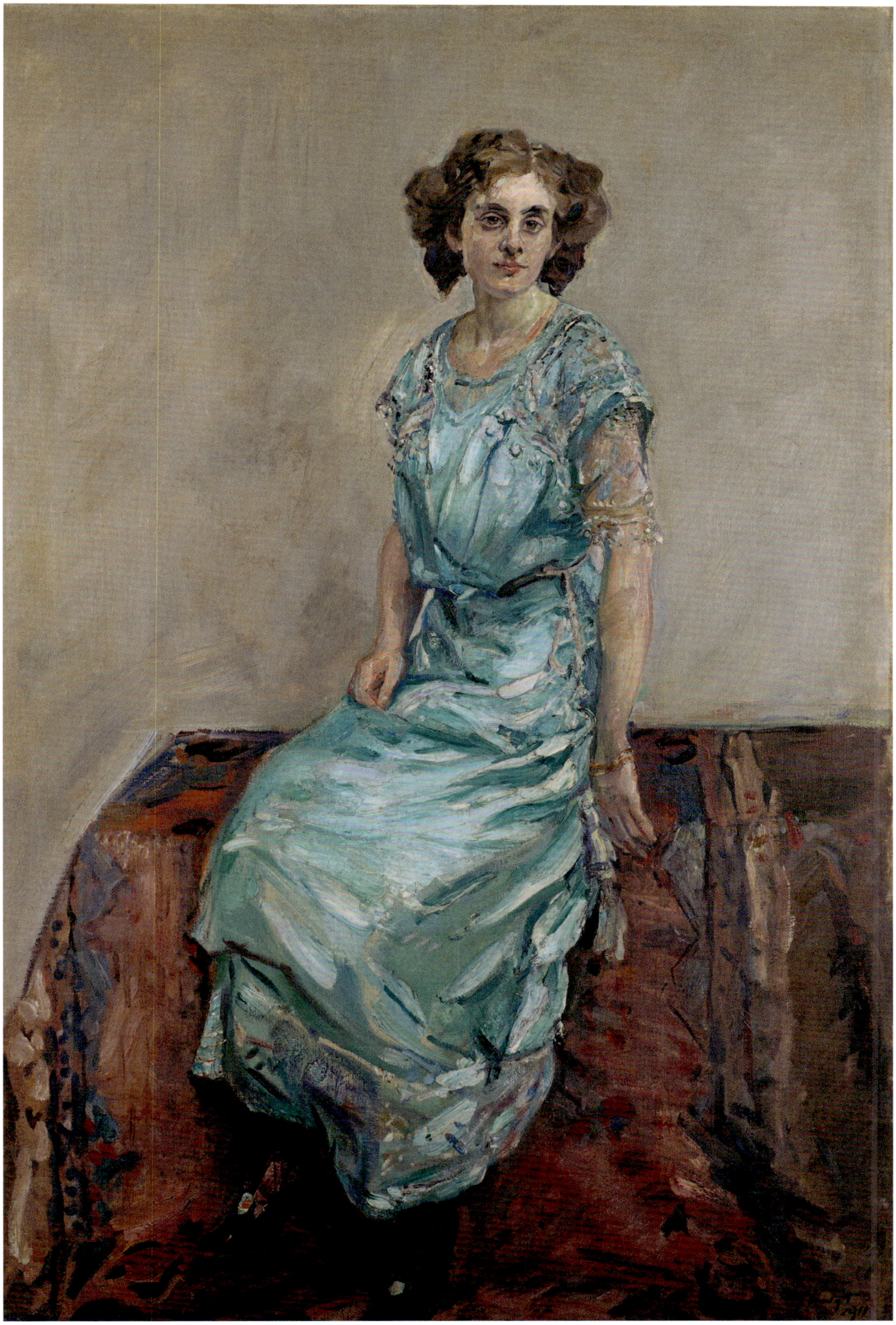

KAT. 24 *Damenbildnis/Bildnis Irmgard Steinbart grün*, 1911, Öl auf Leinwand, 160 × 110,5 cm SM, INV.-NR. KW 16 G

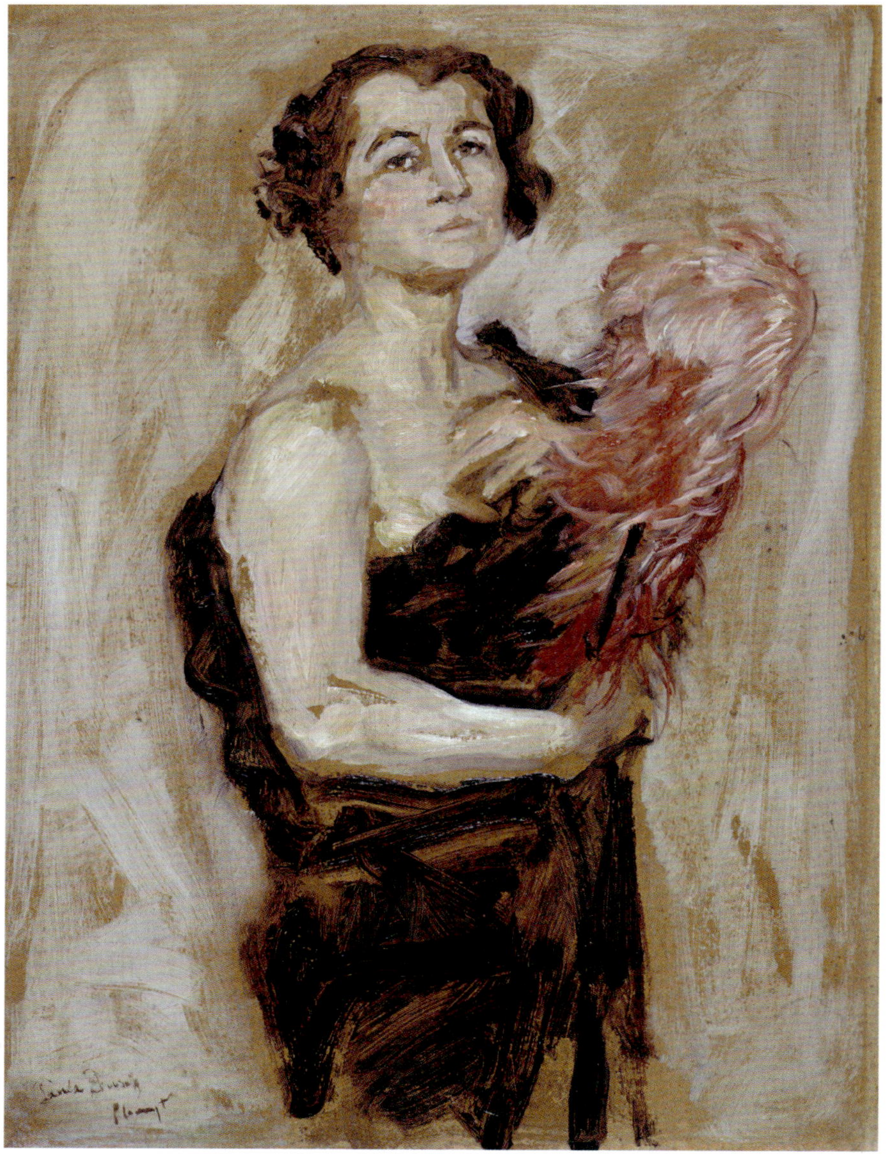

KAT. 25 *Dame mit rotem Straussenfächer, Studie zum Bildnis Paula Busch*, 1925, Öl auf Pappe, 59,5 × 44,5 cm LM, INV.-NR. SL 110

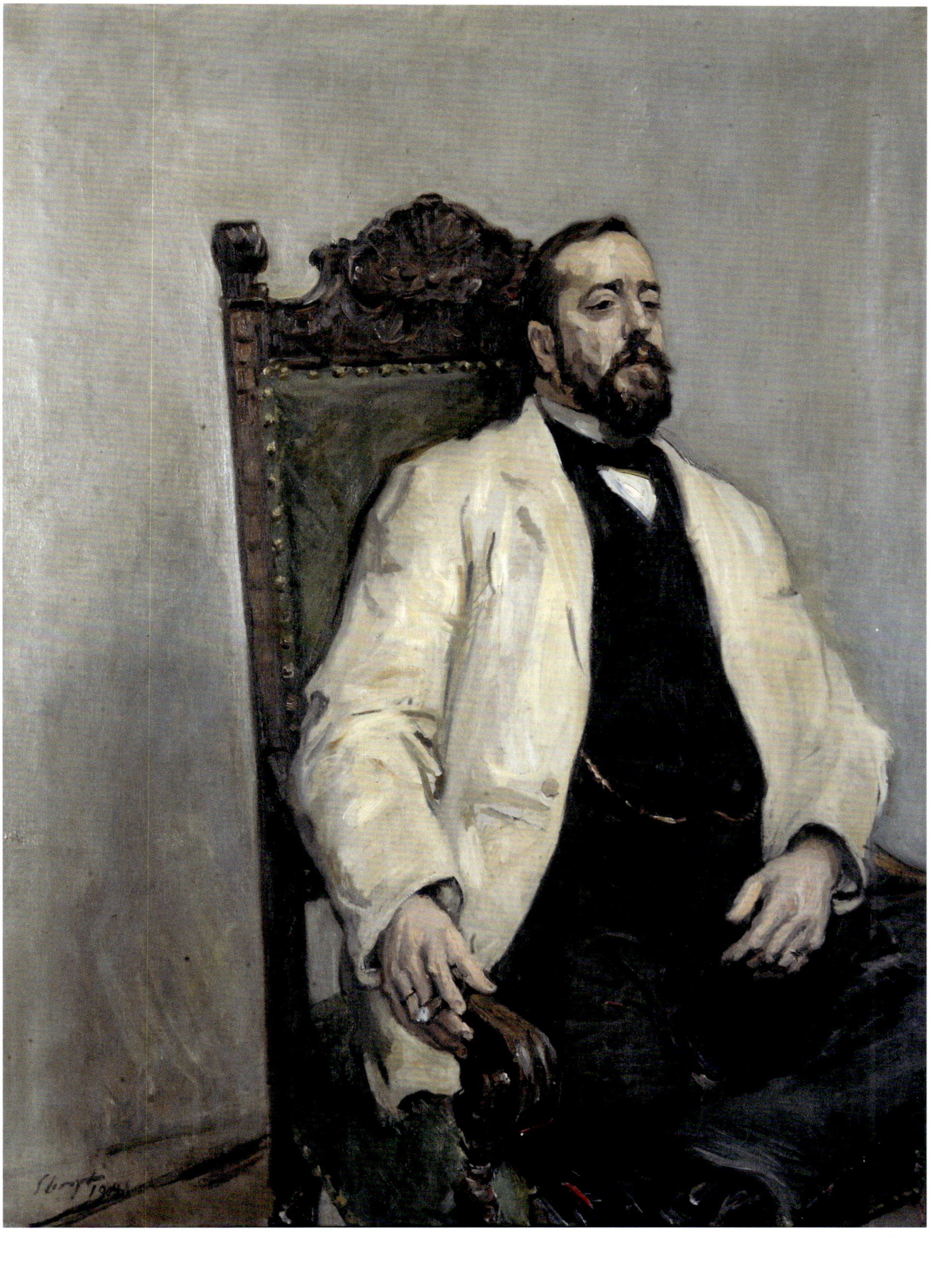

KAT. 26 *Porträt Bernhard Dernburg*, 1904, Öl auf Leinwand, 129 × 103 cm LM, INV.-NR. DL 2018/2

KAROLINE FEULNER

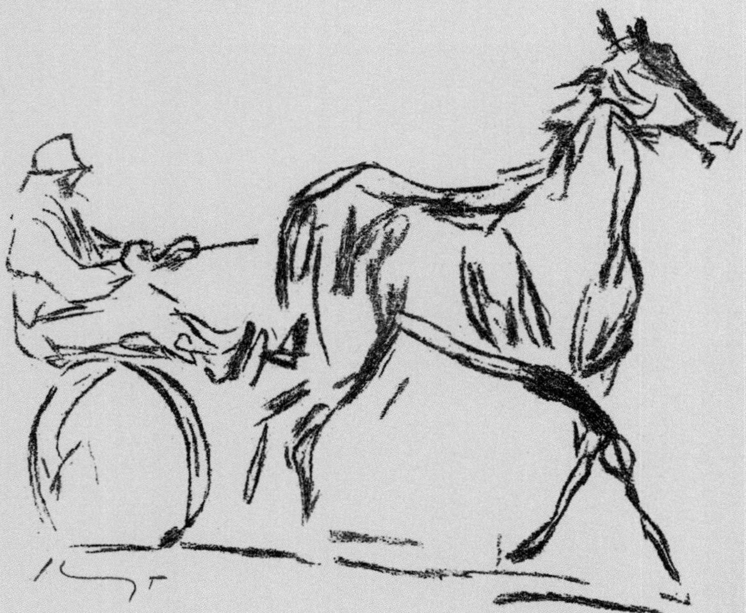

DER TRABRENNSPORT

Eine Passion gegen die Melancholie!:

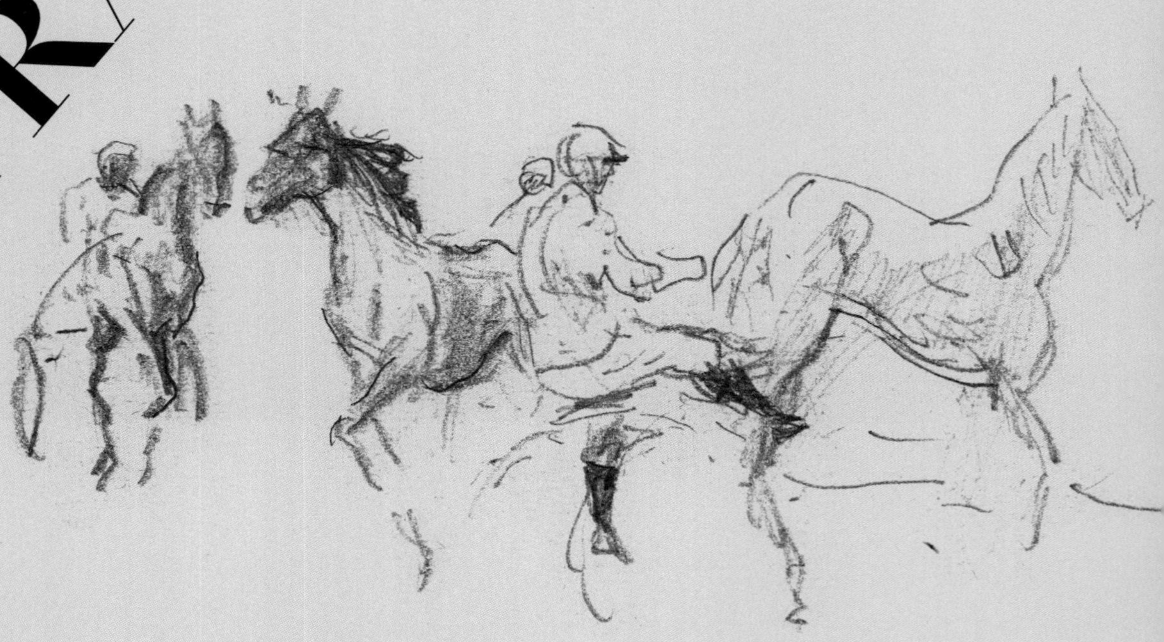

Fidelion, Morgenwind oder Paprika sind die Namen der Pferde, die Bruno Cassirers Pferdezucht zum Erfolg führten. Neben dem Verlag galt seine zweite große Leidenschaft voll und ganz dem Pferdesport, für den er sich schon seit 1899 engagierte. Und zwar sehr erfolgreich: Er importierte als einer der Ersten erstklassige amerikanische Traberpferde und führte dann in Damsbrück (bei Falkensee in der Nähe von Spandau) sein eigenes Gestüt. Mit seinen Zuchterfolgen holte er durch seinen *Stall Klausner* viele Derbysiege ein (Kat. 29). Zudem gelang es ihm, den Pferdesport in Berlin salonfähig zu machen, indem er höhere gesellschaftliche Schichten seines direkten Umfelds, wie etwa Industrielle oder Kaufleute, für den Trabersport gewann.[2] Aber auch in finanzieller Hinsicht ging er ein hohes Risiko ein und rettete die Berliner Bahn Mariendorf 1913 mit seinem Vermögen. Cassirer zahlte die bisherigen Anteilseigner des Vereins aus, gründete einen neuen Traberverein und übernahm fortan allein mit seinen Privatmitteln die Garantie für sämtliche Verpflichtungen des Vereins. Sein Name ist daher bis heute eng mit dem deutschen Trabersport verbunden – als einer seiner größten Mäzene.[3]

Bruno Cassirer war es auch, der Slevogts Interesse für den Trabrennsport und vor allem das damit verbundene Spektakel der Derbys weckte und ihn zu verschiedenen Rennen mitnahm. Von diesen Besuchen haben sich zwei Skizzenbücher erhalten, die durch die schnellen Zeichnungen Slevogts die Atmosphäre einzigartig festgehalten haben (Kat. 27 und 28, Kat. 34 und 35).

Die ersten dieser Skizzen entstehen auf der Rennbahn in Weißensee bei Berlin (1907). Der damals noch neue Sport muss Slevogt sofort beeindruckt haben, da auch drei Gemälde entstehen, die verschiedene Phasen eines Rennens zeigen. Den Start, den Blick von der Tribüne auf das Geschehen und ein Trabrennen im vollen Gange (Kat. 30).[4] Bei dem *Trabrennen* fokussiert er sich auf die Geschwindigkeit und Dynamik des Rennens. Geschickt schneidet er in der Komposition das linke weiße Pferd so an, dass es dadurch wie in das Gemälde zu stürmen scheint. Während in der Bildmitte die Jockeys mit ihren Pferden noch deutlich umrissen sind, lösen sich die Konturen ihrer Konkurrenten am Rande der engen Kurve in nur wenige Striche und Farbtupfen auf. Die das Trabrennen anführenden Sulkyfahrer sind nur noch durch einzelne abstrahierte Pinselzüge zu erahnen. Das Motiv ist daher ideal für seinen schnellen und lockeren Malstil.

Diese neuartigen Motive trafen zugleich den Geschmack der Sammler, sodass Bruno Cassirer zunächst Einzelblätter (E 58–E 61) und 1915 dann die Mappe *Rennskizzen* (B 10, Kat. 31–33) publizierte. Die schnellen und spontanen Zeichnungen für die *Rennskizzen* konzentrieren sich vor allem auf die Pferde und die Sulkys in ihren Bewegungen und wurden vor Ort auf einer anderen Trabrennbahn, der in Berlin-Ruhleben, festgehalten, auf der Cassirer zahlreiche Derbyerfolge einholte.[5] Den faszinierenden Rausch des Tempos der Pferde fängt der Künstler auch in einer der Lithografien ein, auf der die Pferde direkt auf den Betrachter zurasen.[6] Durch Bruno Cassirers Leidenschaft hält ein neues Thema dieses modernen Freizeitvergnügens Einzug in Slevogts Schaffen, das er gekonnt in seiner impressionistischen Auffassung festhält. Zugleich erweist er motivisch den französischen Impressionisten, wie etwa Édouard Manet, seine Reverenz. Während die Franzosen oder etwa Max Liebermann Pferderennen oder Polospieler malten, ist Slevogt nahezu der einzige Künstler, der sich Trabrennbildern widmete.[7]

Die Mappe *Trabrennen* (B 34, Kat. 38–43) folgte 1923 mit einer doppelt so hohen Auflage von hundert Exemplaren. Laut seinem Verzeichnis der erhältlichen Titel waren die *Trabrennen* bereits 1924 vergriffen.[8] Die Kreidelithografien entstanden ebenfalls in Berlin-Ruhleben, die 1920 den Betrieb wieder aufnahm (während des Ersten Weltkriegs diente die Bahn als Internierungslager). Bei diesen Lithografien steht nunmehr das Publikum im Mittelpunkt dieses gesellschaftlichen Ereignisses, das sich mondän gekleidet dicht um die Rennbahn drängt. Auch ein Porträt seines Freundes Emil Orlik ist unter den Blättern (Kat. 37). Eine Bleistiftstudie beweist, dass die Motive vorher sorgfältig skizziert und nicht direkt auf das Umdruckpapier gezeichnet wurden (Kat. 40 und 41). Den letzten Besuch belegt das zweite Skizzenbuch aus dem Saarlandmuseum Saarbrücken, das auf der ersten Seite Bruno Cassirer gewidmet und auf den 3.6.1924 datiert ist (Kat. 34). Bei diesen Zeichnungen war der Künstler ganz dicht an den Jockeys und den Pferden dran und hält diese sehr nahsichtig und zum Teil sehr detailliert fest.

Wie eng Bruno Cassirer mit seiner Leidenschaft für Rennpferde für Max Slevogt verbunden ist, zeigen auch einige Randzeichnungen auf seinen Briefen, in welchen er Cassirer immer wieder als Jockey stilisiert, oder natürlich die grandiosen Karikaturen, die den Lebenslauf Cassirers in der Festschrift *Kunst und Verleger* illustrieren (vgl. Einleitung, Abb. 3, S. 20).[9] Der Pferdesport hatte für Cassirer die gleiche Bedeutung wie sein Verlag. Beides führte er mit absolutem Einsatz und sprang dabei oft von einem Geschäft zu dem anderen. So überliefert Karl Scheffler: „Im Wartezimmer saßen Künstler, Autoren und Pferdemenschen, Papier- und Getreidelieferanten, Buchbinder und Stallleute und wunderten sich übereinander. […] Die Fahrt zum Rennplatz, der Aufenthalt dort im Richterhäuschen, die Spannung der Rennen, in denen seine eigenen Pferde liefen und oft gewannen, die Sommerstunden in freier Luft und die Gegenwart einer festlich bewegten Menge – dieses alles war ihm Gegengewicht zu seiner Verlegertätigkeit.“[10]

1 So überliefert dies K. Scheffler: „Er [Bruno Cassirer] pflegte zu sagen, daß er diese Passion brauche, daß er ohne sie melancholisch würde.“ K. Scheffler (1946), S. 221.

2 H. Nutt (1989), S. 51–57, Morgenwind ist dargestellt in: E 31. Vgl. auch: https://trab-halloffame.de/Hall-of-Fame/Personen/2010/Bruno-Cassirer (abgerufen am 4.3.2025). Allgemein zum Trabrennsport in Deutschland vgl. L. Skalecki (2016), S. 84–85.

3 H. Nutt (1989), S. 59.

4 Max Slevogt, *Trabrennen: Der Start*, 1907, Öl auf Leinwand, ehem. Slg. Carl Steinbart, Standort unbekannt; *Trabrennen – Auf der Tribüne*, 1907, Öl auf Leinwand, ehem. Slg. Fuchs, Standort unbekannt. Alle Gemälde sind auf 1907 datiert; eine genaue Vorstudie des Gemäldes *Trabrennen – auf der Tribüne* befindet sich in dem Skizzenbuch (LM, Inv.-Nr. DL SL NL 2013/20).

5 Laut Si/Wa entstanden die Lithografien 1911 und 1912 direkt vor Ort. Vgl. Si/Wa Nrn. 454–459; E 58–E 61.

6 Max Slevogt, *Rennen auf der Traberbahn*, 1911, Kreidelithografie, Si/Wa 454; Söhn 20.

7 Vgl. L. Skalecki (2016), S. 90–91.

8 VV 1924, S. 41.

9 Vgl. Briefedition Nrn. 87, 280.

10 K. Scheffler (1946), S. 221.

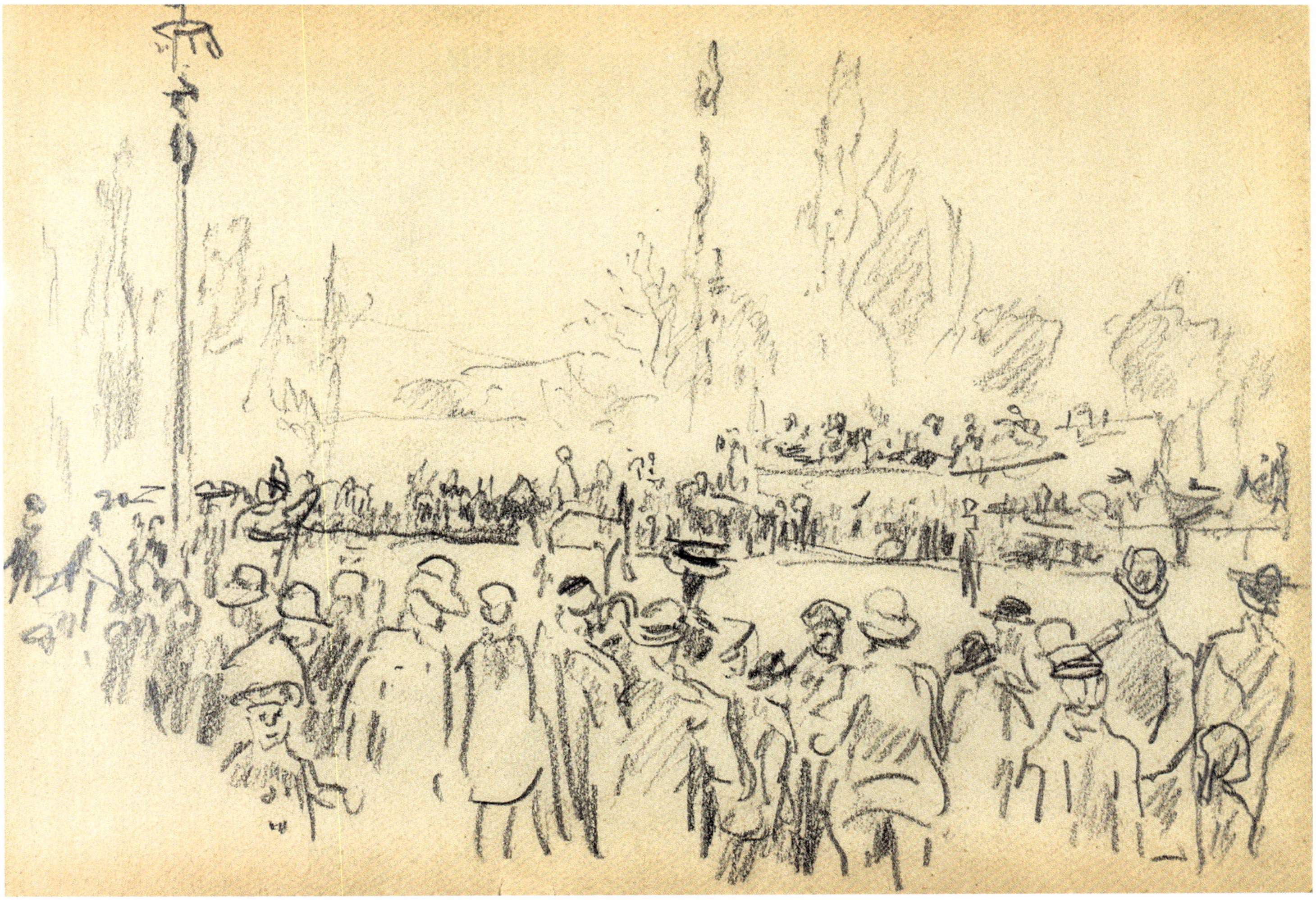

KAT. 27 *Trabrennbahn Mariendorf Berlin*, 1907, Skizzenbuch, Bleistift, 18,6 × 27,8 cm LM, INV.-NR. DL SL NL 2013/20, VERSO

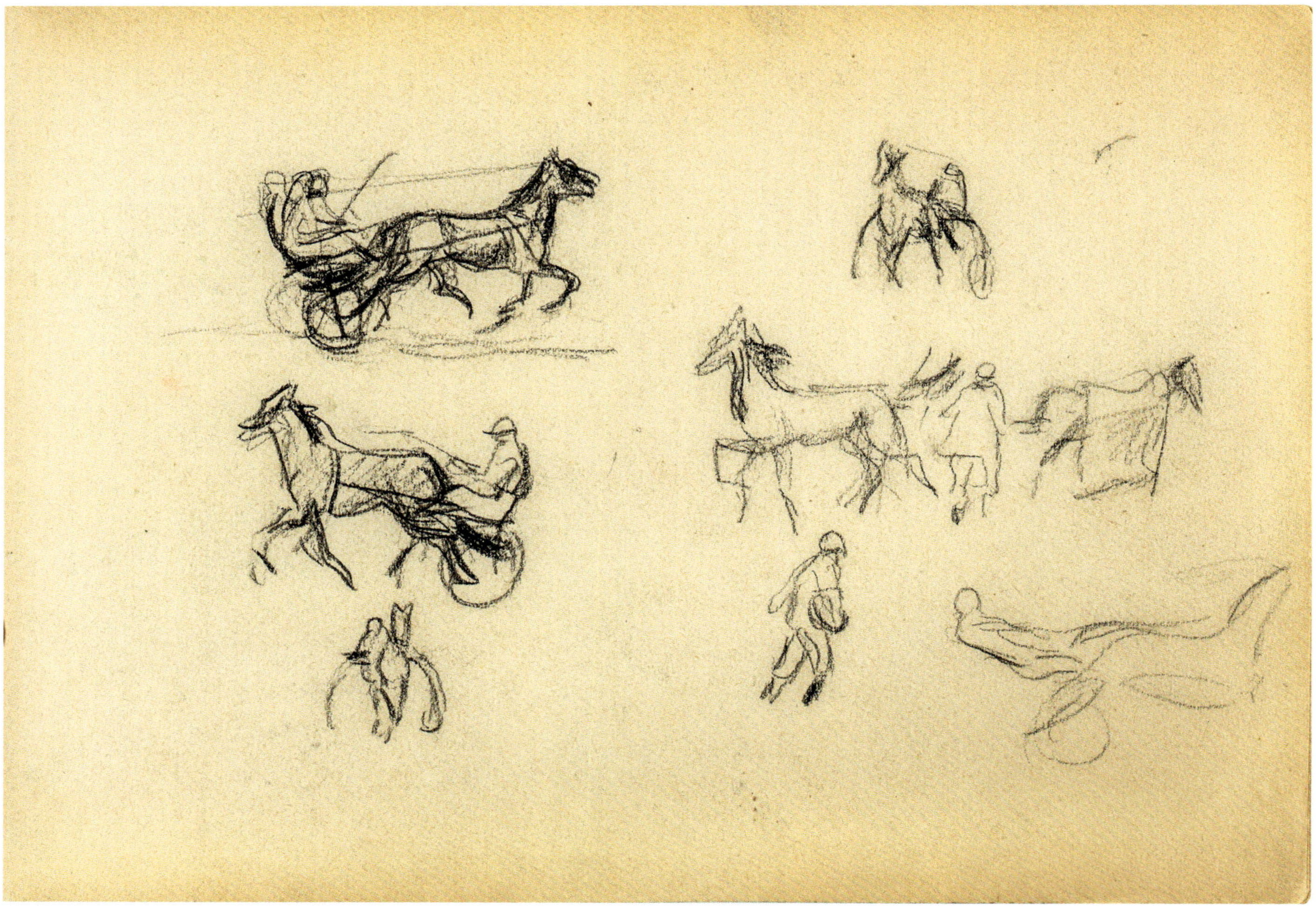

KAT. 28 *Trabrennbahn Mariendorf Berlin*, 1907, Skizzenbuch, Bleistift, 18,6 × 27,8 cm LM, INV.-NR. DL SL NL 2013/20

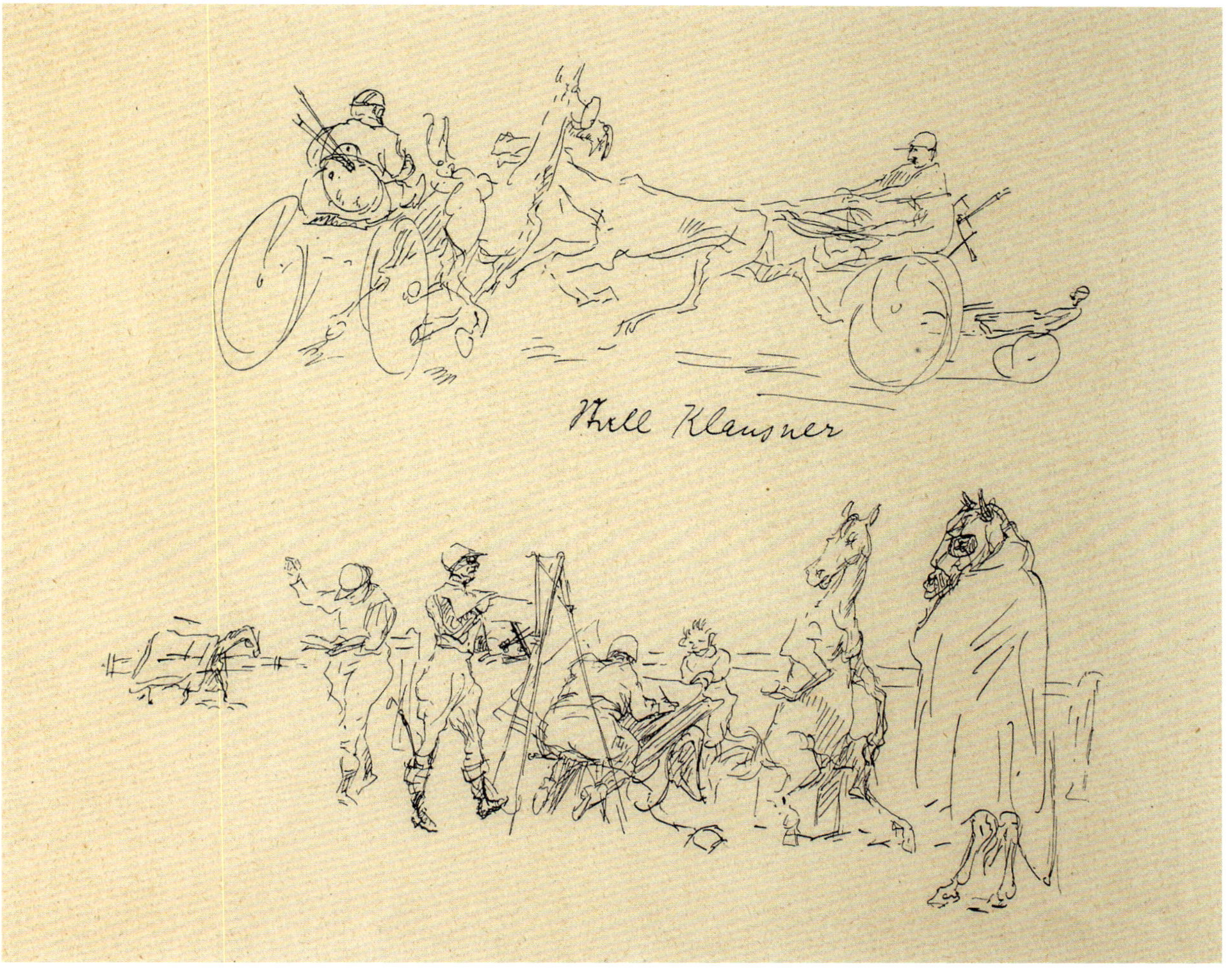

KAT. 29 *Stall Klausner* (Festblatt für den Verleger und Pferdezüchter Bruno Cassirer), veröffentlicht im Sonderdruck *Kunst und Verleger* (vgl. Kat. 20), 1922, S. 14 LM, INV.-NR. SLG. GOE 113

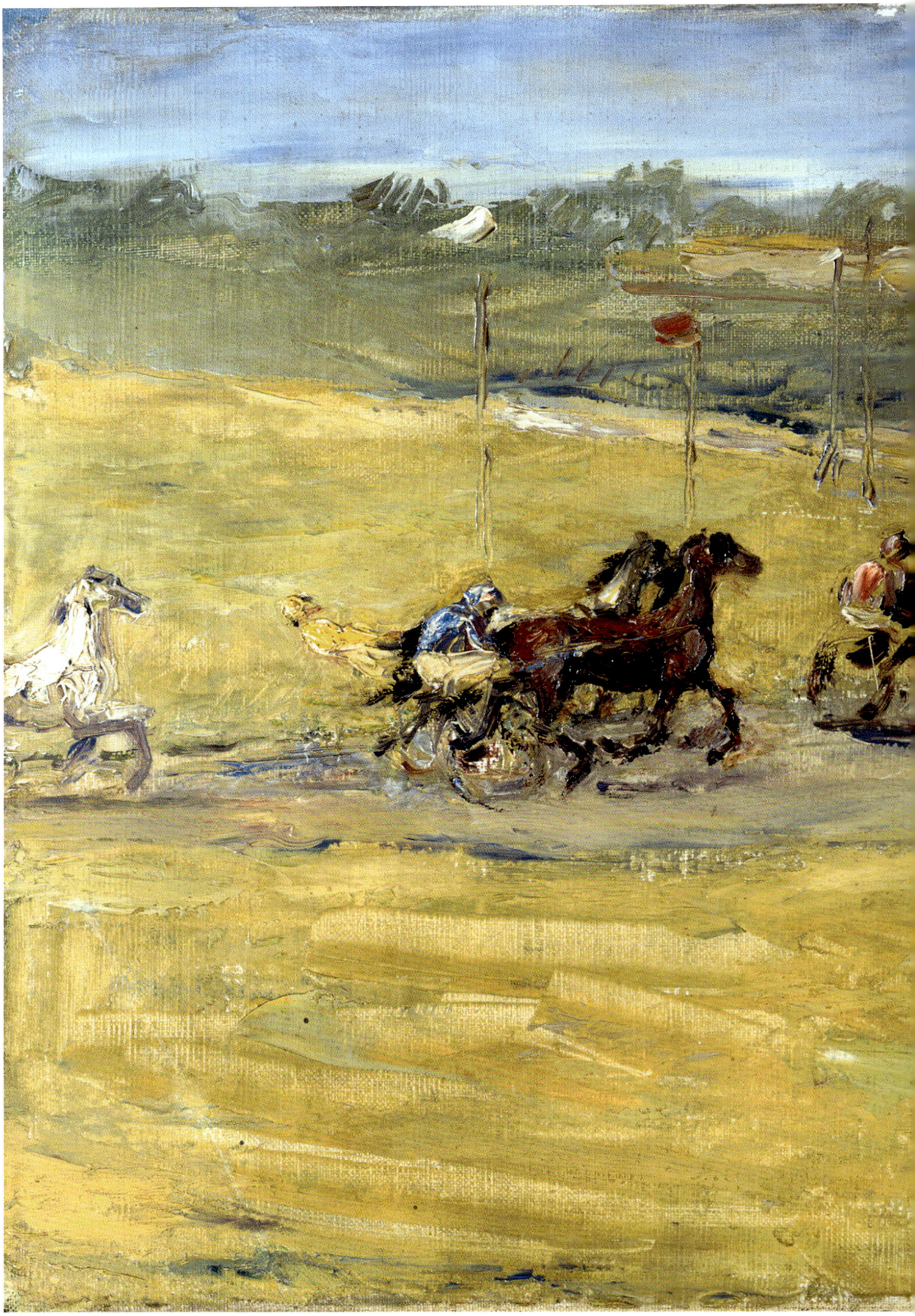

KAT. 30 *Trabrennen*,
1907, Öl auf Leinwand,
36 × 60,5 cm
BERLIN,
ALTE NATIONALGALERIE,
SMB, INV.-NR. A II 144

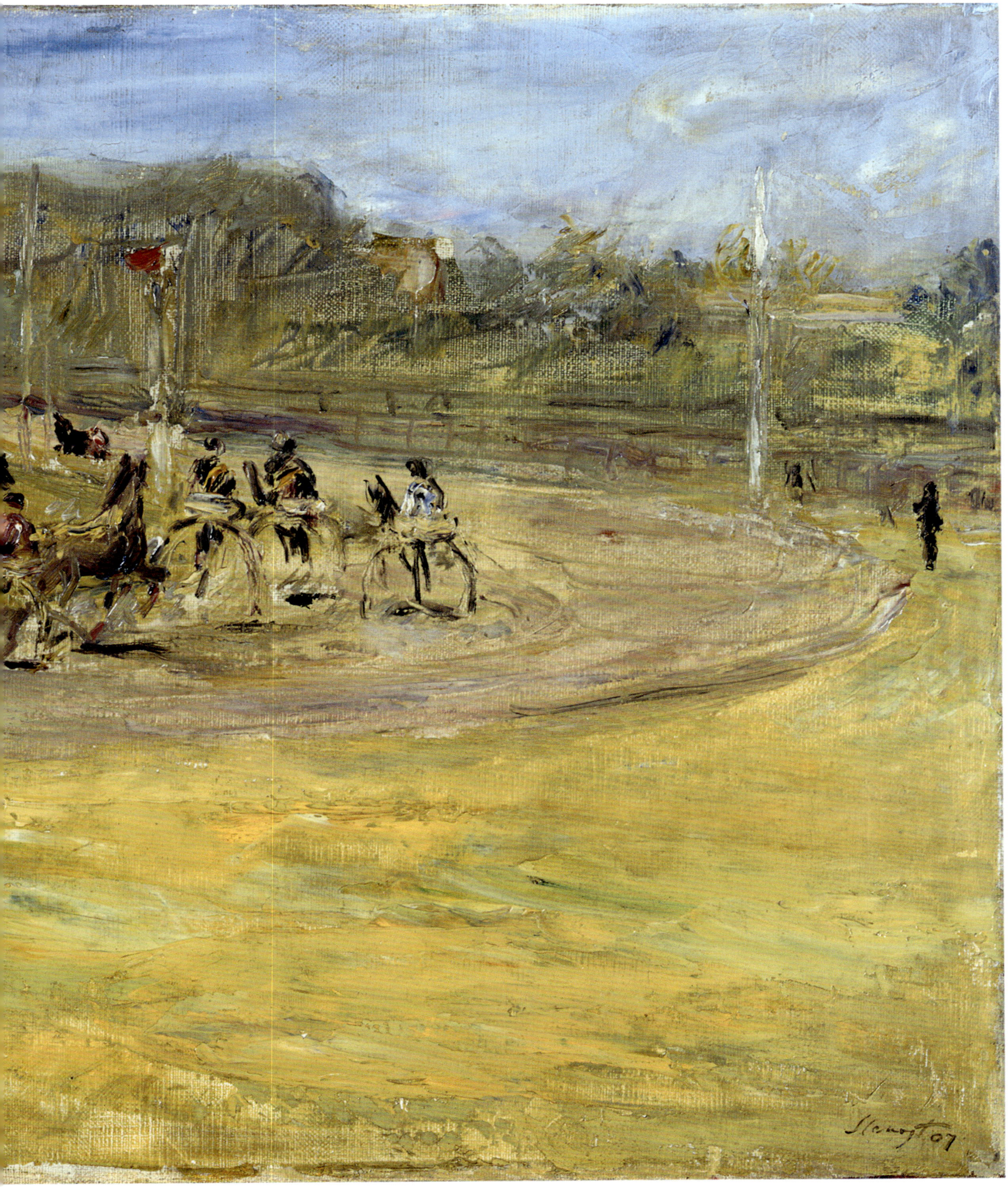

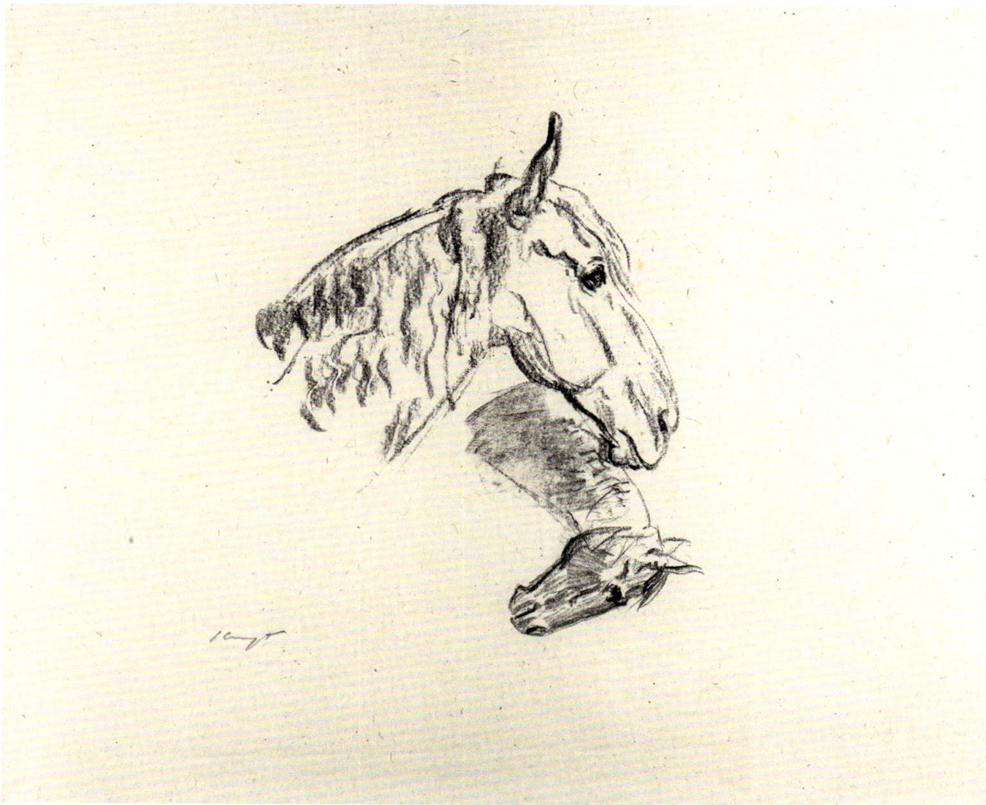

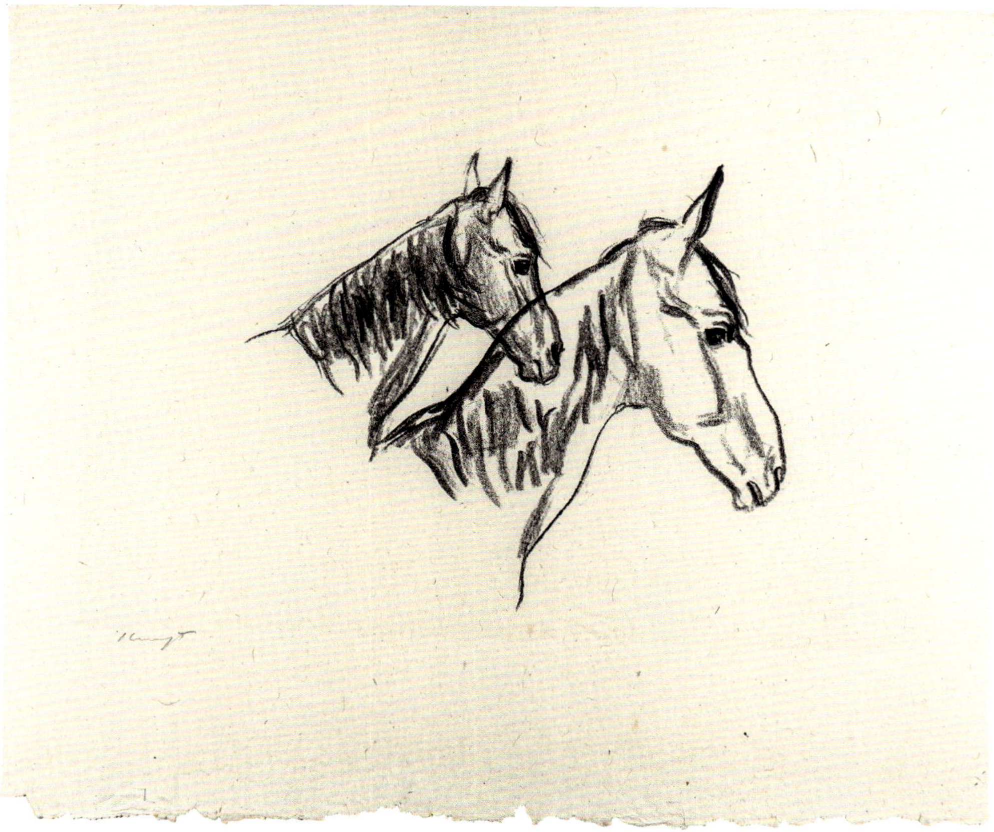

KAT. 31 Vorstudie zum Titelblatt der Mappe *Rennskizzen* (B 10), 1915, Kreidelithografie, 35,5 × 44,3 cm LM, INV.-NR. DL SL NL 2025/8

KAT. 32 Vorstudie zum Titelblatt der Mappe *Rennskizzen* (B 10), 1915, Kreidelithografie, 35,8 × 43,6 cm LM, INV.-NR. DL SL NL 2025/24

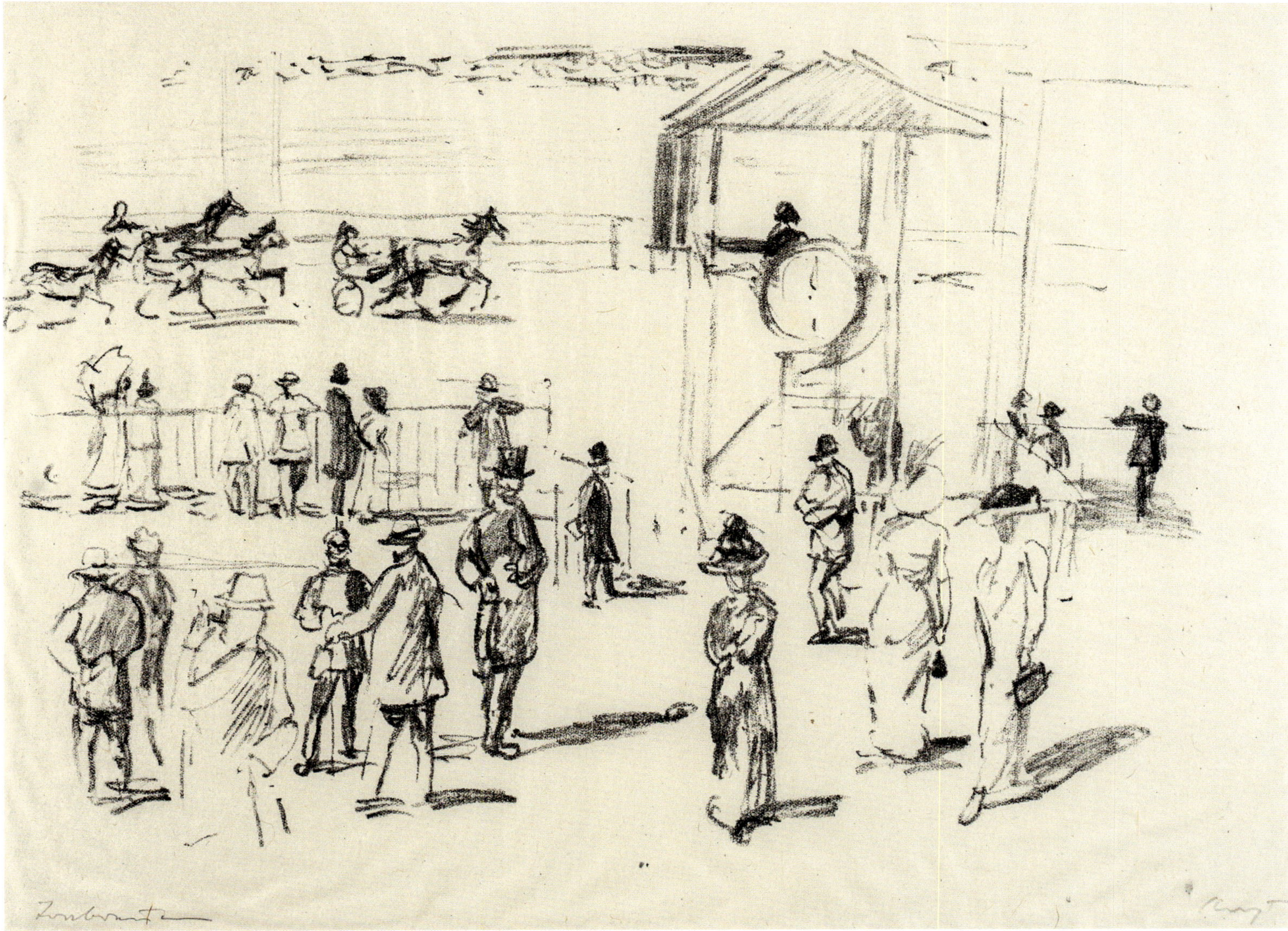

KAT. 33 Blatt 5 (ohne Titel) aus der Mappe *Rennskizzen* (B 10), 1915, Kreidelithografie, 35 × 43,5 cm LM, INV.-NR. SLG. GRB. 144

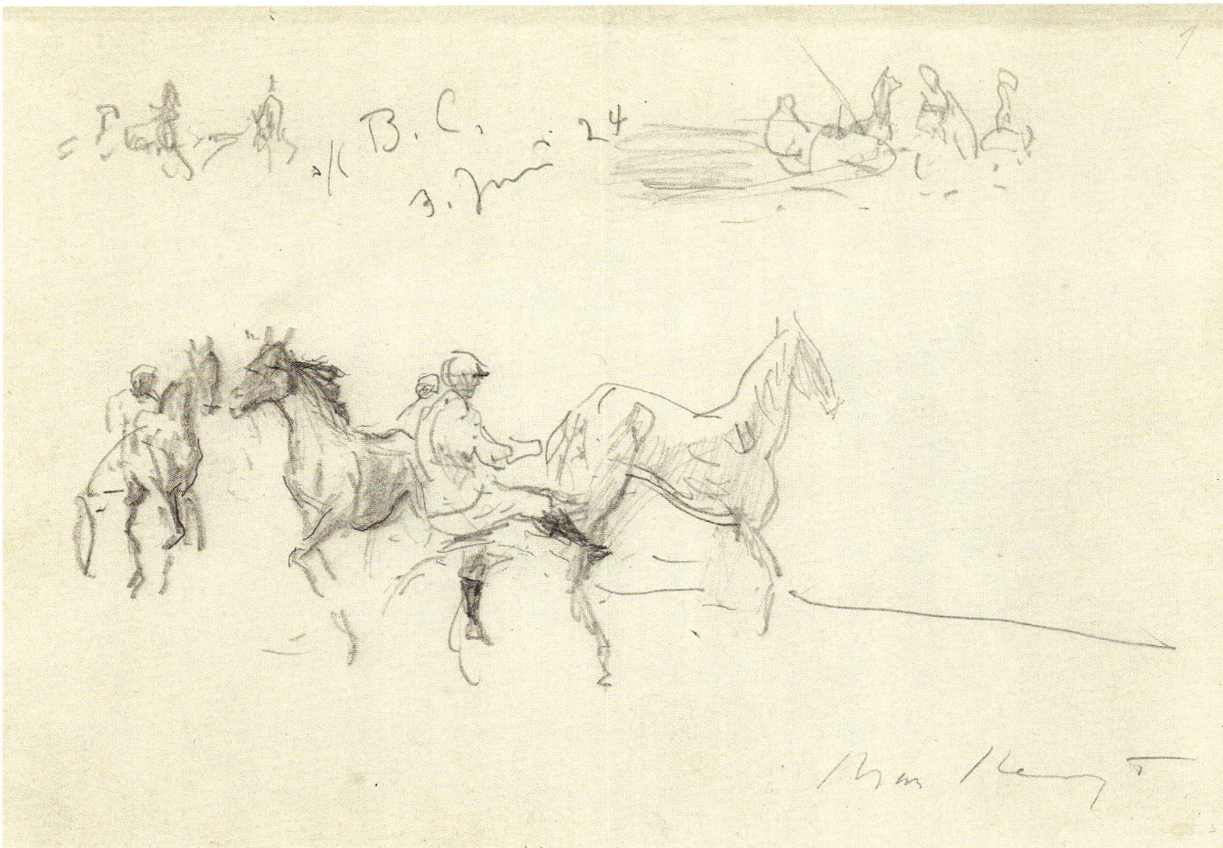

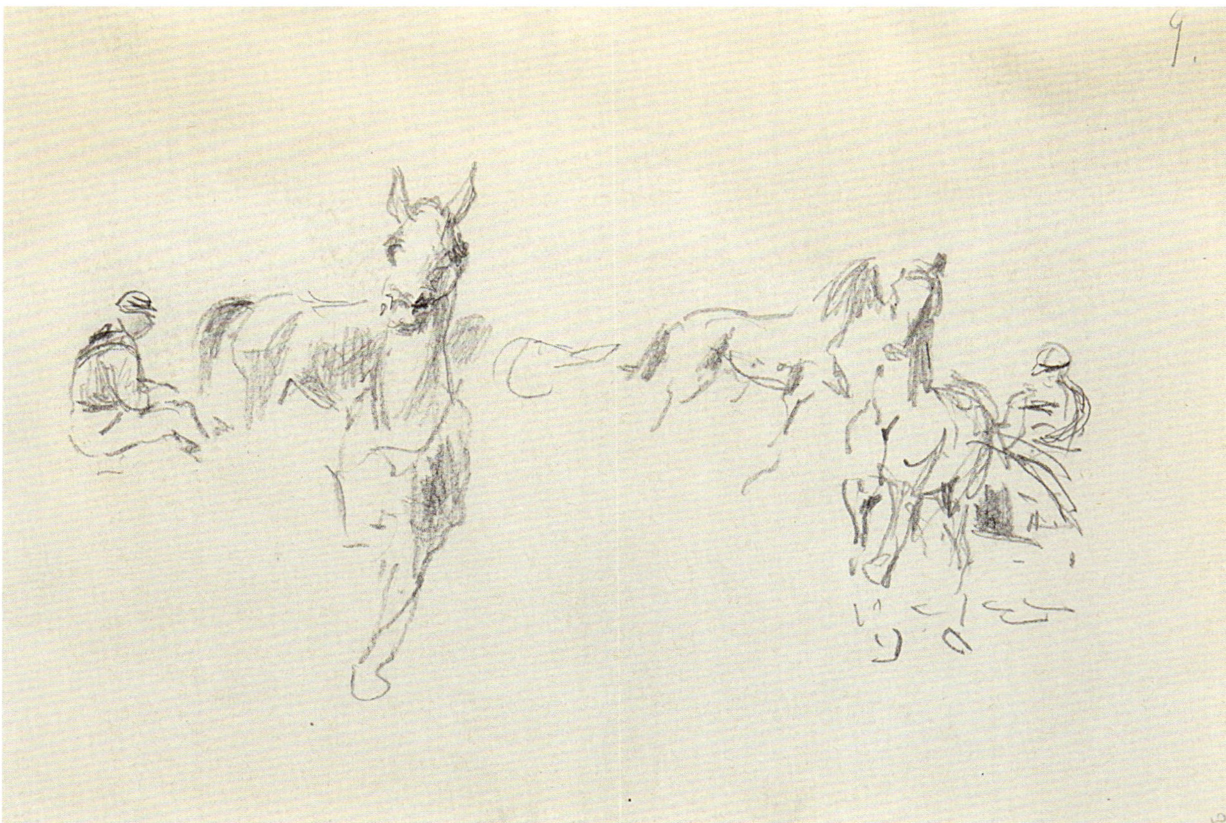

KAT. 34 *Rennskizzen* (Blatt 1 des Skizzenbuchs), 1924 (?), Bleistift, 14 × 20 cm SM, INV.-NR. KW 5081

KAT. 35 *Rennskizzen* (Blatt 9 des Skizzenbuchs), 1924 (?), Bleistift, 14 × 20 cm SM, INV.-NR. KW 5089

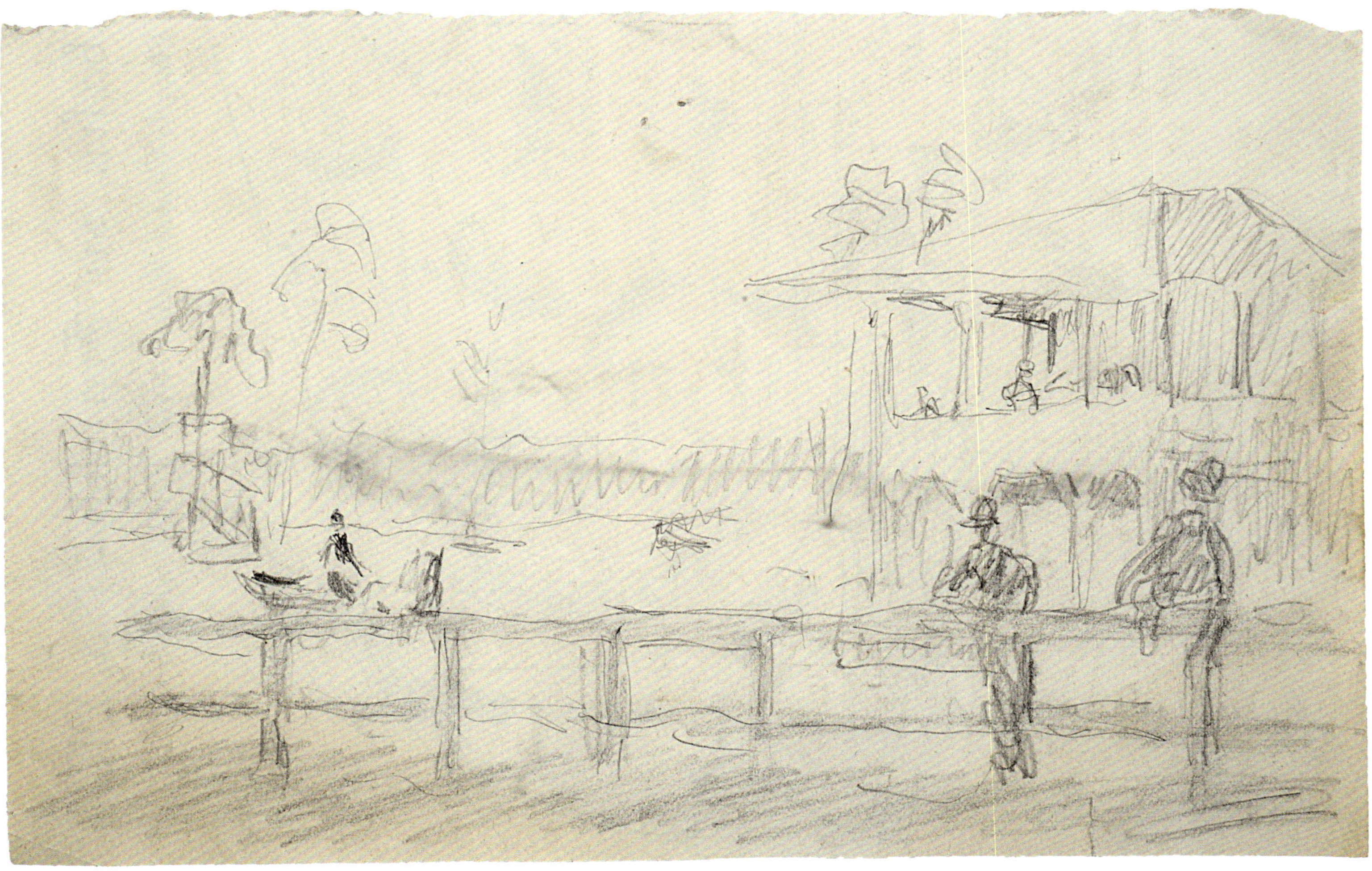

KAT. 36 *Blick auf die Trabrennbahn*, ohne Datierung, Bleistift, 12,3 × 19,7 cm LM, INV.-NR. DL SL NL 2022/72

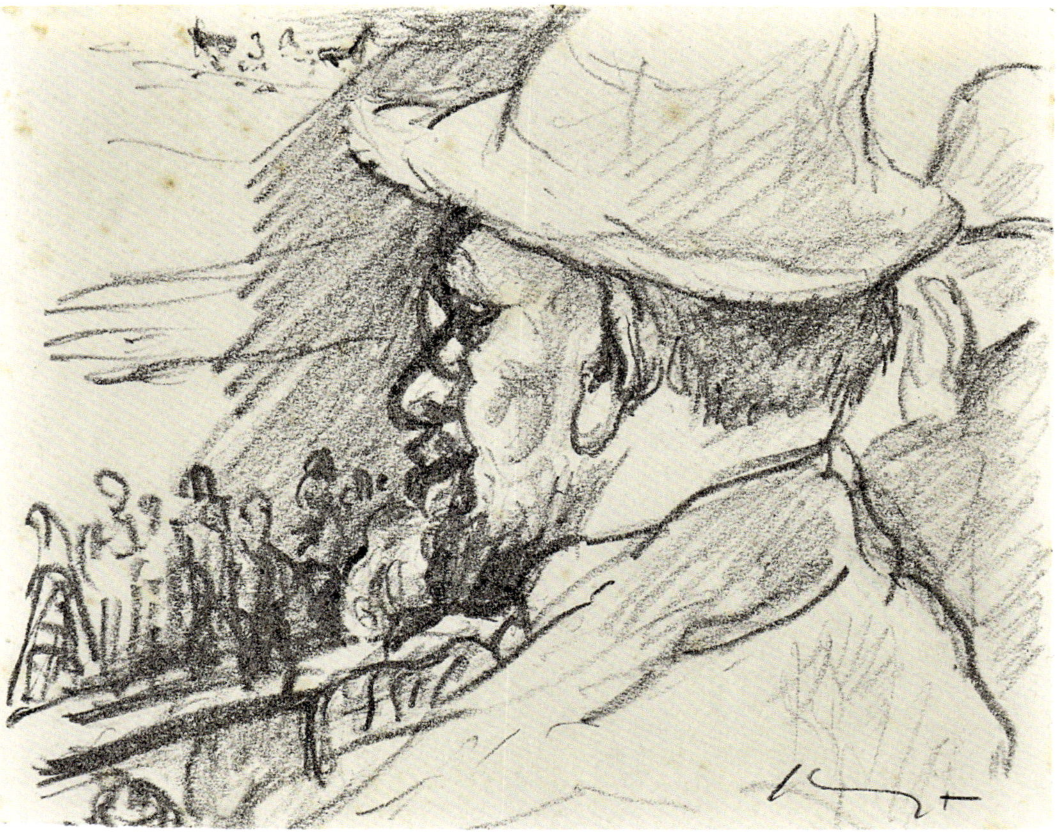

KAT. 37 *Orlik als Zuschauer auf der Tribüne*, 1923, Vorzeichnung zu Kreidelithografie der Mappe *Trabrennen* (B 34), Bleistift, 10,3 × 13 cm LM, INV.-NR. DL SL NL 2022/73

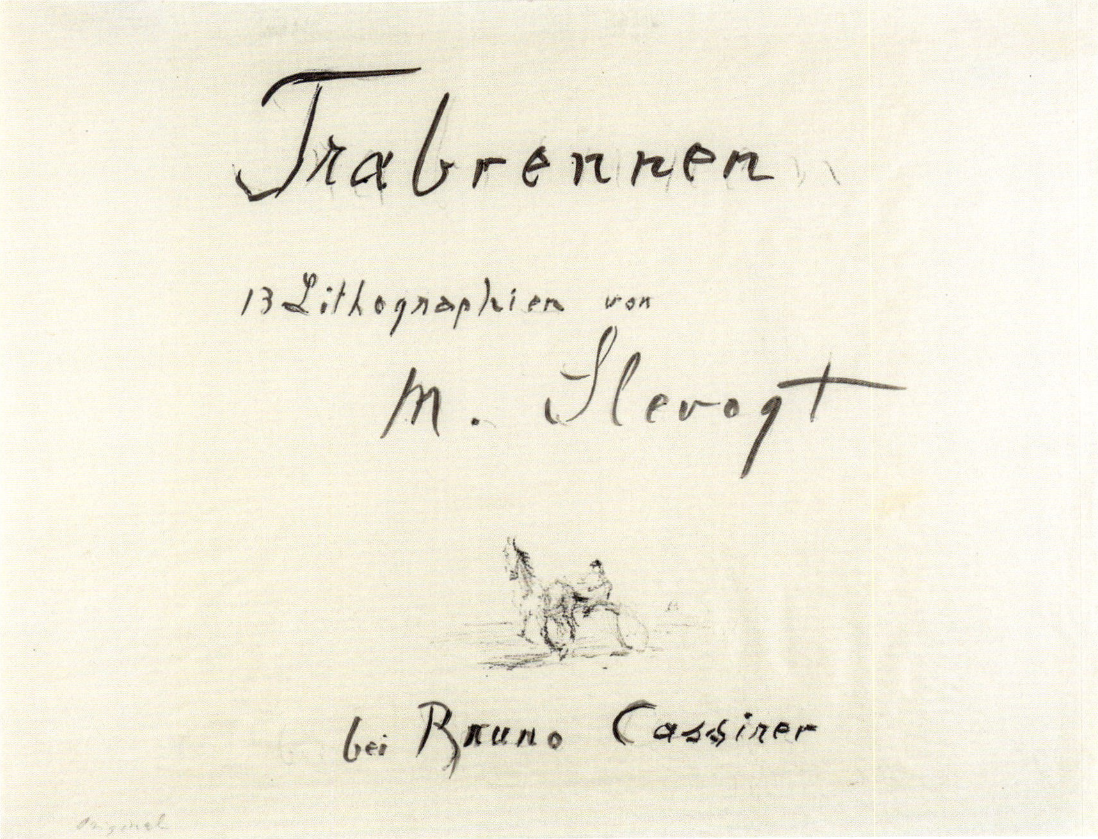

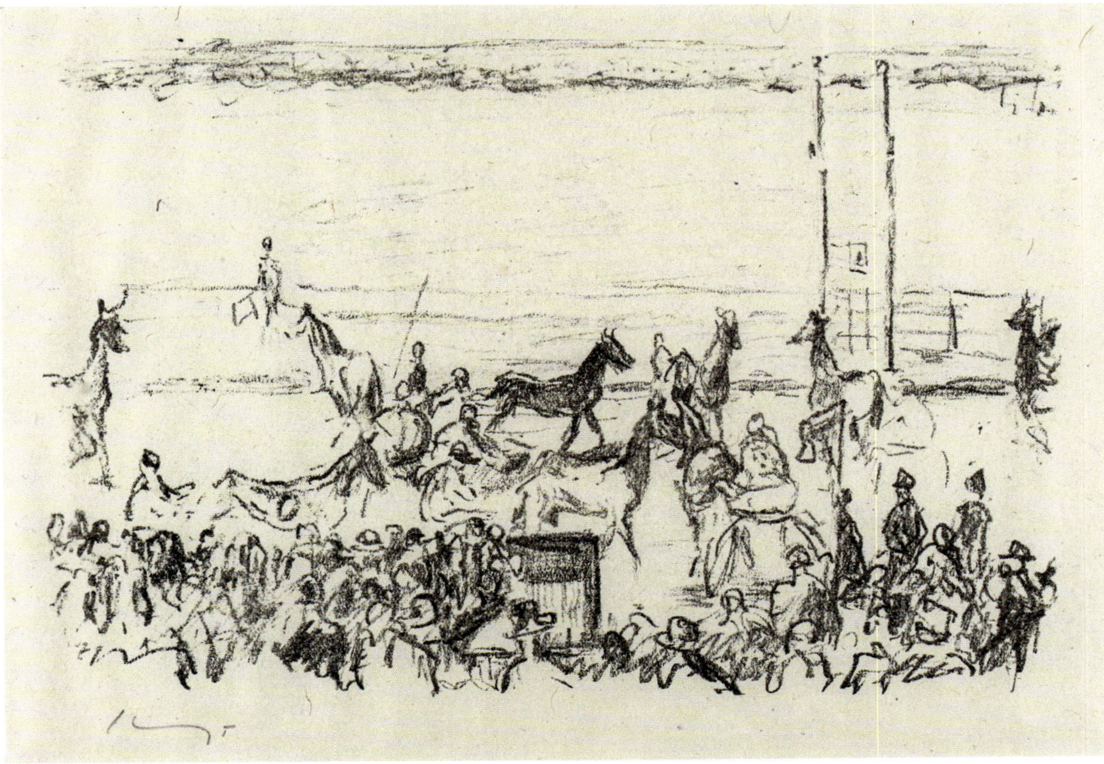

KAT. 38 Entwurf Titelblatt *Trabrennen* (B 34), 1923, Tusche, 30 × 40 cm LM, INV.-NR. DL SL NL 2024/47

KAT. 39 *Am Start*, aus der Mappe *Trabrennen* (B 34), 1923, Kreidelithografie, 33,7 × 44 cm LM, INV.-NR. SLG. GRB. 13/11

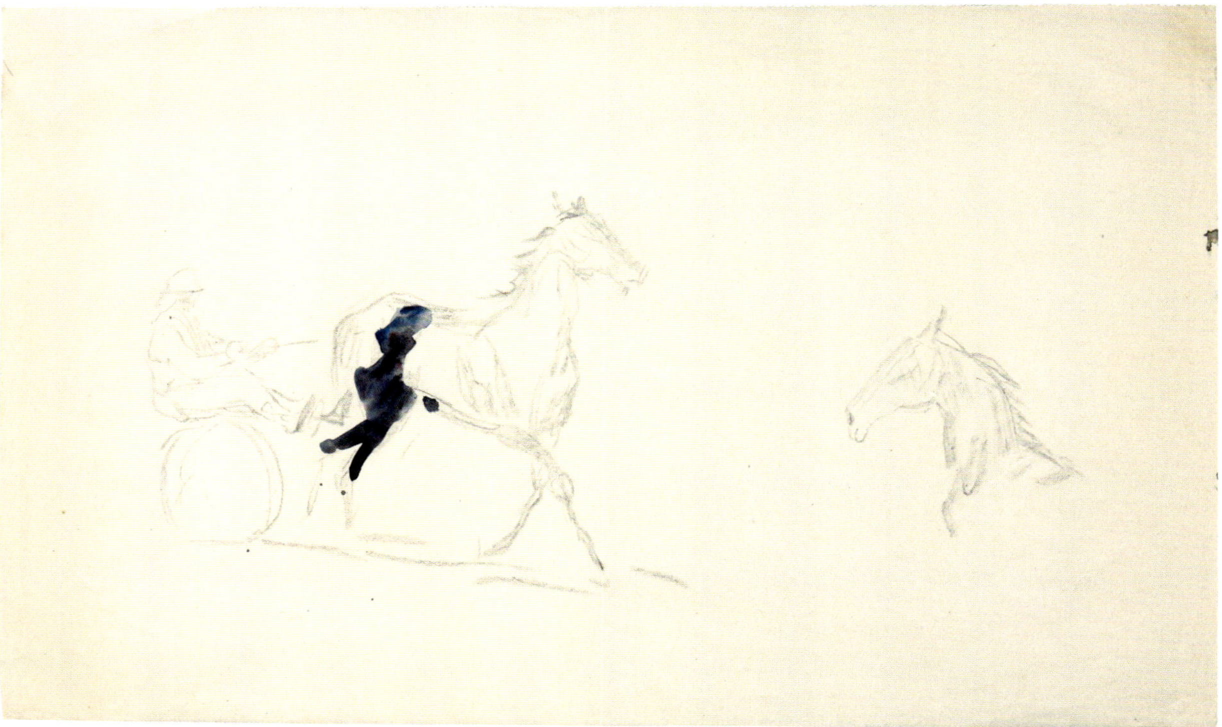

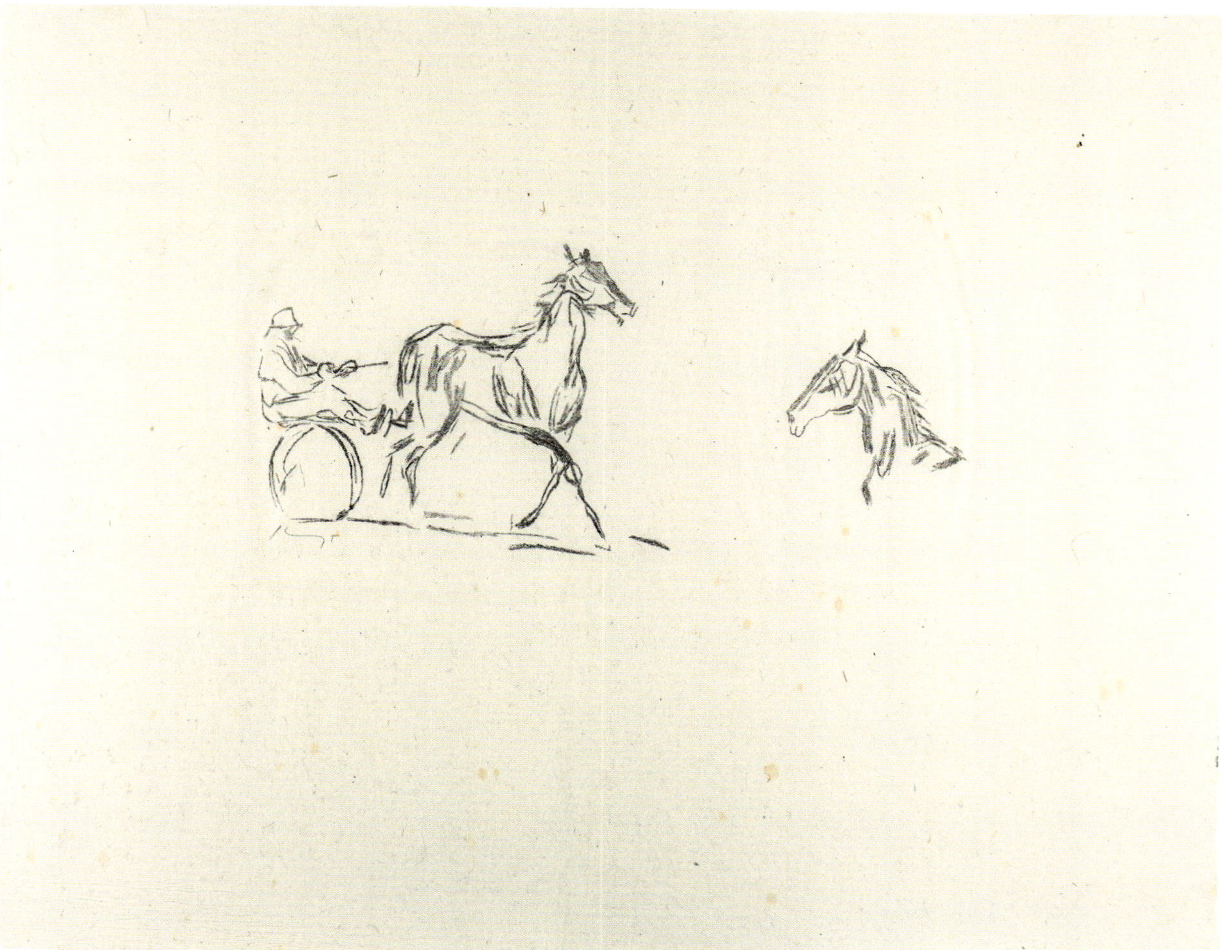

KAT. 40 *Traber im Sulky (und Pferdekopf)*, Skizze mit Teilaquarell, 1923, Bleistift, 19,5 × 33 cm LM, INV.-NR. DL SL NL 2025/9

KAT. 41 *Traber im Sulky (und Pferdekopf)*, aus der Mappe *Trabrennen* (B 34), 1923, Kreidelithografie, 34,5 × 45 cm LM, INV.-NR. SLG. GRB. 13/15

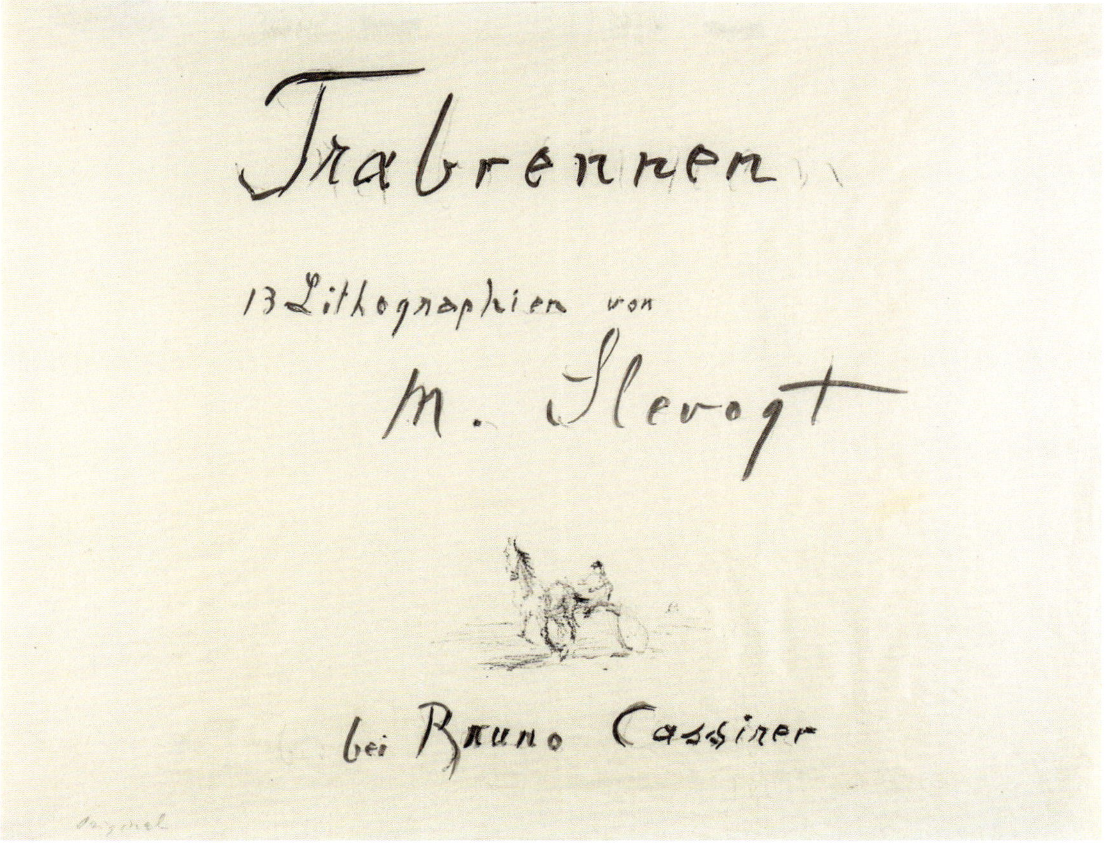

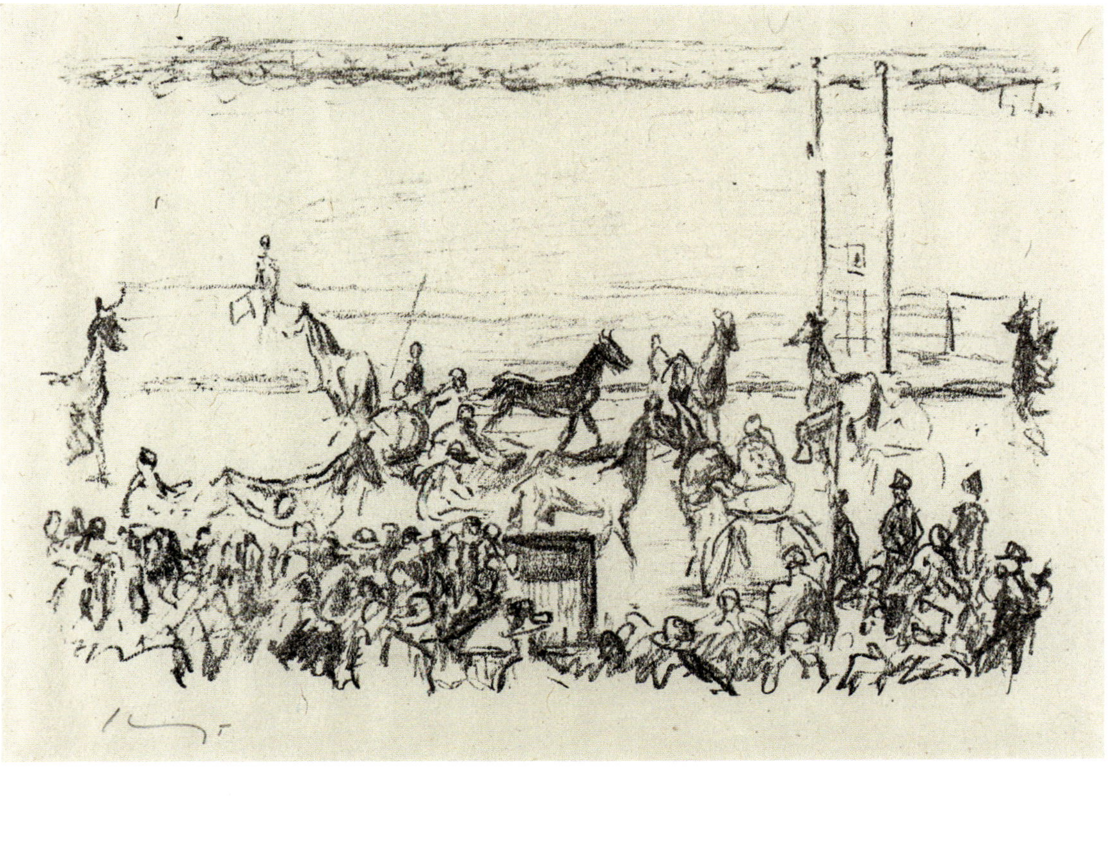

KAT. 38 Entwurf Titelblatt *Trabrennen* (B 34), 1923, Tusche, 30 × 40 cm LM, INV.-NR. DL SL NL 2024/47

KAT. 39 *Am Start*, aus der Mappe *Trabrennen* (B 34), 1923, Kreidelithografie, 33,7 × 44 cm LM, INV.-NR. SLG. GRB. 13/11

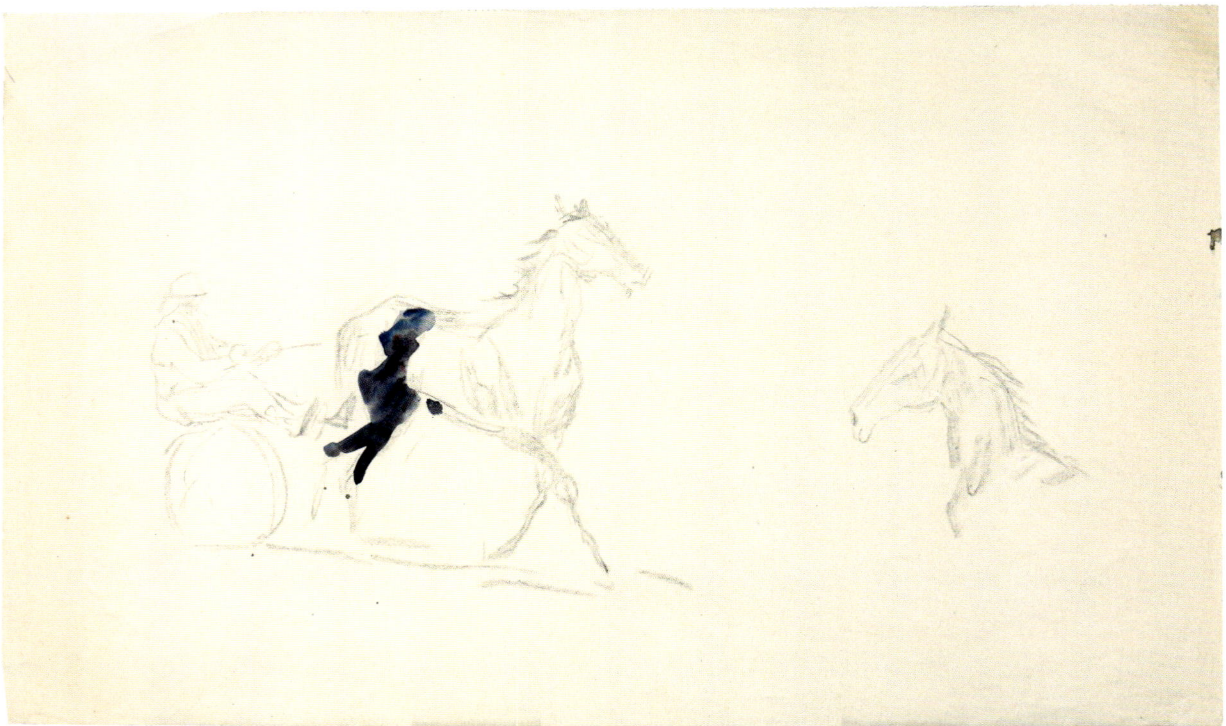

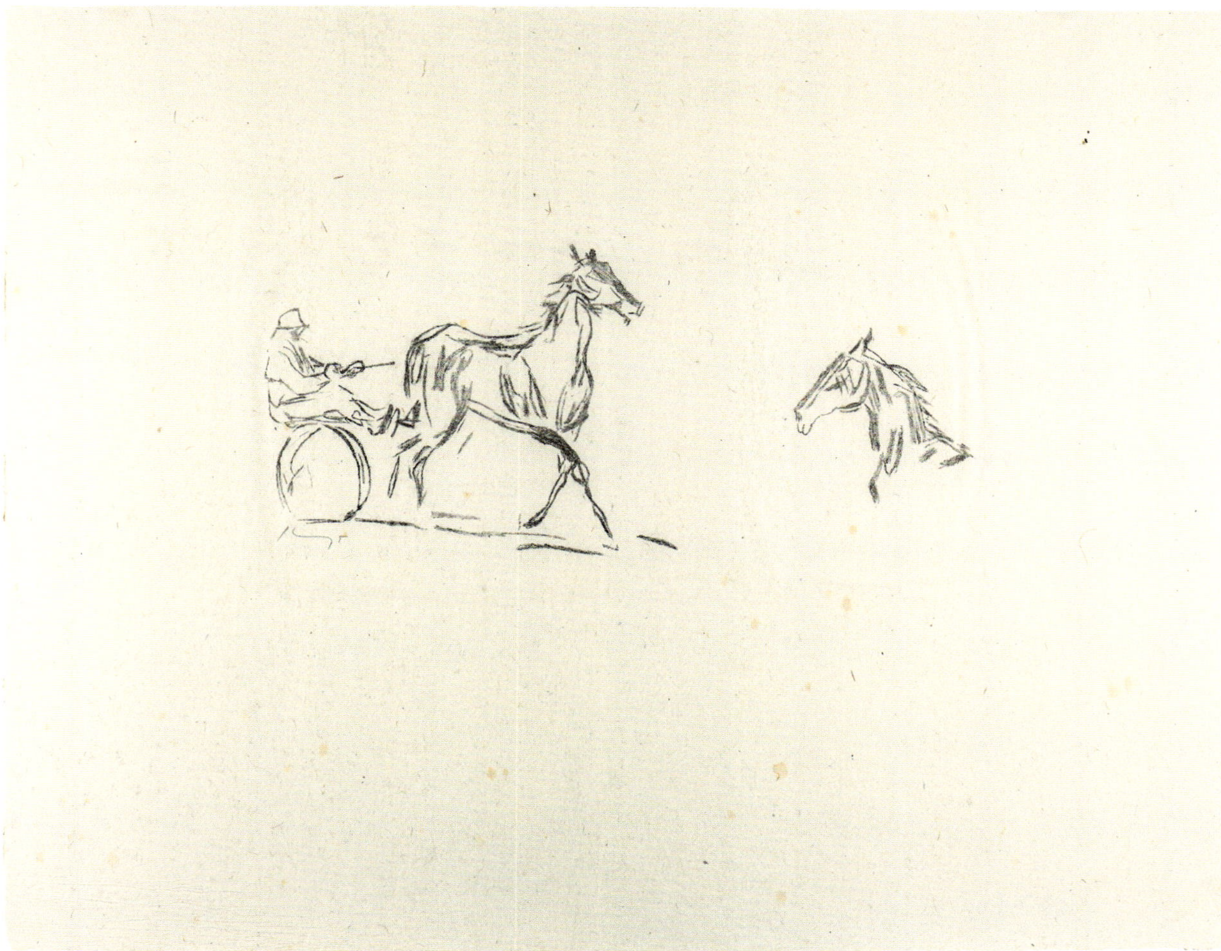

KAT. 40 *Traber im Sulky (und Pferdekopf)*, Skizze mit Teilaquarell, 1923, Bleistift, 19,5 × 33 cm LM, INV.-NR. DL SL NL 2025/9

KAT. 41 *Traber im Sulky (und Pferdekopf)*, aus der Mappe *Trabrennen* (B 34), 1923, Kreidelithografie, 34,5 × 45 cm LM, INV.-NR. SLG. GRB. 13/15

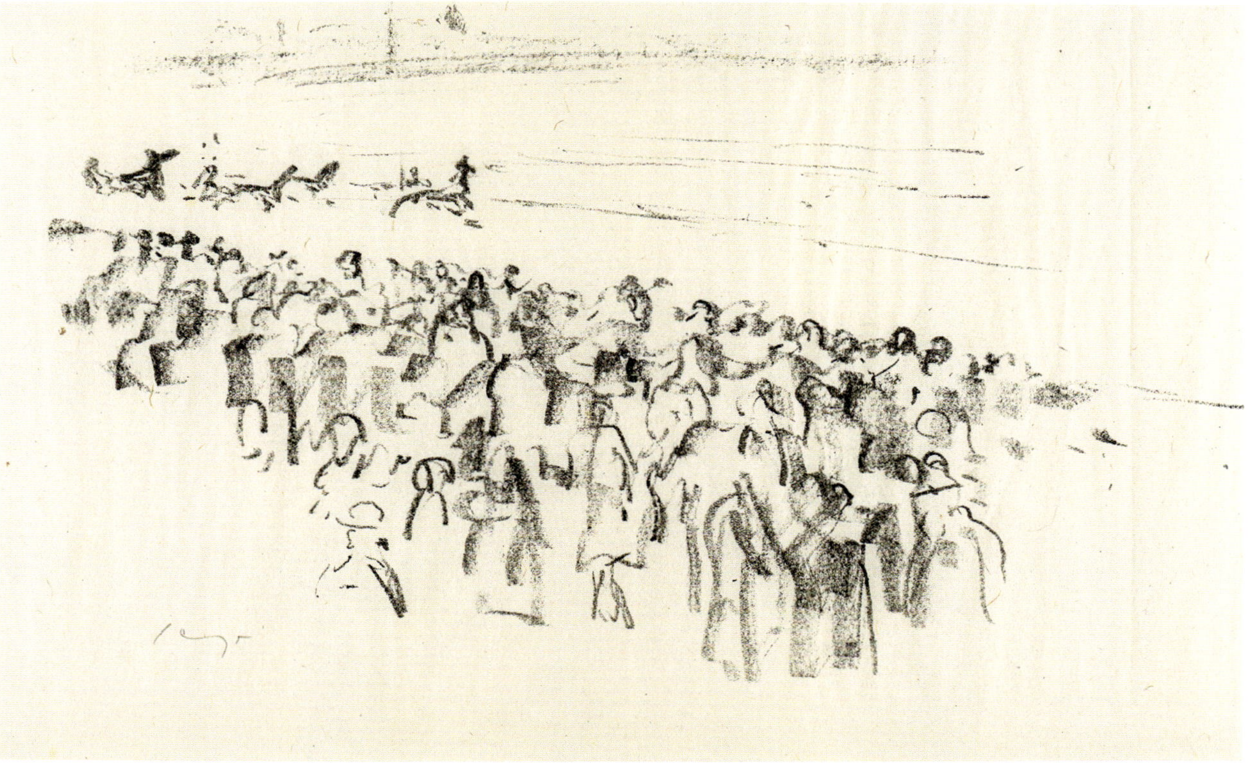

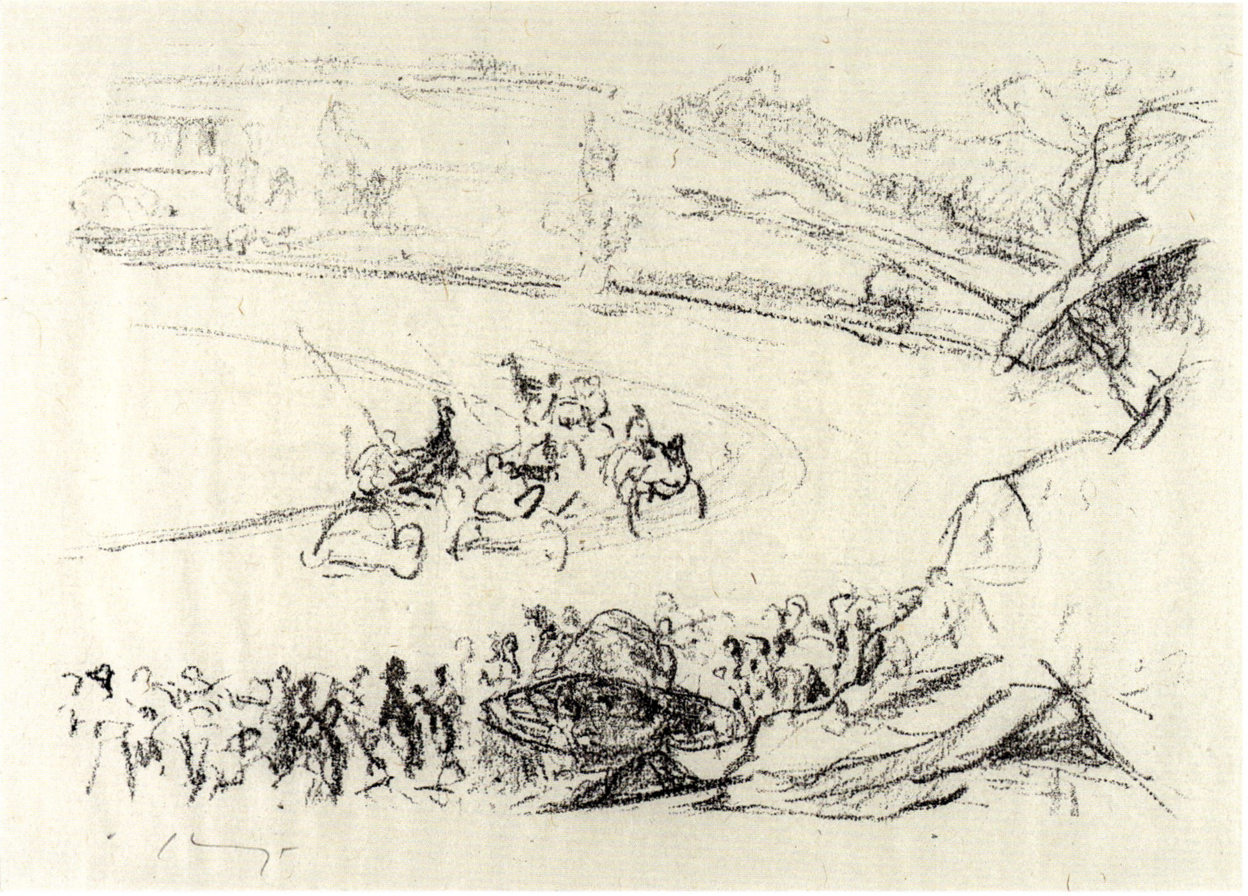

KAT. 42 *Auf der Trabrennbahn*, aus der Mappe *Trabrennen* (B 34), 1923, Kreidelithografie, 34,5 × 45 cm LM, INV.-NR. SLG. GRB. 13/12

KAT. 43 *In der Kurve*, aus der Mappe *Trabrennen* (B 34), 1923, Kreidelithografie, 34,5 × 45 cm LM, INV.-NR. SLG. GRB. 13/6

JANE SCHMIDT-BODDY

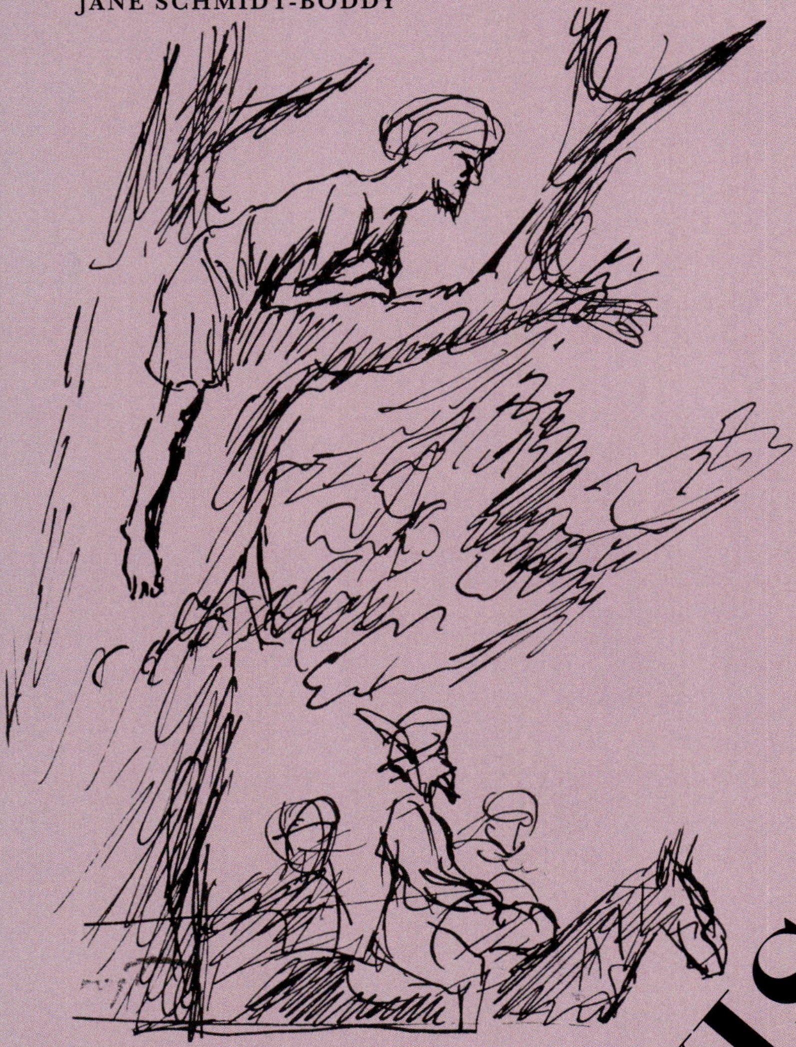

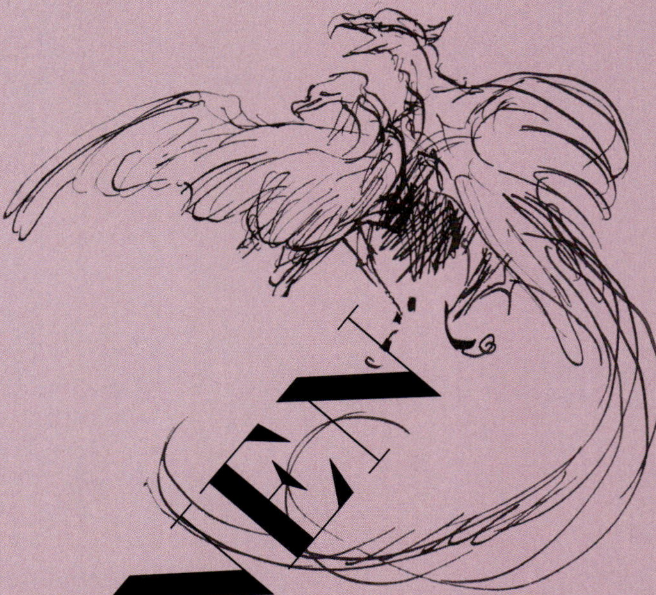

IMPROVISATIONEN AUS 1001 NACHT

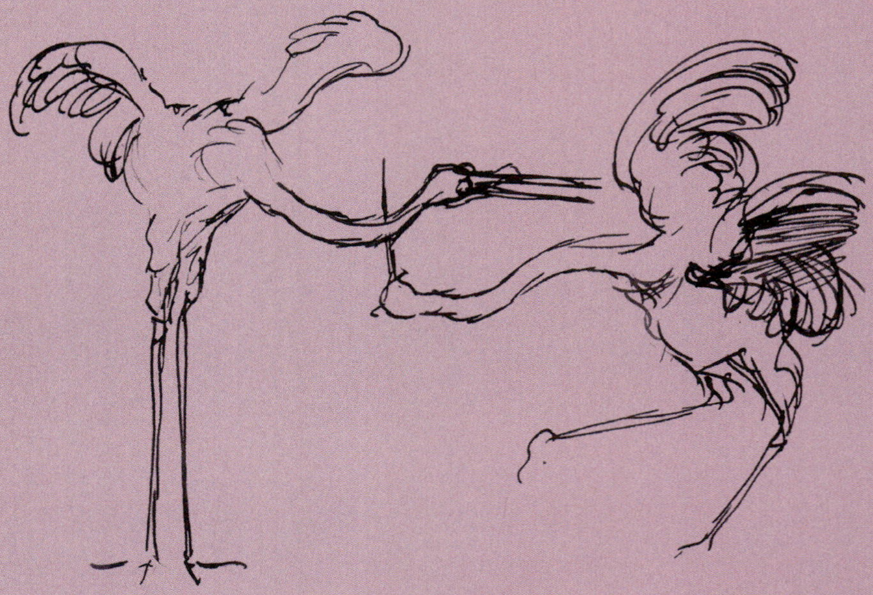

Die Erzählungen aus *1001 Nacht* boten Max Slevogt eine nahezu unerschöpfliche Quelle für „exotische" Gewaltexzesse, Erotik und Abenteuer. Bereits im Jahr 1885 fertigte er Kopien nach Zeichnungen aus diesen Geschichten an und fand bald darauf eigene Motive für seine Malerei.[1] Dabei standen insbesondere Impulse für seine Formfindung aus der Märchenwelt des „Orients" im Vordergrund. Diese diente Slevogt als Folie für das Einfühlen in aufregende Situationen. Seine ersten Zeichnungen zu diesem Thema beziehen sich auf die Erzählung von *Ali Baba und die vierzig Räuber* (Kat. 45, 47–54).[2] Sie handelt von dem armen Holzfäller Ali Baba, der eines Tages zufällig vierzig Räuber beobachtet, die sich einer Felswand nähern. Er hört, wie ihr Anführer das Zauberwort „Sesam, öffne dich!" ruft – woraufhin sich der Eingang zu einer Höhle öffnet. Ali Baba merkt sich das Wort und betritt später selbst die Höhle, in der Gold und andere Kostbarkeiten lagern. Als sein Bruder Kasim davon erfährt, begibt auch er sich dorthin, wird jedoch von den Räubern entdeckt und getötet – sein Körper wird gevierteilt. Später entdeckt Ali Baba den Leichnam seines Bruders. Diese Szene faszinierte Slevogt offenbar, denn er zeichnete sie in gleich mehreren Variationen. Sie zeigen den Moment aus unterschiedlichen Perspektiven – als wolle Slevogt ihn gedanklich umkreisen und durchdringen.[3]

Für die spätere Buchpublikation bei Bruno Cassirer wurde schließlich eine Variante von *Ali Baba findet in der Höhle die gevierteilte Leiche seines Bruders* (Kat. 49) ausgewählt. Darin steht Ali Baba in Rückenansicht zwischen zwei hoch aufragenden Felswänden. Oberhalb hängen zwei verstümmelte Körper. Ali Baba blickt empor; seine Körperhaltung deutet auf einen Schockzustand hin, sein Gesicht bleibt jedoch verborgen. In der Originalzeichnung gibt es eigentlich noch einen Ausblick aus der Höhle hinaus, wo zwei Esel warten – dieser wurde in der Reproduktion jedoch weggelassen. Im Ausschnitt wirken die engen Wände, das betonte Hochformat und die starken Hell-Dunkel-Kontraste umso beklemmender, fast erdrückend.

Trotz der tendenziell düsteren Thematik „beschweren [Slevogts Schöpfungen] nicht unsere Träume" – vielmehr spricht Lust am Leben daraus, wie Alfred Kubin betont. Er formuliert den Reiz so: „Man fühlt sich wie vom Hauch des unmittelbaren Lebens berührt, so taufrisch und springlebendig, daß alle trockenen Überlegungen einfach verfliegen vor der festen Überzeugung: so hat sich das zugetragen, Slevogt war selbst mit dabei, er muß das gesehen haben."[4] Diese Einschätzung teilten offenbar auch Zeitgenossen wie Karl Scheffler, der schrieb, Slevogts Zeichnungen enthielten „die Atmosphäre des Lebens".[5] Und doch, so lebendig und wirklichkeitsnah – ja sogar „absolut echt" – sie empfunden wurden: Sie beruhten nicht auf eigenen Erfahrungen in der geografischen Welt des Nahen Ostens, sondern auf jener „geistige[n] Luft, die über das Märchen schwebt".[6]

Zeitgenossen betonten immer wieder, dass die Literatur für Slevogt vor allem als Folie diente, auf der er ein Gefühl dafür entwickelte, „wie sah das aus".[7] Es ging ihm nicht um eine mimetische Nähe zur Erzählung, sondern – um es mit Kubin zu sagen – darum, „seinen riesigen Gestaltungstrieb zu entladen [...]."[8] Auch die Zeichnungen zu *Ali Baba* verstand Slevogt nicht als Illustrationen des Textes, sondern als freie „Improvisationen".[9] 1901 wandte er sich mit dem Vorschlag an Bruno Cassirer, die Zeichnungen zu veröffentlichen.[10] Zwar zeigte sich Cassirer „[m]it der Wahl von Ali Baba [...] vollkommen einverstanden", doch wollte er Slevogts Idee, die Bilder ohne begleitenden Text erscheinen zu lassen, nicht umsetzen.[11]

Das Buch erschien schließlich 1903 mit 45 Illustrationen (B 1, Kat. 45) – eine Auswahl aus den etwa 150 Blättern, die Slevogt zu *Ali Baba* geschaffen hatte – ergänzt um den Märchentext.[12]

Es waren Slevogts erste Buchillustrationen im Verlag Bruno Cassirer. Offenbar schwebte ihm ein umfassenderes Projekt zu *1001 Nacht* vor, wie etwa ein Titelblattentwurf nahelegt (Kat. 44).[13] Es blieb jedoch bei der Veröffentlichung von Zeichnungen zu einzelnen Märchen. Im Verlag Bruno Cassirer erschienen folgend *Sindbad der Seefahrer* (1908, B 3, Kat. 55–60) sowie *Die Inseln Wak-Wak. Eine Erzählung aus 1001 Nacht* (1921, B 24, Kat. 61–63). Beide wurden mit zahlreichen Lithografien illustriert.

Die Inseln Wak-Wak erzählt die Geschichte von Hasan von Basra, der von dem Zauberer Bahram in ein fernes, wunderbares Land verschleppt wird und dort in ein Liebesdrama gerät. Auf seiner Reise über sieben Inseln versucht Hasan, zu seiner Frau zurückzufinden. Slevogt lässt die Gestalten dieser Welt hervortreten, als würde er selbst, wie Hasan, durch das fantastische Reich reisen: überwältigt von Erscheinungen, die aus der Materie aufsteigen und sich zur Form verdichten. Besonders plastisch wird dies in der Szene *Hasan kommt durch das Land der Vögel* (Kat. 62):

„[...] und als sie es betraten, schien es Hasan, als würde in dem übermässigen Lärm die Welt auf den Kopf gestellt. Ihm schmerze der Kopf, und sein Geist war verwirrt, seine Augen geblendet und seine Ohren betäubt; und er fürchtete sich in höchster Furcht und machte sich auf den Tod gefasst [...].“[14]

Slevogt verdichtet die Überwältigung in ein wogendes Liniengewirr von Vögeln, zwischen denen sich sogar ein Pferd verbirgt. Die lockere Form und die starke Bewegtheit der Komposition erzeugen eine dynamische, fast chaotische Atmosphäre. So wird nachvollziehbar, wie der Stoff von *1001 Nacht* für Slevogt ein nie versiegendes Figurenrepertoire bot, durch welches er seine Fantasie besonders ausleben konnte.

1 K. Kreuzpaintner (2009a), S. 48f.; H. Biedermann/S. Hoppe (2014), S. 18. Diese haben sich im Grafischen Nachlass des Künstlers im Landesmuseum Mainz erhalten.
2 Aus Slevogts Besitz sind englische illustrierte Drucke der Erzählung nachweisbar. A. Schlechter (2021), S. 239.
3 M. Stocker (2015b), S. 14. Allein in Saarbrücken liegen vier Variationen zu diesem Thema vor, siehe Ausst.-Kat. Saarbrücken (2015), Kat. 7–9.
4 A. Kubin (1973), S. 89f.
5 K. Scheffler (1924), S. 12.
6 E. Waldmann (1924), S. 13.
7 Ebd. Über Slevogts Auseinandersetzung mit dem Stoff merkte Waldmann an: „Er las das Buch und zeichnete in einer wahrhaft fieberhaften Schnelligkeit, immer neu, immer anders, immer unersättlicher. In unendlicher Vielseitigkeit strömten ihm die Einfälle zu, er sah eine Fülle von Bildern vor seiner Seele aufsteigen.“ E. Waldmann (1923), S. 63. Auch Scheffler betonte diese Arbeitsweise: „Im Fluge erhascht er das Tiefste.“ K. Scheffler (1924), S. 12.
8 A. Kubin (1973), S. 89.
9 Vgl. M. Stocker (2015a), S. 14. Offenbar spielte Slevogt mit Titelvarianten, die die Zeichnungen – und nicht die Erzählung – in den Vordergrund stellten; auf einem Titelblattentwurf nannte er das Buch sogar einfach „Zeichnungen“. Mit Dank an Karoline Feulner für diesen Hinweis.
10 B. Cassirer (1924), S. 2.
11 Brief von B. Cassirer an M. Slevogt vom 5.3.1901, Briefedition Nr. 25.
12 E. Waldmann (1923), S. 109; vgl. M. Stocker (2015a), S. 13.
13 Vgl. H.-J. Imiela (1968), S. 154. Auch zu *Aladins Wunderlampe* existiert ein Entwurf, Abb. in: *KuK*, Jg. 10 (1912), Heft 9, S. 461.
14 Zit. n. Ausst.-Kat. Edenkoben (1986), S. 89.

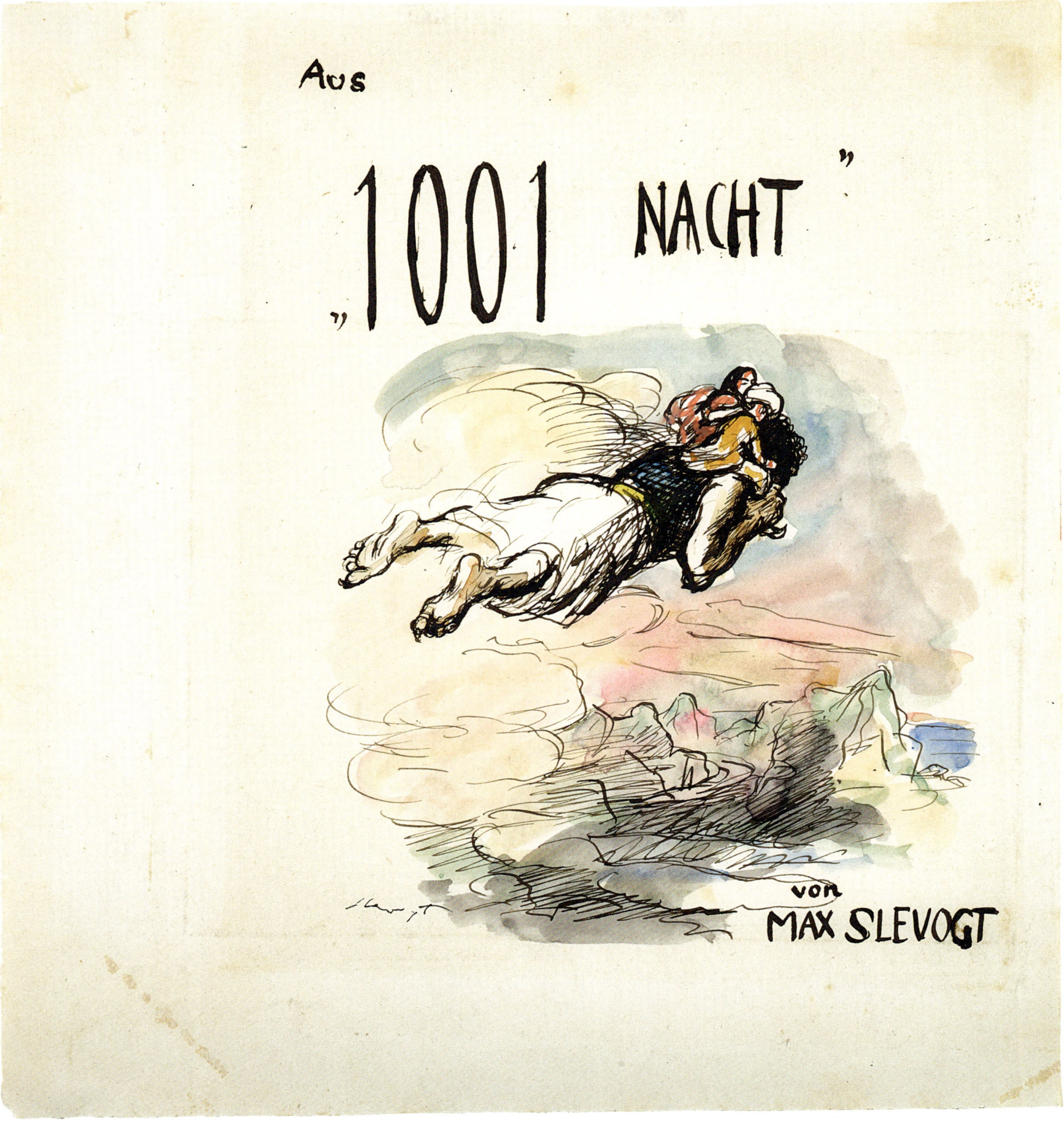

KAT. 44 Titelblattentwurf zu *1001 Nacht* (B 1), um 1900, Gouache, Tusche, 21,7 × 20,9 cm SM, INV.-NR. KW 233

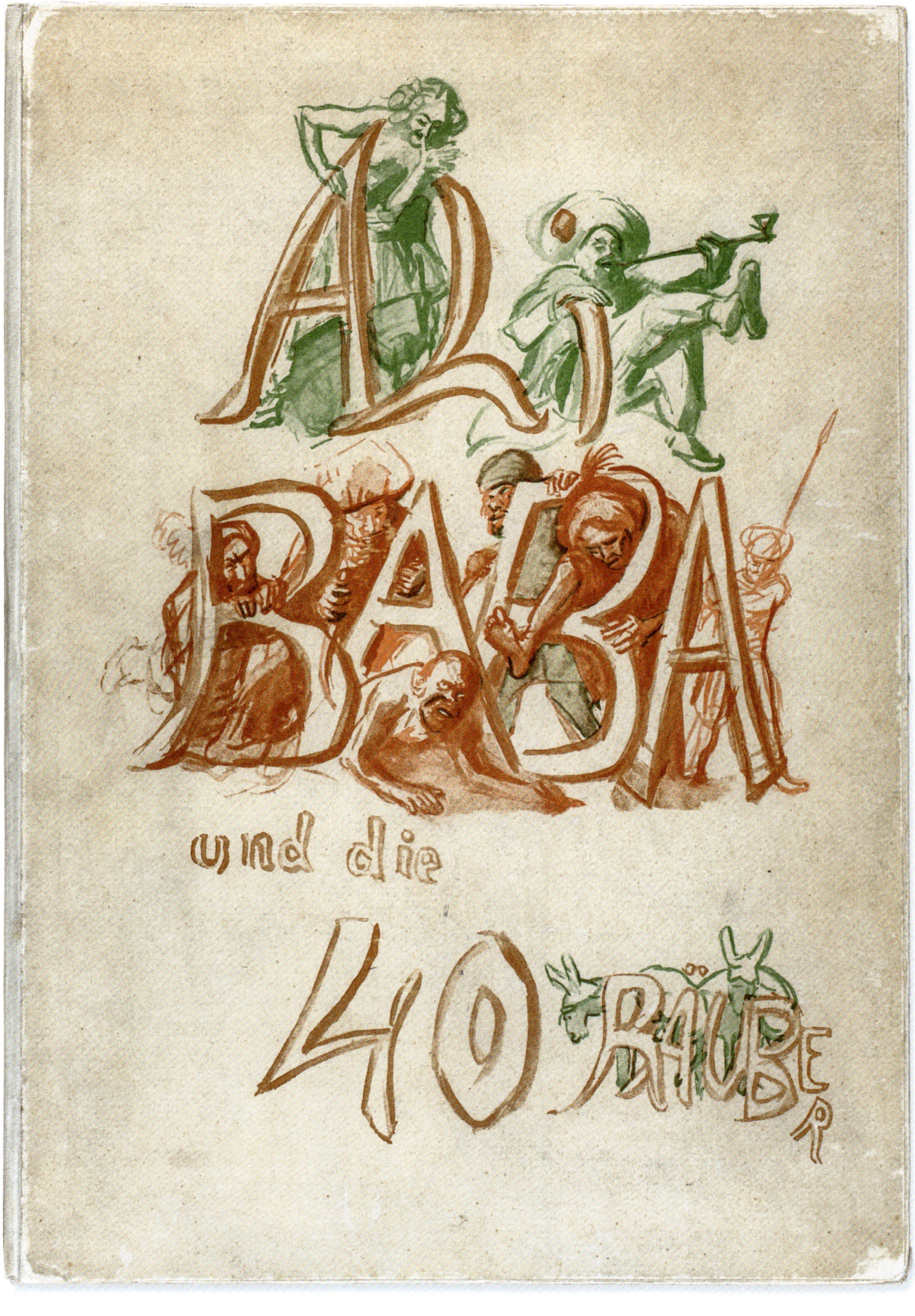

KAT. 45 *Ali Baba und die vierzig Räuber* (B 1), 1903, Buch, 1. Auflage, 31 × 22,2 cm LM, INV.-NR. SLG. GOE 3

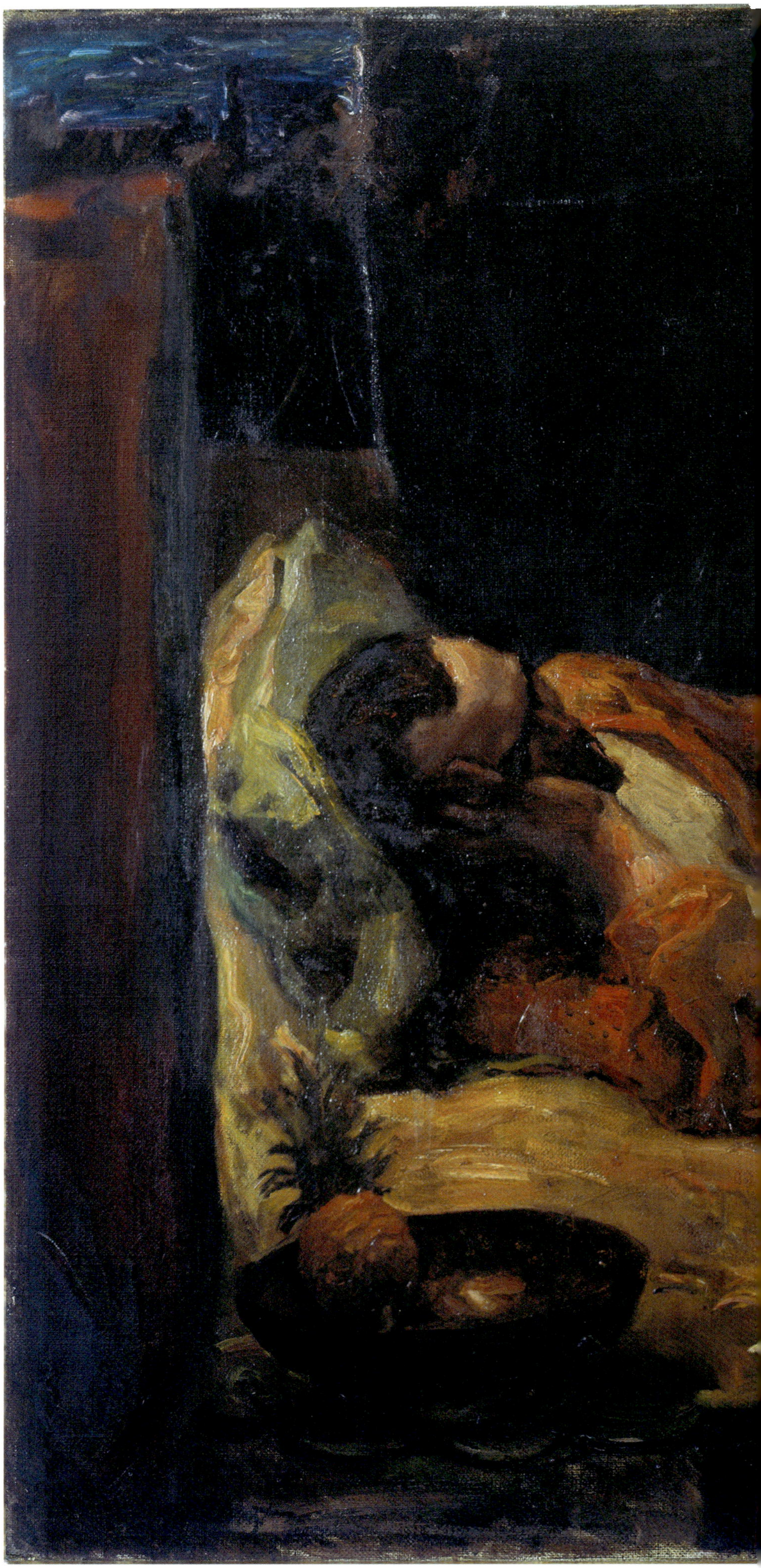

KAT. 46 *Scheherazade (dem Kalifen die Geschichten aus 1001 Nacht erzählend)*, 1897, Öl auf Leinwand, 138 × 193,7 cm
BAYERISCHE STAATSGEMÄLDESAMMLUNGEN,
PINAKOTHEK DER MODERNE, MÜNCHEN, INV.-NR. 9216
(DL MUSEUM PFALZGALERIE KAISERSLAUTERN, INV.-NR. LG 99/121)

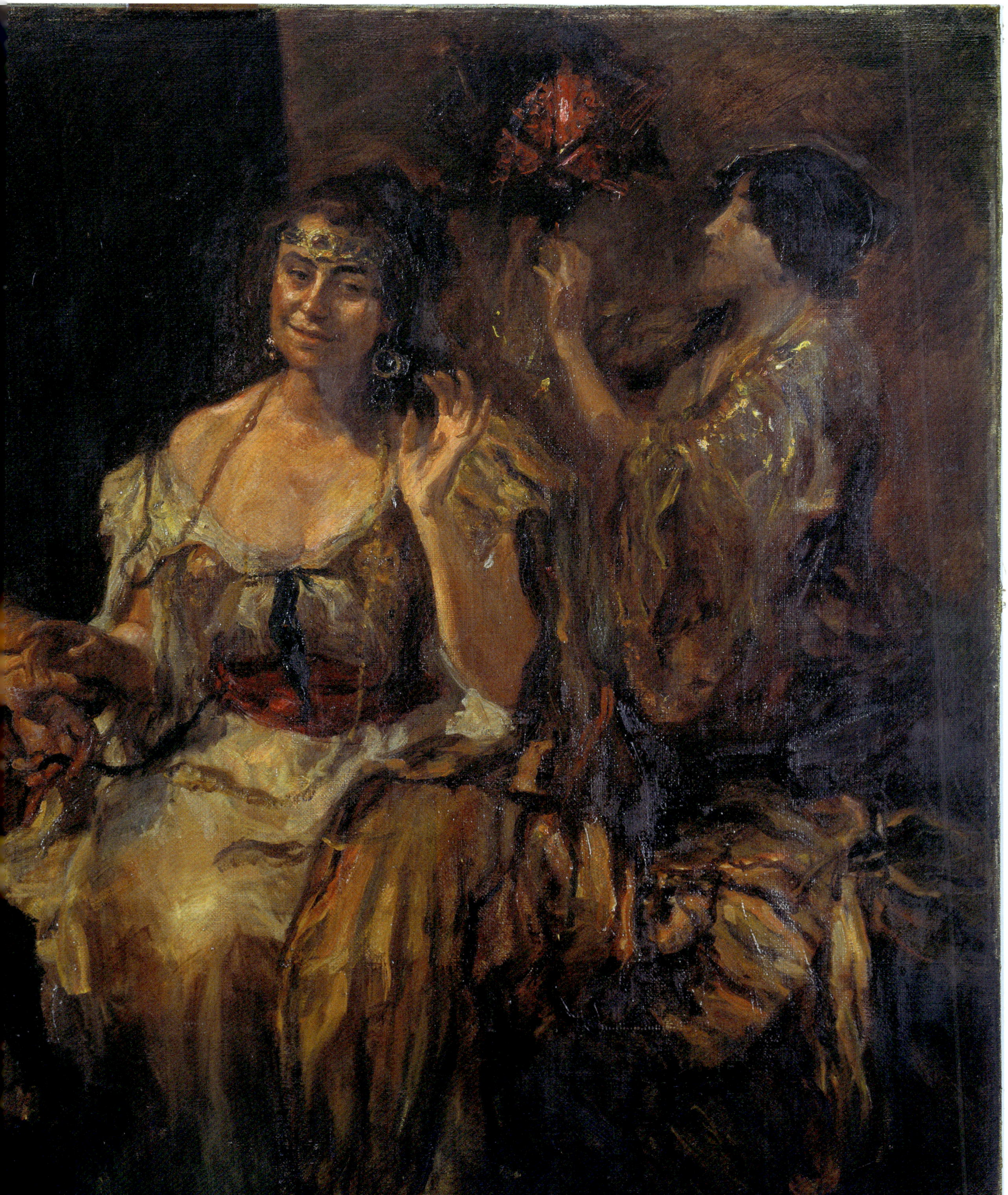

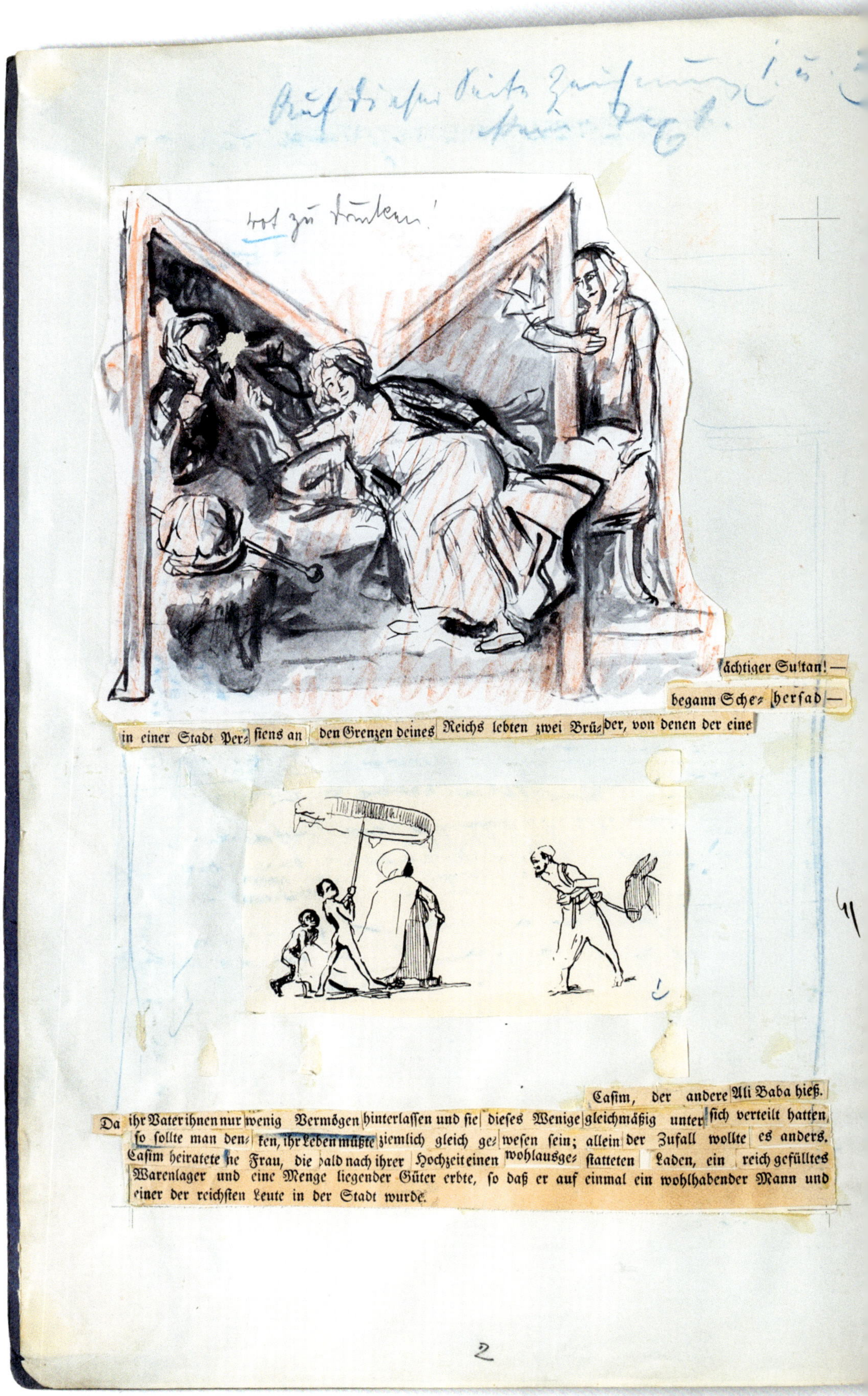

KAT. 47 Layoutbuch zu *Ali Baba und die vierzig Räuber* (B 1), um 1903, blaues Schulheft mit Tusch- und Bleistiftzeichnungen sowie Klischees, 30,5 × 21 cm
LM, INV.-NR. DL SL NL 2021/108

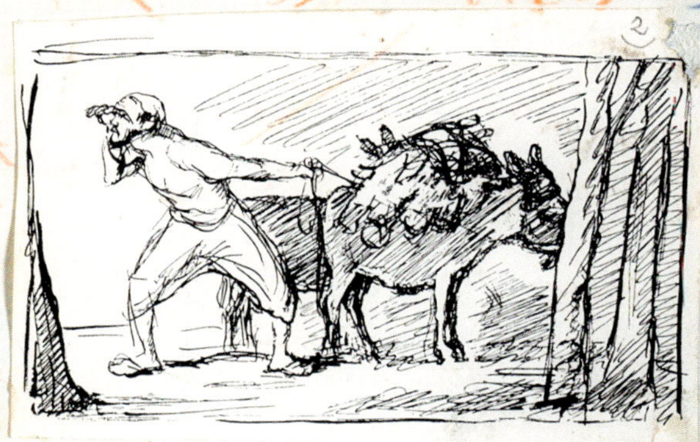

Ali Baba dagegen heiratete eine Frau, die eben so arm war als er selbst, wohnte sehr ärmlic hatte keinen andern Erwerb, um sich und den Seinigen den Lebensunterhalt zu verschaffen, als daß er einem nahen Walde Holz fällte, das er dann auf drei Eseln, seinem einzigen Besitztum, in die Stadt brachte und verkaufte.

Eines Tages, als Ali Baba wieder im Wa de war und eben Holz genug gefällt hatte, um seine Esel damit zu beladen, sah er auf einmal in der Ferne eine gewaltige Staubwolke aufsteigen, die sich in gerader Richtung dem Orte näherte, wo er war. Er blickte sehr aufmerksam nach ihr hin und erkannt ald, daß es eine zahlreiche Reiterschar war, die raschen Schrittes herankam.

Obgleich man in der Gegend nichts von Räubern sprach, so kam Ali Baba doch auf den Gedanken, ese Reiter könnten dergleichen sein, d beschloß daher, seine Esel ihrem Schicksale zu überlassen und ur seine eigere Person zu retten.

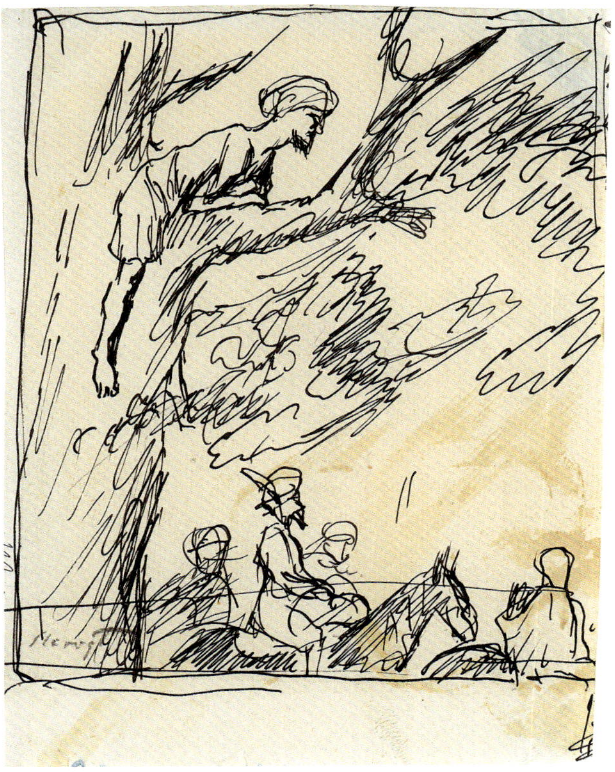

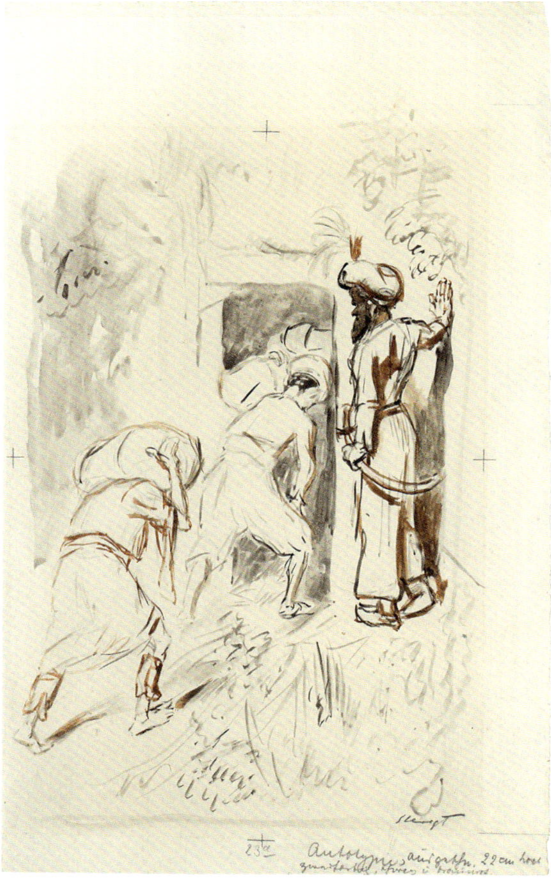

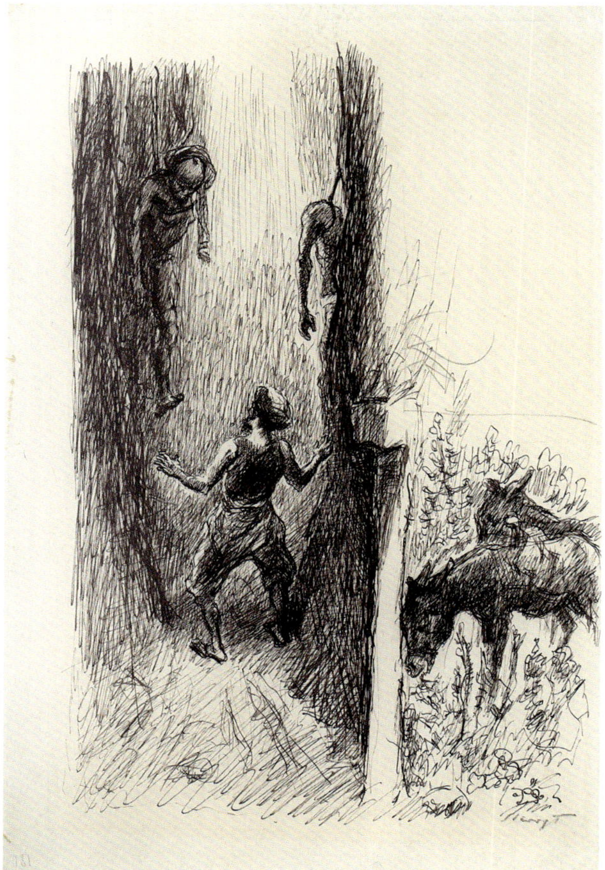

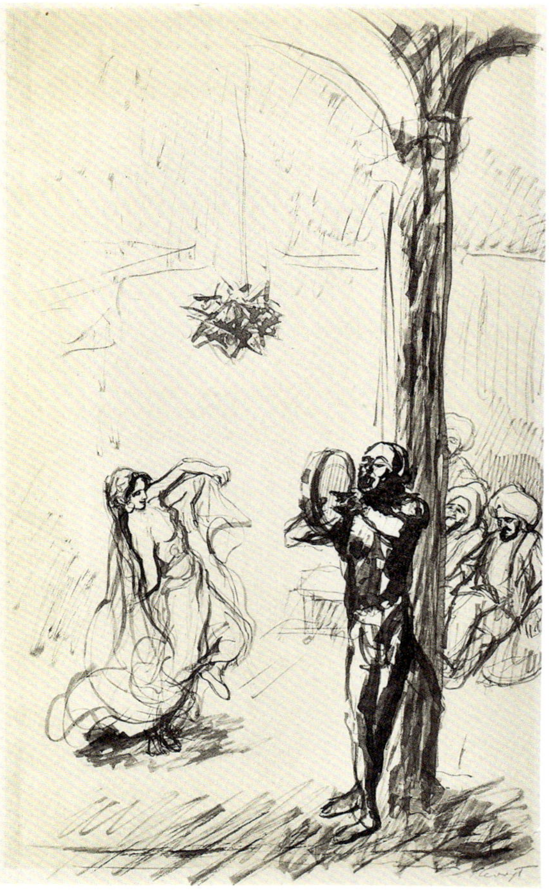

KAT. 48 *Ali Baba beobachtet die Räuber*, Vorzeichnung für B 1, um 1898–1903, Eisengallustinte, 12,1 × 9,8 cm SM, INV.-NR. KW 141

KAT. 49 *Ali Baba findet in der Höhle die gevierteilte Leiche seines Bruders*, Vorzeichnung für B 1, um 1898–1903, Tusche, Bleistift, 30,3 × 20,8 cm SM, INV.-NR. KW 423

KAT. 50 *Der Räuberhauptmann überwacht den Transport von Geldsäcken in die Höhle*, Vorzeichnung für B 1, um 1898–1903, Tusche, Aquarellfarbe, 33,1 × 21 cm SM, INV.-NR. KW 27

KAT. 51 *Der Tanz der Morgiane*, Vorzeichnung für B 1, um 1898–1903, Tusche, 31,5 × 19,7 cm LM, INV.-NR. DL SL NL 2021/114

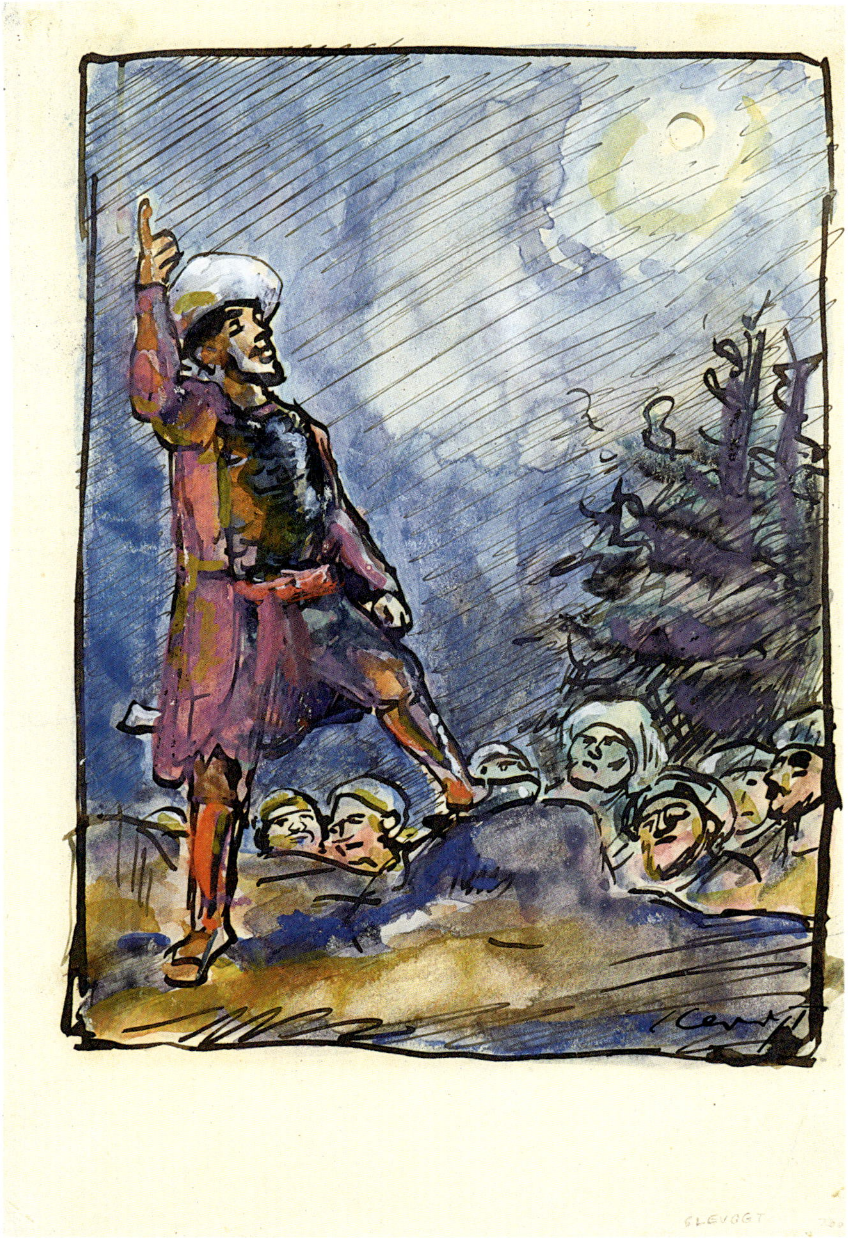

KAT. 52 *Der Hauptmann spricht zu den Räubern*, Vorzeichnung für B 1, um 1898–1903, Gouache, Tusche, 15 × 11,5 cm
SM, INV.-NR. KW 340

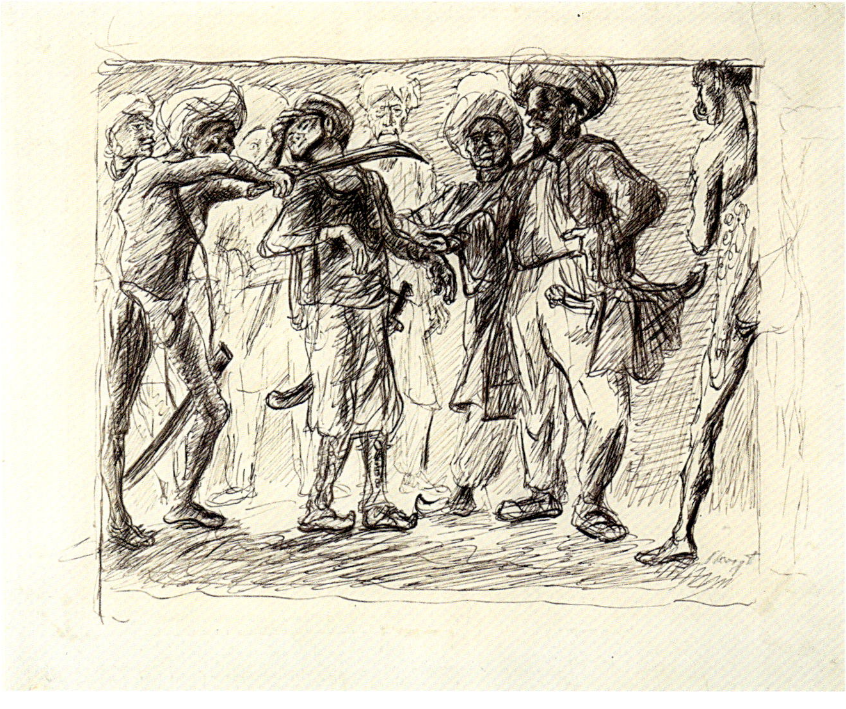

KAT. 53 *Der Hauptmann lässt den Kundschafter enthaupten*, Vorzeichnung für B 1, um 1898–1903, Tusche, 17,3 × 21 cm
SM, INV.-NR. KW 162

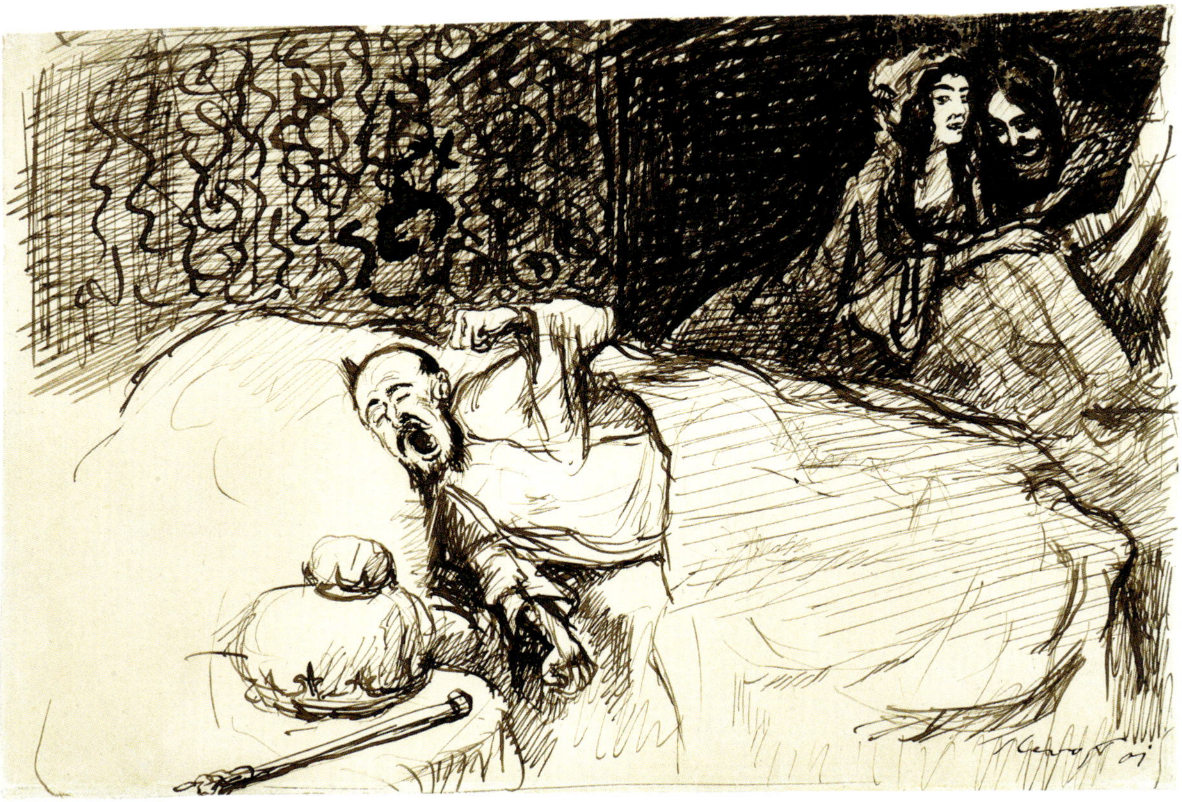

KAT. 54 *Scheherazade erzählt ihre Geschichte dem Kalifen*, Vorzeichnung für B 1, 1901, Eisengallustinte, 13,9 × 21 cm SM, INV.-NR. KW 226

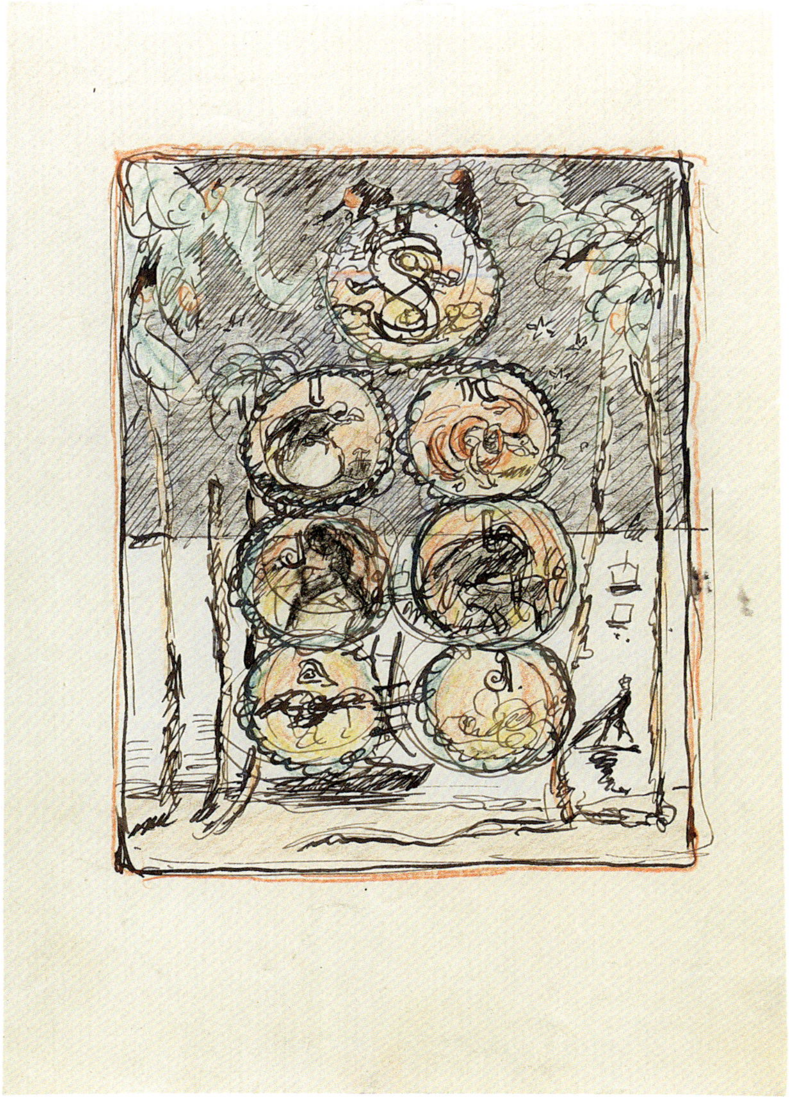

KAT. 55 Titelblattentwurf zu *Sindbad der Seefahrer* (B 3), 1907, Farbstifte, Tinte, 21 × 14,9 cm
LM, INV.-NR. DL SL NL 2015/504

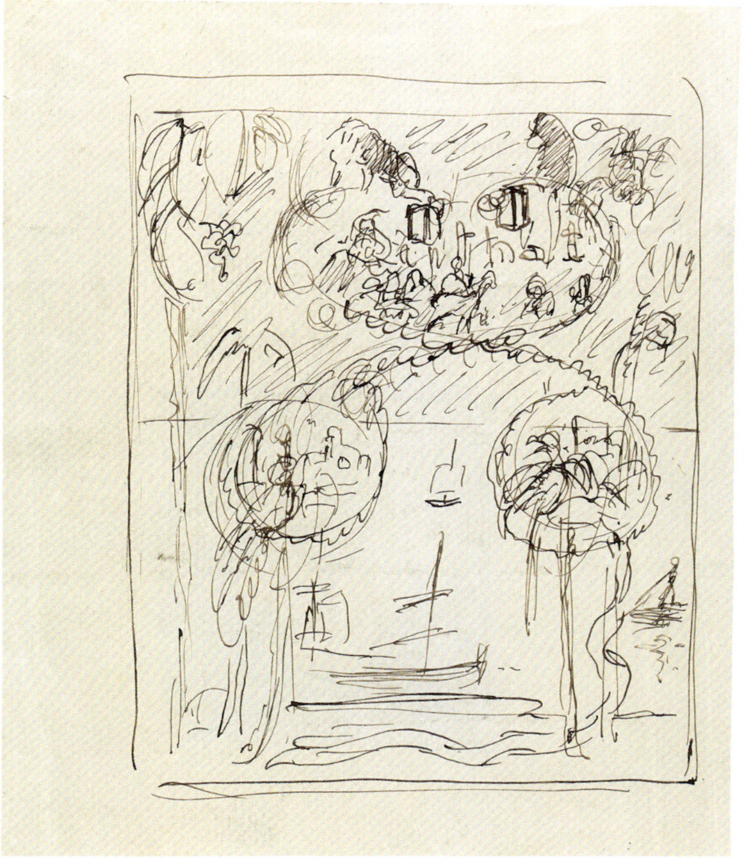

KAT. 56 Titelblattentwurf zu *Sindbad der Seefahrer* (B 3), 1907, Tinte, 21 × 17,8 cm
LM, INV.-NR. DL SL NL 2015/503V

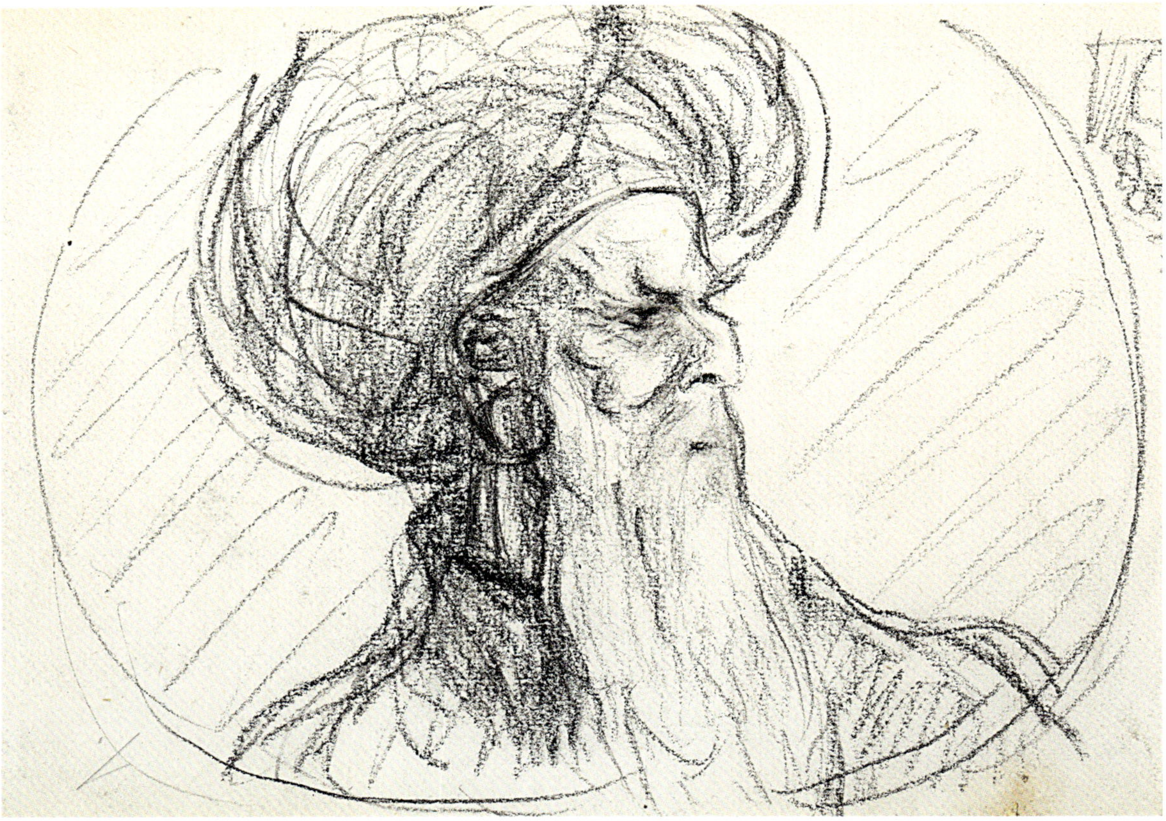

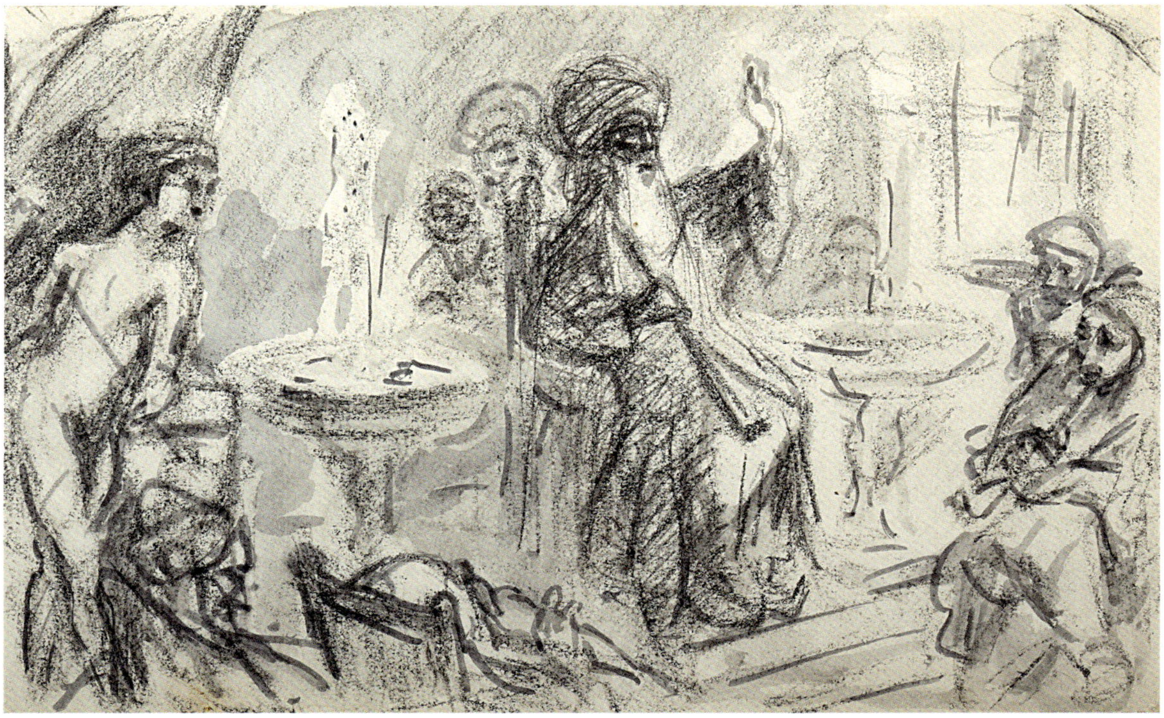

KAT. 57 *Profilkopf Sindbads* (Sammelalbum *Sindbad der Seefahrer*, Blatt 1, B 3), um 1907/08, Kreide, 11 × 15,5 cm SM, INV.-NR. KW 5090

KAT. 58 *Der greise Sindbad erzählt die Geschichten seiner Reisen* (Sammelalbum *Sindbad der Seefahrer*, Blatt 2, B 3), um 1907/08, Kreide, Lavierung mit Pinsel, 11,3 × 18 cm SM, INV.-NR. KW 5091

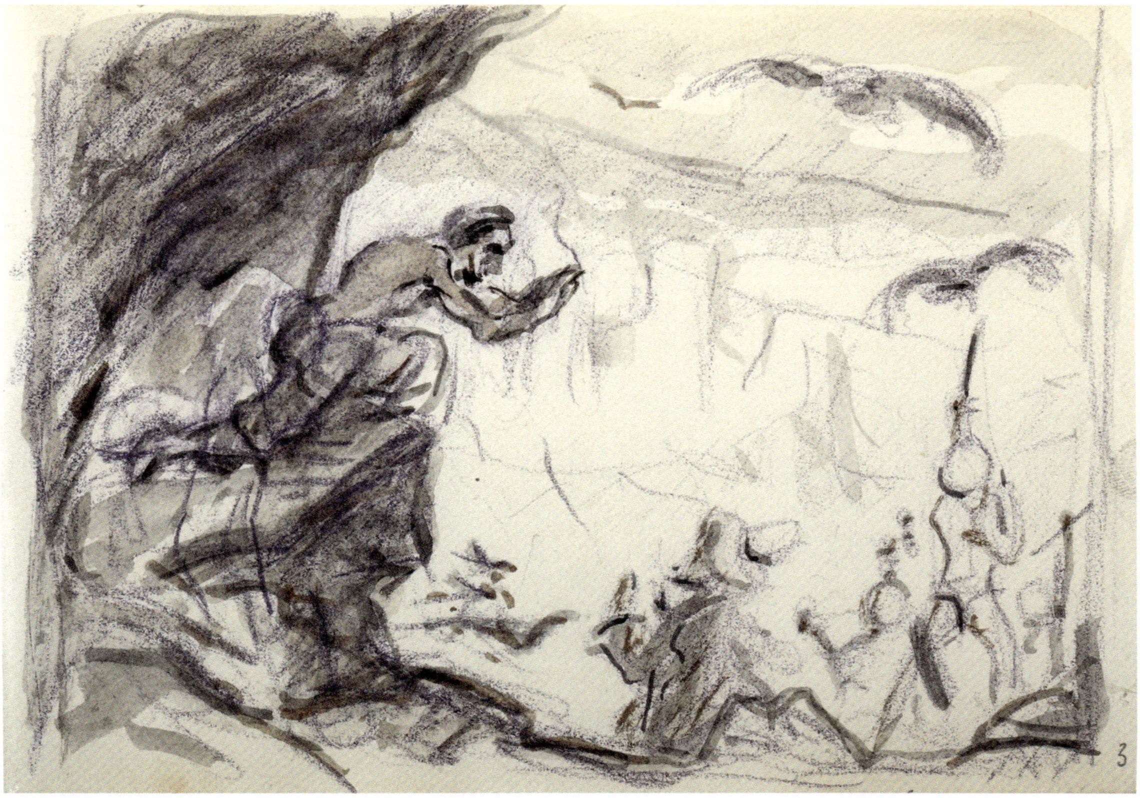

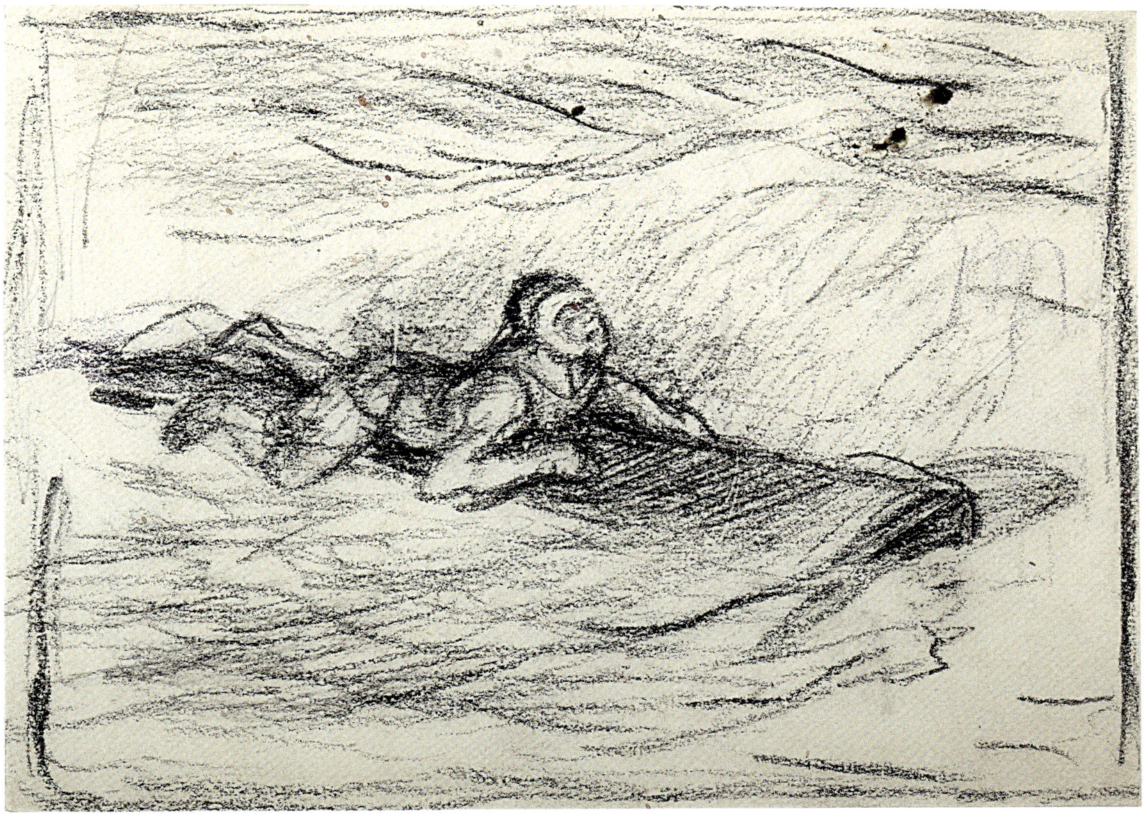

KAT. 59 *Bei den Adlern im Diamantengebirge* (Sammelalbum *Sindbad der Seefahrer*, Blatt 3, B 3), um 1907/08, Kreide, Lavierung mit Pinsel, 11,5 × 16,5 cm SM, INV.-NR. 5092

KAT. 60 *Sindbad, an eine Planke geklammert, treibt auf dem Meer* (Sammelalbum *Sindbad der Seefahrer*, Blatt 14, B 3), um 1907/08, Kreide, 10,6 × 15 cm SM, INV.-NR. KW 5103

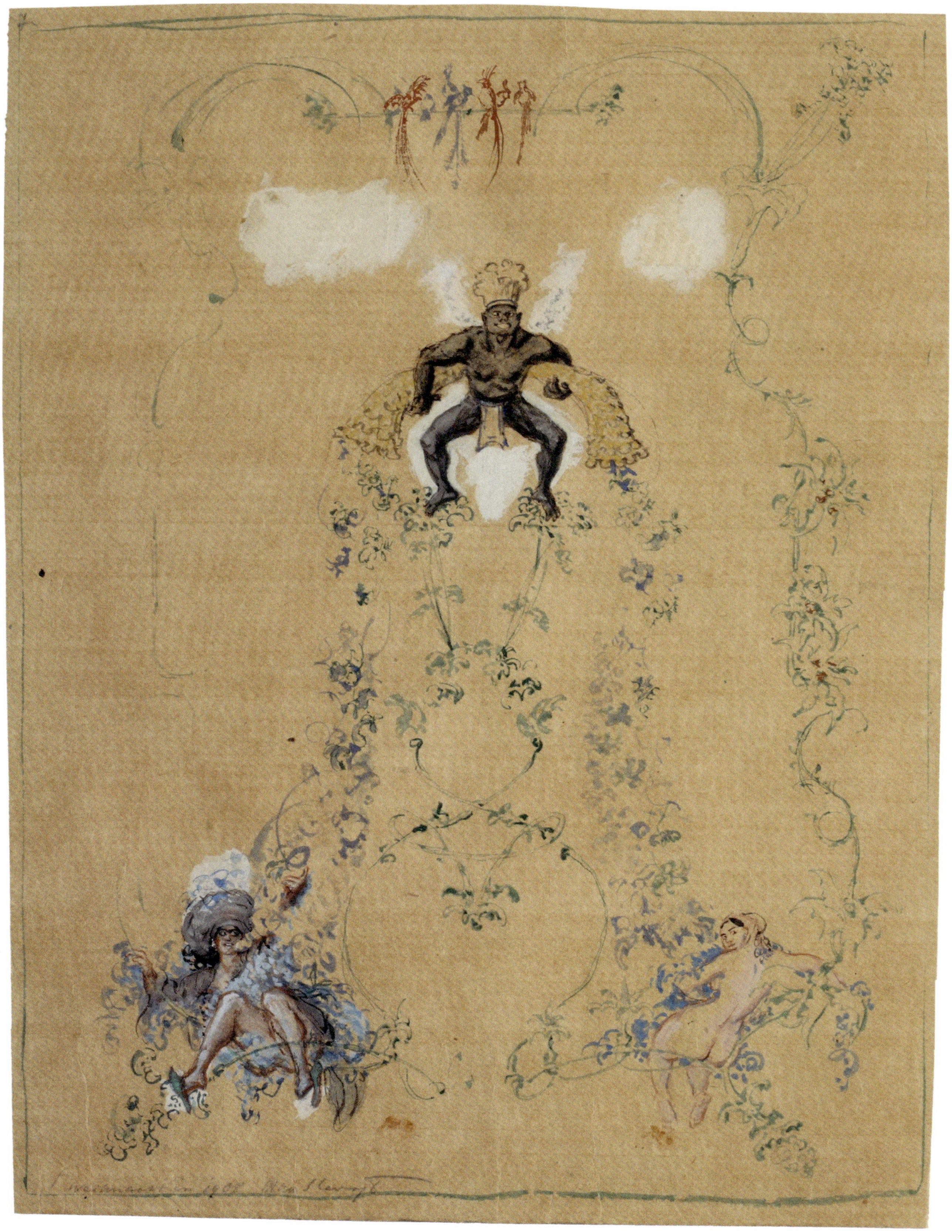

KAT. 61 Titelblattentwurf für *Die Inseln Wak-Wak* (B 24), 1908, Aquarell, Gouache, 38,7 × 30,2 cm SM, INV.-NR. KW 8567

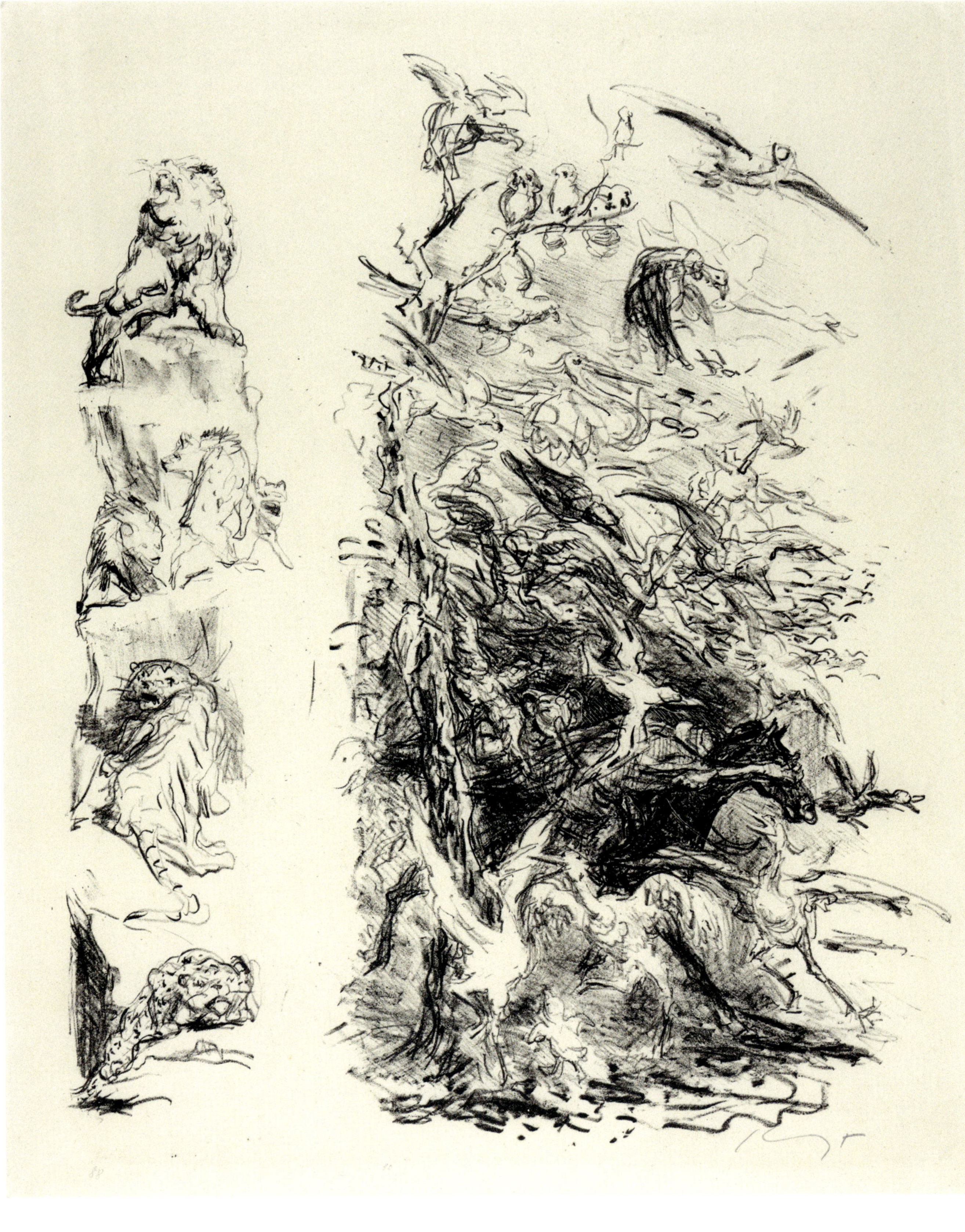

KAT. 62 Zwei Probedrucke für *Die Inseln Wak-Wak* (B 24), *Hasan kommt auf den Inseln Wak in das Land der wilden Tiere* und *Hasan kommt durch das Land der Vögel,* 1921, Kreidelithografien, 42 × 31 cm LM, INV.-NR. DL SL NL 2025/15

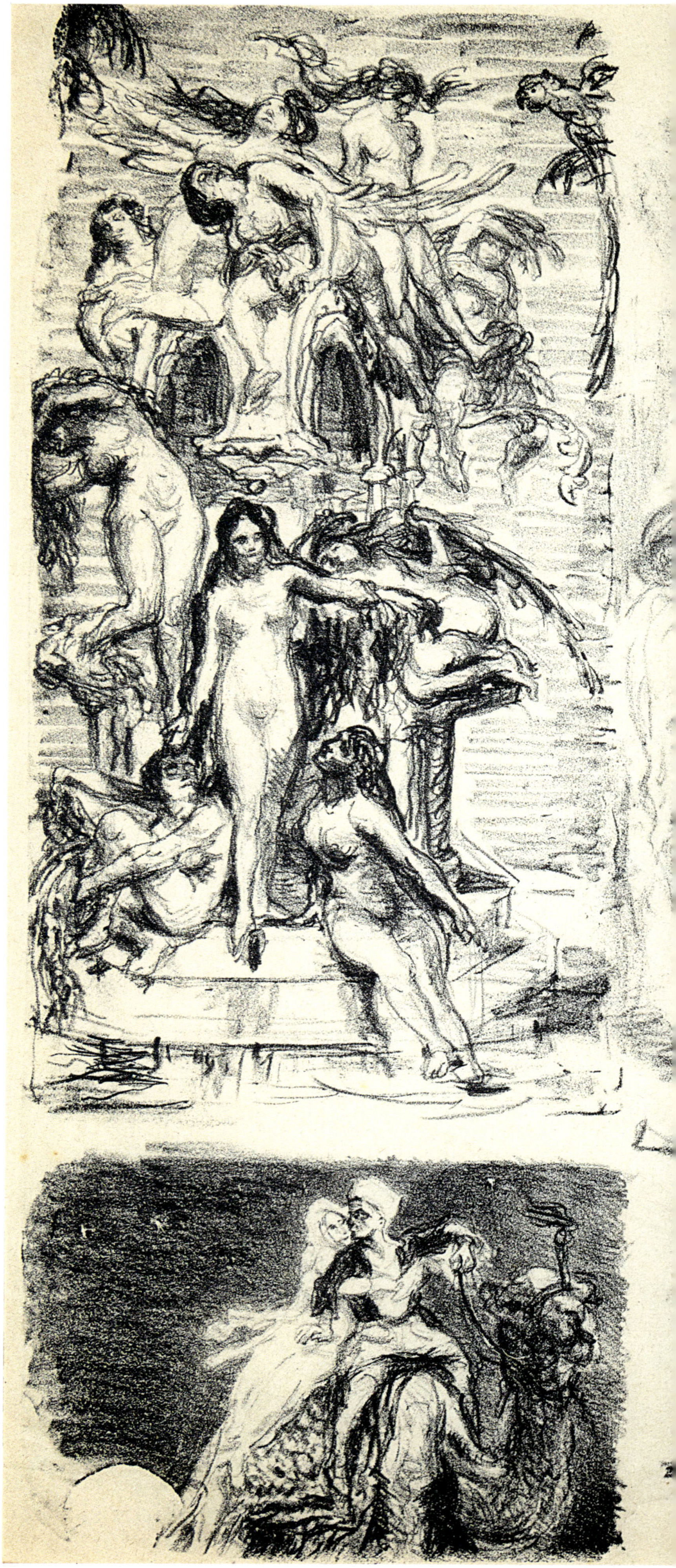

KAT. 63 Sechs Probedrucke für *Die Inseln Wak-Wak* (B 24), 1921, Kreidelithografien, 34 × 49 cm
LM, INV.-NR. DL SL NL 2025/16

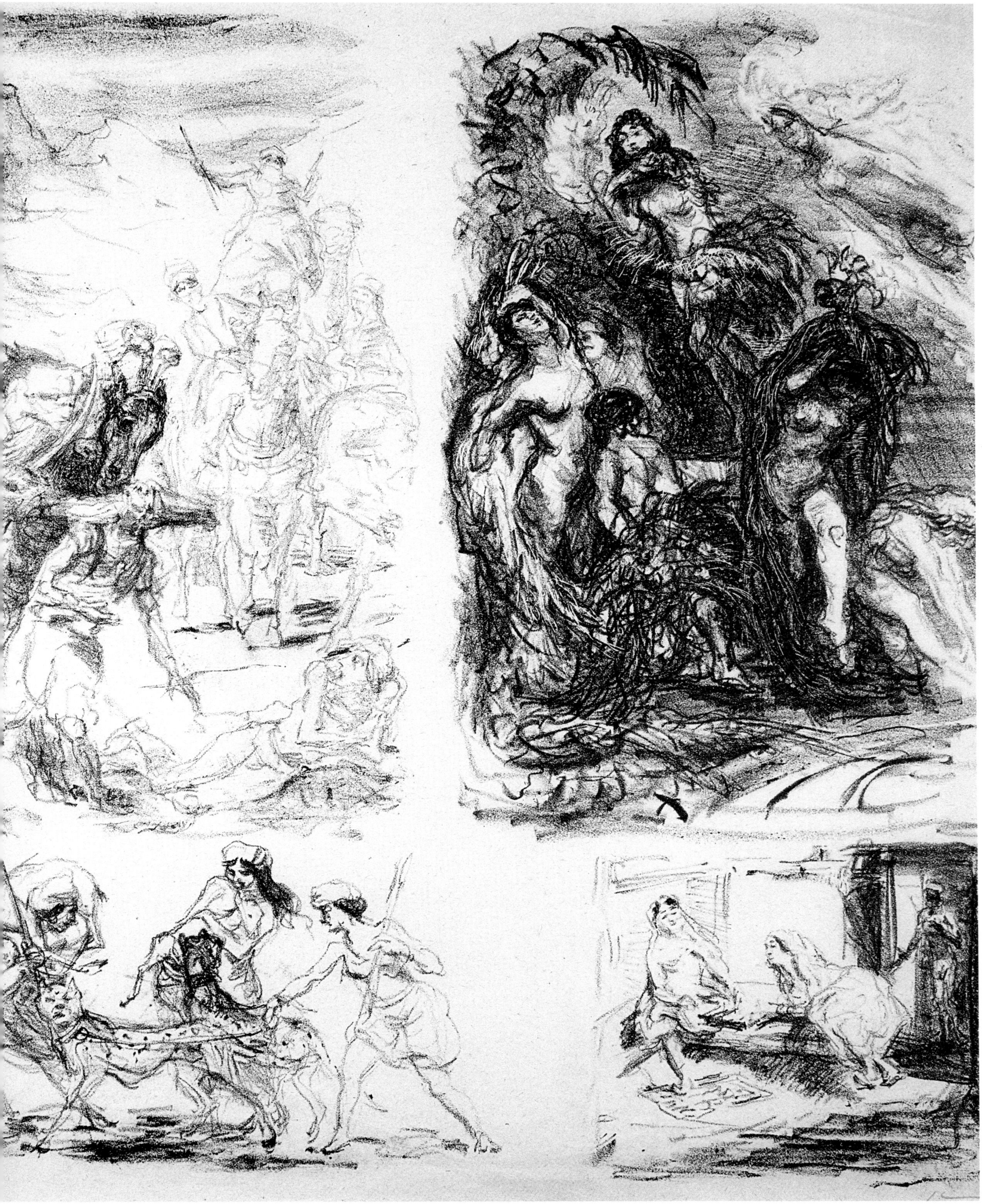

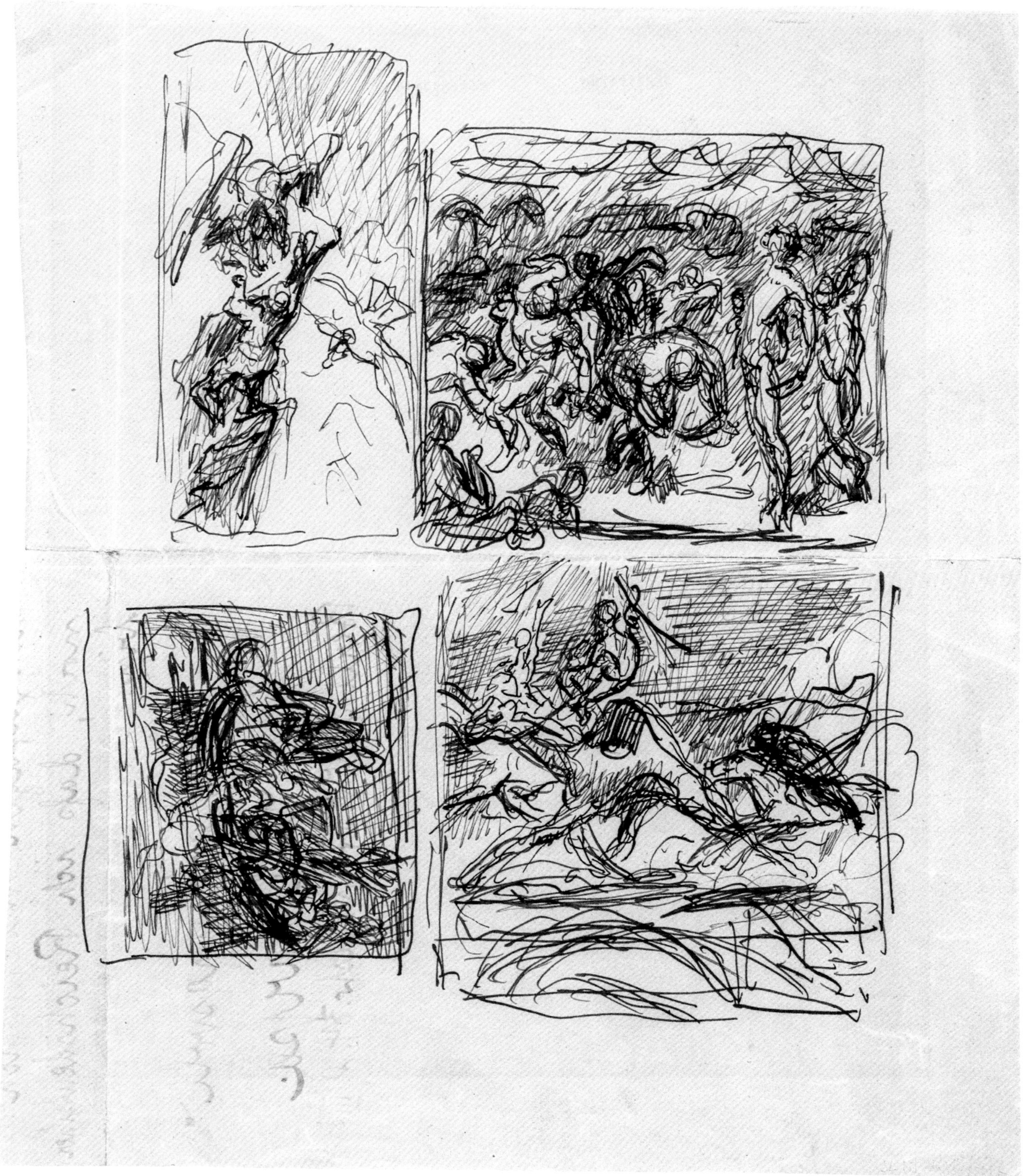

KAT. 64 Vier Vorzeichnungen (oben links *Sindbad mit dem Vogel Roch*?, unten rechts Vorzeichnung *Kamelreiter*, vgl. Kat. 18), ohne Datierung, Tusche, 21 × 18,5 cm
LM, INV.-NR. DL SL NL 2015/472

KAROLINE FEULNER

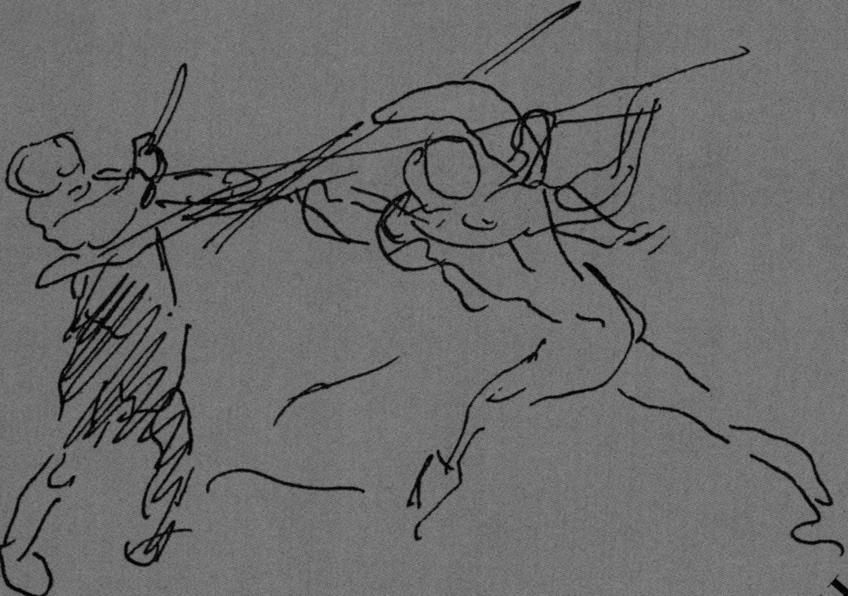

MORD UND KRIEGSZÜGE – MACHT UND GIER

Slevogts Hang zum Grausamen in seinen historischen Abenteuerromanen

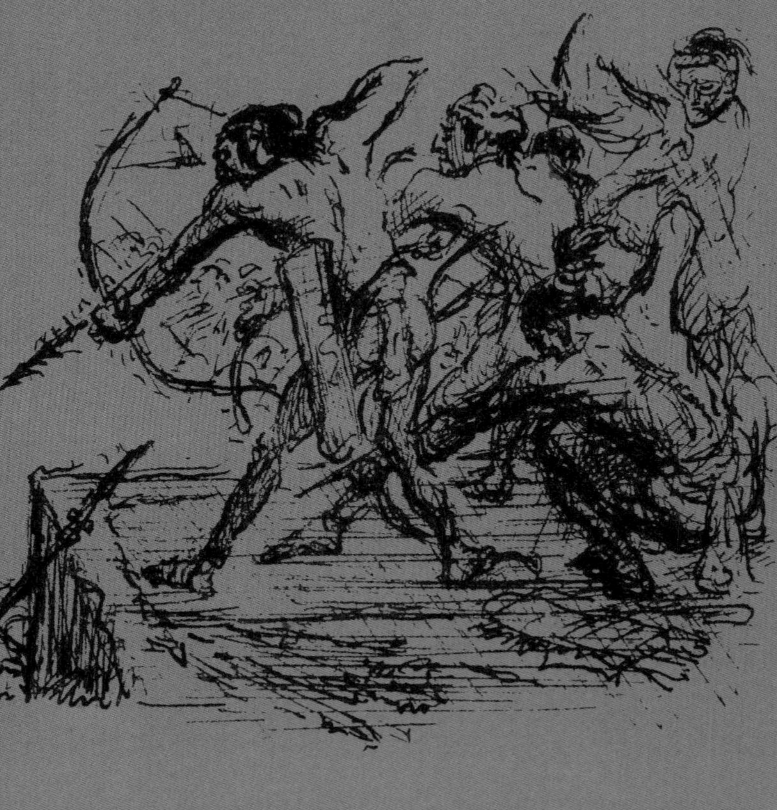

Ob der gewalttätige Renaissancekünstler Benvenuto Cellini (B 7) oder der rücksichtslose Eroberer Ferdinand Cortez (B 18)[1] – die Berichte ihres ungewöhnlichen Lebens boten Slevogt Stoff für umfangreiche Illustrationsprojekte.

Die von Goethe übersetzte Autobiografie des Bildhauers und Goldschmieds Benvenuto Cellini lieferte Slevogt die Kulisse des Italiens des Cinquecento.[2] In den über 300 kleinformatigen Tuschpinsellithografien, die in der Buchausgabe direkt zwischen den Text gesetzt wurden, paraphrasiert der Künstler aber vielmehr nur geschickt den Zeithintergrund. Das heißt obwohl er Vorstudien aufgrund von überlieferten Porträts zu einzelnen Persönlichkeiten, wie etwa zu Cellini selbst, anderen Künstlern oder Papst Julius II., anfertigt, kommt es Slevogt nicht auf die historische Treue der Dargestellten an (Kat. 69).[3] Auch die Mode der Renaissance oder die Handlungsorte wie Florenz oder Rom sind eher freie künstlerische Abbreviaturen, die dem Leser durch Andeutungen das 16. Jahrhundert suggerieren und so eine geeignete Bühne für die actionreiche Handlung schaffen (Kat. 68).

Ganz typisch für Slevogts Illustrationen ist, dass diese, nicht wie zu erwarten, die zentralen Handlungsstränge des Texts abarbeiten; sondern er illustriert, was ihm beim Lesen des Texts intuitiv einfällt. So werden beispielsweise auch Nebenhandlungen oder Randnotizen zum Thema seiner Zeichnungen. Dass Slevogt oftmals seine Assoziationen frei umsetzt, zeigt exemplarisch die Vorzeichnung mit dem *Gefolge des Bischofs von Salamanca* (Kat. 70). Laut dem Text begibt sich Cellini in das Haus des Bischofs, um die Bezahlung für seine Arbeit an einem großen Wasserkessel zu fordern: „[…] so kam ich in das Haus des Bischofs, der sein ganzes Gesinde hatte auftreten lassen. […] und es war, als wenn ich durch den Tierkreis zu gehen hätte: einer sah aus wie ein Löwe, einer wie ein Skorpion, andere glichen dem Krebs […].“[4] Das Stichwort „Löwe“ nimmt der Illustrator kurzerhand zum Anlass, einen der Gesandten ganz rechts in einen menschlichen Löwen mit großen Pranken zu verwandeln. Auch die anderen Mitglieder des Gefolges wirken durch die überspitzten Nasen und Grimassen eher wie Karikaturen. Man spürt Slevogts Freude, sich hier frei mit seinen Assoziationen und seiner überquellenden Fantasie auszutoben.

Die Textvorlage gleicht einem Hollywood-Drama, Cellini überlebt eine Vielzahl an Krankheiten, begeht drei Morde und übersteht 23 auf Leben und Tod geführte Kämpfe, ganz zu schweigen von seinem gefährlichen Kriegseinsatz. Auch Intrigen, Eifersucht und Liebesabenteuer sind darin zu finden.[5] Die Handlung hat viel Tempo, denn Cellini hetzt fast ohne Unterbrechung von einem Abenteuer in das nächste. All dies sind typische Zutaten für einen Stoff, den sich Slevogt für seine Projekte aussucht.

Die drei überlieferten Berichte, die Ferdinand Cortez an Kaiser Karl V. richtete, weisen eine ähnliche Dichte der Ereignisse auf. Der eigenmächtig handelnde Spanier Cortez eroberte auf brutalste Weise das Aztekenreich. Der Text ist geprägt von Schlachten der Konquistadoren gegen die indigene Bevölkerung, die zum Tode des Aztekenherrschers Moctezuma und letztlich zur Auslöschung ihrer ganzen Kultur führten. Unter Slevogts 112 Federlithografien dominieren überbordende brutale Kämpfe zwischen den spanischen Eroberern und der einheimischen Bevölkerung.[6] Auch bei diesem Text hat Slevogt versucht, sich historisch anzunähern, indem er etwa die Hauptfigur des Cortez an einen Kupferstich anlehnt, der das Bildnis überliefert hat. Zudem studierte er alte Aufzeichnungen der aztekischen Kultur, die etwa die traditionelle Kleidung oder Gebrauchsgegenstände wie Sandalen zeigen, indem er diese abzeichnete (Kat. 76).[7] Aber wie schon beim Cellini, geht es ihm auch hier weniger um historische Authentizität, sondern mehr um seine Imagination dieser damaligen Welt. Dies wird schon bei dem Titelaquarell der Buchausgabe deutlich. Zentral steht hier König Moctezuma in einem fantasievollen, ornamental skizzierten Regenwald. Würde diese Darstellung nicht genauso zu einem Märchen aus *1001 Nacht* passen (Kat. 83, B 18)?

Auch wenn beim genauen Hinsehen viele der Azteken aus Nordamerika stammen könnten und die Rüstungen der Spanier nicht immer korrekt wiedergegeben sind, gelingt es Slevogt dennoch, mit seinen Paraphrasen den Leser in die Zeit der spanischen Eroberungszüge zu entführen. Aber Slevogt bleibt unkonventionell: Selbst die Hauptakteure seiner Illustrationen, sei es Cellini oder Cortez, sind oft nicht eindeutig wiedererkennbar. Dafür reizt es Slevogt vor allem, den Charakter dieser facettenreichen Protagonisten, ihr Ringen mit den Entscheidungen und letztlich ihre Ambiguität zu skizzieren. Auch ein Hang zur Selbstidentifikation mit seinen Titelhelden wird dem Künstler immer wieder attestiert.[8]
Neben den Buchausgaben erschien auch jeweils eine limitierte edle Mappenausgabe. Da es bei der für den Cellini gewählten Technik der Tuschpinsellithografie beim Druck bei M. W. Lassally in Berlin, mit dem Cassirer üblicherweise zusammenarbeitete, große Probleme gab, musste man alternativ die Druckwerkstatt von Auguste Clot in Paris beauftragen. Das Ringen um die Qualität der Lithografien zeigen sowohl die erhaltenen Probedrucke mit einer Vielzahl von Notizen zu ihren Zuständen als auch ein gebundener Blindband (Kat. 74).[9] Das Ergebnis waren hervorragende, mit der Handpresse gedruckte Tuschlithografien für die Mappenausgabe. Ohne den textlichen Kontext lösen sich die Illustrationen in diesen Mappenausgaben von ihrer eigentlich illustrierenden Funktion: Sie erhalten den Status von eigenständigen Künstlergrafiken, die noch dazu auf edlem Chinapapier und – im Falle des Cellini – mit einem besonderen Blindstempel versehen wurden und so zu begehrten Sammlerobjekten avancierten.

1 Die Schreibweise wurde von der Publikation bei Bruno Cassirer (B 18) übernommen.
2 Zu Slevogts Illustrationen zu *Benvenuto Cellini* vgl. K. Feulner (2025a).
3 Die Darstellungen von Künstlern gehen zurück auf: G. Vasari (1568). Girolamo II., gen. il Giovane Rossi (de Rubeis), Stecher, nach Marcus Tuscher, *Bildnis des Benvenuto Cellini*, 1700–1762, Kupferstich; Julius der II. beruht auf einem Detail aus: Raffael, *Messe von Bolsena*, 1512/14, Fresko in den Stanzen des Vatikans, Rom.
4 B 7, S. 39.
5 U. Neumahr (2021), S. 50.
6 Laut Imiela spiegeln diese Illustrationen Slevogts geänderte Weltsicht nach dem Ersten Weltkrieg wider. H.-J. Imiela (1968), S. 200.
7 Vermutlich entstanden diese Studien während seiner ersten Auseinandersetzung mit diesem Thema für den Schaffstein Verlag (1910/11). Antonio Carnicero Mancio (Stecher), *Bildnis Hernán Cortés*, ca. 1791, Kupferstich; u. a. Fernando de Alva Ixtlilxochitl (ca. 1568–1648): Codex Ixtlilxochitl, Folios 105rv sowie 107r. (Paris, Bibliothèque nationale de France, Ms. Mex. 65–71); Codex Mendoza (1541/42), fol. 67r. (Bodleian Libraries, University of Oxford, MS. Arch. Selden. A. 1). Entsprechende Publikationen sind nicht in der Familienbibliothek nachweisbar.
8 H.-J. Imiela (1968), S. 274; K. Feulner (2025a).
9 Im Grafischen Nachlass haben sich 314 Probedrucke erhalten, LM, Inv.-Nr. DL SL NL 2022/22.

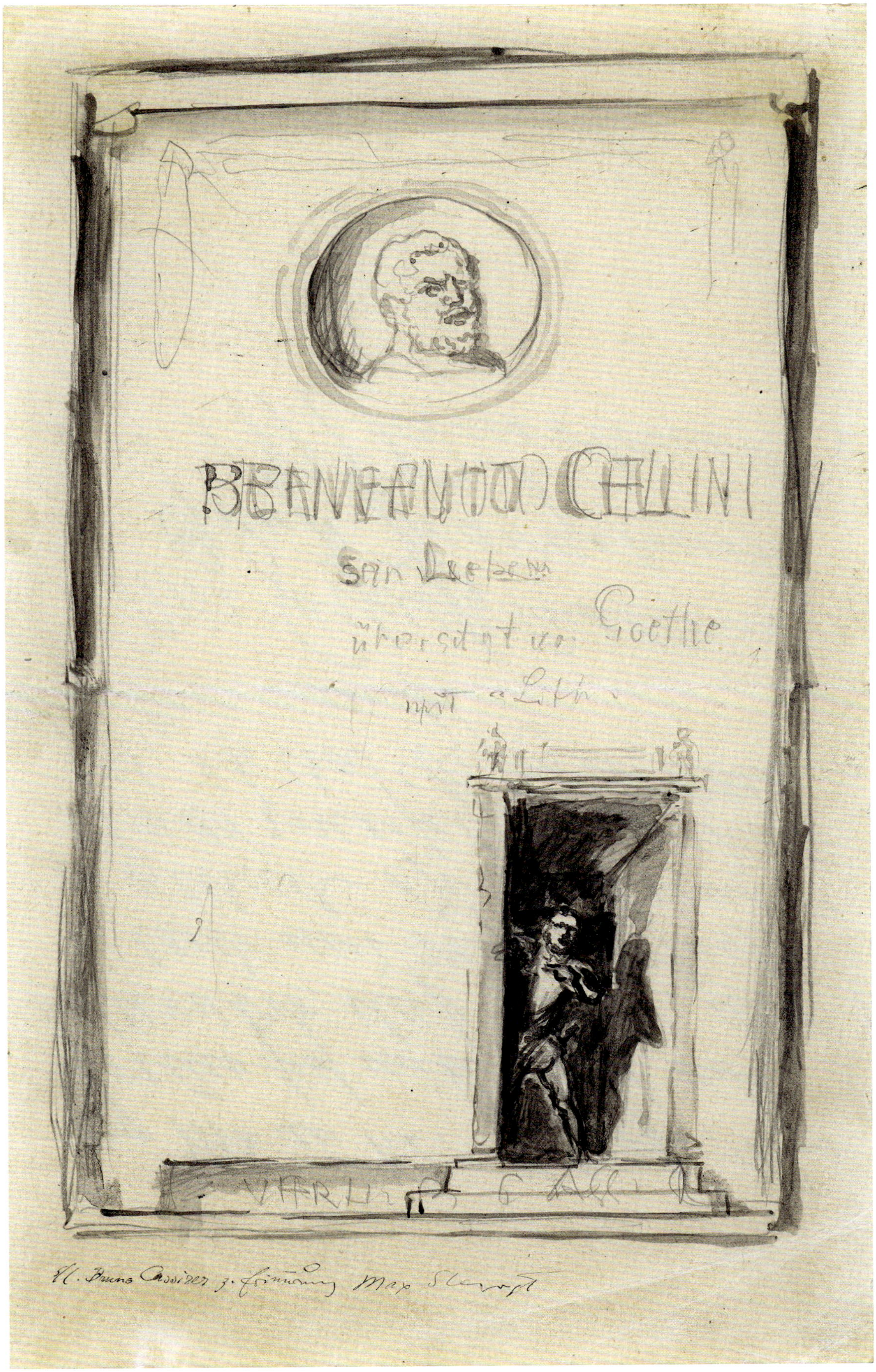

KAT. 65 Entwurf zum Titelblatt des *Benvenuto Cellini* (B 7), 1912, Tinte, Bleistift, 22,6 × 14,5 cm SM, INV.-NR. KW 10

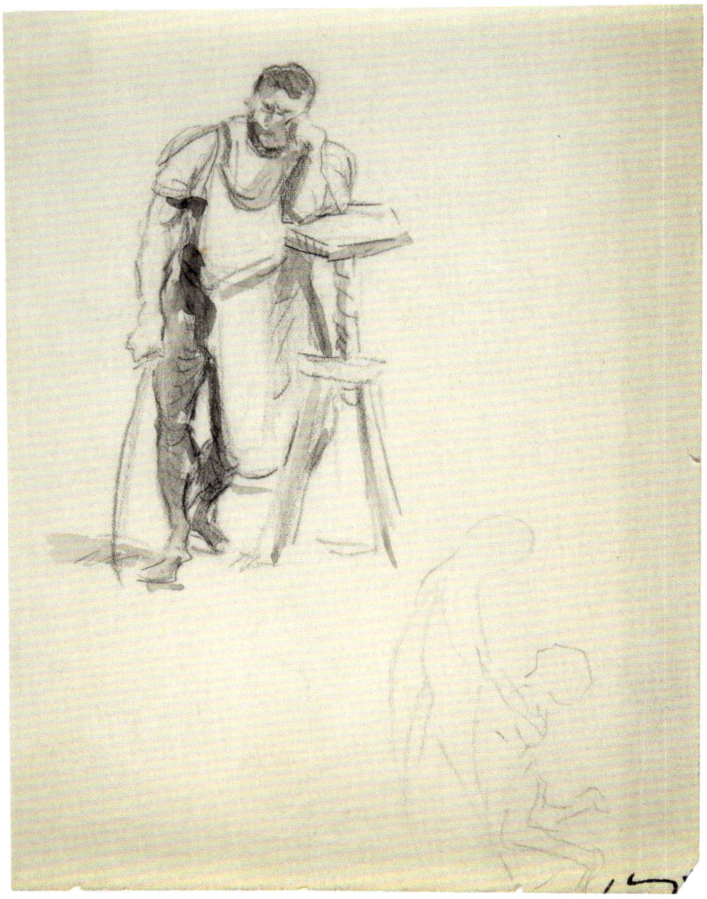

KAT. 66 *Der Bildhauer*, Vorzeichnung für B 7, um 1911–13, Bleistift, laviert, 15,8 × 12,8 cm LM, INV.-NR. GS 2019/17

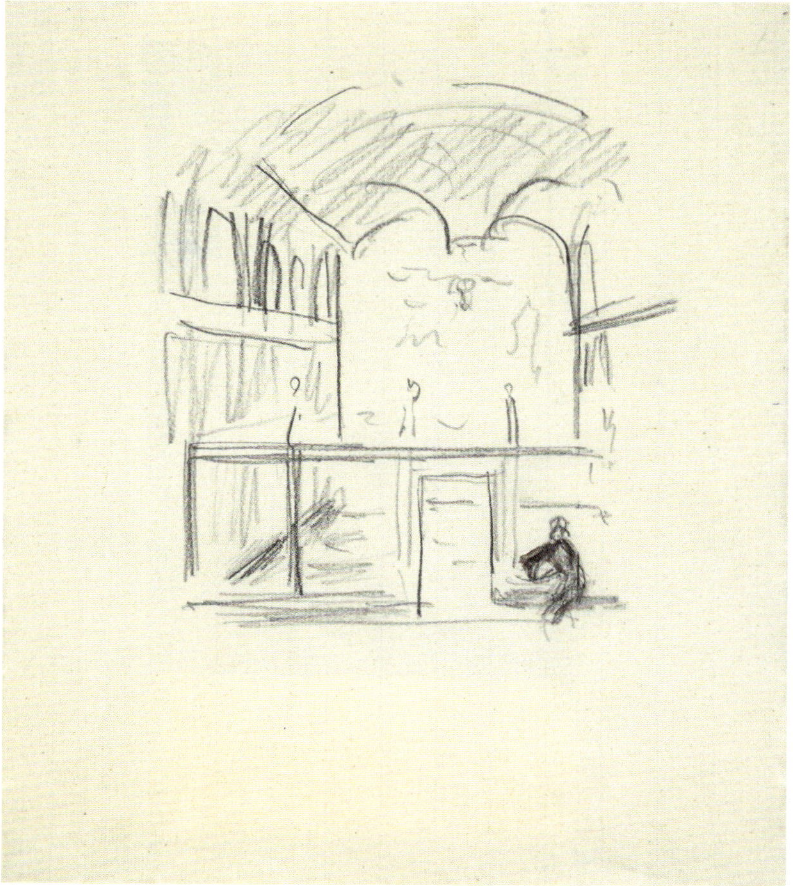

KAT. 68 *Inneres der Sixtinischen Kapelle*, Vorzeichnung für B 7, 1912, Bleistift, 14,5 × 13 cm LM, INV.-NR. DL SL NL 2024/6

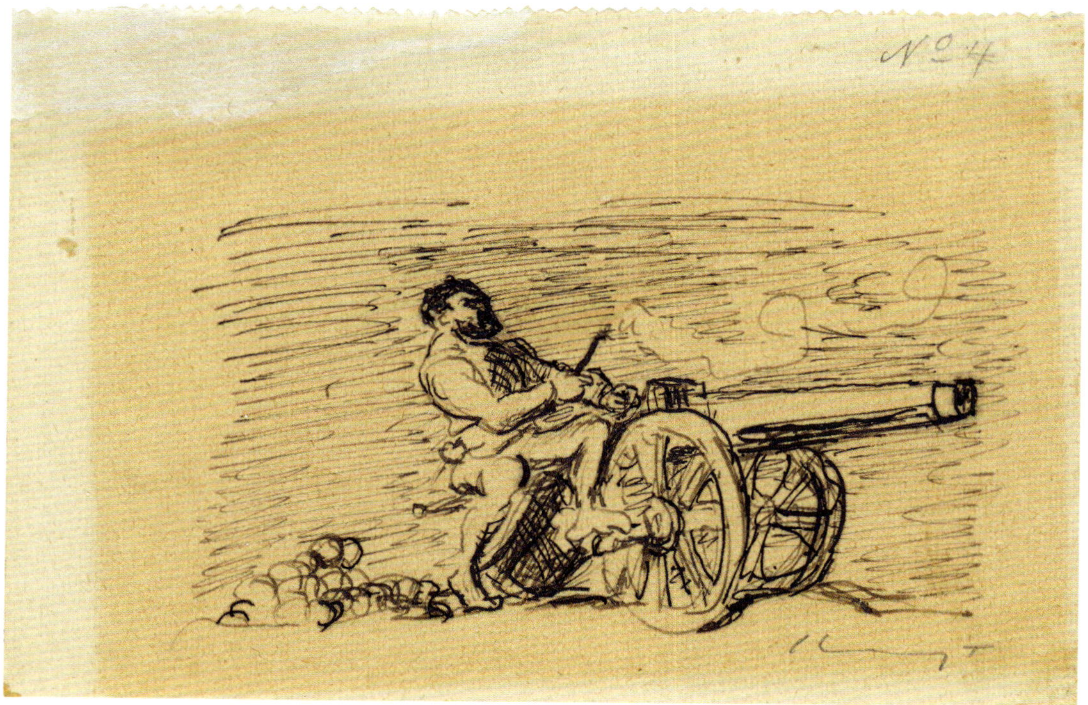

KAT. 67 *Benvenuto Cellini auf der Kanone*, Vorzeichnung für B 7, um 1911–13, Tusche, 7,5 × 11,5 cm SM, INV.-NR. KW 132

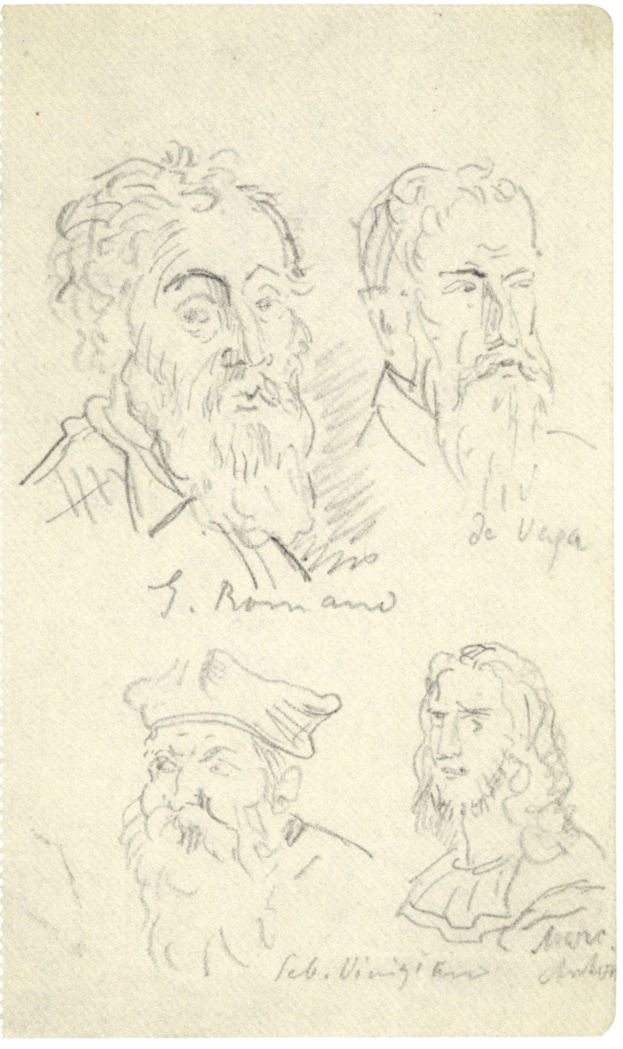

KAT. 69 Studien der Künstler Giulio Romano, Perino del Vaga, Sebastiano Viniziano und Marcantonio Raimondi, Vorzeichnung für B 7, um 1911–13, Bleistift, 17 × 10,5 cm LM, INV.-NR. DL SL NL 2024/7A

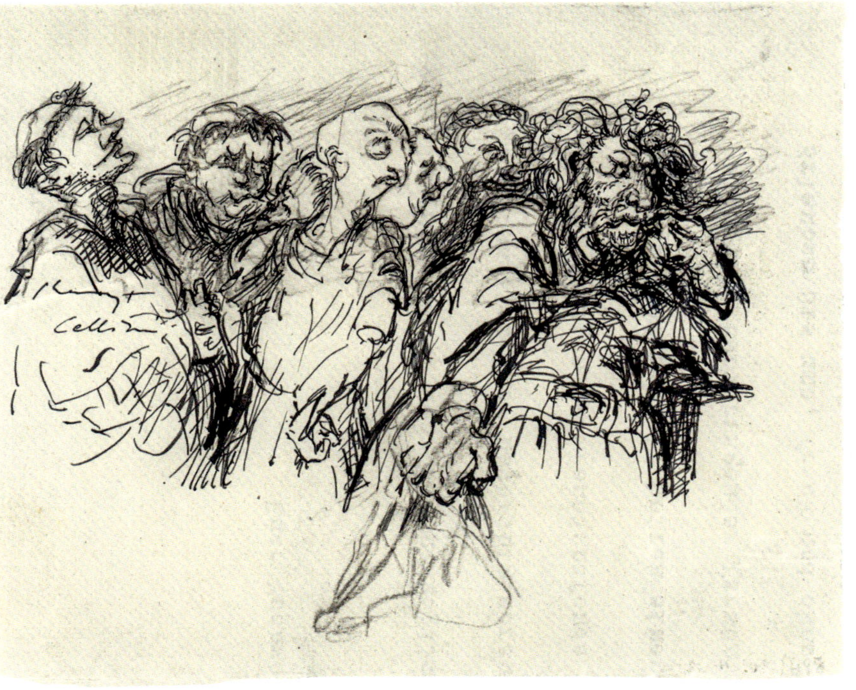

KAT. 70 *Das Gefolge des Bischofs von Salamanca*, Vorzeichnung für B 7, um 1912, Tusche, 11 × 13,5 cm LM, INV.-NR. DL SL NL 2015/488

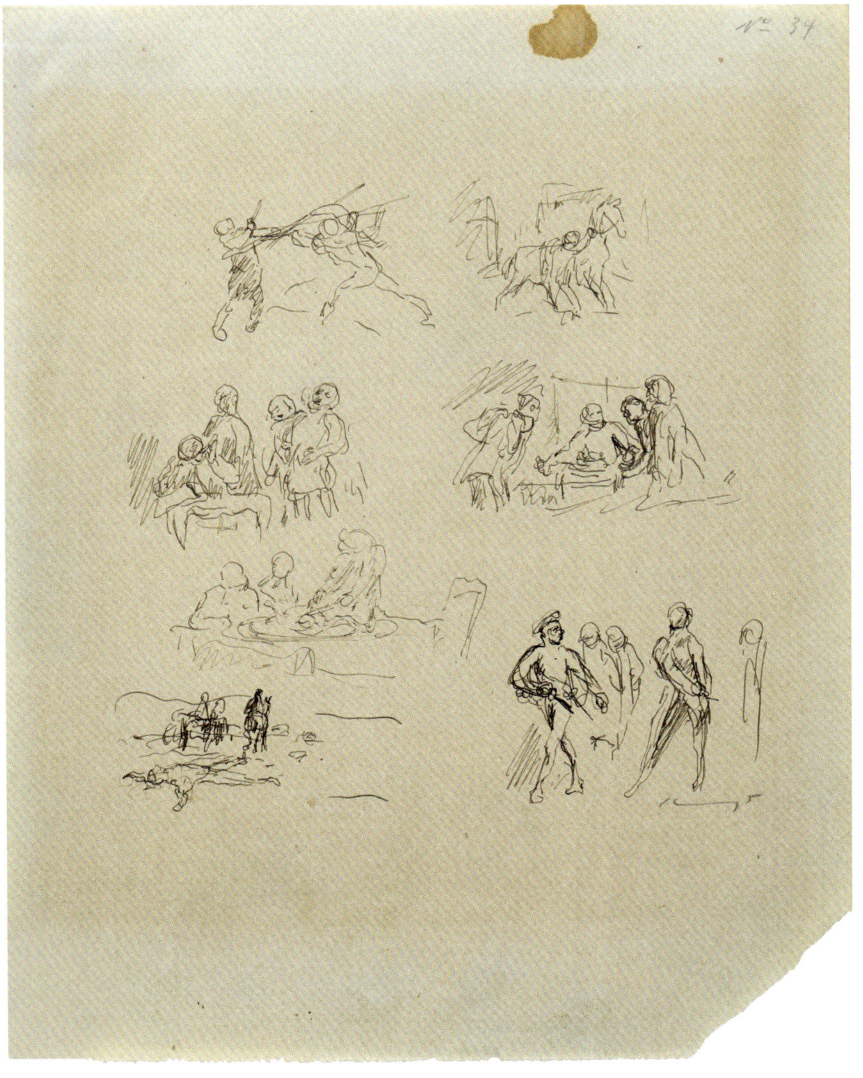

KAT. 71 Sieben Entwürfe zu Illustrationen des *Benvenuto Cellini* (B 7), um 1911–13, Bleistift, 28,2 × 22,4 cm SM, INV.-NR. KW 39

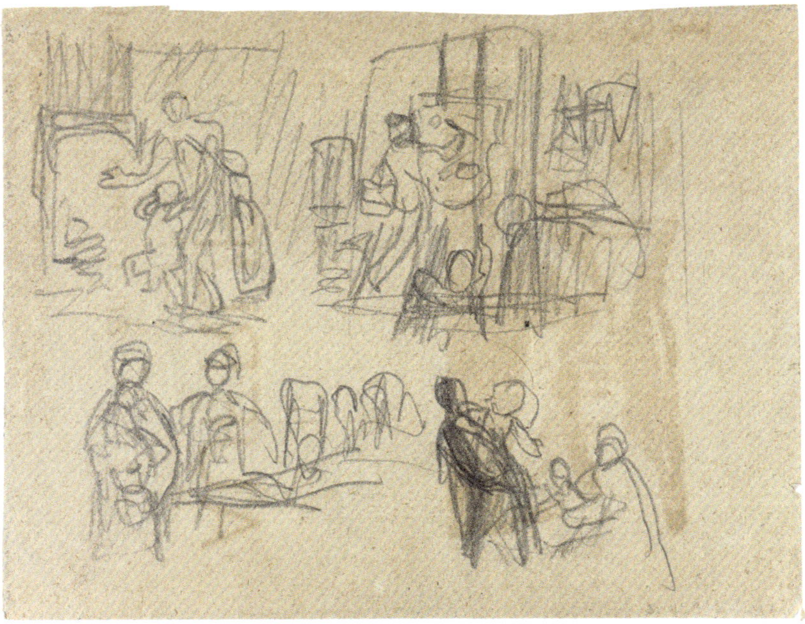

KAT. 72 *Vier Skizzen zu Benvenuto Cellini* (B 7), um 1911–13,
Bleistift, 11,2 × 14,5 cm
LM, INV.-NR. DL SL NL 2015/497

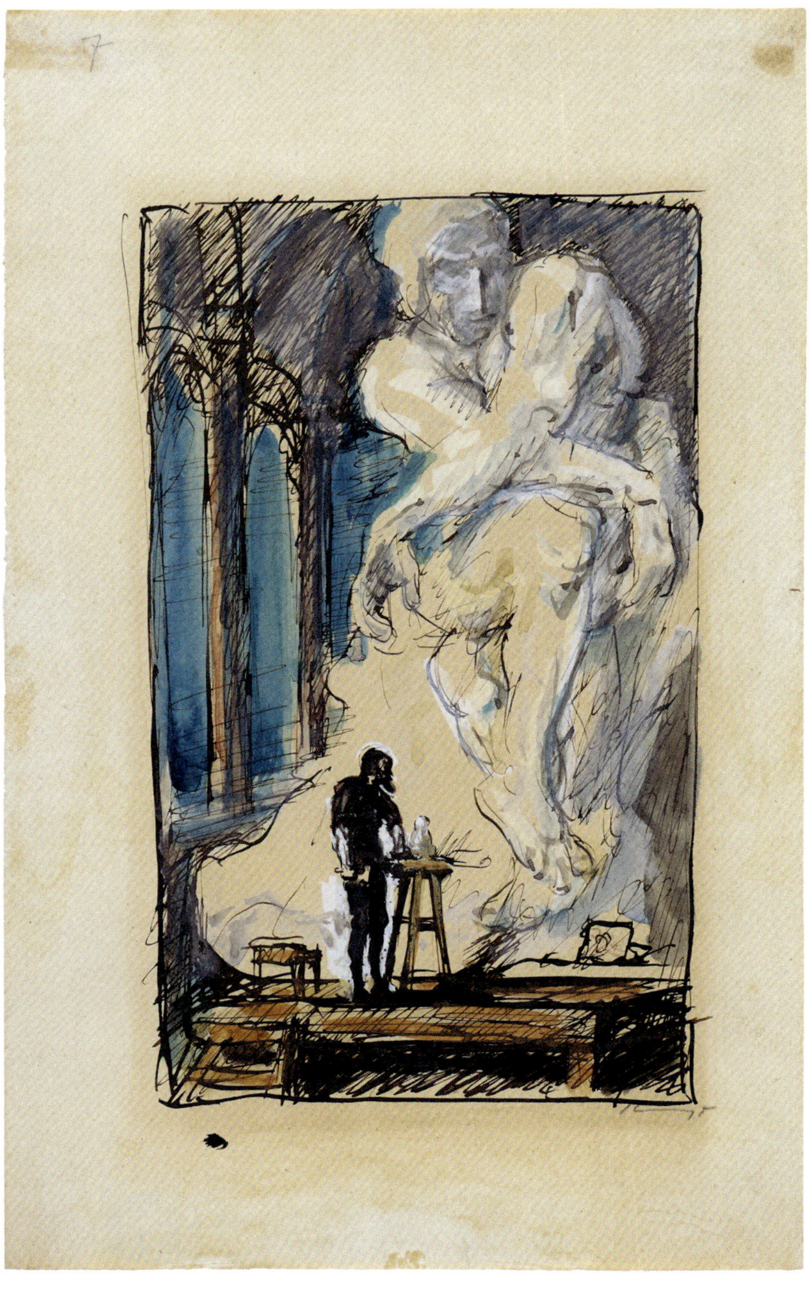

KAT. 73 *Der Bildhauer*, um 1913,
Tusche, Aquarell, Deckweiß, 32,7 × 21 cm
SM, INV.-NR. NI 1321

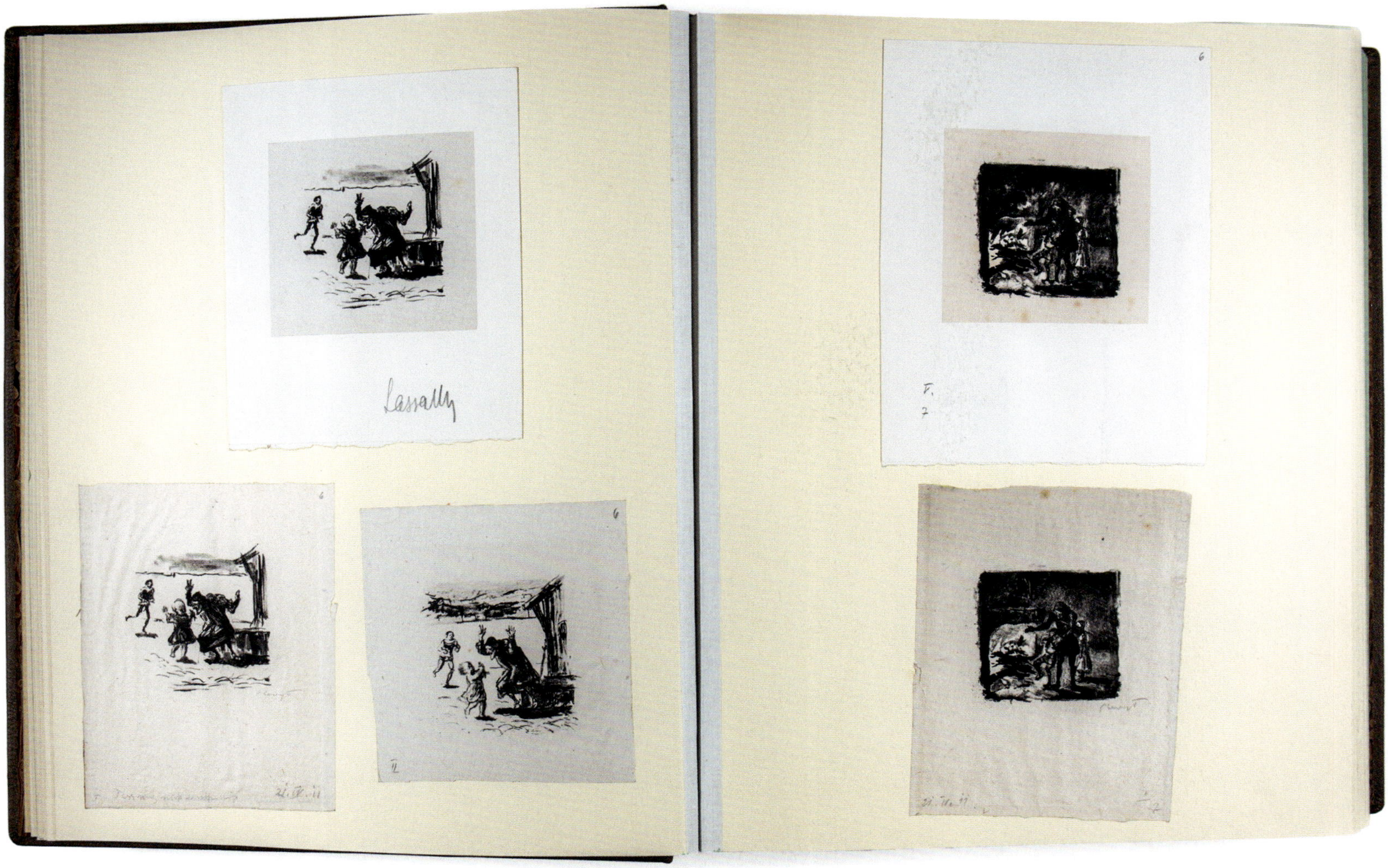

KAT. 74 *Benvenuto Cellini* (B 7), Blindband der Buchausgabe mit eingeklebten Lithografien und Notizen zu den Zuständen, 1913, Pinsellithografien, 40,2 × 33,5 cm LM, INV.-NR. DL SL NL 2022/25

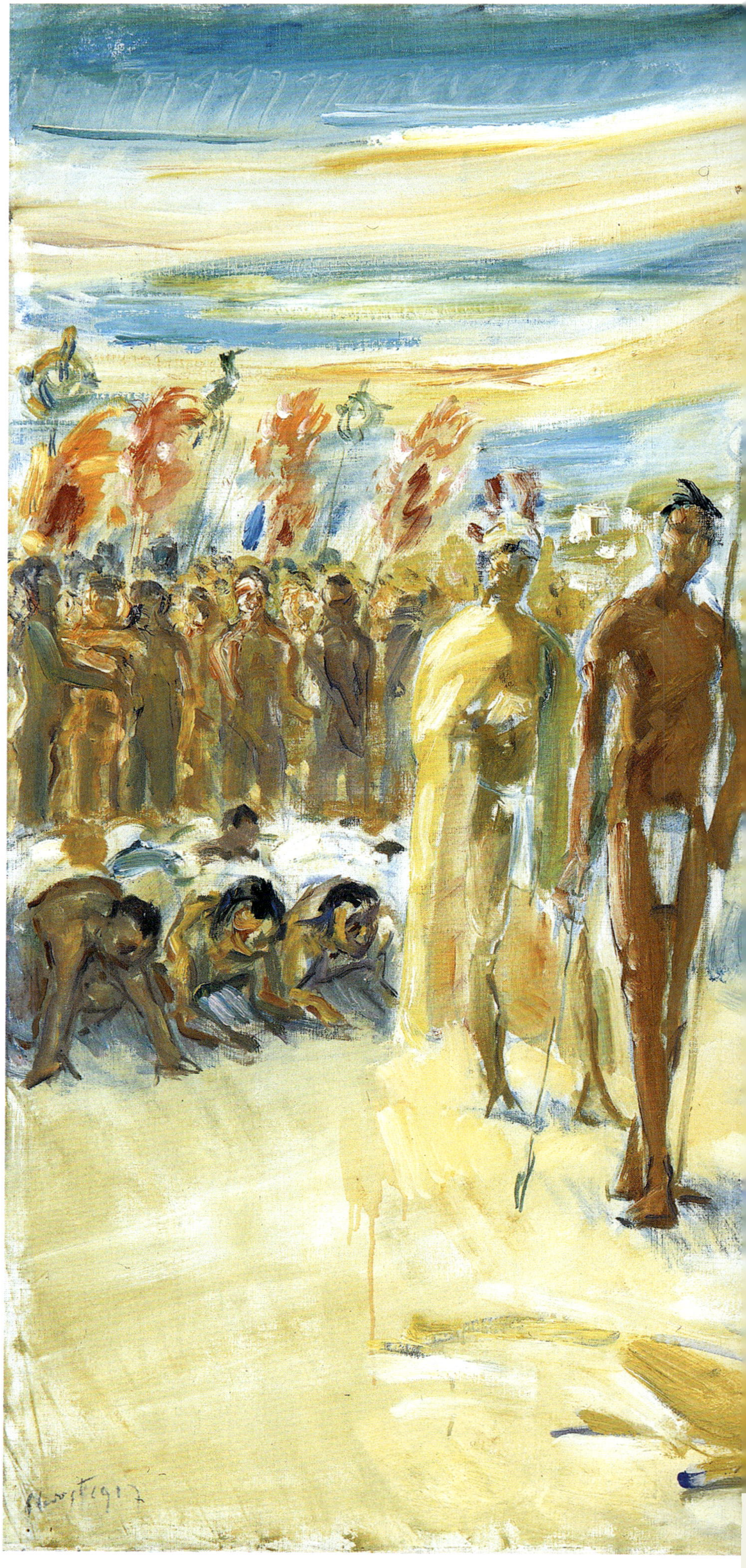

KAT. 75 *Ferdinand Cortez vor Kaiser Montezuma von Mexiko*, 1917, Öl auf Leinwand, 77,5 × 98 cm
KUNSTHALLE BREMEN, INV.-NR. 368-1917/6

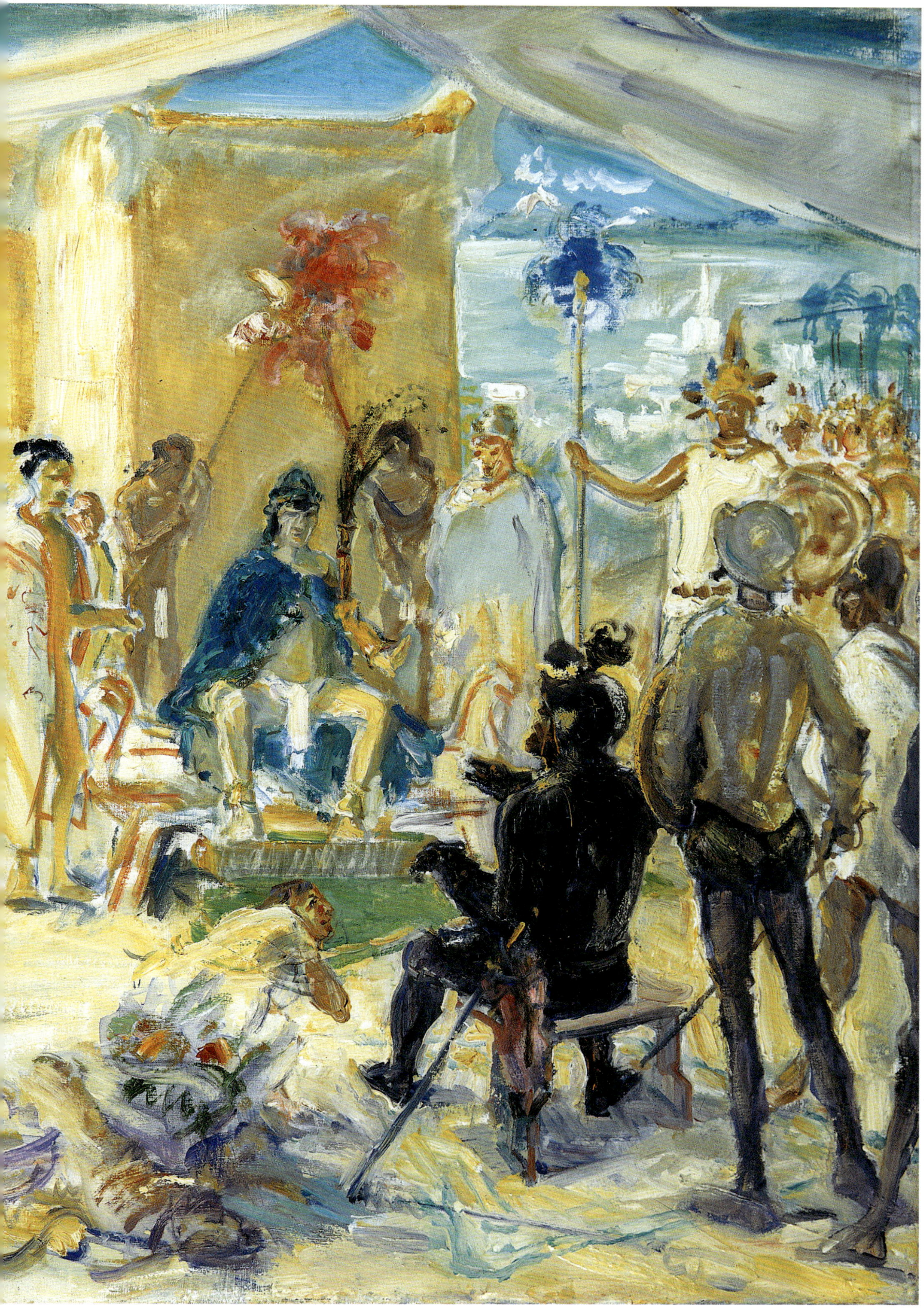

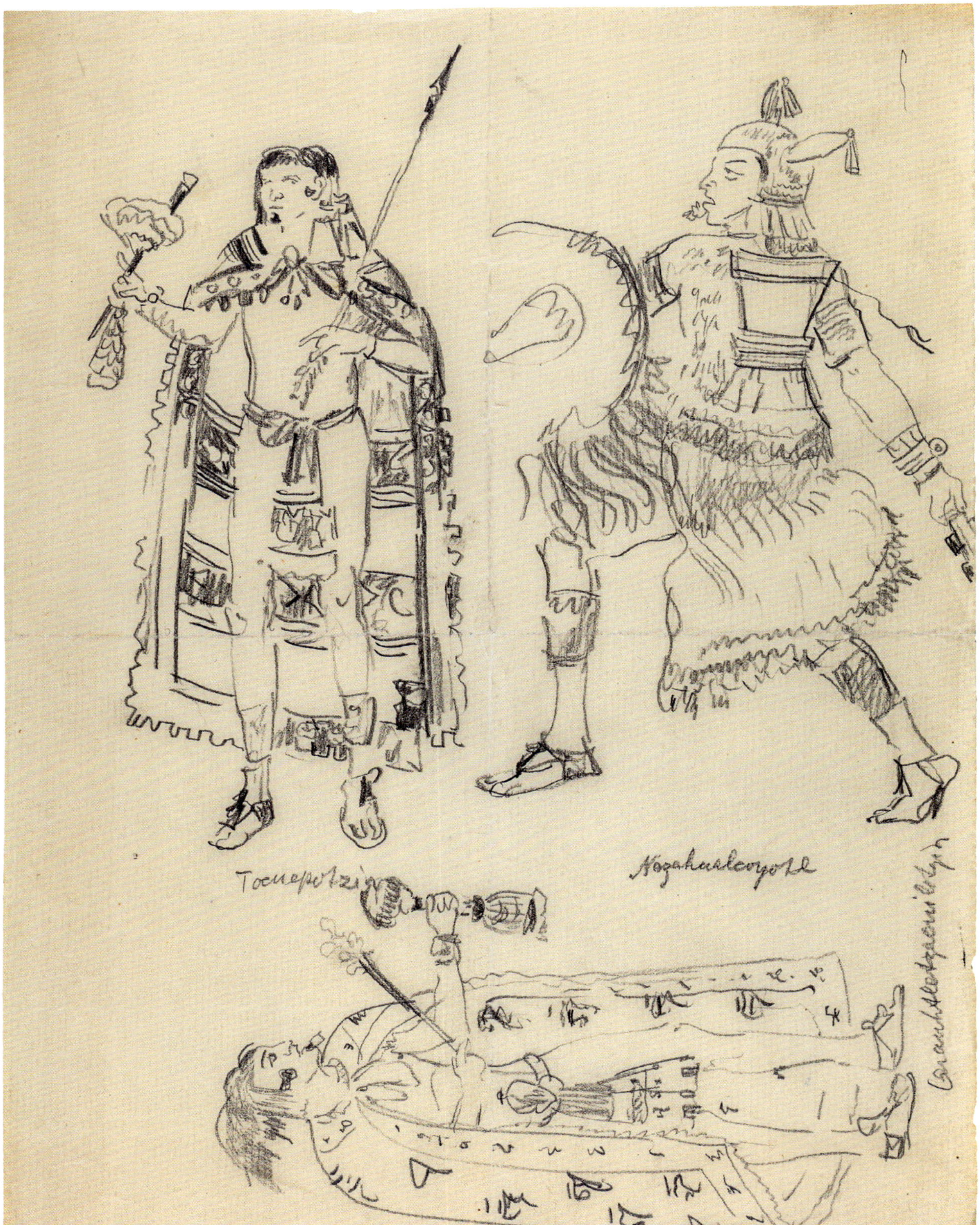

KAT. 76 Studien nach aztekischen Altertümern IX, vor 1918 (?), Bleistift, 29 × 22,3 cm LM, INV.-NR. DL SL NL 2015/418

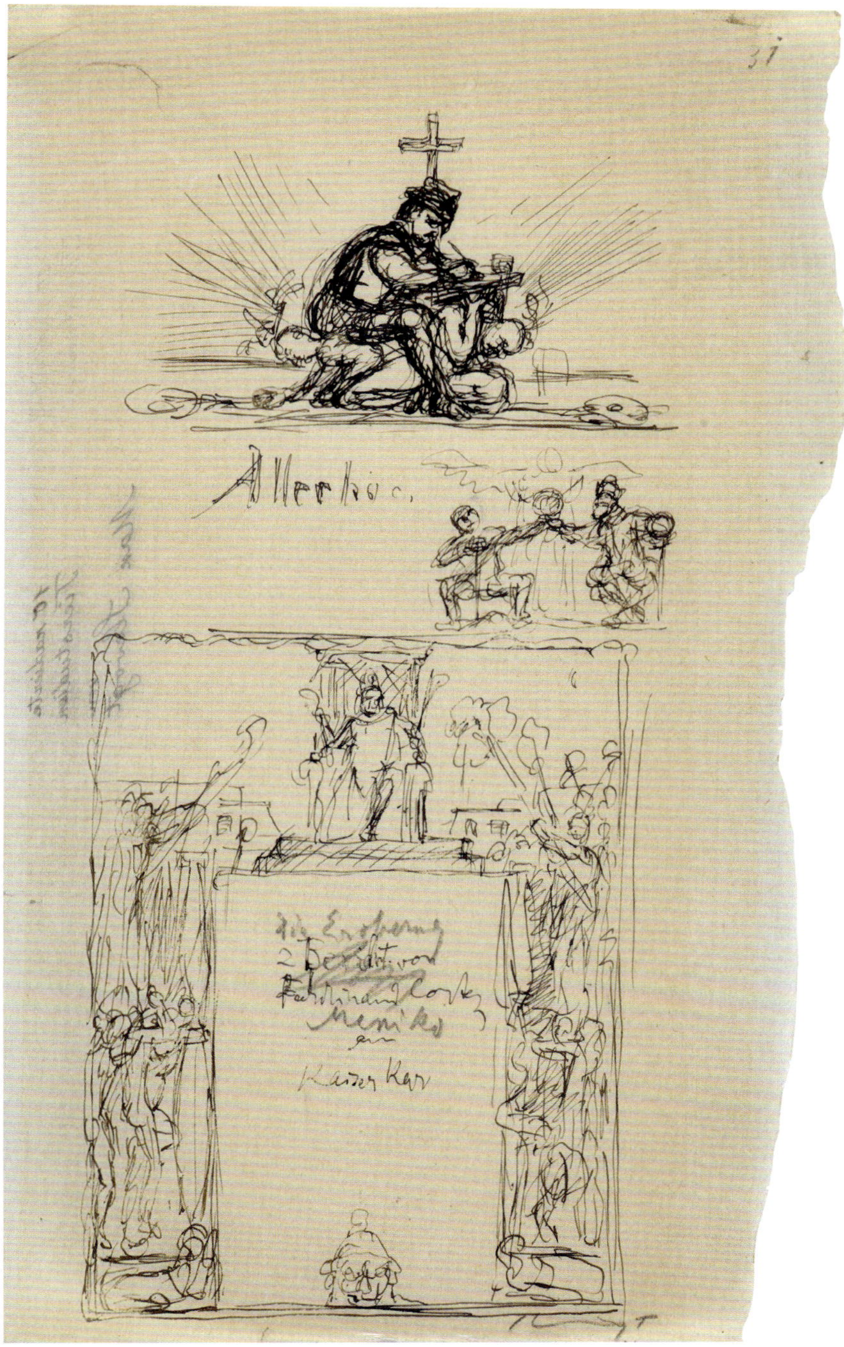

KAT. 77 Drei Entwürfe zu *Ferdinand Cortez* (B 18), vor 1918, Tusche, Bleistift, 21,9 × 13,9 cm
SM, INV.-NR. KW 147

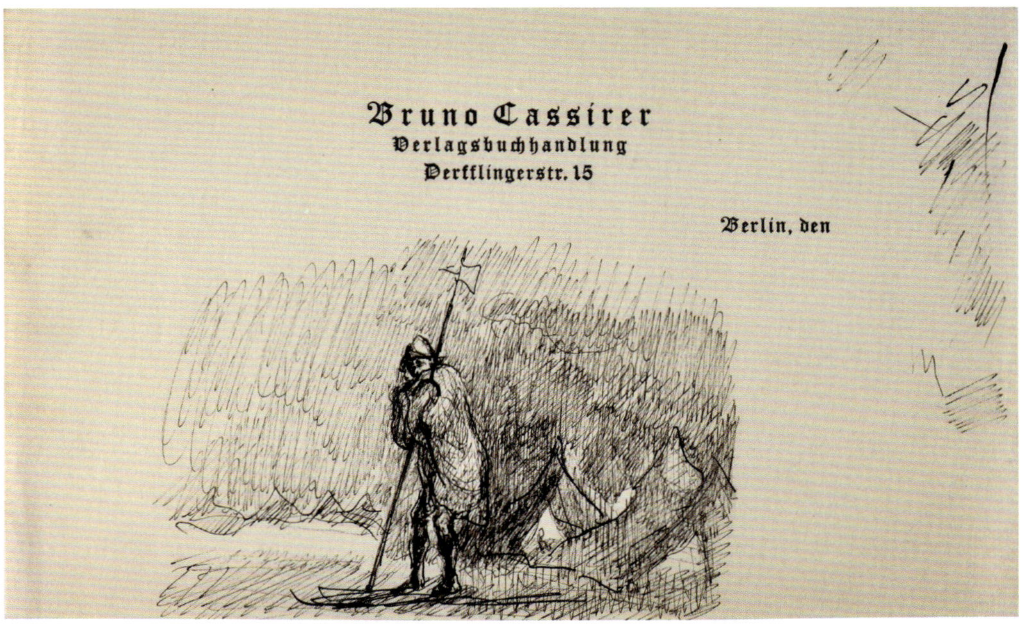

KAT. 78 *Wächter vor Zelten*, Vorzeichnung für B 18, vor 1918, Tusche, Briefpapier Bruno Cassirer, 12,6 × 20,7 cm
LM, INV.-NR. DL SL NL 2015/425

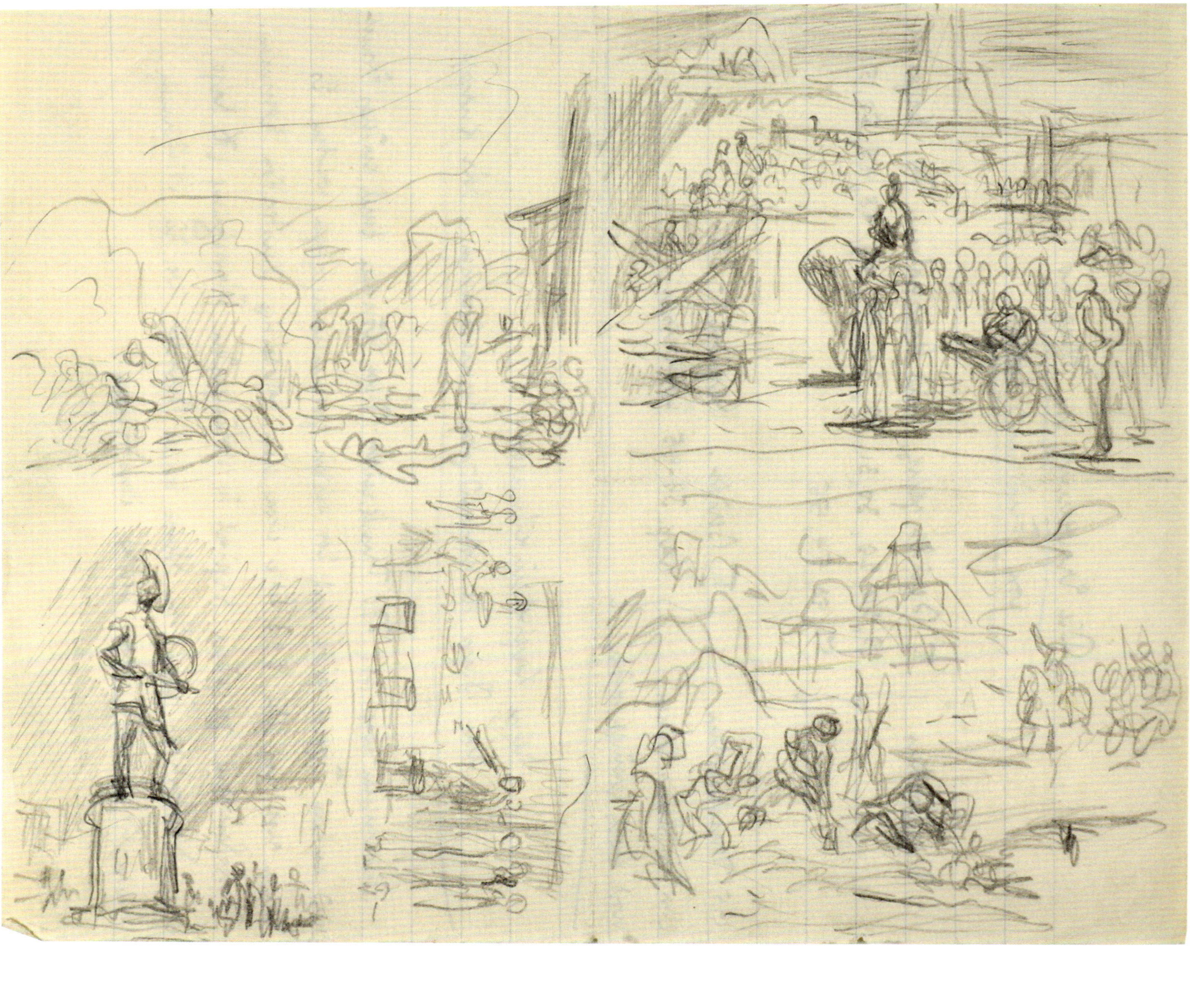

KAT. 79 Vier Vorzeichnungen zu *Ferdinand Cortez* (B 18), vor 1918, Bleistift, 16,6 × 21 cm LM, INV.-NR. DL SL NL 2015/427

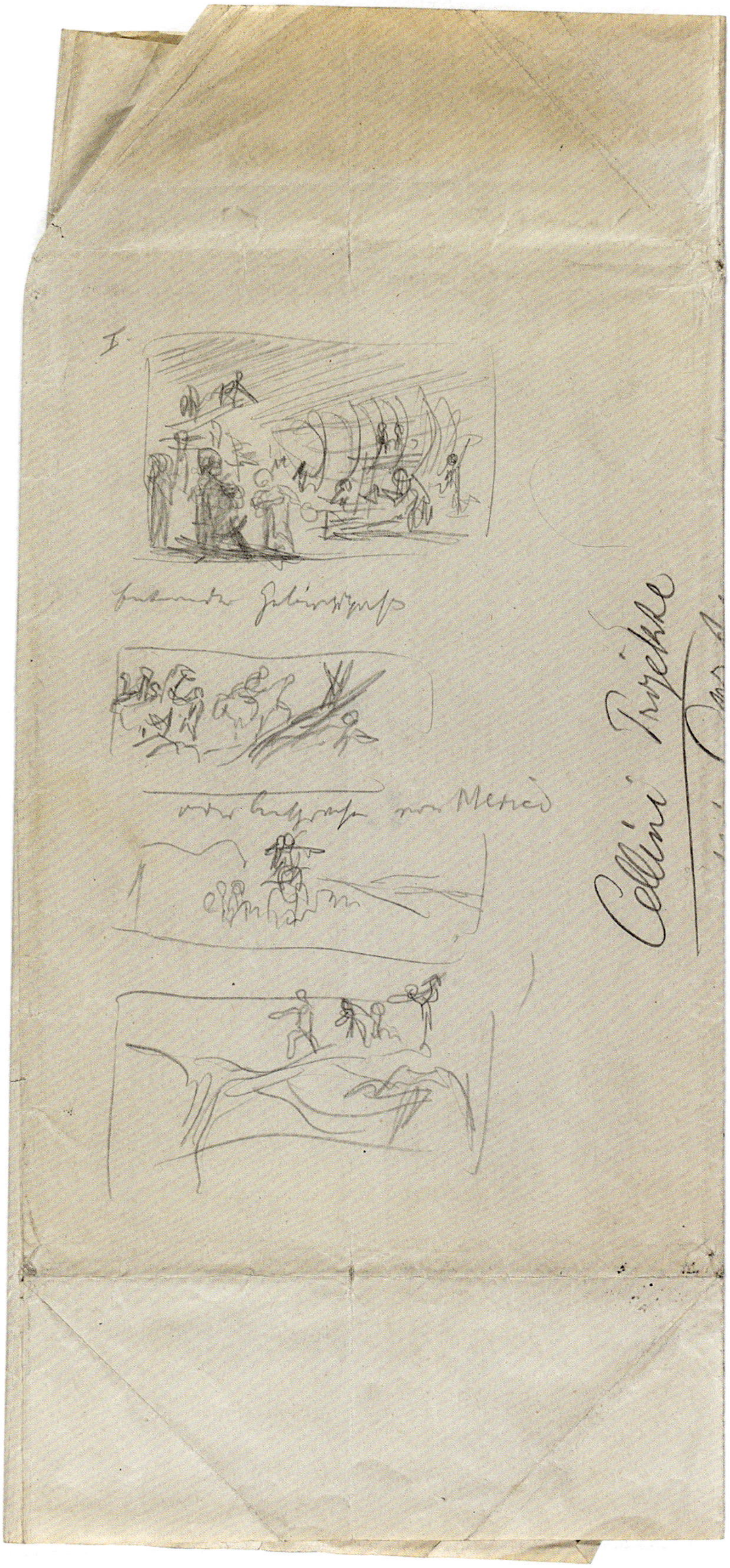

KAT. 80 Vier Skizzen zu *Ferdinand Cortez* (B 18), vor 1918, Bleistift, 33 × 42 cm LM, INV.-NR. DL SL NL 2015/420

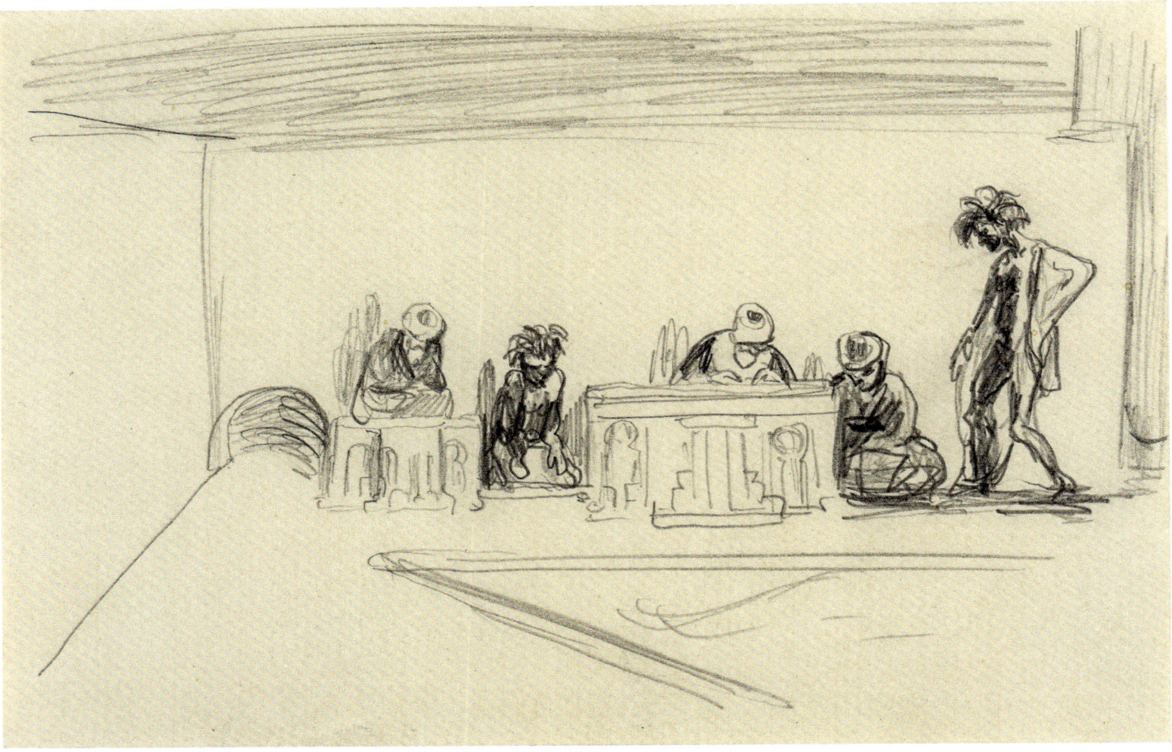

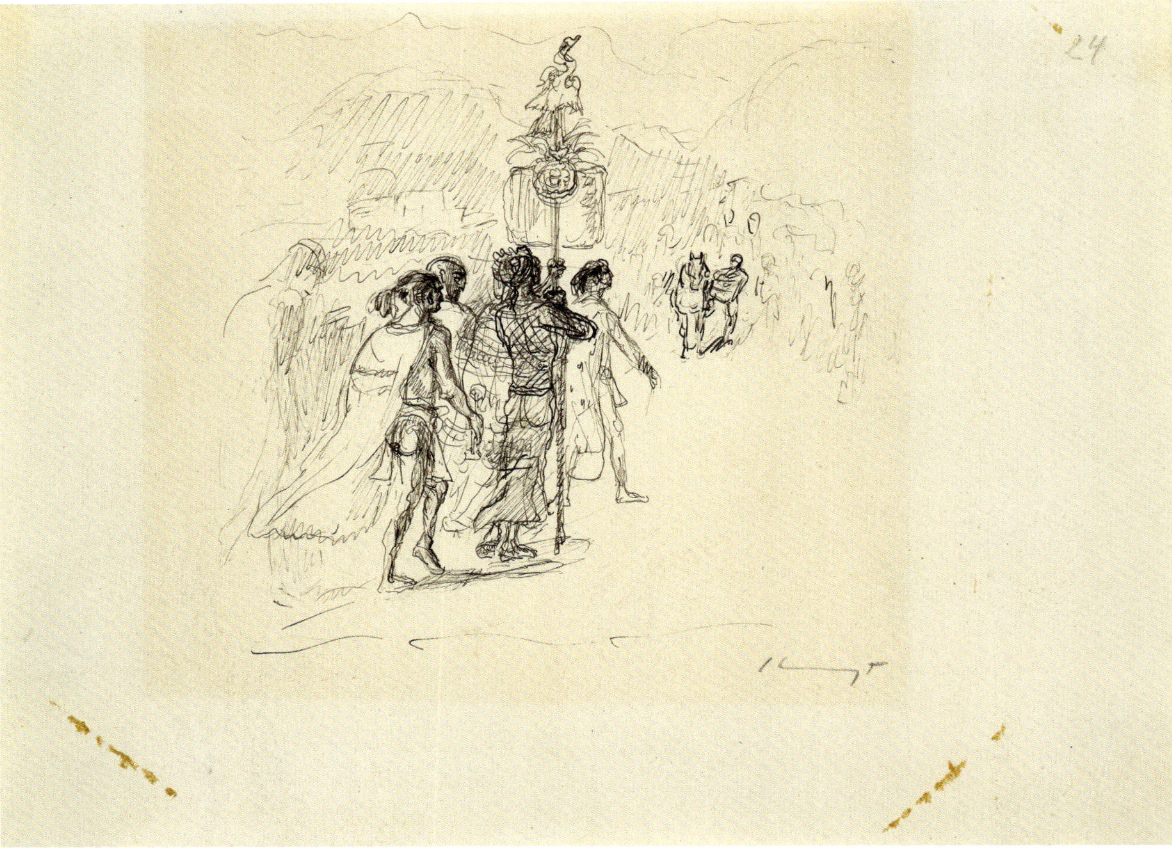

KAT. 81 Vorzeichnung zu *Ferdinand Cortez* (B 18), Ecke eines Saals mit 5 Figuren, vor 1918, Bleistift, 11,1 × 17,9 cm LM, INV.-NR. DL SL NL 2015/426

KAT. 82 *Die Gesandten des Königs Guanacazin kommen zu Cortez*, Vorzeichnung zu B 18, vor 1918, Tusche, 16,5 × 21 cm SM, INV.-NR. KW 240

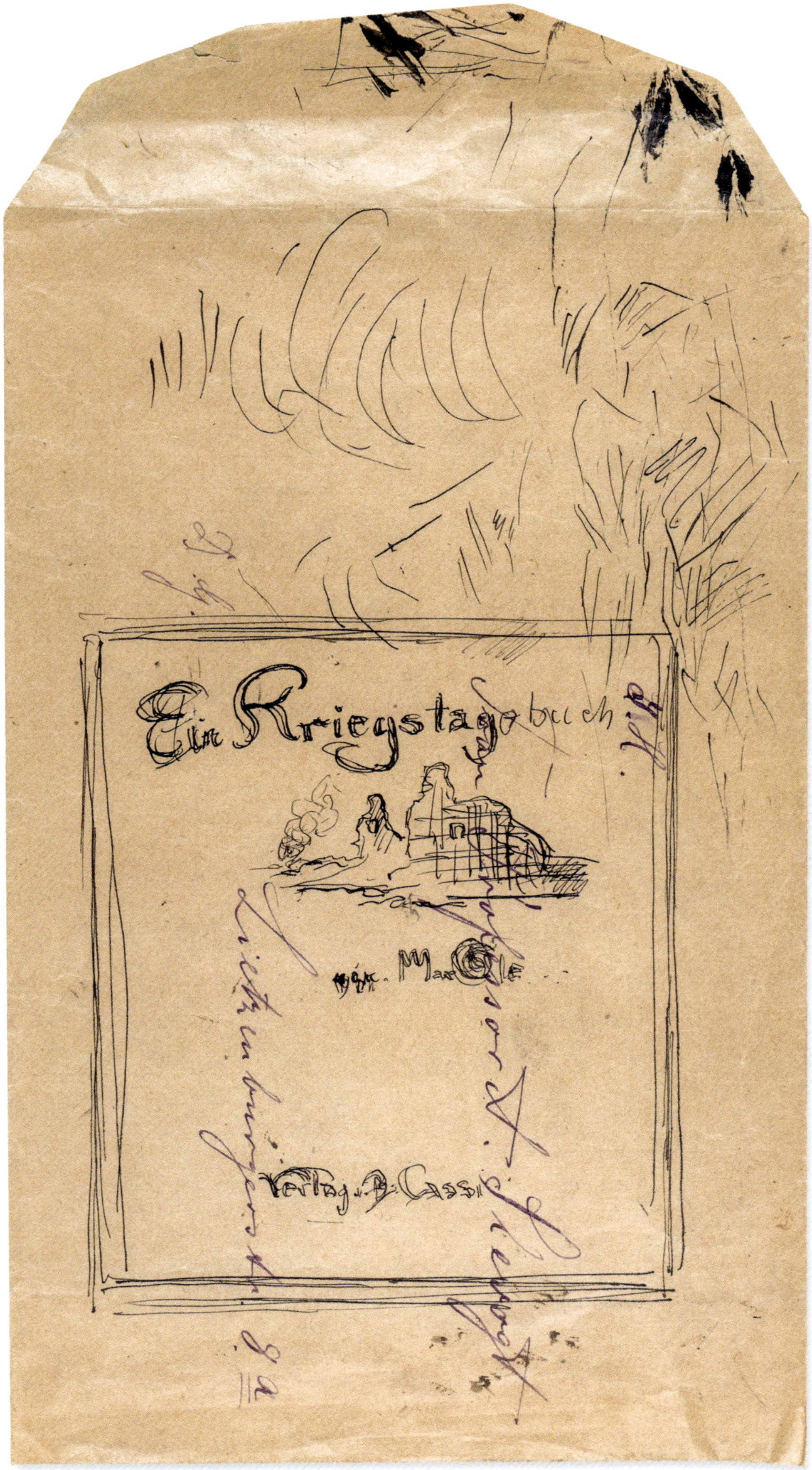

KAT. 84 Titelblattentwurf zu *Ein Kriegstagebuch* (B 15), 1917, Tusche, brauner Umschlag, 28 × 18 cm LM, INV.-NR. DL SL NL 2018/66

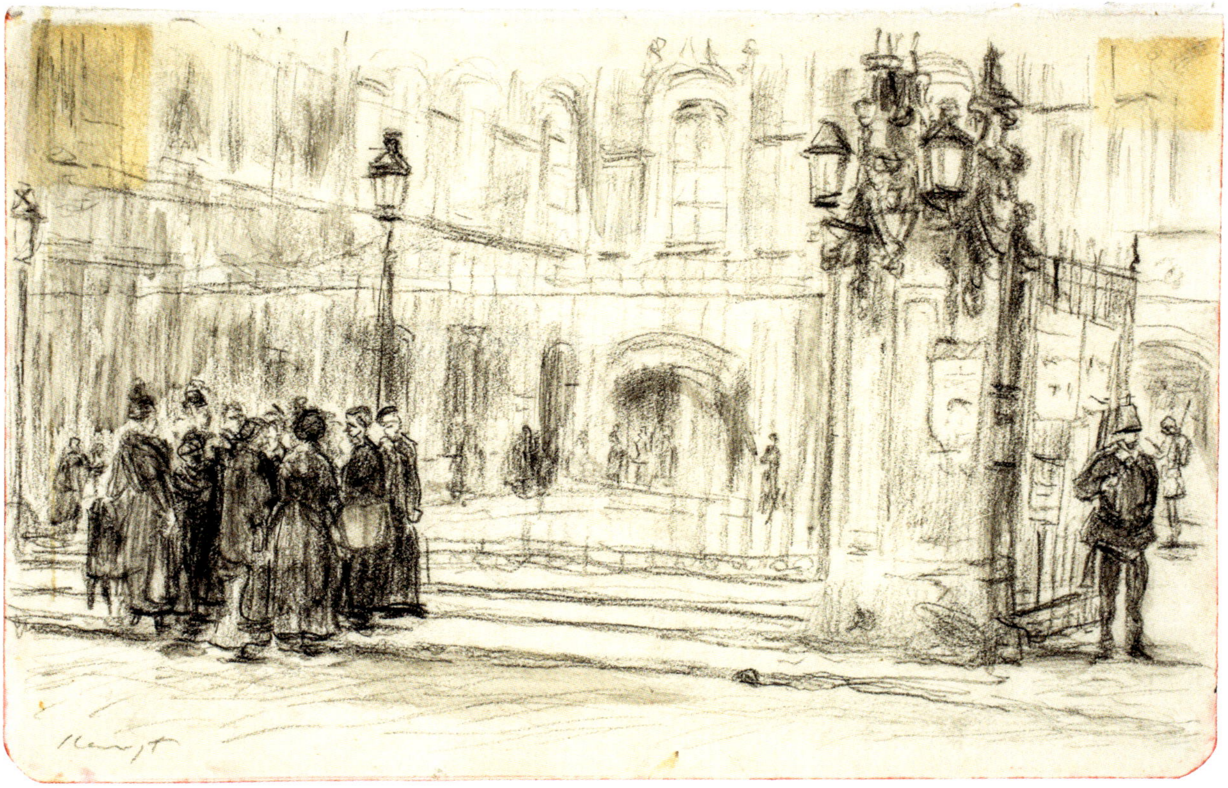

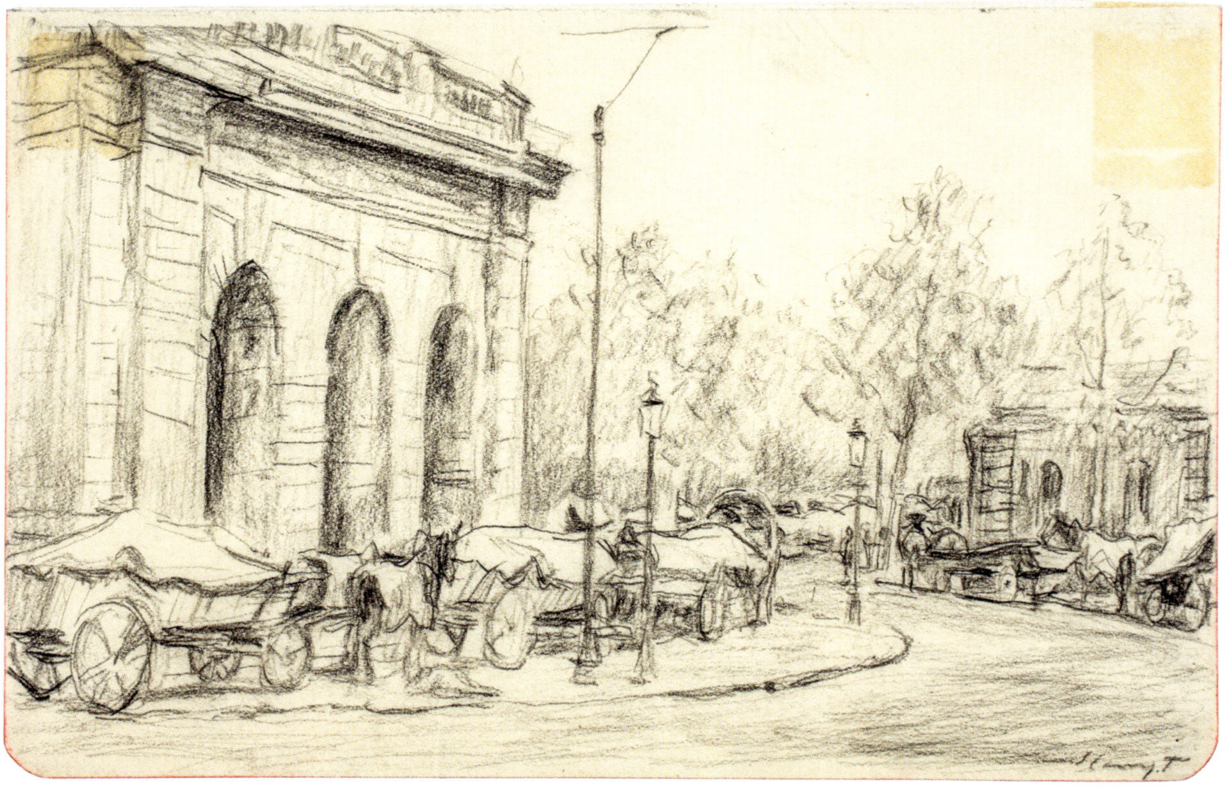

KAT. 85 *Vor der deutschen Kommandantur in Douai*, Illustration für B 15, 1914, Bleistift, 12,2 × 19,2 cm LM, INV.-NR. GS 2023/263

KAT. 86 *Kolonnenverschiebung an der Porte de Valenciennes in Douai*, Illustration für B 15, 1914, Bleistift, 12,2 × 19,2 cm LM, INV.-NR. GS 2023/265

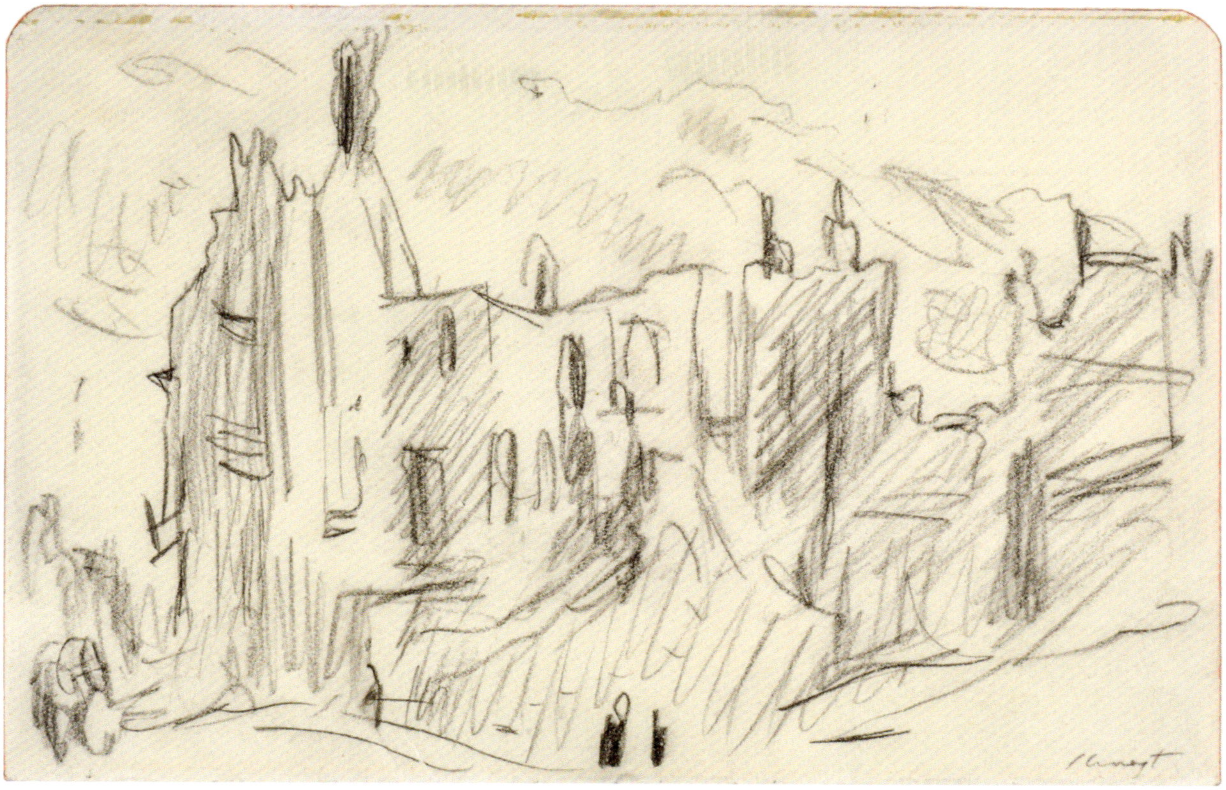

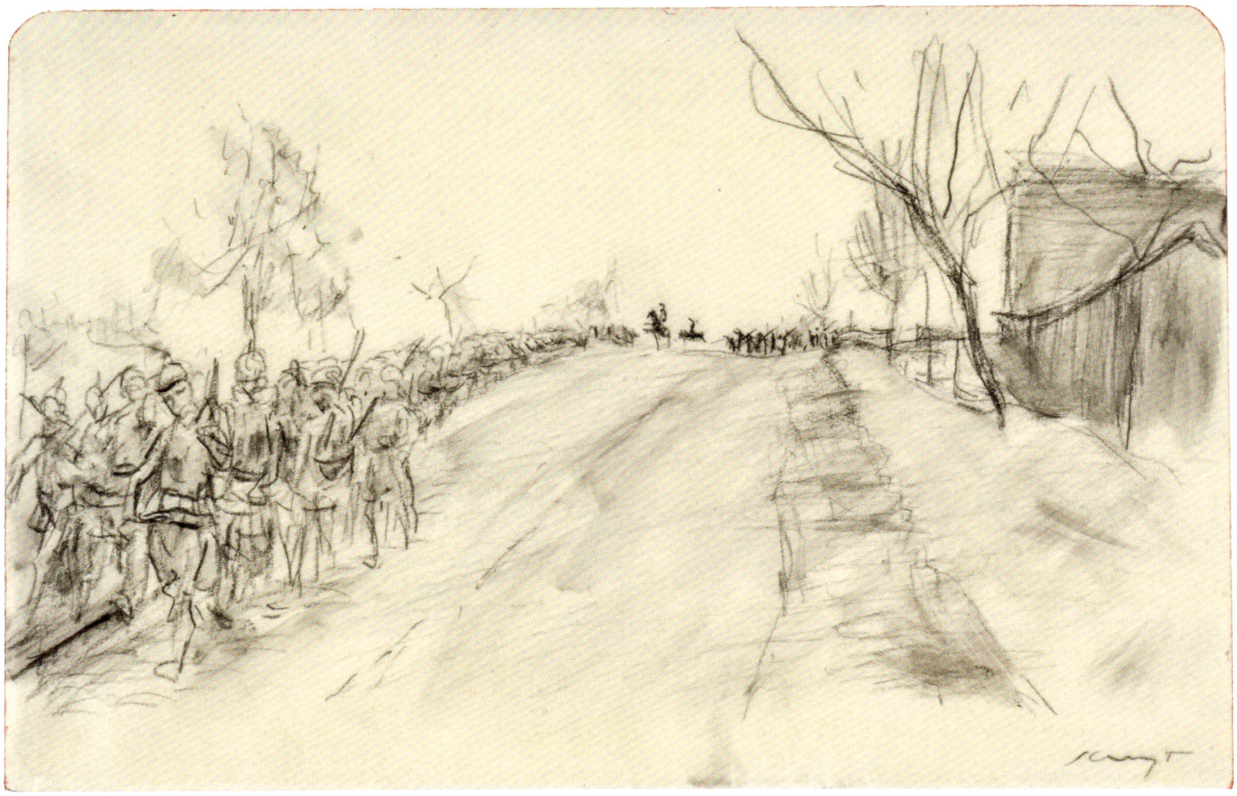

KAT. 87 *Zerstörte Gebäude*, Illustration für B 15, 1914, Kreide, 12,2 × 19,2 cm LM, INV.-NR. GS 1989/99

KAT. 88 *Vormarsch deutscher Truppen auf der Straße Cambrai – Douai – Lille*, Illustration für B 15, 1914, Kreide, 12,2 × 19,2 cm LM, INV.-NR. GS 1989/74

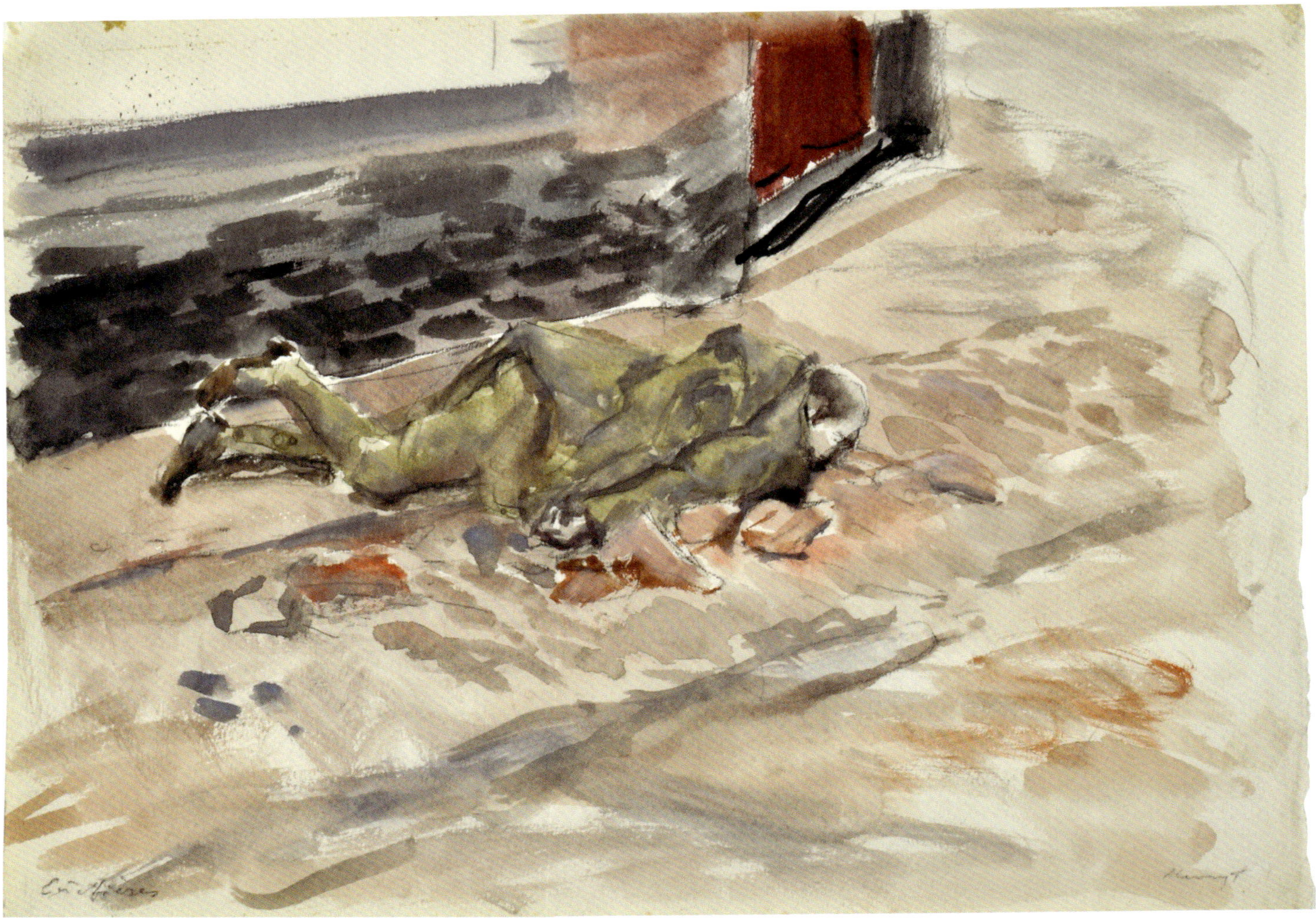

KAT. 89 *Gefallener Engländer an einer Straßenecke in Ennetières*, Illustration für B 15, 1914, Aquarell, 20 × 29 cm, B 15 LM, INV.-NR. GS 1989/78

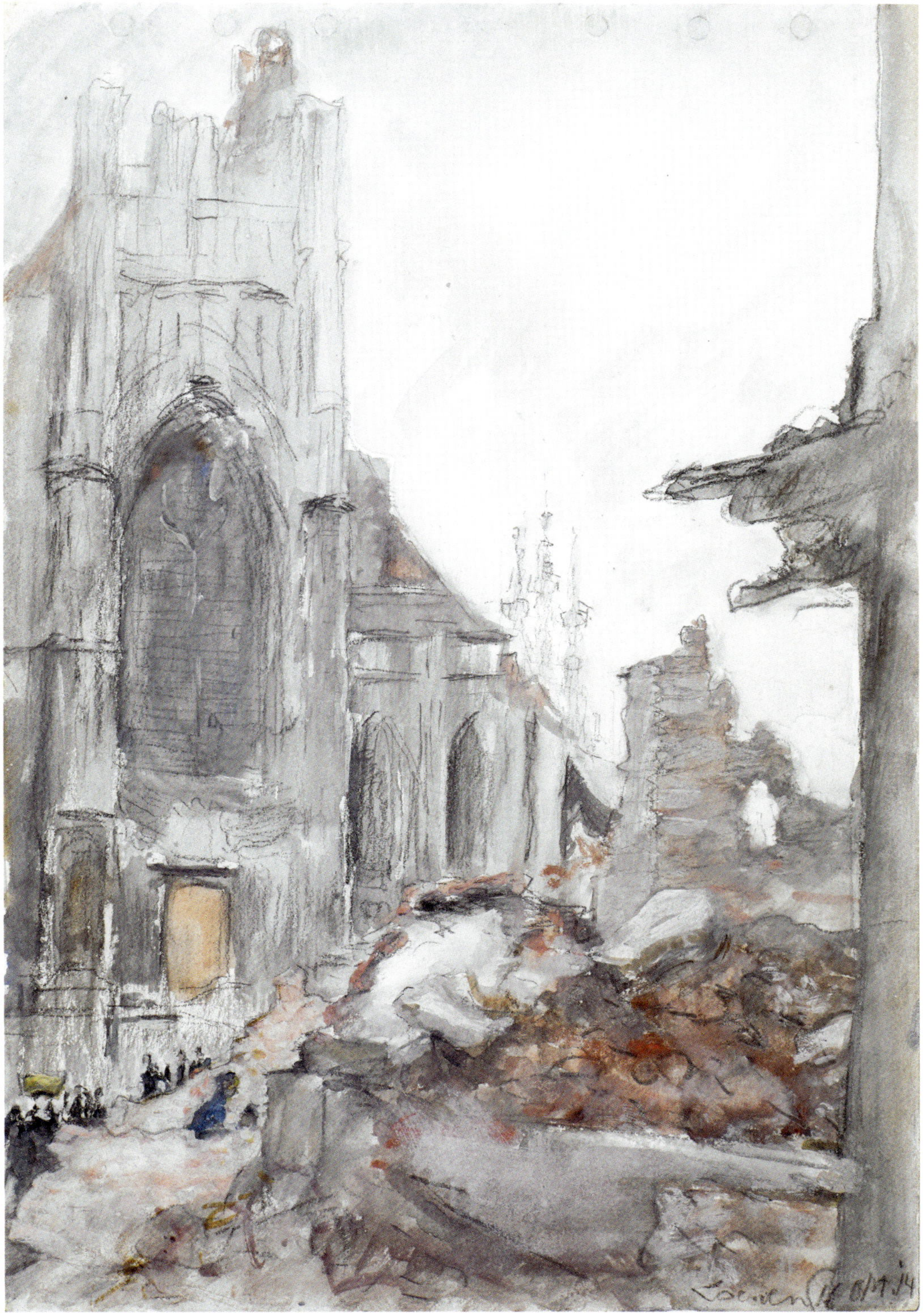

KAT. 90 *Die Kathedrale von Löwen*, Illustration für B 15, 1914, Aquarell, Bleistift, 28 × 21 cm, B 15 SM, INV.-NR. KW 8564

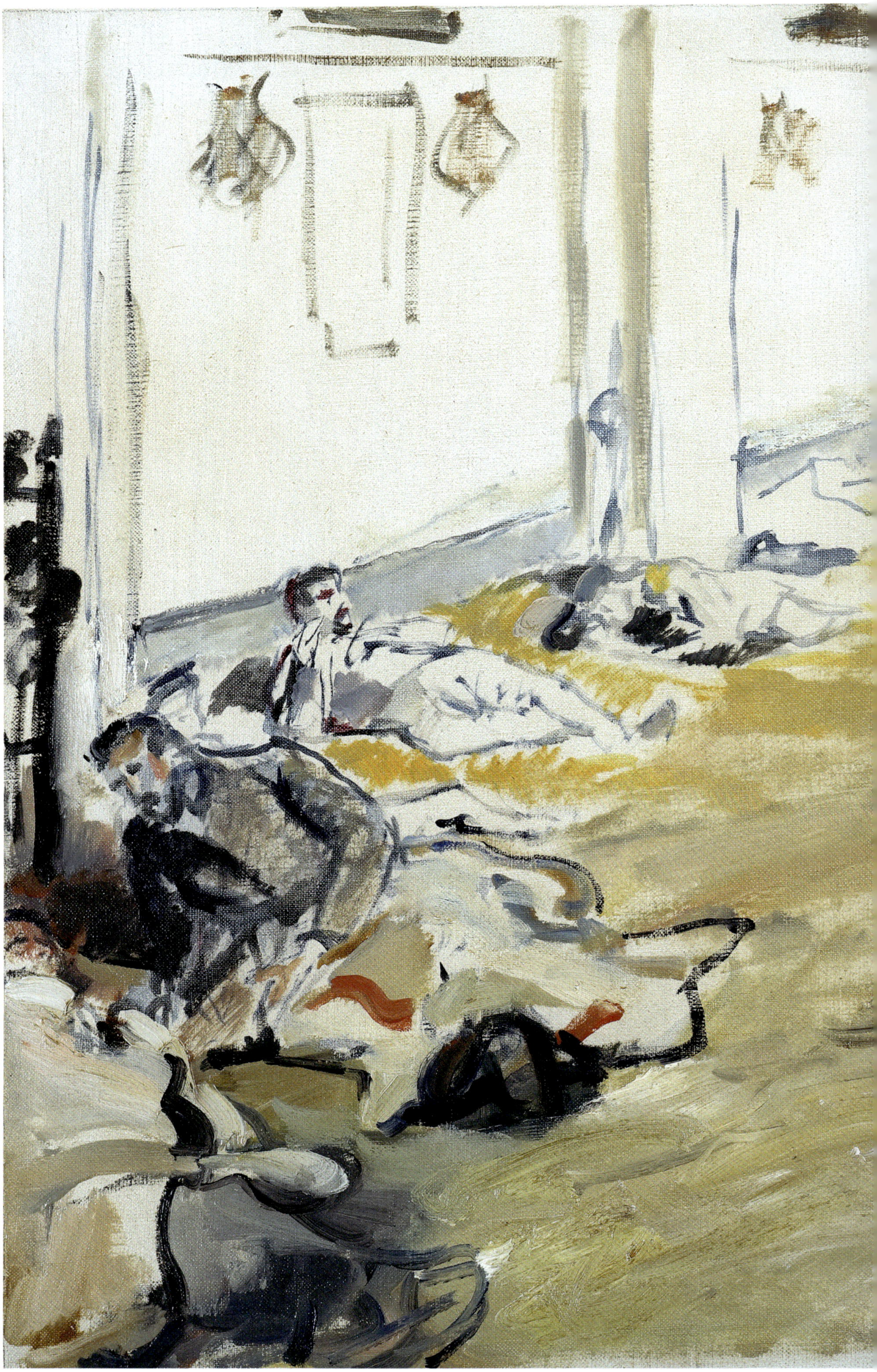

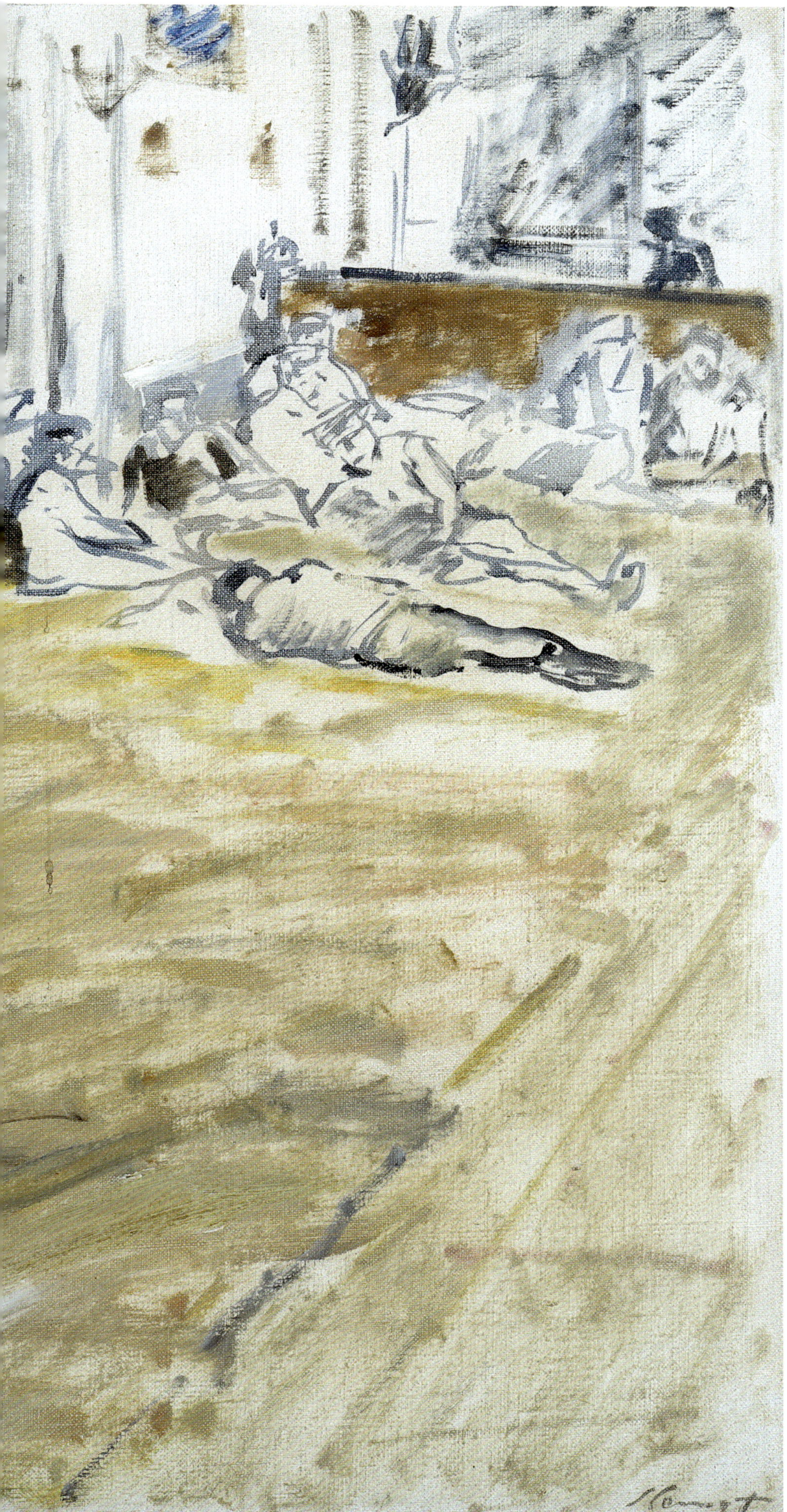

KAT. 91 *Deutsche Verwundete in der Kirche von Fresnes-lès-Montauban*, 1914, Öl auf Leinwand, 57,5 × 70,7 cm
SM, INV.-NR. NI 3936

KAROLINE FEULNER

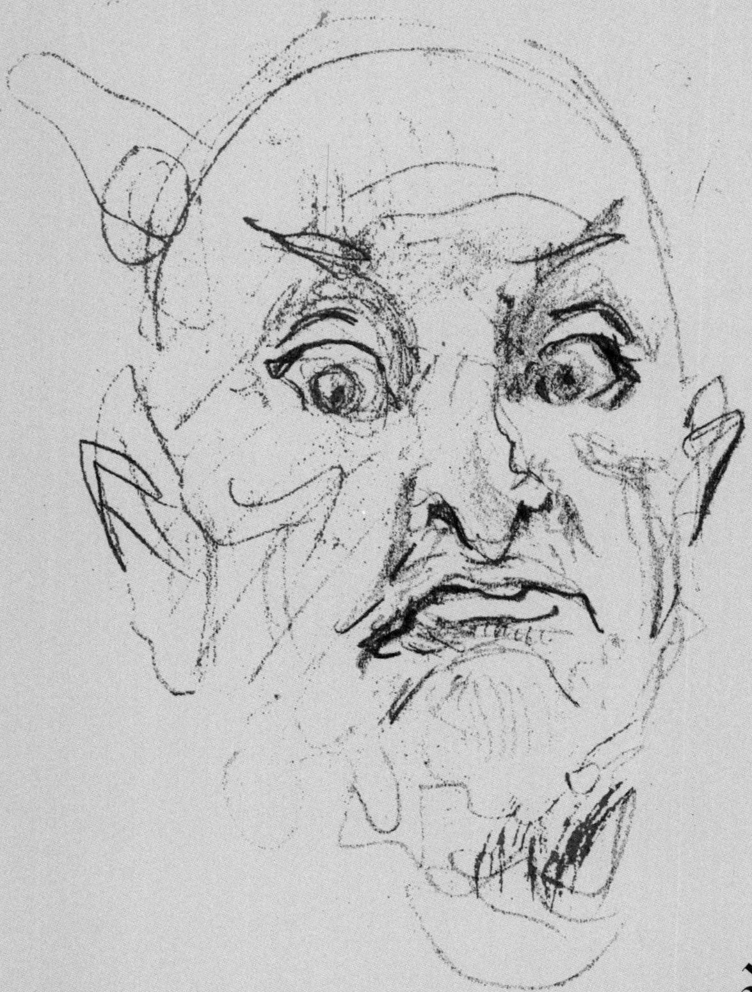

FAUST II

Paradebeispiel der impressionistischen Buchillustration

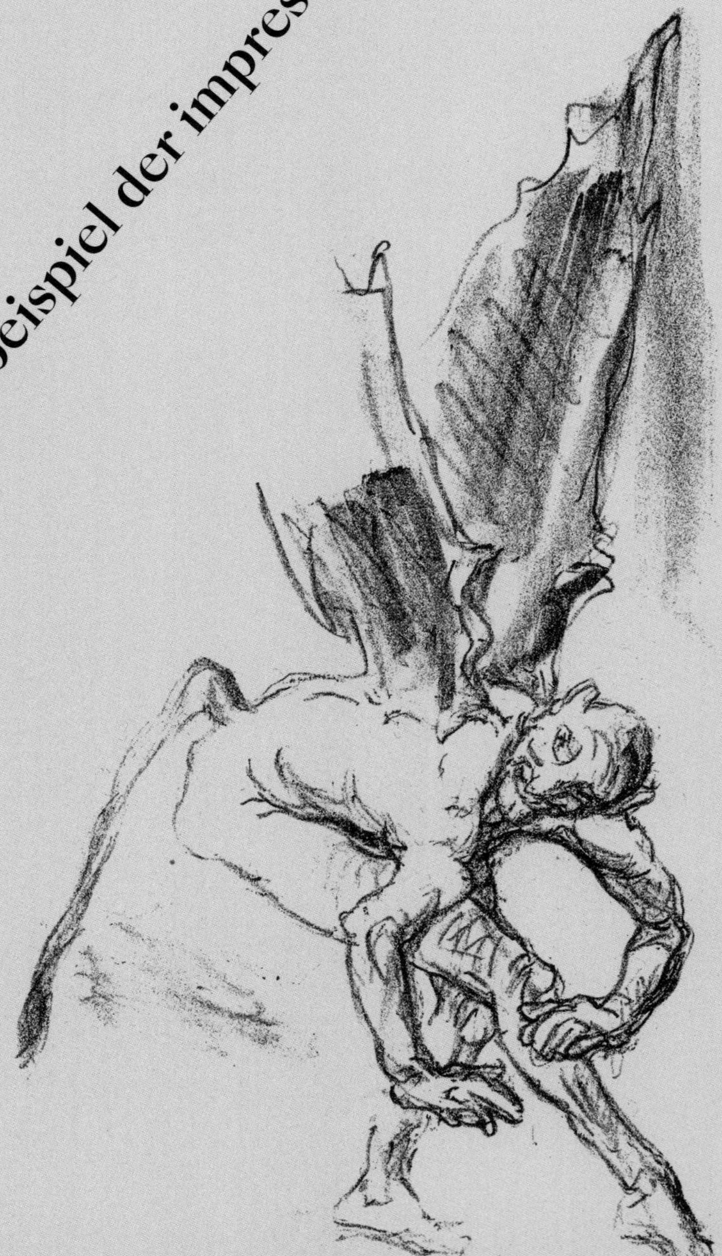

Die über 500 Illustrationen zu *Goethes Faust II* (B 45) gelten als das Hauptwerk von Slevogts buchkünstlerischen Arbeiten und gleichzeitig als ein fulminanter Abschluss seiner zahlreichen Illustrationsvorhaben mit Bruno Cassirer. Das von Cassirer in seinem Verlagsprospekt als „das bedeutendste Werk deutscher graphischer Kunst“ angekündigte Projekt konnte in seinem Umfang und dem mehrjährigen – auch beiderseits kräftezehrenden – Aufwand letztlich nie übertroffen werden.[1]

Johann Wolfgang von Goethe war einer der Lieblingsautoren des Künstlers, der Stoff Slevogt daher sehr vertraut. Aber vermutlich gab es mit Bruno Cassirer nur einen einzigen Verleger, der so verrückt war, das finanzielle Wagnis eines solch enormen Projekts anzunehmen. Allein die technische Produktion der umfangreichen Illustrationen, die einzeln mit der Handpresse in den Text gedruckt wurden, war außergewöhnlich. Zudem musste Cassirer seinen oftmals launischen und kränklichen Künstler immer wieder motivieren, am Projekt weiterzuarbeiten, was der erhaltene Briefwechsel anschaulich belegt.

Das Besondere an *Faust II* ist neben dem Thema, dem sich aufgrund der Komplexität kaum ein Künstler stellte, vor allem Slevogts unkonventionelle Umsetzung. Diese steht exemplarisch für die innovativen Künstlerbücher des Bruno Cassirer Verlags, bei denen nicht der Text, sondern vor allem die Illustrationen im Vordergrund stehen, die zudem in einer bestmöglichen Qualität gedruckt wurden. Durch die erhaltenen Vorzeichnungen, Transparentpapiere und Lithografiesteine kann der aufwendige Prozess bis zur Buchherstellung einzigartig veranschaulicht werden (Kat. 92, 93, 96–99, 100; Abb. 1, S. 41; Abb. 2, S. 42).

Slevogt gelingt es in diesem Opus, mit seinen fantasievollen Zeichnungen – scheinbar wie bei einer Theateraufführung – die Schlüsselszenen für den Betrachter in lebhaften Momentaufnahmen festzuhalten.[2] Dabei zeigt er in der überbordend, fast barock zu nennenden Umsetzung seine ganz eigene Vision des Dramas. Hier ist nichts statisch, sondern alles ist in Bewegung und spiegelt gleichsam durch ihre Schnelligkeit und Leichtigkeit den Charakter impressionistischer Bildfindungen wider. „Wie ein Zug ‚schwankender, von Zauberhauch umwitterter Gestalten‘ zieht die Flucht der Erscheinungen an uns vorüber in einer opernhaften Mischung von Wirklichkeit und Unwirklichkeit.“[3]

Wie so oft verwendet Slevogt auch verschiedene Techniken, also eingestreute ganzseitige Radierungen, Federlithografien als den Text umgebende Randzeichnungen und ganzseitige Kreidelithografien. Letztere sprengen oft den Satzspiegel oder überragen den Text, der so immer wieder zurückgedrängt wird (Kat. 101). Slevogt arbeitet zudem mit starken Hell-Dunkel-Kontrasten und erzielt bei den Kreidelithografien eine große Bandbreite an fein abgestuften Valeurs der Schwarz-Weiß-Töne, die eine große malerische Wirkung haben und dadurch zu einer stimmungsvollen Atmosphäre beitragen.[4]

Auch bei diesem Projekt beeinflusst Cassirer selbst den Entstehungsprozess und diskutierte beispielsweise von Beginn an mit dem Künstler die Ideen für ein geeignetes Layout, so schreibt er Slevogt: „Ich habe hin und her überlegt, wie wir mit dem Faust weiter kommen.“[5] Folgend schlägt er beispielsweise Umrahmungen des Texts vor, damit ein einheitliches Satzbild entsteht. Slevogt greift diese Idee gerne für die Szenen, die für Federlithografien vorgesehen sind, auf. Nüchterne Linienornamente wechseln sich in diesen rahmenden Arabesken – ganz seiner Fantasie und seinem Stil entsprechend –

in der Regel mit Figuren, Tieren und unzähligen Details ab (Kat. 97). All diese sehr ornamental verbundenen Schöpfungen paraphrasieren den Text spielerisch. Durch diese Randzeichnungen gelingt es ihm, die unglaubliche Fülle an Handlungssträngen und Figuren des komplexen Texts umfassend mitzuberücksichtigen, was durch einzelne Zeichnungen der zentralen Hauptszenen nicht möglich gewesen wäre.[6] Darüber hinaus zeigen diese Textumrahmungen einen großen Einfluss durch die berühmten Randzeichnungen Albrecht Dürers für das *Gebetbuch von Kaiser Maximilian* (1513).[7] Slevogts Randzeichnungen weisen allerdings durch die Detailfreude, die Leichtigkeit der Federschwünge und seinen Humor, der sich in zahlreichen Szenen zeigt, eine ganz andere Wirkung auf als jene von Dürer.

Aufgrund des enormen Umfangs wurde *Faust II* in vier Teillieferungen herausgegeben, die erste erschien Weihnachten 1925. Das Werk wurde in einer edlen Mappenausgabe in einem weißen Ganzlederkasten mit Goldpressung im Großfolio (Auflage fünfzig Exemplare) sowie in einer Buchausgabe in Maroquinleder (Auflage 250 Stück) produziert (Kat. 104). Die einzelnen Blätter der Mappenausgabe waren von Slevogt handsigniert, eine Tätigkeit, die er sehr ermüdend fand und daher stets nur mühsam in den Verlag zu bewegen war. Das Signieren unzähliger Einzelgrafiken war auch der Grund, dass er seinen Namen auf ein ornamentähnliches Kürzel reduzierte, das er mit nur drei Linien auf das Papier bringen konnte.[8]

Faust II fällt als Klassiker der Weltliteratur, der ursprünglich für die Bühne gedacht war, allein schon thematisch aus der Reihe von Slevogts bisherigen Buchillustrationen. In seiner Gestaltung entspricht das Werk den vielfältigen Ideen der impressionistischen Buchillustration, die vor allem Bruno Cassirer mit seinem Verlag vertreten hat.[9] Zugleich sollte *Faust II* Slevogts herausragende Illustrationstätigkeit zu einem nie gekannten Höhepunkt führen. Aus verschiedenen Gründen blieb der finanzielle Erfolg des sehr teuren Werks aus, dennoch zählt es unstrittig zu den Höhepunkten der Buchillustration des 20. Jahrhunderts.[10]

1 Detailliert von der Findung der Idee bis zu den Details der Umsetzung vgl. Essay K. Feulner, S. 38–47.
2 Vgl. allg. C. Weis (2016); J. Rössler (2018).
3 M. Heffels (1952), S. 90.
4 Zur Kritik an Slevogts Illustrationen vgl. L. Lang (1998), S. 96.
5 Brief von B. Cassirer an M. Slevogt vom 3.11.1924, Briefedition Nr. 187.
6 M. Heffels (1952), S. 90.
7 In seinem grafischen Nachlass hat sich ein Verlagsprospekt von Riehn & Reusch erhalten, der auf das Erscheinen der neuen Faksimileausgabe hinweist, datiert April 1921, LM, Inv.-Nr. DL SL NL 2025/2. Auch Peter von Cornelius hatte sich bei seinen Illustrationen zu *Faust I* (1816) an Dürers Randzeichnungen orientiert.
8 K. Scheffler (1946), S. 103.
9 Zur Kritik dieser Begrifflichkeit, da die impressionistische Buchillustration genau genommen einen Widerspruch an sich darstellt, vgl. K. Scheffler (1931), S. 66; L. Lang (1998), S. 96.
10 J. Rössler (2018), S. 210. Zu dem ausbleibenden Erfolg vgl. Essay A. Schlechter/E. Wolf, S. 34.

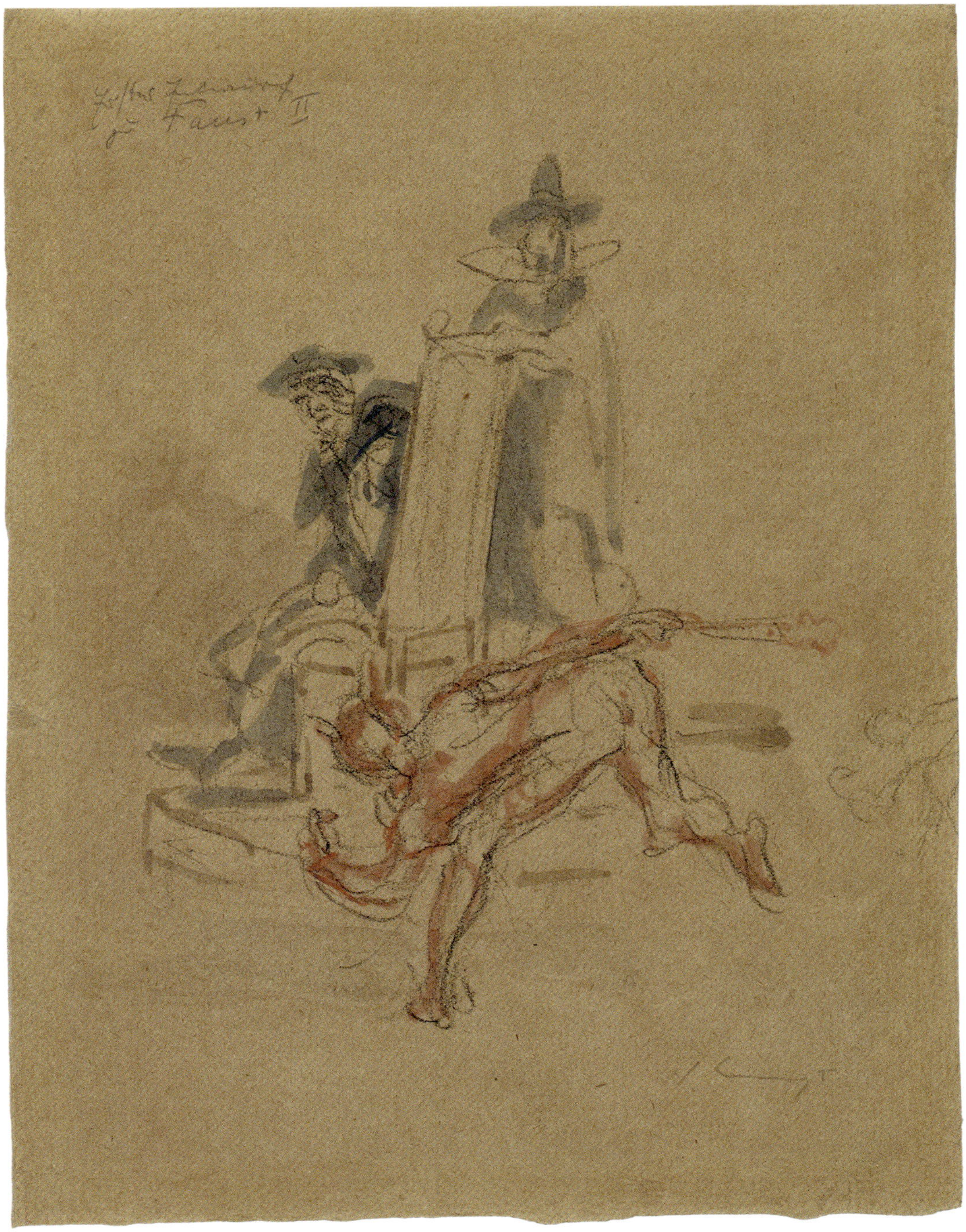

KAT. 92 *Mephisto als Hofnarr,* Vorzeichnung für B 45, um 1922, Kreide, Wasserfarbe, 23,6 × 18,7 cm SM, INV.-NR. KW A 45

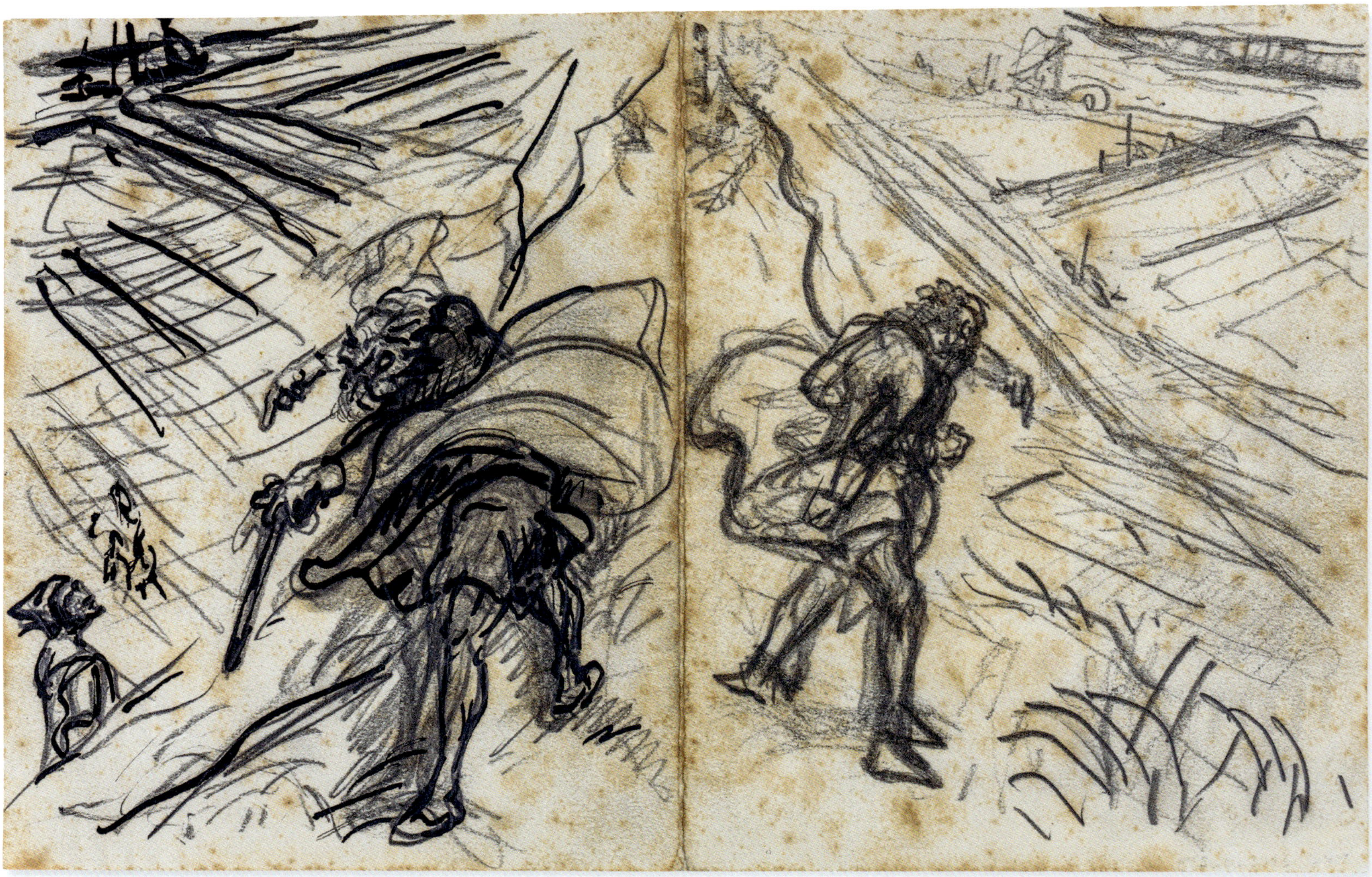

KAT. 93 *Faust und die grabenden Arbeiter*,
zwei Entwurfsskizzen für B 45, 1924, Bleistift, Tusche, 14,1 × 22,5 cm
LM, INV.-NR. DL SL NL 2015/482

KAT. 94 *Faust und die grabenden Arbeiter* (B 45), 1924,
Radierung, 46 × 33 cm, Buchausgabe, Expl.-Nr. 11, S. 425
LM, INV.-NR. SLG. GOE 25

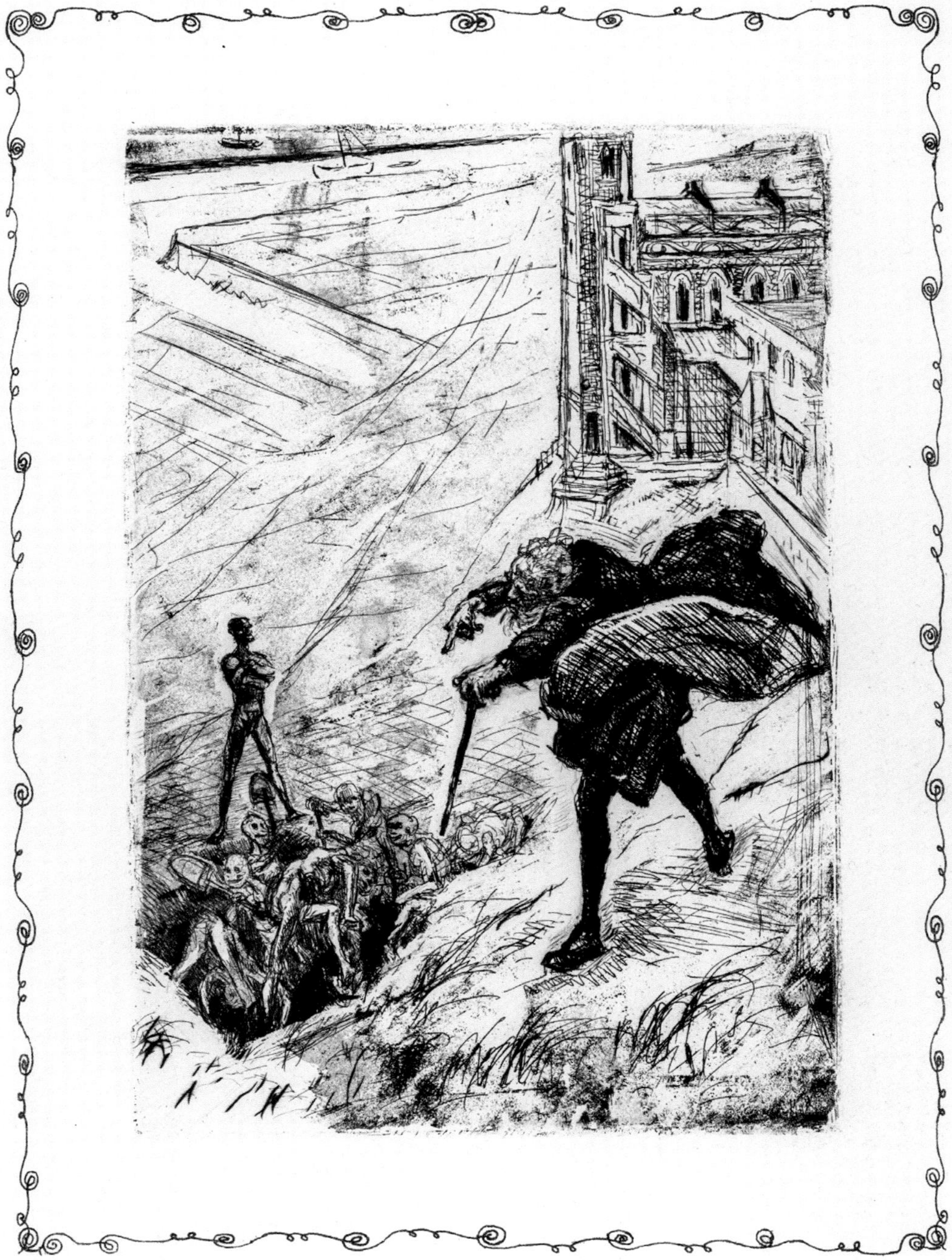

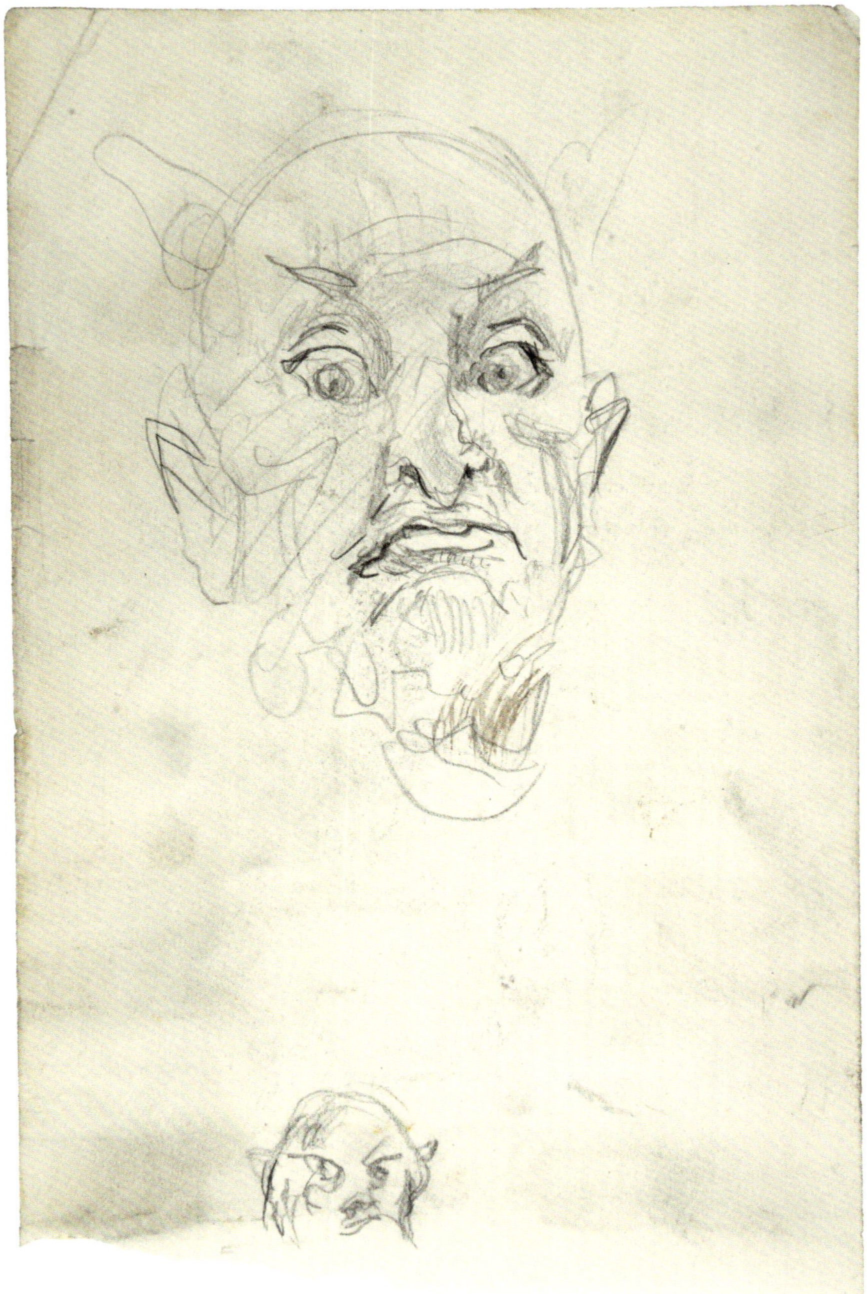

KAT. 95 *Mephisto*, vermutlich Studie für die Fresken im Bremer Ratauskeller *(Der Paktschluß des Balthasar Ohnegrund mit dem Zirkelschmied?)*, 1927, Bleistift, 21,2 × 14,2 cm
LM, INV.-NR. DL SL NL 2024/8

KAT. 96 *Mephistopheles*, um 1924–26, Textcollage zu B 45, Bleistift, 42,7 × 31,2 cm
FREIES DEUTSCHES HOCHSTIFT, FRANKFURTER GOETHE-MUSEUM, INV.-NR. III-14166/098

KAT. 97 *Wagner, ach Gott, was rasselt an der Türe*, um 1924–26, Textcollage zu B 45, Lavierung in Pinsel, Bleistift, 42,7 × 31,2 cm
FREIES DEUTSCHES HOCHSTIFT, FRANKFURTER GOETHE-MUSEUM, INV.-NR. III-14166/135

KAT. 98 *Der Untersee im Obersee zu kehren*, um 1924–26, Textcollage zu B 45, Feder, Bleistift, 42,9 × 30,5 cm
FREIES DEUTSCHES HOCHSTIFT, FRANKFURTER GOETHE-MUSEUM, INV.-NR. III-14166/332

KAT. 99 *Sorge, die Menschen sind im ganzen Leben blind*, um 1924–26, Textcollage zu B 45, Kohle, Kreide, Bleistift, 42,7 × 30,8 cm, FREIES DEUTSCHES HOCHSTIFT, FRANKFURTER GOETHE-MUSEUM, INV.-NR. III-14166/418

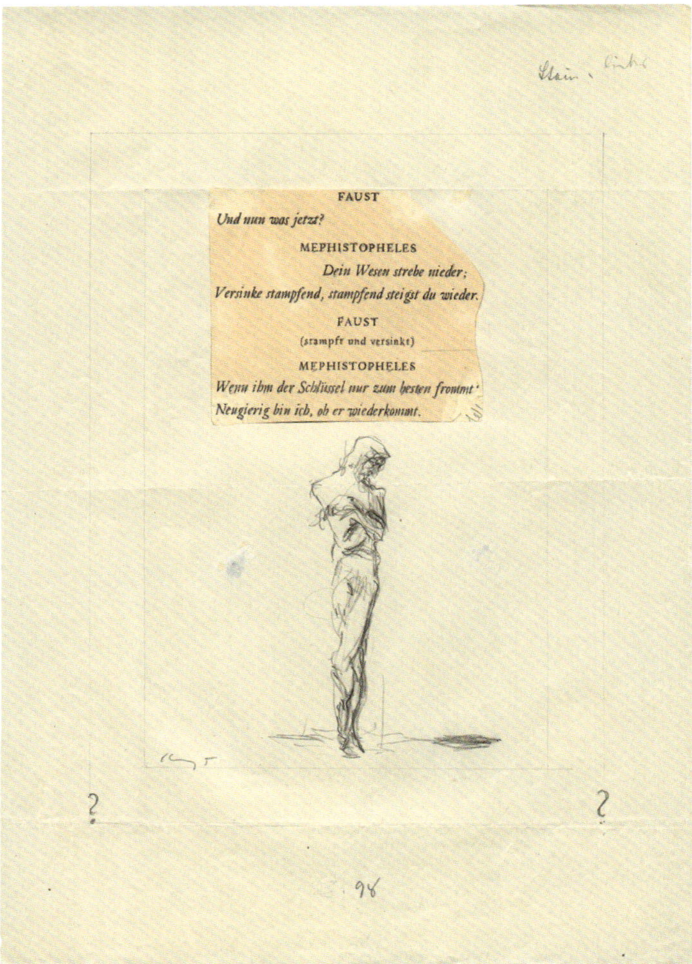
FAUST
Und nun was jetzt?
MEPHISTOPHELES
Dein Wesen strebe nieder;
Versinke stampfend, stampfend steigst du wieder.
FAUST
(stampft und versinkt)
MEPHISTOPHELES
Wenn ihm der Schlüssel nur zum besten frommt!
Neugierig bin ich, ob er wiederkommt.

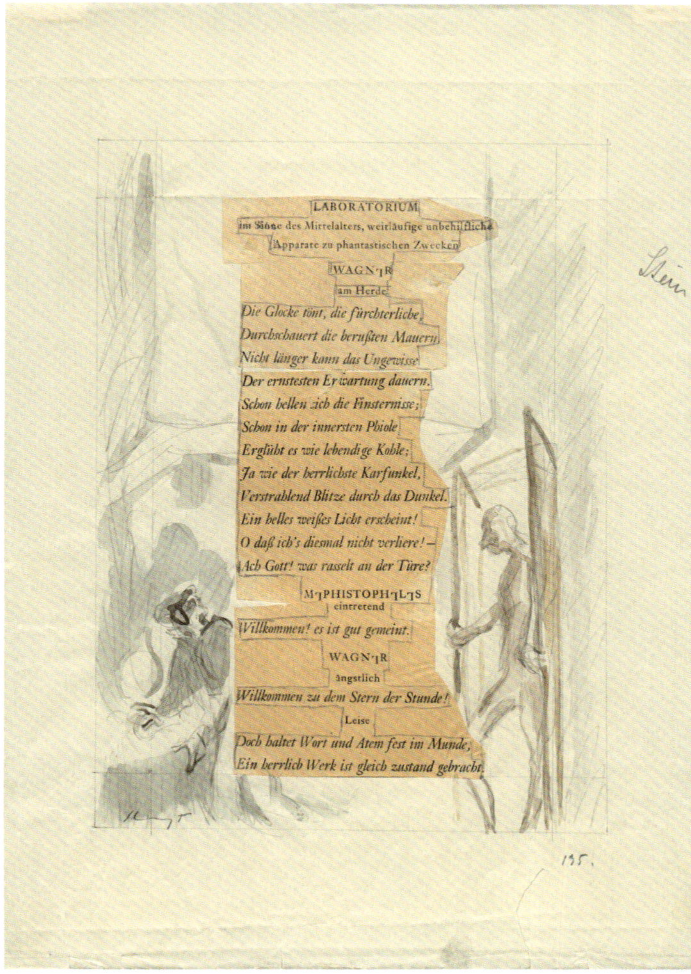
LABORATORIUM
im Sinne des Mittelalters, weitläufige unbehilfliche
Apparate zu phantastischen Zwecken
WAGNER
am Herde
Die Glocke tönt, die fürchterliche,
Durchschauert die berußten Mauern.
Nicht länger kann das Ungewisse
Der ernstesten Erwartung dauern.
Schon hellen sich die Finsternisse;
Schon in der innersten Phiole
Erglüht es wie lebendige Kohle,
Ja wie der herrlichste Karfunkel,
Verstrahlend Blitze durch das Dunkel.
Ein helles weißes Licht erscheint!
O daß ich's diesmal nicht verliere! –
Ach Gott! was rasselt an der Türe?
MEPHISTOPHELES
eintretend
Willkommen! es ist gut gemeint.
WAGNER
ängstlich
Willkommen zu dem Stern der Stunde!
Leise
Doch haltet Wort und Atem fest im Munde,
Ein herrlich Werk ist gleich zustand gebracht.

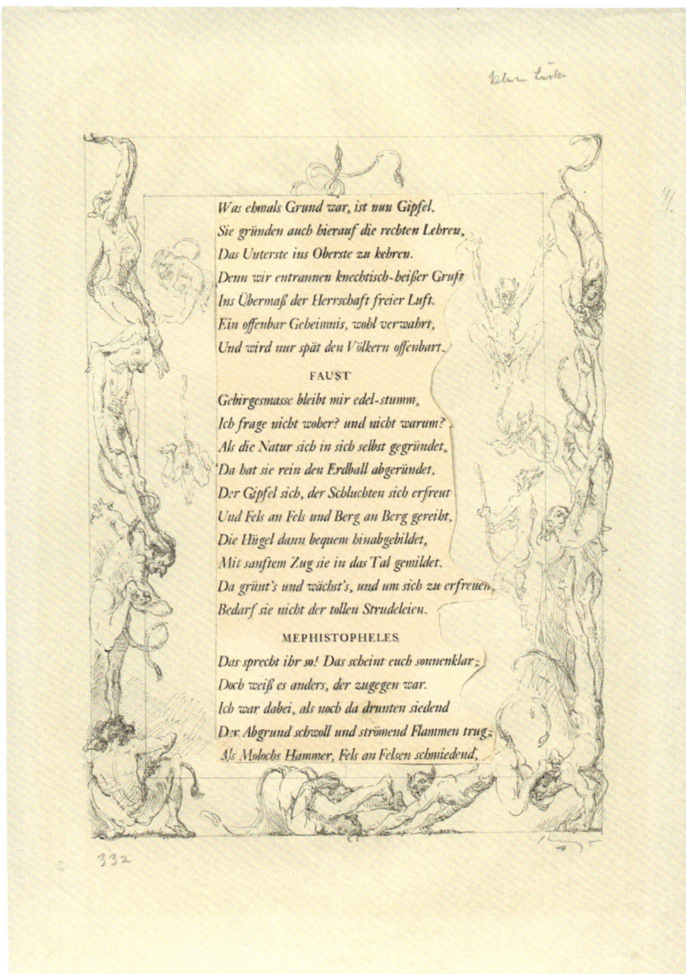
Was ehmals Grund war, ist nun Gipfel.
Sie gründen auch hierauf die rechten Lehren,
Das Unterste ins Oberste zu kehren.
Denn wir entrannen knechtisch-heißer Gruft
Ins Übermaß der Herrschaft freier Luft.
Ein offenbar Geheimnis, wohl verwahrt,
Und wird nur spät den Völkern offenbart.
FAUST
Gebirgesmasse bleibt mir edel-stumm,
Ich frage nicht woher? und nicht warum?
Als die Natur sich in sich selbst gegründet,
Da hat sie rein den Erdball abgeründet,
Der Gipfel sich, der Schluchten sich erfreut
Und Fels an Fels und Berg an Berg gereiht,
Die Hügel dann bequem hinabgebildet,
Mit sanftem Zug sie in das Tal gemildet.
Da grünt's und wächst's, und um sich zu erfreuen,
Bedarf sie nicht der tollen Strudeleien.
MEPHISTOPHELES
Das sprecht ihr so! Das scheint euch sonnenklar;
Doch weiß es anders, der zugegen war.
Ich war dabei, als noch da drunten siedend
Der Abgrund schwoll und strömend Flammen trug;
Als Molochs Hammer, Fels an Felsen schmiedend,

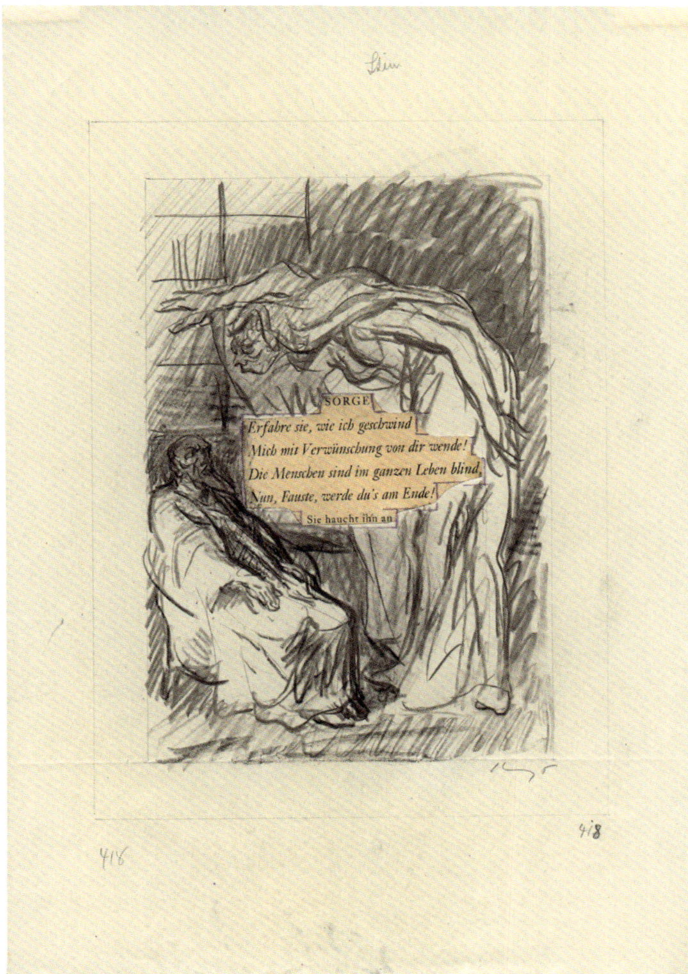
SORGE
Erfahre sie, wie ich geschwind
Mich mit Verwünschung von dir wende!
Die Menschen sind im ganzen Leben blind,
Nun, Fauste, werde du's am Ende!
Sie haucht ihn an

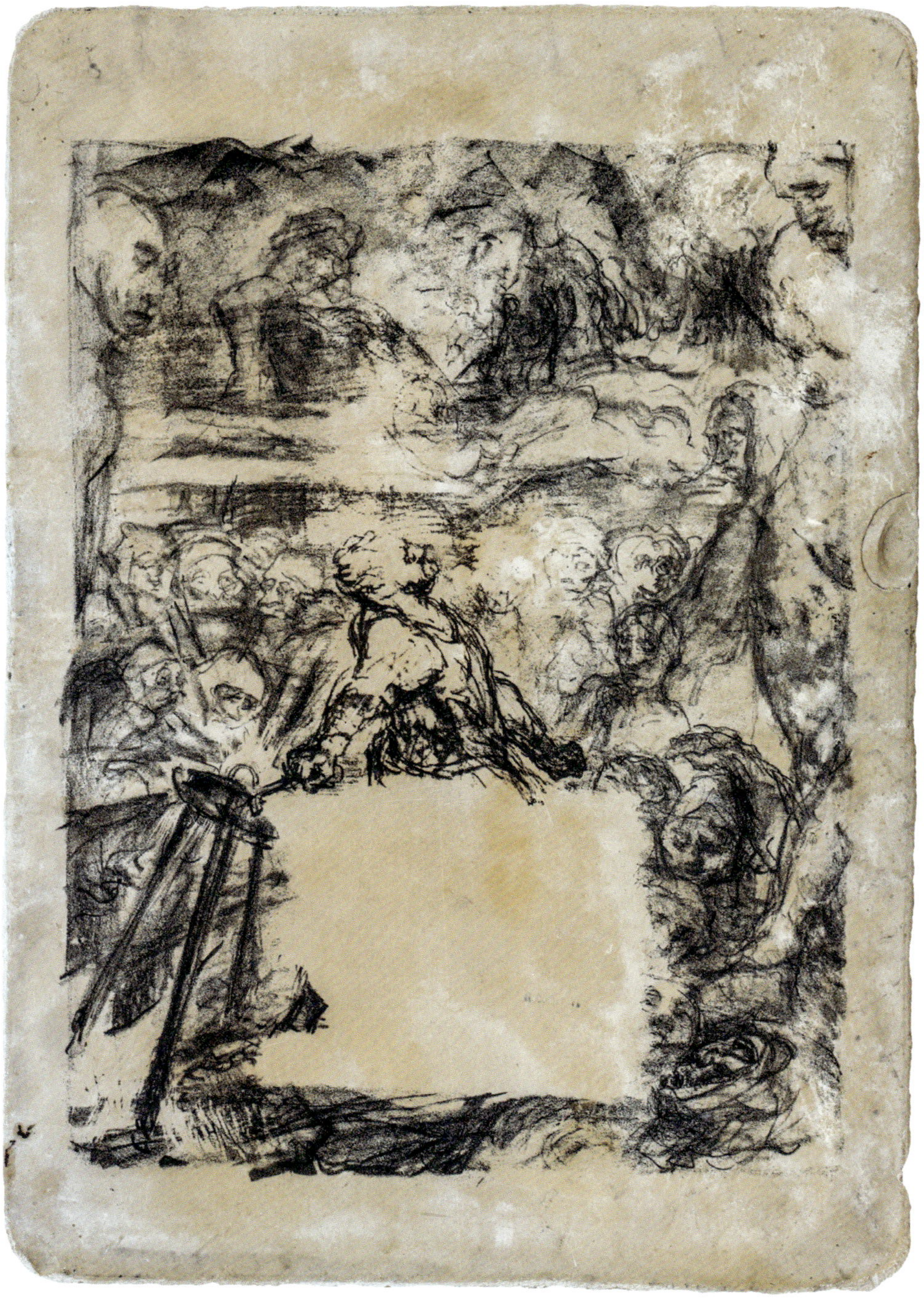

KAT. 100 *Ein glühender Dreifuß tut dir endlich kund, Du seist im tiefsten, allertiefsten Grund*, 1924–26, Lithografiestein zu B 45, 37,5 × 27 × 5 cm LM, INV.-NR. DL SL NL 2024/42

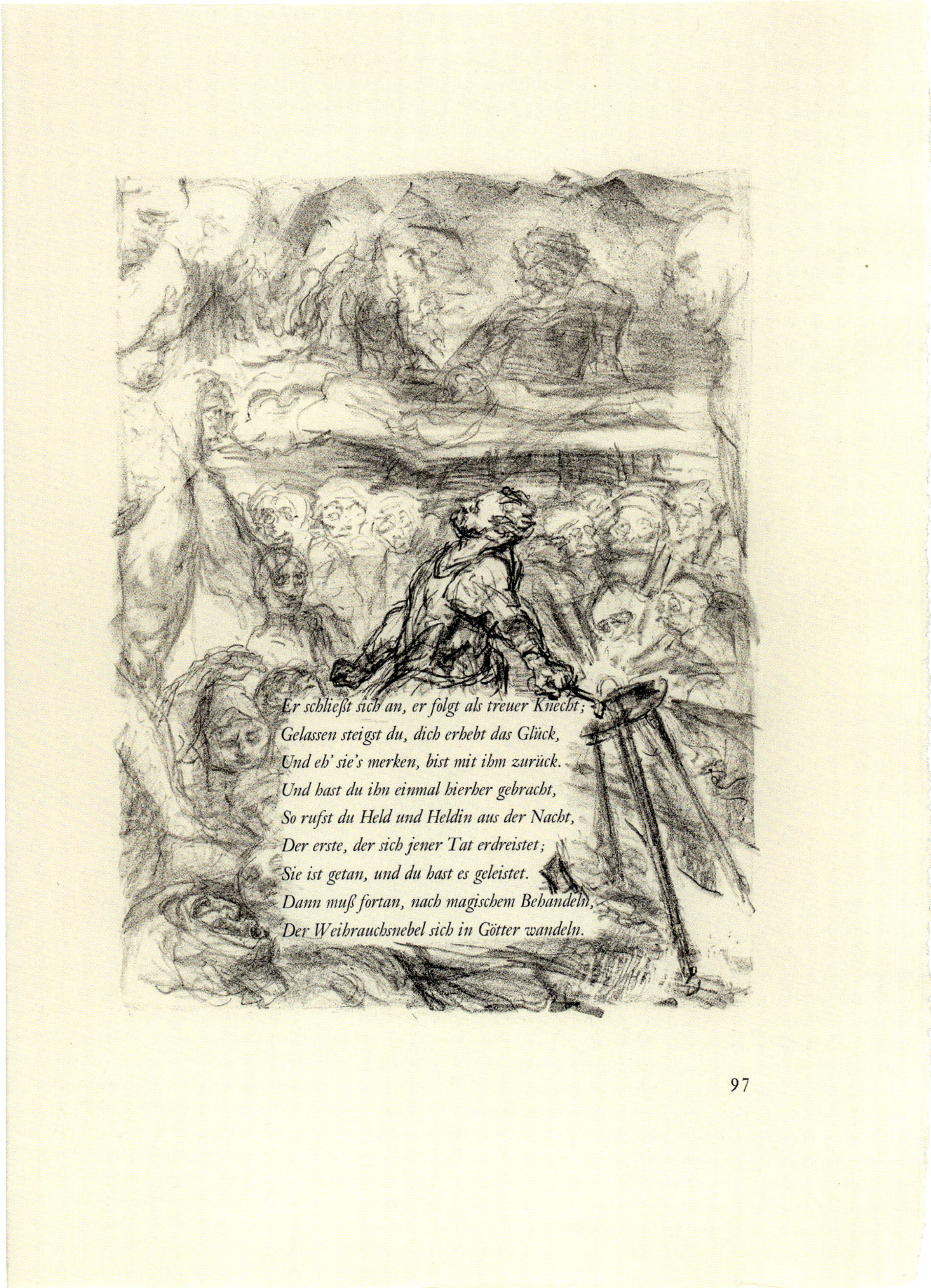

KAT. 101 *Ein glühender Dreifuß tut dir endlich kund, Du seist im tiefsten, allertiefsten Grund* (B 45), 1926, Kreidelithografie, 46 × 33 cm, Buchausgabe, Expl.-Nr. 11, S. 97 LM, INV.-NR. SLG. GOE 25

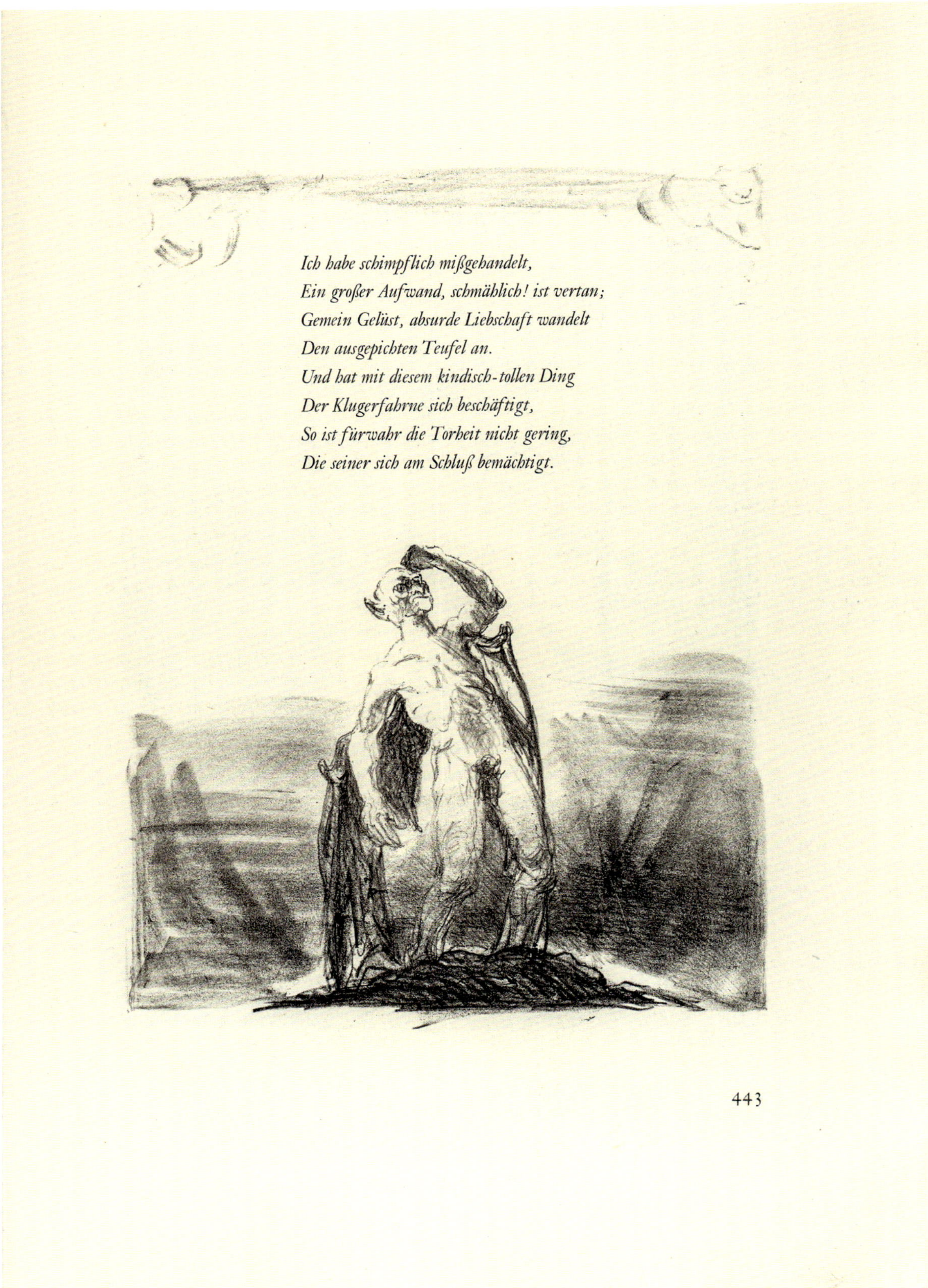

Ich habe schimpflich mißgehandelt,
Ein großer Aufwand, schmählich! ist vertan;
Gemein Gelüst, absurde Liebschaft wandelt
Den ausgepichten Teufel an.
Und hat mit diesem kindisch-tollen Ding
Der Klugerfahrne sich beschäftigt,
So ist fürwahr die Torheit nicht gering,
Die seiner sich am Schluß bemächtigt.

443

KAT. 102 *Ein großer Aufwand, schmählich! ist vertan* (B 45), 1926, Kreidelithografie, 46 × 33 cm, Buchausgabe, Expl.-Nr. 11, S. 443 LM, INV.-NR. SLG. GOE 25

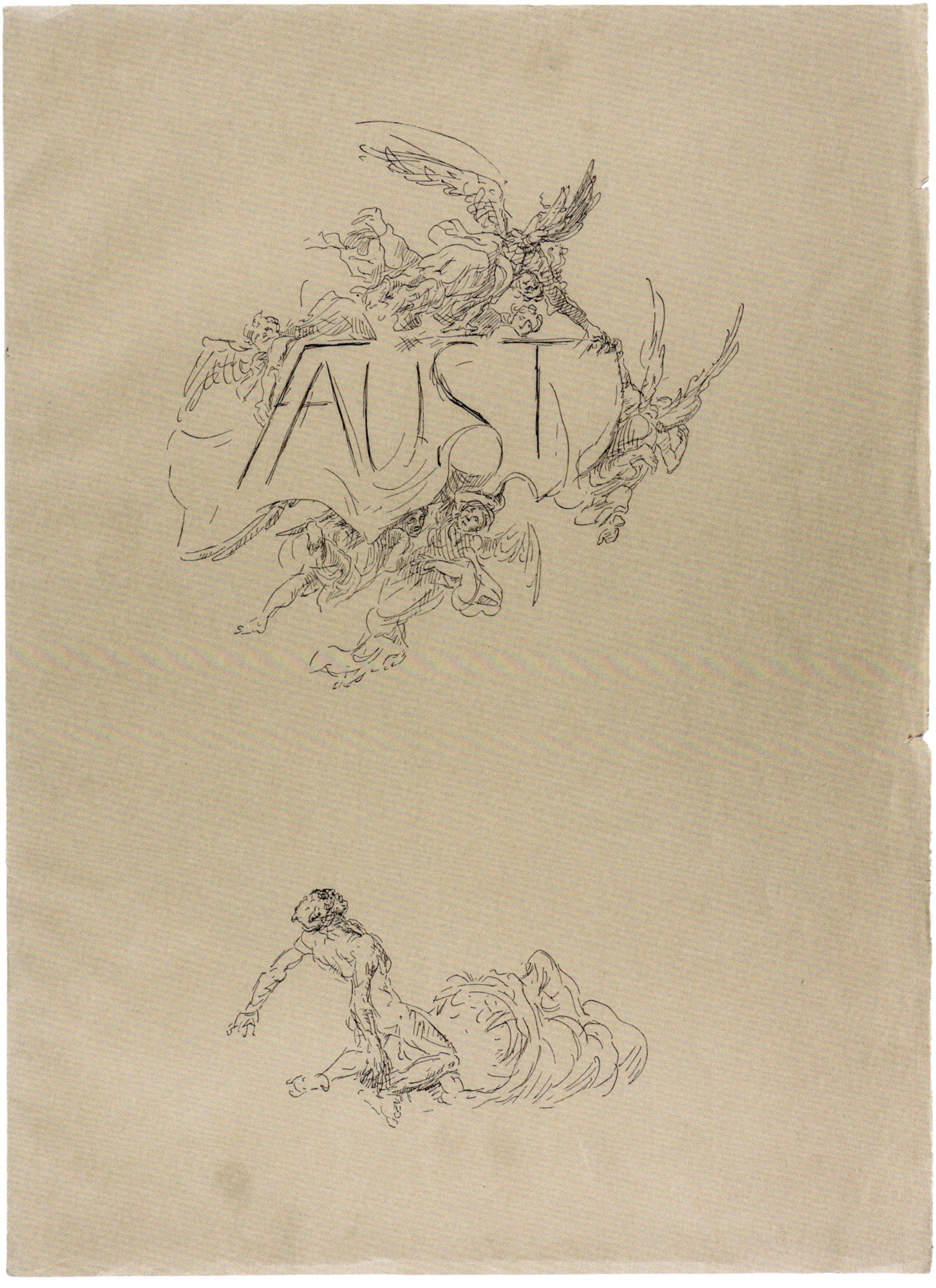

KAT. 103 Subskriptionsangebot zu *Faust* (B 42), 1925, Kreide- und Federlithografien im Maschinendruck, 46 × 34 cm LM, INV.-NR. SLG. GOE 117

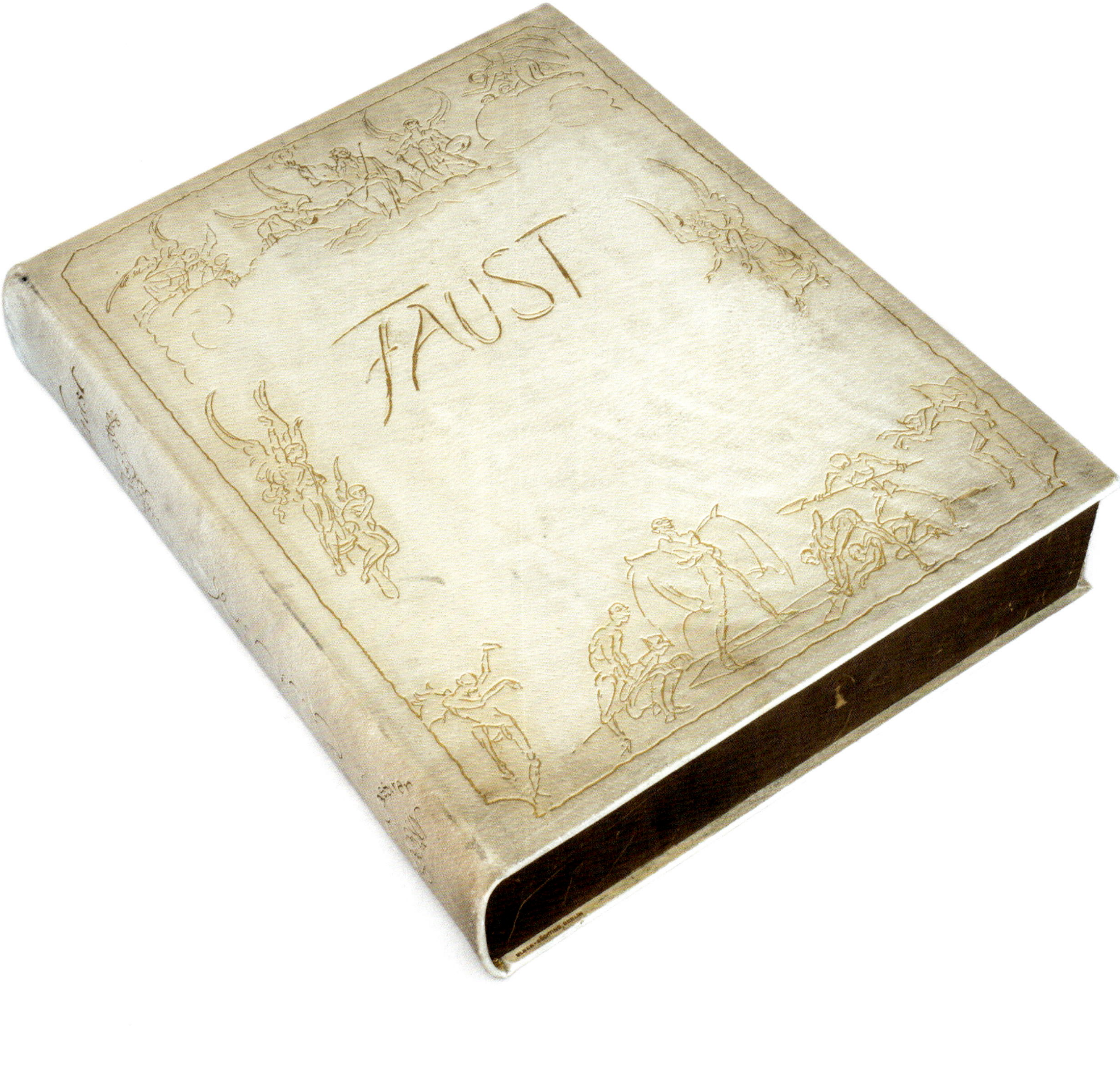

KAT. 104 Johann Wolfgang von Goethe, *Faust. Zweiter Teil,* 1927, Mappenausgabe (B 45), weißer Lederkasten mit Goldpressung, 49,5 × 38 cm
LM, INV.-NR. DL SL NL 2022/24

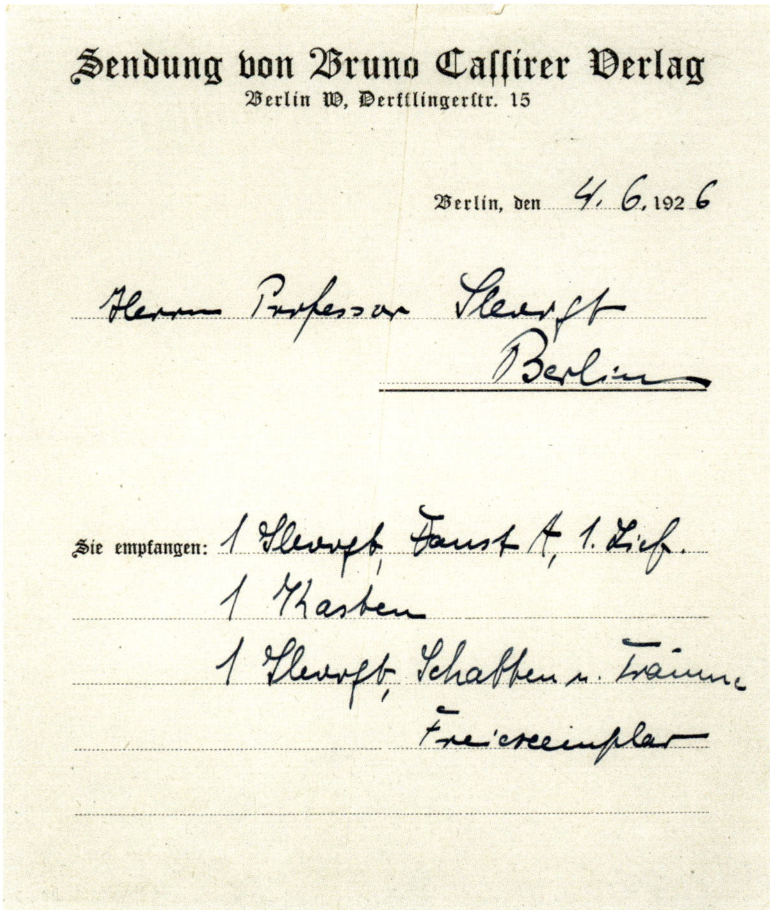

Sendung von Bruno Cassirer Verlag
Berlin W, Derfflingerstr. 15

Berlin, den 4. 6. 1926

Herrn Professor Slevogt
Berlin

Sie empfangen: 1 Slevogt, Faust A, 1. Lief.
1 Kasten
1 Slevogt, Schatten u. Träume
Freiexemplar

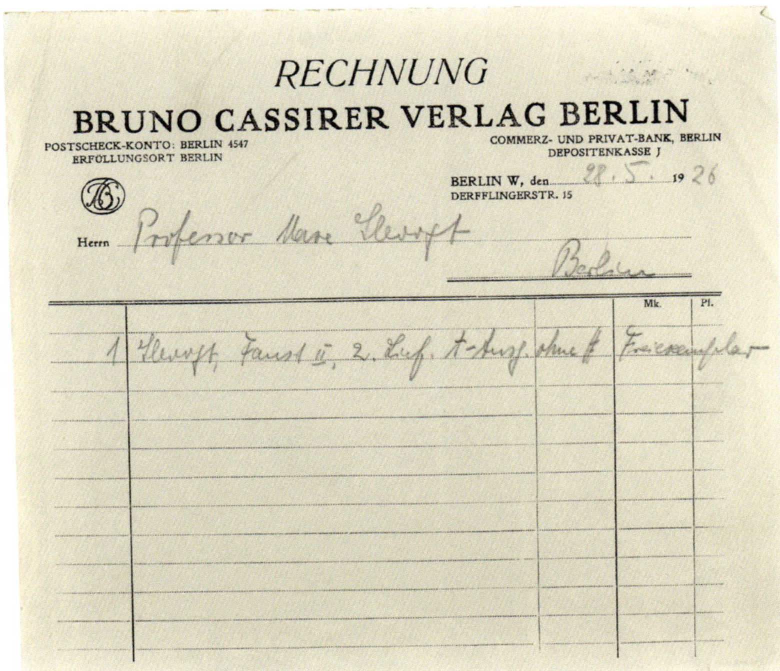

RECHNUNG
BRUNO CASSIRER VERLAG BERLIN
POSTSCHECK-KONTO: BERLIN 4547
ERFÜLLUNGSORT BERLIN
COMMERZ- UND PRIVAT-BANK, BERLIN
DEPOSITENKASSE J

BERLIN W, den 28. 5. 1926
DERFFLINGERSTR. 15

Herrn Professor Max Slevogt
Berlin

	Mk.	Pf.
1 Slevogt, Faust II, 2. Lief. A-Ausg. ohne [illegible]	Freiexemplar	

KAT. 105 Vordruck Sendung von Bruno Cassirer Verlag, für u. a. *Faust* (B 45), Berlin, 4.6.1926, Tusche, 18,3 × 15,9 cm LM, INV.-NR. DL SL NL 2014/10B

KAT. 106 Rechnung für *Faust* (B 45), Bruno Cassirer Verlag vom 28.5.1926, Bleistift, 19 × 22,1 cm LM, INV.-NR. DL SL NL 2014/10A

KAROLINE FEULNER

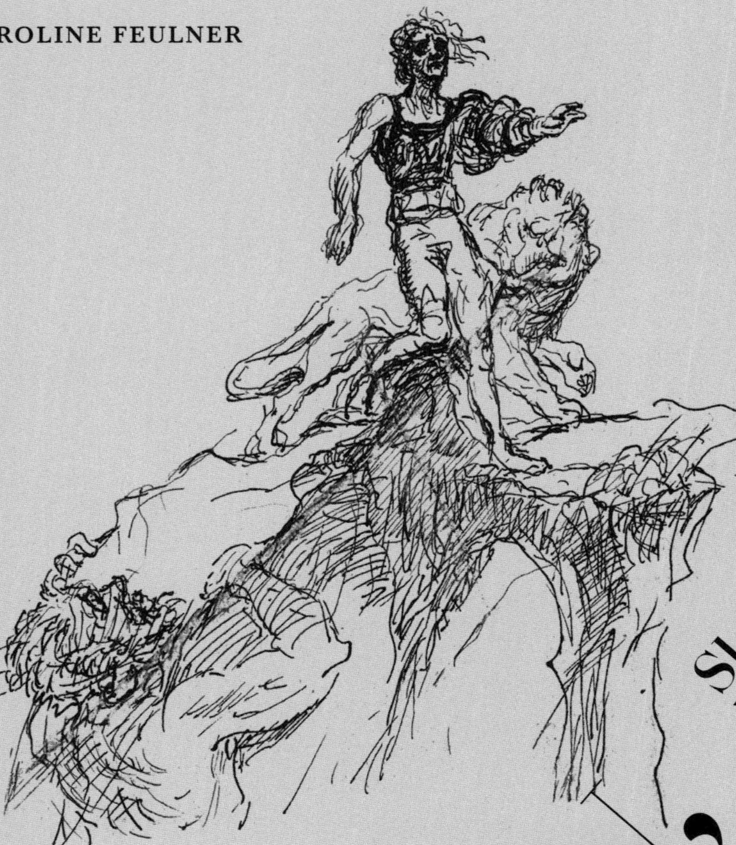

RIESEN, HEXEN UND BERGGEISTER

Slevogts europäische Märchenillustrationen

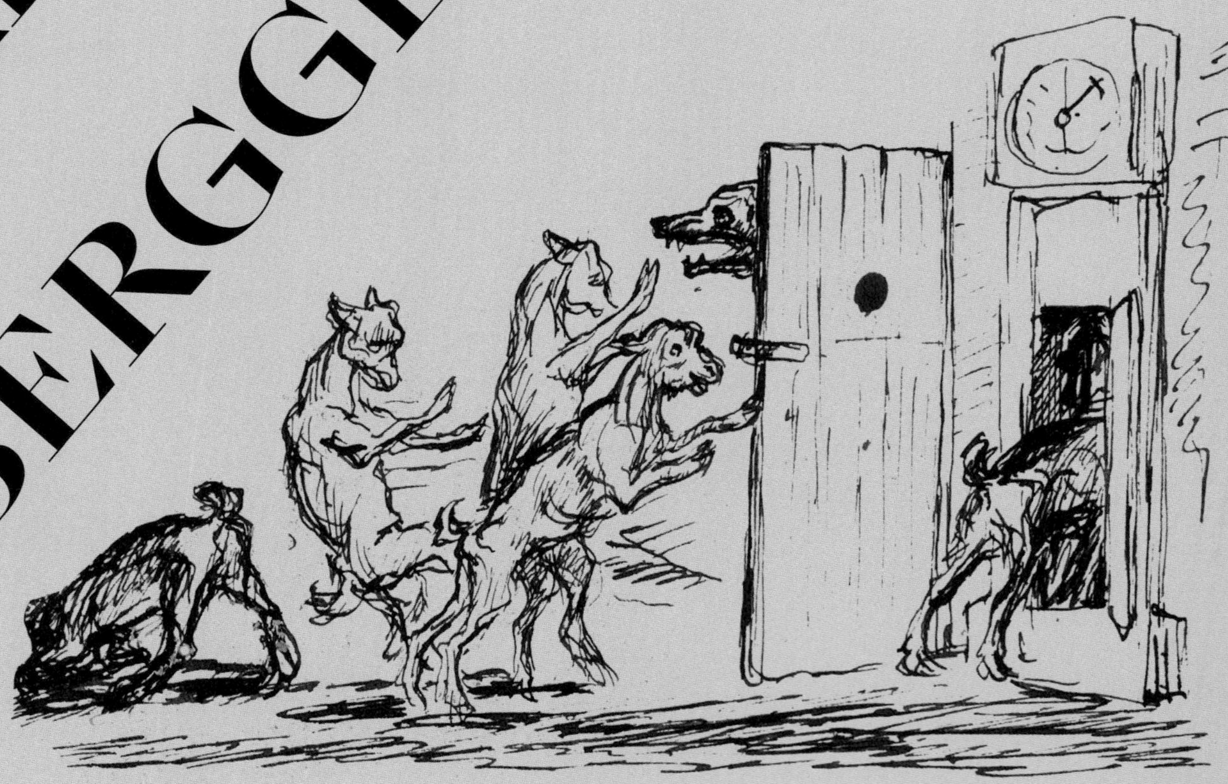

Ein Genre wie geschaffen für den kreativen Illustrator Max Slevogt.[1] Die europäischen Märchen der Gebrüder Grimm boten ihm die ganze Bandbreite, um seine scheinbar unendliche Fantasie vollends auszuleben. Der tierliebe Slevogt wählte begeistert Märchen mit Bären, Füchsen, Hasen oder natürlich seinen Lieblingstieren: Löwen und Katzen. Den Anfang machte vielleicht aus dieser Vorliebe heraus *Der gestiefelte Kater*. Dieser erschien als Geschenk an seine Frau, allerdings bei der Konkurrenz Bruno Cassirers, in der kurz vorher gegründeten Pan-Presse seines Vetters Paul Cassirer, als Folge von Kreidelithografien ohne Text (Kat. 108 und 109).[2]

Aber auch Riesen, wilde Männer und Hexen entsprangen seiner Zeichenfeder. Ein Jahr nach dem *Gestiefelten Kater* veröffentlichte Bruno Cassirer in seinem Verlag die Sage des kauzigen Berggeists *Rübezahl* (B 4, Kat. 110 und 111). Als Technik wählte Slevogt diesmal die Federzeichnung. Zum einen gibt diese besonders seine Spontaneität wieder, zum anderen bekommen die Illustrationen durch die zarte und dynamische Strichführung einen sehr leichten Charakter. Ein anderer Vorteil der Federzeichnungen ist, dass sie ein weniger aufwendiges Druckverfahren benötigen als beispielsweise Lithografien.[3] So konnten Auflagen zu erschwinglichen Preisen, die ein breiteres Publikum erreichten, herausgegeben werden. Das Verfahren erwies sich als erfolgreich, und die *Deutschen Märchen* bekamen in Bruno Cassirers Verlagsprogramm ab 1918 als eigene Reihe einen festen Platz.[4] Slevogt illustrierte für diese Reihe viele Klassiker der Märchen der Gebrüder Grimm, so unter anderem *Die Bremer Stadtmusikanten*, *Der Wolf und die sieben Geißlein*, *Dornröschen* und erneut *Der gestiefelte Kater* (Kat. 114 und 115). Die Preise betrugen laut dem Verlagsprospekt von 1924 pro Band 3,50 Mark. Cassirer agierte bei dieser Reihe, die er sehr „liebe“[5], wie immer als geschickter Verleger und gab parallel eine teure und limitierte Vorzugsausgabe in Ganzleder, so etwa in hellbraunem oder grünem Wildleder, für fünfzig Mark heraus.[6]

Neben diesen Sammelbänden erschienen auch heute eher unbekannte Märchen als exquisite Einzelausgaben bei Bruno Cassirer, ob *König Drosselbart*, *Der Königssohn, der sich vor nichts fürchtet*, *Der Eisenhans*, *Die zwei Brüder* oder *Das singende und springende Löweneckerchen* (Kat. 116, 118 und 119). Diese limitierten Ausgaben waren mit einem Ganz- oder Halbpergamenteinband ausgestattet. Die Zeichnungen, die in der jeweiligen Buchausgabe in den Text eingestreut waren, erschienen dann wieder ebenso als limitierte Mappenausgabe in einem edlen Halbpergamentkasten mit einer Deckelzeichnung (Kat. 120 und 121). Sie hatten mit 250 bis 300 Reichsmark einen entsprechend hohen Preis und waren allein schon daher kaum für Kinder und Jugendliche gedacht, sondern als Sammelobjekte und Wertanlage für bibliophile Sammler.[7] Jeder einzelne Druck wurde vom Künstler signiert.

Laut Bruno Cassirer hatte diese *Märchenbuch*-Reihe, in der bis 1927 fünfzehn Bände erschienen, von denen die meisten von Max Slevogt illustriert worden waren, einen „grossen künstlerischen Erfolg“, und „auch der Verkauf der Bücher war zufriedenstellend“.[8] Die hochwertigen Einzelausgaben müssen sich ebenso gut verkauft haben. Für Slevogt waren die *Märchenbücher* sehr lukrativ und sicherten ein regelmäßiges Einkommen; so erhielt er beispielsweise für die Mappenausgabe vom *Königssohn, der sich vor nichts fürchtet*, fünfzig Prozent des Erlöses.[9] Das waren bei den ersten vierundsiebzig verkauften Exemplaren der Mappenausgabe laut Abrechnung 6208.60 Goldmark.[10]

Mit seinen Märchenillustrationen gelang es Slevogt zugleich, ein verstaubtes und rückwärtsgewandtes Genre neu zu beleben. Beispielhaft für die Volksmärchen, zusammengetragen von den Gebrüdern Grimm oder von Johann Karl August Musäus, waren weiterhin die romantischen Illustrationen eines Ludwig Richter, der die Handlungen in biedermeierliche Idyllen verlegte. Slevogt brach mit seinen unkonventionellen Zeichnungen dieses Schema sehr statischer und narrativer Szenen völlig auf. Seine Illustrationen agieren frei auf dem Papier, Hintergründe und Landschaften sind nur sehr selten angedeutet. Er wählt lebendige Szenen, in denen etwas passiert und die Menschen ihre Emotionen zeigen und miteinander interagieren. Dabei scheut er auch keine dramatischen und brutalen Szenen, wie etwa den Überlebenskampf des Hundes in einem sumpfigen Tümpel, wo er vom wilden Mann im *Eisenhans* (B 51) geholt wird, oder den Moment, in dem der Riese dem Königssohn die Augen aussticht. Zudem zeigt sich in vielen karikierenden Überzeichnungen der Agierenden Slevogts großartiger Humor, wenn er beispielsweise den König ganz ungeschönt, dick und mit Glatze darstellt.

Dass sich die Märchen weniger an Kinder- und Jugendliche richten, zeigt sich einerseits in der Grausamkeit mancher Szenen, andererseits aber auch im Zeichenstil. Slevogts Figuren sind nicht durch ihre Binnenzeichnung klar zu unterscheiden, sondern durch seine bewegten und zum Teil verschlungenen Striche scheint alles eine in sich geschlossene Einheit zu sein.[11] Der Betrachter muss sich die Szene erst selbst erschließen, hinzu kommt die Schwierigkeit, dass Slevogt oft auch Nebenhandlungen wiedergibt, die für das Verstehen des Märcheninhalts gar nicht relevant sind. Oder er lässt zentrale Szenen weg, wie etwa den Schluss bei *Fitchers Vogel* (B 32), in dem der Hexenmeister in seinem Haus verbrannt wird. Vermutlich sind das die Gründe, warum seine Märchenillustrationen trotz eines guten Verkaufs nie eine breite Bekanntheit erlangt haben.[12]

Wie selbstverständlich Slevogt Fiktion, Märchen und Realität mit seinem unvergleichlichen Humor mischt, zeigt die Eingangszeichnung zu *König Drosselbart.* Denn die Festeinladung des Königs an alle heiratswilligen Männer wird hier Bruno Cassirer selbst zugestellt (vgl. Abb. 3, S. 32).[13] Seine unbeschreibliche Selbstironie gibt wohl vor allem Slevogts Titelillustration für *Zeichnungen zu Kinderliedern, Tierfabeln und Märchen* (B 20) wieder, einen Sammelband, für den er sein Portfolio noch um Kinderlieder erweitert hat: Hier zeigt sich der Künstler selbst auf einem Einhorn reitend (Kat. 112).

1 Zu seinen Märchenillustrationen vgl. auch K. Feulner (2022).
2 H.-J. Imiela (1968), S. 159; K. Kreuzpaintner (2009a), S. 62.
3 H.-J. Imiela (1968), S. 163.
4 Neben Max Slevogt wirkten an den Illustrationen der Bände auch Leopold von Kalckreuth, Walther Klemm, Carl Strathmann, Karl Walser, Bernhard Hasler und Alfred Kubin mit. A. v. Sichowsky/G. Steinbach (1972), S. 143.
5 Brief von B. Cassirer an M. Slevogt vom 26.10.1931, Briefedition Nr. 363.
6 Vgl. VV 1924.
7 VV 1924, S. 40, 43, 45, 46, 48 und 49.
8 Vgl. u. a. Brief von B. Cassirer an M. Slevogt vom 7.11.1923 und 2.10.1931, Briefedition Nrn. 164 und 359; A. v. Sichowsky/G. Steinbach (1972), S. 143.
9 So ist etwa der 1922 erschienene *König Drosselbart* (B 31) bereits 1924 in beiden Ausgaben vergriffen. Von der Mappenausgabe von B 30 waren laut Aufstellung von Bruno Cassirer am 3.2.1925 (Briefedition Nr. 206) bei einer Auflage von 100 Stück bereits 77 Exemplare verkauft worden. VV (1924), S. 37 und 40.
10 Vgl. Briefedition Nr. 169, Abrechnung von Bruno Cassirer vom 18.1.1924.
11 M. Heffels (1960), S. 755.
12 Dies beklagt sogar Bruno Cassirer selbst, vgl. Brief vom 12.9.1917, Briefedition Nr. 91.
13 Söhn, Nr. 549, B 26.

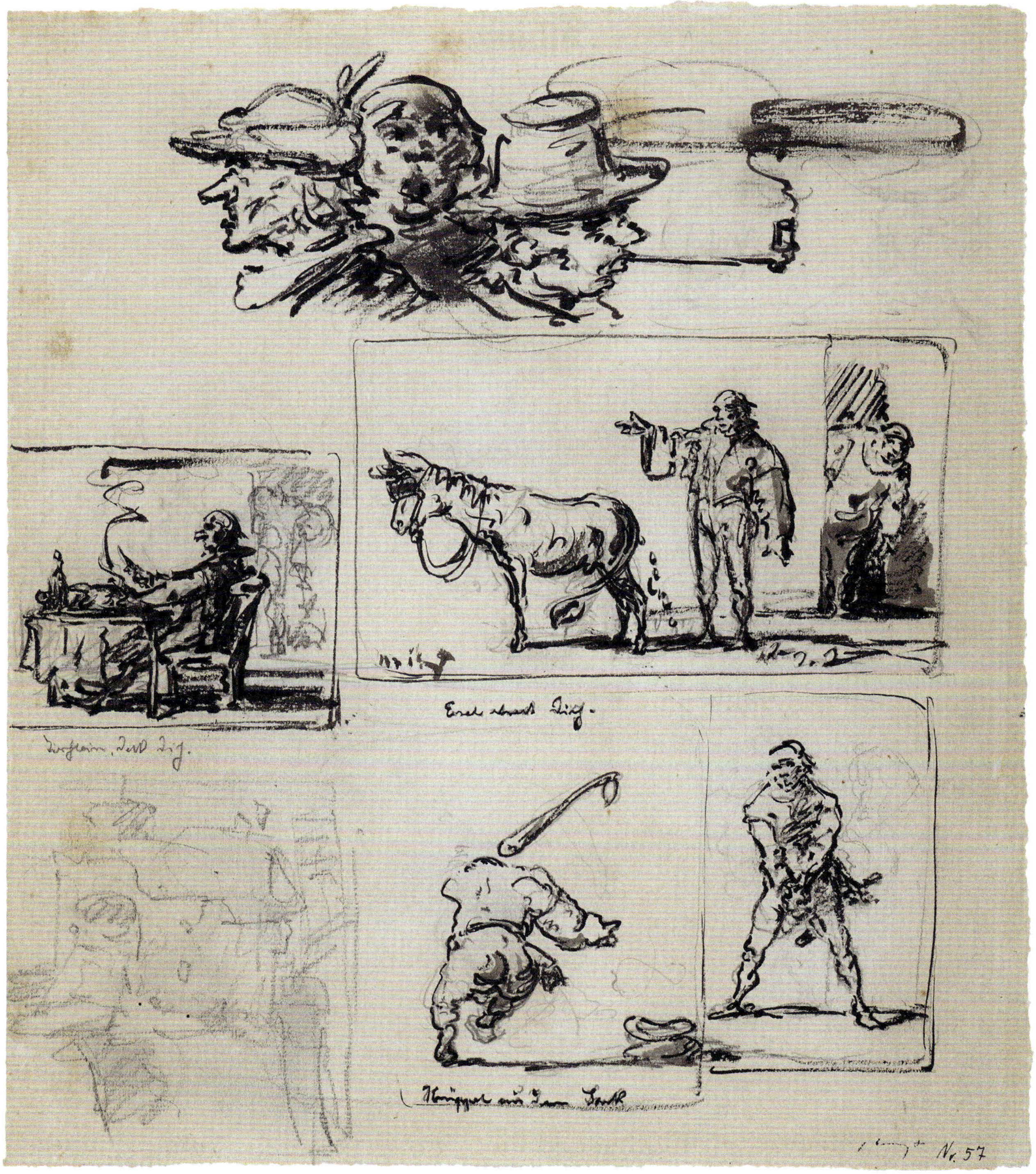

KAT. 107 *Illustrationen zu dem Märchen Tischlein-Deck-Dich*, 1907, Tusche, Bleistift, 30,5 × 27 cm SM, INV.-NR. KW 111

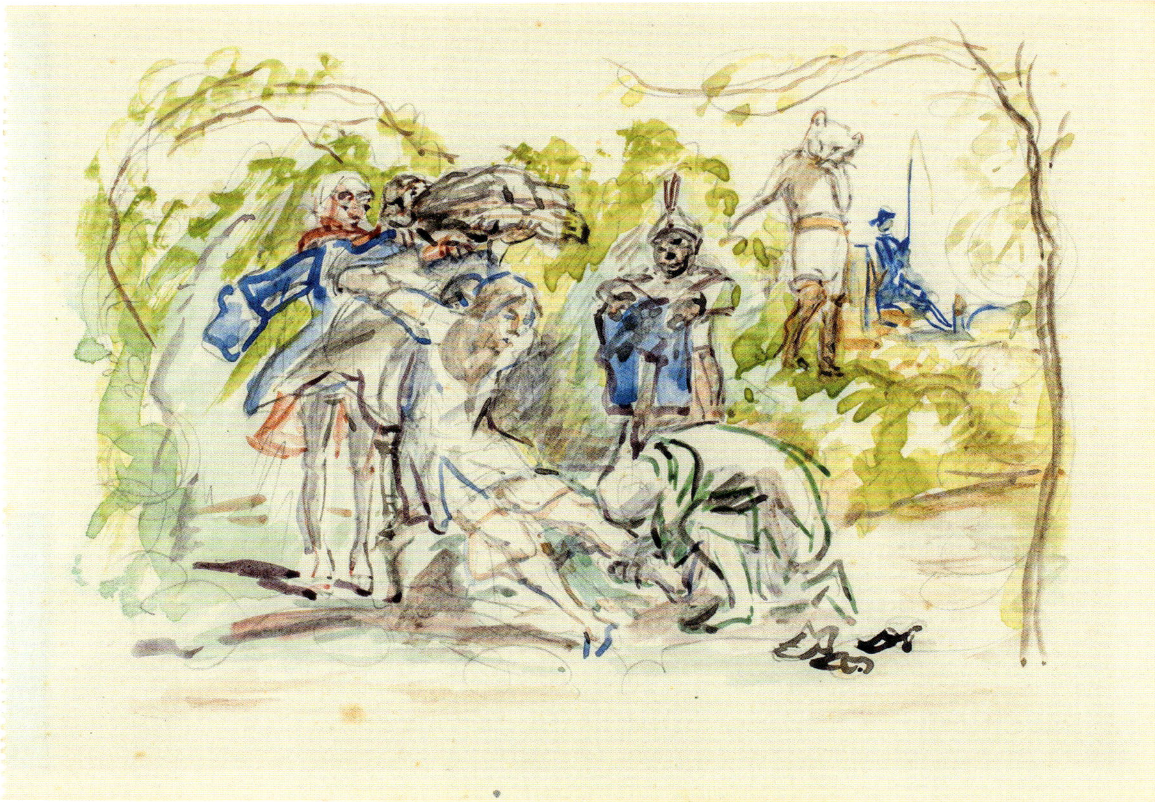

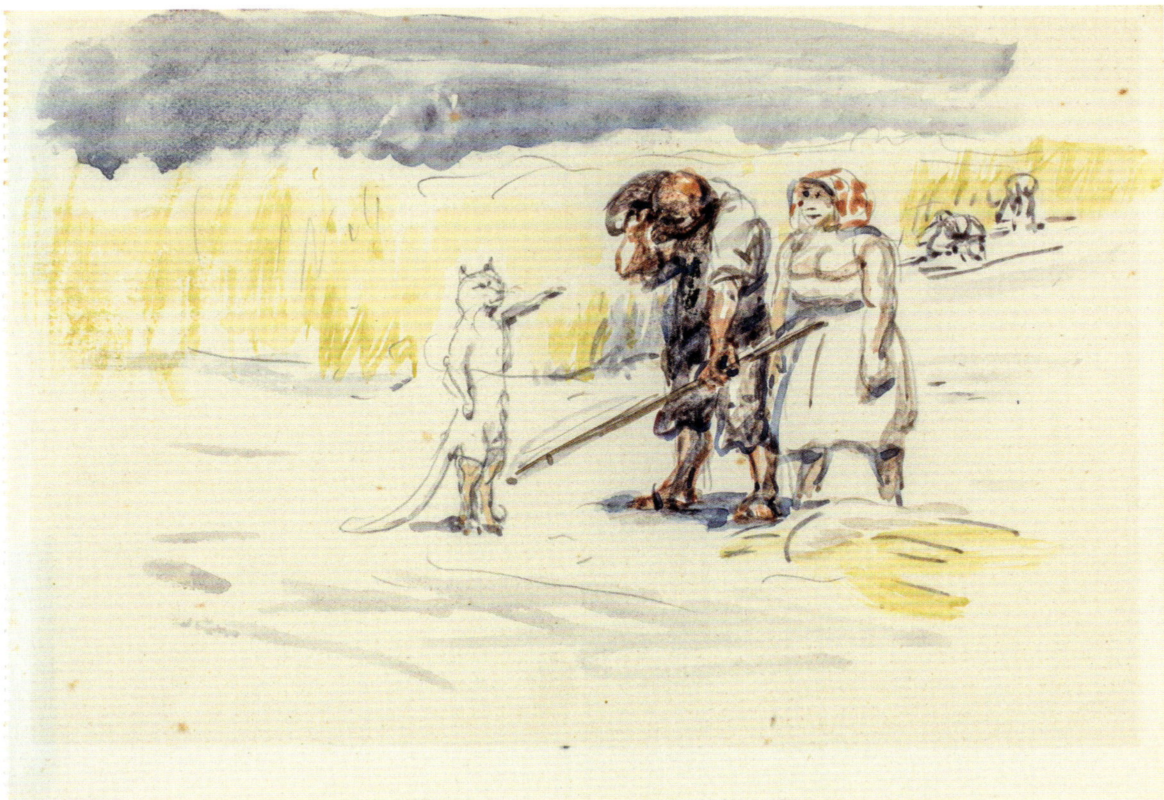

KAT. 108 *Dem Müllersohn, der als Marquis von Carabas gilt, wird von den Leuten des Königs ein Hofgewand angezogen*, aus: *Der gestiefelte Kater*, um 1908, Aquarell, veröffentlicht bei Paul Cassirer, 12,4 × 18 cm LM, INV.-NR. DL SL NL 2024/3.6

KAT. 109 *Der Kater befiehlt den Landleuten als Besitzer der Felder den Marquis von Carabas zu nennen*, aus: *Der gestiefelte Kater*, um 1908, Aquarell, veröffentlicht bei Paul Cassirer, 12,4 × 18 cm LM, INV.-NR. DL SL NL 2024/3.9

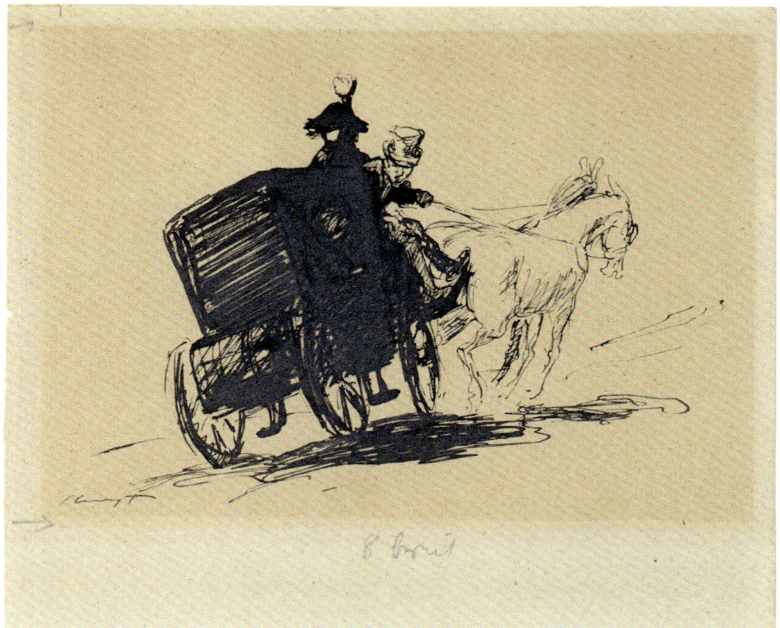

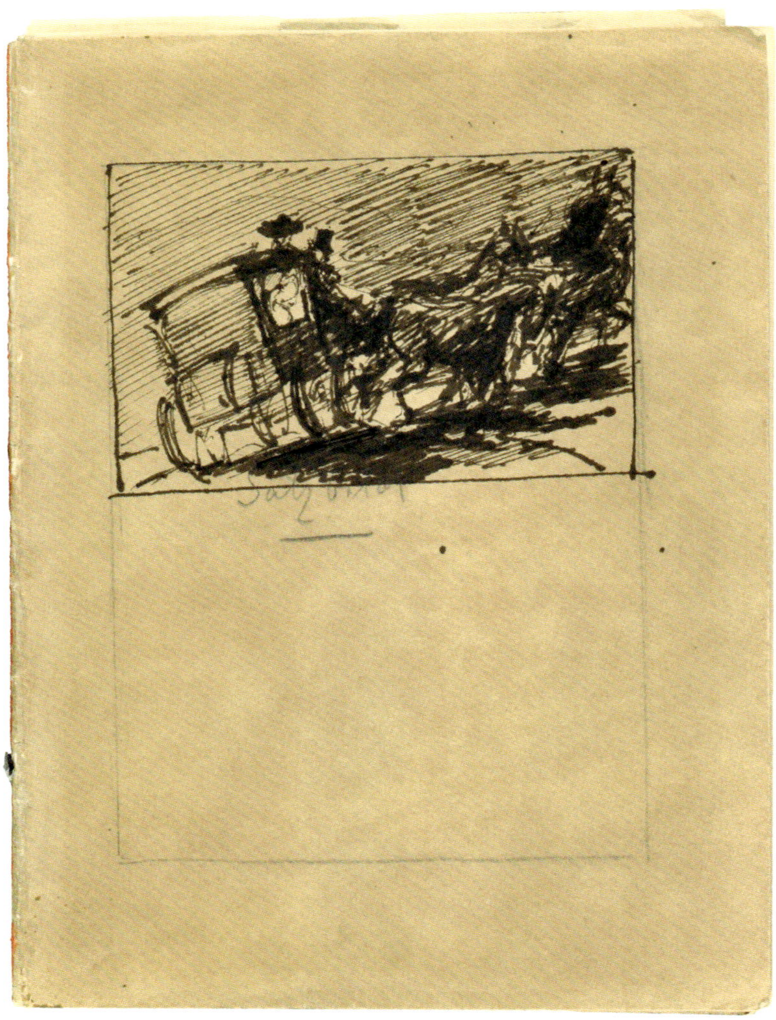

KAT. 110 *Die Postkutsche im Riesengebirge* (B 4), 1906, Tusche, 12,2 × 15,1 cm SM, INV.-NR. KW 311

KAT. 111 *Die Postkutsche im Riesengebirge* (B 4), Deckblatt eines Skizzenbuchs, 1906, Tusche, 19,5 × 15,3 cm LM, INV.-NR. DL SL NL 2013/2

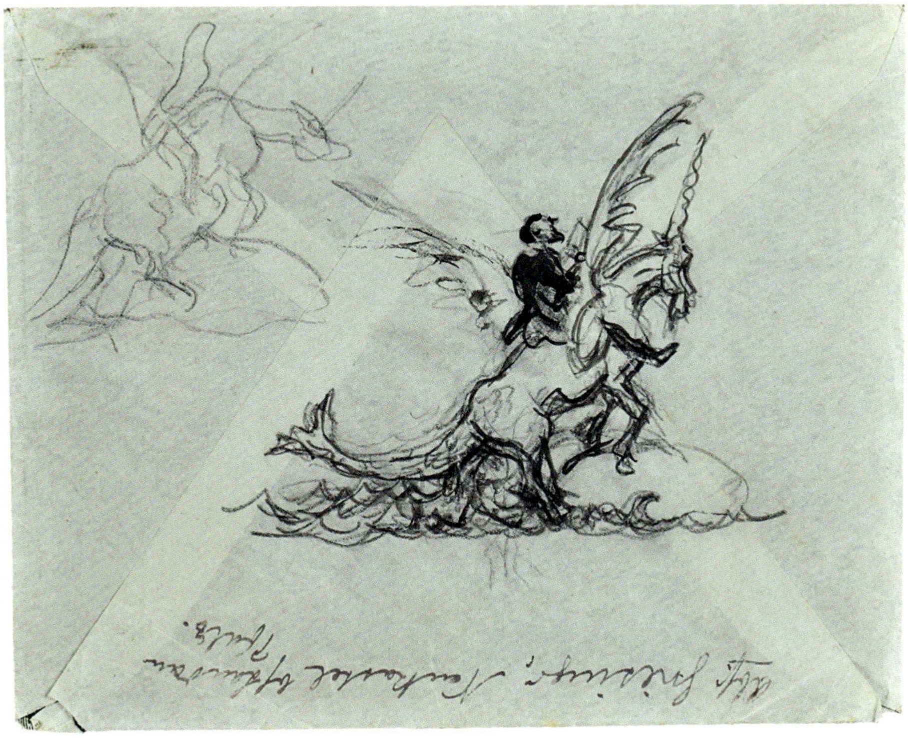

KAT. 112 *Slevogt auf Einhorn reitend*, zwei Skizzen für das Titelblatt von B 20, 1920, Bleistift, Rückseite Briefumschlag, 11,5 × 14,2 cm
LM, INV.-NR. DL SL NL 2014/29

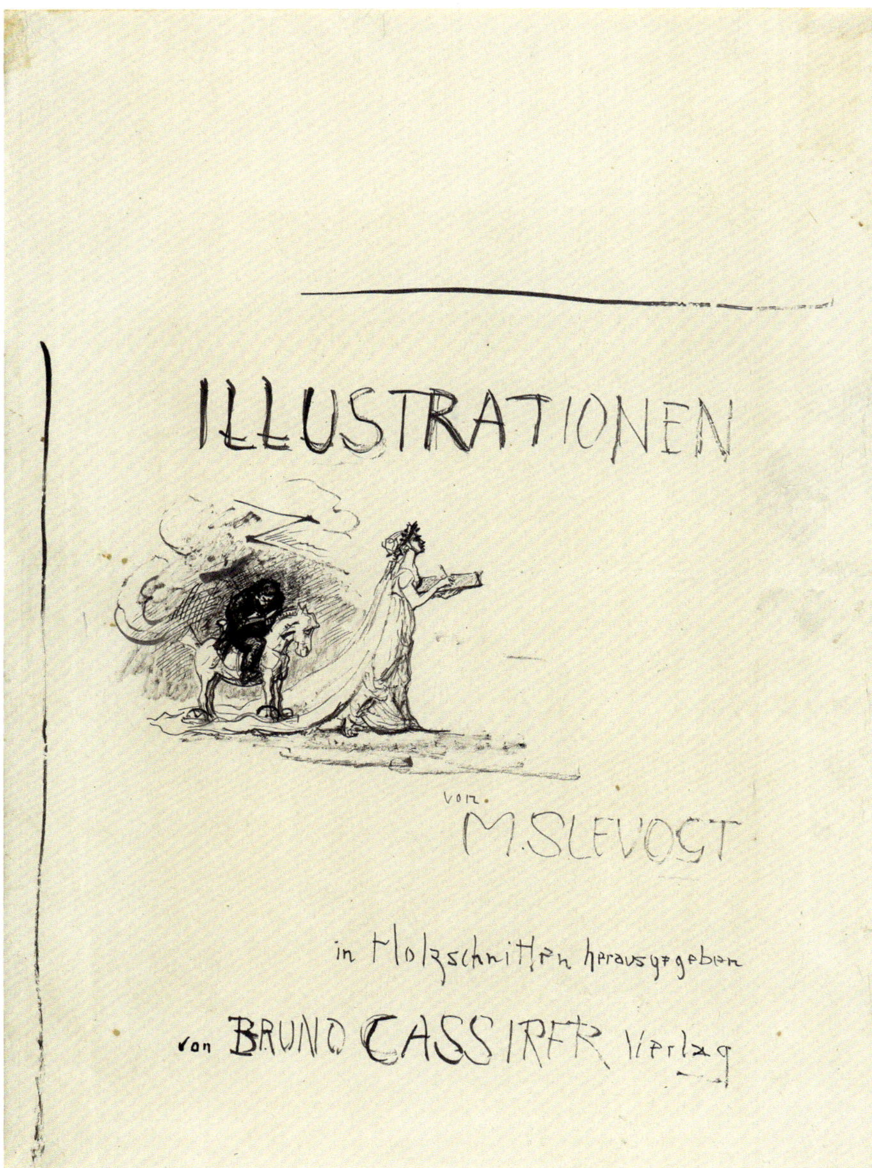

KAT. 113 Titelblattentwurf *Illustrationen*, 1920, Tusche, 41,5 × 30,8 cm
SM, INV.-NR. KW 3

KAT. 114 *Der gestiefelte Kater*,
Vorzeichnung für B 20 mit Korrekturen in Deckweiß, um 1920, Tusche, 11,4 × 18 cm
LM, INV.-NR. DL SL NL 2021/113

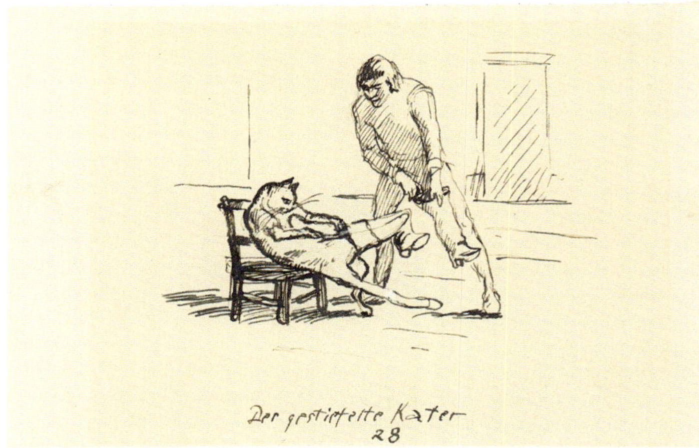

KAT. 115 *Der Wolf und die sieben Geißlein*,
Vorzeichnung für B 20 mit Korrekturen in Deckweiß, um 1920, Tusche, 11,4 × 18 cm
LM, INV.-NR. DL SL NL 2024/16

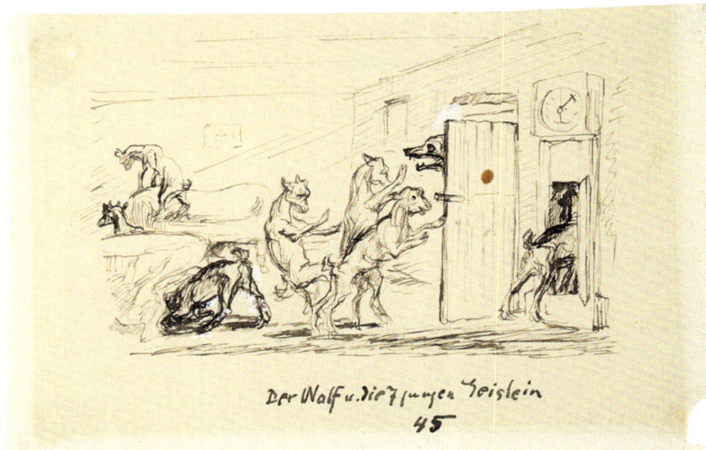

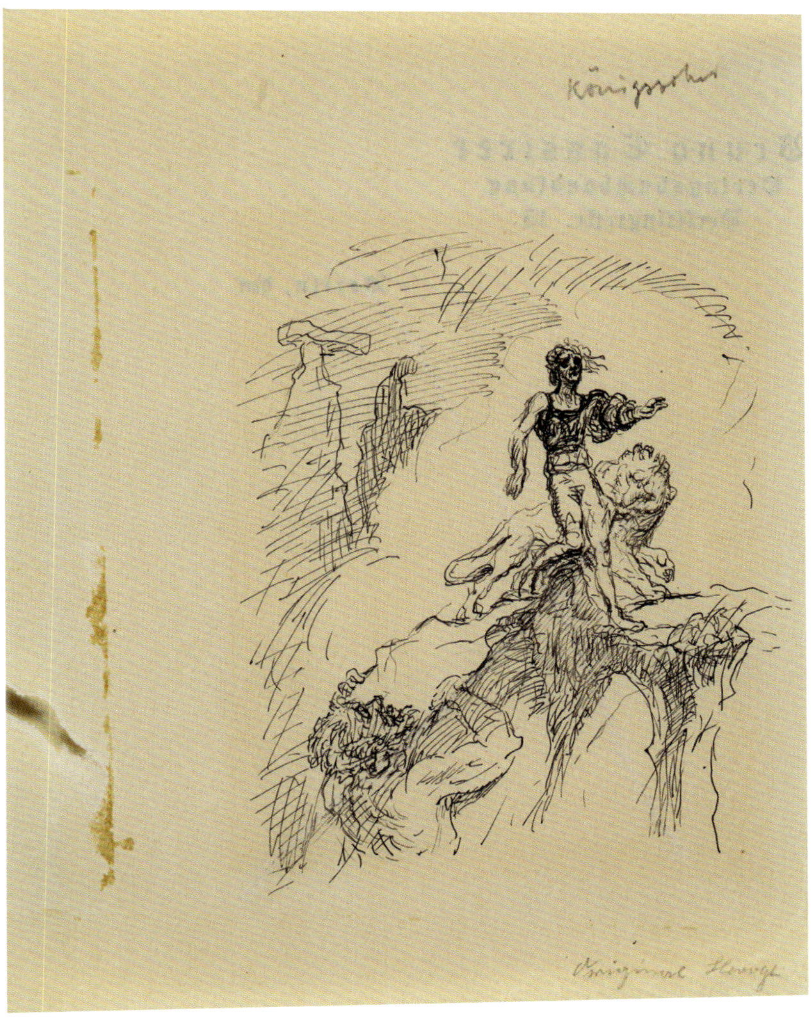

KAT. 116 *Der blinde Königssohn am Rande des Abgrundes* (B 30), 1923,
Briefkopf von Bruno Cassirer, Verso-Seite, Tusche, 16,3 × 13,3 cm
SM, INV.-NR. KW 400

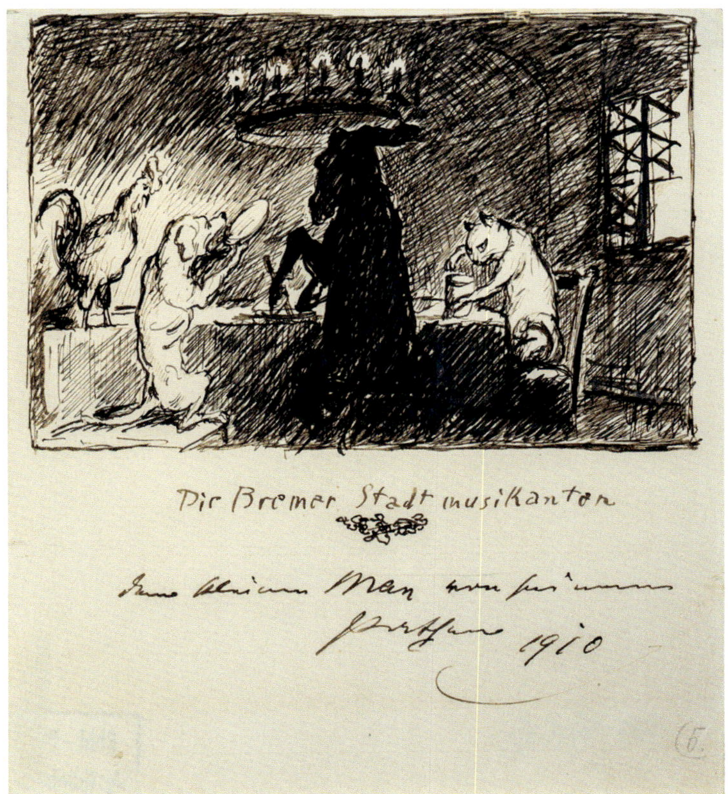

KAT. 117 *Die Bremer Stadtmusikanten,* 1910, Tusche, 18 × 24,5 cm
LM, INV.-NR. SLG. GRB. 185

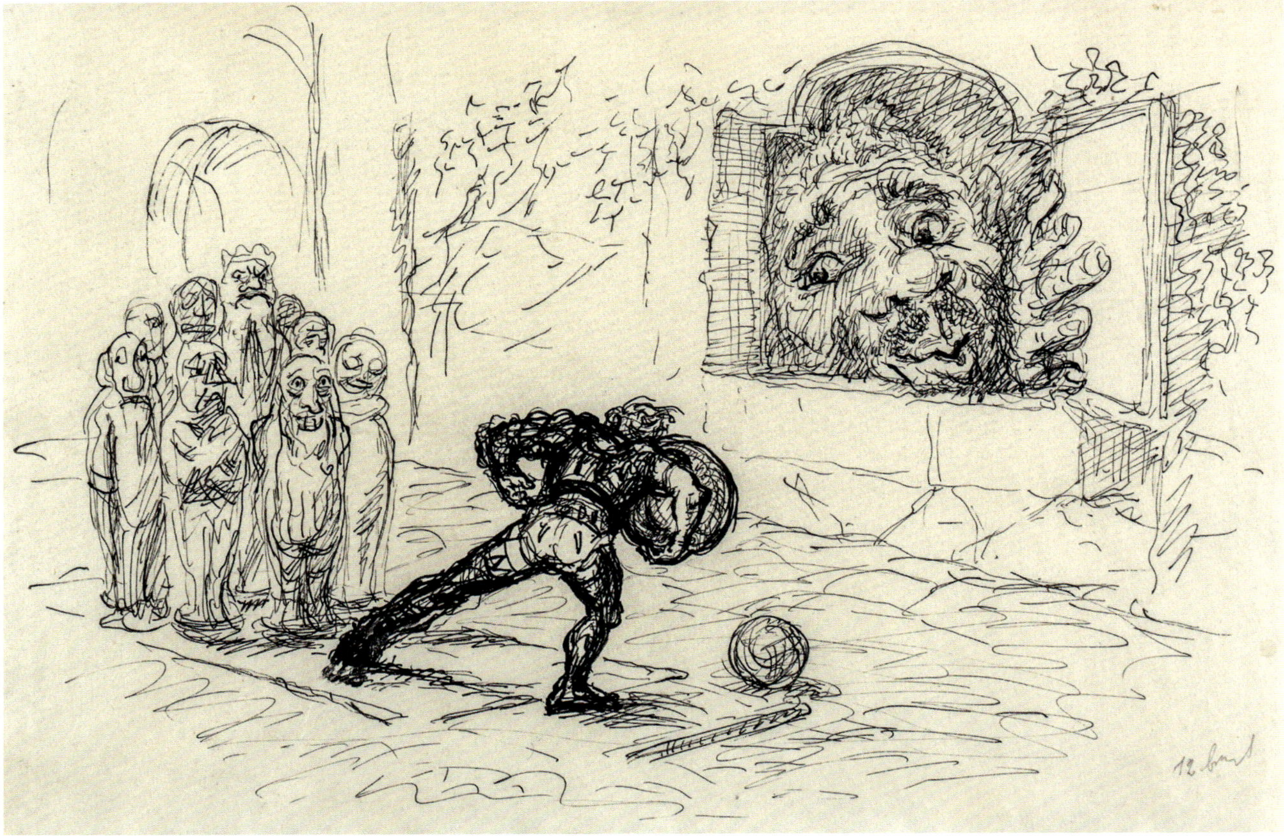

KAT. 118 *Der Königssohn vor dem Haus des Riesen* (B 30), 1923, Briefkopf von Bruno Cassirer, Verso-Seite, 12,5 × 19,3 cm LM, INV.-NR. DL SL NL 2022/45

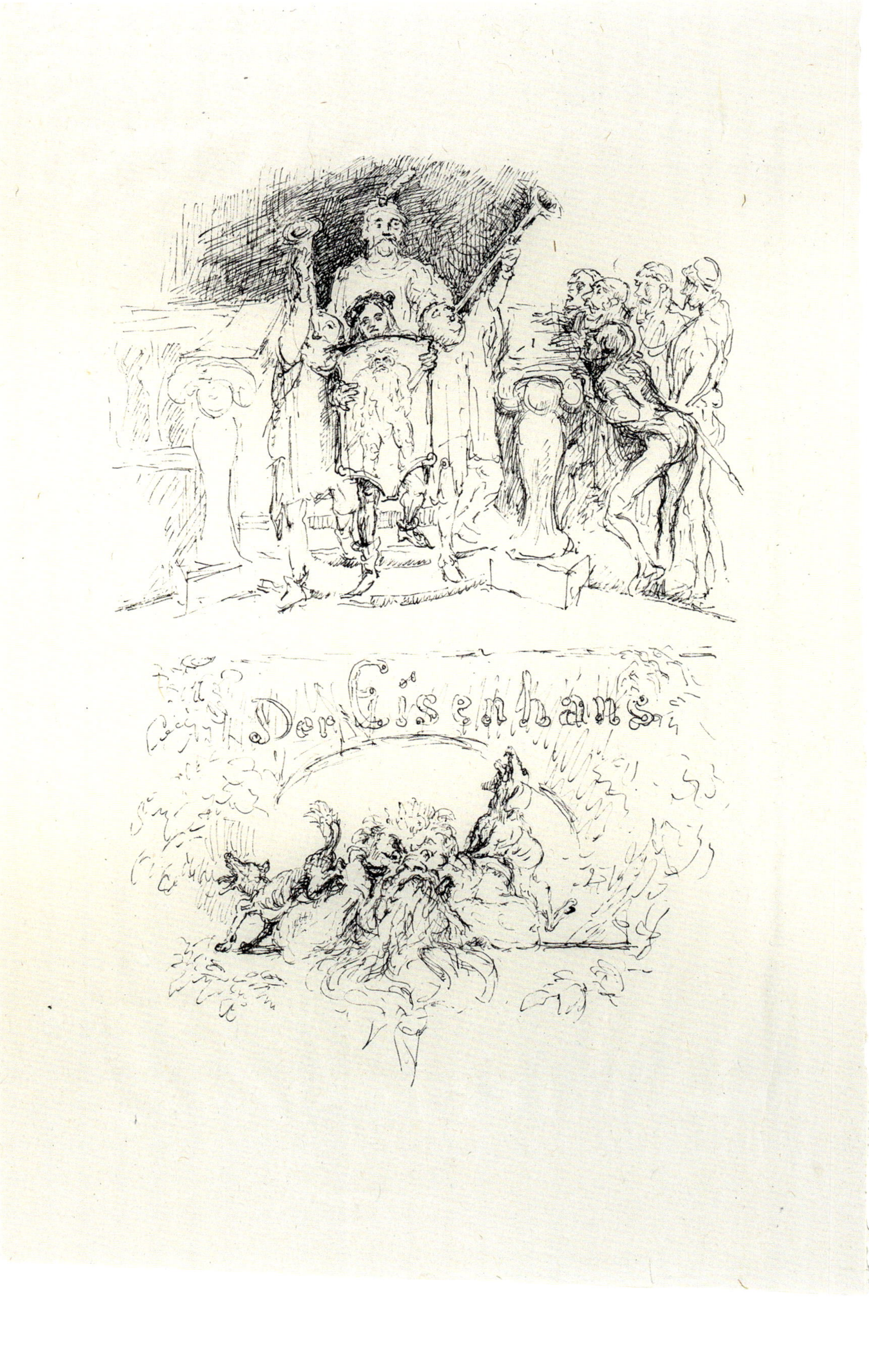

KAT. 119 Titelblatt für das Märchen *Der Eisenhans* (B 51), 1926, Federlithografie, 33 × 22 cm LM, INV.-NR. DL SL NL 2025/4

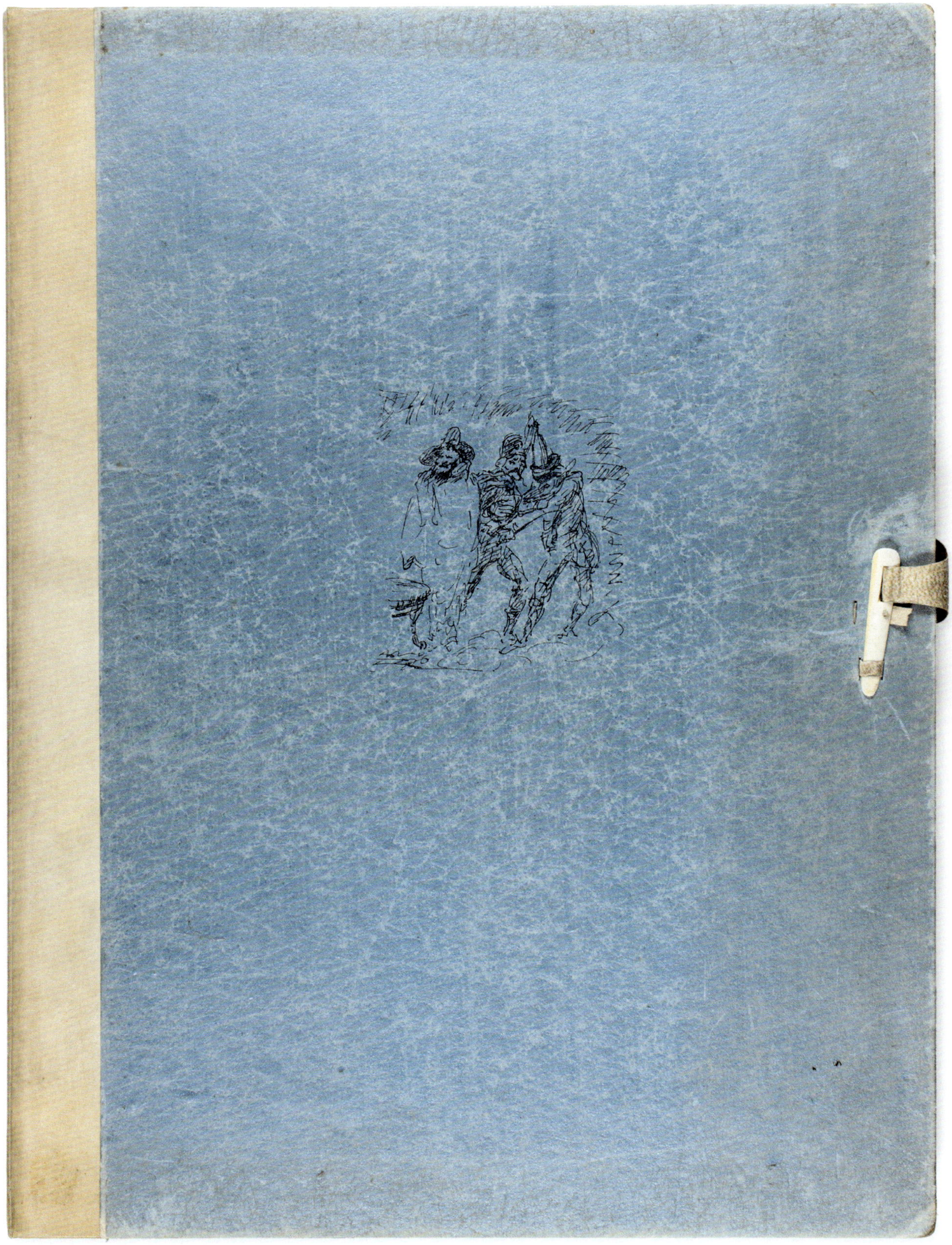

KAT. 120 *König Drosselbart* (B 26), 1922, Mappenausgabe, 40,8 × 31 cm LM, INV.-NR. DL SL NL 2022/46

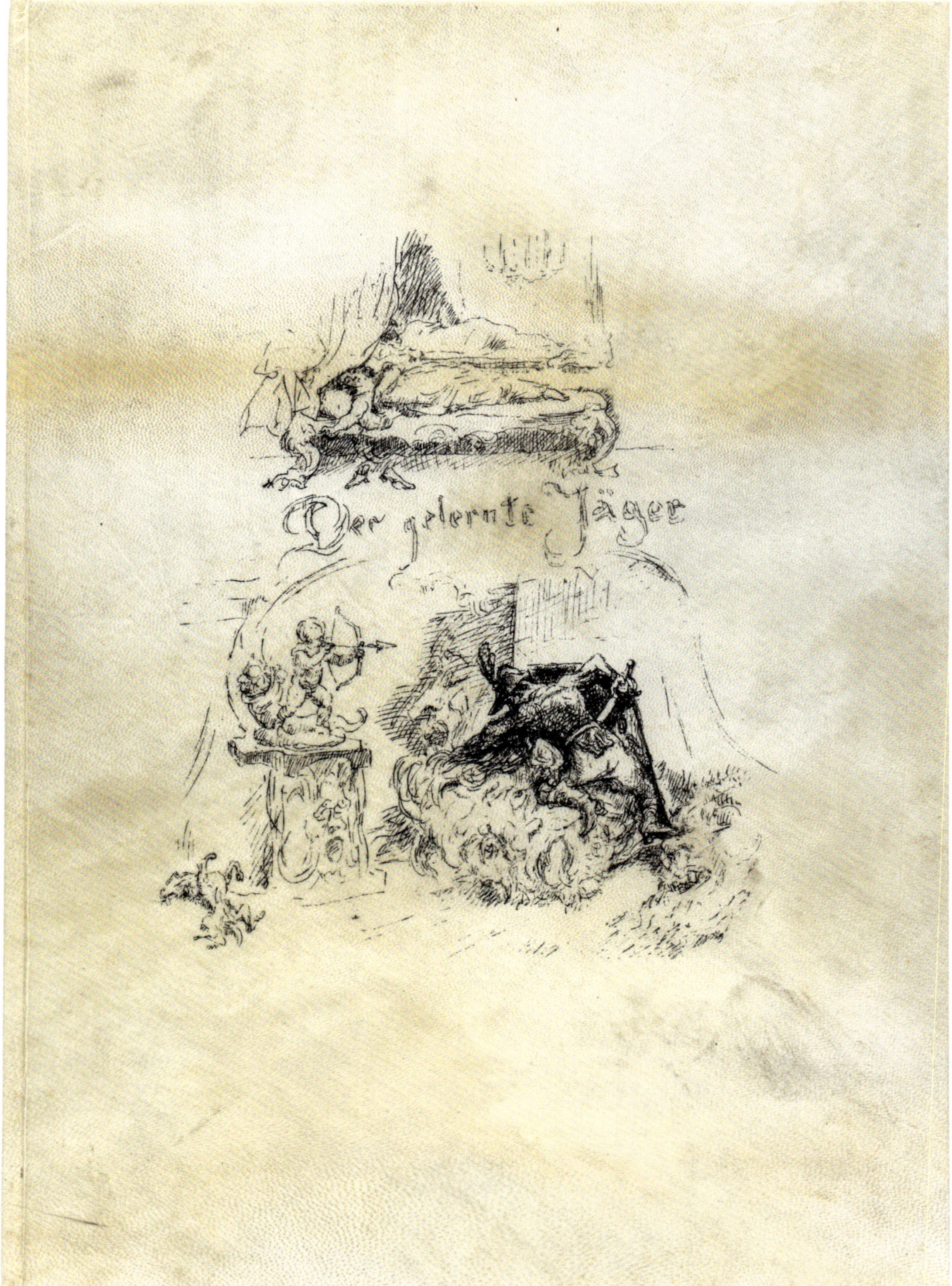

KAT. 121 *Der gelernte Jäger* (B 49), 1933, Buchausgabe, 34,7 × 25,2 cm LM, INV.-NR. SLG. GOE 30

KAROLINE FEULNER

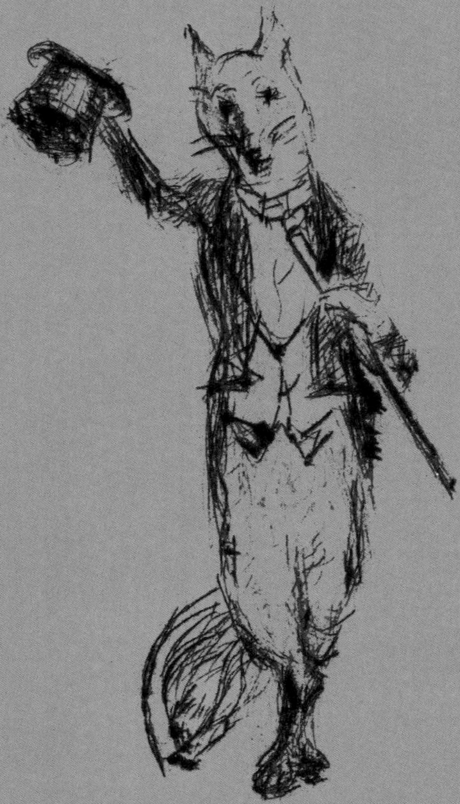

„Aber können Sie nicht gelegentlich an eine kleine Radierfolge denken, Reineke Fuchs?"[1]

VON TIERSTUDIEN ÜBER DIE ILIAS BIS ZU *REINEKE FUCHS*

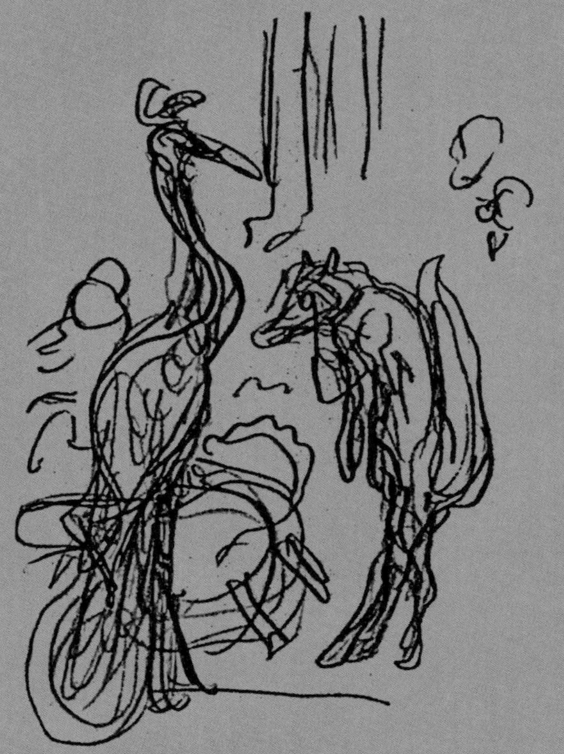

Das Duo Max Slevogt und Bruno Cassirer realisierte mehr als fünfzig Illustrations- und Buchprojekte zum Teil mit sehr umfangreichen Illustrationen wie etwa zu *Benvenuto Cellini* (B 7) oder *Faust II* (B 45). Zudem erschienen im Verlag Bruno Cassirer zahlreiche Einzelgrafiken zu den unterschiedlichsten Themen (vgl. Werkliste E 1–70). Die scheinbar endlose Kreativität Slevogts spiegelt sich eindrucksvoll in einer unglaublichen Bandbreite der Themen und Motive wider.

Slevogts Portfolio reicht von *1001 Nacht* oder den Märchen der Gebrüder Grimm über Helden- und Abenteuergeschichten, Stoff der klassischen Literatur, aber auch ernsten Themen, wie die eigenen Kriegserlebnisse oder die christliche Passionsgeschichte, bis zu tiefgründigen Radierfolgen wie den *Schwarzen Scenen* (B 2) oder *Schatten und Träume* (B 43). Und vor allem scheint sich der Künstler dabei nie zu wiederholen.

Erweitert werden diese Projekte durch schnell entstandene Folgen, wie etwa die *Tierstudien I* und *II* (B 8 und 9, Kat. 122–124). Slevogts detaillierte Naturbeobachtung der Tiere vor Ort in verschiedenen Posen und Haltungen wird spontan in Skizzen auf die Radierplatten übertragen. Er scheint diese Platten hier wie ein Skizzenblatt verwendet zu haben. Ganz in impressionistischer Manier wird der flüchtige Eindruck der verschiedenen Bewegungen der Tiere festgehalten. Dabei wechseln sich ausgearbeitete Details mit nur grob angedeuteten Partien ab. Vergleichbare schnelle Skizzen von Tieren, Menschen und einer Stadtansicht von Frankfurt am Main entstanden für *Ein lithographiertes Skizzenbuch* (B 5, Kat.125). Hierzu wurden die mit lithografischer Kreide gezeichneten Impressionen auf Stein umgedruckt und in einem wie ein Blockbuch gebunden Heft veröffentlicht.[2]

Aber auch etwa der Bi-Ba-Butzemann aus dem bekannten Kinderlied, Personifikationen von beispielsweise Blumen zur Illustration von Märchen, Sagen und Legenden aus der Pflanzenwelt (B 20)[3] genauso wie Illustrationen zu deutschen Volksliedern (B 19) stammen aus Slevogts Hand (Kat.126–129). Und auch vor der klassischen Mythologie schreckte der Künstler nicht zurück und widmete den griechischen Helden Achill und Hektor aus der *Ilias* jeweils eine Folge mit Kreidelithografien (B 11, B 22, Kat. 137–139),[4] die nahezu losgelöst vom Text in einer Mappenausgabe publiziert wurden. Wer hier eine klassische Interpretation dieses Heldenepos erwartet, wird allerdings enttäuscht. Auch an der *Ilias* interessiert den Künstler, wie schon bei anderen Illustrationen von Helden- und Abenteuergeschichten, vor allem die dramatische Handlung. Es geht um die Opfer, den Heldentod und die Liebe, genauso wie um das Ringen der Charaktere mit dem eigenen Schicksal. Bei Slevogt bekommen die antiken Helden menschliche Züge, die seinen Zeichnungen umso mehr Dramatik verleihen. Diese Beispiele verdeutlichen exemplarisch, dass es allein aufgrund der Fülle nicht möglich ist, alle Projekte im Rahmen einer Ausstellung umfassend zu würdigen.

Am Ende dieser einzigartigen Zusammenarbeit steht die Fabel des listigen *Reineke Fuchs* (B 47). Zugleich eines der Lieblingswerke von Slevogt, aus dem er am Pfingstsonntag gerne vorlas.[5] Mit dem Stoff beziehungsweise den Füchsen hatte sich Slevogt schon früher auseinandergesetzt. So lieferte ihm der Nachname seines Freundes Eduard Fuchs hier zahlreiche Möglichkeiten, diesen als solchen in Randzeichnungen auf Briefen und Postkarten zu verewigen. Zudem entstanden zwei Lederbilder für seinen Freund Josef Grünberg zur Ausstattung seiner Arztpraxis und auch bei den gemeinsamen Experimenten mit der Künstlergemeinschaft *SPOG* ist *Reineke* Thema (Kat. 131).[6] Während Slevogt sich bei den Lederbildern sehr nach der Textvorlage Goethes richtete, sind die Kaltnadelradierungen für die Ausgabe bei Cassirer sehr freie Adaptionen des Epos. Dort verlegt Slevogt kurzerhand die Handlung von *Reineke* in die Gegenwart, so beispielsweise auf eine Trabrennbahn (Kat. 134) – eine direkte Anspielung auf Cassirers Leidenschaft für diesen Sport[7] – oder in einen Boxring. Grandios ist auch seine Karikatur auf die Kunstwelt: Ein eher verloren wirkender Affe mit einem breiten Malerpinsel (nicht Künstlerpinsel) in der Hand wird in dieser Szene von Reineke den vermeintlich fachkundigen Kunstkennern als neues Talent vorgestellt (Kat. 135).[8] Auch sonst ist der *Reineke* sehr modern und als politischer Kommentar des Zeitgeschehens der Weimarer Republik aufzufassen. Reineke Fuchs wird von Slevogt in dieser Folge zu einem skrupellosen Aufsteiger in der bürgerlichen Gesellschaft stilisiert, der, um den eigenen Vorteil zu erreichen, keine Opfer scheut, bevor er selbst vom Sensenmann geholt wird.[9] Diese Kaltnadelradierungen sind zugleich stilistisch die expressivsten und damit modernsten Grafiken von Slevogt. Dem „Verleger und Freunde Bruno Cassirer gewidmet“[10], stehen diese Radierungen zugleich für ihre enge Verbundenheit und zeigen, dass sie beide Spaß am hintergründigen Humor dieser Travestie hatten, die einen ganz besonderen Dank an den Verleger Bruno Cassirer darstellt.

1 Brief von B. Cassirer an M. Slevogt vom 5.9.1926, Briefedition Nr. 236.

2 Hierzu wurden aus dem Skizzenbuch, das vor allem Vorstudien für die Ausmalung eines Gartenpavillons in Neu-Cladow an der Havel enthielt, elf Zeichnungen ausgewählt. Vgl. Si/Wa, S. 42.

3 Diese wurden ursprünglich für den Schulbuchverlag Hermann Schaffstein gezeichnet und von Bruno Cassirer erneut herausgegeben. H.-J. Imiela (1968), S. 164.

4 Zu Slevogts Antikenrezeption vgl. K. Feulner (2018). *Achill* wurde zunächst 1907 im Verlag von Albert Langen herausgebracht, bei Bruno Cassirer erschien eine Neuauflage.

5 Dies überliefert sein Freund Johannes Guthmann, vgl. J. Guthmann (1955), S. 305–306. Diese Fabeln waren auch in mehreren Ausgaben in der Familienbibliothek (heute in LBZ/Landesbibliothek Speyer) vorhanden.

6 BK Edenkoben (2009), S. 168–169; Vgl. u. a. Ausst.-Kat. Mainz (2021), Kat. 2.19.

7 Vgl. Sektionseinleitung, S. 114–116.

8 K. Kreutzpaintner (2009b), S. 78.

9 R. Krischke/S. Paas (2007), S. 7–8. Im literarischen Vorbild kommt Reineke dagegen ungestraft davon.

10 Vgl. Vorsatzblatt von B 47 und Brief von B. Cassirer an M. Slevogt vom 6.9.1928, in dem er sich für die Widmung bedankt, Briefedition Nr. 283.

KAT. 122 *Titelblatt (Gans)*, Vorzeichnung für *Tierstudien II* (B 9), 1914, Bleistift, 17,1 × 12 cm
LM, INV.-NR. DL SL NL 2024/31

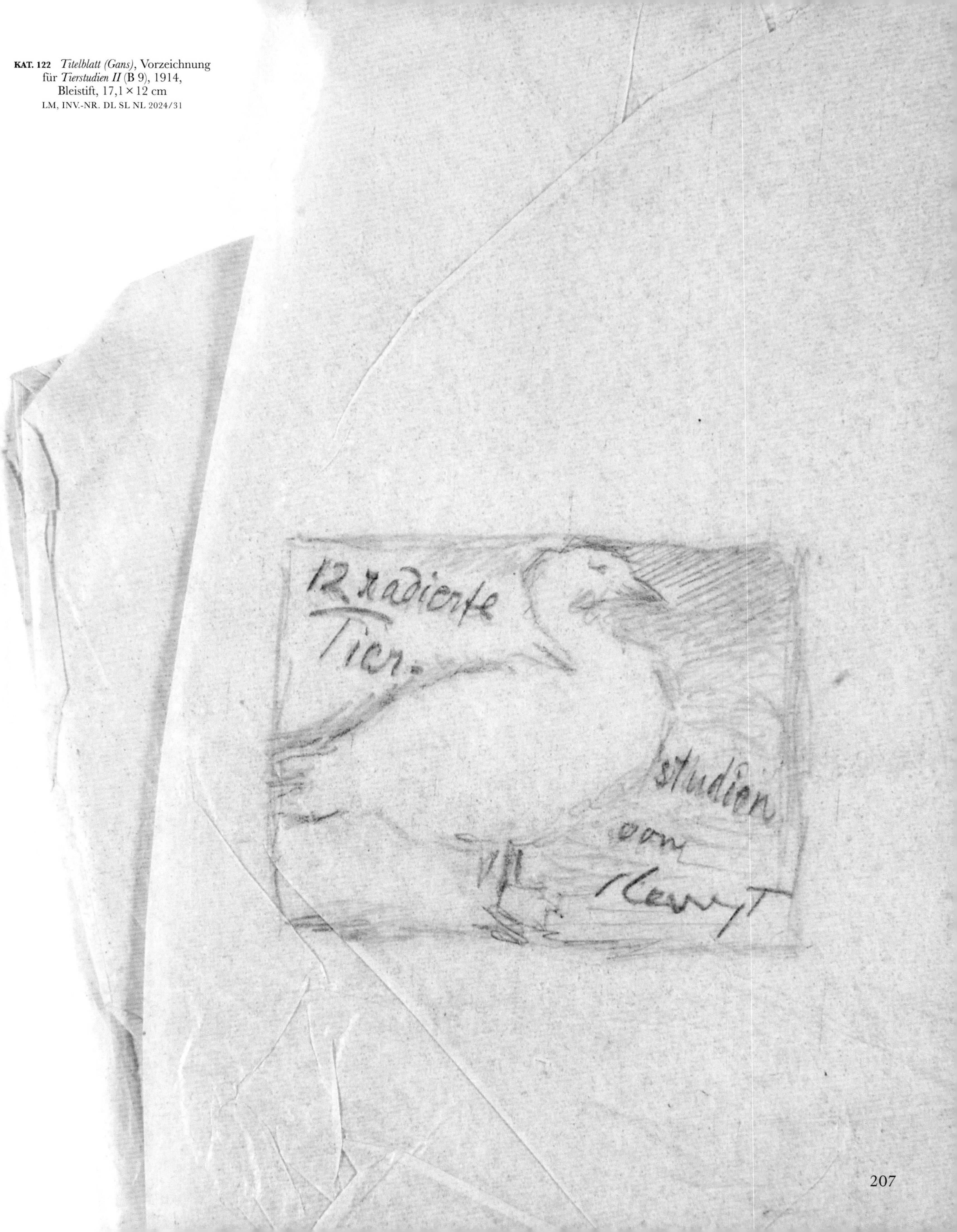

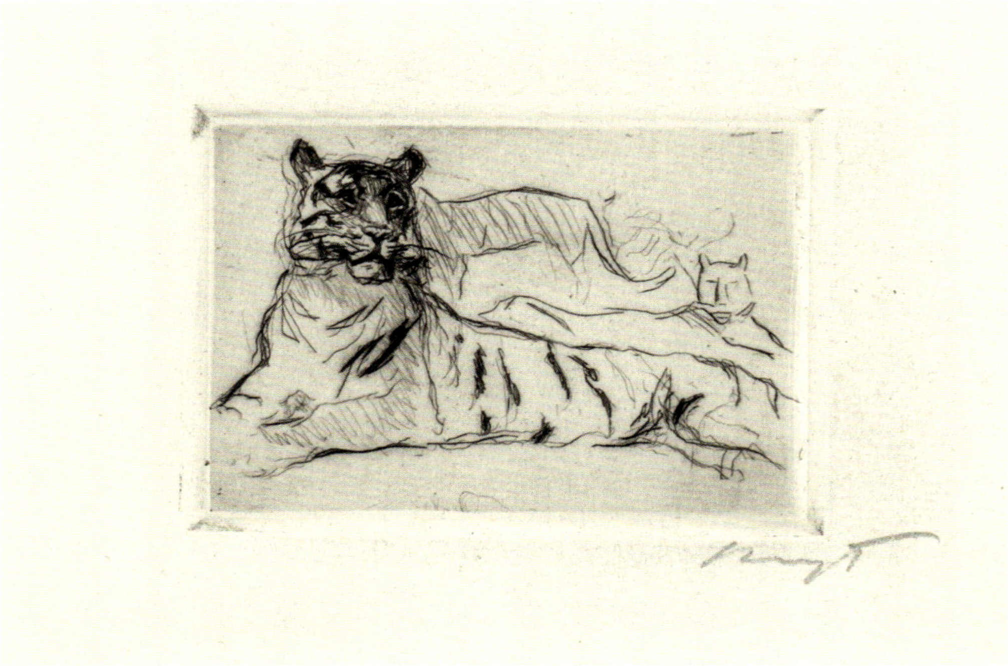

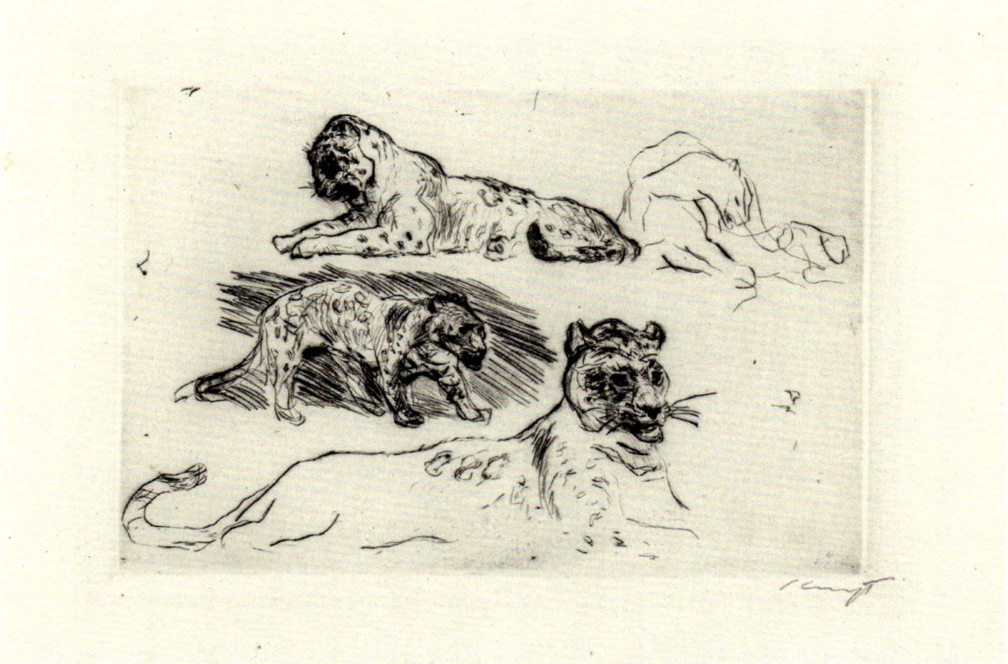

KAT. 123 *Liegende Tigerin, hinten zwei Tiger* (B 8), 1913, Radierung, 4,9 × 7,3 cm LM, INV.-NR. SLG. GOE 101

KAT. 124 *Männlicher und weiblicher Jaguar* (B 8), 1913, Radierung, 11,9 × 17,5 cm LM, INV.-NR. SLG. GOE 101

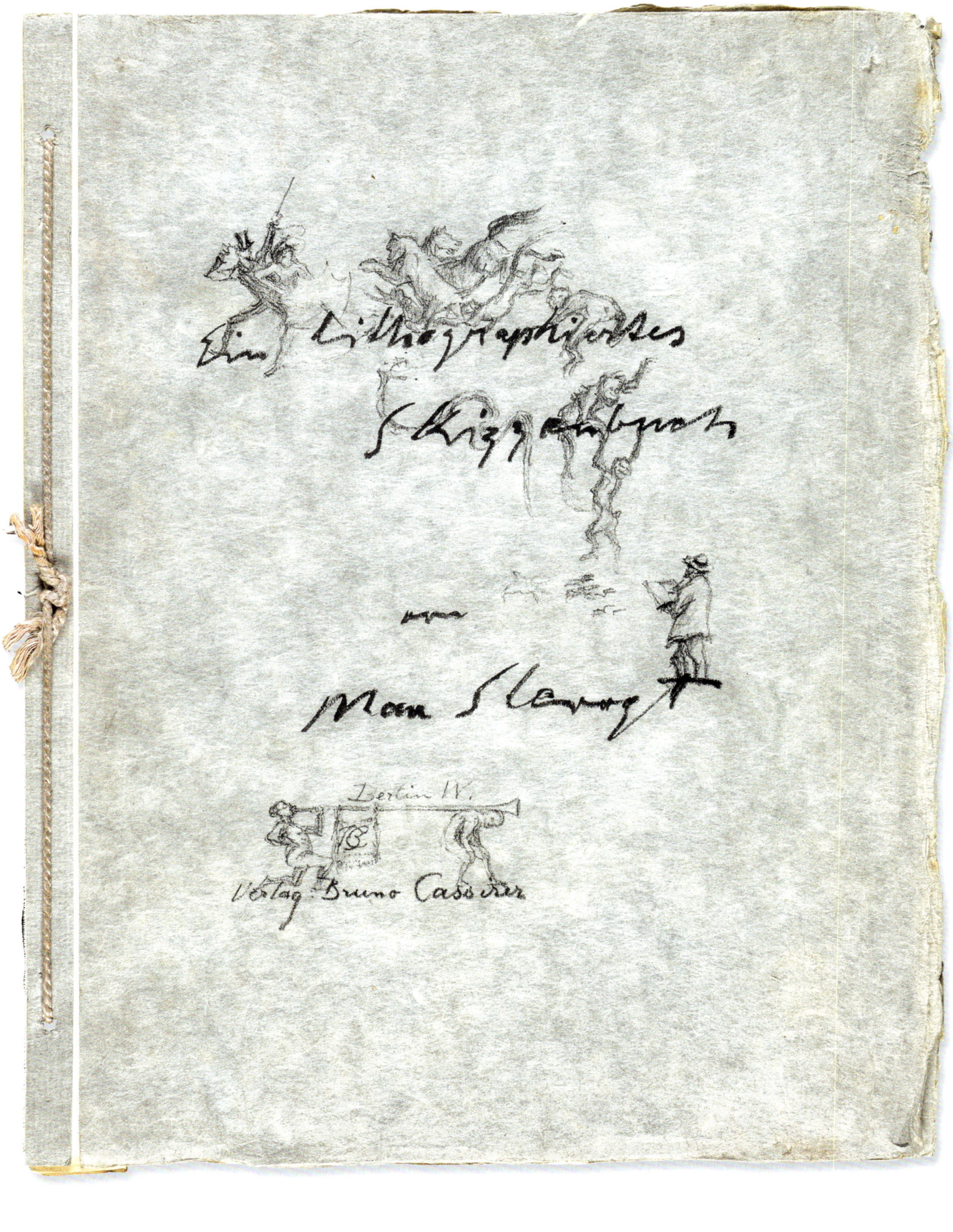

KAT. 125 *Ein lithografiertes Skizzenbuch* (B 5), 1912, gebundene Ausgabe, 30,2 × 24 cm LM, INV.-NR. SLG. GRB. 37

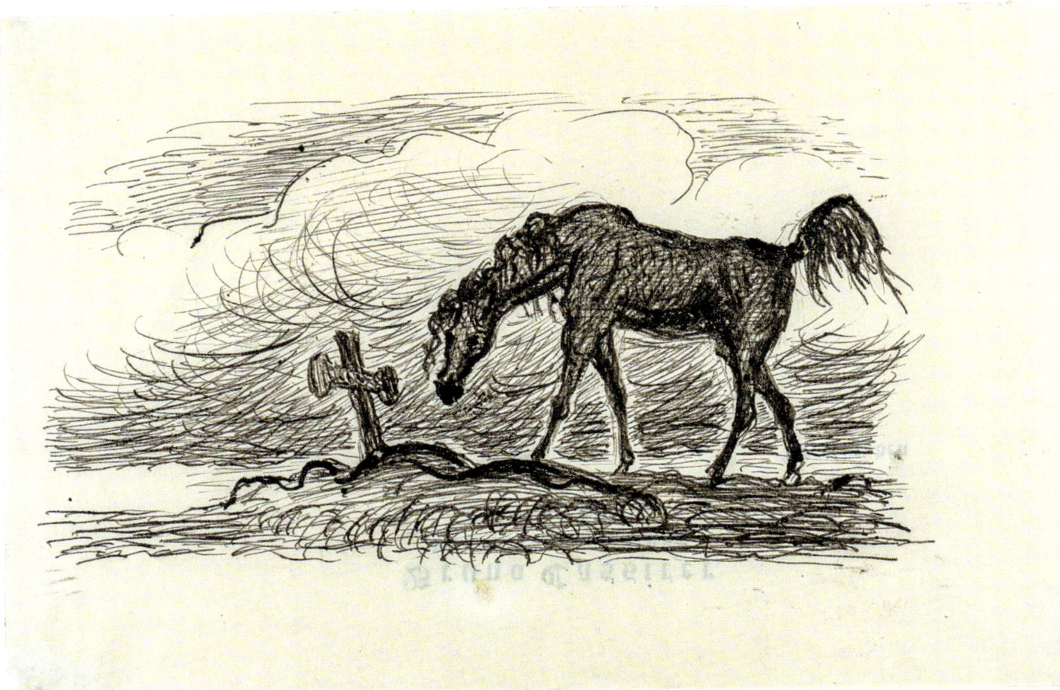

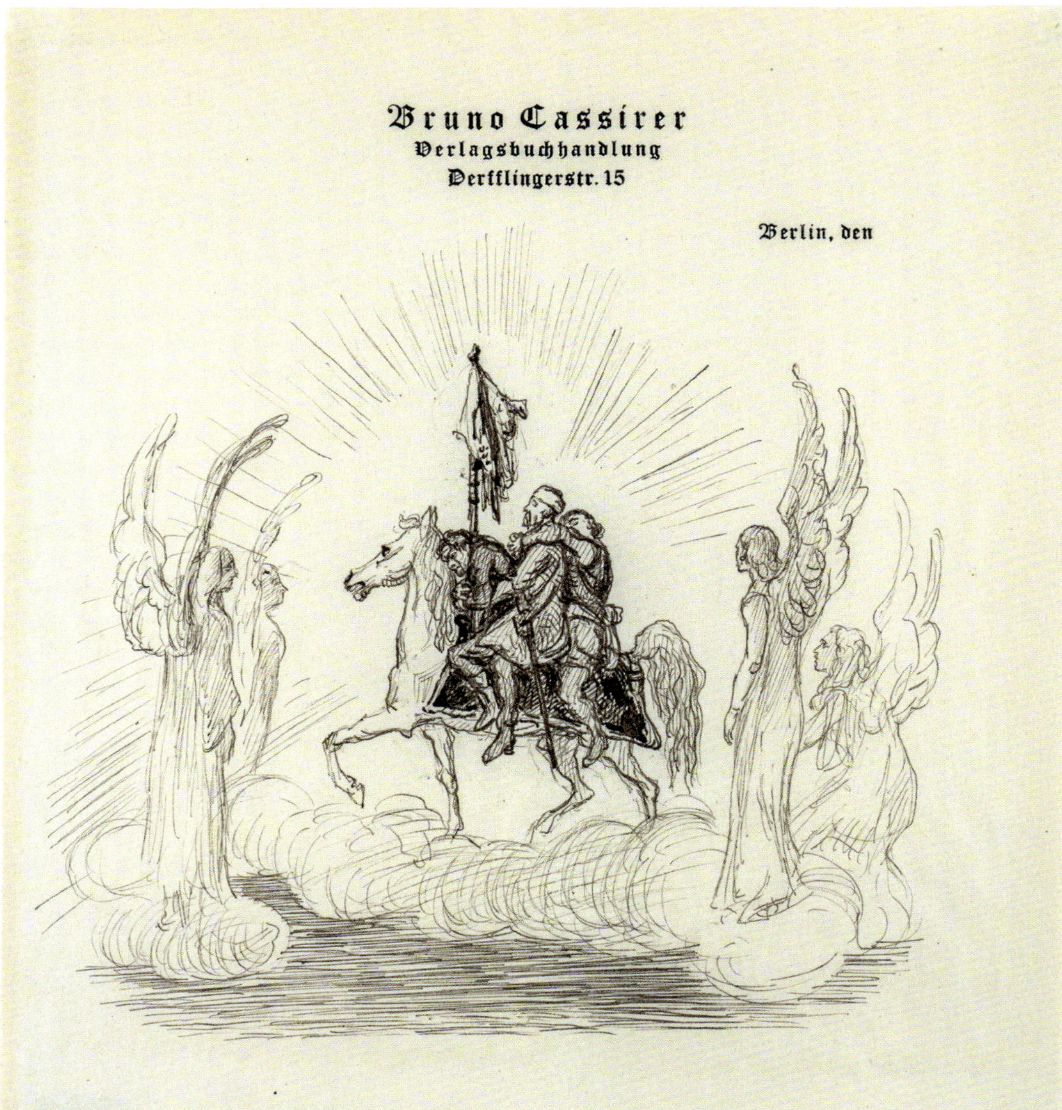

KAT. 126 *Gesang ausziehender Krieger*, Vorzeichnung für B 19, 1919, Briefpapier von Bruno Cassirer, Verso-Seite, Tusche, 12,7 × 20 cm LM, INV.-NR. GS 2015/20

KAT. 127 *Kapitän und Leutnant,* Vorzeichnung für B 19, 1919, Briefpapier von Bruno Cassirer, Tusche, 21,8 × 20,8 cm LM, INV.-NR. GS 2015/19

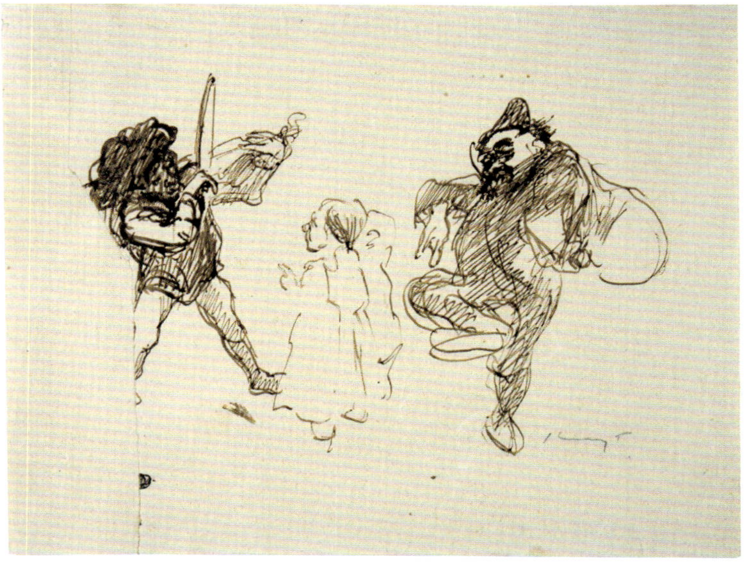

KAT. 128 *Kinderkonzert mit Bi-Ba-Butzemann*,
Vorzeichnung für B 20, 1920, Tusche, 11 × 14,5 cm
LM, INV.-NR. GS 2019/15

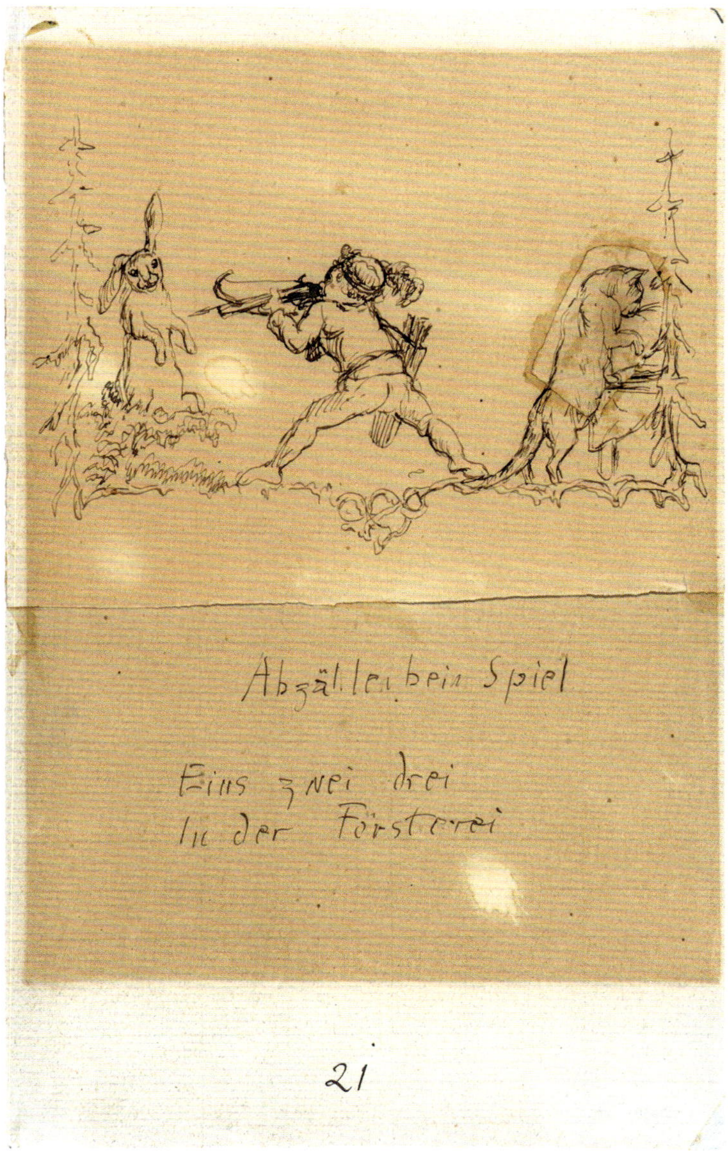

KAT. 130 *Der weiße Hase*, Vorzeichnung für B 20, 1920,
Tusche, rechts mit überklebter Katze, 22,4 × 14,1 cm
LM, INV.-NR. DL SL NL 2024/18

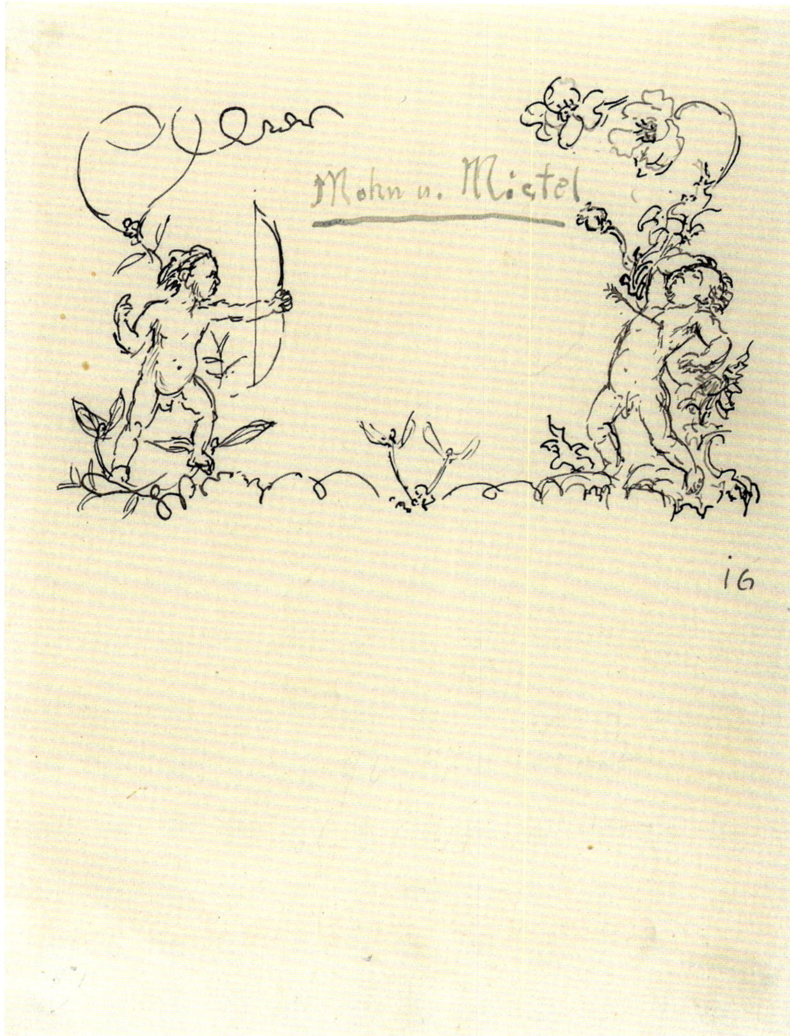

KAT. 129 *Mohn und Mistel*, Vorzeichnung für B 20, 1920,
Tusche, darüber Transparentpapier mit der Schrift, 17,4 × 13,4 cm
LM, INV.-NR. DL SL NL 2024/26

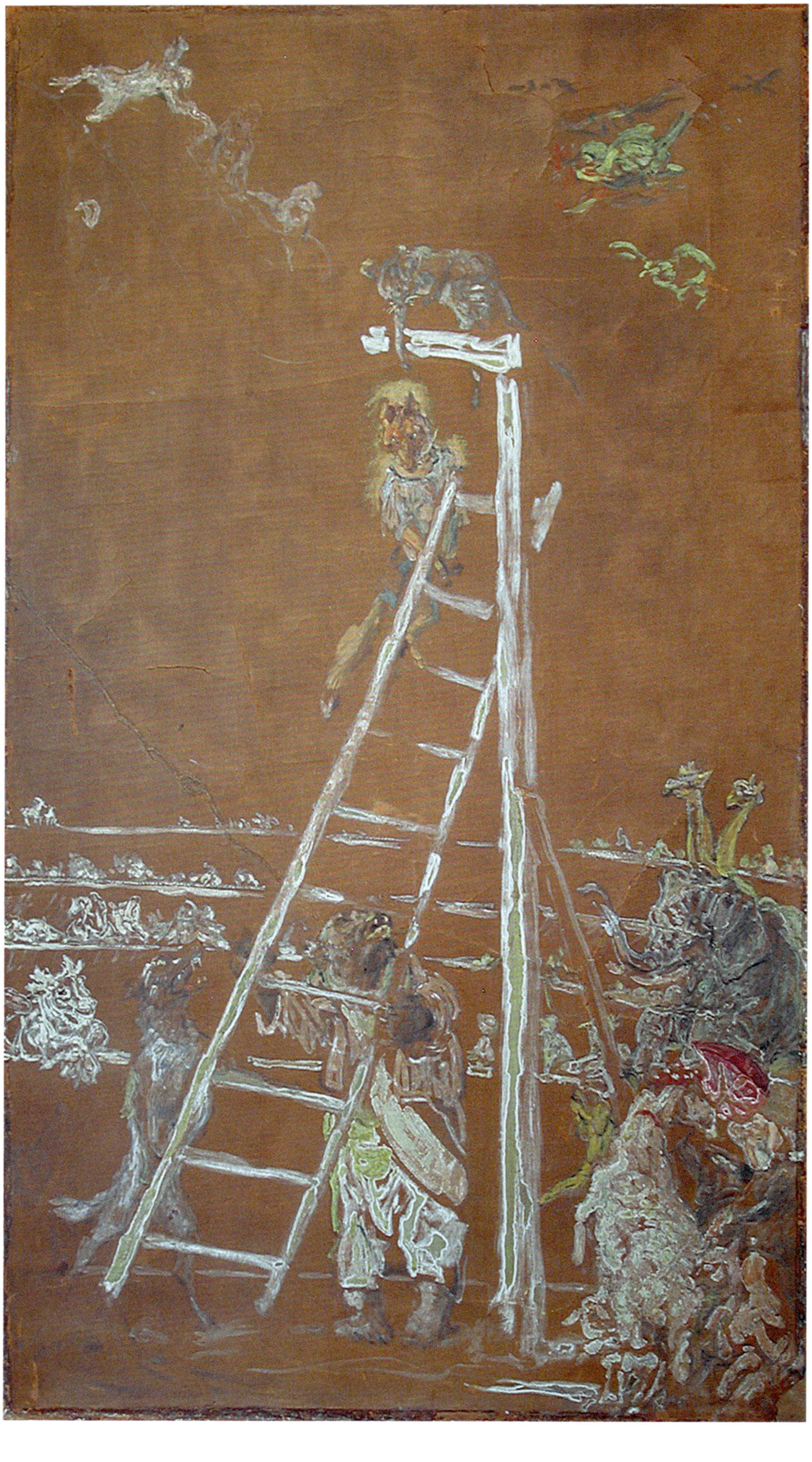

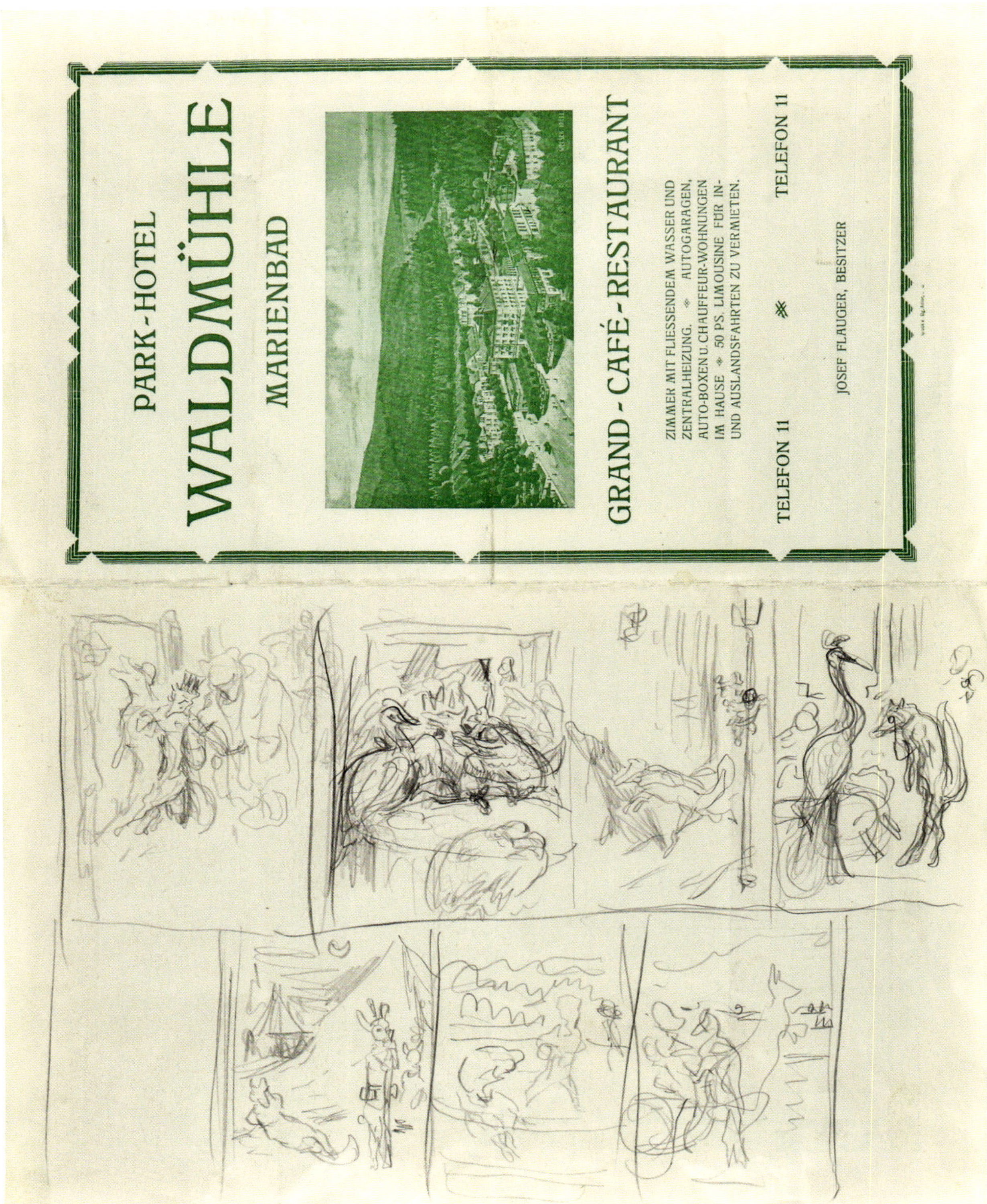

KAT. 131 *Reineke Fuchs bei der vorgesehenen Hinrichtung*, 1925,
Eiweiß-Malmittel auf Leder, 137 × 78,5 cm
LM, INV.-NR. LHS 83/3

KAT. 132 Sechs Ideenskizzen zu *Reineke Fuchs* (B 47), 1928,
Zeichnungen auf der Rückseite der Speisekarte des *Hotels Waldmühle*, Marienbad, Bleistift, 35 × 21,8 cm
LM, INV.-NR. DL SL NL 2024/33

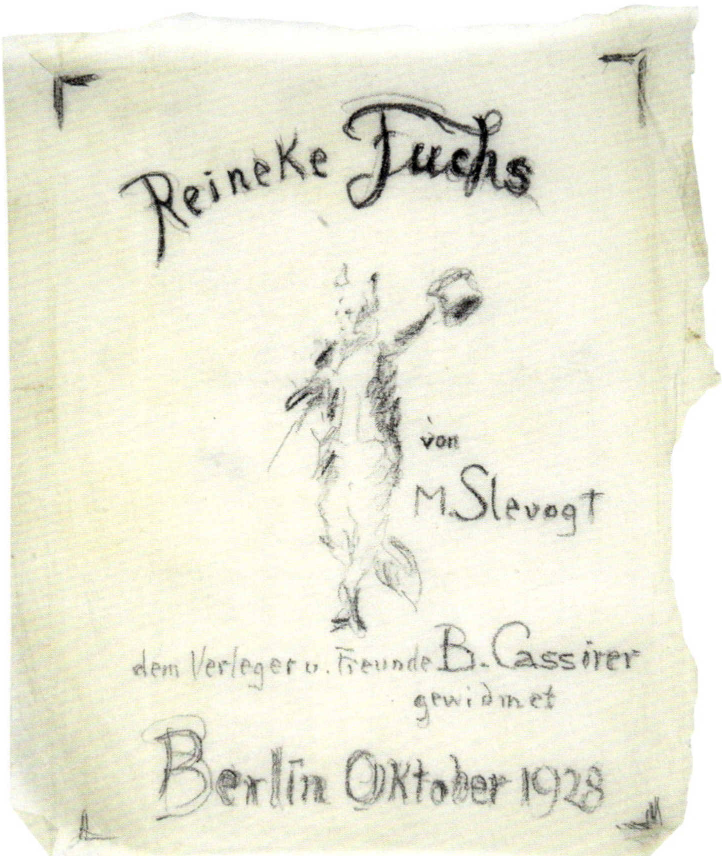

KAT. 133 Titelblattentwurf zu *Reineke Fuchs* (B 47), 1928, Bleistift, 13,5 × 11,3 cm
LM, INV.-NR. DL SL NL 2021/115

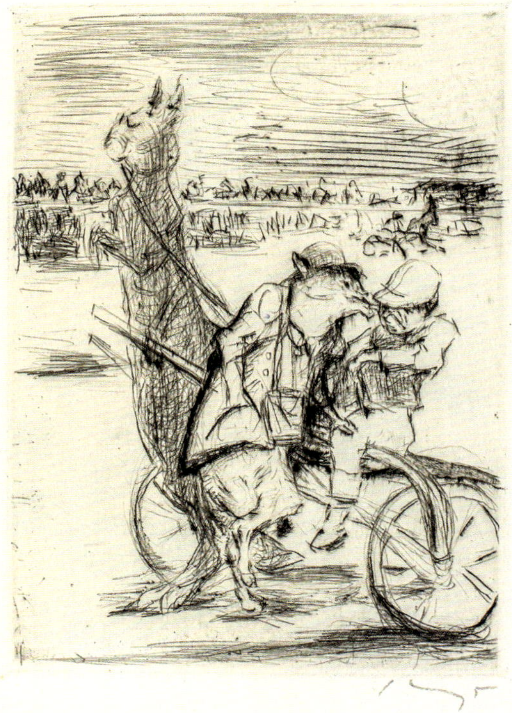

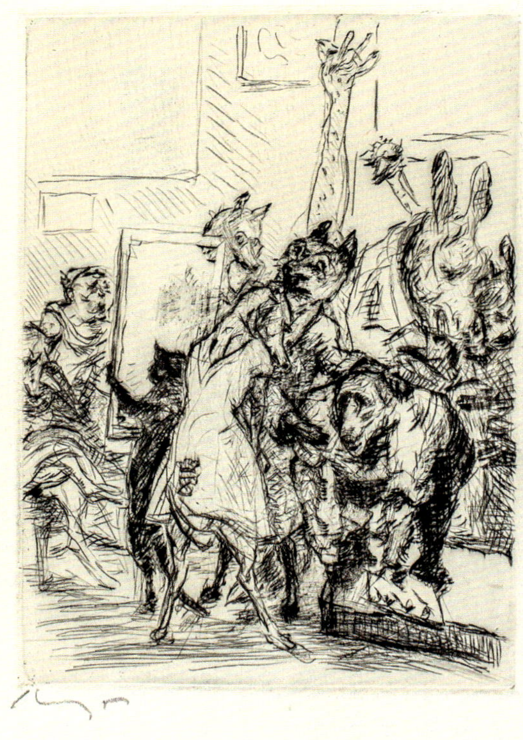

KAT. 134 *Reineke versucht sein Glück auf der Rennbahn* (B 47), 1928, Radierung, 12,5 × 9,3 cm
LM, INV.-NR. GS 1992/64

KAT. 135 *Reineke entdeckt den Maler Mandrillo* (B 47), 1928, Radierung, 12,4 × 9,4 cm
LM, INV.-NR. GS 1992/64

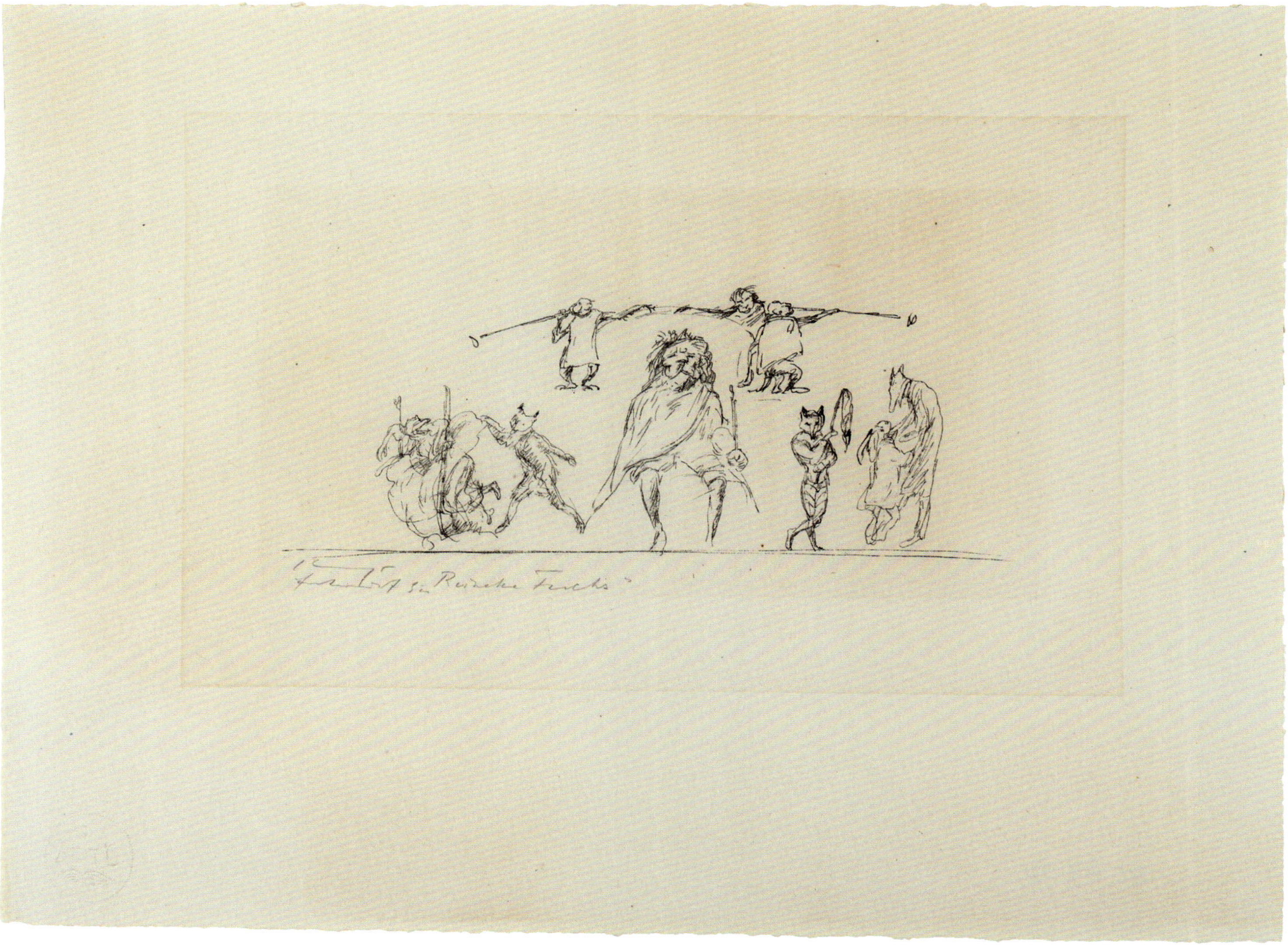

KAT. 136 *Reineke Fuchs (Technische Probe I)*, 1912/22, Federlithografie, 8 × 21,7 cm LM, INV.-NR. SLG. GRB. 239

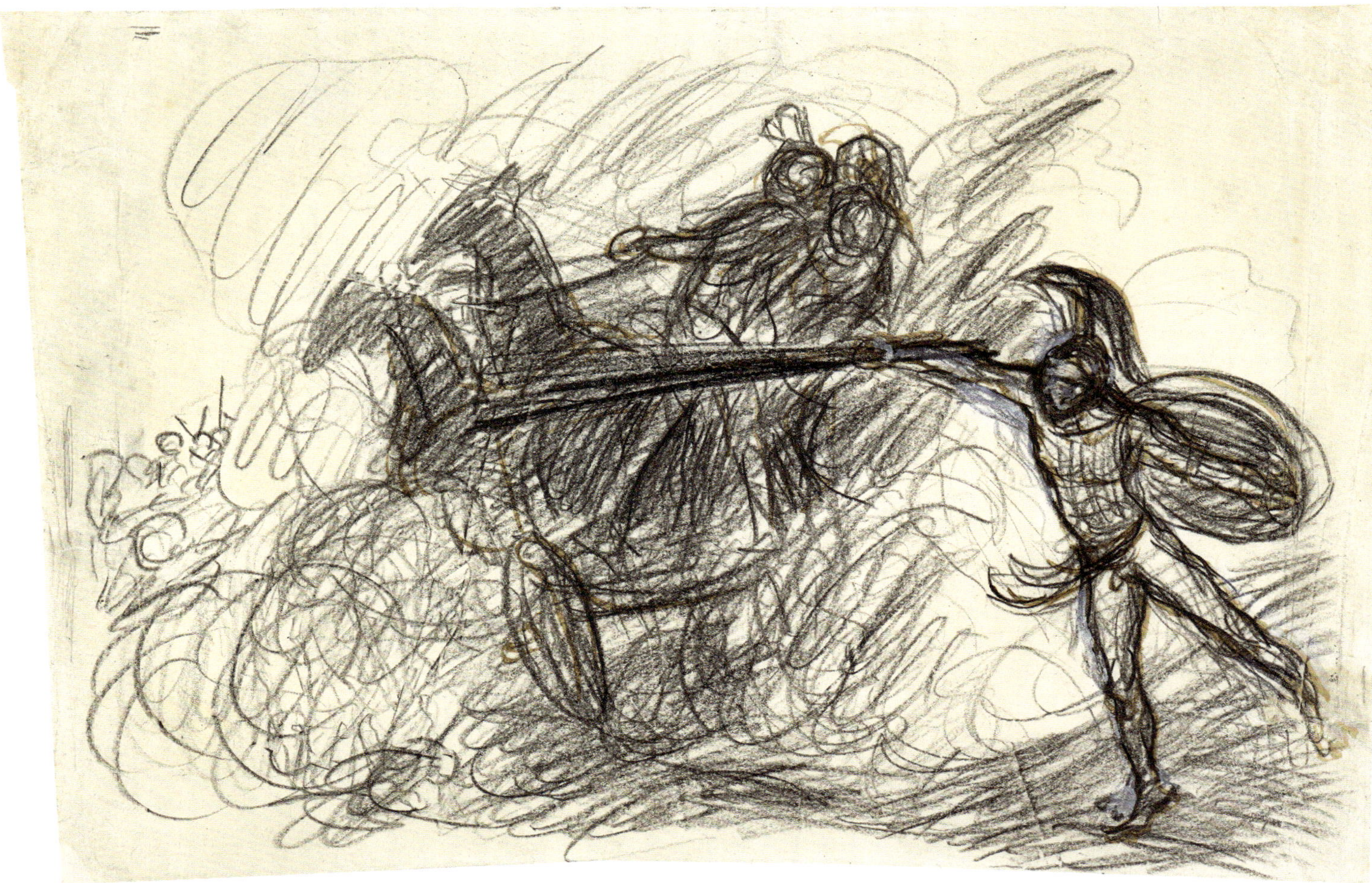

KAT. 137 *Achill verfehlt Hektor* (B 11), 1905–07, Kreide, 32 × 45,5 cm SM, INV.-NR. KW 432

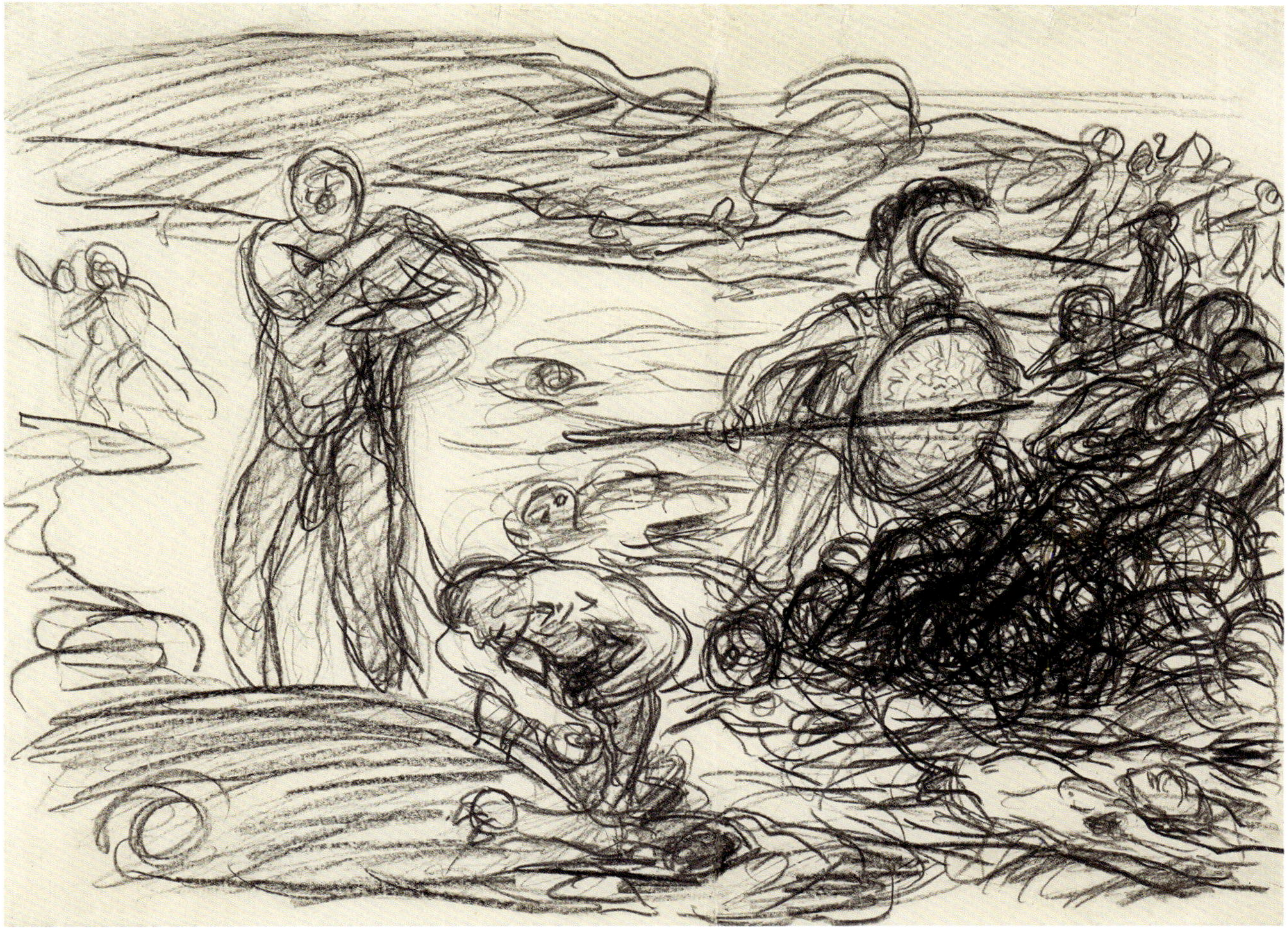

KAT. 138 *Achill wütet in Skamander* (B 11), 1905–07, Bleistift, 32,2 × 42,2 cm SM, INV.-NR. KW 433

NÄCHSTE DOPPELSEITE:
KAT. 139 *Achill im Strome* (B 11), 1907, Kreidelithografie, 272 × 377 cm SM, INV-NR. KW 6959

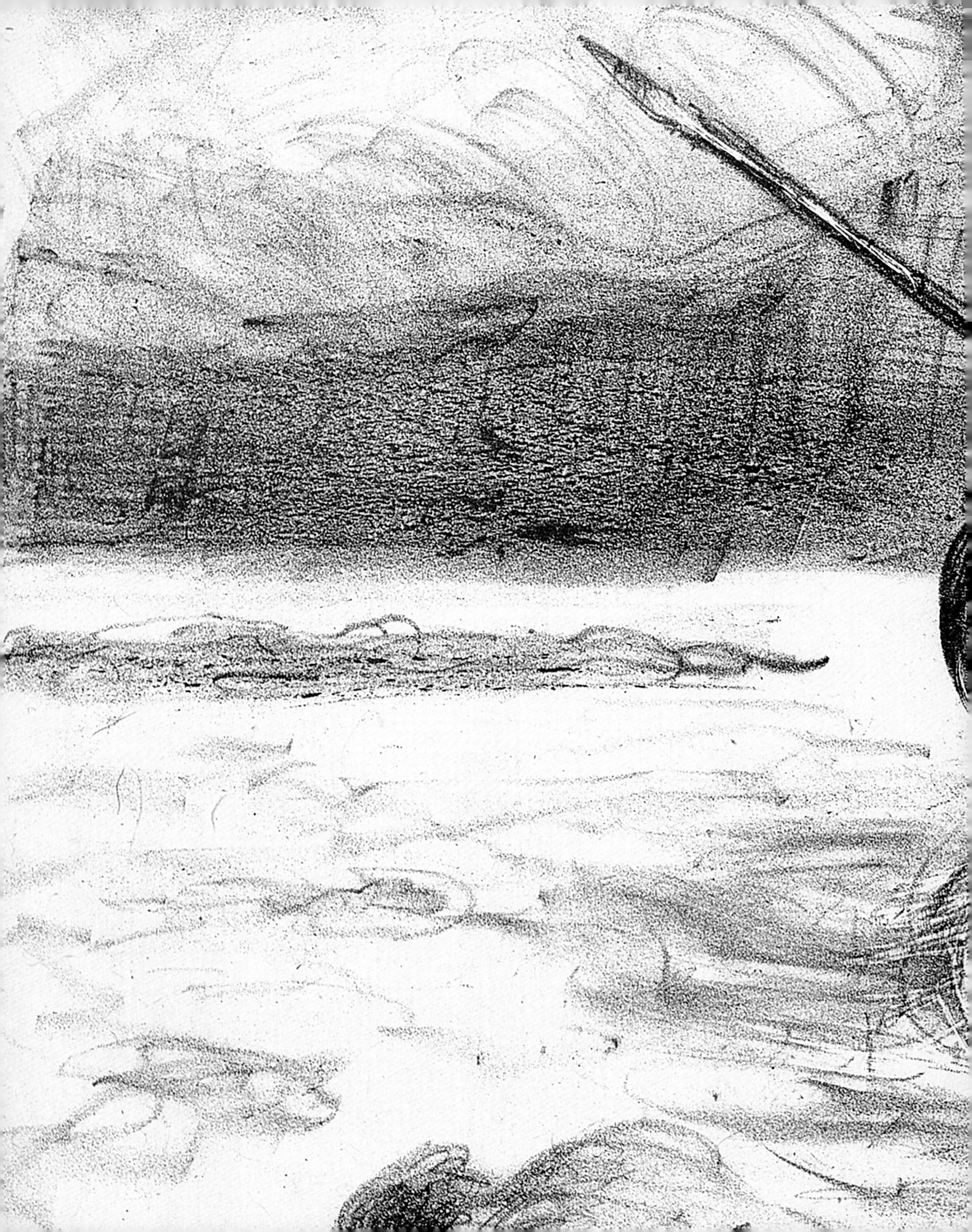

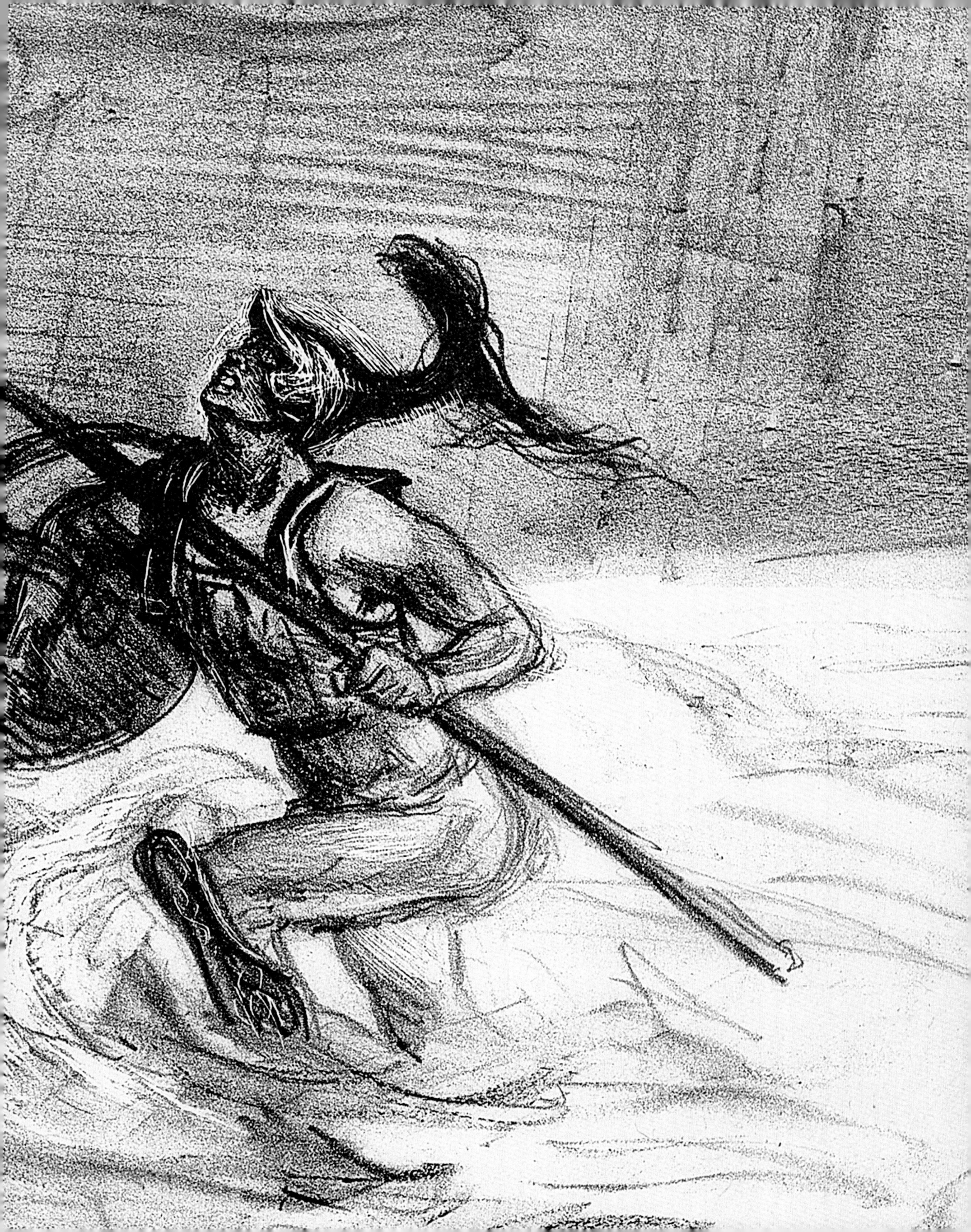

JANE SCHMIDT-BODDY

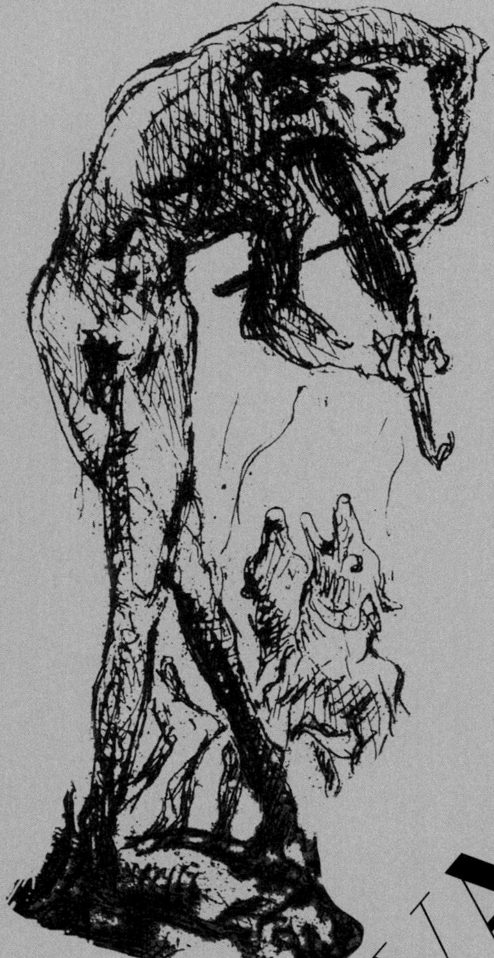

SCHWARZE SZENEN, SCHATTEN UND TRÄUME

Bilder aus dem Helldunkel bei Max Slevogt

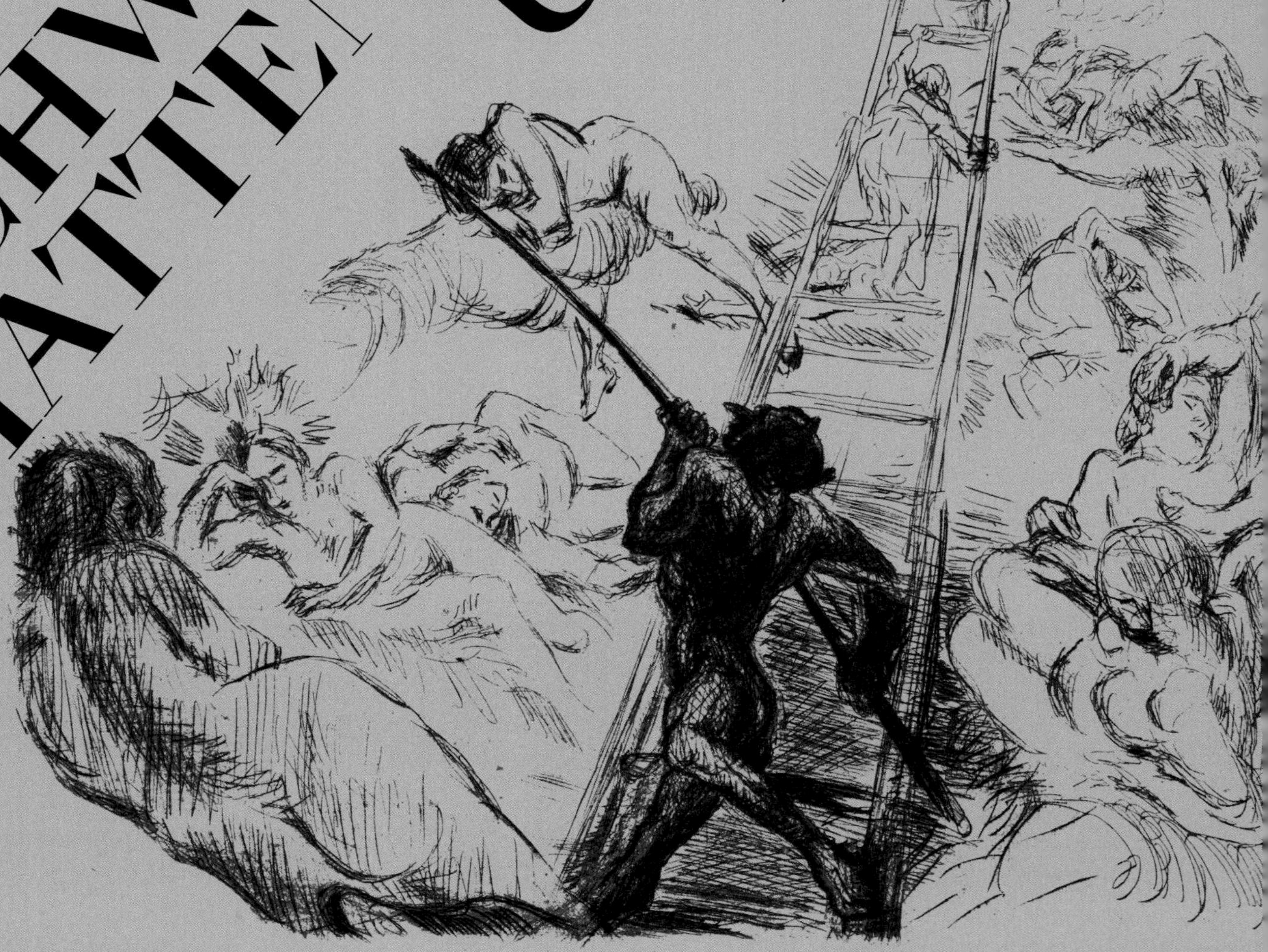

Max Slevogts grafische Folgen führen immer wieder in düstere Zonen des Unbewussten – in das Abgründige, in Grenzerfahrungen von Albdruck, Überlebenskampf und Leiden. Schon zu Lebzeiten wurde ihm eine gewisse „Freude an grausigem Inhalt“ attestiert – eine Freude, die als Ausdruck einer „überreizten Phantasie“, ja, einer „leicht irritierbare[n] Stimmung seiner Nerven“ gedeutet wurde.[1] Diese Tendenz wurde auch mit der geistigen Atmosphäre der 1880er-Jahre in Verbindung gebracht – jener Zeit, in der beispielsweise Max Klingers erste grafische Folgen erschienen, geprägt von einer Neigung zur „dunklen Seite des Lebens“.[2] Slevogts Arbeiten spiegeln sowohl formal wie auch thematisch dieses Zeitgefühl wider, rücken sie doch düstere Themen ins Zentrum, die um 1900 besonders in der Auseinandersetzung mit Traum, Fantasie und den Tiefenschichten des Unbewussten aktuell waren.

So erschien im Jahr 1905 die Folge der *Schwarzen Scenen* (B 2) beim Verlag Bruno Cassirer – mit Bildern, die aufsteigen, wenn Slevogt die Augen schließt.[3] Auf dem Titelblatt stellt er sich jedenfalls selbst im Halbschlummer dar: liegend auf einem Diwan, rauchend, die Arme locker hinter dem Kopf verschränkt, vor ihm eine Katze (Kat. 140 und 141).[4] In diesem Zustand der *Meditation* – so der Titel des Blatts – zwischen Wachen und Schlafen scheint ihm ein gestaltloser Nebel dunkler Visionen aus dem Unbewussten aufzusteigen.[5] Davon erzählen die „6 Radierversuche“: Überlebenskämpfe auf bedrohlichem Terrain, gefährliche Beziehungsverstrickungen, Duelle zu Pferd oder im Nahkampf. Zwischen Gruseln und spielerischem Fabulieren könnte sich ein Moment des Erkenntnishaften verbergen – vielleicht ein ernsthafter Blick ins Abgründige, der mehr ist als bloßes Vor-sich-hin-Träumen.[6]

Tatsächlich öffnet Slevogts Selbstbildnis ein Feld zwischen Wachtraum, Fantasie und dem Unbewussten.[7] Der Künstler evoziert jenen Zustand des Helldunkels, den bereits E. T. A. Hoffmann in Bezug auf seinen Kater Murr beschrieb, der „häufig in jene sanften Reverien [gerät], in das träumerische Hinbrüten, in das somnambule Delirieren, kurz, in jenen seltsamen Zustand zwischen Schlafen und Wachen, der poetischen Gemütern für die Zeit des eigentlichen Empfanges genialer Gedanken gilt“.[8] Bestimmt gehört die Verbindung von Traum und dichterischer Imagination zu den zentralen Topoi der Romantik.[9] Im späten 19. Jahrhundert erhielt dieses Thema eine zunehmend wissenschaftliche Ausrichtung, etwa im Rahmen der psychologisch-philosophischen Traumforschung, die den Wachtraum als Zugang zu Gefühlen, Erinnerungen und Imaginationen verstand, die tief in uns schlummern.

Slevogt, „der inwendig voller Figuren steckt“, wie es der Freund und Kunsthistoriker Karl Voll einmal formulierte, ließ sich immer wieder von literarischen oder musikalischen Vorlagen zu Bildern anregen, die in ihm „nach Gestaltung drängte[n]“.[10] In den dreizehn Radierungen der Folge *Eine Passion* (1924, B 37, Kat. 147–149) greift Slevogt etwa auf die biblische Erzählung vom Leidensweg Christi zurück – ein Thema, das nach dem Ersten Weltkrieg vermehrt künstlerisch aufgegriffen wurde.[11] Dabei verbinden sich Auseinandersetzungen mit existenziellem Dunkel und Druckgrafiken alter Meister, insbesondere Radierungen von Rembrandt. „Mit geistiger Freiheit erschaut er [Slevogt] das ferne Spiel und weckt Erinnerungen an leidenschaftliche Anteilnahme“, schrieb der Kunsthistoriker Max J. Friedländer damals über Slevogts Umgang mit diesem Stoff.[12]

Im Jahr 1926 erschien die Folge *Schatten und Träume* (B 43) bei Bruno Cassirer. Wieder führt ein Selbstbildnis die Folge ein – als wollte Slevogt gleich zu Beginn unmissverständlich zeigen, dass es hier um die Erkundung seiner Schatten geht (Kat. 142).[13] Besonders eindrucksvoll wird dies im Blatt *Höllenpein* (Kat. 143): In drastischen Kontrasten verdichten sich verzerrte Figuren zu einer bedrückenden Komposition. Die Hölle erscheint hier nicht nur als mythologischer Ort ewiger Qual, sondern auch als Sinnbild inneren Leidensdrucks – verkörpert von einer Überfüllung von entstellten Gestalten. Insgesamt umfasst die Folge zwölf Radierungen mit Kaltnadel, die sich literarischer und mythologischer Stoffe bedienen, darunter Shakespeares *Macbeth*, dem Slevogt später eine eigene lithografische Folge widmete, die 1927 ebenfalls bei Bruno Cassirer (B 46, Kat. 150–152) erschien.

Slevogts Blick in den Schatten ist zwar nicht immer zielgerichtet, doch er tastet sich an Bildern entlang, die sich durch die angeregte Fantasie assoziativ weiterentwickeln. Vielleicht liegt gerade in der Passivität des Schlummers, die der Anstrengung der Reflexion entgegensteht, ein schöpferisches Potenzial: ein Resonanzraum, in dem sich Bilder aus dem Unbewussten frei zu Formen verdichten und zugleich nach fassbarer Gestaltung ringen. Slevogts düstere Visionen sind insofern nicht nur als „Freude an grausigem Inhalt" zu verstehen, sondern auch als ernsthafter Umgang mit Realität.

1 K. Voll (1916), S. 230f.
2 M. Klinger (1891), S. 21.
3 Vgl. E. Waldmann (1921), S. 5: „Die Erscheinung als Vision, das Traumhafte und das von Haus aus Groteske […] locken ihn von jeher und haben Gewalt über ihn, und wenn er nach der Arbeit die Augen schließt, gaukelt ihm das Stück Malerpoet, das in ihm steckt, immer wieder neue Gestalten vor […]."
4 Die Radierung erschien außerdem als *Träumerei*, in: *KuK*, Jg. 4 (1906), S. 2. Eine ähnliche Pose zeigt eine Fotografie, *Slevogt auf dem Sofa*, um 1904/05, abgedruckt in: Ausst.-Kat. Saarbrücken (1992b), Umschlag; hierzu auch N. Suhr (1992), S. 78. Vgl. auch Bleistiftskizze Kat.140.
5 Ebd., S. 79. Suhr verweist auf ähnliche Eröffnungsblätter, „in denen der Moment der künstlerischen Inspiration" thematisiert wird, bei Künstlern wie Francisco de Goya und Max Klinger. Zum Blatt *Meditation* siehe auch K. Kreuzpaintner (2009c), S. 15.
6 Dabei griff Slevogt zur Kaltnadel- und Radiertechnik für die Darstellung des „Dunklen, Schrecklichen und Furchterregenden". Vgl. E. Juntunen (2016), S. 156.
7 Zur Verbindung von Wachtraum und dichterischer Fantasie in der Traumforschung des 19. Jahrhunderts siehe S. Goldmann (2003); H. Pfotenhauer (2005).
8 E. Hoffmann (2017), S. 32; vgl. K. Kreuzpaintner (2009c), S. 115f.
9 Ich danke Eva Wolf für den Hinweis, dass in zeitgenössischen Besprechungen immer wieder auf das Romantische bei Slevogt hingewiesen wurde – so etwa bei E. Waldmann (1922), S. 17: „Die Welt, die Slevogts Verzauberung sich aussucht, ist eine romantische Welt, oder er macht sie zu einer solchen."
10 K. Voll (1916), S. 224.
11 Vgl. E. Juntunen (2016), S. 151.
12 M. J. Friedländer (1923), o. S.
13 Vgl. N. Suhr (1992), S. 87.

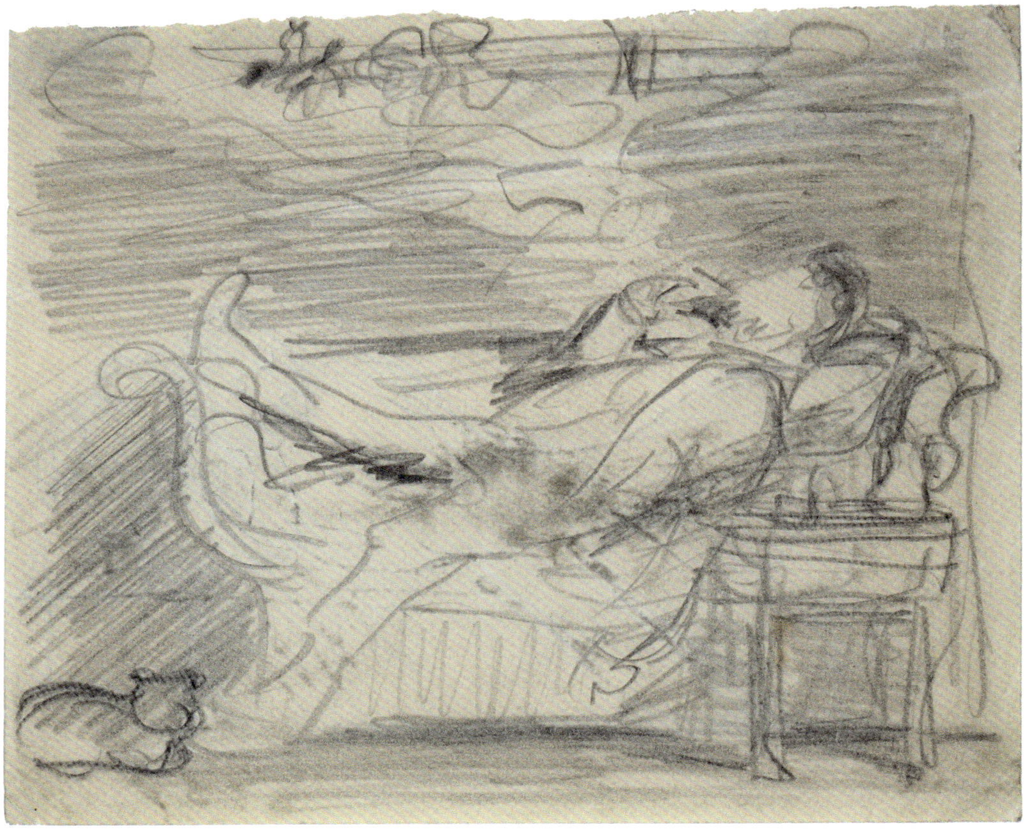

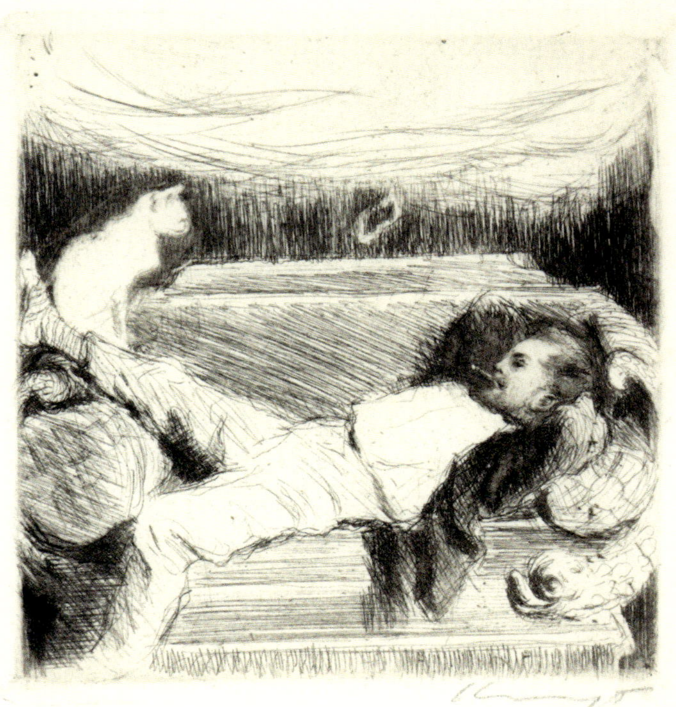

KAT. 140 Vorzeichnung von *Meditation*, 1904/05, Titelblatt *Schwarze Scenen* (B 2), 1904, Bleistift, 11 × 14,2 cm LM, INV.-NR. DL SL NL 2021/1

KAT. 141 *Meditation*, 1904/05, Titelblatt der Folge *Schwarze Scenen* (B 2), Kaltnadelradierung, 9 × 9 cm LM, INV.-NR. SLG. GRB. 63

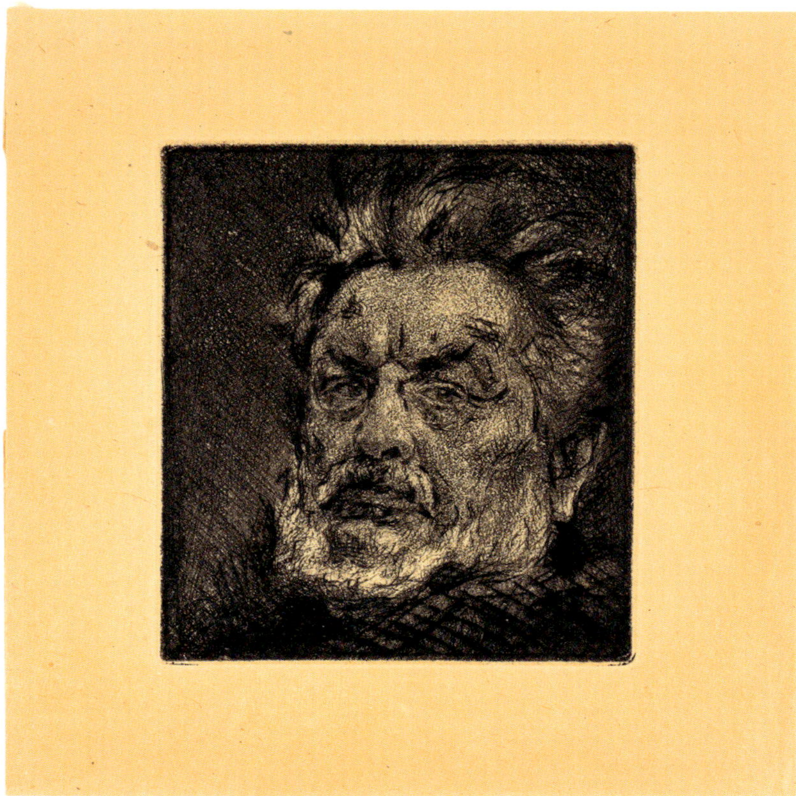

KAT. 142 *Selbstbildnis,* Blatt 1 aus *Schatten und Träume* (B 43), 1923, Kaltnadelradierung, 12,5 × 11,5 cm LM, INV.-NR. DL SL NL 2025/13

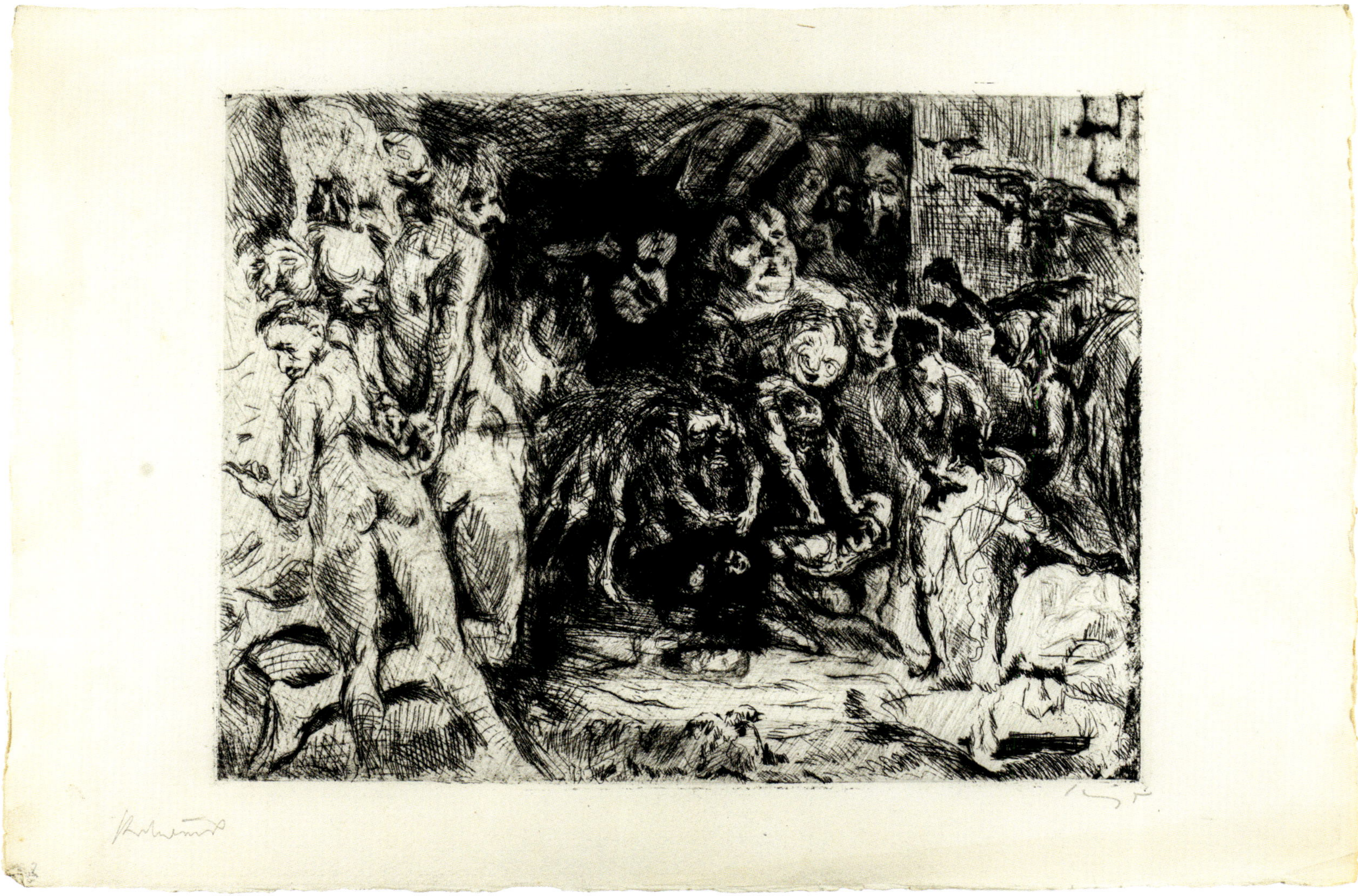

KAT. 143 *Höllenpein*, Blatt 11 aus *Schatten und Träume* (B 43), 1924, Kaltnadelradierung, 23,5 × 31,5 cm LM, INV.-NR. DL SL NL 2025/11

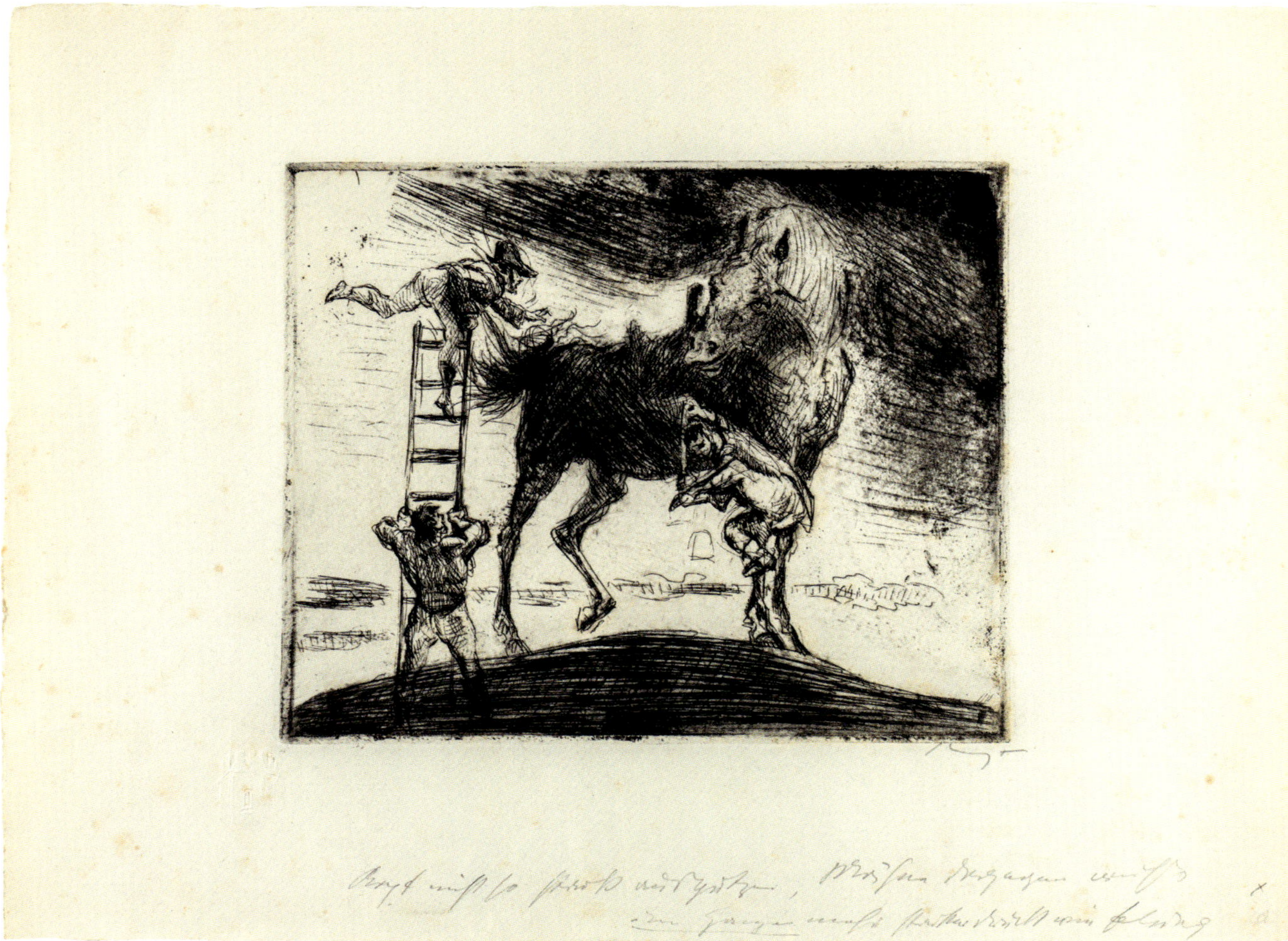

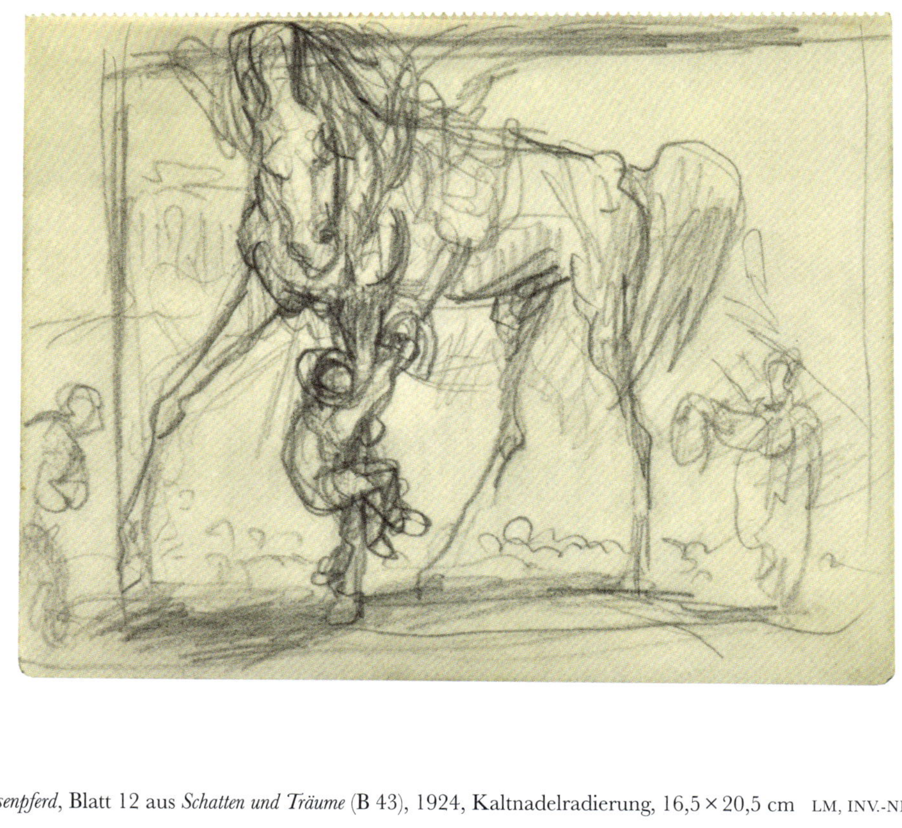

KAT. 144 *Das Riesenpferd*, Blatt 12 aus *Schatten und Träume* (B 43), 1924, Kaltnadelradierung, 16,5 × 20,5 cm LM, INV.-NR. DL SL NL 2025/12

KAT. 145 Skizze zu *Das Riesenpferd* (B 43), 1924, Bleistift, Skizzenbuch, 11,4 × 14,8 cm LM, INV.-NR. DL SL NL 2013/4

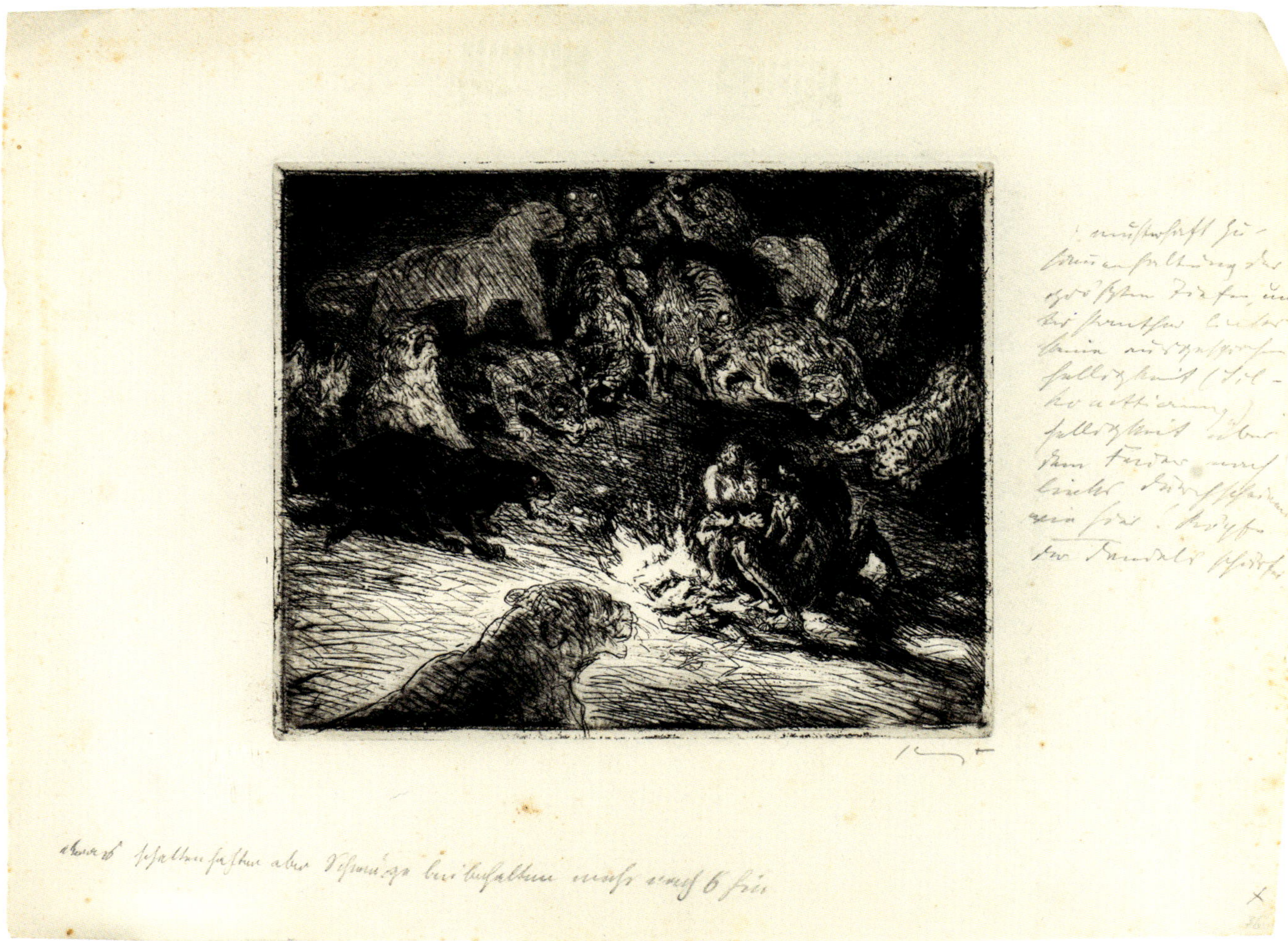

KAT. 146 *Die Geängstigten*, Blatt 13 aus *Schatten und Träume* (B 43), 1924, Kaltnadelradierung, 16,4 × 20,5 cm LM, INV.-NR. DL SL NL 2025/10

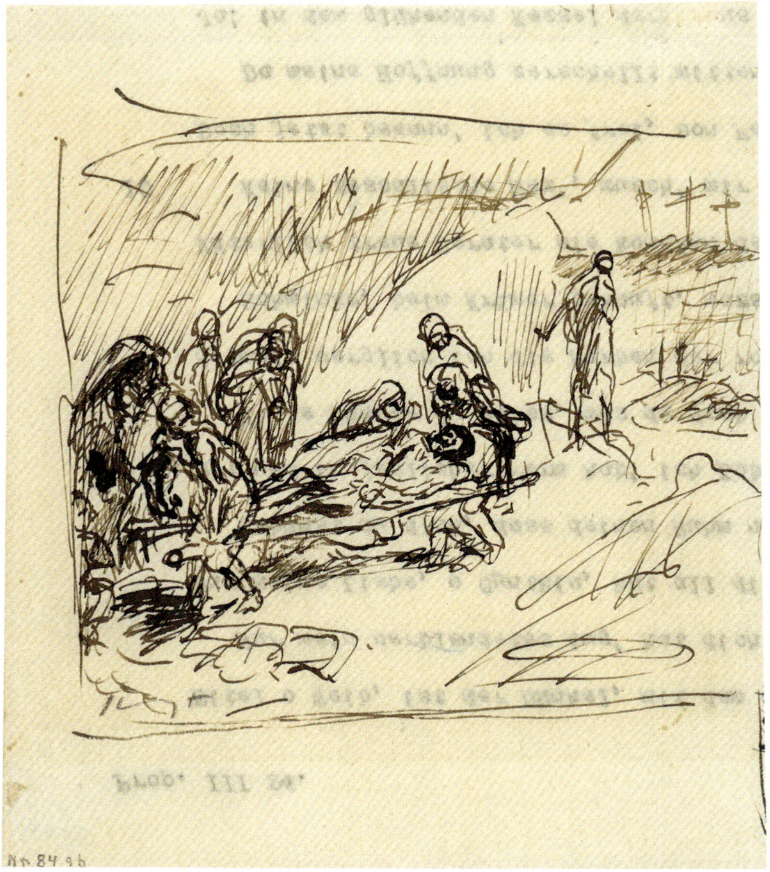

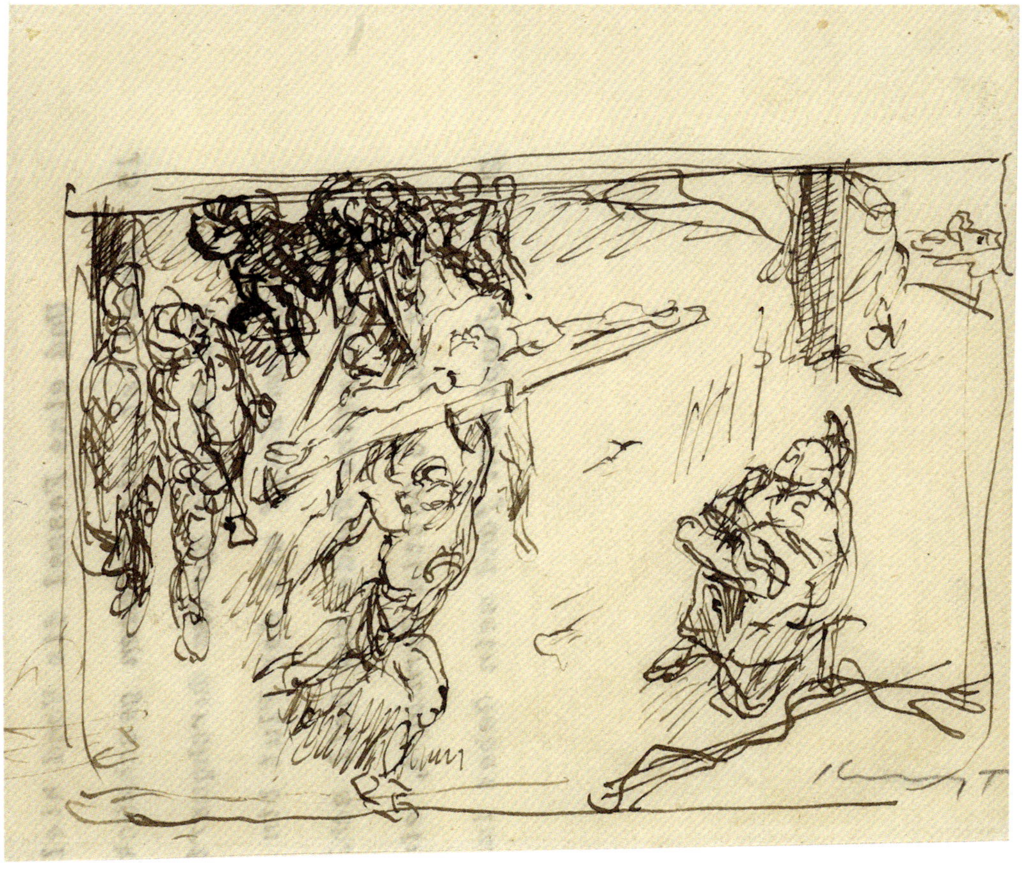

KAT. 147 *Grablegung*, Vorzeichnung zu *Eine Passion* (B 37), 1922, Tusche, 14,7 × 12,9 cm SM, INV.-NR. KW 243

KAT. 148 *Kreuzaufrichtung*, Vorzeichnung zu *Eine Passion* (B 37), 1922, Tusche, 15 × 17 cm SM, INV.-NR. KW 289

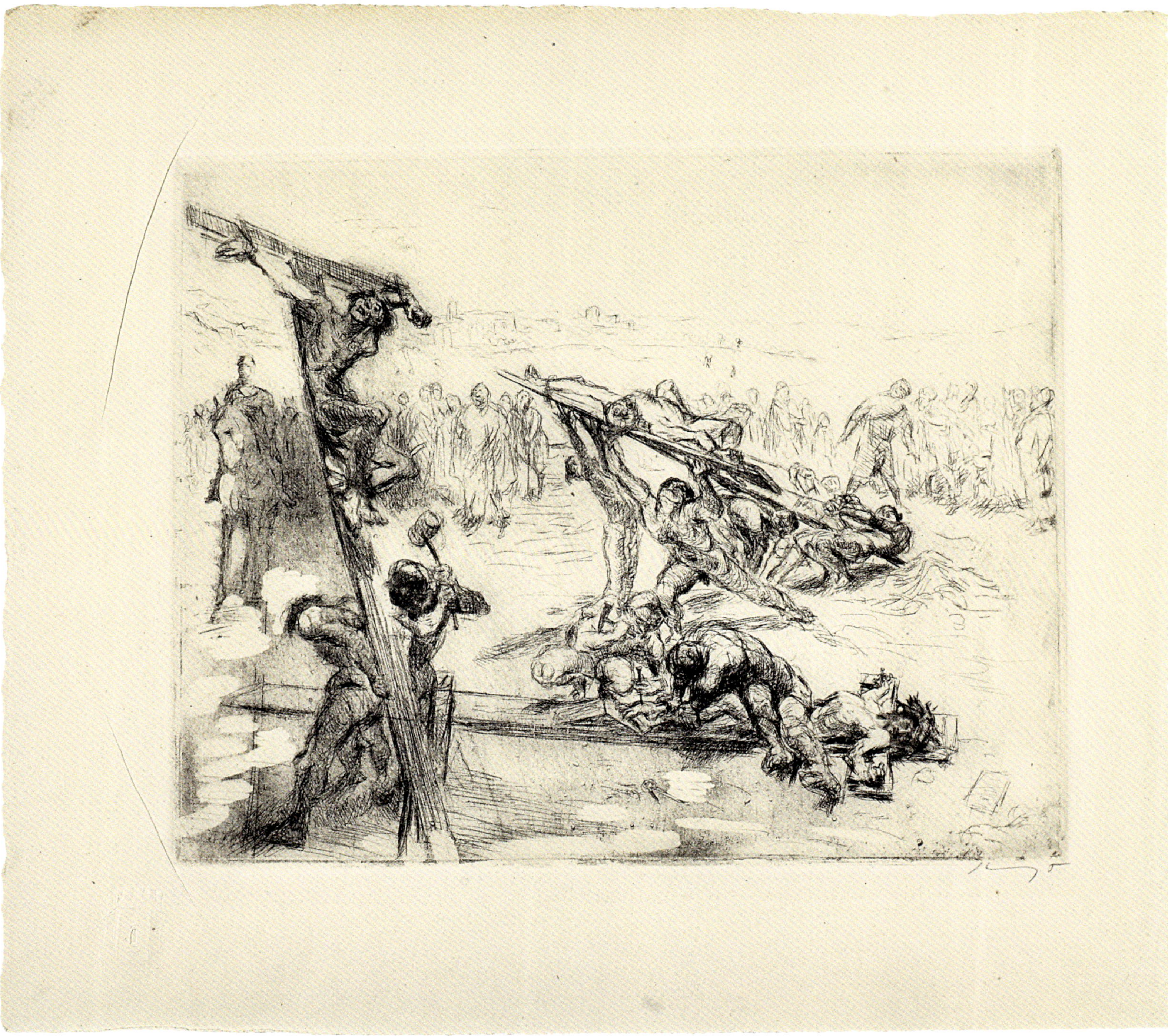

KAT. 149 *Die Annagelung* (B 37), 1924, Radierung, 19,8 × 24,8 cm LM, INV.-NR. SLG. GOE 70

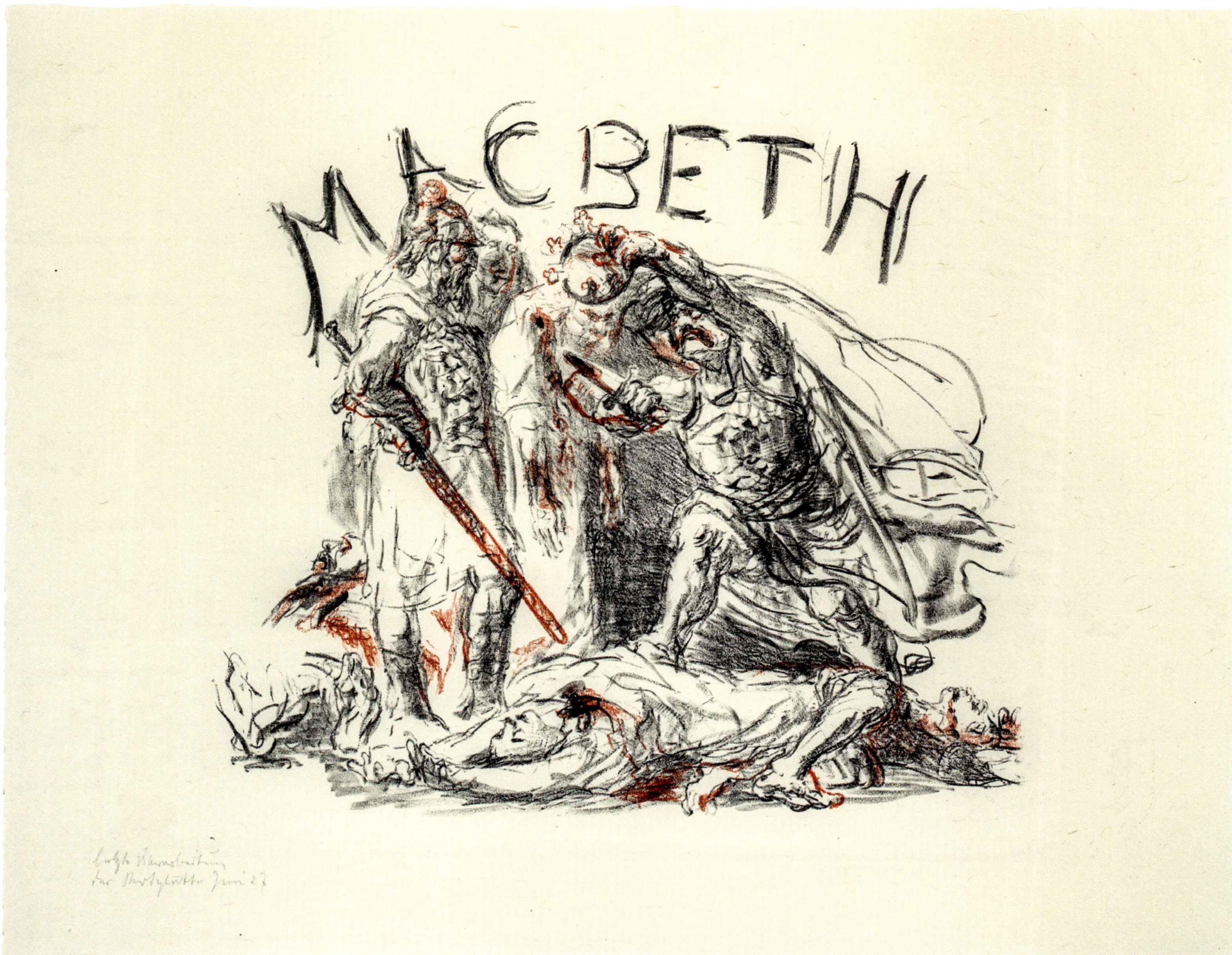

KAT. 150 Titel zu *Macbeth* (B 46), 1927, Farblithografie, 34,4 × 44,5 cm LM, INV.-NR. DL SL NL 2025/14

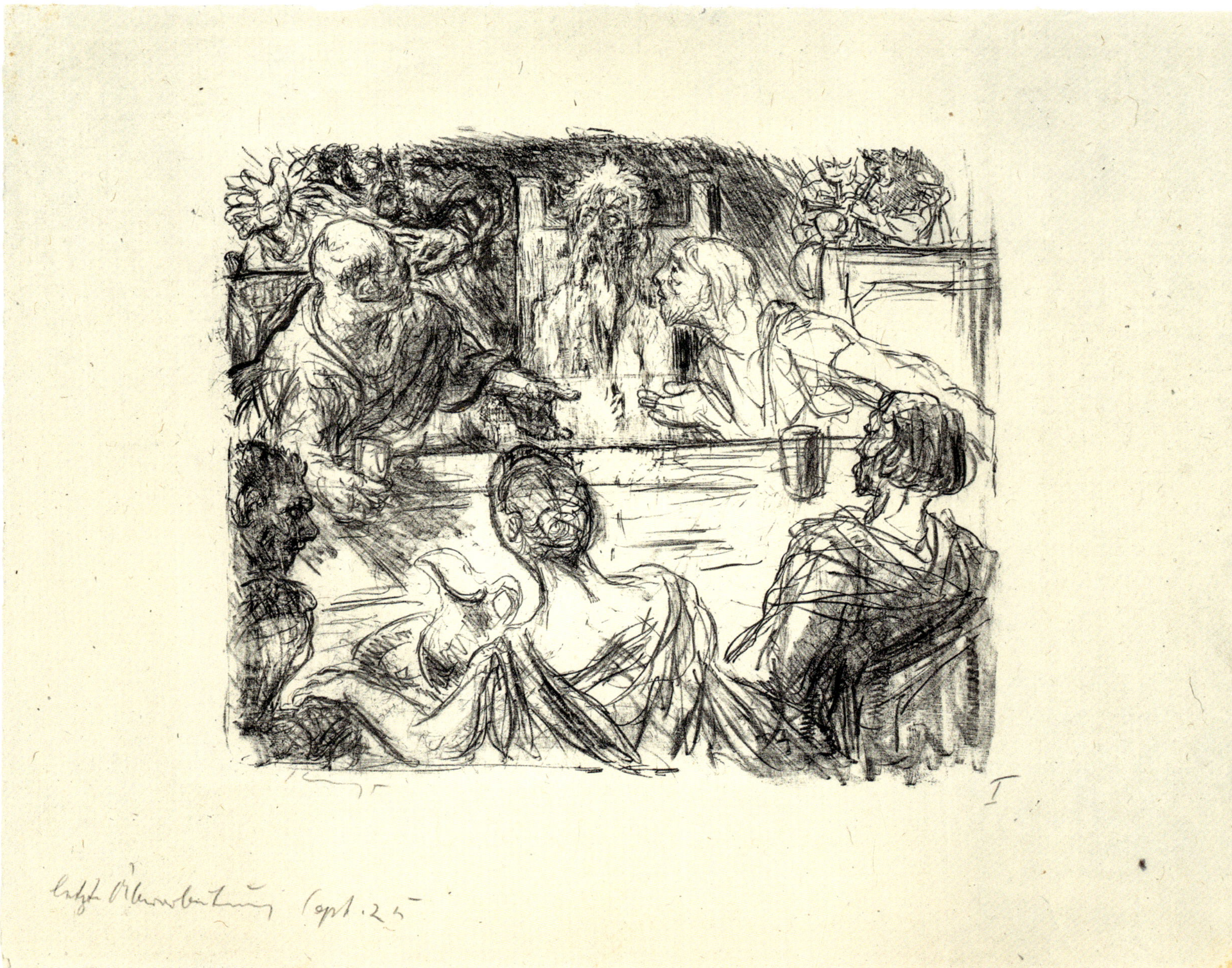

KAT. 151 *Banquos Geist* (B 46), 1925, 1. Zustand, Lithografie, 35,5 × 45,2 cm LM, INV.-NR. DL SL NL 2025/16

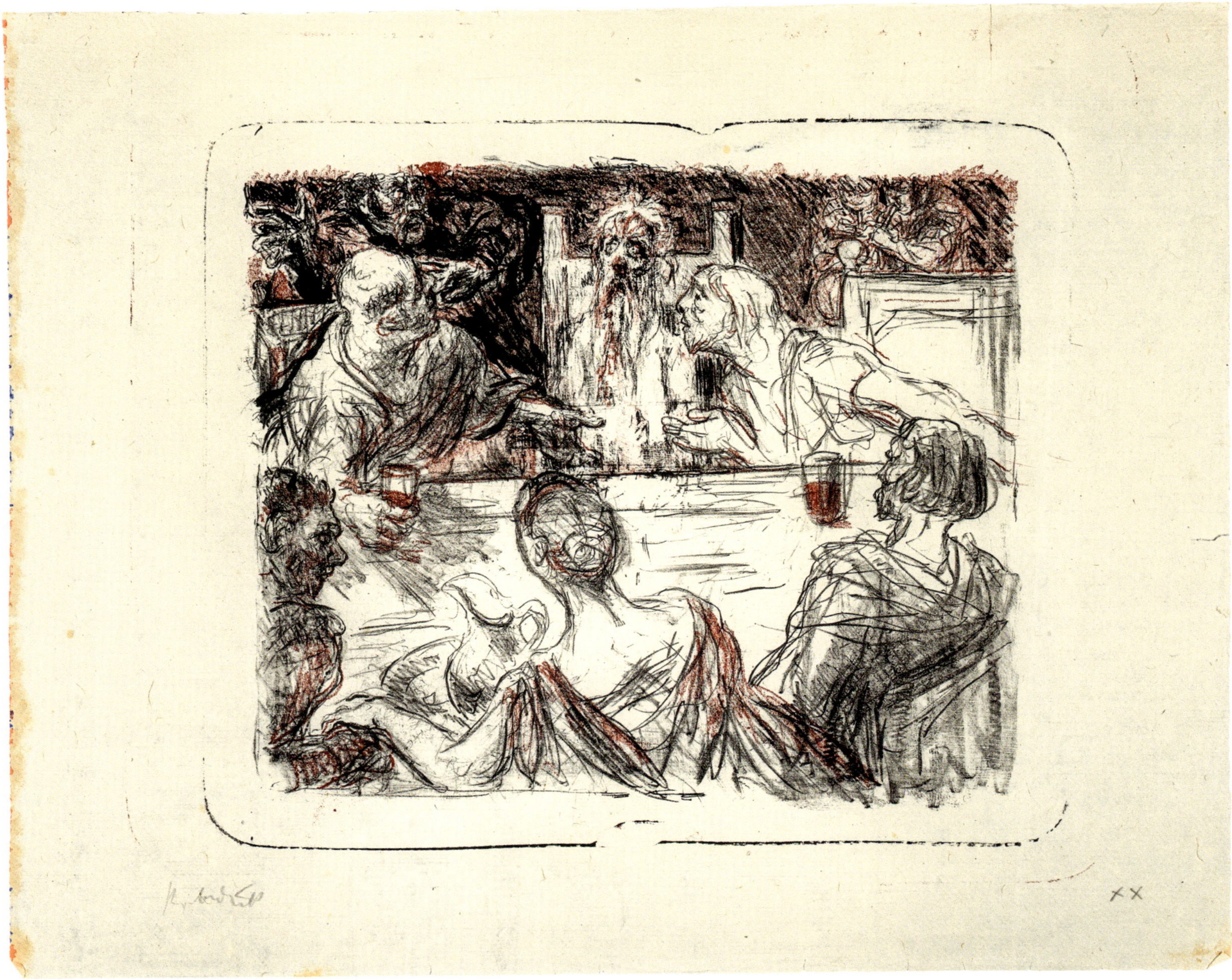

KAT. 152 *Banquos Geist,* (B 46), 1927, Farblithografie, 35,5 × 45,2 cm LM, INV.-NR. DL SL NL 2025/15

ANHANG

VERZEICHNIS ALLER GEMEINSAMEN BUCH- UND MAPPENPROJEKTE SOWIE EINZELGRAFIKEN DES VERLAGS BRUNO CASSIRER (1903–1928)

ZUSAMMENGESTELLT VON EVA WOLF

MAX SLEVOGT BEI BRUNO CASSIRER NACH ERSCHEINUNGSJAHR

Das Verzeichnis wurde auf der Grundlage der Bestände im Landesmuseum Mainz (LM) und im Saarlandmuseum Saarbrücken (SM), der Werkverzeichnisse sowie der Kataloge und Verzeichnisse des Verlags Bruno Cassirer erstellt (vgl. Bibliografie, S. 246).

Soweit nicht anders ausgewiesen, wurden bei den Büchern und Mappenwerken die Buchblöcke oder die Größe der Mappen/Kassetten angegeben. Bei den Radierungen wurden Plattenmaße, bei den Lithografien die Blattmaße aufgeführt. Alle Größenangaben sind in Höhe vor Breite und in Zentimeter erfasst. Vor allem die Einzelblätter wurden mit einem Blindstempel versehen, um die Echtheit des Abzugs zu garantieren. Der Blindstempel des Verlags kommt in zwei Varianten vor und hat jeweils die Initialen „BC" (Blindstempel des Verlags). Der Blindstempel der Presse von Max Slevogt auf seinem Landsitz in der Pfalz zeigt den Turm von Neukastel (Blindstempel Turm). Grundlage waren auch hier die Bestände von LM und SM.

Blindstempel des Verlags Bruno Cassirer, Lugt 3638

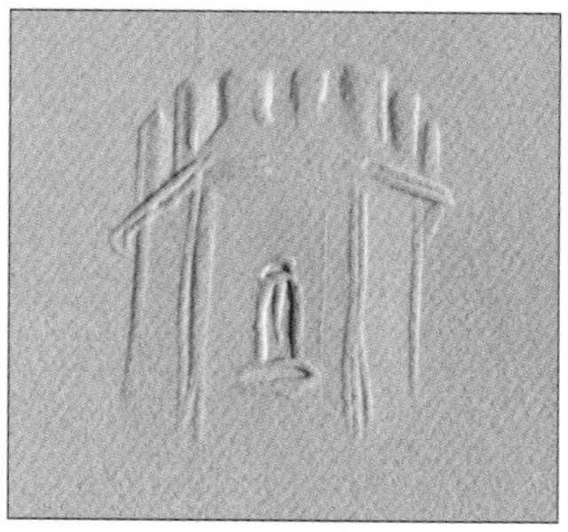

Blindstempel von Max Slevogts Handpresse mit dem Turm von Neukastel

BESTAND LM

Mit wenigen Ausnahmen sind alle Werke im LM vorhanden.[1] In der Regel haben sich auch zahlreiche Probedrucke erhalten, die jedoch hier nicht eigens erfasst werden.

BESTAND SM

Durch die Sammlung Kohl-Weigand verfügt das SM über fast alle Werke und zahlreiche Probedrucke.

Angaben zu Titel und Erscheinungsjahr sind dem Titelblatt des Buchs entnommen. Abweichende Titel der Mappenausgabe werden in einer entsprechenden Fußnote genannt. Eine Jahreszahl in Klammern gibt das Erscheinungsjahr an, wenn kein Jahr auf der Titelseite vermerkt ist. Die Reihenfolge der Werke orientiert sich am Erscheinungsjahr.

Um die Werkangaben in dieser Übersicht so präzise und authentisch wie möglich wiederzugeben, passen wir sie an dieser Stelle nicht an die neue Rechtschreibung an, sondern übernehmen sie so wie im Original vermerkt.

BÜCHER UND MAPPENWERKE

B 1 *Ali Baba und die vierzig Räuber.* *Improvisationen von Max Slevogt.* 1903
Buch: 42 Zeichnungen in Reproduktionen in Netz- und Strichätzung, davon 4 mehrfarbig, Titelbild in Farbenlichtdruck, mehrfarbige Umschlagzeichnung auf Vorder- und Rückseite, Halbleineneinband, 31 × 22,3 cm
Ab der 2. Auflage (1921) als Band X des *Märchenbuchs*, 42 Zeichnungen in Reproduktionen, davon 4 mehrfarbig, mehrfarbige Umschlagzeichnung auf Vorder- und Rückseite, Halbleineneinband, 32 × 25 cm
Rü 3, K 1909 S. 3 und 99, A 1920 S. 51, VV 1920 S. 14 und 12 (2. Auflage), VV 1924 S. 17

B 2 *Schwarze Scenen.* *6 Radierversuche von Max Slevogt.* 1905
Mappe: 6 Originalradierungen auf Japanpapier, Halbleinenmappe, Deckel mit der 7. Originalradierung, 50 Exemplare, nummeriert, signiert, 52 × 41 cm
Rü 89, Si/Wa 5-11, K 1909 S. 54 und 99, A 1920 Nr. 102[2], VV 1920 S. 11 Nr. 106, VV 1920 S. 18

B 3 *Sindbad der Seefahrer.* *33 Originallithographien von Max Slevogt.* 1908
Buch: Ganzpergamenteinband mit mehrfarbiger Deckellithographie, 300 Exemplare, nummeriert, signiert, 36 × 27 cm
Sonderdruck: **5 Lithographien zu *Sindbad.*** 7 im Buch nicht enthaltene Lithographien auf Chinapapier, signiert, und ***Sindbad.*** 33 Vorzugsdrucke der Lithographien auf Chinapapier, signiert
Rü 92, Si/Wa 37-74, K 1909 S. 99, A 1920 S. 72[3] und S. 89 Nr. 127 und 128 (Sonderdruck), Nr. 129[4], VV 1920 S. 14 Nr. 135 und 136 (Sonderdruck), Nr. 137, VV 1924 S. 19

B 4 *Das Märchen vom Rübezahl,* *erzählt von J. K. A. Musäus. Für die Jugend bearbeitet von Christian Morgenstern. Mit 47 Illustrationen von Max Slevogt.* 1909
Buch: 47 Strichätzungen nach Federzeichnungen, graugrüner Pappeinband mit Deckelzeichnung (*Rübezahl steht dem Künstler Modell*), 22 × 17 cm
Von der 3. Auflage an als Band VI der Sammlung *Das Märchenbuch, eine Folge von Märchenbüchern für Kinder und Erwachsene*, 24,5 × 19 cm
Vorzugsausgabe: 47 Strichätzungen nach Federzeichnungen, auf Büttenpapier, goldgepresster Ledereinband, 100 Exemplare, nummeriert, Blatt 19,5 × 15 cm
Rü 77, K 1909 S. 99, A 1920 S. 71, VV 1920 S. 8 und S. 13[5], VV 1924 S. 20

B 5 *Ein lithographiertes Skizzenbuch* *von Max Slevogt*[6]. 1912
13 Originalkreidelithographien auf doppeltem Chinapapier, 50 Exemplare, im Druckvermerk signiert und nummeriert, 30,2 × 24,5 cm
Rü 94, Si/Wa 440-452, A 1920 S. 89 Nr. 130, VV 1920 S. 14 Nr. 138, VV 1924 S. 21[7]

B 6 *Anna Pawlowa.* 1913
Buch: Farbige Einbandzeichnung von Slevogt in Reproduktion, 22,5 × 15 cm
Goering[8] 6, A 1920 S. 50

B 7 *Benvenuto Cellini.* *Deutsch von Goethe mit Steinzeichnungen von Max Slevogt. Seine Selbstbiographie in der deutschen Übersetzung von Goethe.* (1913)[9]
Buch: 303 Tuschlithographien auf Hadernpapier, mit der Maschinenpresse in den Text eingedruckt, in 5 Lieferungen, Halbleder- oder Halbpergamenteinband, 25,5 × 19 cm
Mappe: Titelblatt vom Künstler signiert, 305 Tuschlithographien auf Chinapapier, mit der Handpresse von Auguste Clot, Paris (einige von M. W. Lassally, Berlin) gedruckt, 50 Exemplare, jede Lithographie mit einem von Slevogt geschnittenen Stempel (*Kopf des Cellini*), roter Ganzlederkasten mit Goldprägung, 37 × 28 cm
Rü 12, Si/Wa 496-815, A 1920 S. 51, S. 70 und S. 88 Nr. 109[10], VV 1920 S. 12 Nr. 113, VV 1924 S. 24

B 8 *Tierstudien I.* *10 radierte Tierstudien*[11]. 1913
Mappe: Radiertes Titelblatt und 9 Originalradierungen auf Handbüttenpapier, Halblederkasten, Deckel mit goldgeprägtem *Panther* nach einer Zeichnung des Künstlers, 35 Exemplare von den verstählten Platten, signiert, 28 × 37 cm
Rü 101, Si/Wa 486-495, A 1920 S. 87 Nr. 104[12], VV 1920 S. 12 Nr. 108, VV 1924 S. 22

B 9 *Tierstudien II.* *12 radierte Tierstudien von Slevogt.* 1914[13]
Mappe: 12 Originalradierungen auf Japanpapier, Halblederkasten, Deckel mit goldgeprägtem *Panther* nach einer Zeichnung des Künstlers, 40 Exemplare, jeder Druck signiert, 28 × 37 cm
Rü 102, Söhn 001-012, A 1920 S. 87 Nr. 105[14], VV 1920 S. 12 Nr. 109, VV 1924 S. 23

B 10 *Rennskizzen von M. Slevogt*[15]. 1915
Mappe: Lithographierter Titel mit Vignette, grauer Japanumschlag mit Titellithographie als Deckellithographie, 6 Kreidelithographien auf Chinapapier, 50 Exemplare, nummeriert, signiert, 37,2 × 45,5 cm
Rü 75, Si/Wa 454-459, Söhn 013-020, A 1920 S. 89 Nr. 123, VV 1920 S. 14 Nr. 131[16], VV 1924 S. 26

B 11 *Achill.* *15 Originalkreidelithographien von M. Slevogt. Überarbeitet und auf Stein gezeichnet.* 1916
Mappe: Titelblatt in Fotolithographie, 15 Kreidelithographien auf Chinapapier, Ganzpergamentkasten, Deckellithographie (*Antiker Zweikampf*), 20 Exemplare, jedes Blatt signiert, 38 × 49 cm
Rü 2, Si/Wa 17-31, A 1920 S. 87 Nr.108, VV 1920 S. 12 Nr. 112[17], VV 1924 S. 27

B 12 *Joachim von der Goltz.* *Deutsche Sonette.* 1916
Buch: Einbandzeichnung, broschiert und gebunden (2. und 3. Auflage 1917), 23 × 16,7 cm
Goering 2, VV 1920 S. 6

B 13 *Bilder aus Ägypten von Johannes Guthmann.* *Aquarelle und Zeichnungen von Max Slevogt.* 1917
Buch: 13 Aquarelle in farbiger Netzätzung, 2 einfarbig reproduzierte Aquarelle, 16 Textzeichnungen, 1 Originalradierung (*Abend in Cairo*), 28,5 × 21,3 cm
Rü 40, Söhn 037
2. Auflage 1925: 13 farbige und 2 S-W-Tafeln, 16 Textzeichnungen und 1 Originalradierung (*Untergang der Mameluken/Beduinenkampf*), 28 × 21 cm
Söhn 766, VV 1920 S. 8, VV 1924 S. 28

B 14 *Das Künstlerwäldchen.* *Maler-, Bildhauer- und Architekten-Anekdoten von Alfred Georg Hartmann.* 1917
Buch: Umschlag mit einer Federlithographie, 19,5 × 13 cm
Söhn 059, VV 1920 S. 8 und S. 24

B 15 *Ein Kriegstagebuch.* *Gezeichnet von Max Slevogt.* 1917[18]
Buch: 8 farbige und 28 einfarbige Reproduktionen nach Ölbildern, Aquarellen und Zeichnungen von Slevogt, illustrierter Halbleineneinband mit Deckelzeichnung, 32 × 25 cm
VV 1920 S. 14 und S. 32, VV 1924 S. 25

B 16 *Deutsche Märchen, erzählt von den Gebrüdern Grimm.* *Mit Zeichnungen von Max Slevogt. Band I der Sammlung „Das Märchenbuch, eine Folge von Märchenbüchern für Kinder und Erwachsene".* (1918)[19]
Buch: 35 Federzeichnungen[20] in Strichätzung, Pappeinband mit Deckelzeichnung („Die Gänsemagd", „Schneewittchen", „Dornröschen", „Märchen von einem, der auszog, das Fürchten zu lernen", „Die sechs Schwäne", „Rotkäppchen", „Der gestiefelte Kater", „Die Bremer Stadtmusikanten", „Hans im Glück"), 24,5 × 19,5 cm
Vorzugsausgabe: Büttenpapier, goldgepresster Wildledereinband, Einbandentwurf von Emil Rudolf Weiß, 100 Exemplare, nummeriert, 29 × 20,5 cm
Rü 27, Goering 27 a, A 1920 S. 71, VV 1920 S. 10[21], VV 1924 S. 30

B 17 *Prinzregent Luitpold.* *Aquarelle aus Hohenschwangau von Max Slevogt.* 1918
Mappe: 11 Faksimiles nach Aquarellen, 39,2 × 29,5 cm
Rü 72, VV 1920 S. 32, VV 1924 S. 29

B 18 *Die Eroberung von Mexiko.*
Von Ferdinand Cortez (Cortes), übersetzt von Mario Spiro. Mit 112 Federlithographien. (1918)[22]
Buch: Titelblatt mit Vignette, Titellithographie, 112 Originalfederlithographien auf Handbüttenpapier, heller Rohseideneinband mit einem Farblichtdruck nach einem Aquarell von Slevogt, 250 Exemplare, nummeriert, signiert, 28,3 × 22,5 cm
Mappe: Titelblatt und 124 Originalfederlithographien auf Chinapapier, davon 12 nicht in der Buchausgabe[23], Ganzpergamentkasten, Deckel mit Originalfederlithographie, 20 nummerierte Exemplare und 5 Künstlerexemplare, jeder Druck signiert, 35,3 × 28,5 cm
Rü 17, Söhn 063-186, A 1920, S. 70 und S. 88 Nr. 111[24] und 112, VV 1920 S. 12 Nr. 115 und 116[25], VV 1924 S. 31

B 19 *Ein Liederbuch mit Steinzeichnungen von Slevogt.* *34 Federlithographien.* 1919
Buch: 34 Lithographien auf Chinapapier, Leporello-Faltung, gelblich-grüner Japanpapiereinband mit lithographierter Vignette, mit weißem Lederrücken und Lederecken, 100 Exemplare, 24,5 × 33,5 cm
Nr. 1–15, jede Lithographie signiert
Nr. 16–100, jedes Buch signiert
Rü 61, Söhn 194-228, A 1920 S. 51, S. 72, S. 88 Nr. 114, VV 1920 S. 13 Nr. 119[26], VV 1924 S. 32

B 20 *Max Slevogt. Zeichnungen zu Kinderliedern, Tierfabeln und Märchen*[27]. (1920)
Buch: 42 Holzschnitte von Oskar Bangemann nach Federzeichnungen von Max Slevogt, mit der Handpresse in den Text eingedruckt, Halbpergamenteinband mit Deckelzeichnung, 600 Exemplare, nummeriert, im Druckvermerk signiert, 33 × 25 cm
Vorzugsausgabe: 30 Exemplare, von I–XXX nummeriert, handgebundener Ganzpergamenteinband, 32 × 24 cm
Mappe[28]: 42 Holzschnitte ohne Text auf Chinapapier, mit der Handpresse gedruckt, in Passepartouts, Lederkasten mit goldgepresstem Namenszug des Künstlers, 40 Exemplare, nummeriert, signiert, 39,5 × 30 cm
Rü 52, Söhn 294-328, A 1920 S.51 und S. 88 Nr. 107, VV 1920 S. 12 Nr. 111, VV 1924 S. 33[29], VV 1928

B 21 *Sieben kleine Grotesken.* 1921
Mappe: 7 Holzstiche[30] von Oskar Bangemann auf Japanpapier, 50 Exemplare, signiert, mit Blindstempel des Verlags, 29 × 20 cm
Die Grotesken fanden eine weitere Verwendung in ***Zeichnungen zu Kinderliedern, Tierfabeln und Märchen*** (B 20, Söhn 294-328)
Rü 39, Söhn 331-337, VV 1924 S. 54[31]

B 22 *Hektor.* *9 Kreidelithographien zur Ilias.* 1921
Mappe: Lithographiertes Titelblatt und 9 Originalkreidelithographien auf Chinapapier, mit der Handpresse gedruckt, Ganzpergamentkasten mit Deckellithographie in Rötelton (*Sterbender Krieger*), 50 Exemplare, jeder Druck signiert, 38 × 47 cm
Rü 45, Söhn 338-346, A 1920 S. 88 Nr. 113[32], VV 1920 S. 12 Nr. 118[33], VV 1924 S. 36

B 23 *Die tapferen 10000 von C. Witt mit Federzeichnungen von M. Slevogt.* (1921)
Buch: 33 Federlithographien auf Handbüttenpapier, mit der Handpresse in den Text eingedruckt, Halbpergamenteinband mit Deckellithographie, 400 Exemplare, nummeriert, im Druckvermerk signiert, 30,5 × 23 cm
Volksausgabe: 33 Federlithographien auf Werkdruckpapier, mit der Maschinenpresse in den Text eingedruckt, Ganzleineneinband mit Deckellithographie, 26 × 19,7 cm
Mappe: 33 Federlithographien auf Japanpapier, Ganzpergamentkasten mit Goldschnitt und Titellithographie als Deckellithographie, 50 Exemplare, jeder Druck signiert, 30,7 × 22 cm
Rü 109, Söhn 347-380, VV 1924 S. 34[34], VV 1928

B 24 *Die Inseln Wak-Wak.* *Eine Erzählung aus 1001 Nacht.*[35] (1921)
Buch: 54 Kreidelithographien auf Handbüttenpapier, mit der Handpresse in den Text eingedruckt, heller Ganzseideneinband mit Farbenlichtdruck nach einem Aquarell, 360 Exemplare, nummeriert, im Druckvermerk signiert, 42,5 × 33 cm
Mappe[36]: 57 Kreidelithographien auf Japanpapier, mit der Handpresse gedruckt, Kasten mit Japanseide bezogen, 55 Exemplare, nummeriert, jeder Druck signiert, 41,5 × 44 cm
Rü 49, Söhn 481-542, VV 1920 S. 13 Nr. 128[37], VV 1924 S. 35[38], VV 1928

B 25 *Curt Glaser, Die Graphik der Neuzeit.*
Vom Anfang des 19. Jahrhunderts bis zur Gegenwart. 1922
Vorzugsausgabe: 1 Originalholzschnitt[39] *Speisekarte* (und je 1 Originalradierung von Corinth, Munch, Pechstein, Purrmann sowie 1 Originallithographie von Liebermann), Maroquineinband, 150 Exemplare, nummeriert, 26,8 × 19,8 cm
Si/Wa 485b, Söhn S. 63 (o. Nr.)

B 26 *König Drosselbart.* *Ein Märchen. Mit neun Steinzeichnungen von Max Slevogt.*[40] 1922
Buch: 9 Federlithographien auf Handbüttenpapier, mit der Handpresse von M. W. Lassally in den Text eingedruckt, Halbpergamenteinband mit Deckellithographie, 360[41] Exemplare, nummeriert, signiert, 38 × 26,2 cm
Mappe[42]: 9 Federlithographien auf Japanpapier, Halbpergamentkasten mit Federlithographie, 100 Exemplare, nummeriert, jeder Druck signiert, 41 × 31 cm
Rü 34, Söhn 549-557, VV 1924 S. 37[43]

B 27 *Der treue Johannes und andere Märchen,* *erzählt von den Brüdern Grimm. Mit Zeichnungen von Max Slevogt. Das Märchenbuch. Dreizehntes Buch.* 1922
Buch: 48 Federzeichnungen in Strichätzung, illustrierter Pappeinband („Der treue Johannes", „Der Teufel mit den drei goldenen Haaren", „Das singende, springende Löweneckerchen", „Der gestiefelte Kater", „Die Bremer Stadtmusikanten", „Hans im Glück"), 24,5 × 19 cm
Vorzugsausgabe: Büttenpapier, goldgepresster Wildledereinband, Einbandentwurf von Emil Rudolf Weiß, 100 Exemplare, nummeriert, 26 × 20 cm
Rü 33, VV 1924 S. 39

B 28 *Max Slevogt von Emil Waldmann.* 1923
Buch: Originalradierung *Selbstporträt*, illustrierter Pappeinband, 27,6 × 21 cm
Vorzugsausgabe: 1 signierte Originalradierung *Selbstporträt*, Ganzpergamenteinband, 100 Exemplare, nummeriert, 27,7 × 20,5 cm
Söhn 569

B 29 *Max Slevogt. Abenteuer.* (1923)
Mappe: 12 lose Tafeln in farbigem Lichtdruck, 1 signierte Originalradierung *Abenteuer* (Überfall im Wald), 150 Exemplare, im Impressum nummeriert und signiert, 55 × 44 cm
Rü 1, Söhn 571

B 30 *Der Königssohn, der sich vor nichts fürchtet.*
Mit siebzehn Steinzeichnungen von Max Slevogt. 1923
Buch: 17 Federlithographien auf Handbüttenpapier, mit der Handpresse in den Text eingedruckt, Halbpergamenteinband mit Titellithographie als Deckellithographie, Rückenbeschriftung in Goldpressung nach einer Zeichnung des Künstlers, 400 Exemplare, nummeriert, im Druckvermerk signiert, 35 × 24,8 cm
Mappe[44]: 18 Federlithographien auf Chinapapier, in Passepartouts, Halbpergamentkasten mit Deckellithographie (*Der blinde Königssohn und der Löwe*), Rückenbeschriftung in Goldpressung nach einer Zeichnung Slevogts, 100 Exemplare, nummeriert, jeder Druck signiert, 39,5 × 29,5 cm
Rü 36, Söhn 592-608, VV 1924 S. 40, VV 1928

B 31 *König Drosselbart und andere Märchen,* *erzählt von den Brüdern Grimm. Mit Zeichnungen von Max Slevogt. Das Märchenbuch. Vierzehntes Buch.* 1923
Buch: 69 Federzeichnungen in Strichätzung, 360 Exemplare, Pappeinband mit Deckelzeichnung („König Drosselbart", „Fitchers Vogel", „Das blaue Licht", „Der Jude im Dorn", „Das Eselein", „Des Teufels rußiger Bruder", „Der Königssohn, der sich vor nichts fürchtet"), 38,1 × 26,2 cm
Vorzugsausgabe: Büttenpapier, goldgepresster Wildledereinband, Einbandentwurf von Emil Rudolf Weiß, 100 Exemplare, nummeriert, 41 × 31 cm
Rü 35, VV 1924 S. 38

B 32 *Fitchers Vogel.* *Ein Märchen. Mit zwölf Steinzeichnungen von Max Slevogt.* 1923
Buch: 12 Lithographien auf Handbüttenpapier, mit der Handpresse in den Text eingedruckt, Halbpergamenteinband mit Titellithographie als Deckellithographie, 400 Exemplare, nummeriert, im Druckvermerk signiert, 35 × 25 cm
Mappe[45]: 13 Federlithographien auf Chinapapier, mit der Handpresse gedruckt, in Passepartouts, Halbpergamentkasten mit Deckellithographie, Rückenbeschriftung in Goldpressung nach einer Zeichnung des Künstlers, 100 Exemplare, nummeriert, jeder Druck signiert, 39,5 × 29,5 cm
Rü 29, Söhn 609-620, VV 1924 S. 46, VV 1928

B 33 *Das singende, springende Löweneckerchen.* *Mit zwölf Zeichnungen von Max Slevogt.* (1923)[46]
Buch: 12 Holzschnitte von Oskar Bangemann auf Handbüttenpapier, mit der Handpresse in den Text eingedruckt, Halbpergamenteinband mit Deckelzeichnung in Holzschnitt, 360 Exemplare, im Impressum nummeriert und signiert, 31,6 × 21,6 cm
Mappe[47]: 12 Holzschnitte von Oskar Bangemann auf Chinapapier, Halbpergamentkasten mit einer Rückenzeichnung und dem Namenszug des Künstlers, 50 Exemplare, nummeriert, signiert, 39,5 × 29,5 cm
Rü 38, Söhn 621-633, VV 1924 S. 43, VV 1928

B 34 *Trabrennen.* *13 Lithographien von Max Slevogt.* (1923)
Mappe: 13 Kreidelithographien auf Chinapapier, mit der Handpresse gedruckt, grüner Japanumschlag mit Deckellithographie, 100 Exemplare, jeder Druck signiert, 37,7 × 46,2 cm
Söhn 634-647, VV 1924 S. 41[48]

B 35 *Arabische Liebeslieder.* *Steinzeichnungen von Max Slevogt.* (1923)[49]
Mappe: 12 Originalkreidelithographien aus ***Die Inseln Wak-Wak* (B 24)** als Umrahmungen für die 12 von Herbert Eulenberg frei übertragenen Lieder, Privatdruck, Einband in Japanbast mit Deckelaquarell, 20 Exemplare, jedes Blatt signiert, 48 × 37,5 cm
Rü 5, Söhn 648, VV 1924 S. 42

B 36 *Das blaue Licht.* *Ein Märchen. Mit fünfzehn Steinzeichnungen von Max Slevogt.* (1924)
Buch: 15 Lithographien auf Handbüttenpapier, mit der Handpresse in den Text eingedruckt, Halbpergamenteinband mit Titellithographie als Deckellithographie, 400 Exemplare, nummeriert, signiert, 35 × 25 cm
Mappe[50]: 15 Federlithographien auf Chinapapier, in Passepartouts, Halbpergamentkasten mit Deckellithographie, Rückenbeschriftung in Goldpressung nach einer Zeichnung des Künstlers, 100 Exemplare, nummeriert, jeder Druck signiert, 39,5 × 29,5 cm
Söhn 671-685, VV 1924 S. 45, VV 1928

B 37 *Eine Passion von Max Slevogt.* *Dreizehn Radierungen.* 1924
Mappe: 13 Radierungen auf Van-Geldern-Büttenpapier, Ganzpergamentkasten, Deckel mit einer faksimilierten Zeichnung (*Ruhe auf der Flucht nach Ägypten*), 100 Exemplare, nummeriert, jede Radierung signiert, 47,5 × 35 cm
Rü 70, Söhn 653-665, VV 1924 S. 47, VV 1928

B 38 *Mozarts Don Giovanni.* *Bühnen-Entwürfe für die Dresdener Staatsoper von Slevogt.* 1924
Mappe: 9 Kreidelithographien auf Chinapapier, in Passepartouts, Ganzpergamentkasten mit Deckellithographie, 100 Exemplare, jedes Blatt signiert, 40 × 60 cm
Söhn 686-695, VV 1924 S. 44[51]

B 39 *Die zwei Brüder.* *Ein Märchen. Mit neunundzwanzig Steinzeichnungen von Max Slevogt.* (1924)
Buch: 29 Lithographien auf Handbüttenpapier, mit der Handpresse in den Text eingedruckt, Ganzpergamenteinband mit Titellithographie als Deckellithographie, 400 Exemplare, nummeriert, signiert, 35 × 25 cm
Mappe: 29 Federlithographien, auf Chinapapier, mit der Handpresse gedruckt, Halbpergamentkasten mit Deckellithographie, Rückenbeschriftung in Goldpressung nach einer Zeichnung des Künstlers, 100 Exemplare, nummeriert, jeder Druck signiert, 39,5 × 29,5 cm
Rü 28, Söhn 696-724, VV 1924 S. 48, VV 1928

B 40 *Max Slevogt. Ein Verzeichnis der von ihm illustrierten Bücher, Mappenwerke und Graphiken.* *Erschienen im Verlag Bruno Cassirer.* (1924)
Buch: 43 Reproduktionen von Illustrationen in Strich- und Netzätzung, Umschlag in blauem Papier mit Lithographie *Mein Konzert* (Kat. 4), 25,7 × 19 cm
Rü 97

B 41 *„Jorinde und Joringel" und „Die zwölf Jäger"*[52]. *Zwei deutsche Märchen, erzählt von den Brüdern Grimm. Mit 19 Federlithographien von Max Slevogt.* (1925)
Mappe: 19 Lithographien auf Chinapapier, in Passepartouts, Halbpergamentkasten mit Deckellithographie, 100 Exemplare, jeder Druck signiert, 39 × 29 cm
Buch: 19 Lithographien auf Handbüttenpapier, mit der Handpresse in den Text eingedruckt, Halbpergamenteinband mit Titellithographie als Deckellithographie, 400 Exemplare, nummeriert, im Druckvermerk signiert, 34 × 24,5 cm
Die geplante Buchausgabe ist wohl nicht erschienen.[53]
Rü 31, Söhn 738-747 und 748-758, VV 1924 S. 51[54]

B 42 *Subskriptionsangebot zu „Faust"*.
4 Seiten, Büttenpapier mit grauem Umschlag, Lithographien im Maschinendruck, 1925, 46 × 34 cm
Söhn 766 A

B 43 *Schatten und Träume von Slevogt.* 1926
Mappe: 12 Kaltnadelradierungen auf englischem Handbüttenpapier, in Passepartouts, Halbpergamentmappe mit radiertem Selbstbildnis auf dem Vorderdeckel, 50 Exemplare[55], 30 × 42 cm
Söhn 767-779, VV 1924 S. 52[56]

B 44 *Reisebilder.* *12 Aquarelle von Max Slevogt.* 1926
Mappe: 12 Aquarelle in farbiger Reproduktion, 41,7 × 31 cm

B 45 *Johann Wolfgang von Goethe, Goethes Faust. Zweiter Teil*, *mit 510 Kreide-, Feder- und Tuschlithographien und 11 Radierungen.* 1927
Buch: 510 Lithographien und 11 Radierungen auf Handbüttenpapier, mit der Handpresse in den Text eingedruckt, Maroquineinband mit Zeichnung in Goldaufdruck, 250 Exemplare, nummeriert, im Druckvermerk signiert, 46 × 35 cm
Mappe: 422 Lithographien ohne Text auf Chinapapier, 11 Radierungen auf englischem Handbüttenpapier, weißer Lederkasten mit Zeichnung in Goldprägung, 50 Exemplare, nummeriert, alle Blätter signiert, 49,5 × 38 cm
Söhn 814 (1-527) und 815 (1-439), VV 1928

B 46 *Macbeth.* *13 Lithographien von Max Slevogt.* (1927)
Mappe: 12 Kreidelithographien in Schwarz oder Rotbraun, Mappe mit farbiger Deckellithographie, 30 Exemplare, nummeriert, signiert, 39 × 49 cm
Söhn 801-813

B 47 *Reineke.* *Illustrationen zu dem Märchen Reineke Fuchs der Gebrüder Grimm. Dem Verleger und Freunde Bruno Cassirer gewidmet.* Oktober 1928.
Mappe: 12 Originalradierungen auf Van-Geldern-Büttenpapier, von Carl Sabo, Berlin, gedruckt, Halbpergamenteinband mit der ersten Radierung (*Reineke stellt sich selbst vor*) als Deckelvignette auf farbigem Japanpapier, 50 Exemplare, signiert, 33,6 × 25,4 cm
Söhn 817-828, VV 1928

B 48 *Max Slevogt. Gemälde, Aquarelle, Pastelle, Zeichnungen.* *Zu seinem 60. Geburtstage ausgestellt in der Preußischen Akademie der Künste.* Oktober–November 1928
Titelblatt in Originallithographie von Slevogt (*Selbstbildnis*) und 32 Abbildungen, 25,5 × 18,5 cm
Söhn 816

B 49 ***Der gelernte Jäger.*** *Ein Märchen. Mit dreizehn Steinzeichnungen von Max Slevogt.* (1933)[57]
Buch: 13 Lithographien auf Handbüttenpapier, mit der Handpresse in den Text eingedruckt, Ganzpergamenteinband mit Titellithographie als Deckellithographie, 400 Exemplare, nummeriert, im Druckvermerk signiert, 34,7 × 25,2 cm
Mappe[58]: 13 Federlithographien auf Chinapapier, in Passepartouts, Halbpergamentkasten mit Deckellithographie, Rückenbeschriftung in Goldpressung nach einer Zeichnung des Künstlers, 100[59] Exemplare, nummeriert, jeder Druck signiert, 39,6 × 29,9 cm
Rü 30, Söhn 725-737, VV 1924 S. 49, VV 1928[60]

NICHT ERSCHIENEN:

B 50 ***Gebrüder Grimm, Jorinde und Joringel und anderes.*** *3 deutsche Märchen, erzählt von den Brüdern Grimm. Mit 48 Zeichnungen von Max Slevogt. Das Märchenbuch, eine Folge von Märchenbüchern für Kinder und Erwachsene. Band XV.* 1924[61]
Buch: 48 Federzeichnungen in Strichätzung, Pappeinband mit Deckelzeichnung („Jorinde und Joringel", „Die zwölf Jäger", „Die zwei Brüder")
Vorzugsausgabe: Büttenpapier, goldgepresster Wildledereinband, Einbandentwurf von Emil Rudolf Weiß, 100 Exemplare, nummeriert, 24,5 × 19 cm
VV 1924 S. 50[62]

B 51 ***Der Eisenhans.*** *Ein Märchen. Mit 21 Steinzeichnungen von Max Slevogt.*
Buch[63]: 21 Federlithographien auf Handbüttenpapier, mit der Handpresse in den Text eingedruckt, Halbpergamenteinband, 400 Exemplare, nummeriert, im Druckvermerk signiert, 34 × 24,5 cm
Mappe[64]: 21 Federlithographien auf Chinapapier, mit der Handpresse gedruckt, in Passepartouts, Halbpergamentkasten mit Deckellithographie, Rückenbeschriftung in Goldpressung nach einer Zeichnung des Künstlers, 60 Exemplare, nummeriert, jeder Druck signiert.
Söhn 780-800

GRAPHISCHE EINZELBLÄTTER

Grundlage für das Verzeichnis der Graphischen Einzelblätter sind neben den Werkverzeichnissen von Si/Wa, Söhn und Rü die Verzeichnisse im Katalog von 1909 (K 1909), im *Almanach* von 1920 (A 1920), im Verlagsverzeichnis von 1920 (VV 1920), 1924 (VV 1924) und 1928 (VV 1928).

Da das Erscheinungsjahr oft nicht eindeutig zu ermitteln war oder es mehrere Auflagen gab, sind die graphischen Einzelblätter alphabetisch nach dem Hauptbegriff des Titels geordnet.

E 1 ***Abenteuer (Überfall im Wald).*** (1922)[65]
Radierung auf Büttenpapier, auch in Mappe ***Abenteuer*** (B 29), 20 × 30 cm
Söhn 571, VV 1928

E 2 ***Ägypten (Abend in Cairo).*** (1917)
Radierung auf Japanpapier, 35 Exemplare, signiert, mit Blindstempel des Verlags, 19,5 × 14,5 cm
A 1920 S. 86 Nr. 84, VV 1920 S. 10 Nr. 88, VV 1924 S. 54

E 3 ***Ein Korb mit Steinen fällt zwischen dem Kardinal Farnese und Jakob Salviati nieder (Cellini).*** (1917)
Tuschlithographie, 40 Exemplare, nummeriert, signiert, mit Blindstempel des Verlags, 32 × 24,3 cm
Si/Wa 806

E 4 ***Benvenuto wird vom Papst gesegnet. (Cellini).*** (1916)
Tuschlithografie auf Chinapapier, 25 Exemplare, signiert, mit Blindstempel des Verlags, 32 × 24,6 cm
Si/Wa 807, A 1920 S. 88 Nr. 118, VV 1920 S. 13 Nr. 123, VV 1924 S. 53

E 5 ***Cellini Phantasie.*** (1916)
Tuschlithografie auf Chinapapier, 25 Exemplare, nummeriert, signiert, mit Blindstempel des Verlags, 32 × 24,7 cm
Rü 12, Si/Wa 814, A 1920 Nr. 110, VV 1920 S. 12 Nr. 114, VV 1924 S. 53

E 6 ***Studienblatt mit segnendem Papst***[66] ***(Cellini).*** (1916)
Tuschlithographie, auf Japanpapier, 25 Exemplare, signiert, mit Blindstempel des Verlags, 29,2 × 27,5 cm
Si/Wa 809, A 1920 S. 89 Nr. 118, VV 1920 S. 13 Nr. 124, VV 1924 S. 53[67]

E 7 ***Christi Tod***
Radierung, mit Blindstempel Turm, 24 × 32 cm
VV 1924 S. 55[68]

E 8 ***Ermüdeter Mann.*** 1915[69]
Lithographie, Tusche auf Umdruckpapier, Stein 1915 vom Verlag Bruno Cassirer erworben, 50 Exemplare, signiert, 35,5 × 26 cm
Si/Wa 15

E 9 ***Die Fanfare.***[70] 1920
Kreidelithographie auf Büttenpapier, 50 Exemplare, nummeriert, signiert, mit Blindstempel des Verlags, 19 × 23 cm
VV 1920 S. 12 Nr. 117, VV 1924 S. 53[71]

E 10 ***Frauenraub im Walde.*** (1915/24)
Radierung auf Büttenpapier, 1915: 50 Exemplare, signiert; 1924: 50 Exemplare, nummeriert, signiert, mit Blindstempel des Verlags, 15,8 × 12 cm
Si/Wa 12

E 11 ***Eine Gans.***
Kaltnadel auf Japanpapier, Probedrucke vor der Schrift, 10 Exemplare, nummeriert, signiert, mit Blindstempel des Verlags, 5,8 × 4,5 cm
A 1920 S. 86 Nr. 85, VV 1920 S. 10 Nr. 89

E 12 ***Don Giovanni mit Donna Anna, Donna Elvira und Zerlina.*** 1924
Kreidelithographie auf Japanpapier, Deckellithographie zu ***Mozarts Don Giovanni*** (B 39), signiert, mit Blindstempel des Verlags, 30,2 × 41 cm
Söhn 686, VV 1924 S. 54[72], VV 1928

E 13 ***Heldenkampf.*** Deckelzeichnung zum *Achill.* 1921
Tuschlithographie auf Japanpapier, signiert, mit Blindstempel des Verlags, 28,8 × 44 cm
VV 1924 S. 54, VV 1928

E 14 ***Im Kahn.*** 1921
Radierung auf Japanpapier, ursprünglich als Teil der Mappe **Schwarze Scenen** (B 2), Auflage von Einzeldrucken, nachdem die Mappe vergriffen war,[73] signiert, mit Blindstempel des Verlags, 30 × 22 cm
Si/Wa Nr. 6, A 1920 S. 86 Nr. 86, VV 1920 S. 10 Nr. 90, VV 1924 S. 54

E 15 ***Kamelreiter.*** 1924
Kreidelithographie auf Büttenpapier, 60 Exemplare, signiert, nummeriert im Blindstempel des Verlags, mit Blindstempel Turm, 30,2 × 40 cm (Kat. 18)
VV 1924 S. 54, VV 1928

E 16 ***Mein Konzert.***
Kreidelithographie auf Japanpapier, Deckellithographie zu ***Max Slevogt. Ein Verzeichnis der von ihm illustrierten Bücher, Mappenwerke und Graphiken*** (B 40, Kat. 4), 43 × 32 cm
Söhn 651 a, VV 1928

E 17 *Am Lagerfeuer.* (1921)
Radierung auf Japanpapier, ursprünglich als Teil der Mappe ***Schwarze Scenen*** (B 2), Überarbeitung der Platte mit Kaltnadel 1923, 6 signierte und als „Neubearbeitung" bezeichnete Drucke, mit Blindstempel des Verlags, 31,7 × 23,9 cm
Si/Wa 9 (2), A 1920 S. 86 Nr. 87, VV 1920 S. 10 Nr. 89[74], VV 1924 S. 54

E 18 *Liebesszene.* Erste Fassung.[75]
Radierung auf Büttenpapier, 50 Exemplare, signiert, 11,5 × 15,5 cm
A 1920 S. 86 Nr. 88, VV 1920 S. 10 Nr. 92[76], VV 1924 S. 53[77]

E 19 *Liebesszene.* Zweite Fassung.
Radierung auf Büttenpapier, 50 Exemplare, 11,5 × 15,5 cm
VV 1924 S. 54[78], VV 1928

E 20 *Löwe auf Postament* (Probedrucke vor der Schrift)
Radierung auf Japanpapier, 10 Exemplare, signiert, 4,5 × 6 cm
A 1920 S. 86 Nr. 89, VV 1920 S. 10 Nr. 93

E 21 *Löwenjagd.*
Radierung, signiert, 24,5 × 31,5 cm
VV 1924 S. 54[79]

E 22 *Löwenüberfall.*
Kreidelithographie auf Büttenpapier, 40 Drucke, signiert, mit Blindstempel des Verlags, 29,5 × 40 cm
VV 1924 S. 54[80], VV 1928

E 23 *Die Marter.*
Radierung auf Japanpapier, ursprünglich als Teil der Mappe ***Schwarze Scenen*** (B 2), Auflage von Einzeldrucken, nachdem die Mappe vergriffen war, signiert, mit Blindstempel des Verlags, 31 × 23 cm
A 1920 S. 86 Nr. 91, VV 1920 S. 11 Nr. 95, VV 1924 S. 54

E 24 *Notentitel „Mephisto" (Das Flohlied).* (1924)
Tuschlithographie in Schwarz oder Rot auf Japanpapier, je 30 Exemplare, nummeriert, signiert, mit Blindstempel des Verlags, 40,8 × 30,3 cm
Si/Wa 32, A 1920 S. 88 Nr. 115 und 116, VV 1920 S. 13 Nr. 120 und 121, VV 1924 S. 55, VV 1928

E 25 *Mephistostudie* *(kleine Fassung).* (1915)
Kreidelithographie, hell und dunkel, je 30 Exemplare, nummeriert, signiert, mit Blindstempel des Verlags, 25,2 × 19 cm
Si/Wa 33 (1 und 2), VV 1924 S. 53[81]

E 26 *Zwei Mönche.* (1916)[82].
Tuschlithographie auf Japanpapier, 40 Exemplare, signiert, 25 × 32 cm
A 1920 S. 90 Nr. 133, VV 1920 S. 14 Nr. 141, VV 1924 S. 54[83]

E 27 *Mutter des Künstlers (kleine Platte).*
Diamantradierung auf Büttenpapier, 1915: 15 Exemplare, nummeriert, signiert, mit Blindstempel des Verlags; 1916: leicht überarbeitete Auflage von 35 Exemplaren[84], 10 × 7,5 cm (erste Fassung); 10 × 5 cm (zweite Fassung)
Si/Wa 421 (3 und 4), A 1920 S. 86 Nr. 92 und 93, VV 1920 S. 11 Nr. 96[85] und 97, VV 1924 S. 53[86]

E 28 *Penthesilea.*
Kreidelithographie auf dünnem Chinapapier, Stein von 1905/06 wurde 1923 neu überarbeitet, 100 Exemplare, signiert, mit Blindstempel des Verlags, 32,2 × 42,5 cm
Si/Wa 13 (4), VV 1924 S. 54, VV 1928

E 29 *Steigendes Pferd.* (1915)[87]
Radierung auf Büttenpapier, 20 Exemplare, nummeriert, signiert, 6,7 × 5,7 cm
Si/Wa 473, A 1920 S. 87 Nr. 103[88], VV 1920 S. 11 Nr. 107, VV 1924 S. 53

E 30 *Pferdekopf.*[89]
Kreidelithographie auf Chinapapier, 10 Exemplare, signiert, mit Blindstempel des Verlags, 35,4 × 44,8 cm
A 1920 S. 89 Nr. 120, VV 1920 S. 13 Nr. 119[90], VV 1924 S. 53[91], VV 1928

E 31 *Pferdekopf. Morgenwind.* (1916)
Kreidelithographie auf Chinapapier, signiert, mit Blindstempel des Verlags, 36 × 44 cm
VV 1920 S. 13 Nr. 126[92], VV 1924 S. 53[93], VV 1928

E 32 *Zwei Pferdeköpfe.* (1915)
Kreidelithographie auf Chinapapier, 10 Exemplare, signiert, mit Blindstempel des Verlags, 34,9 × 45,6 cm
A 1920 S. 90 Nr. 134, VV 1920 S. 15 Nr. 142, VV 1924 S. 53, VV 1928

E 33 *Der Polyp.*
Kreidelithographie, 30 Exemplare, nummeriert, signiert, mit Blindstempel des Verlags und Turm, 29,7 × 40 cm (Kat. 16)
VV 1924 S. 55[94], VV 1928

E 34 *Die Prinzessin auf der Erbse.* (1909)[95]
Diamantlithographie, 50 Exemplare, nummeriert, signiert, mit Blindstempel des Verlags, 43,8 × 33 cm
Si/Wa 87, A 1920 S. 89 Nr. 122, VV 1920 S. 13 Nr. 127, VV 1924 S. 53, VV 1928

E 35 *Musizierende Putte.* (1919)
Tuschlithographie, 20 Exemplare, nummeriert, signiert, mit Stempel „Cellini", 24,5 × 32 cm
Si/Wa 812, A 1920 S. 88 Nr. 117, VV 1920 S. 13 Nr. 122, VV 1924 S. 54

E 36 *Don Quichote und die Zauberflöte.* (1924)
Radierung auf Büttenpapier, 100 Exemplare, nummeriert, signiert, mit Blindstempel des Verlags, 25,8 × 22,8 cm
Si/Wa 476, VV 1924 S. 54[96], VV 1928

E 37 *Reineke Fuchs.* (1922)
Federlithographie auf Büttenpapier, 100 Exemplare, signiert, mit Blindstempel des Verlags, 27,6 × 38,6 cm
Si/Wa 479, VV 1924 S. 54, VV 1928

E 38 *Reiter.* (1922)
Radierung, ursprünglich als Teil der Mappe ***Schwarze Scenen*** (B 2), Neudruck im Jahr 1922, signiert, mit Blindstempel des Verlags, 32,2 × 23,7 cm
Si/Wa 8, A 1920 S. 86 Nr. 94[97], VV 1920 S. 11 Nr. 98, VV 1924 S. 54

E 39 *Reiter am Abend.* (1921)
Federlithographie auf Chinapapier, 50 Exemplare, nummeriert, signiert, mit Blindstempel des Verlags, 21,5 × 28 cm
VV 1920 S. 14 Nr. 129, VV 1924 S. 54

E 40 *Reiterschlacht.*[98] (1920)
Kreidelithographie, 50 Exemplare, nummeriert, signiert, mit Blindstempel des Verlags, 25,8 × 32 cm
Si/Wa 89, VV 1920 S. 14 Nr. 130, VV 1924 S. 54

E 41 *Tischkarte Schneewittchen.* (1921)
Federlithographie auf Japanpapier, I. Fassung, II. Fassung vgl. Kat. 19, 100 Exemplare, nummeriert, signiert, mit Blindstempel des Verlags, 28,7 × 20,4 cm
VV 1924 S. 54, VV 1928

E 42 *Seelenmesse der Georgiritter.* 1923[99]
Kaltnadelradierung, 100 Exemplare, nummeriert, signiert, mit Blindstempel des Verlags, 23,6 × 18,3 cm
Si/Wa 425

E 43 *Selbstbildnis.* 1922
Radierung auf Büttenpapier, auch in ***Max Slevogt*** von Emil Waldmann (B 28), 100 Exemplare, mit Blindstempel des Verlags, 19,5 × 14 cm
Söhn 569[100], VV 1924 S. 54, VV 1928

E 44 *Selbstbildnis.* 1925
Radierung auf Büttenpapier, Sonderauflage der Deckelradierung zu ***Schatten und Träume*** (B 43), 30 Exemplare, nummeriert,12,5 × 11,5 cm[101]
Söhn 767, VV 1928

E 45 *Selbstbildnis.* 1928
Kreidelithographie, auch in ***Max Slevogt. Gemälde, Aquarelle, Pastelle, Zeichnungen*** (B 48), 23 × 16,5 cm
VV 1928

E 46 *Selbstbildnis, im Atelier radierend.* 1911
Kaltnadelradierung, 30 Exemplare, nummeriert, signiert, mit Blindstempel des Verlags; 2. überarbeitete Auflage 1912: 30 Exemplare, nummeriert, signiert, mit Blindstempel des Verlags, 18 × 12 cm
Si/Wa 434

E 47 *Selbstbildnis mit gerunzelten Brauen.* (1915)
Diamantradierung, 30 Exemplare, signiert, 19,8 × 14,9 cm
Si/Wa 468 (3), VV 1920 S. 11 Nr. 104

E 48 *Selbstbildnis, Brustbild.* (1916)
Radierung auf Büttenpapier, signiert, mit Blindstempel des Verlags, 20 × 14,5 cm
VV 1924 S. 53[102]

E 49 *Selbstbildnis mit Hut und Stock.*[103] (1915)
Tusch- und Kreidelithographie, 3. Zustand: Vorzugsdrucke auf Japanpapier, 30 Exemplare, mit Blindstempel des Verlags, nummeriert, signiert, 31,6 × 25,3 cm
Si/Wa 36 (3), VV 1920 S. 14 Nr. 132, VV 1924 S. 53, VV 1928

E 50 *Selbstbildnis mit Katze (Meditation).* (1905)
Radierung, ursprünglich Titelbild zu ***Schwarze Scenen*** (B 2), signiert, mit Blindstempel des Verlags, 9 × 9 cm
Rü 89, Si/Wa 5, A 1920 S. 87 Nr. 101, VV 1920 S. 11 Nr. 105, VV 1924 S. 53[104]

E 51 *Selbstbildnis, sitzend auf Stuhl.* (1912)
Radierung auf Japanpapier, signiert, mit Blindstempel des Verlags, 29,8 × 29 cm
Si/Wa 434, VV 1924 S. 53

E 52 *Selbstbildnis im Skizzenbuch zeichnend.*[105] (1915)
Kreidelithographie auf Chinapapier, aus dem Skizzenbuch zu ***Rennskizzen*** (B 10), ursprünglich als Titelblatt vorgesehen, 30 Sonderdrucke, nummeriert, signiert, 5 nicht nummerierte Exemplare, mit Blindstempel des Verlags, 17 × 10,5 cm
Si/Wa 453, A 1920 S. 89 Nr. 125, VV 1920 S. 14 Nr. 133, VV 1924 S. 53

E 53 *Sieben auf einen Streich.* (1915)[106]
Federlithographie auf Japanpapier, 50 Exemplare, mit Blindstempel des Verlags, nummeriert, signiert, 40 × 29 cm
Si/Wa 460, VV 1920 S. 14 Nr. 134, VV 1924 S. 53, VV 1928

E 54 *Speisekarte zum Festessen zu Ehren M. Liebermanns am 30.6.1927.* 1927[107]
Federlithografie auf Karton, 30 Exemplare, 26,3 × 21,2 cm

E 55 *Tänzerin.*[108] 1921
Radierung, ursprünglich als Teil der Mappe ***Schwarze Scenen*** (B 2), Auflage von Einzeldrucken, nachdem die Mappe vergriffen war[109], 31 × 23 cm
Si/Wa 10, A 1920 S. 86 Nr. 90, VV 1920 S. 10 Nr. 94, VV 1924 S. 54

E 56 *Tanzgroteske.* (1916)
Tuschlithographie, Zeichnung von 1906/07, Stein 1915 vom Verlag Bruno Cassirer erworben[110], 50 Exemplare von Umdruckpapier abgezogen, signiert, mit Blindstempel des Verlags, 40 × 30 cm
Si/Wa 16, A 1920 S. 89 Nr. 131, VV 1920 S. 14 Nr. 139, VV 1924 S. 53, VV 1928

E 57 *Tischkarte.* (1923)
Holzschnitt von Oskar Bangemann nach einer älteren Federzeichnung von 1912, auf Büttenpapier, 20 Exemplare, signiert, mit Blindstempel des Verlags, 27 × 25 cm
Si/Wa 485, VV 1924 S. 54, VV 1928

E 58 *Trabrennbahn I. Traber im Sulky.* (1915)
Radierung auf Büttenpapier, 20 Exemplare, nummeriert, signiert, 32,3 × 46,2 cm
Si/Wa 469, A 1920 S. 86 Nr. 95, VV 1920 S. 11 Nr. 99[111], VV 1924 S. 53

E 59 *Trabrennbahn II. Traber am Start.* (1915)
Radierung auf Büttenpapier, 20 Exemplare, nummeriert, signiert, 4,8 × 7,2 cm
Si/Wa 470, A 1920 S. 87 Nr. 96, VV 1920 S. 11 Nr. 100[112], VV 1924 S. 53

E 60 *Trabrennbahn III. Traber.*[113] (1915)
Radierung auf Büttenpapier, 20 Exemplare, nummeriert, signiert, 5 × 7,5 cm
Si/Wa 471, A 1920 S. 87 Nr. 97, VV 1920 S. 11 Nr. 101[114], VV 1924 S. 53

E 61 *Trabrennbahn IV. Zuschauer.* (1915)
Radierung auf Büttenpaper, 20 Exemplare, nummeriert, signiert, 4,8 × 7,2 cm
Si/Wa 472, A 1920 S. 87 Nr. 98, VV 1920 S. 11 Nr. 102[115], VV 1924 S. 53

E 62 *Der Turmbau zu Babel.*
Lithografie auf Büttenpapier, signiert, 45,5 × 33 cm (Kat. 17)

E 63 *Untergang der Mameluken.*[116]
Radierung auf Büttenpapier, auch Teil der 2. Auflage von ***Bilder aus Ägypten*** (B 13), signiert, 27,5 × 20 cm
Söhn 766, VV 1928

E 64 *Violinkonzert*. Programmzeichnung. 1924
Kreidelithographie auf Chinapapier, 50 Exemplare, signiert, mit Blindstempel des Verlags, 35,1 × 25,2 cm
VV 1924 S. 54

E 65 *Vater Rhein (Das rheinische Gesicht).*[117] (1922)
Kreidelithographie auf Büttenpapier, 100 Exemplare, nummeriert, signiert, mit Blindstempel des Verlags, 41,8 × 31,2 cm
VV 1924 S. 54[118]

E 66 *„Ich hatte einst ein Vaterland".*[119] 1924
Kreidelithographie auf Büttenpapier, 50 Exemplare, signiert, mit Blindstempel des Verlags, 41 × 28 cm[120]
VV 1924 S. 54[121], V 1928

E 67 *Die Heimkehr des verlorenen Sohnes.*[122] (1915)
Tuschlithographie auf Büttenpapier, Stein 1915 vom Verlag Bruno Cassirer erworben, 50 Exemplare von Umdruckpapier, signiert, mit Blindstempel des Verlags, 30,2 × 41 cm (Blatt)
Si/Wa 478, A 1920 S. 90 Nr. 132, VV 1920 S. 14 Nr. 140, VV 1928

E 68 *Verwundeter Hauptmann.* 1923
Federlithographie auf Büttenpapier, 100 Exemplare, signiert, mit Blindstempel des Verlags, 27,6 × 38 cm
VV 1924 S. 54, VV 1928

E 69 *Zweikampf.* (1921)
Radierung auf Japanpapier, ursprünglich aus ***Schwarze Scenen*** (B 2), mit Blindstempel des Verlags, 23,5 × 31 cm
Si/Wa 11A 1920 S. 87 Nr. 106[123], VV 1920 S. 12 Nr. 110, VV 1924 S. 53[124]

NICHT ERSCHIENEN:

E 70 *Macbeth und die drei Hexen.*
Radierung auf Büttenpapier, 10 × 12 cm, signiert
VV 1924 S. 55[125]

Kunst und Künstler. Monatsschrift für bildende Kunst und Kunstgewerbe.
Jg. 4 (1906), Heft 1, vor S. 3, *Selbstbildnis mit Katze (Meditation)*[126], 1905, Originalradierung
Jg. 9 (1911), Heft 9, vor S. 463, *Selbstbildnis, im Atelier radierend*, 1911[127] (E 44), Originalradierung
Jg. 10 (1912), Heft 5, *Sieben auf einen Streich,* Originallithographie
Jg. 12 (1914), Heft 1, *Benvenuto Cellini*, Abdruck des X. Kapitels, 8 Originallithographien
Jg. 13 (1915), Heft 9, S. 391 *Selbstbildnis mit Hut und Stock*, Originallithographie, Maschinendruck Si/Wa 36 (2)
Jg. 13 (1915), Heft 12, S. 567, *Tischkarte,* Originalholzschnitt von Bangemann nach Slevogt
Jg. 17 (1919), Heft 9, S. 341–348, *Cortez*, Probe mit Text, 7 Originallithographien, Darstellungen: *Der vornehme Abgesandte Montezumas, Vornehme begrüßen Cortes durch Berührung der Erde, Montezuma mit seinem Gefolge empfängt Cortes, Cortes wird gehindert Montezuma zu umarmen, Die der Tötung entkommenen zwei Hauptleute, Die Vornehmen führen den gefangenen Montezuma fort, Ausgang Montezumas mit seiner vornehmen Begleitung* (Söhn 187, 084-087, 089, 090, 094)
Jg. 23 (1925), Heft 1, S. 2, *Mein Konzert* (E 15), Originallithographie

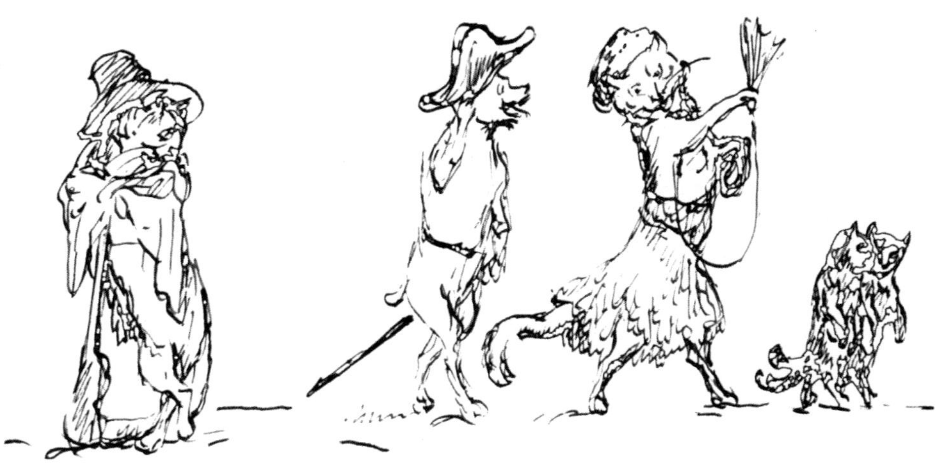

KAT. 153 *Illustration mit Katzen in Kleidung*, um 1908 (?), Tusche, 16,4 × 22,9 cm LM, INV.-NR. SL NL 2013/11

1 Nicht im LM vorhanden sind: B 3 (Sonderdruck nicht vollständig); B 11; B 20 (Vorzugsausgabe); B 24 (originale Mappe fehlt); B 25; B 31; B 35; B 36, B 38 und B 39 (Mappe, nur in Schmuckmappen für Josef Grünberg erhalten); B 41 (originale Mappe fehlt); B 44; B 45 (Mappe, wenige Einzelblätter fehlen). Folgende Einzelblätter nur ohne den Blindstempel von Bruno Cassirer vorhanden: E 3–E 6; E 10; E 14; E 17; E 23; E 28; E 30; E 31; E 49; E 50; E 57; E 69; folgende Einzelblätter sind nur mit dem Blindstempel Turm (auch „Pfälzer Presse") vorhanden: E 22; E 33; E 38; E 55; E 56. Folgende Blätter fehlen: E 9; E 18; E 19; E 26; E 35; E 39; E 44; E 68.

2 Mit dem Vermerk „Vergriffen".

3 Mit dem Vermerk „Vergriffen".

4 Mit dem Vermerk „Vergriffen".

5 Mit dem Vermerk „Vergriffen".

6 In A 1920, VV 1920 und VV 1924 Titel *Ein lithographisches Skizzenbuch.*

7 Mit dem Vermerk „Vergriffen".

8 Max Goering: „Zur Graphik Max Slevogts. Ergänzende Bemerkungen zu Rümanns Verzeichnis", in: *Graphische Künste*, N.F. 3, 1938, S. 31–36.

9 Datierung 1913 in A 1920 und VV 1920, Datierung 1914 in VV 1924 S. 24 und bei Si/Wa 496-815, S. 47.

10 Mit dem Vermerk „Vergriffen".

11 Bei Si/Wa 486-495 *Tier-Radierungen. 1. Folge.* In VV 1924, S. 22, Datierung 1913.

12 Mit dem Vermerk „Vergriffen".

13 Datierung 1914 nach Söhn 001–012 und VV 1924, S. 23. Im Schriftverkehr zwischen Bruno Cassirer und Max Slevogt wird 1915 noch über die Verlagskonditionen verhandelt, Briefedition Nrn. 81 und 86.

14 Mit dem Vermerk „Vergriffen".

15 Titel in A 1920 und VV 1920 *6 Lithographische Skizzen von Rennen.*

16 Mit dem Vermerk „Vergriffen".

17 Mit dem Vermerk „Vergriffen".

18 Im VV 1924 datiert auf 1914.

19 Datierung 1918 in A 1920.

20 Nach Rü: 29 Zeichnungen

21 Mit dem Vermerk „Vergriffen".

22 Datierung 1918 bei Rü und Söhn, 1919 laut VV 1920 S. 4 und 1924 S. 31. In A 1920 und VV 1920 mit Vermerk „Vergriffen".

23 Nach Söhn, bei Rü 13 nicht in der Buchausgabe.

24 Mit dem Vermerk „Vergriffen".

25 Mit dem Vermerk „Vergriffen" für beide Ausgaben.

26 Mit dem Vermerk „Vergriffen".

27 In A 1920 und VV 1920 mit Vermerk „Im Druck" und mit Titel *Volkslieder, Tierfabeln und Sagen.*

28 Titel *Max Slevogt. Federzeichnungen zu Kinderliedern, Tierfabeln und Märchen.* In Holz geschnitten von Oskar Bangemann.

29 Mappenausgabe mit dem Vermerk „Vergriffen".

30 Bei Rü 39: 7 Bl. Federlithographien auf Japan. In Umschlag, o. J., Vorzeichnungen im SM, KW 295 a-g.

31 Hier Technik „7 L. m. Feder".

32 Mit dem Vermerk „In Vorbereitung".

33 Mit dem Vermerk „Im Druck".

34 Für die Mappenausgabe mit dem Vermerk „Vergriffen".

35 In VV 1920 Titel *Die Prinzessin auf der Insel Wak-Wak. Ein Märchen aus Tausend und eine Nacht.*

36 Titel *Max Slevogt, 57 Steinzeichnungen zu Die Inseln Wak-Wak.*

37 Mit dem Vermerk „Im Druck".

38 Für die Mappenausgabe mit dem Vermerk „Vergriffen".

39 Nach Söhn: geschnitten von Oskar Bangemann nach einer Federzeichnung von Slevogt.

40 Im VV 1924 mit Vermerk: „Gezeichnet für die Angestellten des Verlags Bruno Cassirer".

41 Angabe laut Impressum.

42 Titel *Max Slevogt. Neun Steinzeichnungen zum König Drosselbart.*

43 Für beide Ausgaben mit dem Vermerk „Vergriffen".

44 Titel *Max Slevogt. Achtzehn Federlithographien zu dem Märchen Der Königssohn, der sich vor nichts fürchtet.*

45 Titel *Max Slevogt. Dreizehn Federlithographien zu dem Märchen Fitchers Vogel.*

46 1924 im VV 1924, S. 43.

47 Titel *Max Slevogt. Zwölf Zeichnungen zu dem Märchen Das singende, springende Löweneckerchen.*

48 Mit dem Vermerk „Vergriffen".

49 Laut VV 1924 S. 42.

50 Titel *Max Slevogt. Fünfzehn Federlithographien zu dem Märchen Das blaue Licht.*

51 Mit dem Vermerk „Vergriffen".

52 In VV 1924 und 1928 mit Datierung 1925 und Vermerk „In Vorbereitung".

53 Mit dem Vermerk „In Vorbereitung". Beschreibung bei Rü 1936, S.19, Nr. 31a), vgl. Söhn, Anmerkung S. 81, sowie H. Harthausen (1977).

54 Zur Buchausgabe mit dem Vermerk „In Vorbereitung".

55 Laut einem Schreiben des Verlags B. Cassirer an M. Slevogt vom 9.6.1926 (Briefedition Nr. 227) gab es noch vier Exemplare aus Slevogts Druckwerkstatt.

56 Mit dem Vermerk „In Vorbereitung".

57 Im VV 1928 datiert 1924, jedoch mit dem Vermerk „Dies Werk erscheint voraussichtlich Weihnachten 1928". Im Prospekt *Die Bücher des Verlags Bruno Cassirer Berlin 1933* ist das Werk auf S. 61 aufgeführt. Erscheinungsdatum nach Söhn 1933/34, Datierung o. J. (1924).

58 Titel *Max Slevogt. Dreizehn Federlithographien zu dem Märchen Der gelernte Jäger.*

59 In VV 1928: 60 Exemplare.

60 Mit Vermerk „Das Werk erscheint voraussichtlich Weihnachten 1928".

61 Ankündigung in VV 1924 S. 50, nicht mehr in VV 1928.

62 Mit dem Vermerk „In Vorbereitung".

63 Nach Söhn 2002, Nr. 780–800, Datierung 1926. Es ist lediglich ein Exemplar der Buchausgabe im LBZ Speyer bekannt. Vgl. auch Max Goering: „Zur Graphik Max Slevogts. Ergänzende Bemerkungen zu Rüs Verzeichnis", in: *Die graphischen Künste*, N.F. 3, 1938, S. 31–36, hier S. 36, sowie H. Harthausen (1977).

64 Die Mappenausgabe wurde im VV 1928 mit einer nummerierten Ausgabe von 60 Exemplaren angekündigt. Im Kunsthandel werden neuerdings einzelne Lithographien aus dem *Eisenhans* angeboten (z. B. bei K&K Auktionen in Heidelberg, Auktion 299, Nr. 398.

65 Bei Söhn 1923. Das Exemplar eines Probedrucks des II. Zustands im SM (Inv.-Nr. KW 3099) hat eine Widmung Slevogts für Bruno Cassirer mit Datum vom 12.12.1922. In VV 1924 datiert 1923.

66 In A 1920 und VV Titel *Papststudien zu Benvenuto Cellini* und in VV 1924 Titel *Papststudien* mit dem Vermerk „Vergriffen".

67 Mit dem Vermerk „Vergriffen".

68 Mit Vermerk „Noch nicht erschienen".

69 Nach Si/Wa als Auflage nicht erschienen.

70 Im VV 1924 datiert 1920 mit dem Vermerk „Vergriffen".

71 Mit dem Vermerk „Vergriffen".

72 Mit Vermerk „Noch nicht erschienen".

73 Nach den Schreiben von B. Cassirer an M. Slevogt vom 11.4.1911 und vom 7.2.1912, Briefedition Nrn. 47 und 52). Nach VV 1924 datiert 1921.

74 Mit Vermerk „Vergriffen".

75 In VV 1924 datiert 1915 und Vermerk „Vergriffen".

76 Mit dem Vermerk „Vergriffen".

77 Mit dem Vermerk „Vergriffen".

78 In VV 1924 und 1928 mit Vermerk „Noch nicht erschienen".

79 Mit dem Vermerk „Noch nicht erschienen".

80 Mit dem Vermerk „Noch nicht erschienen".

81 Technik „L. m. Tusche".

82 In VV 1924 datiert 1916 mit dem Vermerk „Vergriffen".

83 Mit dem Vermerk „Vergriffen".

84 In VV 1924 beide Auflagen mit dem Vermerk „Vergriffen".

85 Mit dem Vermerk „Vergriffen".

86 Beide Fassungen mit dem Vermerk „Vergriffen".

87 Bei Si/Wa Titel *Steigendes Reitpferd*, Datierung 1912.

88 Mit dem Vermerk „Vergriffen".

89 Motiv des Titelblatts von *Rennskizzen* (B 10), vgl. Söhn 013, dort jedoch nicht erwähnt.

90 Datierung 1915.

91 Datierung 1916

92 Datierung 1915.

93 Datierung 1916.

94 In VV 1924 und 1928 mit Vermerk „Noch nicht erschienen".

95 Nach Si/Wa 87 gezeichnet 1909 als Weihnachtsgeschenk für Antonie Slevogt.

96 In VV 1924 mit Vermerk „Noch nicht erschienen".

97 Mit Vermerk „Vergriffen".

98 In VV 1920 und VV 1924 Titel *Reiterkampf.*

99 Die erste Auflage von fünfzig signierten Exemplaren auf Japanpapier erschien 1912 bei Paul Cassirer unter den Vierzehn Radierungen von Max Slevogt als Nr. 4.

100 Dort keine Einzelblatt-Ausgabe erwähnt.

101 Nach einer Anzeige im Archiv SM, Slg. Kohl-Weigand, Best. Slevogt, B IX/23. Im LM sind zudem zahlreiche Abzüge auf beigem Papier vorhanden.

102 Mit dem Vermerk „Vergriffen".

103 In VV 1920 Titel *Selbstbildnis 1915 (Brustbild mit Hut)*, mit dem Vermerk „Vergriffen".

104 Mit dem Vermerk „Vergriffen".

105 In A 1920 und VV 1920 Titel *Lithograph. Selbstporträt (zeichnend, ganze Figur).*

106 Nach Waldmann: *Max Slevogts Graphische Kunst*, Dresden 1924, S. 27, Tafel 44 „In einer Auflage erschienen in Kunst und Künstler 1912".

107 Nach dem Schreiben des Verlags B. Cassirer an M. Slevogt vom 24.8.1927 (Briefedition Nr. 256) wurde eine Auflage von 30 Exemplaren in den Handel gebracht.

108 Titel in A 1920, VV 1920 und VV 1924 *Marietta.*

109 Nach den Schreiben von B. Cassirer an M. Slevogt vom 11.4.1911 und vom 7.2.1912 (Briefedition Nrn. 47 und 52). Nach VV 1924 Titel *Marietta*, Datierung 1921.

110 Nach Si/Wa 16.

111 Mit dem Vermerk „Vergriffen".

112 Mit dem Vermerk „Vergriffen".

113 Titel in A 1920 und VV 1920 *Rennradierung III. 3 Traber, vorn Köpfe.*

114 Mit dem Vermerk „Vergriffen".

115 Mit dem Vermerk „Vergriffen".

116 Titel im VV 1928 Titel *Beduinenkampf*, mit Vermerk „Noch nicht erschienen".

117 Titel in VV 1924 *Der Rhein.*

118 Mit dem Vermerk „Vergriffen".

119 Im VV 1924 datiert auf 1924 mit dem Vermerk „Vergriffen".

120 Im LM nur mit Blindstempel *Turm* vorhanden.

121 Mit dem Vermerk „Vergriffen".

122 In A 1920, VV 1920, VV 1924 und VV 1928 Titel *Der verlorene Sohn.*

123 Mit dem Vermerk „Vergriffen".

124 Titel *Faustkampf.*

125 Mit dem Vermerk „Noch nicht erschienen". Im Nachlass 30 Exemplare erhalten.

126 Dort mit Titel *Träumerei.*

127 Kein Digitalisat vorhanden.

BIBLIOGRAFIE UND ABKÜRZUNGS-VERZEICHNIS

ABKÜRZUNGEN

Bilderliste Papa's Bilder = Papa's Bilder, Handschriftliche Aufzeichnungen von Frau Nina Slevogt und Professor Max Slevogt. Tagebuchaufzeichnungen, Verkäufe, Aufträge, Reisen, Saarlandmuseum Saarbrücken, Sammlung Kohl-Weigand, Inv.-Nr. Best. 4, B 45 (Abschrift). Die Kopie des Originals im Landesmuseum Mainz wurde dem Museum von Dr. Berthold Roland geschenkt.

Briefedition = Briefedition Slevogt/Cassirer (2025)

KuK = *Kunst und Künstler*

LBZ = Pfälzische Landesbibliothek Speyer, Landesbibliothekszentrum Rheinland-Pfalz

LM = Landesmuseum Mainz, Generaldirektion Kulturelles Erbe Rheinland-Pfalz

PrAdK = Archiv Akademie der Künste, Berlin

SM = Saarlandmuseum Saarbrücken, Moderne Galerie, Stiftung Saarländischer Kulturbesitz

VERLAGSKATALOGE UND -VERZEICHNISSE

K 1909
Bruno Cassirer Verlag. Katalog 1898–1909, Berlin 1909.

A 1920
Almanach 1920 des Verlages Bruno Cassirer. Mit einem Verzeichnis aller bisher erschienenen Bücher und Graphischen Werke, Berlin 1920.

VV 1920
Die Bücher des Verlages Bruno Cassirer 1899–1920. Die Graphik des Verlages Bruno Cassirer 1899–1920, Berlin o. J.

VV 1924
Max Slevogt. Ein Verzeichnis der von ihm illustrierten Bücher, Mappenwerke und Graphiken, erschienen im Verlag Bruno Cassirer, Berlin 1924.

A 1926
Almanach auf das Jahr 1926, Berlin o. J.

VV 1928
„Remeke" und andere lieferbare Publikationen von Max Slevogt, Berlin 1928.

LEXIKA UND WERKVERZEICHNISSE

DBE
Deutsche Biographische Enzyklopädie (DBE), hg. v. Rudolf Vierhaus, Bd. 1–12, München 2005–2008 (2. Aufl.).

DLL
Deutsches Literatur-Lexikon. Biographisch-Bibliographisches Handbuch, begr. v. Wilhelm Kosch, Bd. 1–38, Bern, München bzw. Berlin, Boston 1968–2019 (3. Aufl.).

Goering
„Max Goering: Zur Graphik Max Slevogts. Ergänzende Bemerkungen zu Rümanns Verzeichnis", in: *Die Graphischen Künste*, N. F. 3 (1938), S. 31–36.

NDB
Neue Deutsche Biographie, Bd. 1–28, Berlin 1952–2024.

Rü
Arthur Rümann: *Verzeichnis der Graphik von Max Slevogt in Büchern und Mappenwerken*, Hamburg 1936.

Si/Wa
Johannes Sievers, Emil Waldmann: *Max Slevogt: das druckgraphische Werk, Bd. 1: 1890–1914, Radierungen, Lithographien, Holzschnitte*, hg. v. Hans-Jürgen Imiela, Heidelberg, Berlin 1962.

Söhn
Gerhart Söhn (Hg.): *Max Slevogt. Das druckgraphische Werk. Mappen. Bücher. Zeitschriften, Teil 2, 1914–1933*, mit einer Einführung v. Norbert Suhr, Düsseldorf 2002.

U. Thieme/F. Becker/H. Vollmer (1907–1950)
Ulrich Thieme, Felix Becker, Hans Voller (Hg.): *Allgemeines Lexikon der Bildenden Künstler von der Antike bis zur Gegenwart*, Bd. 1–37, Leipzig 1907–1950.

H. Vollmer (1953–1962)
Hans Vollmer (Hg.): *Allgemeines Lexikon der Bildenden Künstler des XX. Jahrhunderts*, Bd. 1–6, Leipzig 1953–1962.

R. Würffel (2000)
Reinhard Würffel: *Lexikon deutscher Verlage von A–Z. 1071 Verlage und 2800 Verlagssignete vom Anfang der Buchdruckerkunst bis 1945*, Berlin 2000.

AUSSTELLUNGSKATALOGE UND MONOGRAFIEN

B. Abele (1990)
Bernd Abele: „1933–1938. Der Verlag Bruno Cassirer im Nationalsozialismus", in: *Börsenblatt für den Deutschen Buchhandel*, Frankfurter Ausgabe, Nr. 25 vom 27.3.1990, S. B1–18.

Ausst.-Kat. Berlin (1899)
Katalog der deutschen Kunstausstellung der Berliner Secession, Ausst.-Kat., Berlin, 20.5.–Oktober 1899, Berlin 1899.

Ausst.-Kat. Berlin (1901)
Katalog der dritten Kunstausstellung der Berliner Secession, Ausst.-Kat., Berlin, 8.5.–Oktober 1900, Berlin 1901.

Ausst.-Kat. Berlin (1902)
Katalog der fünften Kunstausstellung der Berliner Secession, Ausst.-Kat., Berlin, 26.4.–5.10.1902, Berlin 1902.

Ausst.-Kat. Berlin (1918)
Max Slevogt. Ausstellung zum 50. Geburtstag des Künstlers, veranstaltet von der *Freien Secession* und Paul Cassirer, Ausst.-Kat., Berlin, Ausstellungshaus Kurfürstendamm, November–Dezember 1918 (mit einem Vorwort von Gustav Pauli).

Ausst.-Kat. Berlin (1928)
Max Slevogt. Gemälde, Aquarelle, Pastelle, Zeichnungen. Zu seinem 60. Geburtstage ausgestellt in der Preußischen Akademie der Künste, Ausst.-Kat., Oktober–November 1928. Titelblatt in Original-lithografie von Slevogt (Selbstbildnis) und 32 Abbildungen, Verlag Bruno Cassirer 1928.

Ausst.-Kat. Berlin (2006)
Ein Fest der Künste. Paul Cassirer. Der Kunsthändler als Verleger, hg. v. Rahel E. Feilchenfeldt, Thomas Raff, Ausst.-Kat., Max Liebermann Haus Berlin, 17.2.–21.5.2006, München 2006.

Ausst.-Kat. Berlin (2023)
Grete Ring, Kunsthändlerin der Moderne. Von Cézanne und Renoir bis Liebermann und Kokoschka, hg. v. Lucy Wasensteiner, Viktoria Krieger, Ausst.-Kat., Liebermann Villa am Wannsee, Berlin, 30.9.–22.1.2023, Berlin 2023.

Ausst.-Kat. Berlin (2024)
Das Romanische Café im Berlin der 1920er Jahre, hg. v. Katja Baumeister-Frenzel, Ausst.-Kat., Europa Center Berlin, seit 6.1.2024, Berlin 2024 (2. überarb. Aufl.).

Ausst.-Kat. Edenkoben (1986)
Max Slevogt. Illustrationen zu „Die Inseln Wak-Wak" (1921), hg. v. Berthold Roland, Ausst.-Kat., Max Slevogt-Galerie, Schloss Villa Ludwigshöhe (Slevogt Graphik, 3), 25.5.–10.8.1986, Edenkoben 1986.

Ausst.-Kat. Edenkoben (2014)
Gesa Bartholomeyczik: *Im Banne der Verwüstung. Max Slevogt und der Erste Weltkrieg*, hg. v. GDKE, Landesmuseum Mainz, Ausst.-Kat., Max Slevogt-Galerie, Schloss Villa Ludwigshöhe, Edenkoben, 13.4.–13.7.2014, Bad Kreuznach 2014.

Ausst.-Kat. Köln/Edenkoben/Konstanz (2013)
Berliner Impressionismus – Werke der Berliner Secession aus der Nationalgalerie, hg. v. Angelika Wesenberg, Ausst.-Kat., Käthe Kollwitz Museum Köln, 10.10.2013–26.1.2014, Schloss Villa Ludwigshöhe, Edenkoben, 2.3.2014–17.8.2014, Städtische Wessenberg-Galerie Konstanz, 6.9.–16.11.2014, Berlin 2013 (veränderte Aufl.).

Ausst.-Kat. Landshut (2009)
Mit Phantasie und Schöpferlaune. Max Slevogt als Graphiker und Illustrator, hg. v. Stadt Landshut, Franz Niehoff, Ausst.-Kat., Museum im Kreuzgang der Museen der Stadt Landshut, 4.4.–19.7.2009, Landshut 2009.

Ausst.-Kat. Mainz (2014)
Max Slevogt. Neue Wege des Impressionismus, hg. v. GDKE, bearb. v. Sigrun Paas, Ausst.-Kat., Landesmuseum Mainz, 4.5.2014–12.10.2014, München 2014.

Ausst.-Kat. Mainz (2018)
Ein Tag am Meer. Slevogt, Liebermann & Cassirer, hg. v. GDKE, bearb. v. Karoline Feulner, Ausst.-Kat., Landesmuseum Mainz, 9.10.2018–10.2.2019, München 2018.

Ausst.-Kat. Mainz (2021)
Hexenküche. Max Slevogts druckgrafische Experimente, hg. v. GDKE, bearb. v. Karoline Feulner, Eva Wolf, Ausst.-Kat., Landesmuseum Mainz, 25.9.2021–9.1.2022, Dresden 2021.

Ausst.-Kat. Saarbrücken/Mainz (1992a)
Max Slevogt – Gemälde, Aquarelle, Zeichnungen, hg. v. Ernst-Gerhard Güse, Hans-Jürgen Imiela, Berthold Roland, Ausst.-Kat., Saarland Museum Saarbrücken, Werke 1876 bis 1914, 29.5–12.7.1992, Werke 1914 bis 1932, 26.7.–20.9.1992, Landesmuseum Mainz, Werke 1914 bis 1932, 31.5.–12.7.1992, Werke 1876 bis 1914, 26.7.–20.9.1992, Stuttgart 1992.

Ausst.-Kat. Saarbrücken (1992b)
Slevogt. Graphische Folgen und Buchillustrationen, hg. v. Ernst-Gerhard Güse, Ausst.-Kat., Saarland Museum Saarbrücken, 29.5.–18.9.1992, Saarbrücken 1992.

Ausst.-Kat. Saarbrücken (2015)
Max Slevogt. Ali Baba und die vierzig Räuber, hg. v. Roland Mönig, Ausst.-Kat., Saarlandmuseum – Moderne Galerie, 24.7.–1.11.2025, Saarbrücken 2015.

K. Baedecker (1904)
Karl Baedecker: *Berlin und Umgebung. Ein Handbuch für Reisende*, Leipzig 1904 (13. Aufl.), S. 39–40.

C. Barz/M. Bienert (2024)
Christiane Barz, Michael Bienert (Hg.): *Das Romanische Café im Berlin der 1920er Jahre*, Berlin 2024.

D. Bartmann (1984)
Dominik Bartmann: „Berlin offiziell – Kunst und Kunstpolitik unter Wilhelm II", in: *Berlin um 1900*, hg. v. Berlinische Galerie e. V. in Verbindung mit der Akademie der Künste und der Berliner Festspiele GmbH, Ausst.-Kat., Akademie der Künste, 9.9.–28.10.1984, Berlin 1984, S. 183–209.

B.-M. Baumunk (1924)
Bodo-Michael Baumunk: *Der Feuilletonchef Fred Hildenbrandt (1892–1963) und das Berliner Tageblatt*, Berlin, 1924.

S. Bauschinger (2015)
Sigrid Bauschinger: *Die Cassirers. Unternehmer, Kunsthändler, Philosophen*, München 2015.

BK Edenkoben (2009)
Sigrun Paas, Roland Krischke: *Max Slevogt in der Pfalz*, Best.-Kat., Max Slevogt-Galerie, Villa Ludwigshöhe bei Edenkoben, München 2009 (1. Aufl. 2005).

O. Bie (1899)
„Oscar Bie", in: *Berliner Börsen-Courier*, Nr. 497 vom 22.10.1899.

H. Biedermann/S. Hoppe (2014)
Heike Biedermann, Susanne Hoppe: „Max Slevogt und der Orient: Phantasie und Impression", in: *Max Slevogt. Die Reise nach Ägypten 1914*, hg. v. Staatliche Kunstsammlungen Dresden, Kunstsammlungen Nordrhein-Westfalen, Düsseldorf, Ausst.-Kat., Galerie Neue Meister, Staatliche Kunstsammlungen Dresden, 30.4.–3.8.2014; Kunstsammlung Nordrhein-Westfalen Düsseldorf, 6.9.2024–4.1.2015, Dresden 2014, S. 18–27.

M. Bienert (1992)
Michael Bienert: *Die eingebildete Metropole. Berlin im Feuilleton der Weimarer Republik*, Stuttgart 1992.

M. Brandis (2016)
Markus Brandis: „‚Keime entdecken, sie pflegen und zum Blühen bringen'. Der Bruno Cassirer Verlag Berlin nach 1933 – Ein jüdischer Verlag im Nationalsozialismus", in: R. E. Feilchenfeldt/J. Weber (2016), S. 363–374.

E. Braun (2005)
Ernst Braun: *Spurensuche: Erich Hancke – Zwischenbericht – Briefe von Erich Hancke an Karl Scheffler*, Dresden 2005.

E. V. Braun (2011)
Ernst Volker Braun (Hg.): *Max Liebermann. Briefe, Bd. 1, 1869–1895*, Baden-Baden 2011.

E. V. Braun (2012)
Ernst Volker Braun (Hg.): *Max Liebermann. Briefe, Bd. 2, 1896–1901*, Baden-Baden 2012.

E. V. Braun (2019)
Ernst Volker Braun (Hg.): *Max Liebermann. Briefe, Bd. 8, 1927–1935*, Baden-Baden 2019.

Briefedition Slevogt/Cassirer (2025)
Auf zu neuen Werken! Der Briefwechsel von Max Slevogt und Bruno Cassirer, hg. v. GDKE, Landesmuseum Mainz, bearb. v. Armin Schlechter, Eva Wolf unter Mitarbeit v. Karoline Feulner, München 2025.

G. Brühl (1991)
Georg Brühl: *Die Cassirers. Streiter für den Impressionismus*, Leipzig 1991.

E. Caspers (1989)
Eva Caspers: *Paul Cassirer und die Pan-Presse. Ein Beitrag zur deutschen Buchillustration und Graphik im 20. Jahrhundert* (Sonderdruck aus dem Archiv für Geschichte des Buchwesens, Bd. 33), Frankfurt am Main 1989.

B. Cassirer (1924)
Bruno Cassirer: „Vorwort", in: VV 1924, S. 1–4.

V. Conze (2021)
Vanessa Conze: *Haus Vaterland. Der große Vergnügungspalast im Herzen Berlins*, Berlin 2021.

G. v. Cziffra (2019)
Géza von Cziffra: *Das Romanische Café*, hg. und mit einem Nachwort versehen v. Ingrid Feix, Berlin 2019.

W. Doede (1961)
Werner Doede: *Berlin – Kunst und Künstler seit 1870. Anfänge und Entwicklungen*, Recklinghausen 1961.

A. Donath (1925)
Adolph Donath: *Technik des Kunstsammelns* (Bibliothek für Kunst und Antiquitätensammler, Bd. 28), Berlin 1925.

A. Donath (1928)
Adolph Donath: „Die Ausstellung", in: *Berliner Tageblatt*, Abend-Ausgabe, 1. Beiblatt, Nr. 486, 13.10.1928.

B. Echte/W. Feilchenfeldt (2011a)
Bernhard Echte, Walter Feilchenfeldt: *„Das Beste aus aller Welt zeigen". Kunstsalon Bruno & Paul Cassirer, Bd. 1: Die Ausstellungen 1898–1901* (Quellenstudien zur Kunst, Bd. 4), Wädenswil 2011.

B. Echte/W. Feilchenfeldt (2011b)
Bernhard Echte, Walter Feilchenfeldt: *„Man steht da und staunt". Kunstsalon Cassirer, Bd. 2: Die Ausstellungen 1901–1905* (Quellenstudien zur Kunst, Bd. 5), Wädenswil 2011.

R. Feilchenfeldt/M. Brandis (2005)
Rahel E. Feilchenfeldt, Markus Brandis: *Paul Cassirer Verlag, Berlin 1898–1933. Eine kommentierte Bibliographie*, München 2005 (2. durchgesehene u. verb. Aufl.).

R. Feilchenfeldt/J. Weber (2016)
Rahel E. Feilchenfeldt, Jutta Weber (Hg.): *Bruno Cassirer Publishers Ltd. Oxford 1940–1990. An Annotated Bibliography with Essays (English and German)*, Göttingen 2016.

G. Feist (1971)
Günter Feist (Hg.): *Kunst und Künstler. Aus 32 Jahrgängen einer deutschen Kunstzeitschrift*, Berlin 1971.

Festschrift (1932)
Vom Beruf des Verlegers. Eine Festschrift zum sechzigsten Geburtstag von Bruno Cassirer, 12.12.1932, gewidmet v. Mitarbeitern und Freunden, Berlin 1932.

M. J. Friedländer (1915)
Max J. Friedländer: „Slevogts Cellini", in: *KuK*, Jg. 13 (1915), Heft 12, S. 557–562.

M. J. Friedländer (1922)
Max J. Friedländer: „Neue Slevogt-Bücher", in: *KuK*, Jg. 20 (1922), Heft 5, S. 151–157.

M. J. Friedländer (1925)
Max J. Friedländer: „Slevogts Passionsfolge", in: *KuK*, Jg. 23 (1925), S. 85–88.

M. J. Friedländer/C. Glaser u. a. (1929)
Max J. Friedländer, Curt Glaser u. a.: „Dem 60-jährigen Max Slevogt", in: *KuK*, Jg. 27 (1929), Heft 1, S. 3–27.

K. Feulner (2018)
Karoline Feulner: „Der tragische Mythos. Max Slevogts Antikenrezeption", in: *Max Slevogt. Eine Retrospektive zum 150. Geburtstag*, Ausst.-Kat., Niedersächsisches Landesmuseum Hannover, 28.9.–24.2.2019, Petersberg 2018, S. 68–75.

K. Feulner (2021a)
Karoline Feulner: *„Verehrter Meister!" – „Sklaventreiber" – „Lieber Freund". Die Korrespondenz zwischen Max Slevogt und Josef Grünberg*, in: Ausst.-Kat. Mainz (2021), S. 12–25.

K. Feulner (2021b)
Karoline Feulner: *Die „Hexenküche" der Künstlergemeinschaft SPOG*, in: Ausst.-Kat. Mainz (2021), S. 50–65.

K. Feulner (2022)
Karoline Feulner: „Morgiane tanzt und der Kater zieht seine Stiefel an – Slevogts Märchenillustrationen", in: *Les Amusements. Max Slevogts Inspiration durch Bühne und Literatur*, hg. v. Museum Georg Schäfer, Ausst.-Kat., Georg Schäfer Museum Schweinfurt, 13.3.–19.6.2022, Dresden 2022, S. 114–127.

K. Feulner (2024)
Karoline Feulner: „Max Slevogt – kreatives Chaos in unvollständigen Bilderlisten, Rechnungsbüchern und losen Zetteln", in: *Tagungsband, Der Künstler als Buchhalter. Serielle Aufzeichnungen zu Leben und Werk*, hg. v. Andreas Tacke, Holger Th. Gräf, Michael Wenzel (Hainoferiana, Studien zur Kunst- und Kulturgeschichte Schwabens und Europas, Bd. 3), Petersberg 2024, S. 146–158.

K. Feulner (2025a)
Karoline Feulner: „‚[…] und der päpstliche Fluch ist mir sicher.' Max Slevogts eigenwillige Illustrationen zu ‚Das Leben des Benvenuto Cellini'", in: *Festschrift für Prof. Elisabeth Oy-Marra* (Phönix Mainzer Kunstwissenschaftliche Bibliothek, Bd. 11), Berlin 2025 [in Vorbereitung].

K. Feulner (2025b)
Karoline Feulner: „Zwischen Bühne und wildem Garten. Der Impressionismus Max Slevogts in Berlin und Neukastel", in: *Impressionismus in Deutschland. Max Liebermann und seine Zeit*, Ausst.-Kat., Museum Frieder Burda, 3.10.2025–8.2.2026; Museum Barberini Potsdam, 28.2.2026–7.6.2026 [in Vorbereitung].

K. Fitzke (2016)
Kirsten Fitzke: „Der Furor Pingendi an der Front. Max Slevogts Einsatz als Kriegsmaler", in: G. Wedekind/GDKE (2016), S. 43–59.

J. Frecot/E. Roters (1984)
Janos Frecot, Eberhard Roters: „Vorwort", in: *Berlin um 1900*, hg. v. Berlinische Galerie e. V. in Verbindung mit der Akademie der Künste und der Berliner Festspiele GmbH, Ausst.-Kat., Akademie der Künste, 9.9.–28.10.1984, Berlin 1984, S. 13–17.

A. Gold (1909)
Alfred Gold: „Neue Wege der Buchausstattung", in: *KuK*, Jg. 7 (1909), Heft 6, S. 250–258.

S. Goldmann (2003)
Stefan Goldmann: *Via Regia zum Unbewussten. Freud und die Traumforschung im 19. Jahrhundert*, Gießen 2003.

N. Hartje-Grave (2024)
Nicole Hartje-Grave: „‚Der wildeste und zielbewußteste aller Slevogt-Sammler'. Carl Steinbart und die Slevogt-Werke des Wallraf-Richartz-Museums", in: *Wallraf-Richartz-Jahrbuch 85* (2024), S. 223–261.

M. H. Grieb (2007)
Manfred H. Grieb (Hg.): *Nürnberger Künstlerlexikon. Bildende Künstler, Kunsthandwerker, Gelehrte, Sammler, Kulturschaffende und Mäzene vom 12. bis zur Mitte des 20. Jahrhunderts*, Bd. 1–4, München 2007.

J. Guthmann (1920)
Johannes Guthmann: *Scherz und Laune. Max Slevogt und seine Gelegenheitsarbeiten*, Berlin 1920.

J. Guthmann (1948)
Johannes Guthmann: *Schöne Welt. Wandern und Weilen mit Max Slevogt*, Berlin 1948.

J. Guthmann (1955)
Johannes Guthmann: *Goldene Frucht. Begegnungen mit Menschen, Gärten und Häusern*, Tübingen 1955.

E. Hancke (1932)
Erich Hancke: „Erinnerung", in: *Festschrift* (1932), S. 49–52.

H. Harthausen (1977)
Hartmut Harthausen: „‚Der Eisenhans'. Unbekannte Druckgraphik von Max Slevogt", in: *Gutenberg-Jahrbuch 52*, 1977, S. 323–329.

N. Hartje-Grave (2018)
Nicole Hartje-Grave: „‚Ich bin schon ganz verslevogt.' Der Sammler Konrad Wrede und Max Slevogt", in: *Max Slevogt. Eine Retrospektive zum 150. Geburtstag*, hg. v. Thomas Andratschke, Ausst.-Kat., Landesmuseum Hannover, 28.9.–24.2.218, Petersberg 2018, S. 133–146.

W. Hausenstein (1919)
Wilhelm Hausenstein: „Slevogt zum 8. Oktober 1918", in: *KuK*, Jg. 17 (1919), Heft 1, S. 3–19.

M. Heffels (1952)
Heffels Monika: *Die Buchillustrationen von Max Slevogt*, zugl. Univ. Diss., Maschinenschrift, Bonn 1952.

M. Heffels (1960)
Heffels Monika: „Die Buchillustrationen von Max Slevogt", in: *Archiv für Geschichte des Buchwesens*, 2, 1960. S. 749–766.

E. Heilbut (1904)
[Emil] H[eilbut]: „Einige neuere und ältere Arbeiten von Max Slevogt", in: *KuK*, Jg. 2 (1904), Heft 6, S. 215–222.

E. Heilbut (1906)
Emil Heilbut: „Aus der elften Ausstellung der Berliner Secession", in: *KuK*, Jg. 4 (1906), Heft 4, S. 385–405.

F. Hildenbrandt (1928)
Fred Hildenbrandt: *Vom Tempo der Zeit*, Berlin 1928.

F. Hildenbrandt (o. J.)
Fred Hildenbrandt: *Großes schönes Berlin*, Berlin o. J.

P. Hoeres (2008)
Peter Hoeres: „Die Kultur von Weimar. Durchbruch der Moderne", in: *Deutsche Geschichte im 20. Jahrhundert*, hg. v. Manfred Görtemaker, Frank-Lothar Kroll, Sönke Neitzel, Bd. 5, Berlin 2008.

E. T. A. Hoffmann (2017)
E. T. A. Hoffmann: Lebens-Ansichten des Katers Murr (1820), hg. v. Hartmut Steinecke, Stuttgart 2017.

H.-J. Imiela (1957)
Hans-Jürgen Imiela: *Max Slevogt. Sammlung Franz Josef Kohl-Weigand. I. Teil, Gemälde, Aquarelle, Zeichnungen*, St. Ingbert 1957.

H.-J. Imiela (1960)
Hans-Jürgen Imiela: *Max Slevogt an Johannes Guthmann. Briefe von 1912–1932*, St. Ingbert 1960.

H.-J. Imiela (1968)
Hans-Jürgen Imiela: *Max Slevogt. Eine Monographie*, Karlsruhe 1968.

E. Juntunen (2016)
Eveliina Juntunen: *Slevogt an der Nadel. Eine Passion (1923/24) zwischen Tradition und Moderne*, in: G. Wedekind/GDKE (2016), S. 151–174.

H. Graf Kessler (1904)
Harry Graf Kessler: „Der deutsche Künstlerbund", in: *KuK*, Jg. 2 (1904), Heft 5, S. 197–202.

M. Klinger (1891)
Max Klinger: *Malerei und Zeichnung*, Leipzig 1891.

M. Krejsa/A. Matelowski (2006)
Michael Kresja, Anke Matelowski: *„… das Wort, dem alle Mühe galt: die Kunst". Karl Scheffler (1869–1951)* (Archiv-Blätter 15), Berlin 2006.

W. Kreutz (2000a)
Wilhelm Kreutz: „Unter französischer Besatzung", in: *Die Pfalz im 20. Jahrhundert*, hg. v. Theo Schwarzmüller, Michael Garthe, Landau 2000 (3. Aufl.), S. 51–69.

W. Kreutz (2000b)
Wilhelm Kreutz: „Aufstieg des Nationalsozialismus", in: *Die Pfalz im 20. Jahrhundert*, hg. v. Theo Schwarzmüller, Michael Garthe, Landau 2000 (3. Aufl.), S. 73–83.

K. Kreuzpaintner (2009a)
Karin Kreuzpaintner: „Tausendundeine Nacht und Märchenwelten (3–5)", in: Ausst.-Kat. Landshut (2009), S. 48–65.

K. Kreuzpaintner (2009b)
Karin Kreuzpaintner: „Reineke", in: Ausst.-Kat. Landshut (2009), S. 78–81.

K. Kreuzpaintner (2009c)
Karin Kreuzpaintner: „Die dunkle Seite der Phantasie", in: Ausst.-Kat. Landshut (2009), S. 115–117.

R. Krischke/S. Paas (2007)
Roland Krischke, Sigrun Paas: „Slevogts ‚Faust' und Slevogts ‚Füchse' – Der Maler als Leser und Illustrator Goethes", in: Roland Krischke, Sigrun Paas: *Slevogt und Goethe*, Ausst.-Kat., Max Slevogt-Galerie, Edenkoben, 22.4.–5.8.2007, München, Berlin, S. 3–8.

A. Kubin (1973)
Alfred Kubin: „Dem sechzigjährigen Slevogt" (1928), in: *Aus meiner Werkstatt*, hg. v. Ulrich Riemerschmidt, München 1973, S. 89–90.

B. Küster (1998)
Bernd Küster: *Malerfreunde. Max Slevogt und Robert Breyer*, hg. v. der Städtischen Galerie Würzburg, Marlene Lauter. Mit Beiträgen von Hans-Jürgen Imiela, Bernd Küster und Marlene Lauter, Bremen 1989, S. 31–45.

A. Lamm (1928)
Albert Lamm, in: „Dem sechzigjährigen Slevogt", in: *KuK*, Jg. 27 (1928), Heft 1, S. 10.

L. Lang (1998)
Lothar Lang: *Impressionismus und Buchkunst in Frankreich und Deutschland*, Leipzig 1998.

P. Letkemann/K. Mader/G. Wollschlaeger (1973)
Peter Letkemann, Klaus P. Mader, Günter Wollschlaeger: „Cassirer und Co. Ein Beitrag zur Berliner Kunst- und Kulturgeschichte", in: *Mitteilungen des Vereins für die Geschichte Berlins*, 69, 1973, Heft 9, S. 233–244.

M. Liebermann (1922)
Max Liebermann: *Die Phantasie in der Malerei*. Verlag Bruno Cassirer, Berlin 1922 (6. Aufl.).

M. Liebermann (1978)
Max Liebermann: *Die Phantasie in der Malerei. Schriften und Reden*, hg. und eingeleitet v. Günter Busch, Frankfurt am Main 1978.

G. Masur (1971)
Gerhard Masur: *Das kaiserliche Berlin*, München, Wien, Zürich 1971.

A. Matelowski (2007)
Anke Matelowski: *Berliner Künstlerleben. Fotografien und Dokumente des Vereins Berliner Künstler seit 1841* (Archiv-Blätter 16, Akademie der Künste), Berlin 2007.

A. Matelowski (2017)
Anke Matelowski: *Die Berliner Secession 1899–1937. Chronik, Kontext, Schicksal*, (Quellenstudien zur Kunst, Bd. 12), Wädenswil 2017.

L. Meidner (1914)
Ludwig Meidner: „Anleitung zum Malen von Großstadtbildern", in: *KuK*, Jg. 12 (1914), Heft 6, S. 312–314.

J. Meier-Graefe (1915)
Julius Meier-Graefe: *Die Entwicklungsgeschichte der modernen Malerei in drei Bänden*, Teil 2, München 1915 (2. umgearb. und erg. Aufl.).

U. Neumahr (2021)
Uwe Neumahr: *Die exzentrische Lebensgeschichte des Künstlers und Verbrechers Benvenuto Cellini*, Darmstadt 2021.

H. Nutt (1989)
Harry Nutt: *Bruno Cassirer* (Preußische Köpfe, 25), Berlin 1989.

M. Osborn (1899)
„Max Osborn", in: *Berliner Lokal-Anzeiger*, Nr. 517 vom 3.11.1899.

M. Osborn (1902/03)
Max Osborn: „Bücherbesprechungen", in: *KuK*, Jg. 1 (1902/03), Heft 8, S. 368–369.

H. Ostwald (1920)
Hans Ostwald: *Kultur- und Sittengeschichte Berlins*, Berlin 1920.

S. Paas (1975)
Sigrun Paas: *Kunst und Künstler. 1902–1933; eine Zeitschrift in der Auseinandersetzung um den Impressionismus in Deutschland*, zugl. Heidelberg, Univ. Diss., Maschinenschrift, Heidelberg 1976.

S. Paas (2014)
Sigrun Paas: „,Wir können kein Licht auf die Palette spritzen'. Max Slevogt, die Lenbach-Doktrin und München vor 1900", in: Ausst.-Kat. Mainz (2014), S. 12–33.

P. Paret (1981)
Peter Paret: *Die Berliner Secession. Moderne Kunst und ihre Feinde im Kaiserlichen Deutschland*, Berlin 1981.

G. Pauli (1911)
Gustav Pauli: *Im Kampf um die Kunst*, Berlin 1911.

G. Pauli (1924)
Gustav Pauli (Hg.): *Alfred Lichtwark: Briefe an die Kommission für die Verwaltung der Kunsthalle*, Hamburg 1924.

H. Pfotenhauer (2005)
Helmut Pfotenhauer: „Geschichte an den Rändern des Traumes. E. T. A. Hoffmanns Poetik der Halbschlafbilder", in: *Traum-Diskurse der Romantik*, hg. v. Peter-André Alt, Christiane Leiteriz, Berlin, New York 2005, S. 197–216.

Pharus Plan (1902)
Pharus-Plan Berlin, Große Ausgabe 1902, Nachdruck 2016.

J. Plesch (1949)
János Plesch: *Ein Arzt erzählt sein Leben*, München 1949.

T. Raff (2006)
Thomas Raff: „,Er hatte Begabung nach verschiedenen Seiten hin.' Paul Cassirers Münchner Jahre (1893–1897)", in: Ausst.-Kat. Berlin (2006), S. 43–57.

E. Rautenstrauch (2016)
Eike Rautenstrauch: *Berlin im Feuilleton der Weimarer Republik. Zur Kulturkritik in den Kurzessays von Joseph Roth, Bernard von Brentano und Siegfried Kracauer* (Mainzer Historische Kulturwissenschaften, Bd. 35), Bielefeld 2016.

W. Röder/H. A. Strauss (1980–1983)
Werner Röder, Herbert A. Strauss (Hg.): *Biographisches Handbuch der deutschsprachigen Emigration 1933*, Bd. 1–2,1, München 1980–1983.

J. Rössler (2018)
Johannes Rössler: „Auf der Suche nach einer elementaren Bildsprache für ,Faust II'. Die Illustrationszyklen von Franz Stassen, Max Slevogt und Max Beckmann", in: *Du bist Faust. Goethes Drama in der Kunst*, hg. v. R. Diederen, Thorsten Valk, Ausst.-Kat., Kunsthalle München, München 2018, S. 208–219.

E. Roters (1984)
Eberhard Roters: „Emporgekommen", in: *Berlin um 1900*, hg. v. Berlinische Galerie e. V. in Verbindung mit der Akademie der Künste und der Berliner Festspiele GmbH, Ausst.-Kat., Akademie der Künste, 9.9.–28.10.1984, Berlin 1984, S. 45–71.

H. Sarkowski (1972)
Heinz Sarkowski, „Bruno Cassirer. Ein deutscher Verleger 1898–1938", in: *Imprimatur*. Neue Folge 7, 1972, S. 123–125.

H. Sarkowski (1973)
Heinz Sarkowski: „Bruno Cassirer (1872–1941). Porträt eines bibliophilen Verlegers", in: *Börsenblatt für den Deutschen Buchhandel*, Frankfurter Ausgabe, Nr. 8 vom 30.1.1973, S. A14–20.

A. v. Sichowsky/G. Steinbach (1972)
Anke von Sichowsky, Gunter Steinbach: „Kinder- und Jugendbücher im Bruno Cassirer Verlag", in: *Imprimatur*, Neue Folge 7, 1972, S. 143–152.

C. Simon (2021)
Christian Simon: *Feuerland. Berliner Wirtschaftsgeschichte vom Mittelalter bis heute*, Berlin 2021.

L. Skalecki (2016)
Liliane Skalecki: „Faszination der Dynamik. Polo und Pferderennen bei Liebermann und seinen Zeitgenossen", in: *Max Liebermann. Vom Freizeitvergnügen zum modernen Sport*, hg. v. Dorothee Hansen, Martin Faass, Ausst.-Kat., Kunsthalle Bremen, Liebermann Villa am Wannsee, Berlin, München 2016, S. 60–97.

W. Schärl (1955)
Walter Schärl: *Die Zusammensetzung der bayerischen Beamtenschaft von 1806 bis 1918* (Münchener Historische Studien, Abteilung Bayerische Geschichte, Bd. 19), Kalmünz 1955.

K. Scheffler (1903)
Karl Scheffler: „Impressionistische Weltanschauung", in: *Die Zukunft*, Bd. 45, Jg. 12, Nr. 4, 24.10.1903, S. 138–147.

K. Scheffler (1909a)
Karl Scheffler: „Slevogt als Illustrator", in: *KuK*, Jg. 7 (1909), Heft 1, S. 25–36.

K. Scheffler (1909b)
Karl Scheffler: „Das Bilderbuch", in: *KuK*, Jg. 7 (1909), Heft 3, S. 113–130.

K. Scheffler (1910)
Karl Scheffler: *Berlin – ein Stadtschicksal*, hg. v. Florian Illies, Berlin 1910 (Reprint Berlin 2015).

K. Scheffler (1920)
Karl Scheffler: *Die Zukunft der Deutschen Kunst*, Verlag Bruno Cassirer, Berlin 1920.

K. Scheffler (1924)
Karl Scheffler: „Slevogt als Illustrator", in: VV 1924, S. 10–12.

K. Scheffler (1926a)
Karl Scheffler: „Slevogts Faust II", in: *KuK*, Jg. 24 (1926), Heft 1, S. 3–9.

K. Scheffler (1926b)
Karl Scheffler: „Die Vollendung des ,Faust'", in: *KuK*, Jg. 24 (1926), Heft 9, S. 353.

K. Scheffler (1928)
Karl Scheffler: „Unser Programm. 25 Jahre ,Kunst und Künstler'", in: *KuK*, Jg. 26 (1928), Heft 1, S. 3–10.

K. Scheffler (1929)
Karl Scheffler: „Die Slevogt-Ausstellungen", in: *KuK*, Jg. 27 (1929), Heft 2, S. 67–68.

K. Scheffler (1930)
Karl Scheffler: „Liebermann- und Slevogt-Premiere", in: *KuK*, Jg. 28 (1930), Heft 6, S. 251–252.

K. Scheffler (1931)
Karl Scheffler: *Die impressionistische Buchillustration in Deutschland*, Berlin 1931.

K. Scheffler (1940)
Karl Scheffler: *Max Slevogt* (Die Kunstbücher des Volkes, Bd. 34), Berlin 1940.

K. Scheffler (1946)
Karl Scheffler: *Die fetten und die mageren Jahre. Ein Arbeits- und Lebensbericht*, Leipzig 1946 (Neuaufl. Wädenswil 2011).

K. Scheffler (1948)
Karl Scheffler: *Die fetten und die mageren Jahre. Ein Arbeits- und Lebensbericht*, München 1948.

A. Schlechter (2014)
Kulturstiftung der Länder/LBZ (Hg.): *Aus Max Slevogts Briefkasten. Zeugnisse aus seinem schriftlichen Nachlass*, bearb. v. Armin Schlechter (Patrimonia 368 sowie Schriften des Landesbibliothekszentrums Rheinland-Pfalz, 10), Koblenz 2014.

A. Schlechter (2018)
Armin Schlechter: „Paul Cassirer an Max Slevogt. Briefe des Kunsthändlers und Verlegers an den Künstler", in: Ausst.-Kat. Mainz (2018), S. 54–63.

A. Schlechter (2021)
Armin Schlechter: „Die Familienbibliothek von Max Slevogt", in: G. Wedekind/GDKE (2021), S. 237–272.

S. Schlenker (2007)
Sabine Schlenker: *Mit dem „Talent der Augen". Der Kunstkritiker Emil Heilbut (1861–1921). Ein Streiter für die moderne Kunst im Deutschen Kaiserreich*, Weimar 2007.

M. Slevogt (1931)
Max Slevogt: „Bekenntnis zu Feuerbach", in: *Süddeutsche Monatshefte*, Jg. 28 (1931), S. 374–375.

M. Stocker (2015a)
Mona Stocker: „Fantasien aus 1001 Nacht. Max Slevogts Buchillustrationen zu den Märchen ‚Ali Baba' und ‚Sindbad der Seefahrer' in einer Ausstellung des Saarlandmuseums", in: *Saargeschichten* (2015), Heft 3, S. 12–16.

M. Stocker (2015b)
Mona Stocker: „Max Slevogts ‚Ali Baba' oder die ‚Idee des nie Vollendenden'", in: Ausst.-Kat. Saarbrücken (2015), S. 7–16.

N. Suhr (1992)
Norbert Suhr: „Max Slevogt als Graphiker", in: Ausst.-Kat. Saarbrücken/Mainz (1992a), S. 75–91.

E. Szátmari (1927)
Eugen Szátmari: *Das Buch von Berlin, München 1927 (Was nicht im Baedeker steht, 1). Mit Originalzeichnungen von Rudolf Großmann, Erich Godal, Dolbin, Derso und Heinrich Zille*, München 1927.

K. Voll (1916)
Karl Voll: „Max Slevogt als Schwarzweiss-Künstler", in: *Die Kunst für Alle*, Jg. 31 (1916), Heft 11/12, S. 222–236.

E. Waldmann (1912)
Emil Waldmann: „Max Slevogt als Illustrator", in: Gesellschaft für Vervielfältigende Kunst (Hg.), *Die Graphischen Künste*, Jg. 35 (1912), S. 25–38.

E. Waldmann (1915)
Emil Waldmann: „Max Slevogts Bilder aus Ägypten", in: *KuK*, Jg. 13 (1915), Heft 9, S. 393–407.

E. Waldmann (1921)
Emil Waldmann: *Max Slevogts Graphische Kunst*, Dresden 1921.

E. Waldmann (1922)
Emil Waldmann: *Max Slevogt. Der Graphiker und Illustrator*, Dresden 1922.

E. Waldmann (1923) = B 28
Emil Waldmann: *Max Slevogt*, Berlin 1923.

E. Waldmann (1924)
Emil Waldmann: „Aus seinem Buch ‚Max Slevogt'", in: VV 1924, S. 13–14.

G. Wedekind/GDKE (2016)
Gregor Wedekind in Verbindung mit der Generaldirektion Kulturelles Erbe Rheinland-Pfalz (Hg.): *Blick zurück nach vorn. Neue Forschungen zu Max Slevogt* (Phönix Mainzer Kunstwissenschaftliche Bibliothek, hg. v. Matthias Müller, Elisabeth Oy-Marra, Gregor Wedekind, Bd. 2), Berlin, Boston 2016.

G. Wedekind (2018)
Gregor Wedekind: „Am Tisch im Romanischen Café. Max Slevogts Berliner Konstellationen", in: Ausst.-Kat. Mainz (2018), S. 20–29.

G. Wedekind (2021)
Gregor Wedekind: „Max Slevogt und Emil Orlik", in: G. Wedekind/GDKE (2021), S. 89–113.

G. Wedekind/GDKE (2021)
Gregor Wedekind in Verbindung mit der Generaldirektion Kulturelles Erbe Rheinland-Pfalz (Hg.): „Max Slevogts Netzwerke. Kunst-, Kultur- und Intellektuellengeschichte des späten Kaiserreichs und der Weimarer Republik" (Phönix Mainzer Kunstwissenschaftliche Bibliothek, hg. v. Matthias Müller, Elisabeth Oy-Marra, Gregor Wedekind, Bd. 6), Berlin, Boston 2021.

K. Wehry (2019)
Katrin Wehry: *Quer durchs Tiergartenviertel. Das historische Quartier und seine Bewohner*, hg. für die Staatlichen Museen zu Berlin v. Michael Eissenhauer, Petersberg 2019.

C. Weis (2016)
Christina Weis: „Max Slevogts Illustrationen zu Faust II", in: *Impressionismus ohne Farbe. Lovis Corinth – Max Slevogt*, hg. v. Stephan Brandisiek (Kataloge der Sammlungen der Univ. Trier, Bd. 3), Trier 2016, S. 56–62.

G. Wenzel (1929)
Georg Wenzel: *Deutscher Wirtschaftsführer. Lebensgänge deutscher Wirtschaftspersönlichkeiten. Ein Nachschlagebuch über 13.000 Wirtschaftspersönlichkeiten unserer Zeit*, Hamburg u. a. 1929.

B. E. Werner (1928/29)
Bruno E. Werner: „Der Maler Max Slevogt", in: *Die Kunst für Alle: Malerei, Plastik, Graphik, Architektur*, Jg. 44 (1928/29), S. 109–110.

A. Wesenberg (2013)
Angelika Wesenberg: „Berliner Impressionismus. Der Secessionsstil – seine Grundlagen und seine Ausprägungen", in: Ausst.-Kat. Köln/Edenkoben/Konstanz (2013), S. 9–20.

E. Wolf (2018)
Eva Wolf (bearb.): *Max Slevogt Briefe 1898–1932*, hg. v. Roland Mönig, Saarlandmuseum Saarbrücken, Merzig und Dillingen/Saar 2018.

A. Zeising (2006)
Andreas Zeising: *Studien zu Karl Schefflers Kunstkritik und Kunstbegriff mit einer annotierten Bibliographie seiner Veröffentlichungen*, Lübeck, Marburg 2006.

ABBILDUNGS-
NACHWEIS

Berlin, Bildarchiv Preußischer Kulturbesitz (bpk)
Kat. 2 bpk/Nationalgalerie, SMB (Foto: Jörg P. Anders); Abb. 1, S. 49 bpk/Staatsgalerie Stuttgart; Abb. 5, S. 54 bpk/Hamburger Kunsthalle; Abb. 2, S. 83 bpk; Abb. 6, S. 89; bpk/Kunstbibliothek, SMB; Kat. 12 bpk/Germanisches Nationalmuseum, Museen der Stadt Nürnberg (Foto: Jürgen Musolf); Kat. 30 bpk/Alte Nationalgalerie, SMB

Berlin, Bundesarchiv
Abb. 2, S. 50; Abb. 3, S. 84; Abb. 4, S. 85 (Foto: Carl Weinrother sen.)

Berlin, Landesarchiv
Abb. 1, S. 81 F Rep. 251-02 Nr. 3813 (Foto: k. A.)

Berlin, Max-Liebermann-Gesellschaft
Abb. 6, S. 55 Max-Liebermann-Gesellschaft Berlin e.V. (Foto: Lea Gryze)

Frankfurt am Main, Freies Deutsches Hochstift, Frankfurter Goethe-Museum
Kat. 96–99

Heidelberg, Universitätsbibliothek
Abb. 4, S. 63

Mainz, Landesmuseum
Abb. 2, S. 19; Abb. 3, S. 20; Abb. 6, S. 24; Abb. 1, S. 41; Abb. 2, S. 42; Abb. 3, S. 43; Abb. 4, S. 44; Abb. 5, S. 45; Abb. 5, S. 64; Abb. 5, S. 86; Kat. 4, Kat. 7, Kat. 11, Kat. 16–20, Kat. 22, Kat. 29, Kat. 31–33, Kat. 36, Kat. 38–39, Kat. 41–43, Kat. 45, Kat. 64, Kat. 69–71, Kat. 74, Kat. 76, Kat. 79–81, Kat. 83–86, Kat. 93–95, Kat. 100–105, Kat. 108–109, Kat. 111, Kat. 117–121, Kat. 125–127, Kat. 129–130, Kat. 132, Kat. 134–136, Kat. 141–144, Kat. 146, Kat. 150–152
© GDKE – Landesmuseum Mainz
(Fotos: Astrid Garth)

Abb. 3, S. 32; Kat. 62–63, Kat. 123–124
© GDKE – Landesmuseum Mainz
(Fotos: Martina Pipprich)

Abb. 3, S. 51; Abb. 4, S. 53; Kat. 6, Kat. 8–9, Kat. 26–28, Kat. 37, Kat. 40, Kat. 47, Kat. 51, Kat. 55¬–56, Kat. 66, Kat. 68, , Kat. 78, Kat. 87–89, Kat. 106, Kat. 112, Kat. 114–115, Kat. 122, Kat. 128, Kat. 133, Kat. 140, Kat. 145, Kat. 149, Kat. 153
© GDKE – Landesmuseum Mainz
(Fotos: Ursula Rudischer)

Kat. 23, Kat. 25, Kat. 131
© GDKE – Landesmuseum Mainz
(Fotos: Axel Brachat)

Mainz, Landesmuseum, Archiv, Nachlass
Prof. Hans-Jürgen Imiela
Abb. 5, S. 23 (Foto: Astrid Garth)

Saarbrücken, Saarlandmuseum, Moderne Galerie, Stiftung Saarländischer Kulturbesitz, aus der Sammlung Kohl-Weigand
Abb. 1, S. 17; Abb. 1, S. 59; Abb. 2, S. 60; Abb. 3, S. 61; Kat. 1, Kat. 3, Kat. 5, Kat. 10, Kat. 14–15, Kat. 21, Kat. 24, Kat. 34–35, Kat. 44, Kat. 48, Kat. 52, Kat. 54, Kat. 57–60, Kat. 65, Kat. 67, Kat. 71, Kat. 73, Kat. 77, Kat. 82, Kat. 90, Kat. 92, Kat. 107, Kat. 110, Kat. 113, Kat. 116, Kat. 137–139, Kat. 147–148
(Fotos: Tom Gundelwein)
Abb. 1, S. 29; Abb. 4, S. 33; Abb. 6, S. 36; Abb. 6, S. 46; Kat. 13, Kat. 49–50, Kat. 53, Kat. 61, Kat. 91
(Fotos: Raphael Maass)

Schweinfurt, Museum Georg Schäfer
Abb. 6, S. 65 © Museum Georg Schäfer, Schweinfurt

Speyer, Landesbibliothekszentrum, Pfälzische Landesbibliothek
Abb. 2, S. 30; Abb. 5, S. 35; Abb. 2, S. 71; Abb. 3, S. 72; Abb. 4, S. 76; Abb. 5, S. 78
(Fotos: Ralf Niemeyer)

Weilheim, Artothek
Kat. 46 und Kat. 75 Kunsthalle Bremen
(Fotos: Lars Lohrisch)

LISTE DER LEIHGEBERINNEN UND LEIHGEBER

WIR DANKEN AUSDRÜCKLICH FÜR DIE UNTERSTÜTZUNG DER AUSSTELLUNG

STAATLICHE MUSEEN ZU BERLIN,
ALTE NATIONALGALERIE

KUNSTHALLE BREMEN

FREIES DEUTSCHES HOCHSTIFT,
FRANKFURTER GOETHE-MUSEUM

BAYERISCHE
STAATSGEMÄLDESAMMLUNGEN,
NEUE PINAKOTHEK, MÜNCHEN

GERMANISCHES NATIONALMUSEUM
NÜRNBERG

SAARLANDMUSEUM SAARBRÜCKEN,
MODERNE GALERIE, STIFTUNG
SAARLÄNDISCHER KULTURBESITZ

Auf zu neuen Werken! Max Slevogt und sein Verleger Bruno Cassirer

GENERALDIREKTION KULTURELLES ERBE RHEINLAND-PFALZ (GDKE), LANDESMUSEUM MAINZ
27. NOVEMBER 2025 BIS 8. MÄRZ 2026

SAARLANDMUSEUM SAARBRÜCKEN, MODERNE GALERIE
27. MÄRZ 2026 BIS 5. JULI 2026

LIEBERMANN-VILLA AM WANNSEE, BERLIN
3. OKTOBER 2026 BIS 18. JANUAR 2027

Die Ausstellung wurde gemeinsam vom Landesmuseum Mainz, GDKE, und dem Saarlandmuseum Saarbrücken/ Stiftung Saarländischer Kulturbesitz in der Forschungskooperation des Max Slevogt-Forschungszentrums konzipiert.

Für die dritte Station in der Liebermann-Villa wurde die Ausstellung erweitert und für den Ort entsprechend angepasst.

KATALOG

HERAUSGEBER
Generaldirektion Kulturelles Erbe Rheinland-Pfalz

KONZEPTION, BEARBEITUNG UND REDAKTION
Karoline Feulner

LEKTORAT
Cordelia Marten und Christiane Weidemann, Hello Text

GESTALTUNG, LAYOUT UND BILDBEARBEITUNG
Buero NOC, Sarah Nöllenheidt

DRUCK UND BINDUNG
Beltz Grafische Betriebe GmbH, Bad Langensalza

HERSTELLUNG IM VERLAG
Kerstin Protz

PROJEKTMANAGEMENT IM VERLAG
Martina Kupiak

UMSCHLAGABBILDUNGEN
Max Slevogt, *Selbstbildnis auf der Terrasse von Neukastel* (Detail), 1918/19, Öl auf Leinwand, 95,5 × 75,5 cm
SAARLANDMUSEUM SAARBRÜCKEN, MODERNE GALERIE, VGL. KAT. 1

Max Slevogt, *Porträt des Verlegers Bruno Cassirer* (Detail), 1911, Öl auf Holz, 41 × 31,5 cm
STAATLICHE MUSEEN ZU BERLIN, NATIONALGALERIE/ LEIHGABE DER ERNST VON SIEMENS KUNSTSTIFTUNG, VGL. KAT. 2

SCHMUCKSEITE
S. 14/15, vgl. Kat. 3

BIBLIOGRAFISCHE INFORMATION DER DEUTSCHEN NATIONALBIBLIOTHEK
Die Deutsche Nationalbibliothek verzeichnet diese Publikation in der Deutschen Nationalbibliografie; detaillierte bibliografische Daten sind im Internet über http://dnb.dnb.de abrufbar.

VERLAG UND VERTRIEB
Deutscher Kunstverlag
Ein Verlag der Walter de Gruyter GmbH
Genthiner Straße 13
10785 Berlin

WWW.DEUTSCHERKUNSTVERLAG.DE
WWW.DEGRUYTERBRILL.COM

Fragen zur allgemeinen Produktsicherheit:
productsafety@degruyterbrill.com

Ergänzend zu dieser Publikation erscheint:
Auf zu neuen Werken! Der Briefwechsel zwischen Max Slevogt und seinem Verleger Bruno Cassirer, 1899–1932
ISBN 978-3-422-80347-3

ISBN 978-3-422-80346-6
Library of Congress Control Number: 2025946393

RheinlandPfalz
LANDESBIBLIOTHEKSZENTRUM

AUSSTELLUNG

LANDESMUSEUM MAINZ, GDKE

GESAMTVERANTWORTUNG
Heike Otto, Generaldirektorin der Generaldirektion Kulturelles Erbe RLP

AUSSTELLUNGSLEITUNG
Birgit Heide, Direktorin
Karoline Feulner, Kuratorin der Ausstellung, Leitung der Abteilung der Gemälde und Skulpturen

ORGANISATION UND KOORDINATION
Eva Brachert, Karoline Feulner

RESTAURATORISCHE BETREUUNG
Eva Brachert, Madlon Gunia

AUSSTELLUNGSAUFBAU
Oliver Gruber, Basil Özkaya, René Romahn, Michael Rupprecht, Holger Schäfer

VERWALTUNG
Stefanie Kauf-Leinhoß, Bettina Melchersmann, Christian Thiel, Christian Wostry, Noelia Wostry

MUSEUMSPÄDAGOGIK
Andreas Hawner, Ann-Kathrin Grube

MARKETING UND ÖFFENTLICHKEITSARBEIT
Stefanie Dietzler, Astrid Papendick, Matthias Weber, Birgit Zarbach-Luley
Agentur und Verlag Bonewitz, Bodenheim

SAARLANDMUSEUM SAARBRÜCKEN

KUNST- UND KULTURWISSENSCHAFTLICHE VORSTÄNDIN UND DIREKTORIN DES SAARLANDMUSEUMS
Lisa Felicitas Mattheis

VERWALTUNGSVORSTAND
Philipp Schneider

ORGANISATION UND KOORDINATION
Jane Schmidt-Boddy, Eva Wolf

REGISTRARIN
Regine Christadler

RESTAURIERUNG
Katharina Deimel, Ingrid Schwarz

TECHNIK
Frank Jung, Armin Kneip, Steven König, Tobias Kreis, Sascha Theobald

KUNSTVERMITTLUNG
Isabell Heinrich, Sabrina Wilkin

ÖFFENTLICHKEITSARBEIT
Myriam Best-Wollbold, Laetitia Buget, Katerina Smid

BIBLIOTHEK
Angelika Friedrich, Heike Hagenau

VERWALTUNG
Marion Engel, Sebastian Fuhrmann, Nathalie Mosemann, Dietmar Schäfer, Laura Schindler, Christine Schirmbeck-Reuter

LIEBERMANN-VILLA AM WANNSEE

VORSTAND DER MAX-LIEBERMANN-GESELLSCHAFT BERLIN E.V.
Tilmann von Stockhausen, Claudia Marwede-Dengg, Beatrix von Gehren, Thomas Lingens, Franziska Vogt, Susanne Wald

DIREKTORIN
Evelyn Wöldicke

ORGANISATION UND KOORDINATION
Viktoria Bernadette Krieger

KURATORINNEN
Viktoria Bernadette Krieger, Evelyn Wöldicke

KURATORISCHE ASSISTENZ
Sophia Peix

MARKETING UND ÖFFENTLICHKEITSARBEIT
Antonia Fuchs

VERMITTLUNG
Laureline van den Heuvel, Barbara Stursberg

HAUSTECHNIK
Hans Josef Reifferscheid, Andreas Wildgrube

RESTAURATORISCHE BETREUUNG
Grit Jehmlich, Oliver Max Wenske

MUSEUMSSHOP
Tino van Buuren

VERWALTUNG
Nadine Cornelius

RheinlandPfalz
GENERALDIREKTION KULTURELLES ERBE
LANDESMUSEUM MAINZ

Stiftung Saarländischer Kulturbesitz

LIEBERMANN VILLA AM WANNSEE

GEFÖRDERT VON

KULTUR STIFTUNG DER LÄNDER

Rheinland-Pfalz
MINISTERIUM DES INNERN UND FÜR SPORT

Stiftung Rheinland-Pfalz für Kultur